O FASCISMO COMO IDEOLOGIA
E A REVOLTA TOTALITÁRIA

Editora Appris Ltda.
2.ª Edição - Copyright© 2024 do autor
Direitos de Edição Reservados à Editora Appris Ltda.

Nenhuma parte desta obra poderá ser utilizada indevidamente, sem estar de acordo com a Lei nº 9.610/98. Se incorreções forem encontradas, serão de exclusiva responsabilidade de seus organizadores. Foi realizado o Depósito Legal na Fundação Biblioteca Nacional, de acordo com as Leis nos 10.994, de 14/12/2004, e 12.192, de 14/01/2010.

Catalogação na Fonte
Elaborado por: Josefina A. S. Guedes
Bibliotecária CRB 9/870

E346
2024
	Eigen, João F. D.
	    O fascismo como ideologia e a revolta totalitária / João F. D. Eigen. – 2. ed. – Curitiba : Appris, 2024.
	    488 p. ; 23 cm. – (Ciências sociais).
	
	    Inclui referências.
	    ISBN 978-65-250-6808-4
	
	    1. Fascismo. 2. Ideologia. 3.Totalitarismo. I. Título. II. Série.
	
	                                                    CDD – 320.533

Livro de acordo com a normalização técnica da ABNT

Appris
editora

Editora e Livraria Appris Ltda.
Av. Manoel Ribas, 2265 – Mercês
Curitiba/PR – CEP: 80810-002
Tel. (41) 3156 - 4731
www.editoraappris.com.br

Printed in Brazil
Impresso no Brasil

João F. D. Eigen

O FASCISMO COMO IDEOLOGIA E A REVOLTA TOTALITÁRIA

Appris
editora

Curitiba, PR
2024

FICHA TÉCNICA

EDITORIAL
Augusto Coelho
Sara C. de Andrade Coelho

COMITÊ EDITORIAL
Ana El Achkar (Universo/RJ)
Andréa Barbosa Gouveia (UFPR)
Antonio Evangelista de Souza Netto (PUC-SP)
Belinda Cunha (UFPB)
Délton Winter de Carvalho (FMP)
Edson da Silva (UFVJM)
Eliete Correia dos Santos (UEPB)
Erineu Foerste (Ufes)
Fabiano Santos (UERJ-IESP)
Francinete Fernandes de Sousa (UEPB)
Francisco Carlos Duarte (PUCPR)
Francisco de Assis (Fiam-Faam-SP-Brasil)
Gláucia Figueiredo (UNIPAMPA/ UDELAR)
Jacques de Lima Ferreira (UNOESC)
Jean Carlos Gonçalves (UFPR)
José Wálter Nunes (UnB)
Junia de Vilhena (PUC-RIO)
Lucas Mesquita (UNILA)
Márcia Gonçalves (Unitau)
Maria Aparecida Barbosa (USP)
Maria Margarida de Andrade (Umack)
Marilda A. Behrens (PUCPR)
Marília Andrade Torales Campos (UFPR)
Marli Caetano
Patrícia L. Torres (PUCPR)
Paula Costa Mosca Macedo (UNIFESP)
Ramon Blanco (UNILA)
Roberta Ecleide Kelly (NEPE)
Roque Ismael da Costa Güllich (UFFS)
Sergio Gomes (UFRJ)
Tiago Gagliano Pinto Alberto (PUCPR)
Toni Reis (UP)
Valdomiro de Oliveira (UFPR)

SUPERVISORA EDITORIAL Renata C. Lopes
PRODUÇÃO EDITORIAL William Rodrigues
REVISÃO Stephanie Ferreira Lima
DIAGRAMAÇÃO Jhonny Alves dos Reis
CAPA Carlos Pereira
REVISÃO DE PROVA Renata Cristina Lopes Miccelli

COMITÊ CIENTÍFICO DA COLEÇÃO CIÊNCIAS SOCIAIS

DIREÇÃO CIENTÍFICA Fabiano Santos (UERJ-IESP)

CONSULTORES
Alícia Ferreira Gonçalves (UFPB)
Artur Perrusi (UFPB)
Carlos Xavier de Azevedo Netto (UFPB)
Charles Pessanha (UFRJ)
Flávio Munhoz Sofiati (UFG)
Elisandro Pires Frigo (UFPR-Palotina)
Gabriel Augusto Miranda Setti (UnB)
Helcimara de Souza Telles (UFMG)
Iraneide Soares da Silva (UFC-UFPI)
João Feres Junior (Uerj)
Jordão Horta Nunes (UFG)
José Henrique Artigas de Godoy (UFPB)
Josilene Pinheiro Mariz (UFCG)
Leticia Andrade (UEMS)
Luiz Gonzaga Teixeira (USP)
Marcelo Almeida Peloggio (UFC)
Maurício Novaes Souza (IF Sudeste-MG)
Michelle Sato Frigo (UFPR-Palotina)
Revalino Freitas (UFG)
Simone Wolff (UEL)

Dedico este livro aos meus pais, Joyce e Olimpio, que, com amor incondicional, sempre acreditaram em mim.

PREFÁCIO

Por ocasião do centenário da marcha sobre Roma (1922-2022), o debate sobre a natureza do fascismo intensificou-se consideravelmente e surgiram inúmeras publicações, convenções, seminários e conferências de vários tipos, que tentaram explicar o que foi o fascismo e o que ele representou na conturbada história da Itália. Entre as antigas interpretações propostas e as novas interpretações apresentadas e, em meio à discordância geral, um fato agora parece ser certo e indiscutível, a saber, que o fascismo foi um dos importantes fenômenos políticos do século XX. Tal constatação, porém, não esgota a complexidade dos problemas que se colocam no contexto historiográfico. Embora o fascismo italiano — pioneiro de ditaduras revolucionárias de mobilização de massas — tenha exercido influência decisiva em movimentos e regimes em vários continentes e tenha sido objeto de numerosos estudos e pesquisa, cem anos depois da marcha sobre Roma continuamos a nos perguntar o que ele realmente foi, a nos perguntar se ele teve uma ideologia e a fantasiar sobre seu eterno retorno à cena política atual. Uma questão homérica, a fascista, nunca totalmente desvendada e que até nos leva a questionar se o fascismo realmente existiu[1].

Este valioso estudo de João F. D. Eigen se insere perfeitamente neste debate e visa fazer jus à desinformação desenfreada, adotando todas as ferramentas ciência política operacional e conceitual para explicar, esclarecer e informar os leitores sobre o que era o fascismo, a partir de sua ideologia. Ao fazer da ideologia o fulcro privilegiado da compreensão do fascismo, o estudo de Eigen está em continuidade direta com os estudos pioneiros por Ernst Nolte, Eugen Weber, George L. Mosse, Domenico Settembrini, A. James Gregor e Zeev Sternhell, que, embora diferentes em abordagem, método e interpretação, reconheceram a existência de uma ideologia fascista, considerando-a um aspecto nada insignificante do que a realidade histórica do fascismo.

Desde o fim da Segunda Guerra Mundial, houve um processo que o historiador Emilio Gentile definiu como a desfascistização retroativa do fascismo e que consistia em negar ao fascismo a atributos que lhe pertenciam:

> A "desfascistização" do fascismo se manifesta de várias formas: negando, por exemplo, que tenha existido uma ideologia

---

[1] GENTILE, Emilio. *Fascismo*. Storia e interpretazione. Laterza: Roma-Bari, 2002, p. V-VI.

fascista, uma cultura fascista, uma classe dominante fascista, uma adesão em massa ao fascismo, um totalitarismo fascista e até mesmo um regime fascista.[2]

Tanto os antifascistas como os neofascistas contribuíram para esse trabalho de desfascistização retroativa, com diferentes métodos e propósitos, concordando na crença de que o fascismo não passava de uma miscelânea de ideias e que lhe faltava tanta organicidade e sistematicidade como para poder considerá-la uma ideologia comparável ao liberalismo e ao marxismo. Enquanto os antifascistas negaram ao fascismo sua consistência ideológica autônoma, interpretando-o como um epifenômeno de fenômenos pré-existentes mais amplos[3], os neofascistas decidiram inspirar-se em aspectos individuais ou momentos do fascismo, tornando-os absolutos e apresentando-os de forma disfarce adocicado, romântico e caricato, feito majoritariamente de referências folclóricas ligadas aos seus rituais e à sua simbologia[4].

Alguns estudiosos negam ao fascismo a qualificação de ideologia, preferindo defini-lo como uma mentalidade. Assim, numa publicação recente, o cientista político Gianfranco Pasquino explica que "o fascismo não foi produto de uma ideologia feita de princípios rígidos, coesos, encadeados, nem o produziu" e que, ao contrário, baseava-se em "uma mentalidade feita de atitudes, avaliações, orientações, que tinha tradições e raízes no pensamento político italiano e na 'cultura' das massas populares, ajudando a fortalecê-la". Logo a seguir, Pasquino adverte que existem três elementos cruciais do que define como uma "mentalidade fascista", nomeadamente "nacionalismo, sentido de comunidade, antiliberalismo"[5]. Implícita, nessa perspectiva, está a distinção entre mentalidade e ideologia fornecida pelo cientista político Juan J. Linz, segundo o qual as mentalidades são "formas de pensar e sentir mais emocionais do que racionais" e se distinguem das ideologias por serem atitudes intelectuais e predisposições psíquicas, não intelectuais e auto interpretações. A mentalidade é descrita, por Linz, como flutuante e sem forma, enquanto a ideologia é firmemente formada[6].

---

[2] *Ibid.*, p. VII.
[3] *Cf.*: DE FELICE, Renzo. *Le interpretazioni del fascismo*. Laterza, Roma-Bari 2000, p. 29-81.
[4] *Cf.*: GREGOR, A. James. *The Search for Neofascism. The Use and Abuse of Social Science*. Cambridge: Cambridge University Press, 2006.
[5] PASQUINO, G. *Introduzione, in Fascismo. Quel che è stato, quel che rimane*, a cura di Gianfranco Pasquino. Roma: Istituto Enciclopedia Treccani, 2022, p. 16-17.
[6] LINZ, J. J. *Sistemi totalitari e regimi autoritari*. Un'analisi storico-comparativa. Soveria Mannelli: Rubbettino, 2000, p. 237.

No entanto, essa demarcação nítida entre "mentalidade" (emocional e irracional) e "ideologia" (intelectual e racional) não resiste a um exame mais minucioso. O cientista político Michael Freeden, um dos estudiosos mais perspicazes e autorizados de ideologias e teorias políticas, argumentou que "todos os sistemas de crenças, mesmo aqueles mais próximos da racionalidade, contêm elementos baseados em preferências localizadas fora da esfera racional"[7], como no caso da democracia, que, partindo do conceito de igualdade dos indivíduos, legitima-se num pressuposto não racional ou pré-racional.

A democracia como ideologia pressupõe igualdade, mas é um axioma baseado em predileções culturais e mitos sociais, bem como em considerações morais. Além disso, é possível que pressupostos pré-racionais produzam resultados racionais e que, portanto, atitudes e orientações psíquico-emocionais específicas se traduzam em uma formulação ideológica mais sistemática. Para um cientista político, torna-se prioritário definir primeiro o que se entende por ideologia, pois sem uma definição o mais objetiva e detalhada possível do termo em questão torna-se impossível fazer categorizações significativas. Freeden define a ideologia como uma mistura de racionalidade e expressividade, uma vez que entrelaçam afirmações argumentadas e não argumentadas e tendem a "descontestar" os valores que defendem (ou seja, a tratá-los como se fossem intuitivamente "verdadeiros" e "certos" e, portanto, não controversas e indiscutíveis), desenvolvem visões de mundo ligadas a determinados contextos espaço-temporais e as expressam em uma linguagem relativamente acessível, adequada para uma comunicação pública mais ampla. Freeden adota uma abordagem "morfológica", ao examinar a estrutura interna das ideologias, tripartida da seguinte forma: 1) o núcleo (*core*), ou seja, os conceitos cardeais e inegociáveis, sem os quais a ideologia deixaria de existir (por exemplo, no caso do liberalismo, o conceito de "liberdade"); 2) os componentes adjacentes, ou seja, conceitos e proposições que são lógica e culturalmente implicados pelo núcleo e lhe conferem substância, articulação e espessura (novamente, no caso do liberalismo, os conceitos de democracia e igualdade de oportunidades); 3) as componentes periféricas, apenas marginalmente ligadas ao núcleo, mas que conferem à ideologia a sua concretude, situando-a num contexto histórico e cultural específico (por exemplo, a referência ao bem-estar ou à coesão social).

Eigen também se envolve em uma definição apaixonada de ideologia, chegando a conclusões muito análogas às de Freeden, quando o analisa por meio

---

[7] FREEDEM, Michael. *Ideologie e teoria politica*. Bologna: il Mulino, 2000, p. 43.

dos níveis distintos, mas complementares que o compõem, a ponto de se poder falar de uma hierarquia morfológica intrínseca de construções ideológicas. No caso fascista, encontramos todos os requisitos mínimos indispensáveis propostos por Freeden, bem como um complexo de ideias relativamente coerentes e imutáveis articuladas em torno de um núcleo central, mas também outras componentes adjacentes e periféricas sujeitas a maior elasticidade. O cientista político americano A. James Gregor, um dos maiores especialistas mundiais em fascismo, havia usado o termo "ideologia" para indicar um conjunto específico de crenças, descritivas e normativas, que tomados em conjunto têm implicações importantes num vasto leque de atividades humanas, identificando no fascismo uma ideologia completa e racional, fundada num sistema explícito de valores e apoiada num conjunto relativamente coerente de generalizações sobre a natureza, a sociedade e o homem útil para justificar a emissão de diretivas, prescrições e proibições políticas e sociais formais e informais[8]. Os próprios intelectuais fascistas se debruçaram sobre essas questões, e no *Dizionario di Politica*, publicado em 1940, pelo Partido Nacional Fascista, propuseram uma definição de ideologia que também poderia ser aplicada ao fascismo:

> A ideologia é [...] um sistema de ideias que constitui a base, e vamos dizer a armadura, de qualquer movimento político: de ideias não concebidas como esquemas puramente intelectualistas, mas como ideias-forças reais, capazes de modificar e transfigurar a realidade histórica. A ideologia é a espiritualidade imanente em todos os acontecimentos da vida política dos povos: guerra, revolução, reforma pacífica etc. Pois a política nunca é práxis, isto é, ação, sem ser pensamento e idealidade ao mesmo tempo.[9]

Como prova de que o Fascismo quis dotar-se de uma série de princípios coesos e encadeados, solidamente fixados e sistematizados num compêndio especial, basta recordar a redacção da Doutrina do Fascismo (1932) por Mussolini e o filósofo Giovanni Gentile, na qual se afirmava que o fascismo possuía um "sistema de ideias que se realiza numa construção lógica", que tinha "uma concepção orgânica do mundo" e que expressava "um conteúdo ideal" tal que o elevava "a uma fórmula de verdade na história superior do pensamento"[10].

---

[8] GREGOR, A. James. *L'ideologia del fascismo*. Milano: Il Borghese, 1974, p. 21.
[9] MAGGIOR, G. Ideologia. In: *Dizionario di Politica, a cura del PNF*. Roma: Istituto Enciclopedia Treccani, 1940, v. II, p. 453.
[10] MUSSOLINI, Benito. La Dottrina del fascismo. In: *Opera Omnia, a cura di Edoardo e Duilio Susmel*. Firenze: La Fenice, 1961, v. XXXIV, p. 117.

Existem, portanto, razões válidas para acreditar, como escreveu Marco Tarchi, que podemos falar legitimamente de uma ideologia do fascismo e ser capazes de identificar suas características essenciais[11]. O leitor poderá deduzir quais eram os conteúdos e traços essenciais dessa ideologia, a partir da leitura atenta do substancial estudo realizado por Eigen, que repassa a contribuição de numerosos intelectuais para a construção de uma teoria política ou, se preferir, de um sistema de pensamento fascista. Certamente o nacionalismo (mas, mais ainda, o estatismo), o senso de comunidade e o antiliberalismo foram alguns dos elementos cruciais dessa ideologia, assim como a recuperação de uma cosmovisão holística que havia sido a principal característica da antiguidade clássica, mas que o fascismo se readaptou aos fins revolucionários — tipicamente modernos — estabelecidos pelo partido único. Se é verdade que no aparato semiótico e lexical da ideologia fascista encontramos termos e elementos presentes em outras ideologias, em outros movimentos ou em outros contextos (o mesmo "corporativismo", por exemplo, ostentava uma tradição medieval e católica pré-existente), deve-se reconhecer que, na incorporação desses termos, o fascismo iniciou um processo sistemático de ressemantização conceitual, esvaziando-os de seu significado original e dando-lhes um novo significado[12].

Se o núcleo do liberalismo é a "liberdade" e o do comunismo é a "igualdade", no centro das convicções fascistas está a "unidade", entendida em termos monísticos ou totalitários e representada emblematicamente pelos *fasces*, símbolo de coesão do corpo social. Tal proposição deriva de uma visão antropológica mais ampla que concebia o ser humano como *zôon politikòn*, que, somente identificando-se com a comunidade — e, portanto, com o Estado —, poderia aspirar ao máximo de liberdade. Adjacente a essa formulação, encontramos o "Estado ético" e o "corporativismo", concebidos para dar substância às proposições fundadoras sobre as quais se articulou o núcleo central. Numa fórmula sintética, a ideologia fascista poderia ser identificada com o projeto de construção de uma "estatocracia corporativa", uma estrutura política, na qual não haveria lugar para os "antivalores" atribuídos ao "espírito burguês", este último agora identificado com individualismo,

---

[11] TARCHI, Marco. Ideologia del fascismo. *In: Fascismo. Quel che è stato, quel che rimane*. Roma: Istituto Enciclopedia Treccani, 2022, p. 55.

[12] Sobre a ressemantização de conceitos políticos específicos pelo fascismo, *cf.*: GORLA, Filippo. *Il primo dopoguerra in Europa e la crisi della democrazia rappresentativa di matrice liberale. Il fascismo italiano come caso di studio: un percorso attraverso le voci del Dizionario di politica* (1940), in Imperial. Il ruolo della rappresentanza politica informale nella costruzione e nello sviluppo delle entità statuali (XV–XXI secolo), a cura di G. Ambrosino, L. De Nardi. Verona: QuiEdit, 2017, p. 249-268.

o materialismo e o egoísmo. A amarga luta travada pelo fascismo contra o individualismo liberal foi um de seus traços distintivos, levando-o a opor-se a ele com uma concepção holística de comunidade que se expandiu até se universalizar na ideia de "império", imaginando os "agregados imperiais como novíssimas formas de convivência entre povos semelhantes" adiante toda "dominação mecânica de um povo sobre os outros, imposta por meio de guerras zoológicas" e além até do "nacionalismo preconceituoso e mais ainda o preconceito racista"[13]. Trata-se de uma aspiração à construção de uma comunidade holística e supranacional que diversificou o fascismo do nacional-socialismo de Adolf Hitler, no fundo da qual permaneceu a ideia do choque entre raças como "consequência da desintegração da concepção holística trazida pelo individualismo"[14].

Reconhecer a existência de uma ideologia fascista clara, sólida e coerente traz consigo implicações consideráveis e abre novas hipóteses de pesquisa, também no sentido de construir uma teoria geral do fascismo. Nas últimas duas décadas, os estudos anglófonos sobre o fascismo genérico foram hegemonizados pela definição fornecida pelo estudioso britânico Roger Griffin, nomeadamente do fascismo como uma forma de "ultranacionalismo populista palingenético"[15]. Se tal definição oferece algumas vantagens indubitáveis para análises comparativas, em outros aspectos, ela peca por essencialismo e contribui para a desfascistização retroativa do fascismo, uma vez que nega ao fascismo os atributos ideológicos que lhe eram próprios. Na opinião de Griffin, o fascismo italiano não pode ser considerado uma expressão autêntica do fascismo, mas apenas uma de suas *veriety of forms* dada a sua tendência para ser *polymorphic* e fazer parte de uma *vast extended family of related permutations of the same ideal type*[16]. Tanto o fascismo de Mussolini, quanto o nacional-socialismo de Hitler seriam, portanto, duas formas, ou variantes, de fascismo genérico, ignorando e obliterando as profundas diferenças que existiam entre os dois movimentos, as duas ideologias e os dois regimes. O fascismo é identificado por Griffin com o ultranacionalismo populista palingenético, em detrimento de outros elementos não menos importantes de sua ideologia, desde o corporativismo até a concepção do Estado ético. A abstração idealizadora de Griffin visa inventar e não descobrir o que é o

---

[13] COSTMAGNA, Carlo. Razza. In: *Dizionario di Politica*, op. cit., p. 26-27.

[14] DUMMONT, L. *Saggi sull'individualismo*. Una prospettiva antropologica sull'ideologia moderna. Milano: Adelphi, 1993, p. 188.

[15] GRIFFIN, Roger. *The Nature of Fascism*. London: The Pinter Press, 1991, p. 26.

[16] GRIFFIM, Roger. *Fascism*. An Introduction to Comparative Fascist Studies. Cambridge: Polity Press, 2018, p. 46.

fascismo e acaba por ser uma fórmula tão genérica e abstrata de qualquer investigação empírica a ponto de ser passível de crítica e refutação[17]. Os regimes de Mustafa Kemal Ataturk na Turquia, de Gamal Abdel-Nasser no Egito, de Juan Domingo Perón na Argentina ou de Fidel Castro em Cuba, para citar alguns exemplos, não foram menos ultranacionalistas, populistas e palingenéticos do que o regime de Mussolini, seja lá o que essas palavras significam. Isso não torna esses regimes fascistas, mas nos permite colocá-los dentro de uma classe mais ampla de sistemas revolucionários que Gregor definiu espirituosamente como "ditaduras desenvolvimentistas" e das quais o fascismo representava o modelo paradigmático[18]. Esses sistemas optaram por adotar a opção autoritária de avançar e concluir o mais rápido possível formas de modernização defensiva úteis para competir com as nações industrialmente avançadas, como bem explicou Eigen em seu tratamento a respeito do fascismo italiano:

> Desejando despertar nas massas italianas aquelas poderosas emoções de pertencimento coletivo à um destino mais importante e derradeiro que qualquer interesse individual, o fascismo fundiu ontologicamente os indivíduos com o Estado na missão de realizar uma genuína vontade geral capaz de gerar uma poderosa nação que pudesse competir com as outras mais poderosas ditas plutocráticas (p. 338).

Entre as mais recentes e enfadonhas tendências jornalísticas e, por vezes, mesmo acadêmicas, está a de evocar frequentemente o ameaçador regresso do fascismo, por vezes, identificado ora com os mais recentes fenômenos populistas, ora, inversamente, com o establishment neoliberal. O abuso do termo "fascista" na política contemporânea, aplicado a pessoas, movimentos e governos que não manifestam qualquer apelo às ideias, aos métodos e às organizações do fascismo é hoje uma prática consolidada e não constitui apenas um sinal de ignorância ou má fé. Na maioria das vezes, serve para criar inimigos imaginários contra os quais direcionar as flechas polêmicas da opinião pública e despertar os instintos emocionais das massas, fortalecendo, assim, a base de consenso dos sistemas democráticos, cada vez mais fragilizados por disfunções intrínsecas que não têm nada a ver com o fascismo. Mesmo as democracias liberais se baseiam em mitos

---

[17] As principais críticas são de: TARCHI, Marco. *Fascismo. Teorie, interpretazioni e modelli*. Roma-Bari: Laterza, 2003, p. 106-111.
[18] Para uma ampla reconstrução do modelo de Gregor, *cf*.: MESSINA, Antonio. *A. James Gregor e la costruzione di un modelo idealtipico tra storiografia e scienze sociali*, in Comprendere il Novecento tra storia e scienze sociali. La ricerca di A. James Gregor, a cura di Antonio Messina. Rubbettino: Soveria Mannelli, 2021, p. 39-66.

legitimadores e como no longo prazo esses mitos tendem a se desgastar, ocorrem processos artificiais de revitalização dos mitos que passam pela criação de inimigos fictícios e imaginários[19]. Visto que no imaginário coletivo o termo "fascismo" tornou-se sinônimo de "maldade", "violência" e "abuso" e evoca repugnância e nojo, é muito provável que ainda vejamos seu uso abusivo e retórico no léxico contemporâneo como arma de deslegitimação de adversários políticos.

Outros usos impróprios do termo "fascista" vêm daqueles estudiosos marxistas ou neomarxistas que, em oposição ao neoliberalismo, tendem a interpretar este último como uma nova forma de fascismo[20]. Dizem-nos que "as tentativas de cavar sulcos profundos entre o fascismo e o liberalismo constituem muitas vezes um mero exercício retórico"[21] e nos explicam também que "as referências liberais à ordem produzida espontaneamente pelo mercado parecem abrangentes, exatamente como as referências à ordem imposta pelo Estado através do mecanismo corporativo"[22]. Com argumentos que denotam um profundo desconhecimento do fascismo e da sua ideologia, dizem-nos que existe uma "matriz comum" entre o fascismo e o liberalismo e que consiste na aspiração corporativista de universalizar a economia e de escravizar a política aos fins últimos do capitalismo[23].

Afirmar as diferenças profundas e intransponíveis entre fascismo e liberalismo não constitui um mero exercício retórico, mas se revela como uma realidade objetiva evidente para aqueles que não abordam o estudo da história pelas lentes distorcidas de suas próprias convicções ideológicas. Essas diferenças não se limitam à constatação de que o fascismo exaltava o primado absoluto do Estado em antítese às concepções liberais ou neoliberais que exaltavam e/ou exaltam o primado absoluto do mercado, mas se estendem às concepções ideológicas fascistas mais gerais, todas visavam espiritualizar a economia, atribuir-lhe uma função ética e subordiná-la à política. Os fascistas concebiam a economia como uma mera ferramenta e continuamente afirmavam seu "caráter instrumental e não normativo"

---

[19] Cf.: MESSINA, A. *"Emergenza fascismo"*. L'invenzione del nemico nell'Italia repubblicana, in La questione delle emergenze fra libertà e sicurezze, a cura di Giuseppe Speciale, Daniela Novarese, Stefania Mazzone, Rosario D'Agata, Carlo Colloca, Alessia Di Stefano, Jacopo Torrisi, Andrea Giuseppe Cerra. Rubbettino: Soveria Mannelli, 2022, p. 163-173.

[20] Veja, acima de tudo: MIOCCI, A.; DI MARIO, F. *The Fascist Nature of Neoliberalism*. London: Routledge, 2017.

[21] SOMMA, A. Liberali in camicia nera. La comune matrice del fascismo e del liberismo giuridico. *Boletín mexicano de derecho comparado*, UNAM, v. 38, n. 112, 2005, p. 320.

[22] *Ibid.*, p. 301.

[23] *Ibid.*, p. 304.

com a "consequente necessidade de utilizá-la e governá-la com conceitos políticos" e "morais"[24]. Eles também olharam criticamente para "concepções estritamente econômicas e materialistas, como a de Marx: onde tudo o que é humano é econômico, e nada tem o direito de existir a menos que seja útil", pois temiam que tais concepções levassem em breve à extinção de tudo o que foram considerados pouco úteis para fins puramente técnicos, como religião ou poesia[25]. O neoliberalismo de hoje provavelmente tem muito mais em comum com as representações fascistas do bolchevismo do que com a realidade histórica do fascismo.

Na tentativa de justificar a representação do neoliberalismo como a nova face de um fascismo perigoso e onipresente, somos informados de que não há um, mas dois fascismos: o "velho fascismo" (*old fascism*), também chamado de fascismo duro, e o novo fascismo (*new fascism*), também chamado de *soft fascism*. O primeiro, identificado principalmente com os nacional-socialistas alemães, absolutizou *"a popular sovereignty and political homogeneity"*, negando os *"individuais rights"*, enquanto o segundo, representado pelo atual establishment neoliberal, *"celebrates our freedoms and absolutizes human rights to the detriment of our sense of belonging to a social-political Community"*. O documento fundador deste novo tipo de fascismo remonta à *"Universal Declaration of Human Rights"* que *"has absolutized, or infinitized, subjective rights"*. Esse novo e perigoso fascismo é apresentado como um *"new political grammar that is poisoning our societies and that materializes in various ways [...] usually goes under the name neoliberalism"*[26]. As consequências disso é que a Europa está em uma encruzilhada e condenada a afundar em uma das duas visões opostas do fascismo:

> Acontecimentos recentes na Europa confirmam essa tendência: ou as pessoas se rendem ao fascismo brando e às políticas neoliberais, ou renovam as agendas nacionalistas que estão, na maioria das vezes, à beira da radicalização ultranacionalista. Em certo sentido, é verdade que não há alternativa na Europa hoje. A escolha é entre dois caminhos opostos ao fascismo.[27]

---

[24] GENTILE, Giovanni. *Economia ed etica*, in G. Gentile, Politica e cultura, a cura di Hervé A. Cavallera, vol. II, Le Lettere, Firenze 1991, p. 137.
[25] *Ibid.*, p. 131.
[26] TARIZZO, D. *Political Grammars. The Unconscious Foundations of Modern Democracy*, Stanford University Press, Stanford 2021, p. 164-199.
[27] *Idem.*

Os europeus só precisam escolher o tipo de fascismo que preferem: ou o brando e neoliberal, ou o duro e ultranacionalista. De qualquer maneira, não há alternativa viável e séria ao fascismo. De alguma forma, parece que o fascismo conseguiu sobreviver à derrota militar de 1945 e se reafirmar como modelo político central no Ocidente por meio do neoliberalismo. De acordo com essas reconstruções, a profecia de Mussolini parece ter se tornado realidade: *"We have every reason to believe that this is [...] a fascist century"*[28]. O mundo, nunca realmente liberto do fascismo, continuou a prosperar à sombra do *fascio littorio*.

A literatura contemporânea é abundante em tais reconstruções simplistas e imaginativas e elas denotam falta de inventividade e criatividade por parte de alguns acadêmicos, manifestamente incapazes de criar termos capazes de descrever com precisão os fenômenos atuais, preferindo referir-se a terminologias do passado para mascarar seus próprios limites. A ideia de um "fascismo eterno", proposta à época por Umberto Eco[29], ou de um eterno retorno do fascismo, tem sido fortemente criticada pelo historiador Emilio Gentile, que considera tais analogias substancialmente inconsistentes e desprovidas de qualquer valor científico[30]. Afinal, até o maior historiador do fascismo, Renzo De Felice, havia defendido a irrepetibilidade do fascismo e a necessidade de consigná-lo definitivamente à história[31]. Sob muitos aspectos, Eigen cumpre essa tarefa e consigna definitivamente à história — à história das doutrinas políticas — a ideologia do fascismo tal como foi ponderada, articulada e elaborada por seus principais teóricos. Dentre eles, destaca-se pela importância, profundidade de pensamento e rigor especulativo o filósofo Giovanni Gentile, que foi o primeiro a suscitar a postura de realizar o marxismo — como agudamente intuído por Augusto Del Noce — ou seja, de desvincular a filosofia da práxis marxista do materialismo dialético histórico[32]. Se, como revela Del Noce, o livro de Gentile sobre a Filosofia de Marx constitui a certidão de nascimento do fascismo, fica claro como o encontro entre Mussolini e Gentile representa

---

[28] MUSSOLINI, 1961, p. 128.
[29] Veja o ensaio de Eco sobre "eterno fascismo", originalmente publicado em 1995 e reimpresso nos anos mais recentes: ECO, Umberto. *Il fascismo eterno*. Milano: La nave di Teseo, 2018.
[30] GENTILE, Emilio. *Chi è fascista*. Roma-Bari: Laterza, 2019, p. 6-7.
[31] DE FELICE, Renzo [1975]. *"Io non riabilito il fascismo, voglio solo comprenderlo"*. Intervista con Federico Orlando, in "Il Giornale", 3 nov. 2015. Disponível em: https://www.ilgiornale.it/news/spettacoli/io-non-riabilito-fascismo-voglio-solo-comprenderlo-1190200.html. Acesso em: 30 jan. 2023.
[32] DEL NOCE, A. *Il suicidio della rivoluzione*, Rusconi. Milano, 1992, p. 15, 17, 103, 349. Sull'incontro Gentile-Mussolini, *cf*.: DEL NOCE, A. *Giovanni Gentile*. Per una interpretazione filosofica della storia contemporanea. Bologna: il Mulino, 1990, p. 283-417.

a aquisição, pelo socialismo revolucionário, da crítica idealista — em sentido amplo — do naturalismo, materialismo e cientificismo, crítica que teve entre seus mais ilustres precursores Giuseppe Mazzini. O fascismo foi o primeiro movimento de mobilização massa a ter levado Mazzini e o mazzinianismo para seu universo ideológico, celebrando o mito da "terceira via" e combiná-lo com o desenho de uma comunidade baseada em uma concepção mística e religiosa da nação e na unidade de fé do povo, obtida por meio dos instrumentos, símbolos, ritos e liturgias do partido único[33]. Por muitas razões, o pensamento de Mazzini esteve imbuído de "autoritarismo e profetismo utópico" e dele brotaram as "ideologias nacionalistas, Gentile-fascista e Gramsciano-comunista, destinado a fazer uma limpeza geral do Estado e da cultura liberal"[34]. Ideologias, a fascista e a comunista, que Eigen interpreta como animadas por uma comum "revolta totalitária" contra as concepções individualistas e atomísticas decorrentes do liberalismo, para uma reafirmação de uma cosmovisão holístico-comunitária.

Em última análise, do valioso estudo realizado por Eigen, emerge não apenas a constatação de que havia uma ideologia e uma cultura fascistas, algo que já foi destacado pelos trabalhos mais recentes historiografia sobre o tema[35], mas sobretudo a necessidade de atribuir primazia explicativa à ideologia na definição do fascismo como uma teoria política moderna. Uma definição estritamente científica e política do fascismo — que até agora tem faltado — ajudaria a esclarecer um termo que foi carregado com muitos significados controversos e altamente questionáveis. Nada diferente do que tem sido feito até agora em relação a outros "ismos" — do socialismo, ao liberalismo, ao comunismo — ao qual foi reservado um lugar privilegiado no imponente mausoléu das doutrinas políticas.

Antonio Messina
Atualmente, é aluno de doutorado em Ciências Políticas (ciclo XXXVI). Graduado em Ciências Históricas pela Universidade de Catânia, com tese sobre o socialismo árabe de Gamal Abdel-Nasser. Membro do Departamento de Ciências Políticas e Sociais da Universidade de Catânia, Itália.

---

[33] Sobre a apropriação do pensamento de Mazzini pela ideologia fascista, *cf*.: PERTICI, Roberto. Il Mazzini di Giovanni Gentile. *Giornale critico della filosofia italiana*, Firenze, v. LXXVIII, n. 1-2, 1999, p. 117-180; SULLAM, Simon Levis. *L'apostolo a brandelli*. L'eredità di Mazzini tra Risorgimento e fascismo. Roma-Bari: Laterza, 2010.

[34] DELLA LOGGIA, E. Galli. Liberali, che non hanno saputo dirsi Cristiani. *Il Mulino*, Bologna, sett./otto 1993, p. 861.

[35] *Cf*.: TARQUINI, Alessandra. Storia della cultura fascista. Bologna: il Mulino, 2016; BRESCHI, D. La cultura fascista, in Fascismo. Quel che è stato, quel che rimane, *op. cit.*, p. 207-225.

REFERÊNCIAS

COSTMAGNA, Carlo. Razza. In: PARTITO NAZIONALE FASCISTA. *Dizionario di Politica*. Roma: Istituto Enciclopedia Treccani, 1940. v. IV.

DEL NOCE, Augusto. *Il suicidio della rivoluzione*. Milano: Rusconi, 1992.

DEL NOCE, Augusto. *Giovanni Gentile*. Per una interpretazione filosofica della storia contemporânea. Bologna: il Mulino, 1990.

DEL NOCE, Augusto. La Dottrina del fascismo. In: MUSSOLINI, Benito. *Opera Omnia, a cura di Edoardo e Duilio Susmel*. Firenze: La Fenice, 1961. v. XXXIV.

DE FELICE, Renzo [1975]. "Io non riabilito il fascismo, voglio solo comprenderlo". Intervista con Federico Orlando. *Il Giornale*, Milan, 3 nov. 2015.

DE FELICE, Renzo. *Le interpretazioni del fascismo*. Roma-Bari: Laterza, 2000.

DELLA LOGGIA, E. Galli. Liberali, che non hanno saputo dirsi Cristiani. *Il Mulino*, Bologna, sett./otto., 1993.

DUMONT, L. *Saggi sull'individualismo*. Una prospettiva antropologica sull'ideologia moderna, Adelphi, Milano, 1993.

ECO, Umberto. *Il fascismo eterno*. Milano: La nave di Teseo, 2018.

FREEDEN, Michael, *Ideologie e teoria politica*. Bologna: il Mulino, 2000.

GENTILE, Emilio. *Chi è fascista*. Roma-Bari: Laterza, 2019.

GENTILE, Emilio. *Fascismo*. Storia e interpretazione. Roma-Bari: Laterza, 2002.

GENTILE, Giovanni. Economia ed ética. In: GENTILE, G. *Politica e cultura, a cura di Hervé A. Cavallera*. Firenze: Le Lettere, 1991. v. II.

GORLA, F. *Il primo dopoguerra in Europa e la crisi della democrazia rappresentativa di matrice liberale*. Il fascismo italiano come caso di studio: un percorso attraverso le voci del Dizionario di politica (1940), in Imperial. Il ruolo della rappresentanza politica informale nella costruzione e nello sviluppo delle entità statuali (XV–XXI secolo), a cura di G. Ambrosino, L. De Nardi. Verona: QuiEdit, 2017.

LINZ, J. J. *Sistemi totalitari e regimi autoritari*. Un'analisi storico-comparativa, Rubbettino: Soveria Mannelli, 2006.

MAGGIOR, G. Ideologia. In: PARTITO NAZIONALE FASCISTA. *Dizionario di Politica, a cura del PNF*. Roma: Istituto Enciclopedia Treccani, 1940. v. II.

MESSINA, Antonio. *"Emergenza fascismo"*. L'invenzione del nemico nell'Italia repubblicana, in La questione delle emergenze fra libertà e sicurezze, a cura di Giuseppe Speciale, Daniela Novarese, Stefania Mazzone, Rosario D'Agata, Carlo Colloca, Alessia Di Stefano, Jacopo Torrisi, Andrea Giuseppe Cerra. Soveria Mannelli: Rubbettino, 2022.

MESSINA, Antonio. *A. James Gregor e la costruzione di un modello idealtipico tra storiografia e scienze sociali*, in Comprendere il Novecento tra storia e scienze sociali. La ricerca di A. James Gregor, a cura di Antonio Messina. Soveria Mannelli: Rubbettino, 2021.

MIOCCI, A.; DI MARIO, F. *The Fascist Nature of Neoliberalism*. Routledge, London 2017.

PASQUINO, G. *Introduzione*, in Fascismo. Quel che è stato, quel che rimane, a cura di Gianfranco Pasquino. Roma: Istituto Enciclopedia Treccani, 2022.

PERTICI, Roberto. Il Mazzini di Giovanni Gentile. *Giornale critico della filosofia italiana*, Firenze, v. LXXVIII, n. 1-2, 1999.

SOMMA, A. Liberali in camicia nera. La comune matrice del fascismo e del liberismo giuridico. *Boletín mexicano de derecho comparado*, UNAM, v. 38, n. 112, 2005.

SULLAM, Simon Levis. *L'apostolo a brandelli*. L'eredità di Mazzini tra Risorgimento e fascismo. Roma-Bari: Laterza, 2010.

TARCHI, Marco. Ideologia del fascismo. *In: Fascismo*. Quel che è stato, quel che rimane, a cura di Gianfranco Pasquino. Roma: Istituto Enciclopedia Treccani, 2022.

TARQUINI, Alessandra. *Storia della cultura fascista*. Bologna: il Mulino, 2016.

TARIZZO, D. *Political Grammars*. The Unconscious Foundations of Modern Democracy. Stanford: Stanford University Press, 2021.

SUMÁRIO

INTRODUÇÃO 23

PARTE I
CONTEXTUALIZAÇÃO HISTÓRICA

A LONGA REVOLUÇÃO ITALIANA 31
    I De 476 ao *Risorgimento* 31
    II Giuseppe Mazzini 41
    III Alfredo Oriani 55

A SOCIOLOGIA PROTOFASCISTA 59
    I O animal social e a psicologia coletiva 59
    II A teoria das elites 70
    III O antiparlamentarismo 79

MARXISMO E REVISIONISMO NO PENSAMENTO DE GEORGES SOREL 89
    I A herança de Marx & Engels 89
    II A crise e revisionismo do marxismo 107
    III Introdução ao pensamento de Georges Sorel 119
    IV Sorel e Proudhon 130
    V O marxismo de Georges Sorel 141
    VI Do sindicalismo a uma nova classe revolucionária 152

RUMO AO SÉCULO XX 169
    I Sincretismo radical 169
    II A *età giolittiana* 179

PARTE II
IDEIAS E IDEÓLOGOS

O SINDICALISMO ITALIANO 193
    I Do sindicalismo revolucionário ao sindicalismo nacional 193
    II Sergio Panunzio 211

O NACIONALISMO ITALIANO 229
    I Um novo nacionalismo 229
    II Enrico Corradini e a nação proletária 238

III Alfredo Rocco, o arquiteto do Estado fascista 249
O PENSAMENTO DE GIOVANNI GENTILE 265
  I A sociologia política de Giovanni Gentile..265
  II Giovanni Gentile e Giuseppe Mazzini 283

PARTE III
O EXPERIMENTO FASCISTA

DO CORPORATIVISMO AO IMPERIALISMO............................297
  I O humanismo do trabalho e o corporativismo fascista 297
  II O fascismo como democracia totalitária e religião política 322
  III O novo indivíduo e o *imperium*..344
  IV O fascismo como ideologia 360

PARTE IV
A REVOLTA TOTALITÁRIA

DA RESSURREIÇÃO DA ANTIGA COSMOVISÃO AO MARXISMO ... 387
  I Comunidade *versus* sociedade, ou as raízes da revolta 387
  II A revolta totalitária 406
  III Fascismo e marxismo 434

REFERÊNCIAS 471

INTRODUÇÃO

O termo "fascismo", como vocábulo político, tomou, nas últimas décadas, definições e contornos tão díspares capazes de obnubilar praticamente quaisquer debates mais sérios quanto aos prognósticos da conjuntura política. Sejam em discussões informais ou nos círculos acadêmicos mais especializados, os participantes e ouvintes têm a razoável expectativa de que ouvirão, em algum momento do debate, o termo fascismo sendo empregado amiúde com a intenção de desqualificar moralmente o oponente: os posicionados mais à "direita" serão comparados com as experiências chilenas de Pinochet ou do nacional-socialismo alemão; enquanto que os de "esquerda" serão responsabilizados pelos excessos criminosos cometidos pela política igualmente fascista do stalinismo ou do maoísmo. Em época eleitoral, então, o uso do termo fascismo encontra o seu terreno mais fértil para uma propagação incontrolável nas redes sociais e comícios políticos, dando a impressão, a um observador externo, que o processo eleitoral do país se limita a uma contenda onde os dois lados buscam derrotar os políticos e as ideias fascistas do lado oposto.

Pode-se encontrar no mercado editorial brasileiro uma pletora de livros acerca do fascismo, por exemplo, os da professora Marcia Tiburi que, alegadamente, ensinam-nos como "conversar com um fascista" ou reconhecer o "turbotecnomachonazifascismo", esforços empreendidos para que possamos descortinar os criptofascistas que supostamente infestam nossa sociedade e ameaçam a estabilidade das instituições democráticas e os Direitos Humanos. Do mesmo modo, na seara mais acadêmica, os últimos anos, especialmente após as eleições americana de 2016 e brasileira de 2018, foram marcados por uma profusão de livros, ensaios e posicionamentos alardeando uma suposta "crise da democracia" oriunda, claro, de uma ameaça fascista, neofascista ou, pelo menos, protofascista (o termo empregado muda de acordo com o gosto do autor). Nessa linha, dá-se destaque às obras *The people versus democracy*, de Yascha Mounk, *How democracies die*, de Steven Levitsky e Daniel Ziblatt, e *How fascism works*, de Jason Stanley, todas de 2018. Esses trabalhos angariaram considerável popularidade no mundo leigo e acadêmico e foram amplamente debatidos por, alegadamente, serem importantes contribuições para a compreensão da crise da democracia que acomete o mundo ocidental. Analisando-os mais atentamente, conclui-se que são espécimes sintomáticas de um tipo de produção intelectual voltada para o diagnóstico das recentíssimas ascensões de políticos e movimentos reconhecidos como a "nova direita", caracterizada pelo nacionalismo "populista". Esse tipo de literatura frequentemente emprega o termo fascismo apenas como análogo a "autoritarismo", "populismo" ou "antidemocrático", e, especialmente no *How fascism works*, de Jason Stanley, há uma forte correlação entre o populismo de Donald Trump e a "nova direita" americana com o fascismo (Stanley se utiliza muito mais de figuras e ideias do nacional-socialismo alemão e não propriamente do fascismo, uma distinção importantíssima que ele não faz com profundidade em seu livro). Em todo o moderno debate acerca das novas crises da democracia, há um claro sentimento de que algo a ver com o fascismo está misteriosamente em ascensão e minando as instituições da democracia liberal.

Seria possível que a política moderna se reduziu a uma luta entre fascismos que, por algum motivo misterioso, não conseguem se enxergar no seu oponente? Uma parte da resposta a esse curioso estado de coisas pode ser encontrada no fato que, apesar de se falar e escrever muito sobre o fascismo, muito pouco se sabe sobre o que realmente foi o fascismo. A título de ilustração, existe apenas um único livro fascista da literatura primária atualmente traduzido para o português — a *Dottrina del fascismo* —, opúsculo oficial do regime que intencionava sintetizar os princípios e posicionamentos ideológicos do fascismo, mas que, por si só, não é capaz de elucidar a si mesmo: é necessário um conhecimento contextual prévio consideravelmente amplo para compreender as origens das correntes intelectuais que confluíram para a confecção da *Dottrina*. A julgar pelo escassíssimo material disponível no vernáculo, o leitor brasileiro que não consegue, pelo menos, ler em inglês está completamente sem opções para entender o que é o fascismo, e não surpreende constatar que o termo acabou se banalizou a níveis cômicos, servindo apenas de arma retórica na contenda política corriqueira sem nenhuma referência à sua substância intelectual original.

De fato, importantes intelectuais fascistas como Giovanni Gentile, Sergio Panunzio, Ugo Spirito, Giuseppe Bottai e Alfredo Rocco, para citar alguns, não possuem *nenhuma tradução para o português* e sequer são mencionados nos recorrentes debates sobre o fascismo. Mas como isso é possível? Como é possível que, ao se discutir uma específica ideologia política, *ninguém sequer se dê ao luxo de mencionar os pensadores responsáveis pela criação e maturação intelectual de tal ideologia?* Seria como passar horas debatendo o marxismo sem nem sequer mencionar as obras de Karl Marx e Friedrich Engels em uma inócua discussão *ad hoc* sem fundamento nenhum, uma batalha de invencionices, cujo único critério resolutivo é o recurso à desqualificação moral do oponente. Se o leitor já intuiu a esterilidade dos modernos debates e o emprego do termo fascismo, é justamente porque não há qualquer conhecimento profundo das fontes primárias do fenômeno analisado, e o fato que tal estado de coisas tenha se prolongado até o começo da terceira década do século XXI, mais de 70 anos após a derrocada do fascismo na Segunda Guerra Mundial, é um assustador indício de uma generalizada e irresponsável cegueira intelectual que precisa ser sanada urgentemente.

Este livro foi escrito com o objetivo de fornecer ao leitor moderno um conhecimento aprofundado não apenas das fontes primárias do fascismo, mas também de alguns dos seus mais importantes intelectuais que ajudaram a idealizar e construir a ideologia fascista, figuras que, em se tratando da justificação intelectual do regime, em muito superam Benito Mussolini. O constante e exclusivo referimento ao *Duce* como representante e autoridade máxima sobre o conteúdo do fascismo já é um claro sinal de desconhecimento sobre o assunto, motivo pelo qual optei por deixá-lo de lado e apenas referenciando-o quando exclusivamente necessário para concluir o argumento em questão. O fascismo tem essa peculiaridade: com a exceção de Mussolini, parece que quanto mais importante a personalidade foi para a criação da ideologia fascista, mais desconhecida e ignorada ela se tornou para a historiografia ocidental fora das muralhas da academia italiana. Nesse sentido, a ideologia do fascismo pode muito bem ser compreendida sem a opressiva presença de Mussolini, porque, frequentemente, o *Duce* se preocupou muito mais com as contingências políticas do momento do que com a solidez intelectual da ideologia que sustentava seu governo, encargo que ele deixou a uma série de intelectuais de imprescindível importância que, por isso mesmo, são os principais pontos explicativos deste livro.

Mas isso não é suficiente. O regime fascista não surgiu num vácuo descontextualizado, mas é, naturalmente, fruto de uma esteira de acontecimentos históricos que necessitam ser esclarecidos. Essa contextualização histórica passará por alguns pontos importantes da história política da península itálica, assim como pelo desenvolvimento da sociologia elitista e o surgimento, divulgação e revisionismo do marxismo em meados na virada do século XIX para o século XX, momentos que, se analisados conjuntamente sob um fio interpretativo específico, ajudam a elucidar por que o fascismo foi, na verdade, o produto de uma confluência de fatores que, numa necessária limitação categórica, pode ser definida como *uma tentativa de criar um sindicalismo nacional fundamentado numa base filosófica neohegeliana*. A apresentação dos intelectuais fascistas seguirá mais ou menos essa formulação triádica: 1) o sindicalismo revolucionário, 2) o nacionalismo e 3) o idealismo filosófico, cada qual representado por algumas figuras-chaves, que, numa ampla contextualização histórica, elucidarão os meandros da maturação da ideologia fascista.

Embora já seja possível compreender a ideologia fascista pela apresentação dessa tríade de intelectuais e tendências, o livro empreende uma reconstrução epistemológica de outro termo do léxico político que auxiliará na compreensão do fenômeno, mas que, no seu significado atual, ainda causa muita confusão: ideologia. De fato, o livro fala de uma *ideologia* fascista, e seria imprudente apenas jogar esse termo ao sabor da livre interpretação, uma inaceitável insensatez para os propósitos almejados; a reconstrução do termo ideologia fornece uma fórmula para sua utilização, ao mesmo tempo que serve de mecanismo estruturador do conteúdo do fascismo numa forma didática e programática. A elucidação do conteúdo do fascismo e a sua aplicação nas estruturas da nova fórmula do termo ideologia constituem uma completa avaliação da ideologia fascista para que o leitor possa, finalmente, ter uma referência clara e sólida do que é o fascismo e que lhe possibilite julgar o que hoje em dia pode, em alguma medida, ser considerado legitimamente fascista com um reduzido risco de confusão intelectual.

Uma vez compreendida a complexa equação intelectual e histórica que deu origem ao fascismo e a sua estruturação em forma ideológica, é preciso elucidar um último ponto importante: o fascismo surgiu como uma *revolta*, uma revolta *totalitária*, mas uma revolta contra *o quê*? Quem se revolta, necessariamente, revolta-se contra algo ou alguém, um inimigo declarado que deve ser neutralizado ou até mesmo aniquilado, e o fascismo foi surpreendente franco e direto ao caracterizar o seu principal nêmesis: o individualismo liberal, que, nesse contexto, foi apontado como uma criação artificial e a origem da alienação histórica que enfraqueceu a nação italiana frente às outras nações mais ricas e poderosas, uma ideologia daninha para o espírito de coesão espiritual do povo que deveria ser extirpada para que um novo indivíduo pudesse ser criado, um indivíduo social destinado a trabalhar a se sacrificar pela grandeza da sua comunidade de destino.

A revolta totalitária é um moderno e avassalador fenômeno que se configura numa luta titânica entre o retorno da antiga cosmovisão política e a nova dispensação que deu origem ao individualismo liberal. O fascismo, nesse sentido, cumpre uma função instrumental, porque é um exemplo sintomático que o livro utiliza para explicar a revolta totalitária com precisão ao reconstruir historicamente os dois campos do combate, a antiga cosmovisão e a nova dispensação, cujas consequências desastrosas assolaram o século XX. De fato, há uma pletora de fontes primárias apontando para uma aguda consciência fascista acerca de sua missão para ressuscitar o pensamento político da antiga cosmovisão totalitária que busca render o indivíduo prisioneiro de uma essência social, limitando-o a uma específica função social dentro de sua comunidade, e tal concepção foi utilizada pelos intelectuais fascistas para conjurar uma justificativa para a construção do corporativismo como sistema de controle totalitário da produção econômica nacional. As realizações institucionais, tanto políticas, quanto econômicas do regime fascista, foram empreendidas na ideia de realizar uma comunidade de destino nacional fora dos quadros do individualismo liberal, na esperança de poder render possível uma completa harmonização da personalidade individual com a vontade política da comunidade encarnada no Estado.

Assim, revolta contra o individualismo liberal do caso específico do fascismo ilustra não apenas o maior arco da revolta totalitária, como também é capaz de fornecer uma luz na complexa e polêmica relação histórica entre fascismo e marxismo, que, até hoje, é praticamente desconhecida do *establishment* intelectual ocidental, num geral, e do brasileiro, especificamente. Como será explicado no livro, o marxismo tem uma história de amor e ódio com o fascismo e, de fato, muito do que veio a ser criado por Mussolini e seus asseclas teve relação direta com uma percebida rejeição do marxismo ortodoxo da Segunda Internacional, mas, ao mesmo tempo, uma reconhecida influência e afinidade com o núcleo normativo do materialismo dialético retirado dos escritos do jovem Marx por filósofos fascistas oriundos de uma tradição idealista igualmente hegeliana.

Essa dualidade interpretativa, como muito do próprio fascismo, nunca foi devidamente resolvida devido à abrupta e à fantástica implosão do regime, em 1943, mas espera-se que este livro possa fornecer ao leitor uma explicação clara do fenômeno para que uma conclusão fundamentada possa ser alcançada. O argumento central deste livro acerca da revolta totalitária que se utiliza do fascismo como exemplo, embora seja intrincado e com muitas categorias, distinções e sínteses, foi feito com a consciência de deixá-lo o mais didático possível para que o leitor possa dar seus primeiros passos no conhecimento da ideologia fascista. Por causa disso, o texto contém um considerável número de citações diretas que, embora pecando no lado estético, servem como uma necessária introdução mais direta ao pensamento de alguns intelectuais praticamente desconhecidos no Brasil, uma função didática e auxiliar ao argumento central do livro. Ainda, deve-se manter em mente, durante a leitura, a contextualização histórica da primeira parte como fundo interpretativo dos argumentos do resto do livro para não se perder no longo arco histórico delineado.

Ainda, tenho que agradecer ao professor Antonio Messina por todo o apoio e atenção que me concedeu, mesmo quando eu era apenas um iniciante no mestrado em Ciência Política; sem os riquíssimos *feedbacks* e material primário fornecidos pelo Prof. Messina esta obra certamente não teria sido possível.

Por fim, se o livro puder fornecer qualquer conhecimento mais fundamentado e historicamente acurado sobre o conteúdo da ideologia fascista, por menor que seja, então ele já cumpriu sua missão na luta contra a reinante ignorância endêmica sobre o assunto.

14 de dezembro de 2022
João F. D. Eigen

PARTE I

CONTEXTUALIZAÇÃO HISTÓRICA

A LONGA REVOLUÇÃO ITALIANA

I De 476 ao *Risorgimento*

Muito da história política da modernidade gira em torno da ascensão e influência do Estado-nação, principalmente os europeus a partir do século XIV. Depois de muitos séculos após a queda do Império Romano do ocidente, em 476, forças sociais e políticas foram tomando forma e centralizando o poder político sobre vastos territórios até então divididos em burgos, principados e cidades-Estados autônomas. As razões e especificidades desse movimento centrípeto são demasiadas complexas para esclarecer neste livro, ainda mais quando se deve levar em conta a particularidade histórica de cada Estado-nação em formação; mas se pode traçar uma linha geral do desenvolvimento histórico dessas novas formações políticas. Embora a data certa para o nascimento do "Estado-nação" seja contestada, é a por volta do fim do século XIV em diante que, juntamente com a Reforma, certas facções guerreiras, depois de séculos de querelas, foram se consolidando como poder absoluto, principalmente na Espanha, na Inglaterra e na França, e para esse "poder absoluto" o termo "absolutismo" foi cunhado. O absolutismo monárquico foi a primeira forma que o Estado-nação moderno tomou na Europa, e foi por meio do aumento do poder e da influência do Estado-nação que um vasto território antes unido por afinidades culturais e linguísticas tornou-se politicamente e administrativamente unificado.

Uma das consequências mais claras dessa nova e vasta centralização política foi a também vasta capacidade de mobilizar um exército nacional para continuar o processo de expansão do Estado-nação. Especialmente o mais poderoso desses novos Estados-nação durante os séculos XV e XVI foi a França, que não poupou esforços em tentar expandir sua influência por meios militares, o que a levou a invadir, em 1494, a península itálica — àquela época economicamente e culturalmente desenvolvida, mas politicamente dividida em diversos territórios, ducados e cidades-estados autônomas —, dando início às "guerras italianas". De 1494 a 1559, justamente no auge da Renascença, a França tentou conquistar a península com variado sucesso, mas o que interessa é o impacto que essas guerras tiveram no imaginário italiano. Os séculos XV e XVI italiano foram palco de "escaramuças e lutas da cidade que enfraqueceram as partes ao dificultar e atrasar o processo de unificação do país", e essa mesma incapacidade de unificação política deixou a península um "campo de batalha e roubo de exércitos estrangeiros, em terra de conquistas à mercê do vencedor do momento" por séculos[36].

Nesse longo interlúdio histórico, no qual a península se encontrava fraturada politicamente enquanto outros Estados-nações mais fortes começavam a se unificar foi surgindo o que historiadores chamam de a "idade das comunas", caracterizada pela ampliação do tamanho das cidades e dos burgos e da ascensão do comércio como forma de transferência de bens e renda. Diz-se "comunas" porque os novos e populosos centros urbanos se tornavam verdadeiras comunidades autossuficientes que possibilitou, devido à dinamização da produção agrícola e manufatureira, o surgimento de guildas e corporações de ofício: a comuna se identificava como o local do comércio e o meio pelo qual um indivíduo poderia se especializar em alguma arte ou ofício ao adentrar na respectiva corporação. Essa época das comunas foi frequentemente interpretada, principalmente pelos pensadores sindicalistas, com considerável candura por ser uma época na qual as "guildas de artes e ofícios e as associações livres como os sindicatos" passaram a ter considerável influência na vida econômica da comunidade, tornando-se responsáveis pela fixação dos "salários e horas de trabalho, regulação da produção, da compra e uso de matérias-primas, determinação dos preços e condições de venda", caracterizando um tipo de produção econômica corporativa.[37] Esse tipo de produção econômica pressupõe uma forte ênfase na solidariedade dos indivíduos envolvidos, e há uma certa nostalgia acerca dessas características "orgânicas" e comunitárias desse tipo de associação produtiva que continuará forte principalmente na virada do século XIX e XX, justamente no auge da impopularidade da democracia parlamentar e do governo liberal.

Embora a península estivesse tendo uma expansão da produção econômica na época das comunas, ela ainda se encontrava politicamente dividida em uma época de ascensão de outros Estados-nações, e vários pensadores italianos passaram a se preocupar com a possibilidade de criar um Estado-nação italiano forte o suficiente para resistir às invasões estrangeiras, sendo mais notável e famoso deles Nicolau Maquiavel. Estando numa posição privilegiada de alto funcionário e diplomata da República de

---

[36] MONTANELLI, Indro; GERVASO, Roberto. *Storia d'Italia:* L'Italia della Contrariforma 1492-1600. Milano: Rizzoli Editore, 1968, p. 20-21.

[37] MONTANELLI, Indro; GERVASO, Roberto. *Storia d'Italia:* L'Italia dei Comuni 1000-1250. Milano: Rizzoli Editore, 1966, p. 102.

Florença, Maquiavel pôde, por mais de uma década, observar as frequentes rixas e escaramuças entre as entidades políticas que compunham a península, assim como o avanço militar francês. A desunião política italiana o deixou estarrecido e, depois de caído em desgraça devido ao retorno da família Médici no comando de Florença, impeliu-o a usar seus dotes literários ao serviço da península — e dele mesmo.

  Maquiavel é um escritor muito complexo, e mesmo depois de meio milênio de intérpretes competentes, ainda não há um consenso acerca de suas intenções ou um claro esboço de sua personalidade enigmática. É suficiente para o presente livro apenas uma explicação do nacionalismo maquiavélico. Quando Maquiavel redige *O Príncipe* e o dedica a seus torturadores, ele não está apenas se rebaixando por um cargo público, mas de uma maneira oblíqua exortando uma das famílias mais poderosas da época a tomar o destino da unificação italiana em suas mãos. Pode-se sentir a linha nacionalista que corre dentro d'*O Príncipe*, e um dos momentos mais marcantes ocorre quando Maquiavel compara as figuras de César Borgia e Liverotto de Fermo com Agátocles, o tirano de Siracusa. Agátocles se tornou famoso por ter nascido filho de oleiro e ascendido, por meio de sua audácia e proeza militar, a posição de tirano da cidade siciliana de Siracusa, entre os séculos IV e III a.C. Em um dos momentos mais decisivos de sua carreira, Agátocles reuniu toda a aristocracia siracusana, a pretexto de lhes consultar acerca de assuntos militares, e a massacrou, o que o deixou livre para quebrar o bloqueio militar que Cartago havia imposto e libertar a Sicília do invasor africano. Maquiavel comemora essas ações de Agátocles e o julga um líder virtuoso, ainda mais porque Agátocles continuou reinando como ditador até morrer pacificamente de velhice.[38] Mas Agátocles tem uma função instrumental no texto maquiavélico ao servir de comparação a duas figuras contemporâneas do próprio Maquiavel: César Bórgia e Liverotto de Fermo. César, filho do então papa Alexandre VI, começou suas conquistas militares na Romanha com a ajuda financeira do pai e empregou seu subalterno, Liverotto da cidade de Fermo, para conquistar a cidade homônima. Liverotto ao chegar na cidade e em uma emboscada similar à de Agátocles, reuniu parte da aristocracia — que incluía seu pai adotivo — e a massacra. Um ano depois, a convite de seu patrão, César Borgia, Liverotto atende um jantar e, junto com seus aliados, é assassinado pelas forças de Bórgia. Alguns anos depois o pai de Bórgia, papa Alexandre VI, morre e um novo

---

[38] MAQUIAVEL, Nicolau. *O príncipe*. São Paulo: Madras, 2014, p. 72-73.

papa, Júlio II, é eleito. Para o azar de Bórgia, Júlio era um antigo inimigo de seu pai, e logo todo o apoio da Santa Sé é revogado. César Bórgia morre em desgraça pouco depois.

O que Maquiavel intencionava comparando as figuras trágicas de César Bórgia e Liverotto de Fermo com a do bem-sucedido Agátocles? Nada mais, nada menos, que atacar a Igreja Católica. O pressuposto da discussão é a habilidade de um príncipe se manter no poder e realizar suas façanhas, como a unificação da Itália, mas nos dias de Maquiavel isso era impossível justamente por causa da existência da Igreja Católica. Enquanto Agátocles pôde, após seus crimes, exercer o poder livremente, *nenhum príncipe* italiano da época seria capaz de se manter no poder com a influência da Igreja pesando sobre a península:

> O Liverotto de Maquiavel também serve intrigantemente como uma alegoria frutífera para a Itália cristã como um todo: órfã pelo colapso da Roma pagã, a Itália, como Liverotto, é colocada nas inconstantes, traiçoeiras e corruptas mãos de comandantes mercenários por uma afeminada figura paterna, o papa. (Lembre-se de que Maquiavel identifica cuidadosamente o pai adotivo de Liverotto, Fogliani, como seu "tio materno", seu *"zio materno"*.) Destinado a permanecer o instrumento irremediavelmente atrapalhado da Igreja, Liverotto é literal e figurativamente um estrangulador e o estrangulado: como mercenário, ajuda a Igreja a minar repúblicas em funcionamento como Fermo, asfixiando seus principais cidadãos; inversamente, como uma potencial ameaça principesca à autoridade da Igreja, ele próprio deve ser sufocado pelo último mercenário da Igreja, Cesare Borgia.[39]

Embora dotada de prestígio, a Igreja não possuía capacidade militar suficiente para empreender a unificação da Itália ou promover um novo império cristão-romano e tudo o que lhe restava era, por meio do tráfico de influência e exércitos de mercenários, tentar assegurar o máximo de terras e riqueza possível. Por não conseguir se tornar o centro de um grande poder terreno, a Igreja trabalhava duramente para impedir que um novo conquistador italiano surgisse e unificasse a península, por receio de ser subjugada pelo novo governante. A Igreja contratava e subornava vários *condottiere*, a fim de subjugar outros ambiciosos líderes políticos que ameaçassem a juris-

---

[39] MCCORMICK, John P. The enduring ambiguity of Machiavellian Virtue: Cruelty, crime, and Christianity in The Prince. The Johns Hopkins University Press. *Social Research*, New York, v. 81, n. 1, spring 2014. Machiavelli's the prince 500 years later, p. 155.

dição romana, como também não se furtava a requisitar auxílio estrangeiro de países como a França. Maquiavel via a existência e as maquinações da Igreja, além do próprio cristianismo, como um sério entrave para o surgimento de um Estado-nacional italiano: a Igreja dificultava financeiramente e militarmente a ascensão de um novo príncipe, enquanto o cristianismo minava as virtudes necessárias para o espírito guerreiro e nacionalista. A relação entre a unificação da península e a Igreja continuará, por mais três séculos, conflituosa.

Depois do auge cultural e científico do Renascimento, a península entrou num contínuo declínio pelos próximos dois séculos, onde as clivagens políticas continuaram mais fortes que nunca sob a influência francesa e espanhola até final do século XVIII, quando a hecatombe revolucionária da Revolução Francesa destruiu o balanço geopolítico europeu. Embora a destruição do *ancien régime* não tenha afetado diretamente as estruturas políticas dos reinos italianos, uma das figuras mais emblemáticas a sair da revolução levou toda sua força diretamente à península: Napoleão. O período que vai de 1796 a meados de 1815 é chamado a "Itália napoleônica" e tem uma importância decisiva na consecução da unificação que ocorreria na metade do século XIX.

Em março de 1796, sob as ordens do Diretório, o general Bonaparte marchou, com um exército de apenas 30.000 soldados mal equipados, em direção à península italiana. A Itália pré-napoleonica era "um arranjo típico do *ancien régime*, em que os estados eram considerados bens pessoais dos vários proprietários, que ocasionalmente até os comercializavam como fazendas"[40], e mesmo onde um regime republicano vigorava, como em Veneza e Gênova, o verdadeiro poder se encontrava nas mãos de umas poucas famílias poderosas. No meio dessa concha de retalhos, havia a Igreja com seus domínios papais no centro da península. Essa desunião política também implicava uma desunião cultural e linguística, com mais de 20 dialetos falados por toda a península, além de uma altíssima taxa de analfabetismo e uma economia praticamente feudal. Não havia na Itália uma única classe burguesa, mas, a depender da região, diferentes elites, às vezes voltadas para o clero católico, ou para uma aristocracia agrária ou naval, e somente em poucos lugares mais desenvolvidos, como o norte, pode-se dizer que algo de "capitalista" existia. Toda essa desunião impedia que a Itália acompanhasse o processo de urbanização e modernização cultural como

---

[40] MONTANELLI, Indro. *Storia d'Italia*, Voi. IV: L'Italia giacobina e carbonara 1789-1831. Milano: RCS Libri S.A., 2013, p. 18.

na França e na Inglaterra; o povo italiano se encontrava, além de separado linguisticamente e territorialmente, completamente alheio à possibilidade de unificar a península, e até mesmo a ideia de uma nacionalidade italiana parecia estranha.

A importância de Napoleão para o *Risorgimento* foi que a sua expansão militar península adentro sob o estandarte do republicanismo agitou o mundo cultural e intelectual italiano, eliminando a letargia que caracterizou os dois séculos anteriores. O próprio Napoleão percebeu e, numa carta a seus superiores no Diretório, datada de 28 de dezembro de 1796, relatou o surgimento de três lados diferentes de uma nova opinião pública muito politizada, uma pró-francesa, outra pró-austríaca (inimiga de Napoleão) e uma última jacobina radical.[41] Mas independentemente dos sentimentos pró ou contra a expansão francesa, uma nova classe de intelectuais surgiu no seio dessa fermentação cultural: os patriotas.

Conforme os ideais republicanos e democráticos, foram se espalhando no encalço da expansão napoleônica, os termos "república" e "democracia" começaram a pulular nas discussões políticas italianas. Autores como Rousseau foram amplamente lidos e discutidos por essa nova classe de intelectuais patriotas, e o que mais se discutia era a natureza da legitimidade da soberania de uma república democrática, e era inevitável chegar à questão da unificação da península:

> As várias hipóteses de engenharia sociopolítica desenvolvidas no Triênio (1796-1799) são baseadas em uma crença generalizada entre a opinião pública "patriótica": isto é, que o fundamento último da soberania está no povo-nação e que a mais fundamental das virtudes cívicas é o patriotismo, entendida como um amor pelas instituições livres, pela democracia e pela república, um amor que, nas palavras de muitos destes escritores, pode levar ao sacrifício da própria vida, se as circunstâncias o exigirem.[42]

A ideia rousseauniana da virtude patriótica como essencial para a manutenção da soberania de uma república democrática ataca diretamente o estado de fragmentação política e cultural da península. O avanço dos ideais políticos revolucionários leva, no seu bojo, a necessidade de se criar uma unidade de valores e virtudes de um novo tipo de cidadão que deve servir o novo regime republicano e democrático. Por um tempo, a con-

---

[41] BANTI, Alberto Mario. *Il Risorgmento italiano*. Roma: Gius, Laterzza & Figli, 2004, p. 8.
[42] *Ibid.*, p. 11.

fusão imperou acerca de que tipo de novo Estado soberano dever-se-ia implementar, e os sentimentos regionalistas voltaram a explodir buscando defender esse novo Estado nos moldes particulares de suas regiões. Mas o que se deve ter em mente é que, a partir das invasões napoleônicas, a opinião pública e os debates políticos passaram a girar em torno de um pressuposto inquestionável: "Que a nação italiana existe e que tem direito à sua própria expressão estatal".[43]

Os anos pós-napoleônicos foram conturbados e marcados por sucessivas e malsucedidas insurreições revolucionárias em vários dos reinos italianos, e é nesse período que figuras importantes começam a aparecer, como Vincenzo Gioberti, Giuseppe Mazzini, Giuseppe Garibaldi, Carlo Pisacane e o Conde de Cavour; a próprio Igreja Católica, por meio do papa Pio IX, passou a apoiar as ideias nacionais de cunho liberal de Gioberti. Embora cada uma dessas figuras defendesse ideias de nação italiana diferentes, todos estavam de acordo com a necessidade de unificar a península e dar concretude a ideia nacional. É preciso ainda esclarecer que o ideário *risorgimentale* de unificação nacional foi intimamente relacionado com o socialismo, principalmente em figuras como Mazzini, Pisacane e Garibaldi. O "herói dos dois mundos", Giuseppe Garibaldi, foi na juventude profundamente influenciado por dois pensadores, Mazzini e Saint-Simon, mantendo-se fiel às ideias socialistas até a morte; mas qual socialismo? Não há, nos escritos epistolários nem na sua autobiografia, uma exposição sistemática do seu pensamento sociopolítico, mas se pode dizer que o socialismo de Garibaldi estava mais associado à sua sensibilidade para detectar injustiças, principalmente aquelas sofridas pela maioria dos analfabetos trabalhadores rurais. O socialismo de Garibaldi se associava àquela corrente socialista típica da primeira metade do século XIX, ou seja, uma corrente de "pensamento sociopolítico que priorizava as questões relativas à organização da sociedade sobre as formas institucionais e visava eliminar os desequilíbrios econômicos criando estruturas e aspectos humanos mais justos da vida associativa"[44]. Provavelmente devido à influência de Saint-Simon, esse socialismo, autodeclarado humanista, buscava, com a unificação da nação, possibilitar uma gradual reestruturação e reformas das instituições políticas para que a justiça pudesse ser aplicada a todos os cidadãos, igualando em poder, pelo menos no papel, todas as classes sociais.

---

[43] *Ibid.*, p. 13.
[44] DELLA PERUTA, Franco. Garibaldi tra mito e politica. *Studi storici*, [*s. l.*], anno 23, n. 1, jan./mar. 1982, p. 21.

O perdurável impacto da personalidade de Garibaldi influenciou Carlo Pisacane, revolucionário socialista e grande admirador de Mazzini tornado famoso por sua fracassada revolta popular contra o governo de Nápoles e subsequente execução, para quem a unificação nacional somente seria completa com a resolução da "questão social", isto é, o problema das enormes desigualdades sociais, especialmente relativo à pobreza endêmica do sul agrário. Impressionado com a força dos movimentos revolucionários franceses de 1848, Pisacane dedicou o resto de sua breve vida a possibilitar a insurreição revolucionária em prol das classes trabalhadoras, tanto rurais quanto urbanas, como um pré-requisito essencial da unificação nacional: Não poderia haver uma verdadeira nação italiana sem uma revolução socialista. Novamente, quando se trata desses "profetas do *Risorgimento*", Pisacane não é exceção quanto a sua vagueza conceitual, limitando-se a declarar:

> Força, corrupção e ciência; isto é, o exército, as ferramentas de trabalho e a educação. Qual é o propósito da futura revolução? Para democratizar essas forças. A arte da guerra não deverá mais ser monopólio de poucos, mas toda a nação deverá ser guerreira; as ferramentas de trabalho comum; educação universal, comum, gratuita e obrigatória. A questão não muda que todos os sistemas expostos até agora por grandes mentes são declarados utópicos. A futura revolução está claramente formulada.[45]

O socialismo nacional de Pisacane aprofunda a influência garibaldina ao propor, para que a unificação se solidifique, a estruturação de políticas sociais como a educação pública e universal e, ainda mais radical que seus pares, uma vaga socialização dos meios de produção, "ferramentas do trabalho comum" em uma linguagem pré-marxista, de modo a diminuir o poderio econômico das classes detentoras do capital. Ainda, deve-se notar que Pisacane expande seus horizontes ao se inspirar no anarquismo socialista de Pierre Joseph Proudhon, devido à sua ênfase no papel de liderança que os intelectuais devem tomar no processo revolucionário. Na falta de uma consciência revolucionária das massas, é dever do intelectual fazer-se líder e empurrá-las na direção mais condizente com seus interesses, que para Pisacane era a revolução nacional-socialista. O ceticismo de Pisacane quanto a autonomia revolucionária das massas não era incomum nos movimentos socialistas e anarquistas de sua época, porque se atrelava à

---

[45] BERTI, Giuseppe. La dottrina pisacaniana della rivoluzione sociale. *Studi sotiric*, [s. l.], anno 1, n. 1, Oct./Dec. 1959, p. 36.

ênfase na necessidade de instrução da classe trabalhadora — eis o motivo de sua inflexível defesa da educação pública e universal, é igualmente uma necessidade da luta revolucionária.

Embora o socialismo de Mazzini tenha que ser deixado para um subcapítulo específico, devido à sua grande importância no desenvolvimento do pensamento revolucionário italiano, fica claro que o processo de unificação da península para a criação do Estado nacional foi amiúde envolto em um mal definido pensamento socialista, mais alinhado, na verdade, com um forte *sentimento* socialista de unificar as massas trabalhadoras à vida nacional por meio de uma reforma das instituições que possibilitasse um alívio do crasso desequilíbrio de poder e renda entre as classes sociais. Esse tipo de socialismo tipicamente italiano oriundo da época da unificação é comumente chamado de "socialismo tricolor" ou "socialismo *risorgimentale*" e se tornou uma corrente de pensamento influente no desenvolvimento da consciência revolucionária italiana, principalmente quando teve que lidar com a concorrência do socialismo marxista durante as primeiras décadas do século XX.

Assim, no curso dos anos 60 do século XIX, Camillo Benso, o conde de Cavour, na posição de primeiro-ministro do Reino da Sardenha, consegue, junto do general Giuseppe Garibaldi e suas ações militares bem-sucedidas, unificar parte considerável da península e estabelecer o Reino da Itália em nome de Vittorio Emanuel II, que se torna rei da Itália. Embora a fundação do Reino da Itália tenha começado o inevitável processo de unificação política de todos os reinos da península, resistências surgiram, até mesmo de outros patriotas que também desejavam uma Itália unificada. Entre os críticos estava Giuseppe Mazzini e o próprio papa Pio IX. Mazzini objetou que o processo de unificação não se deu pelas mãos do povo por meio de uma assembleia constituinte, mas, sim, pela anexação paulatina de territórios pelo reino da Sardenha, o que implicava uma crise de legitimidade do novo governo. Já o papa Pio IX, embora tenha demonstrado, por um tempo, apoio aos ideais unificadores liberais de Gioberti, posiciona-se contrariamente ao processo unificador de Cavour e Garibaldi com receio de perder terras e influência para o novo governo nacional. É impossível não pensar nas críticas de Maquiavel às políticas da Igreja, feitas três séculos antes, mas que se mostravam atuais. Independentemente dos receios da Igreja, Roma acabou cedendo e se tornando parte do novo Reino da Itália. Pela primeira vez desde a queda do Império Romano do Ocidente, um milênio e meio antes, a Itália e a Igreja foram unificadas sob uma unidade nacional.

A unificação política e administrativa do *Risorgimento* ocorreu em poucas décadas, e esperar que esse processo fosse apagar todas as diferenças e rivalidades regionais, sedimentadas por mais de um milênio de separação, é exceder em otimismo. É estimado que, por volta de 1861, bem nos anos que a unificação estava acontecendo, o número de habitantes da península capazes de se comunicar efetivamente em um italiano compreensível de Milão à Sicília era de apenas 22%, numa estimativa otimista.[46] O que isso ilustra é que havia mérito na crítica de Mazzini, no sentido de que a unificação institucional da Itália foi um processo muito pouco preocupado com as diferenças regionais, tanto econômicas, quanto culturais, e pode-se mesmo dizer que a "nacionalização das massas", como diria George L. Mosse, não foi realizada em toda a profundidade que deveria se se almejava a construção de um novo Estado-nação profícuo e fundamentado numa genuína virtude nacionalista.

Nesse sentido, os governos nacionais que sucederam a unificação se mostraram desinteressados na obra de unificação cultural e patriótica do próprio povo, principalmente nas regiões agrárias mais o sul da península, que não acompanharam a rápida industrialização do norte, criando uma separação de poderio econômico e influência que também impactaria os caminhos das decisões políticas nacionais no decorrer do século. E nem se pode dizer que a participação política no processo democrático fosse realmente universal, visto que o voto ficou restrito a uma parcela ínfima da população: homens letrados e que tivessem rendas suficientes no pagamento do imposto de renda, o que mal dava 10% de toda a população da península.[47] O analfabetismo continuou galopante durante todo o século XIX, assim como a taxa de desemprego e pobreza, principalmente nas regiões do sul agrário, o que forçou uma emigração em massa de italianos, nas centenas de milhares, com direção principalmente às américas.

Mesmo com todo esse quadro lúgubre, a Itália permaneceu unificada sob um governo monárquico-parlamentar que dividia o poder e a influência com a Igreja. O quadro que vai surgindo é um de radical alienação entre o povo e o sistema político erigido por Cavour e Garibaldi, e a situação continuará a tensionar, conforme a corrupção do governo foi ficando cada vez mais óbvia e o país se enfraquecendo frente às outras potências militares da época, como França, Inglaterra e Alemanha, que começavam a expandir a colonização da África.

---

[46] BANTI, Alberto Mario. *Sublime Madre Nostra*. La nazione italiana del risorgimento al fascismo. Gius: Laterza & Figli, 2011, p. 7.
[47] BANTI, 2004, p. 123.

O espírito italiano ficou dolorosamente dividido entre o orgulho de um povo que, numa época longínqua, conquistou o mundo conhecido e foi o berço da maior religião mundial, além de ter fornecido gênios do calibre de Leonardo da Vinci, Michelangelo, Dante Alighieri e Nicolau Maquiavel, e a francamente humilhante situação de decadência econômica e militar do novo Estado-nação. O sentimento de alienação e inferioridade circundante contrastava radicalmente com a nostalgia da antiguidade romana e da riqueza cultural do renascimento, e esse contexto, com a grande pressão para o país se industrializar e competir com as outras nações por colônias e recursos, foi terra fértil para vertentes políticas radicais tomarem cada vez mais espaço, até que a tensão foi grande demais.

II Giuseppe Mazzini

Giuseppe Mazzini, como indicado no tópico anterior, foi um revolucionário e pensador político italiano, participante entusiasmado do *Risorgimento* e da unificação da península, embora amiúde se opondo a Garibaldi e Cavour em questões políticas e ideológicas. Não é intenção deste livro traçar uma biografia pessoal e das atividades políticas de Mazzini durante o *Risorgimento*, mas, sim, fazer um esboço do mazzinianismo como um conjunto de ideias e sentimentos legados às gerações da virada do século, especialmente àquelas que se voltaram para o fascismo.

Apelidado de o "Moisés da unificação italiana" pelo literato Francesco de Sanctis, Mazzini, que também é alcunhado de "genovês" ou "profeta de Gênova", na sua reputação de um "profeta do *Risorgimento*", serviu um papel único na história da nova nação Italiana, sendo que até hoje é uma figura muito debatida e controversa, e há um motivo do porquê Mazzini se tornou essa autoridade intelectual e política praticamente ubíqua durante os anos de fermentação ideológica na Itália da virada do século: seus escritos são, como a da maioria dos profetas e figuras de caráter religioso, ambíguos, de alto fervor moral e carecem de maturidade conceitual. A dificuldade interpretativa do mazzinianismo é notória, a ponto de, em apenas um século, ter sido capaz de influenciar movimentos nacionalistas, sindicalistas revolucionários, idealistas filosóficos, liberais, republicanos, socialistas, fascistas e antifascistas. Esse problema pode ser atribuído ao "núcleo ideológico preceptivo e paternalista com traços autoritários" que perpassa os escritos mazzinianos, expressado em "um estilo político irracionalista baseado no uso de termos e fórmulas simbólicas que visavam suscitar subordinação e submissão".⁴⁸ Assim, uma separação deve ser feita: de um lado há o Mazzini de carne osso que lutou na época do *Risorgimento*, morrendo logo depois, e o Mazzini que se transformou numa autoridade intelectual semirreligiosa por meio de seus escritos, e é esse segundo Mazzini que será objeto deste livro, o Mazzini profeta, fundador do mazzinianismo que foi apoderado por toda sorte de movimentos políticos no século XX.

O mazzinianismo encontrou forte recepção mesmo após a morte de Mazzini, porque o mundo em que foi confeccionado era o mundo pós-Revolução Francesa, que abriu a época da política de massas e a participação do povo na constituição e legitimação dos regimes. A participação das massas na política foi o incentivo para a emergência de um novo tipo de discurso político que George L. Mosse chamou de "linguagem iconográfica", isto é, um novo estilo que precisava "se projetar sobre as massas em grande parte analfabetas ou semieducadas, cuja nova consciência política despertada tinha de ser levada em consideração". Essa "nova liturgia política" se manifestava de uma maneira mais pragmática para conquistar as libertadas massas, apelando a "festivais, ritos e símbolos, adaptando a liturgia religiosa tradicional às necessidades de política moderna"⁴⁹, e se nota no estilo de Mazzini esse esforço de adaptação da religiosidade tradicional para um fim profundamente moderno: a fundação de um Estado-nação, resultando na sua peculiar religião da nação. Assim, o mazzinianismo e sua religião da nação estão mais para um "um novo estilo político baseado em palavras e símbolos – aquele que transforma palavras em símbolos, em sinais poderosamente evocativos e envolventes"⁵⁰, do que uma doutrina política sistematicamente concebida. O próprio Mazzini, numa carta de 1831 endereçada a Ippolito Benelli, escreveu que "agora, precisamos das massas: precisamos encontrar uma palavra que possa ter o poder de fazer exércitos de homens decidirem lutar por um longo tempo, desesperadamente"⁵¹, revelando uma consciência calculista acerca da necessidade de confeccionar um discurso político direcionado à ação das massas.

Para recriar intelectualmente esse "novo estilo político" de Mazzini, pode-se começar pelas origens do mazzinianismo na sua crítica a

---

[48] SULLAM, Simon Levis. *Giuseppe Mazzini and the origins of fascism*. New York: Palgrave Macmillan, 2015, p. 5.
[49] MOSSE, George L. *Confronting the nation:* Jewish and western nationalism. Hanover & London: Brandeis University Press, 1993, p. 61.
[50] SULLAM, 2015, p. 24.
[51] SULLAM, Simon Levis. The moses of Italian unity: Mazzini and nationalism as political religion. *In:* BAYLY, C. A.; BIAGINI, Eugenio F. *Giuseppe Mazzini and the globalization of democratic nationalism 1830-1920*. British Academy; Illustrated edition, 15 Nov. 2008. p. 115.

Revolução Francesa. Mazzini foi um crítico severo da Revolução, mais precisamente da Declaração dos Direitos do Homem e do Cidadão, e sua querela envolvia principalmente a questão dos novos direitos. De fato, Mazzini considerava a concepção revolucionária do direito do homem como a "fria doutrina dos direitos, [...] a última fórmula do individualismo, hoje degenerando em puro materialismo"[52], e nessa frase estão contidos seus dois maiores antagonistas: o liberalismo e o materialismo. Mazzini estava convencido que a ênfase nos Direitos do Homem somente poderia ser justificada em uma nação já constituída e com uma identidade nacional cimentada na consciência do povo, o que não era o caso da Itália quando ele escreveu seus textos, antes da unificação. Ciente do milênio de divisão e facciosidade da península, Mazzini argumentou que somente uma espiritualidade política poderia induzir uma coletividade a cumprir sua missão de unificação nacional, porque a "exigente luta pela nacionalidade, em um ambiente assediado pelo egoísmo, precisava ser compensada em termos de uma fé duradoura na moralidade do auto sacrifício necessário para cumprir uma missão política coletiva"[53].

A necessidade de unificação política de uma península fragmentada, não apenas territorialmente, mas também culturalmente, requer uma concepção de luta revolucionária que os Direitos do Homem não fornecem, e é por isso que Mazzini concebeu a sua concepção dos "deveres do homem". No seu *Dei Doveri Dell'Uomo*, de 1860, um já envelhecido Mazzini legou aos italianos sua concepção dos deveres necessários para a criação da nação italiana: "Quero falar de seus deveres [...] Por que falo de seus deveres antes de falar de seus direitos? [...] Por que eu falo para vocês de abnegação e não de conquista; de virtude, aperfeiçoamento moral, educação, e não de bem-estar material?"[54], porque:

> A teoria dos direitos nos permite erguer e derrubar obstáculos, mas não encontrar um acordo forte e duradouro entre todos os elementos que compõem a nação. Com a teoria da felicidade, do bem-estar, como objetivo primário da existência, só formaremos homens egoístas, adoradores do material, que levarão as velhas paixões para a nova ordem das coisas e a corromperão em poucos meses. Temos, portanto, que encontrar um princípio de educação superior a tal teoria,

---

[52] MAZZINI, Giuseppe. *Essays, with an introduction by Thomas Jones*. London: J. M Dent & Sons, Ltda, 1915, p. 172.
[53] GREGOR, A. James. Giovanni Gentile and thought of Giuseppe Mazzini. In: CAVALLERA, Ervé A. *Eventi e Studi*: Scritti in onore di Hervé A. Cavallera, tomo II. [S. l.]: Pensa MultiMedia Editore, 2017, p. 53.
[54] MAZZINI, Giuseppe. *Dei doveri dell'uomo*. Milano: Corriere della Sera, 2010, p. 17-18.

que deve guiar os homens para coisas melhores, ensiná-los a constância no auto sacrifício e ligá-los a seus semelhantes, sem torná-los dependentes das ideias de um único homem ou de a força de todos. E esse princípio é o Dever.[55]

O princípio do "Dever" é um princípio eminentemente pedagógico que busca incutir nos homens a consciência e a propensão para atos de auto sacrifício e colaboração social, principalmente na missão que é a de construir uma nação moderna. Mas qual a fonte de legitimidade dos deveres mazzinianos? Em "deus", mas não o deus cristão da religião tradicional, mas um obscuro deus moderno que não fica bem definido em seus escritos, embora a necessidade de fé nesse novo deus seja repetida *ad nauseam*. Apenas a fé, segundo Mazzini, poderia induzir os tipos de sacrifício exigidos para a missão de criar uma nação, uma obediência a deus que engendra o compromisso com o dever como obrigações religiosas — uma fé irrenunciável. Mazzini, como muitos revolucionários e idealistas de sua época, opôs-se à religião tradicional, embora continuasse a acreditar que a fé religiosa era um componente intrínseco da consciência humana.

Novamente no seu *Dei Doveri Dell'Uomo*, Mazzini expressa que "a origem de seus deveres está em deus: A definição de seus deveres é encontrada em Sua lei. A descoberta progressiva e a aplicação de Sua lei são tarefa da humanidade"[56]. Essa pequena formulação contém o âmago do mazzininismo. Em verdade, os conceitos de religião e deus em Mazzini são obscuros porque o autor nunca conseguiu separar conceitualmente a esfera divina da política, fazendo com que o fundamento do sistema fosse expresso por meio de *slogans* e frases com forte impacto moral como o famoso *Dio e Popolo* (deus e povo). É inescapável sentir que a religiosidade de Mazzini é mais instrumental e voltada para uma finalidade política que para a vida interior do crente: "Mazzini falou de uma 'regeneração' da Itália possível somente por meio de 'um grande princípio religioso' que dirigia massas para tarefas comuns, que unia indivíduos em um propósito comum"[57]. A força da religiosidade mazziniana é voltada para a criação da nação, como diz o próprio *slogan* do jornal *Giovine Italia*, de Mazzini: "Em nome de Deus e da Itália". E em numa de suas famosas publicações, Mazzini enfatiza essa criação nacional ao sentenciar que se deve "crer na missão confiada por Deus à Itália e no dever de cada italiano de se empenhar por tentar o seu

---

[55] *Ibid.*, p. 26.
[56] *Ibid.*, p. 33.
[57] GREGOR, 2017, p. 53.

cumprimento", porque "onde Deus ordenou que uma nação existisse, Ele deu o poder necessário para criá-la; que o povo é o depositário desse poder"[58].

Assim, a legitimidade política da nação se encontra dentro de um plano providencial, no qual os fatores que definem a comunidade nacional são vistos como derivados de deus. Não são os direitos dos homens que movem um povo a criar e legitimar uma unidade política, mas os deveres que deus, de alguma forma, deixou para que os homens descobrissem e empregassem na história. Mazzini continua afirmando que a "nacionalidade é o papel atribuído por deus ao povo"[59], sendo a sua "tarefa a cumprir na terra para que o pensamento de Deus seja realizado no mundo", e "é o trabalho que dá ao povo o direito de cidadania dentro da humanidade"[60]. Essas formulações abundam na obra de Mazzini e, como o próprio genovês admitiu, buscam antes arregimentar os sentimentos do povo na criação do Estado nacional italiano do que servir de veículo intelectual para compreender a realidade. É um tipo de discurso voluntarista e idealista, muito parecido com as formulações dos mitos políticos que abundaram no final do século, e não há dúvidas que essa "linguagem iconográfica" de Mazzini pertence à mesma família dos mitos políticos modernos.

Assim, a regeneração da nação italiana não é apenas um processo político-administrativo, é político-espiritual, no qual o destino da nação está nos desígnios de deus — um deus obscuro, secular e em algum sentido imanente na própria nação. Isso fica claro tendo em mente o conceito de nação e nacionalidade que Mazzini expressou na revista *Jeune Suisse*, em 1835:

> A nacionalidade é o papel atribuído por Deus ao povo dentro do *travail* humanitário. É a missão de um povo, sua tarefa a cumprir na terra para que o pensamento de Deus seja realizado no mundo. A nacionalidade é o trabalho que dá ao povo o direito de cidadania dentro da humanidade. É o batismo que dá caráter a um povo e designa sua posição entre os povos irmãos.
>
> [...]
>
> Quando Deus coloca um povo no mundo e diz a ele: Seja uma Nação! Ele não diz: isole-se; aproveite sua vida como um avarento com seu tesouro. Diz ele: Marcha, de cabeça erguida, entre os irmãos que te dei sem constrangimento,

---

[58] MAZZINI, Giuseppe *apud* SULLAM, 2015, p. 18.
[59] *Ibid.*, p. 20.
[60] *Idem*.

> como convém a quem leva a minha palavra no peito. Ora, este nome, esta garantia, este sinal, colocado por Deus no rosto de cada povo, é a sua nacionalidade; o pensamento de que [cada povo] é levado a se desenvolver no mundo, é novamente sua nacionalidade. É por isso que é sagrado.[61]

A constituição de uma nacionalidade no mundo moderno é um dever do homem e, mais abrangentemente, de uma coletividade que busca por uma identidade. A fé mazziniana é um instrumento de ação coletiva que busca induzir os homens a seus deveres para a criação da nação sob o desígnio de Deus, e apenas essa fé coletiva pode induzir os tipos de sacrifício exigidos para a concretização da identidade nacional.

Embora os deveres sejam de estirpe divina, como convencer os homens a realizá-los? Por meio da educação. O mazzinianismo, por ser uma concepção de vida essencialmente teleológica, imputando um valor moral a ser seguido, porque, como Mazzini disse, "a sua vida tem necessariamente um sentido e um propósito"[62], dá grande ênfase no processo pedagógico necessário para que o indivíduo tome consciência dos seus deveres. Os deveres mazzinianos estão intrinsecamente ligados à necessidade de educar o povo e, mais precisamente, de "convencer os homens de que todos eles são filhos de um único Deus e devem cumprir uma única lei aqui na terra"[63], uma função que toma grande relevo no mazzinianismo: "A educação é dirigida às faculdades morais; e a instrução para as [faculdades] intelectuais. A primeira desenvolve no homem o conhecimento de seus deveres; a segunda o torna capaz de cumpri-los"[64]. No contexto de construção de uma nação, esses posicionamentos se transformam em uma das principais políticas do Estado, alcunhada como uma "educação nacional": "a educação que pode dar às suas crianças esse tipo de ensinamento só pode vir da Nação", e que "sem Educação Nacional, somente a partir da qual pode surgir uma consciência nacional, uma Nação não tem existência moral"[65].

A nação, como realização divina na terra, é também a instituição educadora do povo que deve cumprir os seus deveres para com a própria nação. É uma relação recíproca entre povo e nação — representada pelo Estado —, onde, de um lado, necessita-se que o povo cumpra seus deveres,

---

[61] *Idem.*
[62] MAZZINI, 2010, p. 95.
[63] *Ibid.*, p. 25-26.
[64] *Ibid.*, p. 104-107.
[65] *Idem.*

a fim de concretizar e manter uma nação, e, do outro, que a nação continue a educação do povo. O problema educacional é, para Mazzini, o principal problema a ser resolvido pela moderna democracia: "O problema cuja solução buscamos é um problema educacional" e "quando todos os homens comungarem junto com suas famílias, pela propriedade, pelo exercício de uma função política no Estado, pela educação - família, propriedade, país, humanidade se tornarão mais sagrados do que são agora".[66]

É possível sentir no mazzinianismo uma tensão entre a força fundadora nacional de estirpe divina — deus — e a sua contraparte mundana e prática — os deveres de homens de carne e osso —, que Mazzini concretiza no seu binômio *Dio e il popolo*. Ao mesmo tempo, a educação para os deveres é sintetizada no seu outro binômio *"pensiero e azione"* (pensamento e ação), criando um nacionalismo de vertente semidivina e voluntarista. A fonte dos deveres ligados à nação e à soberania nacional é identificada com deus, de deus procede a Lei, a missão nacional, substanciada na educação moral do indivíduo para a associação social que constitui o cimento da nova democracia nacional. Nesse sentido, o âmago do mazzinianismo pode ser interpretado como uma exortação aos homens cumprirem seus deveres e sacrifícios que foram designados por deus, culminando, se bem-sucedidos, na criação de uma verdadeira nação e uma identidade nacional genuína. A educação para a tomada de consciência e capacidade técnica no cumprimento desses deveres é condição *sine qua non* de toda coletividade que deseja se alçar à condição de nação no mundo moderno.

De uma maneira mais prática, a consecução dos deveres se dá pelo princípio da associação. O indivíduo corretamente educado para seus deveres deve se associar a seus semelhantes para cumpri-los. Mazzini coloca que "a palavra de ordem da fé futura é a associação, a cooperação fraterna para um fim comum"[67], e é tão importante quanto a educação para a consecução dos deveres. Primeiro, prepara-se o indivíduo para seus deveres, depois, incentiva-o a trabalhar em harmonia comum com seus conterrâneos: "Uma cada vez mais íntima e extensa associação com nossos semelhantes é o meio pelo qual nossa força será multiplicada, o campo em que nossos deveres devem ser cumpridos"[68]. Em uma formulação mais direta, Mazzini liga a educação do povo para o cumprimento dos deveres por meio do princípio associativo com a construção da nação:

---

[66] MAZZINI, Giuseppe. *Life and writings of Giuseppe Mazzini, Vol. VI*: Critical and literary. London: Smith, Elder & CO., 15 Waterloo Place, 1891, p. 108-109.
[67] MAZZINI, 2010, p. 67-68.
[68] *Ibid.*, p. 94.

> Mas queremos associação; como isso pode ser obtido com segurança, exceto por irmãos que acreditam no mesmo princípio orientador, que estão unidos na mesma fé, que prestam juramento no mesmo nome? Mas queremos educação; como isso pode ser dado ou recebido, exceto em virtude de um princípio que contém a expressão de nossa crença comum a respeito da origem e do objetivo do homem e de sua vida nesta terra? Queremos uma educação comum; como isso pode ser dado ou recebido, sem uma fé comum? Queremos formar uma nação; como podemos ter sucesso nisso, a menos que acreditemos em um propósito comum, em um dever comum?[69]

O princípio associativo de Mazzini é, mediante o cumprimento dos deveres sob o desígnio divino, o meio pelo qual a vida material e moral da nação é avançada: "O espírito [de deus] domina a vida humana, o aperfeiçoamento das raças é um mandamento divino, a vida é a batalha pelo bem, e lutar para se aperfeiçoar é dever do homem", culminando que a "associação é o meio de melhoria mais adequado"[70]. É quando os homens se associam para o cumprimento dos seus deveres que a harmonia entre as vontades da coletividade é realizada e alçada a um nível capaz de empreender as tarefas mais difíceis, como a constituição de um Estado-nação.

Dada essa intrincada combinação de lei divina, deveres, educação e associação que fundamentam a linguagem iconográfica do mazzinianismo, resta a dúvida: quem é incumbido de interpretar as leis de deus e educar os homens para seus deveres? Bem, é o Estado, mas ainda deve-se perguntar *quem está no controle* do Estado? Carlo Pisacane escreveu por volta de 1850:

> Deus e o povo, diz Mazzini. Ele quer dizer: a Lei e o povo como intérprete da lei. Pode-se inferir, portanto, que o povo não é o legislador. Além disso, esta lei é desconhecida... Quem a revelará? Os melhores em intelecto e virtude. A proteção de nossas almas será confiada a eles. De qualquer lugar, de qualquer princípio dessas doutrinas que olhamos assim, somos inevitavelmente levados ao despotismo. Resultado inevitável para quem pretende acreditar numa verdade absoluta e num direito absoluto que impõe deveres.[71]

---

[69] *Ibid.*, p. 37.
[70] LANDI, Giuseppe. *Dall'associazione mazziniana alla corporazione fascista*. Roma: Collana di pubblicazione del centro di cultura e propaganza corporativa di Napoli, 1937, p. 9.
[71] PISACANE, Carlo *apud* SULLAM, Simon Levis. *The moses of Italian unity: Mazzini and nationalism as political religion*, em Giuseppe Mazzini and the globalization of democratic nationalism 1830-1920, p. 117.

O governo dos "melhores em intelecto e virtude" é o que Mazzini chama de "apostolado". Embora os deveres sejam destinados a todos, apenas aquela minoria capacitada se torna a intérprete dirigente no esforço de educação nacional das massas por meio do apostolado, que é sintetizado na fórmula mazziniana "apostolado e liberdade". Em uma analogia com a arte, Mazzini explica que uma ideia religiosa, como a sua concepção dos deveres, "aproveita a ideia que fica inativa na mente, para instalá-la no coração, confia aos afetos e a converte em uma paixão que transforma o homem de pensador em apóstolo" e traduz o "pensamento da época em símbolos e imagens"[72]. Essa conversão de pensador em apóstolo é importante, porque a "religião, que é superior a filosofia, é o vínculo que une os homens na comunhão de um princípio gerador reconhecido e na consciência de uma tendência e missão comuns"[73], tornando o apóstolo da fé mazziniana no dirigente pedagógico das massas para a missão de realizar a unificação da nação[74].

Há, nesse quadro, a formação de um pensamento com fortes tendências elitistas ao se colocar na minoria dos apóstolos a tarefa de interpretar e educar as massas para o cumprimento dos deveres, assim como uma admitida convicção que uma linguagem política mitológica seria mais efetiva para criar no coração dos indivíduos aquele fervor apaixonado pela pátria. O mazzinianismo se torna uma justificativa intelectual para a dominação política de uma pequena elite de iniciados nos segredos das leis de deus sobre uma massa de recalcitrantes, que devem ser educados e levados para o caminho correto da luta e sacrifício em prol da grandeza da nação, porque, para Mazzini, "não pode haver verdadeira unidade política sem unidade moral, e não poderia haver unidade moral sem uma fé comum e sem a consciência coletiva de uma missão histórica"[75].

Deve-se ter em mente que essa interpretação é uma reconstrução dos textos mazzinianos, e dificilmente o próprio Mazzini concordaria com o quadro até aqui descrito, porque ele mesmo notoriamente amiúde alternava seus pontos de vista, principalmente no que concerne a questão da religião e sua relação com a política. Mas de qualquer modo essa interpretação foi uma das mais influentes no século XX.

Ainda, é importante esclarecer o posicionamento político de Mazzini e, principalmente, suas opiniões acerca da "questão social". Segundo um de seus primeiros biógrafos, Bolton King, Mazzini considerava o problema das condi-

---

[72] MAZZINI, Giuseppe. *Selected writings*. London: Lindsay Drummond Limited, 1945, p. 193.
[73] Idem.
[74] Ibid., p. 194.
[75] MESSINA, Antonio. *Lo Stato etico corporativo*. Sintesi dell'ideologia fascista. Roma: Lulu, 2013, p. 19.

ções das classes trabalhadoras como "a mais sagrada" por também ser "a mais perigosa", e que o genovês foi "um dos primeiros a insistir que a ascensão das classes trabalhadoras foi o grande fenômeno social do século [XIX]"[76]. Embora Mazzini tivesse a questão social com tamanha relevância, ela não é a prioridade do seu apostolado, pois está subordinada à realização moral da comunidade e à obediência aos desígnios de deus. É, de certa maneira, uma aceitação pragmática da situação: "Melhorias materiais são essenciais e vamos lutar para conquistá-las", mas "não porque os homens não tenham outro interesse senão o de estarem bem acomodados e vestidos, mas porque o seu desenvolvimento moral foi interrompido, enquanto [...] está em uma luta contínua contra a pobreza"[77]. A classe trabalhadora não se torna uma força sociológica autônoma, mas é subordinada aos deveres e ao princípio da associação.

A emancipação da classe trabalhadora italiana recebe importância do credo mazzininano justamente para que o avanço moral e o cumprimento dos deveres possam continuar progredindo, e é aqui que se deve explicar o anticapitalismo de Mazzini. Em uma nota autobiográfica, Mazzini explica que a emancipação da classe trabalhadora é, essencialmente, uma luta contra o comércio e o "Capital":

> O aumento das facilidades para a troca e transporte dos produtos do trabalho, aos poucos, emanciparia o trabalho da tirania da troca e do comércio e das classes existentes de intermediários entre o produtor e o consumidor, mas eles não podem emancipá-lo da tirania do Capital; eles não podem dar os meios de trabalho àquele que não os possui.[78]
>
> [...]
>
> Portanto, vocês não devem realizar, por meio de seus próprios esforços pacíficos e da assistência de uma sociedade com deveres sagrados para com cada um de seus membros, a revolução mais fecunda que pode ser concebida - uma revolução que, aceitando o trabalho como base comercial das relações humanas, e os frutos do trabalho como base da propriedade deveriam abolir drasticamente as distinções de classe e o domínio tirânico de um elemento do trabalho sobre o outro e, ao proclamar uma única lei de equilíbrio justo entre produção e consumo, harmonizar e unir todos os filhos de o país, a mãe comum?[79]

---

[76] KING, Bolton. *The life of Mazzini*. London: J. M. Dent & co., 1894, p. 283-284.
[77] *Ibid*, p. 285.
[78] MAZZINI, 1945, p. 182.
[79] *Ibid.*, p. 184.

A visão econômica de Mazzini nunca foi bem pormenorizada e nem ele mesmo fez questão disso, visto que nunca foi sua intenção ser economista; mas de qualquer modo suas opiniões anticapitalistas exerceram considerável influência nas gerações posteriores. O que é mais exato é que a visão de Mazzini se centra num repúdio à ordem econômica liberal e individualista, na qual ele compartilha as críticas socialistas e marxistas. Em verdade, as similaridades do mazzinianismo econômico e o marxismo não passaram despercebidas, como o historiador Gaetano Salvemini apontou no seu clássico estudo: "Comum ao mazzinianismo e ao socialismo marxista é a crença no crescente e benéfico poder social e político da classe trabalhadora, o principal elemento novo na história"[80]. A importância da classe trabalhadora, tanto para Marx, quanto para Mazzini, levou-os a considerar a arregimentação da classe trabalhadora como um condição prática necessária para abolir um dos piores males: a propriedade privada, justamente porque Mazzini também aceita, como princípio regulador da distribuição de propriedade na sociedade, a teoria do valor-trabalho: "A associação do trabalho e a divisão dos frutos do trabalho, ou melhor, dos lucros da venda de suas produções entre os produtores, na proporção da quantidade e do valor do trabalho realizado por cada um – este é o futuro social"[81].

O princípio de associação, dentro da visão econômica de Mazzini, torna-se o veículo para uma sociedade, ao que aparenta, sindicalizada: "Por que vocês não se emancipam do jugo do trabalhado assalariado e se tornam produtores livres e senhores da totalidade da produção que vocês criam?"[82]. A visão é um pouco turva, mas se pode perceber seus contornos no sentido que a propriedade dos meios de produção seria gerida coletivamente, e a distribuição dos bens e dos rendimentos seguiria alguma medida objetiva que quantificasse o "valor do trabalho realizado por cada um". Novamente, o mazzinianismo peca por clareza conceitual, e essa visão econômica da "sociedade dos produtores" é um dos melhores exemplos. Talvez, seja mais fácil compreender o que Mazzini, com essas ideias, desejava expurgar da Itália: o grande latifúndio e as nascentes empresas capitalistas, na intenção de socializar essas propriedades entre a classe dos produtores. Deve-se deixar claro que Mazzini repudiava a ideia de o Estado controlar os meios de produção, incumbindo essa tarefa às "associações dos produtores" — embora ele reconhecesse a necessidade do Estado em gerir alguns serviços, como o transporte coletivo —, conceito que também não é muito esclarecido em seus escritos.

---

[80] SALVEMINI, Gaetano. *Mazzini*. London: Jonathan Cape, thirty Bedford square, 1956, p. 161.
[81] MAZZINI, 1945, p. 185.
[82] *Ibid.*, p. 184.

Embora haja certas afinidades entre Mazzini e Marx, ambos os autores não se viam como similares. Mazzini desejava a emancipação da classe trabalhadora não para realizar uma revolução proletária, mas para que a humanidade toda fosse conciliada sob o desígnio da lei moral de deus: "O verdadeiro homem pensará não apenas em sua classe, mas em sua pátria, e não somente em sua pátria, mas nos sofrimentos e direitos dos homens em todo o mundo"[83]. A unificação da nação não é algo contrário à emancipação da classe trabalhadora, mas um passo essencial para que as condições materiais e morais possam continuar avançando por meio da associação entre os produtores; a própria nação acabaria por se tornar uma grande associação de produtores cumprindo seus deveres. Nesse sentido, Mazzini entendia a revolução marxista e o Manifesto Comunista como um retrocesso materialista indefensável: "Na verdade, o Manifesto Comunista constituiu a negação de todas as razões éticas e religiosas que inspiraram a doutrina de Mazzini; era o apelo à revolta social para fins puramente econômicos"[84]. A luta de classes não apenas destruiria a colaboração associativa nacional, mas impediria que o homem pudesse apreender seus deveres designados por deus justamente porque no marxismo não há deus.

O socialismo mazziniano é um socialismo "utópico" — na concepção marxista — e profundamente antimaterialista, provavelmente pela grande influência que Saint-Simon exerceu no jovem Mazzini. Em verdade, embora possamos facilmente considerar o mazzinianismo como uma vertente do socialismo, o próprio Mazzini ficou muito anos se opondo aos socialistas de seu tempo: "Sob o nome de socialismo, esses homens [pensadores franceses] introduziram doutrinas exclusivas e exageradas, muitas vezes antagônicas às riquezas já obtidas por outras classes, e economicamente impossíveis"[85]. É difícil entender em que medida e os motivos de Mazzini achar as outras vertentes socialistas, como o "Sansimonismo, Fourierismo e Comunismo", tão economicamente impossíveis em comparação com seu próprio pensamento econômico; tudo que o genovês nos diz é que "seus promulgadores os estragaram ou frustraram pelos métodos falsos ou tirânicos pelos quais se propunham aplicá-los"[86].

O antimaterialismo mazziniano é o motivo pelo qual Mazzini se opôs veementemente a ambos liberalismo e marxismo, justamente porque

---

[83] KING, 1894, p. 286.
[84] LANDI, 1937, p. 7.
[85] MAZZINI, 2010, p. 125.
[86] Idem.

ambos teriam suas raízes e justificativas numa concepção materialista do homem e da sociedade, negando qualquer influência da esfera divina ou metafísica. O liberalismo, com seu *homo economicus* e individualismo, nega a possibilidade da associação dos produtores e coloca a ganância e a sede por riquezas acima de qualquer valor moral ou dever mais elevado. O marxismo vai um passo mais longe e concebe toda a história humana como um grande véu de mentiras acobertando a verdadeira razão de ser do homem e da sociedade: a busca pelo controle dos meios de produção, tendo deus e os valores morais como epifenômeno desse sustentáculo econômico. Para Mazzini, tanto o liberalismo, quanto o marxismo emergiram da Revolução Francesa e do Iluminismo, que, com o rechaço da religião e da metafísica, o foco nos direitos individuais do homem e a crescente industrialização econômica, colocaram o indivíduo e a produtividade econômica como o centro do universo. O ideal humano mazziniano é justamente o oposto do materialismo: "a sociedade humana em seus múltiplos aspectos e em sua complexa organização tem um conteúdo profundamente ético e deve perseguir objetivos espirituais tão sublimes que às vezes assume um aspecto místico e religioso"[87].

De fato, Mazzini reconhece no "maquiavelismo e materialismo" as duas grandes moléstias de seu tempo, sendo o materialismo culpado por precipitar, "por meio da adoração do interesse próprio, ao egoísmo e à anarquia"[88]. Mazzini não teve como prioridade acabar com a pobreza material, mas, sim, o egoísmo e o individualismo, que ele considerava as fontes da pobreza:

> A teoria de Mazzini era religiosa e moral, que visava tornar o homem mais virtuoso e, por meio da virtude, um ser mais feliz. Não foi tanto a pobreza que ele se propôs a destruir, mas o espírito de egoísmo e interesse próprio, que ele considerava a causa da pobreza como de todos os outros males sociais; e ele queria destruí-lo pela força moral de uma educação que revelaria aos homens a necessidade de uma nova ordem religiosa, política e econômica baseada na associação. O socialismo, por outro lado, é um sistema econômico e político que considera como problema fundamental a ser resolvido o da produção e distribuição da riqueza, de modo a aumentar o bem-estar do proletariado; desse aumento na prosperidade material deve decorrer o desaparecimento, ou pelo menos o

---

[87] LANDI, 1937, p. 9.
[88] MAZZINI, 2010, p. 15.

decréscimo, do vício e da depravação. Enquanto o socialismo brota da filosofia do utilitarismo como necessária e moral, o sistema de Mazzini pressupõe a filosofia da liberdade e a moralidade do dever.[89]

O mazzinianismo pode ser facilmente caracterizado como uma vertente de socialismo antimaterialista e deísta, independentemente da aprovação do próprio Mazzini. A sua principal missão como apóstolo desse socialismo antimaterialista era a de moralizar e guiar os italianos a cumprirem seus deveres por meio do trabalho associativo, na tentativa de extirpar vícios como o egoísmo e, por consequência, a propriedade privada dos meios de produção e o capital em prol de uma economia plenamente associativa. A luta de classes deve ser evitada porque tanto o proletário quanto o burguês são enquadrados dentro da nova economia associativa depois de devidamente educados e moralizados para cumprirem seus deveres; todos se tornam produtores da nação.

A oposição de Mazzini à Revolução Francesa e à concepção dos Direitos do Homem advém do seu antimaterialismo, que, na sua opinião, havia se tornado o lugar-comum da intelectualidade europeia — com exceção do idealismo alemão — por meio do liberalismo, do socialismo e do positivismo[90]. Embora Mazzini tenha ido na contramão da intelectualidade europeia e erigido tanto os deveres, quanto os direitos em uma base metafísica e divina — mesmo que nunca completamente definida —, ele não desejava retornar ao *ancien régime* e ao direito divino dos reis, e isso se nota nas suas opiniões republicanas e anticatólicas. A luta mazziniana era pela mente e corações dos italianos, pela capacidade de educá-los e guiá-los para um caminho também revolucionário em busca de uma nação unificada e, depois, expandida para o resto do mundo, livre dos vícios e paixões que Mazzini entendia como danosas a uma vida digna, como o egoísmo e o amor às posses materiais, "porque o homem, libertando-se de qualquer interesse materialista, se encontra no seu povo, e assim os povos numa fraternidade universal, sendo a alma dos povos a própria manifestação de Deus"[91].

---

[89] SALVEMINI, 1956, p. 171.
[90] O positivismo é fundamentado na ideia de que toda a realidade, até mesmo a social, pode ser discernida pela causalidade científica, criando a expectativa de que o ser humano, suas ações, vontades e pensamentos, assim como a própria sociedade, possa ser compreendido e explicado por meio de leis sociais do mesmo calibre das leis da termodinâmica. O materialismo é, muitas vezes, associado com o positivismo por considerar apenas a realidade sensível e discernível cientificamente como verdadeira, repudiando qualquer tipo de metafísica — religiosa ou não — como *nonsense*.
[91] MESSINA, 2013, p. 74.

O destino *post-mortem* de Mazzini é curioso. Devido à já aludida qualidade da linguagem dos textos mazzinianos e em parte à própria imagem pública de Mazzini como um apóstolo revolucionário inconstante, levaram-no a figurar como um controverso "profeta do *Risorgimento*", embora a própria participação de Mazzini nos eventos que levaram a unificação da península não tenha sido tão decisiva quanto às de Garibaldi e Cavour. De qualquer modo, a imagem de Mazzini e seu nacionalismo antimaterialista servem como uma referência intelectual do *Risorgimento* e foi utilizada de diversos modos desde sua morte, em 1872, influenciando líderes que vão desde o presidente americano Woodrow Wilson, passando por Mahatma Gandhi e indo até o presidente da defunta república chinesa Sun Yat-sem; naturalmente, a influência na Itália foi mais profunda. Como dito anteriormente, o mazzinianismo, em suas variadas facetas, acabou por influenciar uma pletora de movimentos e intelectuais amiúde de polos políticos e ideológicos diferentes, e isso foi possível pela ampla gama de interpretações possíveis a serem retiradas dos textos mazzinianos. No decorrer do livro, ver-se-á como o mazzinianismo se tornou uma presença intelectual constante nos grupos revolucionários radicais que agitaram a política italiana na primeira metade do século XX.

III Alfredo Oriani

Um dos mais importantes intérpretes do mazzinianismo na segunda metade do século XIX foi o nacionalista Alfredo Oriani, que, embora tenha caído num breve esquecimento após sua morte, ressurgiu em popularidade por meio de Bendetto Croce durante as décadas de 20 e 30. Oriani é importante porque sua interpretação do mazzinianismo serviu de catalisador e inspiração para movimentos radicais na virada do século.

Primeiramente, deve-se esclarecer que o trabalho de Oriani como historiador é considerado duvidoso e não é na acuidade que reside sua verdadeira importância, mas na influência que exerceu na geração da virada do século por meio de sua produção histórica "titânica", isto é, voltada para uma concepção elitista do homem e da sociedade. Oriani, já iniciando com uma generalização histórica, afirma no seu *La Rivolta Ideale* que em cada "época e em cada grupo humano, a excelência de alguns indivíduos ali levantou governantes sobre os outros, que obedecendo instintivamente trocaram a liberdade por uma nova segurança"[92], resultando na natural

---
[92] ORIANI, Alfredo. *La rivolta ideale*. Napoli: Ricciardi, 1908, p. 20-22

ascensão de uma aristocracia que se responsabiliza pela "vida de todos" e se torna a "guardiã" da tradição, chegando ao ponto de ter que "pensar e desejar pelos outros", constituir a pátria, a religião, unir os indivíduos às famílias e organizar a "propriedade e o trabalho". Oriani resume a "função aristocrática" em duas principais responsabilidades imprescindíveis: "a função aristocrática é, portanto, dupla: desenvolver a ideia que constitui a essência de um povo, e, nisso, representar o próprio caráter"[93].

A visão aristocrática de Oriani tem como pressuposto uma concepção de homem como um animal político, que desenvolve suas capacidades morais e sociais no seio da comunidade histórica que o abriga: "A formação do caráter moral da domesticidade é a essência e a finalidade da família" e, por consequência, "a família prepara o homem para o Estado, o Estado prepara o cidadão para a humanidade". A formação moral do indivíduo é a principal função das instituições como o Estado e a família, que buscam harmonizar a liberdade individual com a autoridade do direito público: "A luta do elemento individual com o elemento social constitui a substância da história: enquanto o indivíduo não for livre no Estado, não o será na família". A liberdade é conquistada quando os interesses dos indivíduos se encontram em harmonia com os ditames do Estado, porque o "Estado não é a soma de seus próprios indivíduos, mas uma unidade superior deles"[94].

A manifestação da vontade do Estado, que representa harmonicamente a vontade dos indivíduos, ocorre na história: "Mas todo povo tem uma alma coletiva, um gênio, como diziam os antigos, que se manifesta pelo caráter em uma dada zona de tempo e espaço: portanto, cumpre sua função, se estabelece"[95]. A alma coletiva de um povo, representada no Estado, acaba na prática caindo nas responsabilidades da aristocracia natural. Nesse sentido, a histórica titânica de Oriani, com todos esses pressupostos, necessariamente implica um julgamento negativo sobre as massas, relegando-as a um papel passivo na história e chegando mesmo a dizer que "nenhum corpo é tão permeável quanto a alma plebeia, nenhum movimento mais lento que seu cérebro"[96]. Assim, a aristocracia e a massa se encontram em polos mais ou menos opostos nas movimentações sociais históricas, e não há dúvidas que para Oriani uma das funções da aristocracia é justamente convencer e utilizar a massa para a criação da alma coletiva em um dado momento histórico.

---

[93] *Ibid*, p. 22-24.
[94] *Ibid.*, p. 9-10.
[95] *Ibid.*, p. 22
[96] *Idem.*

Fica mais fácil compreender a interpretação e o julgamento de Oriani acerca do mazzinianismo tendo em mente a sua perspectiva histórica elitista. A interpretação de Oriani pode ser dividida, essencialmente, em duas partes, a primeira feita por volta de 1880, e a segunda sendo uma readequação para o contexto político de 1900. Na primeira interpretação já se encontram presentes alguns julgamentos importantes acerca da funcionalidade do mazzinianismo para a luta política, mesmo descontando suas aparentes contradições: "Oriani sublinhou as contradições ideológicas presentes no pensamento de Mazzini e os elementos de irrealidade que produziram; mas também, paradoxalmente, a coesão que eles poderiam gerar"[97]. Essa coesão advinda das ideias e linguagem paradoxais de Mazzini o colocaram como, segundo Oriani, o primeiro a falar "do povo com o povo", pregando uma "democracia que somente as massas poderiam alcançar seu triunfo, porque somente elas eram o povo"[98]. É nítido uma tentativa de distanciamento de Oriani, nessa primeira fase interpretativa, na qual ele buscava uma visão de Mazzini sem vieses partidários, e conclui que, embora Mazzini tenha angariado enorme popularidade e se destacado como uma das mais emblemáticas figuras nacionalistas da Itália no século XIX, as "antinomias de seu caráter religioso e revolucionário agravam sua já débil posição"[99], provável motivo de suas falhas na arena política durante o *Risorgimento*[100].

Há uma distinta tonalidade mazziniana nas concepções de nação e nacionalidade em Oriani — embora ele tenha adicionado um elemento racial nas suas formulações, mas essa questão racial é mais espiritual que biológica —, que se centram em uma construção histórica desenvolvida e concretizada por um povo e sua aristocracia, porque "a nação está nele [indivíduo] como em uma cidadela inexpugnável" e que sobreviverá "enquanto seus indivíduos tiverem essa ideia de Estado dentro de si"[101].

A nacionalidade de um povo é a representação de sua consciência de si mesmo na história, que busca se constituir como uma nação e, se for bem-sucedido, resultará num Estado: "O estado como individualidade espiritual, entretanto, não é toda a espiritualidade de um povo [....], é apenas a sua consciência atuando na lei, a bandeira invisível nas guerras, a segurança

---

[97] SULLAM, 2015, p. 44.
[98] ORIANI, Alfredo. *La lotta politica in Italia. Origini della lotta attuale*. Firenze: Soc. Anonima Editrice "La Voce", 1921. v. II, p. 84-85.
[99] *Ibid.*, p. 85-86.
[100] *Ibid.*, p. 86-88.
[101] ORIANI, 1908, p. 69-70.

latente da fronteira em paz"[102]. Para a construção da nacionalidade e do Estado, Oriani também dá ênfase nos deveres do povo na consecução desses objetivos, certamente ecoando os *Doveri Dell'Uomo* de Mazzini, exortando os cidadãos a permanecerem "sujeitos à pátria, não porque nossa vida prosperou ali, mas porque a pátria é a personalidade histórica da raça, sem a qual nossos indivíduos não poderiam ter sido formados"[103]. O outro lado dos deveres se estabelece pela obrigação do Estado, representante máximo da nação e do povo, em exercer sua autoridade ao harmonizar a vontade coletiva de uma maneira análogo a um dogma religioso: "A política existe apenas na medida em que é fixada nas leis, assim como na religião nos dogmas: seus órgãos, portanto, expressam uma autoridade"[104]. Assim, O mazzinianismo encontrou mais uma de suas interpretações e forma de propagação por meio do projeto político de Oriani, que almejava nada menos que a constituição de uma Itália antidemocrática, autoritária e expansionista, com um forte Estado como representante máximo da vontade geral da raça italiana no século XX.

Mas há algo mais a se falar acerca da visão sociológica de Oriani. Embora suas exortações políticas acerca da necessidade da Itália se tornar uma grande potência imperialistas não sejam inéditas, os seus fundamentos na sociologia elitista formam um conjunto bastante potente e influente: "Em última análise, no entanto, o elitismo de Oriani prevaleceu junto com seu desprezo pelo destino da democracia, o ideal de uma 'nova aristocracia' cruzando as classes"[105] e o desprezo pela massa, conduzindo a um poderoso tipo de nacionalismo elitista que tentava finalizar a unificação do povo com o Estado, herança do *Risorgimento*[106]. Na verdade, esses pressupostos sociológicos se encontravam bem difundidos na época em que Oriani escreveu suas obras, e não há dúvidas que ele foi influenciado pelo debate antiparlamentarista e pela literatura da sociologia elitista do final do século XIX[107]. Foi preciso colocar Oriani, neste capítulo, pela sua enorme proximidade com Mazzini e o *Risorgimento*, mas ele também possui afinidades facilmente reconhecíveis com os sociólogos elitistas e antidemocráticos, no que é hoje amiúde reconhecida como a "sociologia protofascista".

---

[102] *Ibid.*, p. 70-80.
[103] *Ibid.*, p. 80-90.
[104] *Ibid.*, p. 90-95.
[105] SULLAM, 2015, p. 47.
[106] *Idem.*
[107] Para uma visão mais completa acerca das influências de Oriani, *cf.*: MANGONI, Luisa. Oriani e la cultura politica del suo tempo. *Studi storici*, Louis Gernet e l'antropologia della Grecia antica, anno 25, n. 1, p. 169-180, jan./mar. 1984.

A SOCIOLOGIA PROTOFASCISTA

I O animal social e a psicologia coletiva

A clássica caracterização aristotélica do homem como um *zôon politikòn* — animal político — foi, durante mais de dois milênios, utilizada de várias formas, a fim de caracterizar as qualidades sociais e grupais do ser humano em generalizações sociológicas e políticas. Comumente se imagina que a intenção original de Aristóteles era a de expressar a essência do homem grego como cidadão da *pólis*, e nada mais, mas há uma outra interpretação do *zôon politikòn* aristotélico que contradiz a suposta intenção original. Aristóteles, em uma famosa passagem da sua Política, afirma que os "animais políticos são aqueles para quem uma coisa comum é tarefa de todos. Assim são o homem, a abelha, a vespa, a formiga e a garça"[108]. Da mesma forma, ele continua afirmando que "o homem é um animal político em maior grau do que as abelhas ou outros animais gregários[109]", e não se pode deixar de notar que se Aristóteles intencionava se referir *apenas* à essência do homem grego como cidadão da pólis, por que colocar outros animais igualmente como animais políticos que se diferenciam do homem por uma questão de grau?

Fica claro que os animais políticos são aqueles que se engajam em formas complexas de cooperação em busca do bem comum de sua comunidade, e o homem e a pólis são apenas o exemplo mais bem-sucedido desse impulso à cooperação mútua para o bem comum. Ao especificar o *político* como uma característica da natureza humana, Aristóteles não pode estar se referindo apenas ao *status* dos homens na pólis, porque as mulheres e os escravos, embora não fossem considerados cidadãos, são seres humanos possuidores da aludida característica política, logo, o que torna o ser humano um animal político é o *impulso* natural de se engajar em uma vida comunitária com os seus semelhantes[110]. A diferença de grau entre o ser humano e o resto dos animais se dá por meio de capacidades inatas que facilitam a cooperação social (como linguagem e senso de justiça), possibilitando atualizar essas capacidades, a fim

---

[108] KRAUT, Richard. *Aristotle*: Political philosophy. Founders of modern political and social thought. New York: Oxford University Press, 2002, p. 250.
[109] *Idem.*
[110] *Ibid.*, p. 250-252.

de alcançar uma comunidade complexa. Assim, após estabelecer a natureza política e comunitária do indivíduo, Aristóteles afirma que há uma conexão entre a disposição inata que temos de formar comunidades políticas e o papel que essas comunidades desempenham no pleno desenvolvimento humano. Embora Aristóteles reconheça que os indivíduos possam viver fora da comunidade, é apenas na vida comunitária que o indivíduo consegue desenvolver todas as suas potencialidades, concluindo que a estrutura comunitária do instinto humano é obra da natureza[111].

Mais de dois mil anos após Aristóteles e o seu *zôon politikòn*, a sociologia europeia durante o século XIX e o começo do século XX também buscou compreender e encontrar a natureza social do homem: o animal social. Inspirados pelos recentes avanços das ciências biológicas e antropológicas, essa sociologia tentou formular "leis" da natureza social do homem e seus efeitos mais dramáticos, como a constituição dos regimes políticos e a emergência das revoluções. Os trabalhos produzidos por sociólogos como Ludwig Gumplowicz Gustave Le Bon, Gaetano Mosca e Vilfredo Pareto tiveram um impacto tremendo na evolução do pensamento político revolucionário e radical que culminou, direta e indiretamente, na ascensão do fascismo.

Gumplowicz, embora largamente esquecido hoje em dia, foi um sociólogo polonês extremamente influente em vários círculos intelectuais europeus, tanto conservadores, quanto revolucionários anarquistas e marxistas, o que indica a amplitude do impacto de suas obras. O aspecto principal e mais marcante das teorias sociológicas de Gumplowicz e um dos motivos de sua enorme influência é o seu ponto de partida metodológico: os *grupos sociais*. Diferentemente do individualismo liberal, Gumplowicz tomou como ponto inicial da investigação sociológica os "elementos sociais heterogêneos" que compõem a humanidade: o indivíduo é muito restrito e idiossincrático e a humanidade muito abrangente e diversa, o mais sensato era algo no meio desses dois extremos:

> Portanto, surge a pergunta: Quais são os substratos das leis sociais? Quais são os meios pelos quais a força se manifesta quando inferimos leis sociais a partir de seu comportamento? Obviamente, o meio não é o indivíduo, sobre o qual se pode manifestar uma lei psíquica ou física, mas não social. Às vezes se pensa que a "humanidade" possui o substrato; mas erroneamente, pois deve haver elementos heterogêneos onde quer que se espere uma ação recíproca e uma interação de forças.

---
[111] ARISTÓTELES. *A política*. São Paulo: Edipro, 2009, p. 16-17.

> Se a humanidade é concebida como uma unidade, a condição necessária para a ação de forças opostas é, por suposição, ausente. Além disso, em nenhum lugar da terra, e em nenhum momento, seja na era atual ou na mais remota antiguidade, a humanidade foi considerada uma substância simples. Sempre consiste em um número incontável de elementos étnicos distintos (heterogêneos). Assim, fui levado a buscar o ponto de partida da investigação sociológica na hipótese de que havia originalmente um número indefinidamente grande de elementos étnicos distintos (heterogêneos) [...].[112]

É importante destrinchar o que Gumplowicz quer dizer com elementos heterogêneos: essencialmente, representam uma diferenciação entre vários grupos humanos em que uma distinção substancial ocorra. A mais primordial que Gumplowicz aponta é a *étnica*, concernente às diferentes raças humanas, defendendo o ponto que a humanidade mais antiga era subdividida em várias hordas e tribos diferentes, que deram origem às modernas raças[113]. As opiniões de Gumplowicz acerca das diferentes raças e seus conflitos na história, como representado no seu livro intitulado *Der Rassenkampf* (a luta racial), tiveram consequências infelizes para a antropologia alemã do século XX com a ascensão de um racismo virulento, embora o próprio Gumplowicz tenha recorrentemente afirmado que a raça e as lutas raciais não eram o fator histórico definitivo da evolução social[114]. Mas Gumplowicz claramente reconhece outros fatores igualmente importantes que influenciam mais profundamente a evolução dos diferentes grupos humanos como o "nascimento e a formação" no seio da comunidade, capaz de "transmitir a linguagem, a moral, as ideias e a religião"[115], todas características que, conjugadas, tornam-se capazes de fazer com que o indivíduo seja devidamente socializado na coletividade[116].

Todas essas características que surgem no seio da vida coletiva são parte dos elementos heterogêneos e representam as características primordiais do animal social. Gumplowicz passou a interpretar a história como uma constante luta entre as diferentes coletividades caracterizadas por alguns desses elementos heterogêneos — hordas, famílias, comunidades

---

[112] GUMPLOWICZ, Ludwig. *The outlines of sociology*. Philadelphia: American academy of political and social science, 1899, p. 92.

[113] *Ibid.*, p. 92-101.

[114] *Cf.*: GREGOR, A. James. *Marxism, Fascism and Totalitarianism, chapters in the intellectual history of radicalism*. Stanford: Stanford University Press, 2009, p. 295 e 576.

[115] GUMPLOWICZ, 1899, p. 102.

[116] *Idem*.

étnicas e/ou religiosas, nacionalidades etc. —, e o curso dessa luta acabou moldando os diferentes grupos humanos e definindo suas características mais marcantes: o conflito é o que impele as mudanças sociais. A natureza social do homem é devida à herança adquirida da comunidade em que ele acaba por ser inserido: a linguagem, a religião, a cultura mais em geral etc.

O posicionamento político de Gumplowicz reflete a sua opinião sociológica; ele rechaça o liberalismo, o individualismo e a doutrina dos direitos individuais da Revolução Francesa ao afirmar que o indivíduo, por si só, não é capaz de usufruir tais direitos por sua inerente fraqueza diante das instituições sociais: "o indivíduo não lucrou nada com todos esses direitos; confiando apenas neles, ele se lançou contra as barreiras inflexíveis das instituições sociais que nenhuma proclamação de liberdade individual pode impor"[117]. Por outro lado, Gumplowicz rejeitou as aspirações coletivistas do socialismo e do comunismo ao considerá-las utópicas, visto que, à época que escreveu seu livro, não haviam ocorridas experiências empíricas relevantes para comprovar a viabilidade ou inviabilidade das ideias coletivistas.

Essa incapacidade do indivíduo de atuar e determinar seu destino encontra uma justificativa mais relevante na visão de que o indivíduo por si só *não é capaz de pensar*. Gumplowicz expressamente afirma:

> O grande erro da psicologia individualista é supor que o homem pensa. Leva à busca contínua pela fonte do pensamento no indivíduo e pela razão pela qual o indivíduo pensa assim e não de outra forma; e leva teólogos e filósofos ingênuos a considerar e até mesmo aconselhar como o homem deve pensar. Uma cadeia de erros; pois é não o próprio homem que pensa, mas sua comunidade social; a fonte de seus pensamentos está no meio social em que vive, na atmosfera social que respira, e ele não pode pensar outra coisa senão o que as influências de seu ambiente social que se concentram em seu cérebro exigem.[118]

O indivíduo, animal social, é, para Gumplowicz, uma criação coletiva que evoluiu no seio de uma comunidade histórica e que herdou todo o resultado dessa evolução na forma de pensar, comunicar-se e interagir com a cultura. A consequência óbvia de tal visão sociológica é perceber o indivíduo como apenas uma *parte* dependente do *todo* social, que se constitui como *massa*, porque na mente de todo indivíduo está condensada

---

[117] *Ibid.*, p. 156.
[118] *Ibid.*, p. 156-157.

a herança de uma longa evolução coletiva que impacta decisivamente o caráter mental dos membros da coletividade, rendendo-os, no julgamento de Gumplowicz, incapazes de pensar, sentir e imaginar fora dos padrões e esquemas mentais provenientes da evolução histórica da comunidade[119]. Mas há mais que isso: contida nessas formulações está pressuposta a ideia de que a sociabilidade natural do homem e sua identificação com alguma comunidade é consequência de uma variedade de influências histórico-culturais muito complexas e antigas, não sendo possível a sua limitação a alguma variável mais vistosa ou popular como a classe ou a nacionalidade, essas mesmas também consequências do desenvolvimento histórico de outros fatores culturais muito mais profundos.

Embora Gumplowicz tenha sido um dos primeiros e mais influentes a expressar essa visão sociológica, ele foi acompanhado pelo francês Gustave Le Bon no seu *Psychologie des foules* (A psicologia das multidões/massas), livro extremamente popular em toda a Europa na virada do século. Le Bon estava bem ciente das profundas mudanças sociais ocorridas no decorrer do século XIX como a emergência da indústria moderna, a rápida urbanização das grandes cidades e a nova política de massas com o avanço dos movimentos sufragistas nas sociedades ocidentais. A principal preocupação de Le Bon era justamente o efeito das massas na nova era da política democrática sob o sufrágio universal. Essa preocupação surgiu, na opinião de Le Bon, do fato que grandes mudanças civilizacionais ocorrerem na esteira de "modificações profundas nas ideias dos povos", e onde mais isso poderia ter impacto se não na recém-chegada era do sufrágio universal? Le Bon assim justifica sua empreitada sociológica:

> A época atual é um desses momentos críticos em que o pensamento da humanidade está em processo de transformação. Dois fatores fundamentais estão na base dessa transformação. O primeiro é a destruição das crenças religiosas, políticas e sociais em que todos os elementos de nossa civilização estão enraizados. A segunda é a criação de condições inteiramente novas de existência e pensamento como resultado das modernas descobertas científicas e industriais. As ideias do passado, embora meio destruídas, sendo ainda muito poderosas, e as ideias que as substituirão ainda estão em processo de formação, a idade moderna representa um período de transição e anarquia.[120]

---
[119] *Ibid.*, p. 158.
[120] LE BON, Gustave. *The crowd:* A study of the popular mind. New York: The Macmillan Co., 1896. Introduction, XVI.

A principal dessas mudanças nas ideias das massas era a do direito ao voto oriundo do movimento sufragista. Apenas 100 anos antes de Le Bon escrever seu livro, a política europeia era, na sua maior parte, negócio particular de uma pequena elite reinante que decidia a portas fechadas os destinos dos povos; agora, no limiar do século XX, eram as massas que estavam a ter mais peso e influência nos rumos dos Estados e a classe governante se via cada vez mais presa à opinião popular. Compreender o pensamento das massas era compreender os possíveis rumos futuros da geopolítica mundial.

Percebe-se no *Psychologie des foules* uma forte veia elitista quando Le Bon considera as massas uma verdadeira ameaça a civilização de sua época; ele equaliza as massas com ideias como o marxismo e o anarquismo revolucionário, ideias que, segundo o autor, só buscam a destruição, porque as massas "são apenas poderosas para a destruição", até fazendo uma analogia das massas da Europa industrial com os bárbaros que derrubaram o Império Romano ou com "micróbios que aceleram a dissolução de corpos enfraquecidos ou mortos"[121]. Le Bon deixa claro que as massas são incapazes de manter o processo civilizatório e que apenas uma "aristocracia intelectual" pode fazer isso; as massas são uma força destruidora emergindo no seio da civilização ocidental[122].

Mas primeiro deve-se voltar às características psicológicas das massas. Le Bon clarifica, desde o início, que por multidão ou massa ele não está se referindo apenas a um grupo de pessoas com base na sua quantidade numérica; o critério para qualificar uma aglomeração de pessoas como massa no sentido psicológico é a sua disposição mental coletiva: "Os sentimentos e ideias de todas as pessoas na multidão tomam uma única direção, e sua personalidade consciente desaparece"[123], o que ele chamou de a lei "da unidade mental das multidões". Uma multidão de indivíduos em um local sem um fim ou atividade específica não se qualifica como massa no sentido psicológico, não há unidade de pensamento e ação nessas pessoas, só uma aglomeração numérica. Le Bon explica que essa disposição mental coletiva não requer necessariamente uma multidão ativa em algum lugar específico, mas pode atingir milhares de indivíduos dispersos pela nação mediante os meios de informação; a massificação de uma coletividade pode ser um processo lento enquanto ideias maturam e se espalham pela sociedade. Mas, obviamente, a massa encontra sua razão de ser e exprime sua força nos atos violentos e efusivos, geralmente momentos marcantes da história.

---

[121] *Ibid.*, p. XX.
[122] *Idem.*
[123] *Ibid.*, p. 2.

Le Bon coloca como característica imprescindível de uma multidão massificada o desaparecimento da personalidade e da consciência individual — ele usa ambos os termos como sinônimos — e a sua fusão numa mentalidade coletiva que pensa e age com base em certas predisposições. Ao se tornar um ente coletivo, o indivíduo, no meio da massa, perde suas próprias características particulares como a razão, a inteligência e o senso moral para se adequar ao mínimo denominador comum do grupo, um aceite tácito de uma nova característica que, se deixado a um ato individual, jamais seria conscientemente aceita. Essas novas características se fixam no inconsciente do indivíduo massificado por meio de certas predisposições já presentes nele, e são essas predisposições que têm uma importância fundamental. Le Bon expressamente afirma que "nossos atos conscientes são o resultado de um substrato inconsciente criado na mente principalmente por influências hereditárias", um substrato que consiste em "inúmeras características comuns, transmitidas de geração em geração, que constituem o gênio de uma raça"[124].

Muito similarmente a Gumplowicz, Le Bon aponta a força poderosa que o substrato inconsciente tem na mente e na capacidade de atuação da massa. Gumplowicz rejeita o individualismo e afirma que a verdadeira força social está nos elementos heterogêneos dos grupos sociais herdados de uma longa evolução histórica; Le Bon, embora um pouco mais circunspecto, tem uma opinião similar quanto à tremenda força de persuasão e controle que as predisposições têm na mente das massas. Por raça Le Bon, que também era um antropólogo, está apontando para a mesma concepção de Gumplowicz: certas disposições mentais e morais, ideias religiosas e culturais, que se desenvolvem no decorrer da história e se solidificam como o caráter de uma coletividade específica. Como ilustração, Le Bon aponta para as diferenças entre as massas "latinas" e as "anglo-saxãs", isto é, entre os franceses e os ingleses. Os franceses, devido à evolução histórica das características de sua nação e cultura, tornaram-se um tipo de massa violenta e revolucionária, culminando na Revolução Francesa e a destruição das guerras napoleônicas, enquanto os ingleses, há séculos, tornaram-se famosos pela sua prudência política e ceticismo filosófico[125].

Apesar de Le Bon ter em mente as mudanças radicais ocorrendo em seu tempo, principalmente no mundo das ideias que estavam se tornando

---
[124] *Ibid.*, p. 3-7.
[125] *Ibid.*, p. 21.

populares como o sufrágio universal, a perspectiva sociológica traçada no seu *Psychologie des foules* é decididamente centrada nas características coletivas e sociais do ser humano. Se a massa é facilmente influenciada pelas predisposições da comunidade, isso implica que o indivíduo, embora possa ser racional e crítico, também é facilmente influenciável; o substrato inconsciente do indivíduo, mesmo que fora da pressão intensa da massa, é igualmente enraizado pelas predisposições evolutivas da comunidade. Com base nesse pressuposto, Le Bon passa a explicar quais são as características das ideias e sentimentos mais suscetíveis às sensibilidades da massa. Embora haja certas ideias e sentimentos mais ou menos viáveis a depender do tipo de massa — isto é, a depender das predisposições de cada tipo de massa —, certas características gerais se mostram óbvias:

> Sendo as ideias acessíveis apenas às multidões depois de terem assumido uma forma muito simples, muitas vezes devem passar pelas transformações mais profundas para se tornarem populares. É especialmente quando estamos lidando com ideias filosóficas ou científicas um tanto elevadas que vemos quão abrangentes são as modificações que elas requerem para rebaixá-las ao nível da inteligência das multidões. Essas modificações dependem da natureza das multidões, ou da raça a que pertencem, mas sua tendência é sempre depreciativa e no sentido da simplificação.[126]

Na visão de Le Bon, é devido a uma fatalidade da existência que as ideias absorvidas pelas massas e que caem na popularidade de um imperativo categórico ou uma *weltanschauung* são simplificadas e mastigadas para o consumo popular a ponto de, muitas vezes, perdem seu caráter original. Mas o ponto principal a ser absorvido aqui é que uma ideia não precisa ser *correta* para ser popular: "Além disso, do ponto de vista social, o valor hierárquico de uma ideia, seu valor intrínseco, não tem importância. O ponto necessário a considerar são os efeitos que produz"[127]. Uma ideia pode acabar se tornando parte do inconsciente coletivo — era o que Le Bon temia que acontecesse com as ideias de sufrágio universal — e exercendo enorme influência nas massas a ponto de se tornar uma parte essencial da visão de mundo de uma coletividade. Essa simplificação da ideia massificada faz com que ela se desfaça de suas complexidades e ambiguidades para se apresentar de uma forma "muito nítida, livre de qualquer oposição acessó-

---

[126] *Ibid.*, p. 52.
[127] *Ibid.*, p. 52.

ria ou apenas tendo como acompanhamento alguns fatos maravilhosos ou misteriosos"[128]. Esses fatos maravilhosos são vitórias militares ou grandes momentos de celebração de algum aspecto popular, especialmente quando concernem momentos importantes da história de uma nação. Seguindo o raciocínio de Le Bon, pode-se colocar nessa categoria algumas narrativas simbólicas, religiosas e fantásticas que fazem parte importante do caráter cultural de um povo, assim como concepções filosóficas e morais.

Outro sociólogo de destaque do mesmo período, o italiano Vilfredo Pareto, expressou opiniões similares às de Le Bon e Gumplowicz. A investigação de Pareto começa com uma distinção básica entre os atos "ilógicos" e os "lógicos", sendo os primeiros basicamente os atos impelidos por um amálgama de sentimentos, emoções e instintos geralmente impensados, e os segundos como atos guiados conscientemente por uma ideia pensada de antemão. No decorrer da sua exposição, Pareto substitui essa definição pelas letras "a" — os atos ilógicos — e "b" — os atos lógicos —, definido "a" como correspondentes a "certos instintos do homem ou mais exatamente, dos homens, porque 'a' não tem existência objetiva e difere em indivíduos diferentes", e "b" como "o trabalho da mente na contabilização de 'a'"[129]. Essas definições são então utilizadas para explicar certos fenômenos sociológicos e políticos com a maior abrangência possível, isto é, levando em conta não apenas as formulações intelectuais de um fenômeno — "b" —, mas também o seu efeito social concreto na história e nos indivíduos a ele expostos — "a". Em uma definição final e famosa, Pareto mais uma vez aprofunda sua terminologia e substitui os termos "a" e "b" por, respectivamente, "resíduos" (*residui*) e "derivações" (*derivazioni*), concluindo que a aplicação dessa fórmula resultaria em "derivativos" (*derivati*) como produto da observação sociológica. É uma metodologia comprometida com uma profunda contextualização explicativa do surgimento e efeitos sociais de um dado fenômeno ou teoria intelectual.

Os resíduos de Pareto constituem, como a extensão da prévia definição "a", "certos instintos em seres humanos, e por essa razão, eles geralmente carecem de definição"[130], e têm uma importância particular para o tema aqui em estudo: os resíduos dão ênfase ao elemento essencialmente *subjetivo* e até mesmo *irracional* do julgamento humano na apreciação dos fenômenos sociais e políticos e são particularmente responsáveis pela criação do *mito* nas derivações:

---

[128] *Ibid.*, p. 52-59.
[129] PARETO, Vilfredo. *The mind and society*. Volume II: Analysis of sentiments (theory of residues). Harcourt: Brace and Company, 1935, p. 501.
[130] *Ibid.*, p. 509.

> A princípio, devido à inclinação que o sentimento tem de ir a extremos, há uma tendência marcante nas derivações de se transformarem em ideais e mitos; uma inundação local facilmente se torna a inundação universal, a utilidade para a vida social de seguir certas normas se transforma em mandamentos divinos ou no imperativo categórico. Então, a necessidade de acomodar uma derivação e imprimi-la na mente, de enunciá-la em poucos termos, significa que apenas o principal é levado em consideração e o acessório é negligenciado; um princípio é enunciado, independentemente de restrições, exceções, o que o aproximaria da realidade. [...] Afinal, a eficácia de uma fé em impulsionar os homens a um trabalho forte é tanto maior quanto mais simples, absoluta, com menos restrições, menos dúvidas, isto é, quanto mais se afasta do ceticismo científico; e disso segue-se que a derivação, na medida em que tem o propósito de empurrar os homens para o trabalho, usa princípios simples que transcendem a realidade, que visam a um propósito além, e frequentemente muito além dela.[131]

É uma conclusão bem similar às convicções de Le Bon acerca da necessária simplificação de uma ideia para ser consumida pela massa, a fim de concretizar algum objetivo social ou político. A psicologia das massas é, assim, fatalmente influenciável por formas cada vez mais romantizadas e sentimentais de ideias por meio das predisposições desenvolvidas no seio da comunidade histórica. Esse elemento psicológico é extremamente importante, devido à sua enorme influência na revolução histórica das sociedades, nos sucessos e fracassos dos impérios e nações: "O poder dos conquistadores e a força dos Estados baseiam-se na imaginação popular. É mais particularmente trabalhando com essa imaginação que as multidões são conduzidas"[132]. A massa é um dos elementos essenciais do conflito histórico entre os elementos heterogêneos na acepção de Gumplowicz, e o mundo da virada do século estava se tornando cada vez mais suscetível a transformações radicais por meio do uso de mitos com força suficiente para mover as massas às ações revolucionárias destrutivas.

Por mito se entende qualquer conjunto de ideias ou concepções que impingem deveres, obrigações e um curso de ação dentro de um determinado grupo[133]. A massa, sob a influência de um mito, passa a atuar de acordo com

---

[131] PARETO, Vilfredo. *Trattato di sociologia generale*. Torino: Unione Tipografico-Editrice Torinense, 2013, p. 2448-2449.

[132] LE BON, 1896, p. 58.

[133] GREGOR, A. James. *L'Ideologia del fascismo. Il fondamento razionale del totalitarismo*. Roma: Lulu, 2013, p. 61.

um novo sentimento e acata os direitos e deveres necessários para concluir os objetivos almejados; pode-se mesmo dizer que uma nova moralidade surge no seio da massa durante a luta para fazer valer o seu mito. Dentro de um mito, embora a ideia original tenha sido mastigada para o consumo da massa, há uma hierarquia de valores que revelam os objetivos e os meios a serem usados, e o sucesso na empreitada depende da coesão e capacidade de ação e sacrifício do grupo. Le Bon, como mencionado anteriormente, ao expressar que uma ideia massificada não precisa ser correta ou intelectualmente robusta para o consumo popular, já prefigurava a concepção de mito ao apenas focar nos possíveis efeitos que a ideia poderá produzir.

Embora a massa tenha se tornado um elemento imprescindível para o sucesso da mudança social radical, ela, de longe, não é capaz, por si só, de efetivar tal mudança de forma correta. Ora, a massa, por definição e como aludida por Le Bon, é caracteristicamente inconsciente dos elementos mais profundos das ideias que seguem; ela pensa coletivamente por meio dos sentimentos evocados pela ideia, e não pelo seu conteúdo intelectual. E nem mesmo se pode dizer que é a própria massa que confecciona seus mitos; não é a massa que pega e modifica uma ideia intelectual ou um ideal moral complexo para suas próprias necessidades, isso é papel da elite: "as massas sempre carecem de unidade e organização como resultado, em parte, de sua grande massa, em parte da indolência", resultando que a "luta social depende da disciplina, a minoria leva vantagem porque é pequena"[134].

Tanto Le Bon, quanto Gumplowicz e Pareto mantinham que o embate histórico essencial entre os elementos heterogêneos sociais era dirigido por elites — aristocracias intelectuais na terminologia de Le Bon —, quer sejam intelectuais, guerreiras ou religiosas, utilizando-se da massa para avançar as mudanças desejadas. Essas elites são a personificação de novas características históricas que trazem as mudanças sociais e políticas necessárias por meio de novos mitos que refletem as novas condições do momento histórico.

Assim, o homem é, para esses sociólogos, um animal social, porque sua identidade e até mesmo seu pensamento dependem, em grande medida, do seu envolvimento com a coletividade; as características herdadas da comunidade histórica o marcam definitivamente, servindo como seu principal referencial intelectual e moral. Por uma fatalidade, a maioria dos indivíduos são massa, isto é, pensam, sentem e reproduzem esses referenciais de maneira inconsciente na batalha histórica entre as comunidades; quando

---
[134] GUMPLOWICZ, 1899, p. 143.

uma nova concepção moral, intelectual ou religiosa surge, é travado um conflito pela mente da massa e é esse conflito que determina o destino de uma sociedade. Essas novas concepções são criadas e dirigidas por uma elite que busca incutir nas massas novas aspirações e sentimentos, e essa é a raiz das revoluções e hecatombes históricas. O ramo da sociologia que estuda os impactos dessas elites é, justamente, a teoria das elites.

II A teoria das elites

Ludwig Gumplowicz entendia a história como uma luta entre os elementos sociais heterogêneos que movem a evolução das sociedades. Uma geração de sociólogos italianos influenciados por Gumplowicz, em especial Gaetano Mosca e o já citado Vilfredo Pareto, também compreendia a história como um ciclo de conflitos. Ambos Pareto e Mosca compartilhavam do anti-individualismo de Gumplowicz e do pessimismo de Le Bon acerca da capacidade intelectual e moral do indivíduo médio que constitui a massa das sociedades modernas. Pareto inclusive argumentava que as características intelectuais humanas são distribuídas desigualmente na sociedade na forma de uma "curva gaussiana", onde alguns poucos indivíduos bem-dotados intelectualmente ficam num dos extremos da distribuição, enquanto a maioria dos indivíduos se apinham no centro da mediocridade[135]. Esses pressupostos fatalmente desembocam na visão de uma sociedade em formato de pirâmide, com uns poucos felizardos no topo fazendo parte da elite governante e o resto permeando os vários graus de mediocridade na base da estrutura social.

Gaetano Mosca, por sua vez, concorda com tal concepção social e explicitamente afirma que:

> Em todas as sociedades devidamente constituídas, nas quais existe o que se chama um governo, além de vermos que a autoridade deste se exerce em nome do universo do povo, ou de uma aristocracia dominante ou de um único soberano... encontramos outro fato muito constante: que os governantes, ou seja, aqueles que têm nas mãos e exercem poderes públicos, são sempre uma minoria, e que abaixo destes existe uma grande classe de pessoas, que nunca participam regularmente de qualquer forma do governo, eles não fazem nada, mas sofrem: eles podem ser chamados de governados.[136]

---

[135] PARETO, Vilfredo. *I sistemi socialisti*. Torino: Editore Utet, 1954, p. 19.
[136] MOSCA, Gaetano. *Teorica dei governi e governo parlamentare*. Torino, 1925, p. 16.

Ambos, Mosca e Pareto, concordam que *todas* as sociedades históricas demonstram essa característica: a divisão hierárquica entre uma elite de governantes e uma maioria constituída em massa sem muito poder ou vontade de ação. Para esses sociólogos, trata-se de uma fatalidade da condição natural e biológica do homem e suas radicais diferenças de vigor intelectual. O que vai decidir a "circulação das elites" dentro de uma estrutura social, para usar o termo de Pareto, são as condições sociais de cada momento histórico. Em uma sociedade de caçadores-coletores, a elite governante era constituída dos melhores e mais vigorosos caçadores; numa sociedade feudal, por aqueles que conseguem empunhar com mais eficiência o poder das armas e subjugar os demais e assim por diante, e, para esses sociólogos, é natural que seja assim. Pareto nos faz pensar o que aconteceria com uma sociedade que rejeitasse, por força numérica, a sua elite de melhores e mais capacitados indivíduos; duas coisas podem ocorrer: 1) a desintegração da estrutura social ou 2) a elite rechaçada se reúne numa força revolucionária e toma de assalto a sociedade que a rejeitou[137]. Esse vaivém entre as elites lutando pelo domínio da sociedade é, para Pareto e Mosca, uma das constâncias observáveis da história social.

Um pouco antes das obras de Pareto e Mosca, Gumplowicz escreveu que, historicamente, a massa se "conforma à vontade da minoria governante"[138], e essa submissão à minoria governante é uma das constantes da história. Em 1885, Gumplowicz afirmou:

> O estado é um fenômeno social constituído de elementos que se comportam de acordo com as leis sociais. O primeiro passo é a submissão de um grupo social a outro é a afirmação da soberania; e o núcleo dominante é sempre o menos numeroso. Mas a inferioridade numérica (dos governantes) é compensada pela superioridade mental e por uma disciplina militar mais sólida [...] Um Estado, portanto, é o controle organizado da minoria sobre a maioria. Esta é a única definição verdadeira e universal; é adequada em todos os casos.[139]

A visão que Gumplowicz delineia é bastante similar à interpretação histórica apresentada por Mosca e principalmente Pareto — de fato, Gumplowicz e Pareto compartilham da mesma analogia da sociedade em forma de pirâmide —, na qual a sociedade é um palco de confronto entre certos

---

[137] PARETO, 1954, p. 24-31.
[138] GREGOR, 2013, p. 55-56.
[139] GUMPLOWICZ, 1899, p. 116-118.

elementos sociais buscando se impor como elite governante; as condições históricas apresentam as condições para que uma elite seja substituída por outra mais adequada para o momento histórico.

Gumplowicz, no seu *Rassenkampf*, de 1883, traça uma distinção entre o homem e o animal, e o critério de distinção é o fato de que o homem pode estabelecer comunidades hierárquicas e estratificadas na divisão do trabalho; essa divisão do trabalho, característica fundamental da sociedade humana, é o que possibilita o desenvolvimento da civilização e da cultura. Mas há um aprofundamento importante nessa divisão do trabalho de Gumplowicz: o autor quer dizer que um grupo de elite somente pôde dispensar o trabalho para a subsistência e perseguir objetivos culturais e intelectuais mais nobres ao se apropriar do trabalho dos mais fracos. O argumento começa com Gumplowicz expressando o fato de que nenhuma cultura, ciência ou qualquer outro objetivo nobre pode ser perseguido com afinco se todos os indivíduos tiverem que se ocupar em prover para a própria subsistência, e como nenhum indivíduo, por sua livre e espontânea vontade, resignar-se-ia a trabalhar em dobro para que o intelectual possa especular pensamentos abstratos livremente, a força e a violência foram necessárias para estabelecer a autoridade e o controle de uma elite sobre o resto da massa trabalhadora[140].

Segundo Gumplowicz, o desenvolvimento social na história requereu que essa capacidade de uma elite impor sua vontade sobre a massa e forçar uma divisão do trabalho apropriada para seus objetivos fosse tão difundida e bem-sucedida a ponto de se tornar uma "lei natural", que pode ser provada "tão bem por todo o curso da história conhecida e pelas ocorrências do presente, como o químico pode mostrar a evaporação da água sob a influência do sol, que ocorreu *aeons* atrás, a partir da percepção diária do presente"[141]. É natural, portanto, que a sociedade seja fatalmente dividida entre uma elite exploradora e uma massa de subjugados pagando com seu trabalho pelos supostos avanços culturais, científicos e políticos que a elite provém:

> Mas a essência de tal divisão do trabalho reside no fato de que um trabalha para o outro; somente tal divisão de trabalho permite àqueles para quem é trabalhado elevar suas mentes e estão em posição de voltar suas mentes para objetos superiores, refletir sobre coisas superiores e lutar por uma existência "digna".

---

[140] GUMPLOWICZ, Ludwig. *Der Rassenkampf*. Sociologische Unterschungen. Innsbruck: Verlag der Wagner'Schen Univ.-Buchhandlung, 1883, p. 235-236.

[141] *Ibid.*, p. 237.

> Se todos os humanos, como os animais, fossem instruídos apenas a cuidar das necessidades de sua vida por si mesmos, eles permaneceriam para sempre em condição de animal. Se quiserem se elevar acima disso, um deles deve ser aliviado da obra mais opressora e das preocupações por meio do trabalho do outro.[142]

Há um argumento de Gumplowicz que aprofunda a explicação de como a imposição de uma divisão do trabalho violenta foi possível e que tem como principal ponto a xenofobia. Como nenhum indivíduo aceitaria ser subjugado e forçado a trabalhar o dobro para suprir a elite, não foi o altruísmo ou alguma racionalidade abnegada que tornou possível o controle de sociedades inteiras por pequenas elites, pois se dependesse "da compreensão e da boa vontade do povo, ainda estaríamos na fase em que encontramos a Terra do Fogo no extremo sul da América do Sul"[143]. Segundo Gumplowicz, a natureza se encarregou de incutir nos homens "impulsos poderosos e irresistíveis" que empurram a evolução hierárquica da sociedade e "exigem seu desenvolvimento incessantemente"[144]: a autopreservação e o egoísmo.

Gumplowicz tem como seu ponto de partida os elementos sociais heterogêneos, e o egoísmo aqui aludido é destinado à coletividade como um todo, que se traduz em ódio e expansão belicosa. O instinto de autopreservação e a competição por territórios e recursos forçam as coletividades e se odiarem e a guerrear, e, naturalmente, a mais forte impõe sua ordem e se utiliza dos vencidos para seu bel prazer: a escravidão. É muito mais recorrente na história a imposição da divisão do trabalho escravo nos povos conquistados do que a elite subjugar por completo seu próprio povo, embora isso também ocorra. A elite se expande e busca novos territórios e povos para conquistar e impor sua divisão de trabalho e seus mitos, e isso é visto por Gumplowicz como a solução natural do problema sobre quem "deve trabalhar para o outro, quem deve servir ao outro, quem deve formar o escalão inferior, para que os outros possam escalar níveis mais elevados"[145], uma solução que se baseia na lei do mais forte: "Na 'corrida' pelo domínio, o grupo mais forte decidiu essa questão a seu favor"[146]. Essa histórica competição sanguinolenta se deve ao instinto de autopreservação

---
[142] *Ibid.*, p. 235.
[143] *Ibid.*, p. 236.
[144] *Idem.*
[145] *Ibid.*, p. 236-237.
[146] *Idem.*

e ao egoísmo que, com "violência e superioridade, faz com que o grupo mais fraco sirva aos seus propósitos, subordina-o ao seu governo e dita e regula à força uma divisão do trabalho"[147], um processo que o sociólogo afirma ser facilmente observável em toda parte[148].

Gumplowicz coloca ainda mais explicitamente:

> Mas para além deste simngenismo, profundamente enraizado na natureza do homem, estava a xenofobia, o horror do sangue estrangeiro, a completa indiferença para com o sofrimento do grupo social heterogêneo. E só este ódio aos estrangeiros que tornou possível a iniciação da cultura através da regulamentação violenta da divisão do trabalho, em que os estrangeiros, depois de terem progredido tanto espiritualmente que já não ofereciam ameaça, receberam todo o trabalho árduo necessário para a iniciação de uma vida cultural e para a produção de obras culturais; a produção de obras culturais foi imposta aos estrangeiros.[149]

É um trecho impactante para a sensibilidade moderna, mas era um argumento recorrente nos círculos intelectuais europeus da época: a conquista do outro odiado grupo heterogêneo, a imposição de uma divisão do trabalho e a iniciação cultural dos estrangeiros domesticados é conduzido pela elite por meio de seus mitos historicamente apropriados. A dinâmica histórica gira em torno da rotação das elites em desempenhar esse mesmo papel de expansão cultural violenta e inevitável.

A questão cultural delineada por Gumplowicz é de extrema importância, porque o combustível por trás dessa rotação histórica são os mitos e crenças incutidos na massa. Para que um grupo tenha consideráveis chances de alcançar a proeminência política e se tornar uma elite, é necessário que haja algum tipo de disciplina imposta por meio de uma aceitação mais ou menos voluntária dos membros, isto é, que eles *acreditem* a ponto de se sacrificarem pelo sucesso do grupo. Os elementos sociais heterogêneos em luta se utilizam de ideias envolvidas em sentimentos morais para impor disciplina e táticas, a fim de conseguir a vantagem na busca pelo poder. É somente pela mobilização de conceitos e ideias tornados mitos que um grupo social avança em seus objetivos e deixa sua marca na evolução histórica das sociedades. O objetivo em questão pode ser tanto "revolucionário",

---
[147] *Idem.*
[148] *Ibid.*, p. 237.
[149] *Ibid.*, p. 238.

quanto "reacionário", a história não tem definido qual elite fará o melhor uso do seu respectivo mito, o campo de batalha está aberto e as massas estão aguardando serem movidas pela elite mais capaz e disciplinada.

A coesão do grupo social baseada na obediência e disciplina de seus membros é incutida pela elite com base nos mitos criados ou herdados, e essa relação é, também, o primeiro fundamento da lei entre os indivíduos dentro de uma organização social. Levada à luta entre os diversos grupos sociais, a elite vencedora representa igualmente o mito e o direito que deverá imperar sob os grupos perdedores para que alguma pacificação social possa ser alcançada, isto é, a nova elite tornada Estado impõe seu direito, como disse Gumplowicz:

> O contato hostil de diferentes elementos sociais heterogêneos de força diferente é a primeira condição para a criação de direitos; as condições estabelecidas pela força e aceitas em fraqueza, se pacificamente continuada, torna-se legítima. A desigualdade de poder é essencial, pois os competidores de igual força se desgastariam em conflitos mútuos ou, mais naturalmente se uniriam para sujeitar um mais fraco. Além do mais, a desigualdade está estampada em todos os direitos; o marido manda na mulher, o pai na força da idade comanda os filhos menores, o dono exclui todos os outros do gozo de sua propriedade: todos esses são direitos que expressam as relações ordenadas dos desiguais. É um erro e uma ilusão pensar que os direitos foram ou podem ser igualmente distribuídos. Eles surgem apenas nas relações que existem no estado; eles os expressam e medem sua desigualdade.[150]

Sob essa perspectiva, o direito é um fenômeno histórico oriundo da imposição de um padrão de vida e pensamento da elite dominante, isto é, que toma a posição de poder para perpetuar seus mitos, religiões e moralidade num dado contexto histórico. Como um elemento essencial na pacificação social, o direito é parte do conjunto de ideias e valores que disciplinaram a nova elite no seu caminho da conquista do poder, agora tornado política de Estado.

Para Gumplowicz, o Estado é, portanto, "o controle organizado da minoria sobre a maioria"[151], e mantém que essa característica do Estado é uma *lei sociológica* oriunda do processo histórico do embate entre os elementos sociais heterogêneos. Ainda, a naturalidade com que uma elite se utiliza do Estado para oprimir a maioria é tão óbvia da realidade sociológica humana que Gumplowicz rejeita qualquer outra definição de Estado como "ente ético",

---
[150] GUMPLOWICZ, 1899, p. 121.
[151] *Ibid.*, p. 118.

isto é, como possuindo objetivos voltados para alguma política de bem-estar social; o Estado existe *principalmente* como entidade de opressão elitista. Caracterizando essa suposta lei sociológica da humanidade, Gumplowicz está afirmando que a opressão elitista é tão natural e inevitável como um terremoto ou um tornado, apenas é assim que acontece[152].

Já Pareto, no terceiro volume do seu monumental *The mind and society*, passa a explicar a teoria das elites como um fator indispensável para se compreender a dinâmica histórica das sociedades. Partindo do mesmo pressuposto do seu antecessor Gumplowicz, a heterogeneidade da sociedade é um dado sociológico inegável, resultado das diferenças em habilidades e inteligência entre os indivíduos. Pareto exclui de sua análise qualquer aspecto ético ao exemplificar o que se entende por uma elite: a depender do critério estipulado — ele usa um *ranque* de 1 a 10 —, o grupo de pessoas que chega a uma nota elevada, mais que 8, constitui-se numa elite destacada, e isso em todos os ramos de atividades humanas espalhadas pela sociedade: "Portanto, façamos uma classe das pessoas que têm os índices mais altos em seu ramo de atividade, e a essa classe dê o nome de elite"[153]. Gumplowicz menciona seus elementos heterogêneos como partes da evolução histórica das sociedades, já Pareto destaca os elementos heterogêneos dentro das sociedades modernas como a raiz do surgimento das igualmente modernas elites.

Mas Pareto avança ainda mais a sua distinção das elites heterogêneas em dois grupos principais: a *elite governante* e a *elite não governante*. É possível existir uma elite bem exclusiva e influente no seu respectivo campo de atuação e, mesmo assim, não ser considerada como uma elite governante; por exemplo, a elite de jogadores de xadrez é, sem dúvida, uma elite de indivíduos destacados dentro do xadrez, mas está longe de exercer alguma influência decisiva em questões de Estado. O critério definitivo aqui é se a elite em questão exerce influência nos rumos políticos e militares da sociedade. A distinção geral aplicada por parte se subdivide em: "(i) Um estrato inferior, a não-elite, com cuja possível influência no governo não nos concerne agora; então (2) um estrato superior, a elite, qual é dividido em dois: (a) uma elite governante; (b) uma elite não governante"[154].

---

[152] BARNES, Harry E. The struggle of races and social groups as a factor of development of political and social institutions: an exposition and critique of the sociological system of Ludwig Gumplowicz. *Journal of race development*, [s. l.], v. 9, n. 4, 1919, p. 405.

[153] PARETO, Vilfredo. *The mind and society*. Volume III: Sentiment in thinking (theory of derivations). London: Thirty Bedford Square, 1935, p. 1423.

[154] *Ibid.*, p. 1424.

Por mais que certas elites tenham relevantes funções sociais e culturais, a importância da análise de Pareto cai na composição e dissolução da elite governante. Embora na sociedade moderna haja uma constante mudança entre os membros que se constituem como a elite governante, tais mudanças sempre ocorreram na história, mesmo que em um passo mais lento. De fato, Pareto afirma que a "história é um cemitério de aristocracias"[155], e não porque elas são destruídas em revoluções populares — acontecimentos raríssimos —, mas porque a história segue sua marcha incontestável e as circunstâncias históricas sempre mudam[156]. Uma elite governante bem-sucedida é aquela que produz indivíduos capazes de impor sua vontade aos outros, de acordo com as condições históricas vigentes, e sua continuação depende mais da capacidade de adaptação às novas condições históricas do que a mera transferência de riquezas e títulos. A mera herança não garante a continuação de uma elite como elite governante e amiúde é causa de corrupção e estagnação que desencadeia o declínio da sociedade, tão frequentes na história.

Pareto fornece uma explicação dos fenômenos revolucionários que é de grande importância. Devido às constantes mudanças históricas, a circulação das elites é uma realidade inegável, mas um tipo específico de mudança na rotação das elites, a mudança revolucionária, acontece devido à "acumulações nas camadas mais altas da sociedade" de "causas de elementos decadentes que não possuem mais os resíduos adequados para mantê-los no poder" e, ao mesmo tempo, nas camadas inferiores da sociedade surgem "elementos de qualidade superior" que "estão se destacando, possuindo resíduos adequados para o exercício das funções de governo e dispostos a usar a força"[157]. As mudanças nas circunstâncias históricas ensejam mudanças nas respectivas classes, governantes e governados, podendo levar a uma situação em que uma recomposição da classe governante se torna necessária e a erupção revolucionária aconteça. Deve-se ter em mente que por "mudanças nas circunstâncias históricas" não se está querendo aludir a uma concepção materialista da história; uma mudança em alguma tecnologia de produção pode acarretar um ampliamento no conflito histórico entre a elite e os governados, mas não necessariamente. Pareto tinha em mente um conceito mais amplo de circunstâncias históricas, abarcando ideias religiosas, morais, científicas e políticas que podem não ter nada a ver com as condições econômicas vigentes em uma dada época.

---

[155] *Ibid.*, p. 1430.
[156] *Idem.*
[157] *Ibid.*, p. 1431.

Gaetano Mosca faz a mesma distinção de Pareto na divisão da hierarquia social: há uma classe governante e uma classe de governados, e necessariamente tem que ser assim, pois a sociedade que expurgar a sua classe governante estaria apenas preparando a própria ruína e o terreno para a ascensão de outra classe governante mais preparada[158]. Mosca alude ao fato de que parece ser contraintuitivo pensar que uma minoria seja capaz, por longos períodos de tempo, de governar e controlar uma maioria, mas essa é uma constante facilmente observável na história: "Segue-se que quanto maior a comunidade política, menor será a proporção da minoria governante em relação à maioria governada", ficando mais "difícil para a maioria organizar uma reação inimiga contra a minoria"[159]. A razão pela qual uma elite é capaz de dominar uma maioria jaz na superioridade dos indivíduos que compõem a elite, especialmente nas qualidades intelectuais e organizativas; a maioria tem apenas a vantagem numérica, sendo que raramente a utilizam organizadamente, enquanto a elite possui todas as outras vantagens e prontamente as utiliza.

Mosca, ao tratar da queda e ascensão das elites na história, envereda por um caminho similar a Pareto ao relatar que o maior perigo para uma elite dirigente é se fechar em si mesma e deixar de cultivar as habilidades e atitudes que a levaram a posição de prestígio: "Uma classe dominante é tanto mais propensa a cometer erros desse tipo quanto mais fechada é, na verdade, se não legalmente, aos elementos que vêm das classes mais baixas"[160]. As classes mais baixas, por se encontrarem constantemente em condições precárias na luta pela sobrevivência, estão sempre na posição de avançar elementos de conduta superiores e de criar suas pequenas elites prontas para tomar o lugar da velha e obsoleta elite. O vaivém do processo histórico estampado pela circulação das elites nas obras de Mosca, Pareto e Gumplowicz é marcado pelo conflito entre uma elite dominante e uma nova elite que busca se impor de maneira revolucionária.

Os três autores elitistas estudados até aqui foram contemporâneos e se influenciaram em graus variados. Por exemplo, é de notar que Mosca expressamente referencie a obra *Der Rassenkampf* de Gumplowicz como uma autoridade intelectual no conceito da dominação histórica das elites, explicitando que a constituição das elites e a subdivisão da sociedade se dá por meio da evolução dos elementos heterogêneos[161]. A supracitada obra

---

[158] MOSCA, Gaetano. *The ruling class*. New York: McGraw-Hill Book Company, 1939, p. 51.
[159] Ibid., p. 53.
[160] Ibid., p. 119.
[161] Ibid., p. 62.

de Gumplowicz data de 1883, embora suas ideias elitistas e históricas já houvessem sido contornadas no seu *Raçe und Staat*, de 1875, enquanto a primeira obra de Mosca a tratar, mesmo que não completamente, do assunto data de 1884, o *Sulla teorica dei governi e sul governo parlamentare*. Não há dúvidas que Mosca tenha sido diretamente influenciado por Gumplowicz, mas o mesmo não pode ser dito tão facilmente sobre Pareto. Claramente as ideias elitistas de Pareto se assemelham muito às de Gumplowicz e ambos usam a mesma analogia da sociedade como uma pirâmide, mas Pareto não cita diretamente Gumplowicz. Pode-se intuir, contudo, que mesmo que Pareto não conhecesse a obra de Gumplowicz, era perfeitamente familiarizado com as teses centrais de seus trabalhos, porque a influência de Gumplowicz na intelectualidade europeia, e especialmente italiana, foi enorme, e pode-se senti-la em obras como *Le basi del diritto e dello Stato* de Angelo Vaccaro, publicada em 1893, o *Saggi critici sulla teoria sociologica della popolazione* e *Prime linee di un programma di sociologia*, ambas de Icilio Vanni e datadas, respectivamente, de 1886 e 1888. Essas foram obras muito populares entre os sociólogos e economistas italianos da virada do século como Pareto, que somente publicou sua primeira grande obra, o seu *Corso di economia politica*, em 1894[162].

III O antiparlamentarismo

Os teóricos elitistas também foram proeminentes e famosos antiparlamentares, especialmente Gaetano Mosca e Vilfredo Pareto, que nutriam e expressavam publicamente um forte antagonismo ao sistema parlamentar italiano da época. O governo de Giovanni Giolitti era, aos olhos dos teóricos elitistas, um desastre para o futuro da Itália, caracterizado por uma cornucópia de acordos políticos escusos e um sistema de protecionismo estatal que beneficiava as elites industriais do Norte às custas das regiões mais pobres e agrárias do Sul.

A posição antiparlamentar é condizente com as teorias elitistas defendidas por ambos. Primeiramente, os elitistas apontam para a ficção da representação popular das ideias democráticas e do sufrágio universal — embora a Itália só fosse implementar de fato o sufrágio universal, em 1945 —, que são inócuas no seu real intento e apenas acabam introduzindo novos modos e estratégias para uma elite chegar e se manter no poder, e até mesmo alterando o tipo de elite governante que agora tem que se manter

---
[162] GREGOR, 2013, p. 57.

mais afinada com a sensibilidade popular e exercer influência de maneiras indiretas chegando ao ponto de, às vezes, "dobrar os joelhos aos caprichos" dos "parlamentos ignorantes e dominadores, mas logo estão de volta ao seu trabalho tenaz, paciente e interminável, que é muito mais importante"[163]. Pareto até mesmo passa a utilizar, de forma jocosa, o termo "King Demos"[164] para se referir à nova maioria eleitoral que *pensa* que governa: "King Demos, boa alma, pensa que está seguindo seus próprios estratagemas. Na realidade, ele está seguindo o exemplo de seus governantes"[165].

O mito democrático só serve para mascarar a realidade implacável de que a sociedade moderna não é governada pelo *demos*, mas por uma nova elite que Pareto denominou de "plutocracia demagógica", isto é, uma elite que governa por meio da influência financeira e usa da demagogia, na era do sufrágio universal, para angariar apoio das massas confusas. O termo plutocracia tem especial relevo para Pareto, porque ele considerava o governo italiano da época especificamente daninho por meio de suas políticas protecionistas e favoritismos a poderosos grupos econômicos, os especuladores, que conseguiam estender seus tentáculos para dentro da máquina do Estado por meio de "suborno de eleitores, funcionários eleitos, ministros do governo, proprietários de jornais e outras pessoas semelhantes"[166]. Pareto é bem explícito em sua caracterização da moderna democracia de massas, ao afirmar que as democracias na França, Itália, Inglaterra e Estados unidos "estão tendendo cada vez mais a se tornarem plutocracias demagógicas e podem estar seguindo o caminho para uma daquelas transformações radicais que foram testemunhadas no passado"[167].

Pareto ainda faz uma analogia dramática, quando afirma que os modernos regimes democráticos podem ser definidos como um tipo de "feudalismo que é principalmente econômico" e que o principal meio de governança é a "manipulação de seguidores políticos"[168]. O pessimismo de Pareto é, realmente, bem perceptível, ainda mais quando afirma que um

---

[163] ETZIONI-HALEVY, Eva. *Classes & elites in democracy and democratization*. A collection of readings. New York & London: Garland Publishing Inc., 1997, p. 50.

[164] *Demos*, do grego "δῆμος", significa os "cidadãos comuns, pessoas comuns de um distrito, em uma cidade-estado". Por "king demos", Pareto está se referindo à ideia democrática de que o povo — demos — governa como um rei ou novo soberano — king.

[165] PARETO, Vilfredo. *The mind and society*. Volume IV: The general form of society. New York: Harcourt, Brace and Company, 1935, p. 1573.

[166] *Ibid.*, p. 1586-1587.

[167] *Idem*.

[168] *Ibid.*, p. 1590.

sistema político, no qual o "povo expressa sua vontade" sem "panelinhas, intrigas, 'facções', 'gangues', existe apenas como um desejo piedoso dos teóricos"[169]. O parlamento não serve, para os elitistas, como órgão institucional representativo da vontade geral, mas como uma banca comercial de favores políticos, causando dissensão e fragmentação das forças sociais, que não apenas enfraquece a capacidade produtiva da nação, mas também a divide em cada vez mais subgrupos de interesses lutando para conseguir algum favoritismo político às custas do erário.

Gaetano Mosca, na seção intitulada "os males do parlamentarismo", elenca três principais objeções ao sistema democrático e parlamentar. A primeira objeção diz respeito à constante vociferação de discursos ineficazes e brigas internas entre grupos e facções parlamentares, que apenas gastam recursos públicos. A segunda objeção, mais alinhada com intelectuais mais conscientes das desigualdades sociais, aponta para a falsa representação das classes mais pobres e miseráveis na estrutura parlamentar, que, amiúde, alinha-se com as classes e os interesses dos mais ricos e poderosos. E a terceira objeção, no ensejo da segunda, critica a influência nefasta que membros do parlamento exercem dentro da própria estrutura do Estado e na administração em geral, procurando avançar seus próprios interesses e alocando a riqueza e os recursos públicos que se concentra "nos bancos, em grandes especulações industriais"[170]. Todos esses problemas que empestam os modernos sistemas democráticos altamente burocráticos têm um nome específico: parlamentarismo.

Deve-se ter em mente que, para os elitistas, todas as lamentáveis características do sistema parlamentar não são devidas à existência de uma elite plutocrática — é, segundo a própria teoria das elites, inevitável que ela exista —, mas da própria natureza das ideias democráticas. A desunião da nação, o protecionismo estatal e a emergência de facções que se utilizam das massas e do sistema eleitoral para avançar seus próprios interesses são fatalidades do sistema representativo; a elite apenas se adequa ao novo sistema e procura expandir sua influência da melhor maneira possível. A própria qualidade da elite acaba se ligando às características do sistema parlamentar. A intenção é a de que, por meio das críticas ao parlamento e à democracia representativa, novas concepções sociais possam entrar no subconsciente das massas e começar a combater as ideias do sufrágio universal, na esperança de uma renovação das estruturas de poder e das elites como um todo.

---

[169] Idem.
[170] MOSCA, 1939, p. 254-255.

Agora, deve-se esclarecer algumas questões quanto à responsabilidade dos sociólogos elitistas pela ascensão do fascismo. Ludwig Gumplowicz não participou das questões políticas italianas, cometendo suicídio com sua esposa anos antes do surgimento do fascismo. Gaetano Mosca e Vilfredo Pareto viveram para ver a ascensão de Mussolini e participaram pessoalmente no turbilhão político que varreu a Itália após a Primeira Guerra Mundial. Nenhum dos dois se converteu ao fascismo, mas há controvérsias acerca da relação de Pareto com o movimento que serão tratadas após Gaetano Mosca.

Logo após a supracitada seção "os males do parlamentarismo", Mosca escreveu o seguinte:

> Julgando por esse padrão, os defeitos das assembleias parlamentares e as consequências maléficas que seu controle do poder e sua participação no poder produzem em todos os sistemas representativos, são meras ninharias em comparação com o dano que inevitavelmente resultaria de sua abolição ou despojamento sua influência. Nas condições que prevalecem atualmente na sociedade, a supressão das assembleias representativas seria inevitavelmente seguida por um tipo de regime comumente chamado de "absoluto". [...] O que não podemos admitir é que tal passo seria sábio. Não precisamos fazer uma longa demonstração da tese em vista de tudo o que temos dito sobre os perigos e inconvenientes que envolvem dar o predomínio absoluto a uma única força política que não está sujeita a qualquer limitação de nossa discussão.[171]

A postura sociológica de Mosca na sua explicação da teoria das elites se limitava a uma especulação intelectual, sem quaisquer comprometimentos normativos ou políticos com movimentos radicais de sua época. Em verdade, Gaetano Mosca foi um implacável oponente de Mussolini e seu movimento: apontado senador, em 1919, em 19 de dezembro de 1925, foi o único senador a abertamente resistir a promulgação da lei que tornou Mussolini o chefe de governo com poderes sem restrições parlamentares[172]. Ainda no mesmo ano, Mosca foi um dos signatários do Manifesto dos Intelectuais Antifascistas, definitivamente colocando-o em franco conflito com o regime ditatorial em ascensão.

Mosca também se destaca dos outros elitistas por não ser tão pessimista quanto aos possíveis resultados de um governo democrático. Embora

---

[171] *Ibid.*, p. 256.
[172] BENNETT, R. J. The elite theory as fascist ideology – a reply to Beetham's critique of Robert Michels. *Political Studies*, [s. l.], v. XXVI, v. 4, p. 474-488, 1978, p. 480.

suas críticas sejam contundentes, ele mantém confiança na capacidade da democracia parlamentar em garantir, por meio do voto, uma estável rotação das elites dentro da estrutura do governo democrático, assim como de manter as liberdades individuais[173]. É uma interpretação que busca conciliar a democracia parlamentar com a teoria das elites: a democracia demonstra sua superioridade ao se manter como um estável *framework* de rotação das elites por meio do voto, ao mesmo tempo que impede que uma elite específica monopolize a máquina estatal. Parece que Mosca, sendo um elitista, estava seriamente consciente, por meio de suas visões sociológicas, do constante caos e destruição que reina na história das civilizações, e exatamente por isso, em um arroubo de otimismo, ele buscou ver na democracia moderna um jeito de superar esse cemitério de aristocracias. Suas palavras são explícitas: "Em outras palavras, um organismo político, uma nação, uma civilização, pode, literalmente falando, ser imortal, desde que aprenda a se transformar continuamente sem se desintegrar"[174]. Pode-se intuir que, ao enfrentar Mussolini, Mosca pretendia proteger seu país de mais uma ruinosa experiência política nas mãos de uma elite arrogante e autoritária.

O caso de Vilfredo Pareto é mais difícil de ser traçado, porque o próprio Pareto raramente, no final da sua vida, emitiu opiniões e sentimentos pessoais concernentes à política partidária italiana, e isso se deve à sua perda de fé na possibilidade de compreender racionalmente o mundo das disputas políticas. A partir de 1900, já com 52 anos de idade, Pareto confidenciou em cartas a amigos o seu desejo de se afastar do mundo da política italiana, visto que a "a ciência é racionalidade e a política é fé", convencendo-se que "não é possível ser ativo em política e aderir rigorosamente aos princípios científicos", adicionando que "os métodos necessários para influenciar as pessoas são diametralmente opostos a aqueles para descobrir a verdade"[175]. Essa desilusão com a militância e o proselitismo político foi gradual, e para compreendê-la, deve-se voltar para os idealismos de juventude de Pareto.

É fato notório que Pareto foi, durante muito tempo de sua vida, um entusiasmado libertário, embora não um anarquista querendo a completa ausência do Estado. Desde a sua atividade política na Toscana, Pareto se manteve firme aos seus ideais liberais clássicos inspirados por John Stuart Mill e Herbert Spencer durante as décadas de 1870 até a virada do século,

---

[173] MOSCA, 1939, p. 475.
[174] *Ibid.*, p. 462.
[175] MORNATI, Fiorenzo. *Vilfredo Pareto*: An intellectual biography. Volume III: From liberty to science (1898-1923). Palgrave studies in the history of economic thought, 2020, p. 78.

travando amizade com figuras como Gustave de Molinari — o primeiro pensador anarcocapitalista ou do anarquismo de mercado. Seus posicionamentos públicos seriam hoje considerados progressistas: Pareto abertamente defendeu a tolerância religiosa e a separação entre Igreja e Estado, assim como o direito da mulher ao voto, mas é na defesa do liberalismo econômico que sua militância foi mais explícita[176]. A sua principal convicção liberal era que, por meio do livre mercado, poder-se-ia chegar a objetivos sociais benéficos: "Preços baixos dos alimentos, economia de produção, divisão justa de impostos", ao mesmo tempo que se limita os gastos públicos, em suma um sistema para "obter a produção máxima de o mínimo esforço e para uma divisão mais justa das riquezas"[177].

Esse posicionamento libertário levou Pareto a se opor veementemente ao protecionismo e ao socialismo, seus dois grandes inimigos. O protecionismo, para Pareto, era oriundo de um tipo militar e opressivo de sociedade, onde o Estado se utilizava de sua força e influência para controlar o processo de produção econômica, criando facções e grupos poderosos às custas da unidade e da justiça social da nação[178]. Em se tratando especificamente da Itália, Pareto argumentava que as medidas protecionistas não apenas causaram uma divisão do país entre os interesses industriais do norte e os interesses agrícolas do sul, mas que influenciaram o resto do povo a também criar grupos de pressão política — como por meio dos sindicatos — para buscar favores protecionistas nas questões salariais[179]. Tudo isso, além de prejudicar a produção e a distribuição econômica, impulsionou o socialismo e o sindicalismo radical como forças políticas influentes, avançando a degradação da nação. Na verdade, o socialismo, para Pareto, é também uma forma de protecionismo: "[o socialismo] não é nada mais do que uma tentativa de colocar em jogo para os trabalhadores o mesmo sistema de proteção que tem operado desde tempos imemoriais para o benefício de proprietários de terras e empresários"[180].

Talvez, o principal motivo da desilusão de Pareto com o ativismo político na virada do século se deva à ascensão do socialismo na Itália, tanto por meio do Partido Socialista Italiano, como do sindicalismo, em geral, e,

---

[176] MORNATI, Fiorenzo. *Vilfredo Pareto:* An intellectual biography. Volume I: From science to liberty (1848-1891). Palgrave studies in the history of economic thought, 2020, p. 128-136.
[177] *Ibid.*, p. 137.
[178] *Ibid.*, p. 174.
[179] *Ibid.*, p. 204.
[180] MORMATI, 2020, p. 223.

em igual medida, com a decadência do liberalismo clássico. Pode-se supor que, para o sociólogo, defender o governo protecionista de Giolitti contra os avanços socialistas seria trocar seis por meia dúzia e que, por isso, o horizonte das possibilidades políticas para a Itália se encontrava reduzido a uma briga entre facções igualmente protecionistas e estatistas. Em 1903, Pareto confirmou que a única escolha política é entre os "socialistas e os reacionários", que essa escolha é "apenas uma questão de sentimento", isto é, uma escolha que ele não tinha "nada a dizer"[181]. A partir da virada do século, Pareto buscou se concentrar mais em compreender a realidade social da maneira mais científica possível, e a sua teoria das elites faz parte do arcabouço teórico que ele empreendeu nas suas pesquisas.

Mas por volta de 1921 e 1922, com a crise institucional e a força do movimento fascista se tornando cada vez mais intensa, Pareto começou a se pronunciar publicamente. De início, o fascismo pareceu a Pareto uma violenta gangue de militantes similares ao "terror branco" francês na época da Restauração e que os melhores países são aqueles que não têm nem a violência fascista, nem o terror vermelho — fazendo menção à onda de protestos e revoltas instauradas pelos socialistas entre 1919-1920, conhecido como "biênio roxo". Pareto, em junho de 1922, não acreditava que o fascismo realmente fosse uma "força profunda e durável", questionando se o movimento possuía a habilidade de se estabelecer como governo[182]. Embora nesse momento Pareto pudesse achar que o fascismo seguiria o caminho do movimento socialista e ser derrotado ao falhar em capitalizar o sucesso de algumas batalhas, essa opinião logo mudaria.

Após a bem-sucedida Marcha sobre Roma e o início do governo de Mussolini como primeiro-ministro, Pareto mudou de opinião e julgou que o motivo pelo qual o fascismo conseguiu sucesso institucional onde os socialistas falharam se deu devido à diferença entre os mitos de cada movimento e as habilidades das respectivas elites em mobilizar esses mitos. Os socialistas, continuou Pareto, falharam porque os militantes se satisfizeram com as concessões patronais de maiores salários e benefícios e não viam mais o motivo em continuar com as greves e ocupações das fábricas; os fascistas, por outro lado, animados por motivos de grandeza nacional, autoridade centralizada e uma aversão profunda à democracia liberal, prontamente seguiram seus líderes aos extremos da pressão institucional e da

---
[181] MORNATI, 2020, p. 78-9.
[182] *Ibid.*, p. 155-156.

luta física até que o governo não teve outra escolha senão abrir as portas à Mussolini. O próprio Pareto, com entusiasmo, afirmou que a vitória fascista "fornece uma esplêndida demonstração dos prognósticos de [sua] sociologia e de muitos outros entre [seus] escritos", motivo pelo qual o sociólogo se sentiu plenamente "gratificado tanto como homem como cientista"[183]. Contudo, um pouco antes de sua morte, Pareto confidenciou que "sinais estão aparecendo, embora fracamente, de um futuro menos brilhante do que se poderia esperar"[184].

Vilfredo Pareto faleceu em 19 de agosto de 1923, menos de um ano após os fascistas começarem a tomar o poder. Até hoje em dia, a relação de Pareto com o fascismo é uma questão controvertida e as interpretações abundam na historiografia. Deve-se ter cautela ao tachar Pareto de fascista ou ligá-lo ao movimento, a relação não é tão óbvia. O mais provável é que Pareto tenha visto em Mussolini e no fascismo uma possibilidade de arrefecer o caos institucional e a violência que assolava a Itália, assim como uma força capaz de controlar os socialistas, mas é duvidoso que Pareto tenha realmente acreditado que o fascismo fosse capaz de resolver os graves problemas do país. Em todo o caso, Pareto não viveu o suficiente para ver as transformações e maturações do fascismo no poder, que acabou por se tornar a antítese de seus ideais libertários: um estado totalitário que, por meio do sistema corporativo, passou a controlar com mão de ferro a economia do país.

Pode-se dizer o mesmo acerca da responsabilidade intelectual de Pareto. Primeiro, porque Pareto já havia delineado suas ideias elitistas por volta de 1880, muito antes da existência do fascismo, e não há por que duvidar que ele acreditasse que tal sociologia realmente fosse cientificamente acertada e condizente com a evolução histórica, independentemente de qualquer jogo de poder político. Que Benito Mussolini tenha sido influenciado pela sociologia elitista de Pareto é uma fatalidade que o sociólogo não havia como controlar ou prever e isso pode ser igualmente dito acerca dos outros sociólogos elitistas, como Mosca, Gumplowicz e Le Bon, que amiúde são tachados de "maquiavélicos" ou ligados a movimentos autoritários como o fascismo e até mesmo como o nacional-socialismo alemão, o que é um tremendo exagero. Todos foram pensadores que desenvolveram suas ideias décadas antes das tragédias ideológicas do século XX e, ao que se pode jul-

---

[183] *Ibid.*, p. 157.
[184] *Idem.*

gar, no completo espírito do cientista social procurando compreender os fenômenos políticos e históricos. A teoria elitista foi utilizada e, até certo ponto, modificada, por movimentos políticos radicais na busca do poder, e toda concepção intelectual que busca emitir julgamentos sobre o mundo político está sujeita a tal apropriação, independentemente da vontade de seus progenitores intelectuais. A sociologia elitista deve ser julgada por seus méritos e deméritos como teoria sociológica, assim como a sua modificação e recepção no seio de ideologias autoritárias, relação que o presente livro traçará com mais exatidão em capítulos futuros.

MARXISMO E REVISIONISMO NO PENSAMENTO DE GEORGES SOREL

I A herança de Marx & Engels

A ética e a moralidade estão no centro do compromisso revolucionário, pois buscam fornecer os motivos e justificações das posturas, tanto ofensivas, quanto defensivas, dos embates políticos e sociais; chega o momento em que algum tipo de justificativa para a violência revolucionária deve ser feita. Assim, argumentações éticas servem para distinguir atos que, se deixados a si mesmos, são apenas constatações de fato: houve uma violência. Nesse vácuo moral, nenhum conceito de revolução ou mudança social pode ser defendido, e é impossível falar de revolução ou violência sem falar de Karl Marx e Friedrich Engels, os pais do marxismo "científico", "ortodoxo" ou "clássico". O marxismo foi uma das principais fontes intelectuais para a racionalização e justificação da ação revolucionária no século passado, onde centenas de milhares de revolucionários buscaram, no vasto *corpus* marxista, argumentos e teses para levar a cabo projetos de ações políticas radicais.

Não há dúvida que o monumental volume de escritos deixados por Marx e Engels é um divisor de águas na história intelectual do socialismo e do pensamento revolucionário europeu em geral. O impacto da personalidade de Marx não pode ser subestimado: "socialismo" virou largamente sinônimo de seu pensamento. O socialismo científico marxista claramente venceu todos seus concorrentes e se tornou o socialismo de referência para a maioria dos intelectuais europeus na virada do século XIX para o século XX, assim como uma teoria fundamental para alguns dos maiores partidos socialistas europeus da época como o Partido Social-Democrata da Alemanha, o Partido Socialista Italiano e a Secção Francesa da Internacional Operária. O novo século começou tendo o marxismo como uma das principais forças intelectuais por toda a Europa, onde, por meio de partidos legalmente constituídos, fazia-se incursões dentro dos sistemas democráticos, ao mesmo tempo que servia de inspiração para centenas de intelectuais radicais oriundos dos mais variados países, como a Alemanha Imperial, a Rússia czarista, a Itália monárquica e a República Francesa. Os intelectuais que criaram o fascismo também tiveram que se debruçar e lidar com as teses e problemas do marxismo, motivo pelo qual um exame mais detalhado é necessário.

O marxismo é famoso por suas opacidade e interpretações variadas, sendo um conjunto intelectual de difícil assimilação, tanto devido à natural complexidade e escopo dos assuntos tratados, quanto pela qualidade dos escritos e metodologias empregados por Marx e Engels. Contudo, não é escopo deste livro trazer em detalhes todos os problemas e pormenores do marxismo, mas apenas as questões controvertidas que mais influenciaram o surgimento do fascismo, são elas: a natureza do homem e da liberdade, o problema da ética e da consciência de classe e o nacionalismo. Essas questões causaram grandes problemas interpretativos e querelas entre os socialistas no decorrer das duas primeiras décadas do século XX, influenciando profundamente a história política do mundo. Essas questões são ainda divididas em duas fases do pensamento de Marx: 1) a natureza do homem e da liberdade que são mais característica dos escritos obscuros do jovem Marx; 2) a ética, a consciência de classe e o nacionalismo são oriundos de um Marx mais maduro e provenientes de textos mais conhecidos.

É consideravelmente difícil apreender dos textos marxistas como Marx entendia a natureza do homem na história, mesmo porque ele, após 1848, deixou de lado as especulações mais filosóficas e passou a se dedicar quase exclusivamente aos problemas econômicos do capitalismo. Para descobrir a visão marxista do homem e sua natureza, é necessário vasculhar o comprometimento normativo fundamental que orientou Marx desde a sua juventude.

Em um ensaio intitulado *Reflexões de um jovem sobre a escolha de uma ocupação*, escrito no final do seu ensino médio em Trier, em 1835, o jovem Karl Marx já afirmava que "a natureza do homem possibilita que ele alcance sua realização apenas trabalhando para a perfeição e o bem-estar de sua sociedade", uma natureza que a "divindade deu um objetivo geral, melhorar a humanidade e a si mesmo"[185]. Em outro ensaio da mesma época, intitulado *A união dos crentes com Cristo segundo o evangelho de João, 15: 1-14, mostrando sua base e essência, sua necessidade absoluta e seus efeitos*, Marx desenvolveu a ideia de que o indivíduo somente consegue superar seu egoísmo se associando e se dedicando à comunidade de Cristo, por meio do qual ele consegue se estender para além de si mesmo e concretizar seu propósito[186]. A comunidade de Cristo aludida por Marx se transmuta na sociedade mais geral — que ainda nessa época ele chamava de "Estado" —, no qual ele concebe, num

---

[185] MARX, Karl. *Reflections of a Youth on choosing a occupation*, in Writings of the young Marx on philosophy and society, edited and translated by L. Easton and K. Guddat. Cambridge: Hackett Publishing Company, 1997, p. 35-39.
[186] MARX, Karl; ENGELS, Frederick. *Collected Works, Vol I*. London: Lawrence & Wishart, 2010, p. 636-639.

dos seus artigos na *Rheinische Zeitung*, de 1842, como sendo um "grande organismo no qual a liberdade jurídica, ética e política deve ser atualizada e no qual o cidadão individual simplesmente obedece às leis naturais de sua própria razão, a razão humana nas leis do Estado"[187].

Dessas asserções se pode intuir que a liberdade é alcançada no trabalho associativo entre todos os indivíduos que formam a sociedade, e esse posicionamento é refletido também em outro artigo de Marx na *Rheinische Zeitung*, de 1843, em que, para superar uma relação de desigualdade danosa para o interesse público, é necessária uma participação universal nos interesses da pátria que transcenda os interesses burocráticos e que envolva todos os cidadãos[188]. O comprometimento normativo do jovem Marx parece revolver em torno da ideia de que o indivíduo só encontra seu verdadeiro propósito e sua liberdade quando sua vontade se encontra em harmonia com a vontade da sociedade, uma situação em que o trabalho do indivíduo está guiado pelo seu propósito social.

Essa caracterização pode ser aprofundada levando em conta as análises antropológicas do jovem Marx, para o qual o pleno desenvolvimento humano só é possível por meio da satisfação de certas necessidades além da mera subsistência, mais precisamente aquelas necessidades de "trabalho gratificante e de uma comunidade significativa"[189]. O jovem Marx acreditava que a autorrealização no trabalho é um elemento essencial para o desenvolvimento humano e ele caracterizou um número considerável de situações em que o trabalho do seu tempo estava desumanizando os trabalhadores, separando-os de sua "essência". Para os propósitos deste livro, bastam duas. Primeiramente, Marx sustenta que, no próprio ato de produção, o trabalhador moderno se relaciona "com sua própria atividade como algo que lhe é estranho e que não lhe pertence", de modo que se torna irrelevante se o trabalho "envolve a realização de sua personalidade [do trabalhador], a realização de seus talentos naturais e objetivos espirituais"[190]. Esse problema é retratado como o de uma "autoalienação" (*Selbstentfremdung*), isto é, a alienação entre um indivíduo e sua própria natureza. Como lhe é de costume, Marx não chega a explicar pormenorizadamente e nem dá exemplos como essa situação horrível ocorre na prática, mas um outro aspecto desse

---

[187] MARX, 1997, p. 130.
[188] MARX, 1997, p. 143-148.
[189] LEOPOLD, David. *The young Karl Marx*. German philosophy, modern politics, and human flourishing. New York: Cambridge University Press, 2007, p. 229.
[190] MARX, Karl. *Comments on James Mill*. Collected Works, Vol III. London: Lawrence & Wishart, 2010, p. 220.

problema pode ser elucidativo. O trabalho moderno também produz uma "alienação mútua" (*wechselseitigen-Entfremdung*), que se caracteriza por um estranhamento de um indivíduo com outro indivíduo nas bases que cada indivíduo "considera o outro" simplesmente como um meio para seus próprios interesses[191]. O jovem Marx parece estar profundamente amargurado com o fato que, no mundo moderno, os indivíduos se relacionam por meio de um "cálculo sobre o efeito que os outros podem ter sobre nosso próprio estreito interesse próprio"[192], de modo que o trabalho moderno se torna um processo alienante que separa o indivíduo de sua própria natureza e dos outros indivíduos.

Mas qual é essa natureza do indivíduo que se torna alienada na sociedade moderna? Primeiro, deve-se averiguar o que o jovem Marx entendia por "comunidade". Esse conceito, como a maioria deles nos escritos do jovem Marx, não é sistematicamente definido, mas deve ser encontrado por meio de trechos esparsos em mais de uma obra. Para Marx, apenas as relações entre indivíduos recebendo os benefícios recíprocos em cooperação mútua não é suficiente para estabelecer e justificar uma estrutura social que seja condizente com a natureza do indivíduo, que ainda requer que "alguma igualdade seja obtida entre os indivíduos, e que os indivíduos operem com uma preocupação genuína (e não meramente instrumental ou baseado no autointeresse) pelos outros"[193]. Não é bem preciso o que Marx quis dizer com isso, mas parece que a satisfação mútua advinda de uma relação comercial, por exemplo, não é suficiente para impedir a alienação opressora entre os indivíduos. Nos *Manuscritos econômico-filosóficos*, há uma pista para elucidar essa questão, quando Marx, observando as reuniões de trabalhadores socialistas franceses, em Paris, afirma que as interações envolvendo os indivíduos desses grupos não eram tratadas como meios para interesses individuais, mas se tornaram o propósito mesmo da participação nesses grupos[194]. Com esse enquadramento, Marx quer chamar a atenção do leitor para o contraste entre essa associação "comunal", fundamentada na igualdade genuína dos seus membros, com as relações da sociedade comercial burguesa, que são avançadas como um meio para a satisfação de interesses individuais.

---

[191] *Ibid.*, p. 221-222.
[192] LEOPOLD, 2007, p. 231.
[193] *Ibid.*, p. 235.
[194] MARX, Karl. *Economic and Philosophic Manuscripts of 1844*. Collected Works, Vol. III. London: Lawrence & Wishart, 2010, p. 313.

Sob essa perspectiva, fica mais fácil entender a conexão entre a natureza humana e a comunidade, quando Marx afirma claramente que o homem é um "ser comunal". Mas é interessante notar o contexto em que essa afirmação é feita. Referenciando os franceses, Marx se mostra intrigado que um "povo que está apenas começando a se libertar" e a "estabelecer uma comunidade política" proclame "solenemente (Declaração de 1791) os Direitos do Homem egoísta separados dos seus semelhantes e da comunidade"[195]. Não apenas Marx condena o egoísmo de Declaração dos Direitos do Homem da Revolução Francesa, como também exige que o "egoísmo deva ser punido como crime", visto que "só a mais heroica devoção pode salvar a nação". Para o jovem Marx, a declaração dos Direitos do Homem reduziu "a cidadania e a comunidade política a meros meios de manutenção desses chamados direitos do homem", uma condição que degrada a verdadeira natureza comunal do indivíduo[196].

Marx ainda faz uma distinção entre "emancipação" e "emancipação política", criticando a Revolução Francesa por ter realizado apenas uma revolução política e não alcançado a verdadeira emancipação, dando a entender que a Revolução apenas estendeu o escopo atomístico da *sociedade civil* para sua conclusão no indivíduo atomizado. A revolução política promoveu a "dissolução da sociedade civil em indivíduos independentes", em que o homem atomizado aparece como o "homem natural" e os "direitos do homem como direitos naturais", resultando numa cisão entre o "homem real, reconhecido apenas na forma do indivíduo egoísta" e o "homem verdadeiro, reconhecido apenas na forma do cidadão abstrato"[197]. Marx então conclui:

> Toda *emancipação* é uma redução do mundo humano e das relações ao próprio homem. A *emancipação política* é a redução do homem, por um lado, a um membro da sociedade civil, a um indivíduo egoísta e independente, e, por outro, a um cidadão, uma pessoa jurídica. Somente quando o homem real, individual, reabsorve em si o cidadão abstrato, e como ser humano individual se tornou um ser genérico [*has become a species-being*] em sua vida cotidiana, em seu trabalho particular e em sua situação particular, somente quando o homem reconheceu e organizou suas *"forces propres"* como forças sociais

---

[195] MARX, Karl. *On the jewish question*. Collected Works. Vol. 3, 1843-1844. New York: International Publishers, 1975, p. 164.

[196] *Idem*.

[197] *Ibid.*, p. 165-167.

e, consequentemente, não mais separa o poder social de si mesmo na forma de poder político, só então a emancipação humana terá sido realizada.[198]

É um texto bem confuso, o que é natural de Marx, mas é possível destrinchar seu conteúdo. Essa separação entre o homem real e egoísta e o cidadão abstrato pode ser interpretada como a fonte da alienação moderna entre o indivíduo e a sua natureza, que consequentemente se espalha para seu trabalho. A emancipação acontece quando o homem se torna um *"species-being* em sua vida cotidiana e em seu trabalho particular", por meio da fusão do indivíduo com o cidadão, de um modo que não exista mais um indivíduo atomisticamente considerado, mas um ser comunal como é próprio da "verdadeira" natureza do ser humano. Isso parece fazer sentido quando nos deparamos com o argumento marxista de que a "natureza humana é a verdadeira comunidade dos homens", de modo que "manifestando sua natureza os homens criam, produzem, a comunidade humana, a entidade social, que não é um poder universal abstrato oposto ao indivíduo único, mas é a natureza essencial de cada indivíduo [...] seu próprio espírito"[199]. A fundação de uma comunidade na verdadeira natureza humana "não mais separa o poder social de si mesmo na forma do poder político"[200], porque não há mais que se falar em uma esfera política e outra individual, visto todas as esferas da vida do indivíduo, principalmente a do trabalho associado, encontram-se em harmonia com seus semelhantes. Pode-se imaginar que, uma vez atingida a emancipação, as interações sociais não mais se pautariam pelo interesse instrumental e egoísta tão criticado por Marx, mas levariam em conta os indivíduos como um fim em si mesmo. É difícil especular acerca da comunidade humana plenamente emancipada de Marx, porque ele nunca se esforçou para descrevê-la, tudo o que temos são traços oriundos dessas confusas formulações esquemáticas.

De qualquer forma, pode-se dizer que a comunidade é tanto uma condição, quanto um produto do desenvolvimento humano, é um "requisito necessário para desenvolver e implantar com sucesso as capacidades essenciais da humanidade [...] os indivíduos só podem florescer em uma comunidade"[201]. Marx dá a entender que a vida fora da comunidade, não apenas fisicamente separada como um anacoreta, mas também numa socie-

---
[198] *Ibid.*, p. 168, grifos meus.
[199] MARX, 2010, p. 217.
[200] *Idem.*
[201] LEOPOLD, 2007, p. 236.

dade atomizada, é uma "vida desumanizada, insuportável, pavorosa e contraditória"[202], na qual o indivíduo e a sua essência se encontram separados pelas relações sociais baseadas nos interesses egoístas e individuais.

Com esse pressuposto, pode-se averiguar as opiniões do jovem Marx acerca da democracia. Nas suas críticas a Hegel e fazendo analogia com a concepção natural da religião, Marx defende que, na democracia, a "constituição é sempre baseada em seu fundamento real, no homem real e no povo real, não apenas implicitamente e em sua essência, mas em sua existência e atualidade"[203], continuando a afirmar que na democracia "há existência humana particular, enquanto em outras formas de Estado o homem é a existência jurídica particular"[204]. A democracia, para o jovem Marx, é a verdadeira política, porque assegura a participação de todos os membros da comunidade na universalidade do Estado.

Essa concepção de democracia se encontra, segundo Marx, inexistente em sua época, porque o que existe é a sociedade civil e o Estado em posições antagônicas e conflitantes. A sociedade civil, como sistema de necessidades e trabalho, está separada da vida política, "há um hiato intransponível entre [...] a economia da sociedade e a política da sociedade"[205]. Esse hiato é oriundo da alienação do homem de sua essência, agora delimitado à sua produção econômica na esfera civil, porque a esfera política é propriedade da classe política, e o limite de participação do indivíduo atomizado na esfera política é por meio do voto periódico. É a mesma linha argumentativa exposta quando da sua crítica à Revolução Francesa, e a solução emancipadora é "restabelecer a unidade entre o homem da sociedade civil e o cidadão", é preciso que "o trabalhador seja o cidadão e que o cidadão seja o trabalhador" para garantir que a "liberdade formal do eleitor" também seja estendida "a sua atividade profissional".[206] Marx parece desejar uma união entre o individual, representado pelo trabalhador atomizado, e o universal encarnado no Estado, de modo que não haja intermediação do voto periódico entre o indivíduo e a política, fundando-se a verdadeira comunidade humana. Novamente, não é uma visão muito clara e Marx mesmo nunca a delineou completamente, motivo pelo qual não é possível discernir como essa fusão do individual com o universal por meio do trabalho se realiza.

---

[202] MARX, 1997, p. 356-357.
[203] MARX, 1997, p. 173.
[204] Ibid., p. 174.
[205] ARON, Raymond. O marxismo de Marx. São Paulo: Arx, 2005, p. 118.
[206] Ibid., p. 120.

Assim, pode-se inferir que a verdadeira democracia é aquela em que a esfera política universal e a do indivíduo atomizado são fundidos numa concepção de comunidade que tem por base a natureza humana. Fora da comunidade, o ser humano é alienado de sua própria natureza numa vida desumanizante, justamente porque o ser humano é um ser comunal que alcança seu propósito e liberdade por meio da comunhão e trabalho com seus semelhantes não com o propósito de satisfazer seus próprios interesses individuais, mas de realizar uma medida justiça inerente na natureza humana. Não é exagero dizer que essa base normativa continuou latente por toda a vida de Marx, e pode-se interpretar a comunidade pós-revolucionária e proletária como a comunidade fundamentada na verdadeira natureza do indivíduo.

Essa base sociológica e normativa do jovem Marx não se tornou muito conhecida, porque parte de seus escritos de juventude não foram publicados até os anos 30 do século XX, motivo pelo qual o Marx que se tornou famoso, o Marx do marxismo ortodoxo é o Marx do Capital, do determinismo histórico que fundamenta a luta de classes, do colapso do capitalismo e da ditadura do proletariado. O marxismo ortodoxo se tornou a doutrina herdada pelos revolucionários da virada do século, independentemente do relativo desconhecimento de sua base normativa mais antiga, e é esse marxismo ortodoxo que deve ser avaliado agora.

Pode-se começar com uma interessante passagem no *From the defense of the Moselle correspondente*, em que Marx afirma que "na investigação das condições políticas, fica-se facilmente tentado a ignorar a natureza objetiva das relações"[207], concluindo que:

> Assim que for demonstrado que algo era necessário devido às condições, não será difícil descobrir sob quais circunstâncias externas essa coisa realmente teve que existir, e sob quais outras circunstâncias ela não poderia ter acontecido, embora a necessidade dessa coisa estivesse presente. Pode-se determinar isso com quase a mesma certeza que um químico determina em quais circunstâncias externas algumas substâncias formarão um composto.[208]

Por "natureza objetiva das relações", pode se intuir que Marx estava se referindo ao contexto econômico no qual uma relação acontece, e que uma investigação empírica dessa natureza objetiva pode elucidar, com

---

[207] MARX, 1997, p. 144-145.
[208] *Idem*.

o grau científico da química, a medida de "necessidade" dessa relação. É impossível não perceber a intenção positivista desses argumentos, no sentido de poder traçar uma inferência causal da vida social dos indivíduos a ponto de se tornar uma lei científica. Essa ambição do jovem Marx continuou presente por toda a sua vida, mesmo que não explicitada, e um grande problema interpretativo se desenvolveu em torno da intenção de explicar a natureza objetiva das relações: se é possível traçar, com a acuidade científica de um químico, as leis do desenvolvimento social, é possível se falar em ética ou moral? Se as relações sociais são todas, no fim das contas, determináveis pelas variáveis da produção econômica, não se pode dizer que os indivíduos realmente possuem alguma autonomia moral, mas apenas fazem o que essas variáveis determinam. A investigação do papel da volição no marxismo se torna central para elucidar o funcionamento mesmo do sistema[209].

Assim, pode-se mesmo dizer que, no longo catálogo marxista, é difícil encontrar uma teoria consistente da ética e da moral como ponto de partida para uma análise conceitual da experiência humana; pelo contrário, o que mais se encontra são passagens pouco elucidativas indicando um possível determinismo histórico. No famoso *Manifesto do partido comunista*, os autores simplesmente rechaçaram a possibilidade de existir "verdades eternas, como Liberdade, Justiça,[210] etc.", ou que essas noções realmente fossem relevantes para entender a conduta humana, mas que são relativas e dependentes, tanto na sua forma, como funcionalidade, da época e lugar que se encontram formuladas. Marx buscou justificar tal aparente relativismo continuando a dizer que tais concepções são cambiantes justamente porque dependem dos "modos de produção" sociais, que são em si mesmos variáveis na história humana. Assim, "com as condições de vida das pessoas, com suas relações sociais, com sua existência social, mudam também suas representações, visões e conceitos, em suma, muda também sua consciência"[211], concluindo que as ideias, tanto científicas, quanto éticas, são provenientes de mudanças ocorridas na produção material da sociedade[212].

Essa concepção aparentemente determinista da vida humana pode ser encontrada já em desenvolvimento nos escritos de juventude de Marx. Lê-se

---

[209] Deve-se entender "moral" referindo-se às prescrições e proibições que regem a conduta; e "ética" entendida como referindo-se a um fundamento sistemático e justificado para tais prescrições e proibições.

[210] MARX, Karl. *Manifesto do partido comunista*. Rio de Janeiro: Nova Fronteira, 2016, p. 84-85.

[211] *Idem.*

[212] *Ibid*, p. 85-86.

na *Miséria da filosofia* que "os mesmos homens que estabelecem as relações sociais em conformidade com sua produtividade material produzem também os princípios, as ideias, as categorias, em conformidade com as suas relações sociais"[213]. Similarmente, nos *Manuscritos econômico-filosóficos*, de 1844, o jovem Marx estipulou o que hoje é famosamente conhecido como a "superestrutura" da sociedade ao caracterizar tal concepção de uma consciência humana como um "naturalismo plenamente desenvolvido", necessariamente implicando que a "religião, família, o Estado, a lei, moralidade, ciência, arte etc., são apenas modos particulares de produção e se enquadram em sua lei geral"[214]. Os fundadores do socialismo científico aparentemente estavam subordinando a ética e a moral, bem como suas justificativas, aos "modos de produção" e às "relações sociais", historicamente cambiantes por natureza. Especificamente, subordinando-as no sentido de que a sua existência e natureza são consequências previsíveis de um dado estado dos modos de produção em conjunção, mais ou menos mútua, com as relações sociais ou relações de produção, e que a relação dessas grandezas pode ser entendida como uma lei geral da produção.

Passagens como essas abundam nos escritos de Marx e Engels, e pode-se já perceber o problema com elas: utilizam termos complexos e abstratos de maneira casual e raramente contendo uma explicação mais detalhada. Termos como "produtividade material", "relações sociais" ou até mesmo "categorias" são jogados nos textos e o leitor deve-se esforçar para compreendê-los como os autores os pensaram. Os meios de produção *são* a produtividade material ou apenas uma *parte*? As relações sociais são as mesmas que relações de produção ou um tipo de relação de produção mais abrangente? Se sim, que tipos de relações sociais devem ser entendidos como determinantes para a produção "dos princípios, das ideias e das categorias"? E, mais importante ainda, *como* exatamente uma relação de produção específica, conjugada com uma relação social, *produz* as categorias como ideias e concepções morais nos seres humanos?

Pode-se encontrar uma tentativa de esclarecimento no *A ideologia alemã*. Neste texto, um dos mais importantes e marcantes para o desenvolvimento do marxismo, os autores argumentam que o comportamento humano e as relações sociais são oriundos dos modos de produção que produzem bens e serviços aplacando a subsistência, isto é, que "o que os indivíduos são,

---

[213] MARX, Karl. *A miséria da filosofia (resposta à Filosofia da miséria de Proudhon)*. São Paulo: LaFonte, 2018, p. 100.
[214] MARX, Karl. *Economic and Philosophic Manuscripts of 1844*. Collected Works, Vol III. London: Lawrence & Wishart, 2010, p. 297.

por conseguinte, depende das condições materiais de sua produção"[215]. No mesmo texto ainda afirmam que a política, a lei, a moralidade e a religião são "formulações nebulosas no cérebro" e "sublimações necessárias" no "processo de vida material"[216]. O que Marx parece querer implicar é que a moralidade, a religião, em suma tudo que pode se passar por uma ideologia ou superestrutura social e até mesmo a consciência humana não possuem uma independência reconhecível, não possuem seu próprio desenvolvimento e história, mas que de algum modo surgem durante o processo de produção dos bens materiais: "Não é a consciência que determina a vida, mas a vida que determina a consciência"[217].

No mesmo sentido, Marx e Engels fazem formulações parecidas sobre a consciência de classe. A questão da consciência de classe é de extrema importância para o sistema marxista, porque a revolução deve ser levada a cabo pela classe revolucionária e não pode haver classe revolucionária se os membros dessa classe não se conscientizarem de que são, afinal, a classe revolucionária. Mas é aí que entra a problemática concepção da consciência de classe marxista: ela parece ser, igualmente, um produto de certas grandezas históricas como as forças produtivas e as relações sociais.

Em um texto que talvez seja o mais célebre que escreveu, Marx relata que o processo de insurreição revolucionária se origina de uma relação antagônica entre os modos de produção e as relações de produção, onde "essas relações convertem-se em entraves" e necessariamente uma "época de revolução social"[218] se abre. Para Marx, é preciso apelar às "contradições da vida material" para explicar a consciência de uma dada época[219]. Embora a consciência de classe não seja expressamente mencionada nesse texto, não há como escapar da interpretação de que ela, de alguma forma, está ligada à contradição entre os modos de produção e as relações de produção que iniciam uma época revolucionária, justamente porque não pode haver uma época revolucionária sem uma classe revolucionária. Mais precisamente, a indústria moderna da revolução industrial criou em seu bojo "uma classe... que suportaria todos os fardos da sociedade sem usufruir suas vantagens"[220].

---

[215] MARX, Karl. *The German ideology*. Collected Works. Vol. 5, 1845-1847. New York: International Publishers, 1976, p. 31.
[216] *Ibid*, p. 36.
[217] *Idem*.
[218] MARX, Karl. *Contribuição à crítica da economia política*. São Paulo: Expressão Popular, 2008, p. 47-48.
[219] *Idem*.
[220] MARX, 1976, p. 52.

A classe revolucionária necessariamente surge das contradições materiais da moderna sociedade capitalista, mas, mais importante ainda, a classe revolucionária seria o agente histórico da mudança que começou na base econômica da sociedade. Em outra passagem famosa da *Filosofia da miséria*, Marx indica que, para a classe oprimida se libertar, é "necessário que os poderes produtivos já adquiridos e as relações sociais existentes não possam mais existir lado a lado" e que a "organização de elementos revolucionários como classe pressupõem a existência de todas as forças produtivas que podiam ser geradas no seio da sociedade antiga"[221]. Quando a base econômica da sociedade se encontra em conflito significa que, segundo Marx, a sociedade em questão exauriu tudo o que poderia ser e uma classe revolucionária surge para fazer o parto da sociedade futura. Foi o que Engels escreveu no seu *Anti-Dühring*, quando indicou as causas da revolução: "tanto as forças produtivas criadas pelo moderno modo de produção capitalista quanto o sistema de distribuição de bens por ele estabelecido entraram em gritante contradição com esse próprio modo de produção", resultando numa "revolução no modo de produção e distribuição deve ocorrer, uma revolução que porá fim a todas as distinções de classe"[222].

A importância dessas passagens não pode ser subestimada: Marx e Engels parecem implicar que a classe revolucionária não é um agregado autônomo que tomou consciência das misérias e injustiças sofridas, mas um agente inconsciente de forças históricas em rotas de colisão. O surgimento de uma classe oprimida e revolucionária é a inevitável (*unvermeidlich*) consequência do que Marx entendia como disfunções na base econômica da sociedade, independentemente da vontade de todos os participantes. Novamente, em consonância com a natureza da moral e da ética, a vontade revolucionária é condicionada a certos processos econômicos e históricos que agem de alguma maneira na base material da sociedade, isto é, os homens viram revolucionários, porque certas grandezas históricas assim os compeliram.

A ideologia revolucionária, naturalmente, também é fruto dessa relação conflituosa e inevitavelmente surge para guiar a classe revolucionária à sua missão histórica. Para Marx, a moralidade e as concepções ideológicas do proletariado da época capitalista representam os interesses e objetivos das novas e emergentes forças produtivas e, como tais, seriam a única moral defensável e em correspondência com o processo histórico, justamente como "o moinho

---

[221] MARX, 2018, p 155.
[222] MARX, Karl; ENGELS, Frederick. *Collected Works*. Vol. 25: Frederick Engels: Anti-Dühring, the dialectis of nature. New York: International Publishers, 1987, p. 146.

manual nos dará a sociedade com o suserano; o moinho a vapor, a sociedade com o capitalismo industrial"[223]. Um jeito de interpretar essa evolução histórica da base econômica da sociedade é supor que, por forças produtivas ou modos de produção, Marx quer dizer *inovações tecnológicas* num geral, como a citação anterior acerca do moinho manual indica. No *O Capital*, de 1866, numa nota de rodapé, está escrito que "a tecnologia desvela a atitude ativa do homem em relação à natureza, o processo imediato de produção de sua vida e, com isso, também de suas condições sociais de vida e das concepções espirituais que delas decorrem"[224]. Essa ideia já encontra exposição numa carta do jovem Marx, de 1846, a P. V. Annenkov, crítico literário russo, quando disse que os homens "não são livres para escolher suas *forças produtivas*" e que:

> [...] à medida que desenvolvem suas faculdades produtivas, desenvolvem certas relações entre si [...] O que não foi compreendido é que esses homens que produzem suas relações sociais de acordo com a sua produtividade material, também produzem ideias, categorias, ou seja, a expressão ideal abstrata dessas mesmas relações.[225]

Quer as forças produtivas e os modos de produção abarquem as inovações tecnológicas ou não, o seu embate com as relações de produção, de alguma forma, inicia a formação de formulações nebulosas no cérebro dos homens que depois se materializam em concepções ideológicas, teológicas, éticas, jurídicas etc.

A consequência dessa possível interpretação dos textos marxistas é que a revolução passa a ser um processo histórico objetivo e inevitável, já prefigurado nos arranjos cambiantes de grandezas como os modos de produção e as relações de produção. A classe revolucionária desponta no cenário histórico não devido a uma consciência individual ou coletiva das injustiças e atrocidades do regime vigente, mas porque as grandezas históricas assim condicionaram os homens a pensar quando elas entraram em conflito umas com as outras. Essa interpretação determinística do inevitável devir revolucionário oriundo das tensões latentes na base econômica da sociedade gerará importantes revisões e inovações na teoria política revolucionária do século XX.

---

[223] MARX, Karl. *A miséria da filosofia (resposta à Filosofia da miséria de Proudhon)*. São Paulo: LaFonte, 2018, p. 100.
[224] MARX, Karl. *O Capital*. Crítica da economia política, vol. I. (Edição eletrônica). São Paulo: Boitempo, 2011, p. 984.
[225] MARX, Karl; ENGELS, Frederick. *Correspondence*: 1846-1895. A selection with commentary and notes. London: Lawrence and Wishart LTD, 1936, p. 7, 13-14.

Um último ponto controverso e importante que o marxismo legou ao século XX é a questão do nacionalismo. Basicamente, pode-se dizer que Marx e Engels relegaram a questão do nacionalismo a um lugar secundário e desimportante como mero reflexo ideológico na superestrutura social e, até mesmo, decretaram seu iminente fim. No *Manifesto do partido comunista* está escrito que "os trabalhadores não têm pátria" e que a produção capitalista do século XIX havia dado um fim às "segregações e oposições nacionais", sucedendo a "destituir [o proletariado] de todo seu caráter nacional"[226]. Similar convicção pode ser encontrada na *A ideologia alemã*, quando Marx afirma que a classe revolucionária proletária "não é mais considerada uma classe, não é reconhecida como tal, sendo já a dissolução de todas as classes, nacionalidades etc.", e que a grande indústria "criou por toda a parte as mesmas relações entre as classes da sociedade e suprimiu por meio disso a particularidade das diversas nacionalidades"; curiosamente, na frase seguinte está escrito que a "burguesia de cada nação ainda conserva interesses nacionais à parte"[227]. De fato, Marx reconheceu, por meio de sua polêmica com Friedrich List, que a burguesia estava dividida em várias nações, com interesses diferentes e, às vezes, contrastantes e nunca chegou a explicar como esse estado de coisas era possível: a grande indústria, supostamente e como citado anteriormente, criou por toda a parte as mesmas relações de classe e suprimiu as nacionalidades, ao mesmo tempo em que a burguesia detinha interesses muitas vezes alinhados com a nacionalidade[228]. Não há dúvidas que para os fundadores do socialismo científico, em última instância, a única classe sem nação, o proletariado, destruiria a burguesia, mas, *enquanto isso não ocorresse*, o problema real das afinidades nacionais, tanto da classe burguesa, quanto da classe proletária, mostrava-se muito espinhoso e se percebe isso pelas reações de Marx e Engels a eventos da época.

Engels, numa carta a Marx, em 15 de agosto de 1870, e em virtude do estopim da guerra Franco-Prussiana, advogou a entrada do proletariado na guerra contra a França, visto que a vitória francesa seria uma séria ameaça à "existência nacional" da Alemanha. Ele continuou o argumento dizendo que, embora o apoio nacional aumentasse o poder do chanceler de ferro Otto von Bismarck, a vitória alemã faria "um pouco do trabalho do socialismo"[229]. A

---

[226] MARX, 2016, p. 71 e 84.

[227] MARX, 1976, p. 52-53 e 73.

[228] SZPORLUK Roman. *Communism and Nationalism:* Karl Marx versus Friedrich List. New York: Oxford University Press, 1988. Capítulo 4, Nation and Revolution: Marx and Engels, 1845-1848.

[229] MARX, Karl; ENGELS, Frederick. *Collected Works*. Vol. 44: 1870-1873. Moscow: Progress Publishers, 1989, p. 46-47.

guerra, para Engels, poderia ajudar a fomentar o desenvolvimento da nascente indústria capitalista alemã e da classe operária, pré-requisitos para a chegada do socialismo. Claramente, Engels estava disposto a advogar a entrada do proletariado em guerras entre dois ou mais Estados burgueses, mas essa postura não transparece com clareza nas obras "oficiais" do cânone marxista e nem mesmo se pode encontrar um critério sólido para distinguir entre quais as guerras são progressistas ou não. Pode-se presumir, num primeiro momento, que as guerras que avancem o capitalismo em sociedades atrasadas são guerras progressistas no interesse do proletariado, mas o próprio Engels, em um artigo para o jornal *Neue Oder-Zeitung*, em 15 de abril de 1855, intitulado "A Alemanha e o Pan-Eslavismo", expressou veementemente o caráter reacionário dos eslavos do sul, mesmo sendo um povo subdesenvolvido que ainda não tinha alcançado o estágio do capitalismo industrial. A guerra, nesse caso, é reacionária para Engels não porque poderia ser um entrave à evolução industrial do povo eslavo, mas devido a considerações geopolíticas do próprio Engels, que temia que o Czar Nicolas I usasse o sentimento pan-eslavista contra o resto da Europa[230].

O problema principal é que a decisão final sobre qual guerra deveria ser apoiada pelo proletariado restava nos juízos individuais de Marx e Engels, a depender das circunstâncias. A interpretação "oficial" estabelecida e legada ao século XX foi que as guerras entre Estados burgueses não são do interesse do proletariado, que deve resistir às pressões nacionais e oficiais, não se alistar e, se possível, usar a guerra para avançar a luta revolucionária contra a burguesia em prol do internacionalismo proletário.

Analisando todos esses argumentos e formulações que pululam na obra marxista, é possível perceber um dos principais problemas com a herança ideológica legada aos revolucionários do século XX: a obscuridade e ambiguidade interpretativa. Em uma inspeção mais cuidadosa, fica claro que argumentos do tipo que a ética e a moral são "formulações nebulosas no cérebro" e "sublimações necessárias" oriundas de um tipo de "produção material" são generalizações esquemáticas que, por si mesmas, não possuem nenhum valor intelectual sério, enquanto não forem descompactadas em algum tipo de definição operacional para que possam ser traduzidas em parâmetros mensuráveis, nos quais a viabilidade da hipótese inicial possa ser julgada. A não ser que tais passos sejam tomados, as formulações abundantes encontradas nos textos

---

[230] MARX, Karl; ENGELS, Frederick. *Collected Works*. Vol. 14: 1855-1856. Progress Publishers, Moscow, 1980. p. 156-162. Ainda, *cf.* ANDERSON, Kevin B. *Marx at the margins*: On Nationalism, Ethnicity, and Non-Western Societies. Chicago: The University of Chicago Press, 2010, p. 49.

do jovem Marx não passam de generalizações conceituais indicando alguma hipótese de relação entre complexos sistemas sociais em um nível inicial. É requisitado, para se estabelecer a plausibilidade empírica das teses marxistas, relevantes evidências observáveis, que, por sua vez, requerem um nível de rigor conceitual que as generalizações esquemáticas disponíveis nos textos não conseguem fornecer[231]. Tais problemas conceituais e interpretativos do marxismo são notórios e não foram poucos os intelectuais que, desde a morte dos fundadores, tentaram fornecer novas interpretações dos textos sob a luz de esquemas conceituais complementares, como também de supostas evidências empíricas que justificariam releituras, enxertos ou recortes do sistema.

Já na última década do século XIX, a influência do marxismo começava a se espalhar rapidamente pelo continente europeu e com ela centenas de novos revolucionários marxistas se esforçaram para compreender a essência do pensamento dos mestres do socialismo científico. Engels, na posição de última autoridade oficial e detentor da palavra final acerca da interpretação ortodoxa do marxismo, desde a morte de Marx, em 1883, passou a emitir opiniões que fomentaram ainda mais a confusão. Em uma famosa carta a Conrad Schmitd, datada de 27 de outubro de 1890, ele alega que o Estado pode exercer influência considerável sobre o desenvolvimento econômico, em outras palavras, o Estado pode exercer influência sobre *as fontes do desenvolvimento histórico* estabelecidos no cânone marxista: os fatores de produção e as relações de produção, por exemplo, não seriam os únicos fatores que movimentam as mudanças históricas e os grupos revolucionários, mas também o Estado. Engels continua dizendo que algumas leis também poderiam influenciar a complexa cadeia de fatores do movimento histórico da base econômica da sociedade, estendendo o rol às ideologias políticas, que, "dentro de alguns limites", também poderiam causar mudanças e que os "mais graves erros ideológicos" e simples "absurdos" poderiam impactar todo o "desenvolvimento da sociedade, até mesmo o desenvolvimento econômico"[232]. Tais opiniões adicionaram novas camadas de complexidade interpretativa a um conjunto que já pecava por clareza conceitual. Agora a base econômica da sociedade, antes restrita às forças produtivas, fatores de produção e relações de produção ou correlatos também se estende à superestrutura das leis e ideologias.

---

[231] Para um melhor entendimento das regras que governam a linguagem da ciência política e do rigor metodológico requisitado, *cf.*: GREGOR, A. James. *Metascience & politics:* An inquiry into the conceptual language of political science. New Brunswick, New Jersey: Transaction Publishers, 2003. Capítulos 4 e 5.
[232] MARX, Karl; ENGELS, Frederick. *Correspondence:* 1846-1895. A selection with commentary and notes. London: Lawrence and Wishart LTD. 1936, p. 481-484.

Naturalmente, Engels não explicou *como* exatamente todos esses fatores *geram* as classes revolucionárias, nem como esses fatores da superestrutura da sociedade influenciam a base econômica da sociedade: com que regularidade? Como identificar quais ideologias ou leis podem ou não influenciar o movimento histórico? São as novas forças produtivas que geram as ideologias ou o contrário? As forças da base econômica da sociedade que antes criavam as ideias e ideologias, agora são por elas moldadas? Como dizer qual dos dois veio primeiro ou é o fator condicionante principal no movimento histórico? E o que tudo isso significa para a justeza intelectual do materialismo histórico? Até os dias atuais pode se encontrar centenas de respostas e interpretações diferentes para essas questões e o significado do marxismo, com marxistas de várias tendências prontos para defender a sua visão do socialismo científico.

O próprio Engels, em carta endereçada a Joseph Bloch, datada de 21 de setembro de 1890, assumiu certo grau de responsabilidade pela confusão interpretativa: "Marx e eu somos parcialmente culpados pelo fato de que os jovens escritores às vezes colocam mais ênfase no lado econômico do que é devido"[233]. Pressionados pela necessidade de expressar mais significativamente o "lado econômico" a seus detratores, Marx e Engels nem sempre tiveram "o tempo, o lugar e a oportunidade para permitir que os outros elementos envolvidos na interação entrassem"[234] na concepção materialista da história. As tentativas interpretativas de tal sistema assumidamente incompleto e confuso resultaram, no julgamento de Engels, apenas em "lixo"[235]. Pode-se indagar se algum dia será possível interpretar o marxismo do jeito que os fundadores o pensaram, tendo que levar em conta o que nem mesmo eles deixaram escrito.

Raymond Aron disse que a obra de Marx pode ser explicada "em cinco minutos, cinco horas, cinco anos ou meio século"[236], e não há dúvidas que isso se deve à complexidade interpretativa do sistema. Karl Marx foi um pensador com uma enorme área de interesses, uma personalidade irrequieta e dominante, que ansiava e almejava por acabar com a alienação e a opressão do homem pelo homem. Seus objetivos eram certamente louváveis, mas o Marx de carne e osso falhou na empreitada, deixando uma herança fragmentada e confusa. Boa parte das suas obras de juventude foi

---

[233] *Ibid.*, p. 477.
[234] *Idem.*
[235] *Idem.*
[236] *Cf.* ARON, 2005.

deixada de lado e não foram publicadas até 50 anos após sua morte; o seu monumental *O Capital*, após o primeiro volume, jamais foi devidamente terminado e parte de suas conclusões não foi entregue para as gerações futuras que tiveram que buscá-las por tortuosos revisionismos e rixas ideológicas. Mas mais que a falta de compromisso de Marx, a qualidade dos escritos, especialmente os de sua juventude até 1848, é duvidosa. Marx, por um tempo considerável, foi jornalista e boa parte dos seus agora célebres textos foram redigidos no espírito de antagonizar personalidades da época como Pierre-Joseph Proudhon, Bruno Bauer, Karl Eugen Dühring, Max Stirner e Friedrich List, para citar alguns, e o que se encontra, como esperado, é uma linguagem polêmica, ácida e fugaz. Raymond Aron assim caracteriza esse estilo de Marx e Engels:

> Para apreender o sentido exato de cada uma das frases de Marx é preciso remeter-se aos livros de Bruno Bauer e de Stirner. O que não é em si muito divertido. Há também uma outra razão. Marx e Engels, desde essa época, utilizam um estilo polêmico que conservarão por toda a vida, e que consiste em querer não compreender o que querem dizer as pessoas que não pensam como eles. Não se pode dizer em absoluto que sejam os únicos desse tipo dentro da família dos escritores polemistas, mas eles alcançaram nessa atitude uma perfeita maestria. Na maioria das vezes, a crítica é predeterminada pela interpretação deles próprios da filosofia e do mundo.[237]

Claramente, são ótimas qualidades para um texto polêmico, mas não para um texto que pretende ser lido e interpretado como filosofia política. Como dito em parágrafos anteriores, esses textos abundam em generalizações mal explicadas, o que poderia ser remediado por um volume contendo um aprofundamento significativo de suas concepções, onde cada termo empregado e suas relações com os outros, assim como os possíveis resultados empíricos, são devidamente esclarecidos e delineados, arejando o sistema com maturidade conceitual. Mas tal volume nunca apareceu. A obra mais famosa de Marx e Engels continua sendo *O manifesto do partido comunista*, de 1848, texto intencionalmente panfletário e propagandístico.

A morte de Engels, em 1895, marca o começo da era dos revisionistas do marxismo ortodoxo. Com a morte do segundo fundador do socialismo científico, não havia nenhuma outra figura de autoridade capaz de exercer

---
[237] *Ibid.*, p. 209-210.

o papel de árbitro acerca das questões envolvendo a interpretação ortodoxa do sistema. Um dos pupilos e amigo de Engels, Eduard Bernstein, parecia ser o herdeiro natural da posição de *gatekeeper* do marxismo, mas, apenas um ano após a morte de seu mentor, Bernstein lançou os primeiros artigos da série *Probleme des Sozialismus* (problemas do socialismo), que viriam a iniciar o acirrado debate revisionista dentro do Partido Social-Democrata da Alemanha. O debate não se restringiu ao interior do partido, mas se espalhou por toda a Europa e, nas décadas seguintes, viria a criar outros marxismos e movimentos políticos que levariam a caminhos muito diferentes e até mesmo hostis ao marxismo originário.

II A crise e revisionismo do marxismo

Hoje em dia, Eduard Bernstein é lembrado por ser um dos principais teóricos da social-democracia e do Partido Social-Democrata da Alemanha, como também por seu "desafio a Marx", que iniciou o polêmico processo de revisão do marxismo ortodoxo. Bernstein, após uma longa amizade com Engels, aproveitou seu acesso privilegiado às cartas, às anotações e aos textos pessoais dos fundadores para lançar uma revisão e reinterpretação das teses, hipóteses e proposições marxistas. Especificamente, o revisionismo de Bernstein é importante para se compreender o fascismo, porque, muito mais do que apenas reconsiderar a filosofia, metodologia e concepções econômicas de Marx, é a primeira vez que uma séria avaliação da influência que os fatores morais exercem no comportamento humano dentro do marxismo é levada a cabo. Deve-se compreender o contexto histórico do revisionismo para captar a importância da moral para o empreendimento revolucionário.

A sociedade da virada do século XIX para o século XX era bem diferente da época em que Marx escreveu suas obras. Marx imaginava viver o fim do capitalismo e esperava presenciar a hecatombe revolucionária encabeçada pela classe proletária; mas, por volta de 1896, para um observador imparcial, essas expectativas pareciam estar cada vez mais distantes e improváveis. O capitalismo não estava gerando a "pauperização" da classe proletária, e a sociedade estava se ramificando em mais classes e subclasses dentro da estrutura produtiva, em vez de se concentrar em duas e exclusivas classes antagônicas. A evolução da produção industrial acabou por levantar o padrão de vida e salários da classe proletária, que estava se acomodando cada vez mais aos luxos e confortos produzidos pela revolução industrial.

Em vez de aguçar a consciência de classe, o proletariado estava completamente alheio às invectivas e às teorias dos marxistas e mais apegado às tradições culturais e religiosas de suas próprias nações; a possibilidade de uma insurreição revolucionária por parte da classe proletária mostrava-se praticamente impossível. O próprio Engels notou, logo antes de morrer na nova introdução de 1892 ao seu clássico *A condição da classe trabalhadora na Inglaterra*, que o proletariado inglês estava se aburguesando e perdendo seu caráter revolucionário, amiúde se juntando com seus patrões[238].

Similarmente, vários partidos socialistas tiveram que modificar suas estratégias e posturas, muitas vezes, optando por um socialismo evolucionário dentro do próprio sistema democrático. A prioridade passou a ser lutar por melhorias sociais e econômicas da classe trabalhadora dentro dos meios democráticos: a social-democracia, também chamada de socialismo reformista. Dada a incapacidade de levar o proletariado à revolução violenta, muitos teóricos passaram a encabeçar esse tipo de estratégia, que passou a ser a norma na maioria dos partidos socialistas e marxistas das democracias ocidentais. Questionados se essa era realmente uma postura marxista, a resposta normalmente gravitava em uma desculpa de que a revolução e o fim do capitalismo estavam em um futuro mais distante, não tão previsível, mas, de qualquer modo, inevitável.

Nesse estado de coisas, Bernstein se questionou criticamente se, afinal de contas, as hipóteses e previsões marxistas eram corretas e deveriam ser levadas em conta. Coube a Bernstein vocalizar e trazer a público esses problemas óbvios que a vasta maioria dos marxistas europeus se recusava a ver, e seu nome passou a ser profundamente odiado por várias facções marxistas radicais. Inicialmente, os questionamentos de Bernstein em seus artigos críticos apareceram sem muita oposição na revista *Die Neue Zeit*, publicados sem comentários por Karl Kautsky, à época tido como o principal teórico marxista do Partido Social-Democrata da Alemanha e da Segunda Internacional. Nesses artigos, Bernstein argumentava que o marxismo, se realmente desejava ser uma teoria científica, deveria ser analisado e interpretado em conformidade com a realidade factual, testando continuamente a exatidão e confiabilidade de suas hipóteses e previsões. Os marxistas, continuou Bernstein, deviam estar dispostos a confirmar ou refutar suas previsões contra a realidade do mundo moderno e não continuarem se apegando aos textos clássicos num vácuo sem análise empírica.

---

[238] MARX, Karl; ENGELS, Frederick. *Collected works*, Vol. 27. New York, International publishers, 1990, p. 265-266.

Como exemplo, Bernstein, em virtude da previsão marxista clássica da separação da sociedade em duas classes antagônicas, pediu uma inspeção das estatísticas demográficas, descritivas e preditivas, para averiguar se tal tendência era discernível na sociedade. Do mesmo modo, se a pauperização do proletariado era algo que o marxismo previu que aconteceria, cabia aos intelectuais marxistas inspecionar o crescente corpo de dados e estatísticas econômicas para fornecer a confirmação. Bernstein concluiu que os dados e projeções disponíveis tendiam a refutar as hipóteses e previsões do marxismo.

O que mais causou revolta nos círculos marxistas europeus foi a opinião de Bernstein de que, devido às óbvias falhas sistêmicas do marxismo ortodoxo, o socialismo como movimento não deveria almejar um fim ou uma revolução: "Incapaz de acreditar em finalidades, não posso acreditar em um objetivo final do socialismo"[239]. Bernstein chegou a propor que o marxismo fosse intelectualmente dividido em dois campos: teoria e aplicação; os postulados teóricos de um lado e os modos de sua aplicação prática do outro[240]. Nota-se um esforço para, ao mesmo tempo, criticar e arejar o sistema e não jogá-lo fora completamente. Embora ainda se dissesse um marxista, era óbvio que para Bernstein o futuro e sucesso do socialismo marxista estava no reformismo da social-democracia e na luta democrática pelos direitos dos trabalhadores. O marxismo começava a ser extirpado de suas ambições revolucionárias.

Tais questionamentos, publicados dentro do maior partido marxista da Europa e assinados por um marxista conhecido e íntimo de Engels, não passaram muito tempo sem levantar oposições e críticas, e foi o que aconteceu. Figuras como Rosa Luxemburgo, Gueorgui Plekhanov, Vladimir Lenin e Alexander Parvus fortemente criticaram Bernstein e publicaram seus próprios artigos e livros buscando defender a ortodoxia marxista dos ataques revisionistas. Kautsky suspendeu as publicações de Bernstein na *Neue Zeit* e sugeriu que ele apresentasse seus questionamentos oficialmente no próximo congresso do partido, que ocorreu em 1898. Apresentados publicamente pela primeira vez no congresso, o revisionismo de Bernstein foi declarado como "não ortodoxo" e, anos depois, na conferência de Hanover, foi rejeitado como potencialmente ameaçador para a integridade ideológica do movimento socialista e do próprio Partido Social-Democrata da Alemanha.

---

[239] BERNSTEIN, Eduard. *Evolutionary Socialism:* A criticism and affirmation. New York: Schoken Books, 1961. Preface to the english edition.

[240] *Ibid.*, p. 2-3.

Os artigos de Bernstein inspiraram vários marxistas a se questionarem sobre a viabilidade do marxismo como sistema de pensamento, e três revisionistas marxistas são de particular importância. O primeiro deles foi o marxista austríaco Otto Bauer, que, no seu clássico *The Question of Nationalities and Social Democracy*, de 1907, buscou compreender o desenvolvimento do caráter nacional dos povos europeus e o seu significado no quadro do marxismo. Como explicado anteriormente, Marx e Engels declararam que os proletários não tinham pátria e o nacionalismo estava morto, mas não era o que Bauer via: pelo contrário, ele notou que o "caráter nacional" não apenas estava vivo, mas dava claros sinais de intensificação. Bauer justamente almejou conscientizar o marxismo europeu da grande importância que o nacionalismo ainda tinha no quadro das relações sociais e geopolíticas e que seria imprudente afastar o problema com alguma citação do cânone marxista.

A obra de Bauer é notável pelo rigor metodológico e o seu vasto conhecimento de sociologia não marxista da época, resultando num trabalho com um valor intelectual acima da média da literatura marxista de seus pares. Nota-se que, já na sua introdução, o autor é movido, pelo menos substancialmente, por uma preocupação intelectual de um *scholar*: "O foco da minha teoria da nação na verdade não está na definição de nação, mas na descrição do processo de integração a partir do qual a nação moderna se desenvolveu"[241]. O *modus operandi* de Bauer recai numa tentativa de traçar o sentimento nacional por meio da história evolutiva da humanidade, na qual suas convicções marxistas são fundidas com a evolução darwiniana.

Primeiramente, Bauer notou que o caráter nacional de um povo não poderia ser simplesmente explicado como engodo burguês da era capitalista, mas tinha suas origens, pelo menos, desde a fundação dos estados nacionais, isto é, que uma classe dirigente burguesa não conseguiria inocular o sentimento nacionalista no proletariado se antes o proletariado não tivesse alguma predisposição ao sentimento nacionalista. Claramente influenciado por Gumplowicz, Bauer argumentou que o caráter nacional é produto de uma complexa evolução das comunidades humanas no tempo e seu livro justamente expressa um esforço para discernir como certas comunidades adquirem esse caráter nacional. Assim, muito antes de existir qualquer classe proletária ou burguesa, o caráter nacional se desenvolveu fruto de uma longa evolução de uma comunidade em que seus membros vão se

---

[241] BAUER, Otto. *The question of nationalities and social democracy*. Minneapolis: University of Minnesota Press, 2000, p. 17.

unindo e compartilhando diversas experiências significativas ao longo de várias gerações. Cada indivíduo, por se encontrar inserido na comunidade desde a nascença, herda e compartilha os traços psicológicos e preferências morais da comunidade. A comunidade se desenvolve em uma "comunidade de destino" (*Schicksalsgemeinschaften*)[242]. É a partir desse destino comum — que engloba a história, a cultura e a linguagem compartilhadas — que uma comunidade adquire o caráter nacional, consolidando-se em uma nação moderna. Bauer mesmo definiu a nação como "a totalidade dos seres humanos unidos por uma comunidade do destino em uma comunidade de caráter (*Charaktergemeinschaf*)"[243].

Estava claro para Bauer que as associações econômicas proletárias e trabalhistas, recém-chegadas no mundo moderno, não poderiam comandar um sentimento de pertencimento tão profundo quanto o nacionalismo oriundo da longa evolução da comunidade de destino. Os marxistas e suas conversas de internacionalismo proletário estavam enganados quanto à verdadeira fidelidade da classe proletária e, igualmente, suas expectativas revolucionárias se encontravam seriamente desalinhadas com a realidade social. Os marxistas não estavam errados quando alegavam que a burguesia se apropria do nacionalismo para seus próprios fins, mas não compreendiam que o sentimento nacional não era uma fabricação ideológica burguesa, mas um elemento disponível para ser usado e manipulado nas lutas ideológicas modernas, um patrimônio histórico-cultural muito antigo e desenvolvido. Como evidência, Bauer apontou para o fato de que, apesar da crescente industrialização e internacionalização dos meios de produção, a consciência nacional nunca esteve tão forte: "A consciência da especificidade da nação nunca foi mais evidente do que em nossa própria época, embora hoje cada nação, sem dúvida, aprenda muito mais em uma velocidade muito maior do que nunca"[244]. Tal estado de coisas era ainda mais notável em nações pobres e periféricas, com uma industrialização atrasada, que, ao serem percebidas como tais, respondiam com um virulento nacionalismo reativo. Bauer concluiu que a internacionalização do capitalismo, seja por meios culturais ou imperialistas, não estava arrefecendo o nacionalismo dos povos proletários e que, portanto, o nacionalismo poderia se tornar uma força política determinante na geopolítica do novo século. Se esse fosse o caso, os partidos marxistas não deveriam ignorar tais obviedades com idealismos

---

[242] *Ibid.*, p. 35-36.
[243] *Ibid.*, p. 117.
[244] *Ibid.*, p. 133.

de internacionalismo proletário ou revolução mundial, mas buscar uma estratégia que levasse em conta um mundo fragmentado em nacionalidades muitas vezes conflitantes. Bauer demonstrou tal preocupação já na introdução do seu livro:

> Uma investigação da evolução da política social-democrata em nacionalidades requer que localizemos as forças que estão agindo sobre milhões de trabalhadores e milhares de sindicalistas e, no processo, estão moldando a consciência das massas trabalhadoras e determinando suas resoluções em todas as questões da vida nacional.[245]

O livro de Bauer gerou grande comoção no campo marxista, conseguindo reações de líderes como Vladimir Lênin e Josef Stálin, mas não chegou a incitar mudanças significativas na postura e políticas dos partidos marxistas. Essas mudanças seriam forçadas de uma maneira muito mais traumática apenas sete anos depois com o começo da Primeira Guerra Mundial.

Assim, a investigação de Bauer acerca das "forças que estão [...] moldando a consciência das massas trabalhadoras"[246] alude ao principal problema que os marxistas encontraram: o do proletariado sem consciência de classe ou até mesmo reacionário. A interpretação ortodoxa do marxismo tratava a tomada da consciência de classe e, por consequência, a revolução como algo certo e previsível, resultado do avanço do capitalismo e da pauperização de grande parte da população. Mas, como o próprio Engels havia notado, a vasta maioria do proletariado não se mostrava disposto a arriscar lutas revolucionárias e nem sequer em empreender estudos marxistas. O proletário médio se preocupava mais com a qualidade da própria vida e de sua família e era indiferente à classificação marxista de burguês e proletário, não hesitando em se aliar ou adentrar meios sociais ditos burgueses; do mesmo modo, mostrava-se muito mais zeloso e protetor das culturas e religiões locais, identificando-se mais com as figuras de sua nação do que com qualquer internacionalismo proletário. Em nenhum lugar podia-se achar o mítico proletariado marxista.

O problema do proletariado sem consciência de classe estava atrelado com a interpretação reinante dos textos marxistas que implicava um tipo de determinismo histórico-econômico, em que as forças produtivas entram em contraste com as relações de produção, encaminhando a classe

---

[245] *Ibid.*, p. 3.
[246] *Idem.*

revolucionária para a revolução. Essa interpretação determinista, que foi adotada pelos partidos socialistas europeus, cegava os marxistas à realidade do proletariado sem consciência de classe, que só começou a ser publicamente reconhecida a partir dos textos revisionistas de Bernstein. A situação, como notada pelos revisionistas, era embaraçosa: enquanto os discursos e livros seguiam a interpretação ortodoxa da revolução proletária, a prática dos partidos socialistas se concentrava em compromissos reformistas com a burguesia dentro do sistema democrático; a revolução permanecia uma esperança retórica.

A interpretação determinista implica, logicamente, uma atitude fatalista, na qual não seria preciso se preocupar com os preparativos e estratégias revolucionárias, justamente porque a história se encarregaria dos pormenores que levam a revolução, a luta virá quando a base econômica da sociedade estiver devidamente encaminhada; mas, afinal, *quando* isso ocorrerá? Os revisionistas perceberam que a interpretação determinista do marxismo precisava ser reexaminada, e um dos locais mais proeminentes no revisionismo foi a Alemanha por virtude das iniciativas de Bernstein, mas também porque uma nova geração de marxistas surgia na sua esteira.

O segundo revisionista de importância foi o marxista e antropólogo alemão Ludwig Woltmann, que buscou trazer uma teoria ética para dentro do marxismo[247]. Embora tenha vivido pouco, Woltmann produziu um número considerável de obras de grande importância para o desenvolvimento do pensamento revolucionário do século XX e uma das suas principais contribuições foi uma análise avaliativa e, depois uma proposta corretiva, da teoria ética dentro do marxismo. Woltmann analisou o cânone marxista tentando compreender onde exatamente estava explicado a origem da moralidade revolucionária, como ela funcionava e quais suas justificativas, mas o resultado foi desapontante. O jovem marxista percebeu que o tratamento dado por Marx e Engels à questão moral era inepto e praticamente inexistente; o que poderia ser encontrado nos principais textos do marxismo são as já aludidas enigmáticas esquematizações de que a moral e a ética são reflexos da base econômica da sociedade ou sublimações no cérebro dos homens.

---

[247] Para os propósitos deste livro, falar-se-á apenas das análises e proposições éticas que Woltmann buscou introduzir no marxismo, sem adentrar suas teorias históricas e raciais. Woltmann se tornou, após sua prematura morte, uma considerável influência no desenvolvimento da antropologia racial alemã e admiradores de seu trabalho se estabeleceram como membros e teóricos do Partido Nacional-Socialista alemão, de Adolf Hitler. Para um estudo mais aprofundado das teorias de Woltmann, *Cf.*: WEINDLING, Paul. *Health, race and german politics between national unification and Nazism, 1870-1945*. Cambridge: Cambridge University Press, 1989; e GREGOR, James A. *Marxism, Fascism and Totalitarianism, chapters in the intellectual history of radicalism*. Stanford: Stanford University Press, 2009.

Para Woltmann, Marx e Engels recorrentemente falavam de fenômenos sociais e históricos enormemente complexos de uma maneira caricatural, utilizando generalizações confusas e metáforas pouco elucidativas, o que gerou grande confusão nos intérpretes do marxismo. O sistema estava incompleto sem um tratamento adequado da ética e da moral, e Woltmann iria completá-lo.

Para Woltmann, o ponto central do problema era que os fundadores do marxismo não possuíam, pelo menos nos textos oficiais, uma compreensão nuançada das dinâmicas psicológicas dos seres humanos e do ambiente que os envolve; muitas vezes, os textos marxistas operam transições abruptas do ambiente socioeconômico para as mentalidades de classe por meio de expressões como "condicionada" ou "refletida", sem se darem conta do enorme salto realizado. Os fundadores do marxismo incorrem recorrentemente em graves erros intelectuais subordinando a complexa realidade do mundo psicológico a fenômenos tidos como econômicos ou materiais. Woltmann notou isso quando encontrou confusão terminológica e conceitual nos escritos marxistas:

> Essas contradições, como tantas outras, devem-se ao fato de que os fundadores da concepção materialista da história nunca fizeram uma distinção nítida entre os conceitos psicológicos de *necessidade* material, *interesse* material e *condição* material de existência. Mas é de grande importância a necessidade física de comer, beber e viver do interesse em propriedade econômica e mais-valia, das quais o interesse de classe é um caso especial, e da mais geral para distinguir a ideia da condição técnico-econômica de toda vida intelectual. O leitor se lembrará de como as numerosas formulações do materialismo histórico diferem umas das outras no sentido de que o momento economicamente decisivo da história passa a ser entendido como uma necessidade, ora como um interesse, ou como uma condição de existência, e que Engels, nas últimas modificações da teoria, concebe o fator econômico definido predominantemente em termos da condição material de existência.[248]

Claramente, cada um desses substantivos tem um significado psicológico específico e deveriam ser explicados como tais, mas Marx e Engels os utilizavam de maneira intercambiável como sinônimos do suposto fato

---

[248] WOLTMANN, Ludwig. *Der Historische Materialismus*. Dorstellung und Kritik der Marxistischen Weltanschauung. Düsseldorf: Hermann Michel's Verlag, 1900, p. 404-405, grifos meus.

que o mundo mental — ou "espiritual" como Woltmann também utilizava — era de alguma forma refletido pelas condições econômicas e materiais. Assim, Woltmann notou que quando Marx diz que "o ideal nada mais é do que o material convertido e traduzido na mente humana" [...], "tal frase pode impressionar na primeira impressão – e ela impressionou muitos – mas isso ainda deixa o problema epistemológico não resolvido escondido dessa formulação"[249], e uma investigação mais pormenorizada do "problema epistemológico" se fez necessária.

Woltmann argumentou que os domínios mental e psicológico eram regidos por suas próprias regras, denotando uma considerável independência da realidade material vivida pelo indivíduo, principal tema do seu *Der Historische Materialismus*, livro dedicado a uma crítica sistemática do marxismo para provar que o "processo espiritual na história de vida da raça humana é um fator independente de desenvolvimento econômico" e, mais ainda, no "duplo aspecto que a vida espiritual não pode ser explicada exclusivamente materialisticamente, nem no sentido das ciências naturais nem da economia"[250].

Naturalmente, Woltmann compreendia que as concepções morais e o pensamento em geral podem surgir como *respostas* e *reações* aos incentivos materiais circunstanciais, mas isso jamais implicaria que, em última instância, o pensamento é *condicionado* e *dependente* do meio material como um reflexo nervoso. Mesmo com estímulos externos o pensamento possui suas próprias regras internas, independentes dos fenômenos materiais. Há uma clara diferença entre as regularidades envolvidas na evolução *social* e as regularidades da evolução orgânica e darwiniana, do mesmo modo que há uma diferença epistemológica definitiva entre a análise do mundo material e do mundo mental. Assim, uma vez que o indivíduo tenha desenvolvido as faculdades racionais e de julgamento ele se torna capaz de realizar inferências, valorações e conjecturar futuros de uma maneira amiúde única: há uma enorme variedade de opiniões e sentimentos possíveis como resposta ao mesmo ambiente econômico de incentivos materiais, e a tomada de decisões pelos indivíduos tende a variar imensamente. Até mesmo as tomadas de posições culturais e ideológicas mudam diversamente de indivíduo para indivíduo em um mesmo contexto social de incentivos materiais, sendo impossível delinear com rigor científico a operacionalização do reflexo

---

[249] *Ibid.*, p. 260.
[250] *Ibid.*, p. 409.

do mundo material na mente das milhares de pessoas, a fim de explicar detalhadamente o processo pelo qual uma ideia se sublimou no cérebro a partir de uma realidade socioeconômica.

Dado esse pressuposto, as passagens marxistas relegando as ideias e a moralidade a uma superestrutura, alegadamente dependente de acontecimentos na base econômica da sociedade, padecem de uma série análise mais aprofundada e soam terrivelmente simplistas:

> São precisamente as ideologias superiores que podem se afastar tanto dos interesses de classe que se colocam acima deles; na verdade, seu propósito busca superar os antagonismos de classe. Eles se tornaram fins em si mesmos, pois não atendem aos interesses nem às necessidades econômicas. É preciso concordar com o desmascaramento econômico de muitas frases ideológicas que Marx e Engels muitas vezes adotaram de maneira tão engenhosa quanto espirituosa; mas na história humana também há um entusiasmo pela verdade e pela justiça, que tira suas forças motrizes últimas do fim em si da verdade e do bem e do ideal da consciência humana.[251]

A asserção marxista de que uma ideia é apenas um reflexo de certas condições materiais socioeconômicas encontra sérias lacunas aparentemente insolúveis. Não é incomum, continuou Woltmann, encontrar na história indivíduos e movimentos sociais inspirados por concepções morais, filosóficas e religiosas praticamente indiferentes ao lucro monetário, privilégios materiais ou hierarquia social, mas apresentando até mesmo uma completa abnegação dos prazeres terrenos em virtude de um sentimento de justiça ou pureza espiritual. O próprio Engels, no seu *A Guerra Camponesa Alemã*, de 1870, falando das ideias do teólogo radical Thomas Münzer, que viveu entre os séculos XV e XVI, diz que a doutrina política de "Münzer seguia seus conceitos religiosos revolucionários muito de perto e, assim como a teologia histórica, ultrapassou as concepções atuais de seu tempo, sua doutrina política foi além das condições sociais e políticas diretamente prevalecentes"[252]. Tendo como base a interpretação canônica do marxismo ortodoxo, poder-se-ia perguntar: como exatamente as ideias e visões políticas de Münzer foram "além das condições sociais e políticas diretamente prevalecentes"? Por algum motivo não explicado, Münzer pôde entreter ideias

---

[251] *Ibid.*, p. 406.

[252] ENGELS, Friedrich. *The peasant war in germany*. Moscow: Foreign Language Publishing House, 1956, p. 71.

que não vieram de nenhuma superestrutura de sua época e nem poderiam ser refletidas e sublimadas no seu cérebro, sendo que a base material da sociedade não havia saído do estágio medieval. Como apontado anteriormente, Marx e Engels não deixaram o problema devidamente resolvido e existem diversas interpretações a depender a da variante marxista.

Mas, para Woltmann, a solução estava, primeiramente, em admitir que os fundadores do socialismo científico cometeram enganos e simplificações inaceitáveis para a compreensão da relação entre pensamento e ação revolucionária. Era preciso reconhecer que a relação entre o mundo mental e o material é demasiada complexa e muito difícil de explicar em termos de causação como o marxismo parece implicar; o mundo do pensamento, da moral e do julgamento tem um mecanismo *não necessariamente* causado pelo mundo material de uma maneira uniforme a ponto de um nexo causal poder ser inferido com precisão científica. Para Woltmann, era necessário fazer um "retorno a Kant".

Em termos epistemológicos, pode-se dizer que a interpretação ortodoxa do marxismo considera os julgamentos e as injunções morais como fenômenos empíricos, oriundos de uma conexão na realidade material, precisamente lastreada na base econômica da sociedade. Woltmann, por outro lado, afirmou que o mundo mental é independente do mundo material e, por isso, não pode ser inteiramente justificado por correlações e analogias com este último, existindo, portanto, uma clara distinção entre um ato mental e um fato empírico: os julgamentos de um indivíduo não podem ser determinados recorrendo a fatos empíricos. Certamente que fatos empíricos são levados em conta no cálculo mental e moral dos indivíduos, mas fatos empíricos não podem ser usados como explicação causal para o próprio cálculo mental. Woltmann, assim, ilustra essa diferença e faz seu recurso a Kant:

> A ética nunca pode se tornar uma física que só conhece um mecanismo causal. O mundo moral, porém, é uma ordem teleológica das coisas de acordo com os meios e os fins, e a ordem humana das coisas e sua história fazem parte dessa ordem teleológica cósmica. A esse respeito, refiro-me às explicações da filosofia kantiana no primeiro livro e aos capítulos sobre a concepção mecânica e teleológica da natureza e a ideia da ordem moral do mundo em meu "sistema de consciência moral"[253].

---
[253] WOLTMANN, 1900, p. 398-399.

Por "retorno a Kant", Woltmann entendeu retornar a certo idealismo capaz de justificar e fundamentar uma concepção dos atos mentais como independentes do mundo material. O pensamento, uma vez ocorrido, corre de acordo com suas próprias regras e dialética interna, e mesmo que seja inescapável ser influenciado pelo mundo material, não há como saber, com causalidade científica, que tipo de influência afeta mais um indivíduo que o outro em determinado período do tempo e o porquê. Essa relativa independência da base material da sociedade levou Woltmann a considerar que as ideias são muito mais poderosas e influentes no desenvolvimento da sociedade humana do que o marxismo clássico concebe. Na visão de Woltmann, o esquema marxista da mudança na infraestrutura para a superestrutura era, no máximo, parcialmente correto e, mesmo assim, nem sempre, porque, na história, existiram indivíduos e grupos que inovaram e mudaram o rumo das coisas com ideias e conjecturas independentes dos funcionamentos da base econômica da sociedade vigente. Pode-se mesmo dizer que os avanços na base material da sociedade se deram justamente por invenções e inovações de pessoas com ideias muito além das limitações produtivas de seu tempo.

É por volta da virada do século, momento em que Woltmann, Bernstein e Bauer teciam suas críticas revisionistas, que revolucionários por toda a Europa tomaram consciência do problema do proletariado sem consciência de classe. Os revisionistas justamente queriam compreender por que o proletariado não estava se tornando revolucionário. Pelas conjecturas de Woltmann, chegou-se à opinião de que, ao contrário do que a ortodoxia marxista explicava, a ação revolucionária deveria ser *voluntarista* e não *determinística*, isto é, a revolução não aconteceria por mudanças ditas inevitáveis na base econômica da sociedade, mas por uma ação deliberada da própria classe revolucionária, *apesar* das condições materiais e produtivas da sociedade. Surge, aí, um outro questionamento importantíssimo: se não a falha do capitalismo e a exploração desgastante da burguesia, *o que poderia mover a classe revolucionária à revolução?*

Separada da sua base determinística, o ideal de uma revolução voluntária liderada por uma coletividade específica tomaria o século XX de assalto; a classe revolucionária ficou exposta e muitos intelectuais buscaram determinar um novo estímulo para o proletariado ou encontrar uma nova classe revolucionária. Entre esses intelectuais estava o terceiro marxista revisionista importante, o francês Georges Sorel.

III Introdução ao pensamento de Georges Sorel[254]

Georges Sorel foi um engenheiro, teórico sindicalista e nacionalista francês. Seu pensamento é, até os dias de hoje, debatido não apenas pela sua amplitude — há quem o considere um polímata —, mas também pela sua escrita confusa e fragmentada, isso porque Sorel publicou a maioria dos seus escritos em diversos periódicos e jornais, raramente transformando-os em livro. Outra complicação surge do fato de que a qualidade e a profundidade dos assuntos tratados variam: há escritos que são pura propaganda ideológica e outros, mais influentes, que até hoje são lidos pela profundidade da especulação filosófica; essa inconstância no corpo literário de Sorel parece ser a única constante. Sorel adquiriu notoriedade na Paris de seu tempo pelo seu vasto conhecimento; ele frequentava a livraria de Charles Péguy e ficava horas conversando e debatendo sobre os mais variados assuntos: desde a filosofia grega clássica até os regulamentos de segurança para locomotivas a vapor. Seus contemporâneos se impressionaram pela enorme quantidade de informação que conseguia transmitir oralmente, com profundidade e entusiasmo. Seus admiradores o viam como uma "inteligência viva" e inquieta, que precisava saber tudo[255].

Mas uma coisa é certa: Sorel se encontrava muito mais à vontade com a palavra falada do que com a escrita, tanto que só começou a publicar seus escritos já na meia-idade. Esse fato impõe uma verdadeira dificuldade para o intérprete dos textos sorelianos: tentar achar alguma constância em algum assunto tratado por Sorel. A opinião que Sorel expressou em um artigo, muitas vezes, é contradita pelo próprio Sorel em outro artigo posterior, e amiúde se percebe que Sorel se desinteressou completamente pelo assunto ao não publicar mais sobre ele. Isso é reflexo das relações também inconstantes de Sorel, que fazia e desfazia amizades constantemente, pulava de periódico em periódico por, aparentemente, nunca estar satisfeito. As consequências de uma mente irrequieta. Para se ter ideia da personalidade enigmática que é Sorel, em menos de três décadas como intelectual público, ele conseguiu se dizer um marxista ortodoxo, mas buscou uma explicação heterodoxa

---

[254] O pensamento de Sorel é confuso e inconstante, e os subcapítulos seguintes farão um esforço de reconstrução do *sorelismo* de uma maneira a preparar o terreno para a explicação do fascismo, e, por isso, deve-se alertar o leitor que a reconstrução não segue uma ordem cronológica dos escritos e nem mesmo busca apresentar a opinião "definitiva" de Sorel quanto aos temas abordados. Privilegiar-se-á os aspectos que causaram maior impacto e influência para o desenvolvimento do fascismo, independentemente do que o próprio Sorel teria achado disso.
[255] JENNINGS, J. R. *Georges Sorel*. The character and development of his thought. New York: Palgrave Mcmillan, 1985, p. 3-4.

para seu marxismo; foi *pro* e *contra* Dreyfus no famoso caso penal francês; tinha Benito Mussolini e Vladimir Lênin como os dois maiores políticos já saídos do movimento socialista; expressava opiniões antissemitas, mas admirava a antiga civilização hebraica; tornou-se o mais conhecido teórico do sindicalismo radical e também apoiador do movimento nacionalista e direitista de Charles Maurras[256]. Mas, para os fins deste livro, é possível traçar a evolução do pensamento soreliano com razoável clareza nos pontos que nos interessam: a sua visão sociológica mais abrangente, a sua relação com Proudhon e o marxismo e a sua teoria sindicalista. Primeiro, deve-se fazer um breve esboço do pensamento sociológico de Sorel.

Pode-se começar com a relação de Sorel com a antiguidade clássica, mais especificamente com a civilização grega. Em um dos seus primeiros livros, o *Les Proces de Socrates*, de 1889, Sorel refaz o julgamento que levou o filósofo grego à morte, mas seu juízo é completamente a favor da condenação e a justifica dizendo que o crime de Sócrates foi, nada menos, que a destruição da civilização grega. Quando Sorel diz "civilização grega", ele não está se referindo ao apogeu da Atenas de Péricles e Sócrates no século V a.C, mas à sociedade grega dos séculos VIII a.C até meados do século V a.C, a sociedade rural e militar de Homero e Hesíodo. O relevante nessas sociedades antigas era a retidão moral de seus habitantes, educados nos poemas clássicos e que vivam uma vida simples de pobreza e trabalho duro. Aqui, entra um tema muito importante para a compreensão das ideias de Sorel: a pobreza, o trabalho duro, a virtude de uma vida dedicada à ação e ao sacrifício pelo coletivo criam a moralidade necessária para empreendimentos sociais. Sorel admirava os gregos pré-socráticos por sua simplicidade de pensamento, sua dedicação e obediência à família, às leis e às religiões locais e considerava a frugalidade e a piedade centrais para uma sociedade saudável. Isso tudo constitui o que Sorel chamava de a "tradição heroica" grega: a força marcial, que era reverenciada como algo essencial e louvável da vida, advinha da educação nos poemas clássicos e era na guerra que a estrutura social encontrava toda sua razão de ser. A guerra e o conflito, para Sorel, avançam a sociedade e aguçam o senso de coletividade, heroísmo e sacrifício dos cidadãos. Trabalho, ação, guerra e sacrifício eram os valores nobres dos gregos que Sorel tinha em alta conta e culpava Sócrates por tê-los destruído[257].

---

[256] OHANA, David. Georges Sorel and the rise of political myth. *History of european ideas*, [s. l.], v. 13, n. 6, p. 733-746, 1991.

[257] JENNINGS, 1985, p. 19-21.

Mas como, aos olhos de Sorel, Sócrates destruiu a antiga sociedade heroica grega? Sorel não está querendo dizer que foi *exclusivamente* Sócrates o culpado, mas, sim, a *filosofia* e os *sofistas*. Sorel distingue duas consequências desastrosas advindas da filosofia socrática: o otimismo e o racionalismo. Por otimismo, Sorel está se referindo ao abandono da visão trágica e religiosa da vida que os gregos tiravam de suas tragédias e poemas clássicos, assim como da tradição de trabalho duro e frugalidade econômica; essa tradição de um sóbrio realismo quanto ao destino trágico da existência e da necessidade de se ater à religião e às tradições sociais foi corroída pela visão otimista da vida trazida pela filosofia socrática. Sócrates era culpado de não compreender a "natureza humana", que é moralmente instável sem o claro reconhecimento das agruras e dificuldades da vida e a necessidade de se ater às regras de condutas; o otimismo corrói a moralidade coletiva ao fazer crer que o prazer e a felicidade são valores mais importantes que a coesão social, e o que possa impedir o prazer se torna objeto de desdém e ódio. Sorel dá a entender que essa mentalidade otimista andou de mãos dadas com o colapso da civilização grega nas mãos dos macedônios e, depois, dos romanos[258].

Mas mais preocupante ainda, para Sorel, era o odioso racionalismo filosófico das especulações de Sócrates e dos sofistas. Em sua essência, o argumento soreliano centra-se na mudança ocorrida na mentalidade grega: antes, era pautada pela obediência e crença nos mitos gregos clássicos e nas leis civis e religiosas; com a filosofia socrática, a vida pautada pela tradição foi trocada pela vida do intelecto e das explicações racionais. Para Sorel, tal mudança é um retrocesso. Todos os ensinamentos clássicos oriundos das tragédias e da religião foram reduzidos a um "raciocínio superficial"; os soldados e os marinheiros, antes reverenciados como modelos de conduta e retidão moral, foram substituídos por oradores e demagogos bem-educados; a educação se tornou a preparação para jogos de linguagem e argumentações vazias, em vez de um sólido treinamento para a ação, o trabalho e a guerra; e a fidelidade que era devida à cidade e aos seus deuses foi trocada pela admiração do "mundo das formas e das ideias" platônicas. Uma nova classe de homens que se via diferenciada por seus dotes oratórios e intelectuais surgiu, e a igualdade na pobreza que caracterizava as sociedades clássicas começou a ruir. Sorel aponta que as consequências para a educação pública foram particularmente infelizes: com o otimismo e a fé exacerbada

---

[258] *Ibid.*, p. 23-24.

na razão e suas possibilidades, o Estado passou a educar o povo de maneira a controlar o que deveria ser aprendido, o que deveria ser pensando, um estado pedagógico ditatorial[259].

Está implícito nesses argumentos de Sorel uma concepção de natureza humana que, à primeira vista, não parece muito clara, mas se pode defini-la com mais precisão. Para Sorel, os seres humanos precisam estar criando ou lutando por algo para se realizarem com a sua natureza social, caso contrário, cairão no hedonismo e no materialismo egoísta e isso "exige não ceticismo e raciocínio crítico, mas uma vida comum de trabalho dentro das associações naturais da humanidade – a família, a tribo, a polis"[260], isto é, a comunidade. Sorel acreditava que o mundo moderno da sua França do *fin di siécle* "estava em declínio devido à prevalência de interesses econômicos e políticos estreitos"[261] do mesmo modo que a antiga civilização heroica grega estava em declínio nas mãos dos sofistas. Um declínio marcado pela ascensão do racionalismo e do liberalismo individual depois da Revolução Francesa, e a luta soreliana é uma luta de regeneração que busca levar o indivíduo às suas raízes heroicas e comunitárias que foram extirpadas pela sociedade burguesa.

Mas, então, o que deve ser retirado da visão soreliana da antiguidade clássica? Principalmente, que a moralidade é fruto de uma concepção compartilhada coletivamente e que é forjada por meio da ação heroica e do sacrifício; a necessidade de produção e defesa coletiva de uma comunidade forja nos indivíduos o caráter e os dignifica[262]. Essas ideias, expostas num dos primeiros livros publicados de Sorel, expressam traços importantes de sua visão de mundo moldada após décadas de viagens pela França em contato com todo tipo de gente humilde e trabalhadora do campo. São importantes, porque pode-se perceber, analogamente, que Sorel via o mundo burguês do *fin de siècle* francês da mesma forma que via a Atenas pós-socrática. Tal relação é a chave para se compreender a principal luta movida por Sorel contra a decadência do mundo burguês, pela qual ele arregimentou o sindicalismo e o marxismo como principais armas de combate.

A civilização burguesa do século XIX caracterizou-se por um otimismo acerca das possibilidades tecnológicas e científicas alcançadas pela revolução

---

[259] *Ibid.*, p. 24-27.
[260] VINCENT, K. Steven. *Georges Sorel in North America*. [S. l.]: History Department, North Carolina State University, 2008, p. 1460.
[261] *Idem*.
[262] GREGOR, 2009, p. 146.

industrial, assim como pelo sentimento acrítico da continuação da paz e do progresso humano, já que a Europa não via uma conflagração relevante desde as guerras napoleônicas, terminadas em 1815. A filosofia *mainstream* enveredou pelo caminho do positivismo, o ápice do otimismo com a visão que *toda a realidade, tanto natural quanto social, pode ser explicada pelo método científico*, isto é, a razão, a ciência e o progresso — a tríade iluminista do século XVIII — finalmente chegaram para levar a humanidade para uma ascensão ininterrupta. Para Sorel, esse estado de coisas é filho de Descartes, dos *philosophes* racionalistas, Comte, Saint-Simon, Locke e toda a pletora de pensadores liberais e democratas que entronizou a democracia liberal como o ápice do pensamento político humano. Adicionalmente, explica-se parte do pessimismo de Sorel pelo fato que a França do século XIX, no qual ele cresceu e amadureceu, foi o palco de golpes de Estado, insurreições violentas como as de 1848 e 1871, e escândalos políticos como o caso Dreyfus, eventos que contrastam violentamente com as expectativas otimistas do iluminismo. Quando Sorel finalmente apareceu na vida pública como intelectual no *fin de siècle*, na meia-idade, o iluminismo, o materialismo e o liberalismo já se encontravam sob assalto e ele se juntou à luta.

    Sorel foi um católico dedicado durante a vida toda, e um de seus amigos mais próximos, entre 1895 e 1905, foi Charles Péguy, a personalidade mais famosa do cristianismo social francês. A fé católica é um dos principais traços perceptíveis da personalidade de Sorel que informa sobre o conteúdo de suas ideias: ele nutria empatia e consideração para com o povo simples do campesinato e do trabalho manual, pessoas devotadas ao antigo catolicismo francês e com forte de ética de trabalho e amor à terra. O cristianismo social foi uma das primeiras forças a se levantar contra o positivismo ao defender que a ciência não podia fornecer respostas e justificativas para a moralidade e os fins da vida humana e nem mesmo prever o futuro ou interpretar a história com acurácia, pontos que Sorel plenamente concordava[263]. No século XIX o cristianismo e o socialismo frequentemente andavam juntos, e não é difícil perceber o porquê: o cristianismo possui longo histórico de empatia aos desafortunados, assim como uma forte vertente franciscana de aversão ao luxo e os excessos desse mundo, enquanto o socialismo ainda não havia sido monopolizado pela vertente materialista marxista. O socialismo de Sorel começa com o foco na *regeneração moral* dos trabalhadores franceses, como explicou seu amigo Charles Péguy:

---

[263] HOROWITZ, Irving Louis. *Radicalism and the revolt against reason:* the social theories of Georges Sorel with a translation of his essay on "the decomposition of marxism". Routledge: Taylor & Francis Group, 2009, p. 17.

> Nosso socialismo era essencialmente, e além do mais oficialmente, uma teoria geral, uma doutrina e método, uma filosofia de organização e de reorganização do trabalho, a restauração do trabalho. Nosso socialismo foi essencialmente, e além do mais oficialmente, uma restauração, uma restauração geral e universal. O que estava em jogo era uma restauração geral, começando com o mundo da classe trabalhadora; uma restauração total fundada na restauração anterior do mundo do trabalhador. Tratava-se de tornar saudável o mundo do trabalhador em geral, de restaurar a saúde de toda a cidade, orgânica e atomicamente, a começar pelo indivíduo. Esse foi o método, a ética e a filosofia geral de M. Sorel, ele mesmo um moralista e filósofo, que encontrou sua expressão máxima em sua obra.[264]

Não há dúvidas que Sorel via a classe trabalhadora francesa como o principal veículo para a regeneração moral da nauseabunda civilização burguesa do *fin de siécle*, e, para tanto, era necessário a regeneração moral da própria classe trabalhadora. Mas *por que* exatamente Sorel via o proletariado como o principal agente da regeneração moral da sociedade burguesa? Porque os intelectuais, a ciência e a razão *não são capazes* de "penetrar nos mistérios mais profundos da mudança social que há muito tempo era um conhecimento comum à religião"[265]. É a simplicidade e a ética religiosa de trabalho e sacrifício do proletariado que pode renovar o mundo, e não o excessivo otimismo dos intelectuais positivistas e racionalistas. Há, para Sorel, um *mistério* em certas áreas da realidade social que não são possíveis de interpretação pelos procedimentos puramente científicos, cantos obscuros da mente humana que só a religião e o mito podem movimentar: "A mística da Igreja, a ideia da salvação eterna, torna-se o mito do socialismo, a ideia da salvação no plano temporal"[266].

Embora uma parte do mito soreliano possa ser traçado nessas raízes católicas do próprio Sorel, não se pode confundir um com o outro: o mito não é uma criação divina ou sobrenatural, é essencialmente um fato sociológico elaborado pelo próprio homem atuando na história. O cristianismo é um mito, porque, independentemente da sua verdade ou falsidade, os *homens acreditam nele e atuam de acordo com essa crença*, e não há motivos para duvidar da sinceridade do catolicismo de Sorel, mesmo porque essa concepção de mito não está em contradição com sua fé.

---

[264] *Ibid.*, p. 19.
[265] *Idem*.
[266] *Ibid.*, p. 19-20.

A funcionalidade do mito na mente das massas é um ponto importante do pensamento soreliano e outra de suas raízes podem ser traçadas na filosofia de Henri Bergson, cuja influência sobre Sorel foi considerável. O principal objetivo de Bergson era criar uma "metafísica positiva" que pudesse salvaguardar o homem do positivismo e do determinismo tão vigentes na época, garantindo um grau de liberdade para o exercício do livre-arbítrio e da dimensão espiritual do ser humano. Bergson procedeu por cunhar uma filosofia voltada para a *intuição*, isto é, a habilidade de apreender o "real" de modo espontâneo e direto, sem a intermediação das ferramentas lógicas, e o resultado de tal processo resultaria na ação criadora do homem. Ainda mais importante é que, durante esse processo, a intuição cria "imagens" na mente do indivíduo, que se juntam para formar a "matéria": "Eu chamo a *matéria* de agregado de imagens, e *percepção* da matéria essas mesmas imagens referindo-se à eventual ação de uma determinada imagem, meu corpo"[267]. A ação humana é movida primeiramente por essa relação de imagens que se formam na mente, em vez de uma sopesada equação racional: "A ação necessária ocorrerá automaticamente, quando chegar a hora"[268], após uma conjunção de imagens específicas se formarem. As consequências dessa filosofia se tornam claras quando o próprio Bergson expressa o seu juízo acerca *do que é o homem*: "Meu corpo, um objeto destinado a mover outros objetos, é, então, um centro de ação"[269]. O indivíduo se torna um objeto maleável e moldável baseado nas imagens que ele processa na mente, propalando-o a alguma ação.

Aqui, é possível traçar uma intersecção do sorelismo com os elitistas, especialmente o antropólogo francês Gustave Le Bon, que no seu *Psychologie des foules* também fez referência a potencialidade das imagens na mente da massa: "Uma multidão pensa em imagens, e a própria imagem imediatamente evoca uma série de outras imagens, sem nenhuma conexão lógica com a primeira"[270]; e Vilfredo Pareto que, em 1922, na ocasião da morte de Sorel, teceu elogios às contribuições dele para o avanço da ciência social. Pareto especificamente comenta que o "mito soreliano" é extremamente similar ao seu conceito de "derivações (*derivazioni*)", isto

---

[267] BERGSON, Henri. *Matter and memory*. London: George Allen & Unwin Ltd New York, The MacMillan Company, 1929, p. 8, grifos meus.
[268] *Idem*.
[269] *Ibid.*, p. 5-6.
[270] LE BON, 1896, p. 23.

é, uma coleção de imagens capazes de expressar sentimentos e levar os homens à ação, sendo assim, um componente essencial na sociologia da ação política[271].

Os intelectuais, inundados no racionalismo, no positivismo e no otimismo do *fin de siècle*, são incapazes de articular e empurrar as massas à ação política, e somente as imagens do mito adequado podem quebrar essa letargia. Sorel é bem explícito quanto à função do mito do socialismo na guerra contra a decadência do mundo moderno:

> A linguagem comum não poderia produzir esses resultados em qualquer certa maneira; deve-se recorrer a coleções de imagens que, tomadas em conjunto e apenas pela intuição, antes de qualquer análise ponderada serem feitas, são capazes de evocar a massa de sentimentos que correspondem às diferentes manifestações da guerra empreendida pelo socialismo contra a sociedade moderna.[272]

Essa "guerra empreendida pelo socialismo contra a sociedade moderna" é uma frase importante porque realça a verdadeira prioridade de toda a empreitada revolucionária de Sorel: destruir a decadente sociedade burguesa e renovar os valores morais e heroicos por meio da ação violenta do proletariado. Para Sorel, o proletário é um análogo moderno do guerreiro espartano que entrava na batalha munido dos mitos da grandeza do seu povo e sua cidade-Estado, e para os quais nenhum sacrifício era considerado grande demais, um eficiente "protótipo da personalidade autoritária com uma causa, para a qual nenhuma barreira é intransponível"[273]. A sociedade burguesa e capitalista, pelo contrário, somente pode fornecer como protótipo de "herói" um "neurótico felizmente alienado, habitando um mundo privado no qual a aquisição material substitui os ideais" mais elevados e sublimes da ação e sacrifício[274]. O vigor do proletário é sua capacidade de agir heroicamente por meio de mitos que agem como imagens captadas de maneira intuitiva, e a importância disso pode ser compreendida quando se entende que tanto Sorel quanto Bergson "procuraram esticar a consciência além dos limites confinantes da razão e da inteligência"[275]. É uma revolta

---

[271] PARETO, Vilfredo. *"Georges Sorel"*, em La Ronda, 1922. *Apud* Irving Louis Horowitz. Radicalism and the revolt against reason: the social theories of Georges Sorel with a translation of his essay on "the decomposition of marxism". Routledge: Taylor & Francis Group, 2009, p. 1.
[272] SOREL, Georges. *Reflections on violence*. Cambridge: Cambridge University Press, 2004, p. 113.
[273] HOROWITZ, 2009, p. 130
[274] *Idem*.
[275] *Ibid.*, p. 43.

contra o positivismo dominante da época e uma tentativa desesperada de fazer um retorno "para dentro" do mundo subjetivo das ações humanas, em busca de respostas para a decadência da sociedade.

Há claramente em Sorel um desconforto com a *húbris* do positivismo e do iluminismo e suas intenções de objetividade universal e progresso contínuo, e a questão crucial que os pessimistas do *fin de siècle* se colocaram é: pode a ciência satisfazer a demanda insaciável por significado? A resposta, para Sorel, é um óbvio "não". O significado existencial, histórico e social do homem somente pode ser derivado da ação heroica em nome de algum mito construído pelos próprios homens. A ciência e a razão são incapazes de fornecer qualquer significado para a ação humana além de constatações de fatos empíricos, enquanto o que o homem necessita no seu âmago é a construção de uma narrativa que imprima sua existência com significado histórico e social.

Assim, a história, para Sorel, é baseada numa distinção primordial: a história "factual e empírica" e a história "mitológica". A história empírica é aquela analisada pelos cientistas e objeto de especulação pelos racionalistas e, a princípio, não há nada de errado nisso; o problema surge quando os cientistas e os racionalistas se cegam à existência da história mitológica. Esse engano é, em essência, a raiz do otimismo e do determinismo histórico que Sorel tanto detestava, e um dos objetivos da sua empreitada era reabrir a consciência dos seus contemporâneos à realidade do aspecto mitológico e irracional da ação dos homens na história. O aspecto mitológico da história, na sua característica "social", somente pode ser explicado fazendo recurso à dimensão psicológica e subjetiva da ação humana, aspecto esse que o determinismo e o positivismo completamente, quando não apenas ignoram, subjugam sob construções racionalistas. Sorel herdou a importância da história mitológica de Giambattista Vico, filósofo italiano um dos principais precursores da sistemática filosofia da história. Na sua *Scienza Nuova*, Vico defende que a metafísica jamais conseguirá explicar a história social do homem, mas que a história social do homem pode apontar o caminho das origens da metafísica[276]; isso quer dizer que os homens devem, nas palavras do próprio Sorel, "procurar a origem de nossas construções metafísicas nas construções mais ou menos empíricas da existência social"[277]. Para Vico,

---

[276] Nesse sentido, Vico é um precursor de Feuerbach e Marx quando se trata da concepção natural da história e da religião.

[277] SOREL, Georges. *Étude sur Vico*, no Le Devenir Social, 1896. *Apud* Irving Louis Horowitz. Radicalism and the revolt against reason: the social theories of Georges Sorel with a translation of his essay on "the decomposition of marxism". Routledge: Taylor & Francis Group, 2009, p. 93.

como também para Sorel, isso implicava que é insensato considerar que a história tenha algum alinhamento teleológico justamente porque a história do homem pertence somente ao homem e não a deus, a quem apenas o mundo metafísico diz respeito. A história humana é eivada de adversidades e contingências e o caminho nunca se encontra traçado de antemão, mas cabe aos homens criarem um futuro pelas suas próprias mãos; é uma história cíclica apenas no limite de que o que ganha vida algum dia cairá em decadência e morrerá, e é esse aspecto da filosofia histórica de Vico que teve grande impacto em Sorel justamente porque serviu como uma vacina contra a ideia do progresso contínuo.

Sorel foi convencido por Vico que a ideia de um determinismo histórico é, no fim das contas, uma ideia fatalista e que leva a letargia e inação no mundo concreto, e isso é inaceitável. É justamente a ação heroica e violenta que abre novos caminhos na história do homem; é a ação que tem que constantemente restaurar o mundo social da decadência natural da história. Para Sorel, o ponto de partida de toda investigação histórica é o pressuposto da primazia da ação criadora do homem na própria história, e, assim, o palco está aberto a qualquer grupo violento, dedicado e suficientemente disposto ao sacrifício para conquistar seus objetivos. A história não trará revolução, mas é a revolução que avançará a história.

O pessimismo de Sorel não é derivado de uma negação absoluta de qualquer possibilidade de progresso ou melhoria na condição do homem na terra; é, pelo contrário, uma reação a um otimismo que ele achava sem qualquer fundamento. Sorel era cristão e, se formos assumir a sinceridade de sua fé, a possibilidade de redenção e alguma medida de justiça não era alheia a seu pensamento. Contra a fé acrítica no progresso contínuo do iluminismo, Sorel buscou trazer uma visão realista da evolução histórica do homem:

> A fusão, então, de elementos conscientes e inconscientes (da ciência e do mito) produz um progresso real. Essa reciprocidade desacredita a concepção iluminista de história racional e suas românticas extensões utópicas do século XIX. O apelo à consciência racional como a mola mestra da história de Holbach a Hegel ignora o papel decisivo da inconsciência. É precisamente o conhecimento desse inconsciente que "nos permite explicar fenômenos históricos do tipo mais complexo sem a menor dificuldade".[278]

---

[278] HOROWITZ, 2009, p. 99-100.

A decadência da sociedade burguesa capitalista *pode* ser superada com a criação de novos valores morais heroicos oriundos da ação de alguma classe social vigorosa o bastante, e o proletariado é essa classe justamente porque está atuando no seio da sociedade industrial e sua destreza no manejo da produção econômica a coloca como a mais preparada para herdar toda a capacidade produtiva capitalista, justamente porque Sorel nunca intencionou destruir a capacidade técnico-científica do capitalismo. A ciência e o avanço industrial devem ser domados e controlados pela ação proletária, e não rejeitados na ideia espúria de retornar a um romântico passado bucólico. A revolução e a violência proletária têm um papel catártico ao destruir os valores decadentes e a corrupção moral da sociedade burguesa — como o positivismo, o racionalismo e o ateísmo —, ao mesmo tempo que preserva os avanços científicos e industriais. Essa visão soreliana de uma renovação moral e espiritual do novo homem socialista é retirada diretamente da sua fé cristã, de modo que Sorel "ressuscitou o ascetismo das ordens cristãs tanto como um antisséptico para a corrupção do trabalho sob o capitalismo industrial, quanto como um símbolo perfeito para o futuro homem socialista"[279].

Por meio dessa "ressurreição do ascetismo" cristão, Sorel pôde trazer ao seu pensamento tradições antigas que ele tanto admirava, como, além do já citado ascetismo cristão, o heroísmo grego e a resiliência judaica, mas não se deve confundir esse tradicionalismo com algum tipo de conservadorismo e reacionarismo, pois o aspecto tradicional de Sorel é puramente pragmático no sentido de auxiliar a confecção de mitos revolucionários capazes de derrubar a ordem vigente da sociedade burguesa: "Em meio à destruição quase completa dos valores morais", Sorel "colocou suas esperanças na preservação da tradição como o meio principal de manter a virtude e a possibilidade de civilizações vivas."[280] Nessa fórmula pragmática, os antigos valores religiosos e guerreiros se tornam concepções revolucionárias, porque impulsionam, mitologicamente, a classe proletária na luta para a criação dos seus próprios valores.

O sorelismo é uma curiosa junção do Novo Testamento com o Manifesto Comunista, e isso foi possível porque, diferentemente de Péguy, Sorel nunca cogitou bater em retirada conservadora para os braços de Igreja e advogar um retorno a uma sociedade tradicionalista, um utopismo; pelo contrário, a sociedade moderna requer estratégias modernas para a trans-

---

[279] *Ibid.*, p. 101.
[280] JENNINGS, 1985, p. 152.

valoração dos valores: o que é essencial e radical no cristianismo agora se encontra representado no socialismo. Dessa forma, segundo Sorel, o socialismo precisa criar seus próprios símbolos, mitos e rituais específicos para levar a luta contra a sociedade burguesa a sério.

Sorel se encontrava num impasse: o socialismo revolucionário não podia se apoiar na Igreja Católica e muito menos no Estado burguês, seu principal inimigo; era necessário encontrar uma instituição que tivesse a capacidade organizativa do Estado burguês e a força mítica de instilar uma moralidade de ação coletiva como a Igreja Católica. Sorel encontrou sua resposta nos sindicatos. Mas, antes de adentrar à teoria sindicalista de Sorel, deve-se primeiro explicar a sua relação com Pierre-Joseph Proudhon, e depois com o marxismo.

IV Sorel e Proudhon

Pierre-Joseph Proudhon é lembrado como um dos pais do anarquismo, do anarco-sindicalismo e do mutualismo e sua influência sobre o pensamento de Sorel não pode ser subestimada. Há várias similaridades e pontos de contato entre o sorelismo e o proudhonismo, e pode-se começar afirmando que Proudhon também foi um escritor que pecava pela falta de clareza e concisão em suas obras, embora criasse imagens e frases de efeito que até hoje são razoavelmente conhecidas como "a propriedade é um roubo", "o salário é um tipo de submissão", "pereça a pátria e salve-se a humanidade" ou "os jornais são os cemitérios das ideias".[281] São fórmulas que chamam a atenção e serviram de propaganda para as obras de Proudhon, mas somente averiguando as ideias do autor de uma forma sistemática é que se pode elucidar os verdadeiros significados dessas frases e isso é um trabalho muito difícil: há 150 anos, os intérpretes de Proudhon vêm se debatendo acerca de qual seria a interpretação correta de seus textos. Contudo, não é escopo deste livro empreender essa análise sistemática do proudhonismo; deve-se fazer um esforço de concisão voltado aos aspectos que mais se ligam ao sorelismo.

Pode-se tomar como ponto de partida do proudhonismo a sua adesão à "teoria trabalhista da propriedade"[282], que busca determinar qual tipo de

---

[281] Essas famosas frases, amiúde citadas como aforismos, são originárias de algumas obras de Proudhon, respectivamente: *O que é a propriedade?*, de 1840; *Sistema das contradições econômicas, ou Filosofia da miséria*, de 1846; *Da capacidade política das classes trabalhadoras*, de 1865; e *Da justiça na revolução e na igreja*, de 1858.

[282] *Labour theory of property*. A "teoria trabalhista da propriedade" não é a mesma coisa que a "teoria do valor-trabalho", de Adam Smith, David Ricardo e Karl Marx. A primeira tem como função determinar um parâmetro normativo para guiar a redistribuição da propriedade entre os indivíduos e grupos; a segunda é uma teoria que

propriedade privada é justa ou não. O valor-trabalho de um bem é tomado como um axioma para Proudhon e, com base nisso, apenas o trabalho é capaz de gerar algum valor: "Capital, ferramentas e maquinário são igualmente improdutivos. O martelo e a bigorna, sem o ferreiro e o ferro, não forjam. O moinho, sem o moleiro e o grão, não moe etc."[283], ou seja, apenas pessoas e o trabalho delas, e não coisas em si mesmas, podem produzir e gerar algo de valor. Com esse pressuposto, Proudhon faz uma distinção entre dois tipos de propriedade privada: a "propriedade" — injusta — e a "posse" — justa.

A propriedade é injusta, porque o seu detentor aufere rendimentos de uma natureza incompatível com os preceitos da teoria do valor-trabalho, como juros, lucros e aluguéis, rendimentos esses que, para Proudhon, não derivam de nenhum trabalho, mas de um monopólio concedido pelo poder jurídico do Estado. O capitalista só consegue lucrar, porque o Estado reconhece os meios de produção como a propriedade do capitalista, que passa a lucrar uma quantia que ele não produziu, isto é, que outros, os trabalhadores, produziram, mas que no fim do processo produtivo são empossados pelo capitalista. Proudhon também denomina essa propriedade como *de jure* — de direito, querendo dizer oriunda de um monopólio concedido pelo Estado. Mas isso não significa que *toda propriedade privada é injusta*. Existe a posse, uma propriedade *de facto*, que é justa, porque seus rendimentos vão exclusivamente para aqueles que trabalharam para produzi-los; é, segundo Proudhon, uma forma "natural" de propriedade privada sem a possibilidade de exploração, porque quem trabalha aufere rendimento na proporção do trabalho despendido. Proudhon, assim, explica a sua distinção:

> Da distinção entre posse e propriedade surgem dois tipos de direitos: o *jus in re*, o direito sobre uma coisa, o direito pelo qual posso reclamar a propriedade que adquiri, em quaisquer mãos que a encontre; e o *jus ad rem*, o direito a uma coisa, que me dá o direito de me tornar um proprietário. [...] Comigo que, como trabalhador, tenho direito à posse dos produtos da Natureza e da minha própria indústria, - e que, como um proletário, não desfrute de nenhum deles – é em virtude do *jus ad rem* que exijo a admissão ao *jus in re*.[284]

---

busca explicar o *valor* de um bem econômico por meio do trabalho implicado na produção dele. Ambas têm como ponto de partida o axioma de que o valor econômico de um bem é oriundo do trabalho necessário para produzi-lo, então, pode-se dizer que a teoria trabalhista da propriedade é uma expansão normativa da teoria do valor-trabalho.

[283] PROUDHON, Pierre-Joseph. *What is property?* An inquiry into the principle of right and of government. New York: Dover Publications Inc, 1970, p. 165.

[284] *Ibid.*, p. 43-4.

Explicando um pouco melhor a natureza injusta da propriedade capitalista segundo Proudhon: numa empresa capitalista, o empresário contrata os trabalhadores para produzirem bens com valor, isso quer dizer que esses trabalhadores são os *de facto* proprietários desses bens, porque os produziram, mas não os *de jure*, que, por sua vez, é o empresário, devido ao poder do Estado que por lei assim determina. Nas palavras de Proudhon:

> Ferramentas e capital, terra e trabalho, considerados individual e abstratamente, não são, literalmente falando, produtivo. O proprietário que pede recompensa pelo uso de uma ferramenta, ou pelo poder produtivo de sua terra, dá por certo, então, o que é radicalmente falso; a saber, que o capital produz por seu próprio esforço – e, ao receber o pagamento por esse produto imaginário, ele literalmente recebe algo de graça.[285]

Se os trabalhadores são sempre os *de facto* geradores de valor, então eles também deveriam ser sempre os *de jure* detentores dos rendimentos desse valor.

Ambos, Marx e Proudhon, concordam com a natureza exploratória do capitalismo mais ou menos nesses termos, mas suas respectivas soluções divergem radicalmente e é um dos grandes divisores de águas do socialismo moderno[286]. Proudhon desejava acabar com o capitalismo, o monopólio *de jure* concedido pelo Estado, mas sem acabar com a propriedade privada justa, a posse *de facto*. Não há em Proudhon uma concepção sociológica de uma classe proletária ou uma interpretação pseudohegeliana da história para justificar a ação revolucionária da classe proletária, logo, não há nenhuma defesa da tomada violenta do Estado por tal classe proletária nem uma ditadura do proletariado – ideia severamente criticada por Proudhon e outros anarquistas como "socialismo de Estado", não sendo mais que uma mera substituição de uma classe opressora detentora do monopólio por outra.

No esquema proudhoniano, portanto, é possível que existam empresas privadas justas numa sociedade pós-revolucionária, na medida em que os que trabalharem nela aufiram os rendimentos na proporção do seu trabalho, e isso é até mesmo desejável, porque o trabalho produtivo moderno é essencialmente coletivo e todos os que trabalham nele vão ser *de facto* e *de jure* detentores do rendimento:

---

[285] *Ibid.*, p. 165.
[286] Tal divergência não será explicada neste livro, mas uma explicação concisa e precisa pode ser encontrada no artigo de Benjamin Tucker intitulado "State socialism and anarchism", em: CHARTIER, Gary; JOHNSON, Charles W. (org.). *Markets, not capitalism:* individualist anarchism against bosses, inequality, corporate power, and structural poverty. [S. l.]: Minor Compositions, 2011.

> O capitalista, você irá dizer, sozinho corre o risco do empreendimento, como o sapateiro empregador de quem acabamos de falar. Sem dúvida, isso é verdade, mas a comparação não se sustenta mais. Poderiam os capitalistas trabalhar sozinhos em uma mina ou operar uma ferrovia. Poderia um homem sozinho conduzir uma fábrica, navegar em um navio, representar uma tragédia, construir o Panteão ou a Coluna de Julho? Alguém pode fazer coisas como essas, mesmo que tenha todo o capital necessário? E aquele que é chamado de patrão, ele é mais do que um líder ou capitão? É nesse caso que a associação me parece absolutamente necessária e correta. A indústria a ser desenvolvida, o trabalho a ser realizado, são propriedade comum e indivisa de todos os que dela participam [...].[287]

O empresário não é nada mais, para Proudhon, do que um "capitão" ou um "líder" do processo produtivo, de maneira que os seus rendimentos devem ser igualmente medidos na proporção de seu trabalho nessas funções depois de eleito pelo resto dos trabalhadores. O "mito fundamental" do sistema capitalista para os anarquistas proudhounianos é a possibilidade de que alguns membros específicos do processo produtivo, o empresário ou capitalista, possam auferir rendimentos superiores a seu trabalho despendido mediante uma imposição *de jure* de um conceito de propriedade pelo Estado[288]. A solução proudhoniana para o problema da exploração do homem pelo homem é, de um lado, acabar com o monopólio *de jure* do Estado e, do outro, incentivar cada vez mais a criação de empresas privadas por meio das quais uma produção justa possa ser atingida. Proudhon via o verdadeiro poder do Estado no sistema financeiro como um todo, por meio do qual juros eram cobrados, e desejava, após destruir esse monopólio dos banqueiros e do Estado, criar um "banco do povo" para conceder crédito a uma taxa de juros zerada para os trabalhadores — já que o juro é um rendimento injusto. Somente assim se poderia criar uma sociedade justa e sem exploração. Portanto, a expropriação deve ser orientada para uma "socialização do câmbio", em vez de uma "socialização da produção" — ou, num linguajar marxista, dos "meios de produção". É também nesse sentido que se pode dizer que Proudhon rejeitou ambos o "socialismo" e o "capitalismo", mas se deve ter cuidado com o significado dos termos: esse socialismo é a ideia da socialização dos meios de produção pela classe proletária, que

---
[287] PROUDHON Pierre-Joseph. *Idée genérale de la revolution au XIX siècle*. Paris: Garnier Frères Libraries, 1851, p. 252-253.
[288] STRONG, Derek Ryan. *Proudhon and the labour theory of property*. Anarchist studies 22.1, 2014, p. 57.

praticamente se tornou, devido à influência marxista, sinônimo de "socialismo", mas a própria ideia da socialização de câmbio proudhoniana é uma ideia socialista. Nesse sentido, é mais claro dizer que Proudhon rejeitou o "capitalismo" e o "socialismo de Estado" marxista.

O fim do monopólio *de jure* significa o fim da possibilidade de que uma pequena parcela do processo produtivo possa obter rendimentos injustos como lucro, aluguéis e juros, e apenas o trabalho produtivo e justo seria empreendido pelos trabalhadores, que estariam livres para criar entre si quantas empresas privadas desejassem. É, nesse sentido, que Proudhon é considerado um anarquista e um mutualista e se tornou uma figura importante para o movimento sindicalista francês no final do século XIX[289], porque os sindicatos são uma dessas empresas privadas, nas quais os trabalhadores conjuntamente produzem e auferem rendimentos na medida do seu trabalho. A luta do anarco-sindicalismo é uma luta contra o monopólio *de jure* do Estado que possibilita a existência da exploração capitalista, e não contra a propriedade privada em si.

Mas há uma implicação muito importante de ordem sociológica nessa filosofia política de Proudhon que não passou despercebida por Sorel e outros sindicalistas: como não há uma classe proletária erigida pela história, a ênfase essencialmente cai naqueles que fazem o trabalho produtivo, os *produtores*. O capitalista, depois de erradicado o monopólio *de jure* do Estado, entraria na equação produtiva com rendimentos dentro dos parâmetros do seu trabalho, efetivamente inibindo a ideia de uma luta de classes cruenta, o que levou Proudhon se posicionar contra as investidas revolucionárias de 1848, tornando-se alvo de ódio dos seus contemporâneos do movimento socialista. O problema não estava na estrutura de produção ou no capitalista em si, mas no monopólio do Estado.

A nova concepção sociológica da classe dos produtores naturalmente se expande para além do proletariado para abarcar os pequenos burgueses e comerciantes que se viam espremidos pelas grandes indústrias protegidas e alimentadas pelo poder jurídico do Estado, *la classe moyenne* — a classe média. Tanto o proletariado, quanto a classe média se tornam uma só classe de produtores lutando contra o monopólio *de jure* do Estado capitalista. Em verdade, Proudhon detém o crédito, juntamente com o primeiro-ministro francês François Guizot, de ter popularizado o conceito de luta de classes

---

[289] SCHAPIRO, J. Salwyn. Pierre-Joseph Proudhon, harbinger of fascism. *The american historical review*, [s. l.], v. 50, n. 4, 1945, p. 731.

como uma categoria de análise sociológica na França, influenciando, entre outros, Karl Marx. Guizot, um historiador burguês e conservador, foi o primeiro a sugerir que a luta de classes é um fator importante na história da civilização ocidental, chegando a dizer que, no século XIX, a classe média detinha a missão histórica de trazer estabilidade às instituições francesas ao se opor aos excessos do terror revolucionário e do reacionarismo dos vários monarquistas, tanto os Bourbon, quanto os Bonaparte, uma missão que necessitava ser levada à consciência dessas classes médias para que cumprissem o seu dever histórico. Estão aí cristalizadas as noções de luta de classes e consciência de classe instrumentalizadas para justificar o papel histórico fundamental de uma suposta classe escolhida. Marx absorveu essas ideias por meio de Proudhon durante sua estadia na França, e ele mesmo, além de outros marxistas influentes como o pai do marxismo russo, Georgi Plekhanov, admitem o débito com Guizot[290].

Proudhon também se familiarizou com o pensamento sociológico de Guizot e, ao participar diretamente dos movimentos grevistas e sindicais franceses, percebeu que o conceito de luta de classes estava intimamente vinculado ao processo produtivo, tornando a análise sociológica dependente da crítica da economia política, o tema do seu clássico *Sistemas de contradições econômicas, ou a filosofia da miséria*, de 1846. Nesse célebre texto — do qual Marx, apesar de tê-lo famosamente criticado com o seu *A miséria da filosofia*, também é grande devedor —, Proudhon afirma que a sociedade moderna se divide em duas abrangentes classes sociais: a classe dos detentores e gozadores do monopólio *de jure* do Estado, como grandes capitalistas, banqueiros e políticos, e a classe dos trabalhadores e assalariados, cuja parcela do rendimento é sugado pela classe dos detentores do poder do Estado. Sendo um observador mais atento das dinâmicas da sociedade industrial, Proudhon foi capaz de distinguir as nuances do intercâmbio de grupos dentro dessas classes sociais, como a supracitada classe média, abrangendo produtores rurais, comerciantes, artesãos e até mesmo profissionais liberais, conjugada com o proletariado urbano, todos compartilhando o mesmo *status* de oprimidos pelo monopólio *de jure* do Estado[291]. Percebe-se que, antes mesmo da ideia de a luta de classes ser monopolizada pelo maniqueísmo simplório do marxismo, ela fora desenvolvida tanto por pensadores conservadores, quanto por revolucionários como Proudhon, todos tentando

---

[290] PAIM, Antonio. *Marxismo e descendência*. Campinas: Távola Editorial, 2018, p. 230.
[291] PIERRE-JOSEPH, Proudhon. *Sistema das contradições econômicas, ou filosofia da miséria*, tomo I. São Paulo: Ícone, 2003, p. 93.

compreender as complexas dinâmicas sociais da sociedade industrial na intenção de avançar seus respectivos planos de ação política. Nesse sentido, a tradição socialista influenciada por pensadores como Proudhon foi enriquecida por uma análise sociológica da luta de classes muito mais condizente com o desenvolvimento da sociedade industrial no sentido de possibilitar uma maior fluidez entre o intercâmbio entre os estamentos e setores que iam se multiplicando, conforme a evolução da urbanização e do sistema produtivo se intensificava, tornando-se cada vez mais complexos e diversificados. Isso é importante, porque, diferentemente do que se pensa hoje em dia, a dinâmica revolucionária, durante suas décadas formativas, encontrava-se diversificada para além da ossificação do clássico esquema marxista, que na época não passava de apenas uma vertente concorrendo pela correta idealização da luta revolucionária. Não havia nada que impedisse, nas formulações revolucionárias, a relação de várias classes sociais ou mesmo nacionais para a consecução dos objetivos revolucionários de libertação dos povos.

Essa inovação sociológica facilitou a Proudhon e seus seguidores perceberem que a nova classe média e pequeno-burguesa também se encontrava espremida pelo Estado capitalista e seus grandes monopólios e grupos de interesse, o que a colocava numa posição de se tornar uma classe revolucionária ao se unir ao proletariado: a classe dos produtores. No decorrer do século XIX para o século XX, esse novo posicionamento revolucionário encontrou competição com os marxistas que continuaram presos ao clássico esquema da dicotomia proletariado *versus* burguesia, ficando cegos à agitação revolucionária de classes sociais alheias à doutrina ortodoxa.

Sorel, muito embora por anos se considerasse um marxista, evitou criticar a ideia da propriedade privada em si justamente porque sua ideia de revolução foi influenciada pela concepção proudhoniana da exploração. No seu *Introduction à l'économie moderne*, Sorel, inspirado em Proudhon, faz uma distinção entre a "socialização dos meios de produção" e a "socialização dos meios de troca":

> Não entendemos, em primeiro lugar, por que Marx teria sentido a necessidade de formular um corolário de uma proposição principal e de declará-lo no mesmo plano desta proposta. Eu acho que ele, pelo contrário, queria considerar a socialização dos meios de produção e a da troca como dois momentos distintos na realização do socialismo. Não estabelece uma relação de distância entre eles. Seria absurdo

> supor que a troca individual existisse quando a produção era totalmente socializada, quando as mercadorias não eram mais produzidas; mas podemos supor que a produção individual ainda exista parcialmente, enquanto a nação é o comprador universal; assim, Kautsky admite que os camponeses podem continuar a cultivar suas beterrabas para vendê-las às fábricas de açúcar e destilarias do Estado. Só no longo prazo é que a transformação socialista plena poderia ocorrer e que a economia se tornaria verdadeiramente homogênea.[292]

A socialização dos meios de produção não poderia ocorrer num mesmo momento que a socialização dos meios de troca como o sistema financeiro, que possibilita a exploração dos juros. Os revolucionários deveriam empregar suas energias para avançar a crescente força produtiva do proletariado e da classe média contra o poder do monopólio do Estado capitalista, que só seria possível garantindo a propriedade privada justa, a "posse" na terminologia proudhoniana. Os sindicatos, os pequenos comércios e a agricultura familiar são todos exemplos de propriedade privada que Sorel procurou defender como bastiões da produção nacional, e, nesse sentido, a luta revolucionária de Sorel nunca foi diretamente direcionada contra ao instituto da propriedade privada e nem foi a favor da ideia da socialização dos meios de produção ou da ditadura do proletariado.

Proudhon também foi um elitista; sua correspondência pessoal é cheia de passagens denegrindo a *massa* e enaltecendo o *espirits d'élite*. Para Proudhon, as massas são predispostas a serem governadas de um modo autocrático, e não democrático; elas precisam de governantes da mesma maneira que precisam de um deus: "para mim, é um truísmo econômico que a classe mais numerosa e mais pobre seja, por isso mesmo, a mais invejosa, a mais imoral e a mais covarde"[293]. Esse sentimento elitista levou Proudhon a enaltecer, para o escândalo de todos os outros revolucionários de sua época, o golpe de estado de Louis Napoleão, o imperador Napoleão III, prostrando-se de uma maneira francamente repugnante: "Você é a revolução do século XIX; você não pode ser outra coisa. Fora isso, *Deux-Décembre* [data do golpe] seria apenas um acidente histórico sem princípio e sem significado"[294]. Proudhon apostou todas as suas fichas na ideia de convencer o novo imperador a implementar suas ideias do banco do povo a juros zero para dar início a sua tão esperada revolução social. Ele publicamente exortou todos

---
[292] SOREL, Georges. *Introduction à l'économie moderne*. Paris: Librairie G. Jacques, 1903, p. 133.
[293] SCHAPIRO, 1945, p. 724.
[294] *Ibid.*, p. 726.

os socialistas e republicanos a apoiarem o imperador, pintando-o como um defensor das massas e a figura que avançaria o progresso da humanidade. A revolução, para Proudhon, tornou-se uma possibilidade apenas pela força de uma figura de autoridade:

> De forma vigorosa e repetida, Proudhon enfatizou a ideia de que uma revolução social só poderia ser realizada por meio da ditadura de um homem. Por causa das divisões partidárias, a revolução, tão necessária à França, não poderia vir das deliberações de uma assembleia popular, mas da ditadura de um homem, apoiada pelo povo. A Revolução de 1848, afirmou Proudhon, expôs a incompetência dos tagarelas e visionários, e sua supressão pelo golpe de Estado abriu caminho para a revolução prática e eficiente de Luís Napoleão.[295]

Obviamente, Napoleão III ignorou os apelos de Proudhon, que se viu amargurado e escorraçado do mundo revolucionário como uma anomalia, e como não poderia deixar de sê-lo? Um anarquista, que queria o fim de toda autoridade injusta, principalmente as incrustadas no Estado, vai aos pés do novo ditador francês apresentar seu programa político para avançar uma revolução emancipadora da humanidade. Embora possamos facilmente julgar Proudhon por sua ingenuidade — e ele foi e ainda é fortemente julgado —, suas biografias buscam explicar a linha de raciocínio por trás de suas ações: Proudhon nunca julgou Napoleão III como um agente ou propulsor consciente da revolução, mas que, como o novo imperador havia destruído todos os outros partidos políticos, "ele seria incapaz de criar uma nova sociedade à sua própria imagem" e deixaria o país "deslizar para o caos, resultando na quase imperceptível decadência do governo e reedificação da liberdade. Como nada mais parecia poder avançar a revolução, Proudhon sentiu-se justificado em tentar"[296].

Independentemente das contradições e estranheza que essas opiniões e atos elitistas possam influenciar na filosofia política de um anarquista que queria a libertação de todos os homens, tal elitismo vai de encontro com o último aspecto do proudhonismo que teve influência significativa em Sorel: a glorificação da guerra. No seu *Le guerre et la paix*, de 1861, Proudhon faz uma completa e ousada defesa da guerra como força geradora de grandeza e espírito heroico, o que contrasta violentamente com a maioria dos seus contemporâneos socialistas e progressistas, que julgavam a guerra uma

---

[295] *Ibid.*, p. 727.
[296] WOODCOCK, George. *Pierre-Joseph Proudhon, his life and work*. New York: Schocken Books, 1972, p. 178.

catástrofe moral e social, uma enorme mancha na história da humanidade que deveria ser superada pelo progresso e pela razão[297]. Proudhon enereda pelo caminho oposto e o seu livro é uma verdadeira ode à guerra tão recheada de elogios que chega a ser cansativo; Proudhon escreve que a guerra real, por sua natureza, não apenas não é injusta, mas é "justa, virtuosa, moral, santa, o que a torna um fenômeno de ordem divina, diria mesmo milagrosa, e a eleva ao nível de uma religião"[298], tão religiosa que a "mesma consciência que produz a religião e a justiça também produz a guerra". Como se esses panegíricos não fossem suficientes, Proudhon continua: "Salve a guerra! É por meio da guerra que o homem emergiu dolorosamente da lama que constituía seu meio original e assumiu sua postura de dignidade e valor"[299]. A associação da guerra com a fortitude moral e heroica, valores imprescindíveis para a civilização, é constante no texto de Proudhon, e, pelo contrário, é a falta de guerra e conflito que causa a decadência civilizacional:

> Esse derramamento de sangue, essas carnificinas fratricidas ultrajam nossos homens de sentimentos filantrópicos. Temo que essa flacidez indique uma atenuação de nossa virtude. Manter uma causa sublime em uma luta heroica onde a *honorabilite* e a presunção de direito dos combatentes são iguais – o que há de tão terrível nisso? Acima de tudo, onde está a imoralidade? A morte é o ponto culminante, o coroamento (*le couronnement*) da vida: poderia haver um fim mais nobre para um homem, este ser inteligente, moral e livre?[300]

A guerra, para Proudhon, está inevitavelmente interligada com o avanço civilizatório, e foi sob a guisa da guerra que a humanidade "foi educada e disciplinada, treinada nas artes manuais e nas ciências, aprendendo o significado e o valor da honra, coragem, respeito, obediência, cooperação e autossacrifício", e apenas "inspirando-se na criação de seus heróis e mitos populares, seus deuses e sua poesia e música"[301].

Não há dúvidas de que Sorel tenha sido influenciado por essas passagens importantes de Proudhon, como que "a loja (ateliê) é o novo campo de batalha" e "o guerreiro foi o precursor do trabalhador"[302], que facilmente

---

[297] NOLAND, Aaron. Proudhon's sociology of war. *The american journal of economics and sociology*, [s. l.], v. 29, n. 3, jul. 1970, p. 289.
[298] PROUDHON, Pierre-Joseph. *La guerre et la paix*. Paris: Lacroix, Verboeckhoven & C, Éditeurs, 1869, p. 31.
[299] *Ibid.*, p. 32.
[300] *Ibid.*, p. 32-33.
[301] NOLAND, 1970, p. 297.
[302] PROUDHON, Pierre-Joseph. *Correspondance*. Tome Douzième. Paris: Librairie Internationale, 1875, p. 370.

ressoam nas suas concepções do proletariado como uma nova classe guerreira, semelhante aos espartanos, destinada a afastar a decadência moral da sociedade capitalista. Mas se deve dizer que, mesmo que Sorel tenha se inspirado nas concepções guerreiras e moralizantes da guerra proudhoniana, as semelhanças vão se tornando cada vez mais escassas, porque Proudhon concebia a guerra como igualmente obsoleta para o século XIX e não se furtou a igualmente reconhecer suas características mais horrendas e decadentes[303]. Não há conexão direta entre a visão histórica do *corso* e *ricorso* soreliana em Proudhon e muito menos há alguma filosofia política mutualista em Sorel.

A influência proudhoniana em Sorel se limita a apenas uma parte da sociologia da guerra, a constituição da nova classe dos produtores e, mais amplamente, a concepção da teoria trabalhista da propriedade e da posse como uma possibilidade de propriedade privada justa, implicando no sorelismo uma ideia revolucionária muito mais voltada para a esfera moral e mitológica do que propriamente de socialização dos meios de produção ou de um socialismo de Estado como o marxismo. A teoria trabalhista da propriedade é o justificador da criação do complexo sindical e suas lutas por independência do Estado capitalista, assim como a sociologia da guerra é uma forte inspiração para a renovação moral e existencial do homem por meio da violência proletária. Quanto à concepção revolucionária da classe dos produtores, Sorel diz:

> Percebemos imediatamente que a greve geral política (*political general strike*) não pressupõe uma luta de classes concentrada no campo de batalha em que o proletariado ataca a burguesia – a divisão de sociedade em dois exércitos antagônicos desaparece – pois este tipo de revolta é possível com qualquer tipo de estrutura social.[304]

A principal revolta soreliana não é marxista e dirigida diretamente contra a propriedade privada dos meios de produção, é, em primeiro lugar, cultural e visa a destruição da democracia e da decadência burguesa por meio da renovação moral oriunda da violência revolucionária da classe que produtiva do sistema capitalista. No sorelismo, não é impossível que a classe proletária se alie com a classe média oprimida pelo grande capital

---

[303] A concepção sociológica da guerra de Proudhon vai se misturando com sua visão histórica e política mais ampla, terminando na concepção da obsolescência da guerra e da proeminência do político e do econômico no século XIX. Para uma apreensão mais completa dessa visão, *cf.*: Noland (1970).
[304] SOREL, 2004, p. 151.

financeiro, possível pelo monopólio *de jure* concedido pelo Estado. Esses aspectos proudhonianos permeiam o sorelismo e permaneceram no seu âmago mesmo sob a influência do marxismo que Sorel veio a adotar, e o próximo passo é justamente este: explicar o marxismo de Georges Sorel.

V O marxismo de Georges Sorel

Embora hoje Sorel seja praticamente lembrado por ter sido um teórico do sindicalismo francês por meio do seu *Réflexions sur la violence,* de 1908, sua relação com o marxismo foi controversa e, igualmente, inconstante. Sorel teve o primeiro contato com o marxismo, em 1892, e pode-se notar pelo seu *Essai sur la philosophie de Produdhon* que ele estava muito interessado em achar uma teoria econômica científica, uma teoria que pudesse explicar cientificamente a questão do valor e muito provavelmente foi por esse anseio que Sorel se interessou pelo marxismo, embora, no começo, tenha abordado as teorias de Marx com cautela. Contudo, em pouco tempo, Sorel se decidiu que, de todas as teorias econômicas concorrentes, a marxista era a que melhor explica cientificamente a realidade econômica. O crédito que Sorel dava a Proudhon pela explicação da categoria de valor nas relações econômicas agora foi passado à Marx, que se tornou sua principal referência teórica[305]. Contudo, essa opinião de Sorel não duraria muito tempo, conforme o seu marxismo foi deixando de ter qualquer lastro ou intenção de ser científico.

Desde o início, Sorel, embora considerasse o marxismo uma linha de pensamento científica, objetou que houvesse algum determinismo no materialismo histórico, mantendo uma postura ambígua quanto às "leis" do desenvolvimento capitalista alardeadas pelos marxistas. Sorel argumentou que essas supostas leis marxistas não foram engendradas para explicar e predizer um plano inelutável do desenvolvimento do sistema produtivo, mas, sim, como instrumentos de análise econômica e social da época capitalista e, por isso mesmo, têm limites à sua aplicação[306]. Assim, era preciso fazer uma análise mais minuciosa da validade da interpretação fatalista do marxismo recorrendo-se aos próprios textos de Marx e Engels, e Sorel não tinha dúvida que os escritos dos fundadores do marxismo acerca da revolução deveriam ser classificados como "acidentalidades que perturbaram a visão" de ambos. Mas Sorel estava ciente que, nem por isso, dever-se-ia negligenciar a importância que tal interpretação determinística teve ao

---

[305] JENNINGS, 1985, p. 39-42.
[306] *Ibid.,* p. 54-55.

moldar as ideias dos revolucionários europeus, porque, como ele mesmo disse: "sabemos que quase sempre é a forma e não a substância de um ensino que determina os rumos de uma escola"[307]. Aludindo a essa "forma", Sorel manteve que os problemas interpretativos do marxismo advinham principalmente da personalidade do próprio Karl Marx, que, como um revolucionário e homem de ação, nem sempre teve a paciência e o escrúpulo de empregar os cuidados requeridos pela metodologia científica. A linguagem empregada por Marx, no final das contas, foi insuficiente para abarcar toda a enormidade do projeto almejado, que, de uma só vez, tentou conjugar a "totalidade do movimento histórico" e "pensá-lo em toda sua complexidade"[308]. E, por outro lado, a igual falta de pensamento crítico e científico por parte de milhares de marxistas europeus apenas intensificaram os problemas oriundos da interpretação determinística.

Sorel é especialmente duro com os marxistas acríticos que, segundo ele, dedicam-se apenas a escrever resumos e mais resumos das doutrinas do mestre, amiúde num linguajar mais inescrutável que os originais, e reafirma a exortação do idealista italiano Benedetto Croce de que a "tarefa dos seguidores de Marx deve ser libertar seu pensamento da forma literária que ele adota, estudar novamente as questões que ele propõe e elaborá-las com declarações novas e mais precisas, e com ilustrações históricas renovadas"[309]. Mais adiante, ele ainda cita toda a situação de Bernstein como um exemplo da completa incapacidade dos marxistas de pensar criticamente o marxismo: "Eles acusaram Bernstein de ter sido comprado pelos capitalistas e o trataram tão mal quanto a Idade Média tratou os excomungados", um "capítulo deplorável da história da social-democracia"[310].

A relação de Sorel com Bernstein é ambígua: de um lado, Sorel nutria um grande respeito pela coragem e a disposição de Bernstein em ser o primeiro a colocar o monólito marxista sob uma análise crítica e científica, mesmo porque essa análise implicava sérios questionamentos acerca das características universalistas e deterministas que eram amiúde atribuídas ao marxismo. Mas Bernstein era um dos mais reconhecidos nomes da ala reformista do marxismo, representando a postura de luta institucional e

---
[307] Ibid., p. 60-61.
[308] Idem.
[309] SOREL, Georges. La décomposition du marxisme. Paris: Libraires des sciences politiques & sociales, Marcel Rivière, 1910, p. 8.
[310] Ibid., p. 10.

legal dentro do Estado burguês para a melhoria das condições de vida do proletariado, sem qualquer intenção de conduzir uma ruptura violenta e revolucionária com o sistema. Sorel, no entanto, ao mesmo tempo que compreendia a necessidade de limpar o marxismo das interpretações e pechas deterministas, jamais renunciou à necessidade de se proceder com a violência revolucionária. Na verdade, para Sorel, a luta revolucionária só poderia ser realmente avançada *por causa* da revisão antimaterialista e antideterminista do marxismo, e o erro de Bernstein justamente estava numa equivocada tomada de decisão após uma correta avaliação crítica da doutrina. De qualquer maneira, Sorel sempre reconheceu a importância e deu crédito às iniciativas revisionistas de Bernstein, declarando que "a vida foi introduzida em uma doutrina até então condenada à esterilidade. No entanto, foi uma decomposição do marxismo"[311].

A revisão soreliana do marxismo foi gradual, e pode-se começar pelo prefácio que Sorel escreveu para o livro *Essais sur la conception matérialiste* do sindicalista italiano Antonio Labriola, ainda em 1897, quando disse que era um erro imaginar que Marx considerava que "todos os fenômenos políticos, morais e estéticos são determinados (no sentido preciso da palavra) por causas econômicas"[312]. Sorel mesmo se perguntava o que, afinal, significava a "determinação": "Dizer que uma coisa é determinada por outra, sem dar, ao mesmo tempo, uma ideia precisa do modo de junção, é dizer uma dessas estupidez que tornaram tão ridículos os popularizadores do materialismo vulgar."[313]

A interpretação soreliana do marxismo enverada, primeiramente, pelo mesmo caminho revisionista de Woltmann e Bernstein. Especificamente, Sorel lamenta a falta de cuidado interpretativo por parte dos discípulos de Marx que viam no materialismo histórico uma forma de determinismo fatalista que levaria, inexoravelmente, à revolução proletária. No seu *Saggi di critica del marxismo*, Sorel, criticando a interpretação de que toda a cultura e a moral são reflexos da base econômica da sociedade, afirma: "Não há dúvida de que em muitos casos nos contentamos com um exame muito superficial das ideias de Marx, nem mesmo nos retirando das verdadeiras contradições", motivo pelo qual "tem sido repetidamente afirmado reduzir toda a história à simples consideração dos meios de trabalho"[314].

---

[311] *Ibid.*, p. 12.
[312] LABRIOLA, Antonio. *Essais sur la conception matérialiste de l'historie*. Paris: V. Girard & E. Brière, 1897, p. 7.
[313] *Idem*.
[314] SOREL, Georges. *Saggi di critica del marxismo*. Milano-Palermo-Napoli: Remo Sandron Editore, 1903, p. 20.

Essa redução histórica é o resultado da já aludida e, já perto da virada do século, bem difundida interpretação do marxismo como um sistema determinista. Sorel continuou a argumentar que essas contradições se tornaram indevidamente, tanto para os defensores, quanto para os detratores do marxismo, uma posição de ortodoxia reinante. Para fazer frente a esse erro, Sorel insistia que a interpretação histórica dos avanços das diferentes sociedades, por meio de suas capacidades produtivas, era apenas um conselho metodológico que o próprio Marx usou para tentar compreender o capitalismo de sua época e que extrapolar o uso de tal método sem o devido cuidado resultaria apenas em confusão:

> Marx acrescenta que seu trabalho não visa medir fenômenos sociais, que podem dar origem a antagonismos mais ou menos graves, mas sim conhecer e estabelecer leis qualitativas: "O país mais avançado industrialmente não faz senão mostrar, a quem o segue no a escala industrial, a imagem do seu futuro". Esta fórmula pode ser aceita por todos em grande medida; entretanto, a experiência nos ensina hoje que os países avançados podem ter regimes de organização do trabalho mais diferentes do que Marx pensa; portanto, a organização sindical não é a mesma na Inglaterra, Alemanha, França e América.[315]

Fica claro que para Sorel as fórmulas e proposições marxistas não têm a "aquela extensão extraordinária e aquele valor absoluto que frequentemente se confere a elas", e o escopo do projeto marxista se limita a dois campos de pesquisa distintos: 1) "As forças produtivas por meio das quais a humanidade se apodera e se beneficia do mundo material"; e 2) "as relações sociais que se estabelecem entre os homens quanto ao uso dos meios de produção e ao uso dos meios necessários à vida",[316] qualquer outra intenção de expandir certos princípios ou metodologias empregadas por Marx levaria a problemas. O erro dos discípulos de Marx e Engels foi justamente o de conjugar esses dois campos de pesquisa e tratá-los como uma inevitável lei do desenvolvimento histórico, extrapolando as próprias intenções de Marx que, segundo Sorel, era de apenas "dar conselhos" aos socialistas: "A linguagem vaga e contestável, que não teria sido conveniente para enunciar uma lei científica, por outro lado, era perfeitamente adequada para o conselho"[317].

---

[315] *Ibid.*, p. 26.
[316] *Ibid.*, p. 34-35.
[317] *Ibid.*, p. 34-35, e 63.

Sorel também passa a pensar criticamente a dialética marxista, citando o próprio Marx como testemunha do uso acrítico e desmesurado da dialética na interpretação do sistema:

> No prefácio da segunda edição de *O Capital*, Marx observa que os historiadores (qualquer que seja seu ponto de vista filosófico) tendem a dar à sua exposição uma aparência idealista; é preciso que representem o conjunto dos movimentos reais por meio de fórmulas abstratas, para que esse reflexo ideal da vida material pareça uma construção *a priori*. Ele chama esse esquema sistemático de dialética, pela qual o que é material é transformado e transposto para as mentes dos homens. A expressão escolhida por Marx parece-me bastante infeliz, induzindo de certa forma a crença de que os acontecimentos são o lado arbitrário da história, enquanto o quadro, em que o seu todo se resume, representa as leis gerais ou, como disse Proudhon, o pensamento eterno e invariável. Assim, voltamos ao conceito de uma ordem necessária, senão entre as coisas, pelo menos entre o que elas têm de mais essencial em si mesmas.[318]

O problema do pensamento dialético é a grande tentação de cair em um raciocínio determinista, no qual o "futuro pode ser deduzido do passado". Em tais circunstâncias deixadas pela qualidade dos textos marxistas, "seria fácil mostrar como os marxistas foram vítimas da ilusão dialética e raciocinam como idealistas, sem perceber"[319]. Sorel aproveita a crítica do método dialético para fazer uma distinção entre a sociologia e a física, sendo essa segunda bem mais livre da ilusão dialética pela natureza e facilidade com que os dados necessários se encontram disponíveis para utilização do físico, e a relação entre esses dados pode ser considerada, para Sorel, "absoluta porque não estão subordinadas à nossa vontade, aos fins para os quais se dirige o nosso pensamento"[320]. Já a sociologia — as ciências sociais ou humanas — estão intimamente ligadas com a dimensão teleológica e a subjetividade e valores do cientista social, e a solução para manter a sociologia da maneira mais científica possível é "definir a finalidade para a qual os enunciamos; é a filosofia de ação que deve iluminar o caminho da sociologia"[321].

Sorel alega que os herdeiros de Marx amiúde enveredam pelo caminho da "ilusão dialética" e realizam "dependências históricas" em gran-

---
[318] Ibid., p. 67
[319] Ibid., p. 67-68.
[320] Idem.
[321] Ibid., p. 68

dezas e fenômenos sociais como um físico faria em determinar relações causais em laboratório. Se a ilusão dialética consiste em "querer ver nessas tabelas algo mais do que resumos de exatidão relativa e em imaginar que expressam a ação de uma lei desconhecida que rege o curso da história"[322], então, para Sorel, pode-se enquadrar as expectativas revolucionárias de uma inexorável revolução proletária movida por grandezas obscuras — as relações de produção e forças produtivas — como um *wishful thinking* denominado "ilusão dialética", alheio a qualquer "senso comum" no trato com as questões sociais. Aqui, fica claro que Sorel considera Marx como um pensador estritamente preocupado em apreender certas relações de fenômenos sociais que ele julgava importantes de sua época *sem buscar estabelecer qualquer relação causal inevitável ou devir histórico*. O Marx soreliano é um sociólogo do senso comum que não cai em ilusões dialéticas ou esquemas históricos determinísticos, mas que se limita a especular certas correlações entre fenômenos sociais e a dar conselhos aos socialistas. Se alguma censura pode ser feita a Marx, é acerca de suas habilidades literárias duvidosas: "Se as expressões usadas por Marx podem ser justificadas da maneira indicada acima, deve-se reconhecer, entretanto, que elas podem dar origem a mal-entendido" e que "seria conveniente substituir o termo 'necessário' por outro menos ambíguo"[323].

Para Sorel, era inconcebível que Marx tenha intencionado criar um sistema dogmático e determinístico, não deixando qualquer espaço para a livre e criativa ação humana na história. Aqui, começa-se a perceber a direção que Sorel levará a sua interpretação marxista ao colocar Marx e Vico lado a lado como defensores do livre-arbítrio da ação humana na história:

> Idealismo e determinismo fabricam uma continuidade fictícia e enganosa; Marx nos ensina a buscar a continuidade histórica no que é verdadeiramente real, isto é, nos homens munidos de seus meios para agir sobre a natureza. Os homens são "os autores e atores de seu próprio drama" e as relações sociais também são produzidas pelos homens e se manifestam de duas formas: por meio do desenvolvimento das forças produtivas que nascem lado a lado, e por meio do desenvolvimento de homens cujo espírito é transformado de acordo com as leis psicológicas. Esta parte psicológica foi muito negligenciada pelos marxistas, que em geral permaneceram alheios ao

---

[322] *Ibid.*, p. 83
[323] *Idem.*

movimento filosófico contemporâneo. Na época de Marx, a psicologia era pouco estudada pelos alemães e poucos tinham incluído os tesouros contidos na obra de Vico.[324]

Há muito o que destrinchar nessa citação. Sorel é um revolucionário profundamente preocupado em adquirir uma correta compreensão do desenvolvimento humano na história, e a influência de Vico colocou a questão da psicologia da ação humana no centro de suas especulações. Tanto para Vico, quanto para Sorel o motor da história é a ação humana, e todas as variabilidades, erros e emoções afetam profundamente as circunstâncias, sendo impossível realmente falar de uma ideia de progresso rigidamente definida como a *weltanschauung* progressista e iluminista defendiam; a história está mais para um *corso* e *ricorso*, na terminologia de Vico, isto é, uma teia incontrolável e imprevisível de ações humanas que vão se mesclando num ciclo de ascensão e decadência. O ponto em questão é que Sorel via Karl Marx como um filósofo da mesma linha de pensamento de Vico, para quem os homens são os "autores e atores de seu próprio drama", e não como um determinista hegeliano criador de obscuras ilusões dialéticas. Mas essa interpretação soreliana do marxismo encontrou um enorme obstáculo que levou Sorel a empreender sua revisão mais radical da doutrina: a inexistência, nos cânones marxistas, de uma teoria dos pré-requisitos subjetivos e psicológicos da ação política e revolucionária.

Imagina-se que foi embaraçoso para Sorel defender publicamente a posição de que Marx era um subjetivista e um idealista e não encontrar em seus escritos nenhum esboço mais completo das características subjetivas e psicológicas da ação revolucionária do proletariado. Quando, na citação anterior, Sorel afirma que esse aspecto psicológico foi "muito negligenciado pelos marxistas" e que na "época de Marx a psicologia era pouco estudada pelos alemães"[325], ele está admitindo que o calcanhar de Aquiles do marxismo é justamente a negligenciada psicologia da ação revolucionária. A ação violenta e criativa do homem na história é o ponto central de toda a sociologia revolucionária de Sorel, e, de algum modo, ele desejava conciliar esse posicionamento com o marxismo.

Para compreender como isso foi possível, pode-se começar perguntando: por que Sorel desejava conciliar o marxismo com a sua sociologia da ação humana na história? Primeiro, deve-se lembrar que para Sorel o

---
[324] *Ibid.*, p. 88-9.
[325] *Idem.*

socialismo e a classe proletária constituem a única força realmente revolucionária capaz de desbancar o materialismo e o positivismo da sociedade capitalista, de uma maneira que a violência proletária engendra novos valores e um novo homem; é uma concepção profundamente subjetiva e está centrada na nova moralidade revolucionária oriunda da ação violenta. Segundo, como o próprio Sorel mesmo disse, é a "forma" e não a "substância" de uma ideia que amiúde importa e deixa sua marca no mundo concreto da ação política. Dessa forma, é inevitável que, para Sorel, o marxismo, antes de ser uma filosofia da história ou um empreendimento científico, torne-se o mais útil *mito* socialista da época. E respondendo à pergunta do início do parágrafo: porque somente o marxismo pode fornecer as imagens de uma luta de classes apocalíptica capaz de mover o proletário a uma revolução violenta contra a decadente sociedade burguesa e capitalista. Essa nova dimensão mitológica dada ao marxismo foi conjugada com a visão histórica mais abrangente da sociologia soreliana:

> A promulgação de Sorel da violência proletária representa mais do que uma tática política, ou um senso messiânico de destino. Era uma resposta ao que ele sentia ser a principal inadequação da sociologia marxista: sua falha em descrever os pré-requisitos subjetivos da ação política. Sua tentativa foi de compreender a história da humanidade em um novo nível. Como Maquiavel, Vico e Croce, o que mais preocupava Sorel era a máquina de governo e revolução, em vez das causas econômicas objetivas.[326]

Não há dúvidas de que Sorel estava plenamente ciente e a favor do "retorno a Kant" promovido por Ludwig Woltmann e outros socialistas alemães por volta da virada do século, todos preocupados em incutir no marxismo algum semblante de psicologia revolucionária, e, para Sorel, essa psicologia é concretizada pelas imagens oriundas do mito marxista[327].

Assim, a revisão antimaterialista de Sorel é uma clara rejeição da interpretação materialista e determinista do marxismo ortodoxo em favor de uma caracterização voluntarista e idealista, com ênfase no processo psicológico e moral da ação revolucionária engendrada pelas imagens apocalípticas do mito da luta de classes. A classe revolucionária não faz a revolução, porque grandezas obscuras como as forças produtivas e as relações de produção

---

[326] HOROWITZ, 2009, p. 121.
[327] STERNHELL, Zeev; SZNAJDER, Mario; ASHERI, Maia. *The Birth of the Fascist Ideology, from Cultural Rebellion to Cultural Revolution*. Princeton: Princeton University Press, 1994, p. 40.

misteriosamente exigem que assim seja após se sublimarem na mente dos oprimidos, mas porque a classe revolucionária tomou consciência da necessidade da revolução por meio das imagens conjuradas pelo mito marxista. A ação revolucionária não é determinada ou condicionada pela infraestrutura ou pela base econômica da sociedade, mas tem suas origens na psicologia coletiva da própria massa revolucionária, atiçada pelo mito apropriado.

Um dos principais motivos que coloca Sorel em lugar de destaque na história das ideias revolucionárias é justamente conceber o marxismo como um mito revolucionário a ser utilizado pela classe proletária na luta contra a decadência burguesa. Assim, tanto para Sorel, quanto para Marx, a história da humanidade é a história da luta de classes, mas a concepção soreliana é consideravelmente diferente. A luta de classes soreliana é colocada dentro do *corso* e *ricorso* da história de Vico e está dramaticamente envolvida com a ascensão e decadência das sociedades humanas, e nesse sentido, o que realmente importa é o fato de que as lutas de classes acontecem, independentemente das suas causas ou raízes econômicas objetivas. A luta em si mesma, a luta pela luta, *é o seu próprio conteúdo revolucionário*, um conteúdo revolucionário e psicológico: "A resolução histórica dos antagonismos é determinada, em última instância, pelo equipamento psicológico com o qual as forças econômicas em conflito entram na briga"[328]. O posicionamento revolucionário deve:

> [...] perceber na prática o que é realmente verdadeiro no marxismo; que o poder concreto é superior a todas as fórmulas – que a luta de classes é o alfa e o ômega do socialismo – que essa luta de classes não é um conceito sociológico usado pelos intelectuais, mas um aspecto ideológico da guerra social, levada a cabo pelo proletariado contra a inteira cidadela da indústria. O sindicato é o instrumento da guerra social.[329]

Sorel igualmente inverte a lógica do marxismo ortodoxo, ao colocar como o principal fator proponente da revolução não as mudanças na infraestrutura da sociedade, mas a superestrutura, isto é, a seara ideológica e psicológica. É o mundo do mito impensado, conjurado independentemente de qualquer determinação ou relação causal com a base econômica da infraestrutura social, que, por meio da revolução violenta, criará as condições morais, técnicas e organizativas do proletariado para a tomada

---

[328] HOROWITZ, 2009, p. 122.
[329] SOREL, Georges. *Matiriaux d'une theorie du prolitariat*. Paris: Librairie des sciences politiques et sociales Marcel Rivière, 1919, p. 67.

da estrutura produtiva do capitalismo. É necessário que assim seja, porque, para Sorel, a ciência e a racionalidade são incapazes de levar o proletariado à revolução; a ciência não ensina a classe proletária que caminho seguir, apenas apresenta certas relações causais de fatores objetivos que, em si mesmas, são ocas de normatividade, e igualmente a razão apenas consegue limitar o escopo da virilidade revolucionária ao relatar as baixas probabilidades de sucesso e os enormes riscos ao enfrentar o poder das classes opressoras incrustadas no Estado. O sucesso do empreendimento revolucionário está firmemente dependente da força emocional das imagens que os mitos conseguem produzir na mentalidade proletária, até mesmo caindo em criações imaginárias e utópicas:

> Podemos admitir prontamente que os verdadeiros desenvolvimentos da Revolução em nada se assemelhavam aos quadros encantadores que criaram o entusiasmo de seus primeiros adeptos; mas sem essas imagens a Revolução teria sido vitoriosa? O mito se confundia fortemente com as utopias... Essas utopias deram em nada; mas pode-se perguntar se a Revolução não foi uma transformação muito mais profunda do que as sonhadas pelas pessoas que no século XVIII inventaram as utopias sociais.[330]

Georges Sorel inicialmente julgou o marxismo como um sistema capaz de explicar cientificamente a ideia de valor nas questões econômicas e, de pronto, rejeitou todas as interpretações deterministas e fatalistas do devir revolucionário oriundo das relações de produção e dos fatores produtivos, mas tal rejeição não significou uma rejeição do valor *mitológico* contido nos textos marxistas. Provavelmente, foi a rápida ascensão do marxismo como uma das principais vertentes do socialismo europeu na virada do século que fez Sorel perceber onde estava a verdadeira importância da doutrina: o conteúdo em si é secundário frente ao valor prático e mitológico.

Também é importante notar que muito da visão de mundo soreliana já estava firmada muito antes da chegada do marxismo, que foi interpretado e adequado para entrar nas concepções históricas e sociológicas de Sorel, tanto no quadro mais geral do *corso* e *ricorso* de Vico, quanto do valor pragmático da ação social ao invés da racionalização dos intelectuais. O primeiro livro que Sorel publicou, o *Les Proces de Socrates,* já indica a dinâmica psicológica e moral da violência social que ele caracteriza como um alto valor da civilização grega arcaica, desvirtuada pelo intelectualismo de Sócrates

---

[330] SOREL, 2004, p. 115-6.

e os sofistas, e essa mesma relação é trazida no seio da sua percepção dos embates sociais da civilização capitalista de sua época. O proletariado é a representação moderna dos antigos guerreiros e produtores gregos, um grupo social que exala virilidade, potência guerreira e valor moral contra o positivismo e o racionalismo oriundos do iluminismo e que empestam a modernidade enfraquecendo e relativizando a religião e os valores morais necessários à coesão social. O marxismo entrou nessa concepção como um dos mais eficientes mitos revolucionários, e muito provavelmente Sorel compreendeu isso pelas imagens apocalípticas da luta de classes e do devir revolucionário da sociedade sem classes, já que, numa série de etapas distintas, desde a sua caracterização original como "ciência", a "descrição de Marx do colapso do capitalismo foi redefinida como 'metafísica', depois como 'poesia social' e, finalmente, como 'mito social'", e, finalmente privado de sua validade empírica, "tornou-se, para Sorel, uma fonte de motivação humana não racional"[331].

Sorel assim se posiciona como um *idealista pragmático* em vez de um racionalista positivista. É um idealista, porque é antipositivista: enquanto o positivismo mantém que o método científico pode explicar todos os pormenores da existência, especificamente as características psicológicas mais profundas do homem, o idealista retruca, alegando que há um abismo entre o universo mental-moral e o mundo dos fenômenos naturais. Com a mesma posição de Woltmann, Sorel nega a possibilidade de se estabelecer leis do desenvolvimento histórico e social do mesmo modo que o físico estabelece as leis da termodinâmica; o mundo da psicologia moral e suas justificações é de uma natureza diferente, isto é, é *mitológico*. Não é possível prever um ato revolucionário por meio de leis sociais ou históricas, estar-se-ia criando quimeras que, no fim das contas, acabam por matar a luta revolucionária no seu berço. Um ato revolucionário deve ser instigado e criado por meio de métodos eminentemente mitológicos que buscam conceber e justificar a moral da conduta revolucionária na história.

E Sorel também é pragmático, porque é antirracionalista: o que realmente importa na conduta do revolucionário durante a luta de classes é que ele de fato se disponha a lutar e a se sacrificar, e a utilidade das ideias devem seguir estritamente esses objetivos. A razão pela razão apenas corre o risco de se tornar antirrevolucionária ao buscar várias justificações lógicas para não empregar a violência na luta contra a sociedade burguesa, e geral-

---

[331] HOROWITZ, 2009, p. 121-122.

mente as perspectivas de sucesso de um empreendimento revolucionário são pequenas, tudo logicamente desanimador. Mas é importante lembrar que o pragmatismo não implica uma postura anticientífica ou irracional da violência apenas pela violência, mesmo porque o próprio Sorel, tendo trabalhado como engenheiro a maior parte da vida, estava profundamente consciente dos poderes e capacidades da ciência. O proletariado não destrói a burguesia para retornar a algum estado arcaico e bucólico, mas para herdar as capacidades produtivas da indústria avançada mediante um superior conhecimento técnico-científico.

O ponto aqui é que o pragmatismo soreliano faz uma clara distinção entre, de um lado, os limites da ciência e da razão, e, do outro, as necessidades psicológicas e estratégicas da classe revolucionária. Por mais que a ciência e a razão tenham algum impacto na mentalidade revolucionária, há sempre um aspecto obscuro e emocional que somente o mito pode mover de uma maneira satisfatória numa grande quantidade de homens. E a violência não é um ato brutal pelo puro prazer sádico de infligir sofrimento, mas é *um método pelo qual a nova moralidade revolucionária é forjada*; violência é ação, e ação, para Sorel, é liberdade, pois representa o livre-arbítrio do homem na história fora de qualquer sistema determinista. O proletariado não está simplesmente massacrando seus inimigos, está exercendo a mais alta e sublime atividade humana que é a ação revolucionária, forjando uma nova moralidade para homens viris, guerreiros e livres da decadência burguesa.

Embora o marxismo tenha se tornado um mito nas mãos de Sorel, houve um outro mito socialista poderoso que, somado ao marxismo, ficou encarregado de impulsionar o proletariado à revolução: o mito da greve geral. A luta de classes do mito marxista precisa de alguma substância e estratégia para ser bem-sucedida, e é por meio dos sindicatos e da greve geral que a classe revolucionária abalaria os alicerces da moribunda sociedade burguesa do *fin de siècle*.

VI Do sindicalismo a uma nova classe revolucionária

A história do surgimento e desenvolvimento do sindicalismo francês é complexo e excede o propósito deste livro, portanto, a explicação será limitada aos aspectos estritamente ligados à visão soreliana do mito da greve geral, sua relação com o mito da luta de classes marxistas, estratégia revolucionária e, por fim, o desapontamento de Sorel com o sindicalismo e a sua procura por uma nova classe revolucionária.

O sindicato foi legalizado apenas na Terceira República Francesa, em 1884, e logo se tornou o principal veículo institucional para reduzir a segregação social e a marginalização da classe trabalhadora, com o objetivo final de criar um proletariado unido, consciente e autônomo. Ao contrário da Alemanha e sua intransigência em conceder melhorias à classe trabalhadora, a França da Terceira República — embora tardia no reconhecimento dos sindicatos — mostrou-se disposta a negociar e reconhecer a legitimidade e o poder político do movimento sindical[332]. Com a criação da *Fédération Nationale des Syndicats* e o seu crescente número de afiliados, começou uma rixa ideológica que duraria praticamente toda a existência relevante do movimento sindical: reformismo *vs* apolitismo revolucionário. Apenas dois anos após a criação da *Fédération* tentativas foram feitas para torná-la um apêndice do partido socialista, e isso causou uma revolta e o surgimento de uma ala antirreformista no movimento sindicalista, que se expandiu com a criação de duas outras poderosas instituições sindicais: a *Confédération Générale du Travail* (CGT) e o movimento mais geral dos *bourses du travail*. Os adeptos dos *bourses* e da CGT se destacaram por manterem uma posição antirreformista e focar suas energias em métodos econômicos de luta contra o sistema, em vez de participar da política burguesa de melhoramento gradativo das condições de trabalho. Em 1902, os *bourses* se fundiram com a CGT, criando a mais poderosa estrutura sindical francesa da época, que no seu auge entre os anos 1902-1908 possuía cerca de 600.000 membros ativos. Foi também nesse período que as maiores greves aconteceram, ocorrendo cerca de mil delas a cada ano, um poder que chamou a atenção das maiores autoridades políticas e empresariais do país[333].

A posição antirreformista intransigente tinha como escopo principal manter a autonomia da classe proletária dentro da estrutura sindical e fora da corruptora política burguesa. A luta deveria ser focada nos métodos econômicos e violentos guiados pela greve: o ápice do poder unificado dos trabalhadores. Talvez, o mais estridente e ativo militante sindicalista antirreformista foi Fernand Pelloutier, e suas atividades na última década do século XIX tiveram uma influência considerável sobre Sorel. Pelloutier tinha um enorme desdém para com as políticas reformistas as taxava de um "marxismo decomposto que se volta para o Estado para a salvação revolucionária"[334], e a sua rejeição do Estado burguês como

---

[332] JENNINGS, J. R. *Syndicalism in France, a study of ideas*. New York: Palgrave Macmillan, 1990, p. 5.
[333] *Ibid.*, p. 6-7.
[334] HOROWITZ, 2009, p. 27.

entidade legítima para a regulação da vida econômica e social da classe trabalhadora o levou a considerar os sindicatos como as instituições propícias para tais funções.

A visão que Pelloutier tinha dos sindicatos era a de um "Estado dentro do Estado":

> O que Pelloutier denominou um "Estado dentro de um Estado" foi criado em 1892 como uma espécie de aliança educacional da classe trabalhadora. Com a expansão de suas filiais, assumiu funções mais amplas. Essas funções tinham um sabor artesanal típico das organizações corporativas: assistência mútua na localização de vagas para cada um dos membros, serviços de propaganda, dados econômicos e estatísticos sobre a mudança das condições de trabalho no país, assistência na criação de sindicatos e cooperativas, e serviços de resistência aos empregadores em situação de greve.[335]

Os diversos sindicatos, para assinalarem sua autonomia da forma mais completa, formariam uma rede de instituições de produção, educação e assistência mútua da classe trabalhadora a ponto de, como objetivo final, tornarem-se completamente independentes do Estado burguês[336]. A função pedagógica dos sindicatos estava, para Pelloutier, intimamente ligada a seu principal objetivo de desligamento efetivo "da política", isto é, da influência do Estado burguês, considerado um passo essencial para a emergência de uma completa consciência política e social dos trabalhadores[337]. Essa concepção de um sindicalismo autônomo e independente do Estado burguês pode ser traçado, pelo menos, desde Proudhon e suas ideias de uma sociedade formada por empresas privadas autônomas sob o controle da classe dos produtores. Sob essa perspectiva, o reformismo das alas menos belicosas do movimento sindicalista e socialista aparecia como uma forma de alienação ou compra de consciência da classe trabalhadora, que cedia seu mais íntimo direito de se rebelar e a chance de criar e fortalecer sua própria moralidade revolucionária por alguns benefícios sociais e aumentos salariais. A burguesia, por meio do reformismo, iria lentamente comprar a sobrevida do sistema capitalista e manter seu poder e privilégio enquanto

---

[335] *Idem.*

[336] Curiosamente, o *bourses du travail* que Pelloutier tinha em mente ao tecer suas concepções de autonomia dos sindicatos foi em parte criação intelectual de Gustave de Molinari, o primeiro pensador anarcocapitalista da história. *Cf.*: Jennings (1990, p. 6).

[337] PELLOUTIER Fernand. *Histoire des Bourses du Travail*. Paris: Librairie C. Reinwald Schleicher Frères, 1902, p. 70-71.

jogava migalhas aos oprimidos. Tanto para Sorel, quanto Pelloutier tal posicionamento, por parte dos líderes reformistas, era nada menos que uma traição inadmissível como perspectiva de longo prazo para o proletariado. Pelloutier, nesse sentido, foi notável, porque viu claramente a "necessidade de basear o socialismo de hoje em uma separação absoluta de classes e no abandono de toda esperança de reconstrução política da velha ordem", colocando a corporação de sindicatos dos *bourses du travail* como "a mais completa organização das tendências revolucionárias do proletariado"[338].

É pela figura de Pelloutier que Sorel direcionou as aspirações de virtude heroica, guerreira e ascética dos seus modelos históricos para a classe proletária de seu tempo. A visão do proletariado reunido numa congregação heroica e produtiva no seio da rede das organizações sindicais resistindo e lutando contra o sistema capitalista é retirada de Pelloutier e foi o que, ultimamente, direcionou todo o fervor do misticismo cristão de Sorel para uma concepção socialista igualmente apocalíptica e, digamos, religiosa de uma luta historicamente determinante para a renovação do mundo.

A visão antiestatal do sindicalismo radical de Pelloutier é uma forma de anarquismo que busca os valores humanos supremos da autonomia e produtividade como uma forma de revolta heroica, e, ao colocarem a prova que o proletariado poderia cumprir essa promessa, todos veriam que uma nova forma de autoridade social é possível fora da nauseabunda burocracia do Estado burguês. A consecução de todos esses objetivos dificílimos somente seria possível por meio de uma bem-organizada e hierárquica estrutura sindical capaz de determinar com justeza os direitos e deveres dentro do próprio proletariado; uma coisa é delinear o que se deseja alcançar, outra bem diferente é estruturar todo um movimento sindical capaz de ação heroica e sacrifício, e Sorel estava bem ciente do papel que a psicologia social teria na seara organizacional do empreendimento revolucionário.

Primeiramente, não se pode falar do proletariado como um sujeito homogêneo e com apenas uma linha de pensamento, muito pelo contrário: o proletariado *é massa*, e justamente por isso a sociologia elitista e a psicologia social são extremamente importantes para a ação revolucionária. Assim, Sorel faz uma subdivisão dentro da sua teoria do mito:

> Três níveis distintos estão presentes na teoria dos mitos de Sorel: o crente do mito cujas ações são totalmente orientadas para a realização do desejo, o criador de mitos, cujo

---
[338] HOROWITZ, 2009, p. 62.

> carisma lhe permite concentrar as energias das massas sem a necessidade de plena compreensão racional, e a elite racional, que ocupa uma posição única na pirâmide em virtude de sua compreensão dos mecanismos sociais e psíquicos da ação política. O que está envolvido é mais do que uma distinção verbal entre mística e mito. É uma transformação do irracionalismo de um fator de massa orgânica em uma ferramenta elitista de dominação social.[339]

Sorel percebeu que, inevitavelmente surgirão alguns proletários de destaque nas funções administrativas e de liderança que se tornarão líderes e tomadores de decisão dentro das estruturas sindicais, e alguns proletários ainda mais específicos se tornarão os manuseadores do mito do marxismo e da greve geral, a fim de direcionar as forças sindicais a seus objetivos revolucionários. Uma elite proletária de criadores de mitos e manipuladores sociais inevitavelmente surgirá dentro da rede sindical porque é o que a luta revolucionária exige para ser bem-sucedida.

A hierarquização do proletariado dentro da estrutura sindical serve muitas funções essenciais para a luta revolucionária, e de longe a mais relevante é a função *pedagógica*. Embora Sorel desejava ardentemente expurgar o máximo de intelectuais possíveis do movimento revolucionário, ele compreendia que os intelectuais socialistas ainda tinham um papel relevante como o de "explicar ao proletariado a grandeza do papel revolucionário que é chamado a desempenhar"[340] — talvez, porque rejeitar completamente qualquer influência de intelectuais no movimento revolucionário seria dar um tiro no próprio pé, visto que Sorel nunca foi outra coisa além um intelectual nos arredores do movimento sindicalista e socialista —, e pode-se intuir que as elites proletárias também deveriam exercer algum papel eminente de ensino e liderança, o que deixa as barreiras entre um trabalho intelectual e uma influência pedagógica elitista confusas. De qualquer forma, a elite proletária é aquela que lidera "a luta de classes; são eles [os membros da elite] que disciplinam o pensamento proletário, criando a unidade ideológica de que o proletariado necessita para realizar seu trabalho revolucionário"[341].

A inserção da teoria das elites dentro da concepção sindicalista revolucionária de Sorel se deve muito ao já citado Gustave Le Bon e o seu *Psychologie des foules*, livro lido e resenhado por Sorel. Tanto para Sorel,

---

[339] *Ibid.*, p. 20-1.
[340] SOREL, 2004, p. 74.
[341] *Ibid.*, p. 278.

quanto para Le Bon a transmissão do sentimento mitológico dos líderes para as massas proletárias se daria de um jeito muito mais irracional do que Pelloutier imaginava, envolvendo a criação de uma fé pelo qual o guerreiro proletário poderia, até mesmo, sacrificar a própria vida. Uma transmissão desse tipo envolve métodos pedagógicos como a afirmação autoritária do líder, a repetição e o irracional contágio entre os vários proletários, impulsionando-os à luta revolucionária. Muito desse esquema de liderança depende do valor da figura de autoridade que o líder proletário consegue impingir na imaginação do resto dos trabalhadores, e essa imagem não precisa ser verdadeira, pois o que realmente importa é a criação e transmissão do mito da luta de classes e da greve geral; essa qualidade principal da liderança é o "prestígio":

> Grande poder é dado às ideias propagadas por afirmação, repetição e contágio pela circunstância de adquirirem com o tempo essa força misteriosa conhecida como prestígio.
> [...]
> Prestígio na realidade é uma espécie de dominação exercida em nossa mente por um indivíduo, um trabalho ou uma ideia. Esta dominação paralisa inteiramente nossa crítica corpo docente, e enche nossa alma de espanto e respeito. O sentimento provocado é inexplicável, como todos os sentimentos, mas parece ser do mesmo tipo que o fascínio a que uma pessoa magnetizada é submetida. Prestígio é a mola principal de toda autoridade. Nem deuses, reis, nem mulheres jamais reinaram sem ele.[342]

A concepção do líder proletário carismático e que abunda em prestígio como uma peça-chave para a luta revolucionária é uma inovação soreliana dentro do mundo socialista, e pôde ser inserida harmoniosamente dentro do quadro mais geral do sindicalismo. Embora Sorel amiúde passe uma certa impressão de desprezo para com a massa, como Gumplowicz, Le Bon, Pareto e Mosca, há uma diferença sutil a ser destacada: a massa proletária, embora deva ser levada à ação revolucionária por meio dos mitos atuando como imagens irracionais na mente, é uma massa de *escolhidos* muito bem capaz de empreender a luta de classes contra a decadência da sociedade burguesa do *fin di siècle*, assim como é plenamente competente para herdar e manejar a capacidade produtiva da máquina capitalista. Para Sorel, as duas posições não são antagônicas, porque é parte da sua sociologia a

---

[342] LE BON, 1896, p. 132-3.

divisão entre a capacidade técnico-científica e o mundo irracional; mesmo o proletário mais capaz na seara produtiva precisa de poderosos mitos para seguir com a luta mais difícil e exigente de todas. O mito ressoa naqueles "mistérios mais profundos" da mente humana, tocando numa necessidade primordial de qualquer indivíduo que é a necessidade de *acreditar* em algo tão veementemente a ponto de se sacrificar em prol da realização do objetivo desejado.

A estrutura hierárquica e francamente elitista do sindicalismo soreliano também é importante porque realça outra finalidade importantíssima além da mera luta de classes e a derrota do Estado burguês: a eficiente produção econômica do sistema sindicalista controlado pelos proletários. Como já foi dito, o proletariado é a classe mais produtiva de todas, e *tem que sê-lo* para herdar a capacidade produtiva capitalista e tocá-la para frente. A produção proletária nos sindicatos deve igualar ou até mesmo superar a produção capitalista como requisito para uma bem-sucedida estrutura sindical completamente autônoma do Estado burguês, que, por sua vez, avançará ainda mais na luta de classes. Um sindicalismo verdadeiramente autônomo jamais prescindirá da prerrogativa de promover os seus proletários mais capazes aos cargos mais importantes de gerência e administração, inevitavelmente criando uma elite proletária detentora da capacidade produtiva e do prestígio que fortalece o mito na mente da coletividade:

> Vimos que Bernstein considera as cooperativas de consumo democráticas; ele chama de oligárquicas as cooperativas de produção, que se caracterizam, de fato, por uma seleção notável: quando são bem-sucedidas, é porque eliminaram os ineficientes e formaram em seu meio um grupo de pessoas capazes que gerenciam o negócio de uma perspectiva comercial. São verdadeiras associações de pequenos empresários.[343]

A capacidade produtiva do proletariado e da estrutura sindical autônoma andam *pari passu* com taxa de sucesso de uma revolução bem-sucedida, e não faria sentido defender o proletariado como classe revolucionária se o proletariado fosse incapaz de administrar e manejar com alta capacidade produtiva todos os avanços industriais e científicos da era moderna.

Aqui, entra uma importante diferença entre Sorel e Pelloutier: o primeiro considerava essencial o papel dos líderes proletários e a confecção de mitos como combustível para a ação revolucionária, enquanto o segundo

---
[343] SOREL, 1903, p. 165.

mantinha uma concepção de proletário racional na base do autointeresse, uma posição que tanto Sorel e Le Bon consideravam errônea. A opinião de Pelloutier e da maioria dos teóricos do sindicalismo radical se baseava no pressuposto que a luta revolucionária condizia com o autointeresse da classe proletária, o que automaticamente gerava uma expectativa de que a luta de classes eventualmente ocorreria, mas para Sorel esse pressuposto não se sustentava quando analisado sob a luz da psicologia das massas. Seguindo a linha de Le Bon, Sorel criticou Pelloutier por cair tão facilmente no pressuposto racionalista da ação humana e do autointeresse, quando a realidade é justamente a oposta: se guiados apenas pelo autointeresse da psicologia hedonista o proletário tem muito pouco a ganhar arriscando a própria vida numa batalha com poucas chances de vitória, o seu autointeresse está na verdade atrelado a uma posição de autopreservação conservadora. Para Sorel, o racionalismo geralmente leva ao raciocínio consequente de lucros e prejuízos apenas para mostrar ao proletário que, caso queira evitar uma bem provável chance de sofrer e morrer numa batalha cruenta contra o Estado, é melhor conformar-se à segurança da mediocridade reformista sob a opressão da burguesia[344]. O mito surge como um mecanismo psicológico especialmente *irracional*, a fim de debelar as dúvidas e hesitações do cálculo racionalista dos lucros e prejuízos, atrelando a vida do proletário ao sucesso da revolução de uma maneira que qualquer outro posicionamento seja de antemão descartado.

Sorel e Pelloutier estavam plenamente de acordo com a necessária e completa separação da classe proletária do Estado burguês para a construção da rede autônoma dos sindicatos, por meio do qual a luta de classes poderia ser avançada. A forte convicção cristã e moral de Sorel encontrou no sindicalismo radical de Pelloutier um meio de se expressar por meio da ação revolucionária do proletariado contra a decadência moral da sociedade de sua época, representada concretamente pelo Estado; nas palavras do próprio Sorel:

> O Apocalipse – que representou uma ancestralidade escandalosa para os socialistas que desejavam tornar o marxismo compatível com a prática dos políticos em uma democracia – na realidade corresponde perfeitamente à greve geral (*general strike*) que, para os sindicalistas revolucionários, representa o advento do novo mundo que está por vir.[345]

---

[344] HOROWITZ, 2009, p. 37-8.
[345] SOREL, 1910, p. 64.

O anarco-sindicalismo radical teorizado por Pelloutier deixou uma importante herança para a ação revolucionária do século XX com sua ênfase na completa independência da política burguesa e a posição intransigente de luta econômica e até mesmo violenta da greve geral, boicotes e sabotagens, gerando um enorme contraste se comparado com a vertente majoritária do socialismo político e reformista. Sem Pelloutier provavelmente não teria existido o sorelismo, mas o abismo que separava os dois estava justamente no aspecto psicológico e motivacional da classe trabalhadora, e essa diferença, com a morte prematura de Pelloutier, em 1901, jamais foi superada.

O auge do movimento sindicalista francês durou até meados de 1907, a partir daí perdendo continuamente sua relevância. O principal motivo do declínio foi a falta de resultados obtidos, mesmo com algumas greves grandes e bem-sucedidas, isso porque uma greve geral é extenuante e levou ao cansaço da classe trabalhadora que vinha ganhando aumentos salariais e qualidade de vida devido, em parte, ao socialismo reformista. No fim do dia, continuar empreendendo a guerra direta contra o Estado burguês se mostrou exaustivo demais para uma classe trabalhadora tendo cada vez menos incentivos materiais para tal; para que se arriscar tanto quando a vida estava melhorando aos poucos? O racionalismo que Sorel tanto odiava venceu até mesmo as investidas mais poderosas das elites intelectuais sindicalistas e seus mitos de greve geral e luta de classes.

Por isso mesmo, por volta de 1907, Sorel caiu em desilusão com o sindicalismo revolucionário. Há dois pontos relevantes acerca dessa desilusão: a má utilização dos mitos socialistas e a confusão entre os fins da ação e os estímulos para a ação. Para Sorel, os mitos da greve geral e da luta de classes eram importantes justamente porque eles incitavam a uma ação direta e contínua onde o proletariado poderia desenvolver suas virtudes heroicas e guerreiras, enquanto o mito utilizado pelo movimento sindicalista foi de um modo geral apresentado como uma promessa relativamente fácil de se concretizar e num futuro não muito distante. O segundo ponto vai de encontro com esse primeiro, quando Sorel alegou que o movimento sindicalista não soube separar os fins específicos da ação com seus estímulos necessários, e isso foi o que motivou o uso precário do mito. Os sindicalistas estavam utilizando o mito como um objetivo final da ação, enquanto o seu papel primordial era um forte estimulante à ação. O mito tornou-se numa quimera em vez de uma fé ardente no coração de cada proletário.

A desilusão e a desvinculação do decadente movimento sindical deixou Sorel órfão de uma classe revolucionária que pudesse continuar a guerra contra a sociedade burguesa. Embora Sorel tenha deixado o sindicalismo revolucionário de lado, sua fé na classe proletária nunca desapareceu por completo, que agora se transmutou, ecoando Proudhon, na classe dos *produtores*:

> O marxismo difere do blanquismo, especialmente em seu desconto da ideia de partido, que era fundamental para a concepção revolucionária clássica; em vez disso, o marxismo voltou à ideia de classe. Mas não temos mais a ideia vaga e vulgar do sociólogo de uma classe como sendo uma aglomeração de pessoas nas mesmas circunstâncias e situação. Temos uma sociedade de produtores que adquiriram ideias adequadas à sua posição e que se consideram como tendo uma unidade inteiramente paralela aos laços nacionais. Já não se trata de dirigir o povo, mas de levar os produtores a pensarem por si próprios, sem a ajuda de uma tradição burguesa.[346]

Há, nessa passagem, algumas indicações importantes dos caminhos intelectuais que Sorel, e mais tarde os fascistas, seguirão. A mudança de "proletariado" para "produtores" não é apenas uma peculiaridade terminológica, mas assinala uma importante mudança conceitual dos rumos da luta revolucionária.

Como já explicado, em Sorel, não há nenhum compromisso com uma visão materialista da história ou um apreço pela ortodoxia marxista, tanto que a luta de classes se tornou um mito a serviço do verdadeiro objetivo do sorelismo: a destruição da velha ordem moral burguesa e a ascensão de novos valores heroicos e revolucionários. Justamente por isso Sorel pôde, nos seus últimos anos, superar as categorias conceituais marxistas com facilidade e procurar outra classe revolucionária para continuar sua luta. O proletariado era importante justamente porque detinha a capacidade técnico-científica e a ética de trabalho para herdar o sistema capitalista, e isso nunca deixou o sorelismo porque a nova classe dos produtores engloba o proletariado, mas também possibilita a inclusão de outras influências dentro da luta revolucionária, como a classe média e o nacionalismo. Enquanto o marxismo ortodoxo continuava firme na sua crença de que o nacionalismo era uma criação burguesa para alienar o proletariado, Sorel, conjuntamente com Otto Bauer, percebeu que

---
[346] *Ibid.*, p. 51.

o nacionalismo poderia ser uma ideia revolucionária; foi isso que Sorel quis dizer com a passagem anterior ao escrever que os produtores se "consideram como tendo uma unidade inteiramente paralela aos laços nacionais".

A aproximação de Sorel com o nacionalismo foi ainda facilitada pela sua fé católica já que a França historicamente foi a maior nação católica da Europa, tendo uma tradição antiprotestante e um número considerável de santos canonizados como a jovem guerreira Joana D'Arc. E os aspectos tradicionalistas e conservadores do nacionalismo também foram facilmente digeridos por Sorel mediante sua estrutura conceitual histórica do *corso* e *ricorso* como combustível idealizado para um novo mito revolucionário, do mesmo modo que aconteceu com as antigas tradições grega, romana e judaica. A França, afinal de contas, já foi uma das nações mais poderosas do mundo, tanto no seu vigor militar, quanto na sua fé católica, e tal fato dificilmente passaria despercebido por Sorel na consecução de um mito heroico dos produtores franceses contra a democracia e o liberalismo burguês. Em Sorel, o catolicismo social de Péguy se juntou com o patriotismo da *Action Française*, de Charles Maurras, para se tornar um nacional-socialismo mitológico e antidemocrático.

Para muitos contemporâneos, a aproximação de Sorel com Maurras foi interpretado como um suicídio intelectual e moral, e essa imagem de Sorel como um vira-casaca inconstante e temperamental permaneceu por bastante tempo até mesmo após sua morte, mas havia método na loucura de Sorel:

> Na verdade, suas posições, concluindo um processo de desenvolvimento intelectual durante vários anos, eram de extrema consistência. Sorel agiu não em um repentino voo de fantasia, mas em consequência de sua afinidade com certos aspectos essenciais da *L'Action française*. Ao defender a violência e exortar o proletariado a uma luta até o fim contra a ordem burguesa, a democracia liberal, o século XVIII e a Revolução Francesa, ao elogiar as virtudes do pessimismo cristão, ele não estava ao mesmo tempo pedindo ao trabalhador revolucionário "Para reconhecer o princípio da hereditariedade histórica"? Ele insistia, em conexão com o regime napoleônico, no "enorme papel da conservação nas maiores revoluções". É óbvio que tais ideias não poderiam deixar de agradar aos maurrassianos.[347]

Com o declínio do sindicalismo, o socialismo reformista se tornou a principal forma de luta socialista, o que para Sorel era inadmissível. A *Action*

---

[347] STERNHELL; SZNAJDER; ASHERI, 1994, p. 80.

Française, na mesma época, mantinha-se firme nas suas posições antidemocráticas, conservadoras e monarquistas, com uma forte base de apoio aguerrida e jovem; é esse aspecto, com exceção do monarquismo, que chamou a atenção de Sorel. Charles Maurras e o seu movimento pareciam ser a única força moralizante e suficientemente belicosa na França do *fin de siècle* disposta a confrontar a democracia liberal burguesa. A colaboração entre Sorel e Maurras foi curta, de 1908 a 1913, mas é de grande importância para compreender a evolução final do sorelismo como sistema de pensamento — isto é, numa tentativa de interpretá-lo como um sistema de pensamento.

Nesse sentido, é intuitivo averiguar um pouco do pensamento de Maurras: "um socialismo liberado do elemento democrático e cosmopolita se encaixa no nacionalismo como uma luva bem-feita que se encaixa em uma bela mão"[348]. A *Action Française* vinha tentando uma aproximação com a esquerda revolucionária e antidemocrática, justamente porque uma medida de socialismo não é incompatível com o nacionalismo, e certamente o socialismo de Sorel, que não insistia fortemente na socialização dos meios de produção, foi bem-aceito por Maurras. Essa "aproximação dos extremos" se deu por meio da peça de teatro *La Barricade*, de 1910, de Paul Bourget, membro da *Action Française*, que fora baseado em um capítulo do *Refléctions sur la violence*, de Sorel, mas com uma clara ênfase no "rearmamento da burguesia", uma possibilidade que o próprio Sorel aceitou de bom grado[349]. É fácil perceber por que Sorel tão abertamente aceitou essa aproximação e o rearmamento da burguesia visto suas influências proudhonianas de uma nova classe revolucionária dos produtores que engloba a classe média, do mesmo modo que foi fácil para Maurras integrar o proletariado francês como destinatário do seu movimento colocando-o sob a ótica de oprimidos do sistema democrático. Esse senso de objetivos mútuos entre Sorel e a *Action Française* se tornou lugar-comum entre os círculos da direita francesa da época; Georges Valois, então encarregado do quarto congresso da *Action Française*, declarou que não houve mera coincidência na aproximação entre o sindicalismo e os nacionalistas, mesmo porque "o movimento nacionalista e o movimento sindicalista, por mais estranhos que possam parecer, por causa de suas posições e orientações atuais, têm mais de um objetivo comum", que seria nada menos que a "destruição do regime republicano e democrático"[350]. Esse mesmo Georges Valois foi quem

---
[348] *Ibid.*, p. 82.
[349] WILDE, Lawrence. Sorel and the french right. *History of political thought*, [s. l.], v. II, n. 2, 1986, p. 363-4.
[350] STERNHELL; SZNAJDER; ASHERI, 1994, p. 83.

coordenou a ideia para uma revista nacionalista chamada *La cité française*, tendo como colaboradores Georges Sorel, Édouard Berth — sindicalista e amigo de Sorel —, Jean Variot e Pierre Gilbert, e, embora tal revista nunca tenha de fato entrado em circulação por problemas pessoais dos editores, a sua justificativa denota o clima intelectual que Sorel estava se inserindo dentro dos círculos nacionalistas:

> Deve-se, portanto, organizar a sociedade fora da esfera das ideias democráticas; deve-se organizar as classes fora da democracia, apesar da democracia, e contra ela. É preciso despertar em si a consciência de que as classes devem possuir e que atualmente está sufocada por ideias democráticas. É preciso despertar as virtudes próprias de cada classe, sem as quais nenhuma pode cumprir sua missão histórica...[351]

Não há dúvidas de que Sorel prontamente aceitou esse posicionamento antidemocrático, devido à afinidade com seus desejos de acabar com a decadência da sociedade burguesa. A democracia, para Sorel, era a coroação institucional de toda a decadência intelectual e moral oriunda do iluminismo, do liberalismo e da Revolução Francesa, e destruí-la significava também destruir todos os seus alicerces intelectuais. O sindicalismo e o nacionalismo puderam, pelo menos num nível intelectual, facilmente se unir, porque ambos tinham como principal objetivo a destruição da democracia como instituição e, consequentemente, como produto de certas ideias que também deveriam ser erradicadas. Na medida em que esse objetivo comum foi estabelecido, foi fácil para Sorel aceitar o nacionalismo tanto quanto foi fácil para a *Action Française* aceitar uma medida de socialismo que não almejava socializar os meios de produção.

Aos poucos, Sorel foi se distanciando do mundo editorial, e quando seus amigos e colaboradores decidiram fundar uma nova revista nacional--sindicalista, em 1911, a *Cercle Proudhon*, requisitando sua benção como progenitor intelectual, Sorel prontamente aquiesceu e nunca publicou nenhuma reprovação ou crítica às atividades da *Cercle*. A declaração de nascença da revista traz escrito que "a democracia é o maior erro do século passado", e quem "deseja garantias humanas para a produção e cultura, se deseja preservar e aumentar o capital moral, intelectual e material da civilização, é absolutamente necessário destruir as instituições democráticas"[352].

---

[351] *Ibid.*, p. 84.
[352] *Ibid.*, p. 87.

No meio dessa conflagração cultural antidemocrática, a questão de qual classe social seria avançada como aríete de guerra já havia superado qualquer semblante de teoria marxista e ambos o proletariado e a classe média estavam sendo arregimentados, tanto por monarquistas e nacionalistas, quanto por sindicalistas, para derrubar a democracia liberal. O nacional-socialismo sindicalista avançava com toda sua força retórica e intelectual contra os alicerces da democracia liberal.

Mas, como era de costume para Sorel, a relação com Maurras e a *Action Française* não durou muito tempo. De fato, Maurras tinha opiniões empiristas e uma visão histórica positivista inspirada por Taine e Comte, o que conflitava com a visão histórica soreliana do *corso* e *ricorso*, de Vico, como também a própria *Action Française* nunca conseguiu de fato obter o apoio popular da classe média, não passando de um movimento de "intelectuais do café"[353], o que provavelmente só empurrou Sorel ao seu autoimposto silêncio acerca desses assuntos. Esse silêncio, enquanto diversos intelectuais franceses e italianos, sindicalistas e nacionalistas, buscavam sua aprovação como autoridade intelectual, pode ser interpretada como aceitação da síntese nacional-sindicalista que estava se formando por meio de suas ideias — mesmo porque Sorel nunca foi tímido e estava mais que disposto a reagir e atacar quem ele percebia como detrator.

Mas o silêncio não foi absoluto, até 1914, Sorel frequentemente expressava o desejo e a expectativa de algum evento revolucionário importante ou uma guerra de proporções apocalípticas que pudesse eliminar os "fatores que hoje estimulam o gosto pela moderação e o desejo pela tranquilidade social"[354], fatores esses que espalharam a tão odiada decadência moral e intelectual, como também para estimular a ascensão de novos líderes: "uma grande guerra externa que levaria ao poder homens com vontade de governar, ou uma grande extensão da violência proletária que faria com que os burgueses reconhecessem a realidade revolucionária"[355].

E, quando a Grande Guerra finalmente chegou, não foi o apocalipse revolucionário aguardado por Sorel; tão logo ficou claro que a democracia não seria erradicada da face da terra o pessimismo de Sorel retornou. Sorel, nesse ponto da sua vida, estava velho, exausto e julgava os acontecimentos de sua residência na pequena comuna de *Ambérieu-en-Bugey*, e pode-se

---

[353] TANNENBUM, Edward T. The social thought of the Action Française. *International review of social history*, [s. l.], v. 6, n. 1, 1961, p. 1.
[354] SOREL, Georges. *Insegnamenti sociali dell'economia contemporanea*. Milano: Remo Sandron Editore, 1907, p. 388.
[355] STERNHELL; SZNAJDER; ASHERI, 1994, p. 83.

intuir que depois de uma vida cheia de desapontamentos e criando inimigos por onde passava, a perspectiva que a democracia liberal continuaria a existir depois da guerra, quiçá ainda mais forte, deve ter surtido um enorme peso psicológico. No seu desespero, Sorel procurou se apegar às novas figuras de autoridade que estavam surgindo no palco europeu do pós-guerra como Lenin e Mussolini, líderes oriundos do socialismo que possivelmente poderiam continuar a guerra contra a democracia liberal e os valores burgueses. Mas independentemente dos sentimentos pessoais de Sorel, suas ideias começaram a surtir efeito profundo nas alas radicais italianas, principalmente pelas traduções e publicações do *L'avenir socialiste des syndicats* e *Refléctions sur la violence,* na primeira década do século XX.

O sorelismo é, de certa forma, um catalisador revolucionário no período de transição do século XIX para o século XX. Em seu bojo, o elitismo sociológico, o fervor revolucionário socialista, o ascetismo religioso e o nacionalismo intransigente se misturaram para dar formar um novo tipo de revolução mais virulenta e prática do que qualquer revolução proletária marxista. De fato, há traços do sorelismo nas formulações intelectuais do leninismo, do fascismo de Benito Mussolini e até mesmo no nacional-socialismo hitlerista[356], porque todos esses movimentos tiveram que lidar com a questão prática da psicologia coletiva da luta revolucionária num mundo ainda dividido entre nações e sentimentos nacionalistas extremamente arraigados, e negligenciar esses aspectos seria falhar como movimento revolucionário. O centro do sorelismo é a preocupação, no meio do *corso* e *ricorso* da história, em criar novos valores inspirados no ascetismo cristão e na virtude heroica grega para revitalizar a decadente sociedade burguesa e, para tal fim, Sorel mobilizou o proletariado, a classe média, a nação francesa, Proudhon, Marx, Maurras, Vico, Bergson, Pareto, Le Bon e, até mesmo, Lenin e Mussolini, tudo isso consolidado numa herança literária fragmentada e confusa, e não é de surpreender que, nessas circunstâncias, intelectuais radicais interessados em mover luta revolucionária contra os respectivos *establishments* políticos acabaram por buscar inspiração justamente na doutrina que justifica a luta violenta promulgada por mitos irracionais, podendo ser mitos nacionalistas, socialistas, sindicalistas ou um pouco de cada. Essa nova revolução lançou uma "nova visão de ideais

---

[356] Para uma análise preliminar da influência do sorelismo em todos esses movimentos políticos, e onde muitas referências instrutivas podem ser encontradas, *cf.*: Gregor (2009). Um esclarecimento ainda se faz necessário: não se está alegando que o leninismo, o fascismo e o nazismo são a mesma coisa ou equiparando-os em alguma medida substancial, mas apenas que o sorelismo está presente, em maior ou menor grau, no processo de formação de cada um deles.

políticos, que buscava mobilizar as massas por meio de mitos" incentivadores da violência como criadora de virtude e uma moralidade superior, "uma revolução espiritualista com um pessimismo intenso e um antirracionalismo fundamental"[357].

Sorel morreu em 29 de agosto de 1922, perto do primeiro aniversário da famosa Marcha sobre Roma, conduzida por Benito Mussolini e o Partido Nacional Fascista, um movimento que continha o sorelismo no seu DNA.

---

[357] STERNHELL; SZNAJDER; ASHERI, 1994, p. 91.

RUMO AO SÉCULO XX

I Sincretismo radical

As últimas décadas do século XIX foram o palco da emergência de filosofias políticas e sociais abertamente antidemocráticas e radicais, que intencionavam quebrar o mundo burguês e suas estruturas econômicas e culturais. O marxismo ortodoxo foi um dos principais pontos referenciais que moldaram, tanto por meio da sua aceitação, quanto por meio de seus revisionismos, os rumos políticos do mundo onde lidar com os problemas do proletariado sem consciência de classe e o nacionalismo se tornaram as prioridades de qualquer movimento político minimamente consciente de suas obrigações ideológicas e táticas.

As críticas levantadas por Bernstein abriram o caminho para que intelectuais como Ludwig Woltmann e Georges Sorel pudessem limpar o marxismo de seus contornos deterministas e começar a questionar como se daria o processo revolucionário e, ainda mais importante, o que deveria ser derrubado por meio da violência revolucionária. A mente do proletariado, antes trancada dentro das formulações ingenuamente otimistas de Marx acerca da inevitabilidade histórica da revolução, agora se encontrava aberta para ser influenciada por qualquer ideólogo ou grupo capaz de compreender e direcionar a força da classe trabalhadora. O mundo pós-Marx era um mundo em que o capitalismo não estava empobrecendo a classe trabalhadora, mas enriquecendo-a e alienando-a de sua suposta missão histórica como parteira da nova sociedade sem classes, e, nesse mundo, a principal luta sendo travada era a da justificação dos novos governos nacionais de cunho democrático-liberal e a preservação de uma concepção de livre-arbítrio e ação revolucionária frente aos petardos do positivismo que buscava se entronar como novo motor da história. A rigor, o marxismo mais discernível como sendo o marxismo clássico se encontrava praticamente morto, mas seu espólio dava frutos.

Na Alemanha, no seio do mais poderoso e influente partido marxista da Europa, o Partido Social-Democrata da Alemanha, a acirrada batalha revisionista entre Eduard Bernstein e Rosa Luxemburgo reflete um importante aspecto das novas dinâmicas do pensamento revolucionário. Como dito anteriormente, Bernstein buscou interpretar criticamente o cânone marxista, em vez de simplesmente repetir a vazia retórica dos jargões, e suas conclusões o levaram a não apenas reconsiderar as hipóteses econômicas e sociais frente aos resultados empíricos, mas também a rejeitar a dimensão teleológica do sistema. Pode parecer que essa rejeição seja uma consequência secundária do ceticismo de Bernstein acerca das errôneas previsões econômicas marxistas, mas, na verdade, é o principal problema que levantou as mais árduas objeções de luminares do PSD. Mas a reação foi, em larga medida, seguida de uma acusação de hipocrisia por parte dos membros do partido, já que, como Ludwig Gumplowicz comentou, o que Bernstein agora falava abertamente era o *modus operandi*, seguido irrefletidamente e envergonhadamente pelo próprio PSD há anos[358]. De qualquer forma, o PSD precisava zelar pela sua imagem de partido revolucionário marxista já que era o partido de Friedrich Engels, e os questionamentos críticos de Bernstein eram uma enorme inconveniência. Rosa Luxemburgo, embora polonesa radicada alemã, tomou a frente num virulento embate contra o revisionismo de Bernstein.

 O problema central da contenda se centra acerca da interpretação determinista do marxismo. Bernstein prontamente a rejeitou como um inaceitável e anticientífico romantismo que estava prejudicando o que poderia ser salvo do marxismo. A própria concepção dialética da história era, para Bernstein, indefensável e se baseava num *wishful thinking* dos revolucionários, em vez de dados objetivos da realidade e que, pior ainda, era usada para justificar atos de violência que ameaçava tragar a sociedade num insensato banho de sangue:

> A chegada do socialismo foi concebida por ele não como uma vitória nocauteadora dos proletários sobre os capitalistas, mas como um florescimento gradual, ou melhor, como o amadurecimento de uma tradição humanística comum purificada, limpa da miséria da barbárie retrógrada. Não foi fruto do funcionamento das leis de ferro da inevitabilidade histórica, mas fruto de uma decisão ética de querer e fazer o bem, no espírito da famosa frase de Bernstein, "from cant to Kant", da dialética de Hegel ao imperativo categórico de Kant.[359]

Para Bernstein, não havia leis históricas ou qualquer maneira de defender cientificamente uma concepção teleológica da história, a fim de justificar algum possível devir, como a ditadura do proletariado. O que se

---

[358] TALMON, Jacob L. *The myth of the nation and the vision of the revolution*. Berkeley: University of California Press, 1981, p. 95.
[359] *Ibid.*, p. 78-79.

poderia ser feito era, de maneira gradual, incutir uma ética, direcionar a classe trabalhadora e reformar o sistema capitalista por meio do partido e dos sindicatos, coisa que já vinha acontecendo na prática em toda a Europa. A emancipação da classe trabalhadora se daria por meio de sua inserção dentro do sistema, e não derrubando-o.

Já Rosa Luxemburgo se posicionou no polo oposto ao de Bernstein. Embora seus dois livros mais famosos sejam destinados à economia da acumulação do capital, a sua postura no debate se voltou para uma intransigente defesa da interpretação determinista e teleológica do marxismo, justamente porque, para Luxemburgo, o supostamente inevitável colapso do capitalismo é o que justifica a necessidade histórica do socialismo, sem o qual a revolução não seria possível:

> A teoria revisionista, portanto, se coloca em um dilema. Tanto a transformação socialista é, como se admitia até agora, a consequência das contradições internas do capitalismo, e com o crescimento do capitalismo desenvolverá suas contradições internas, resultando inevitavelmente, em algum ponto, em seu colapso, (nesse caso, os "meios de adaptação" são ineficazes e a teoria do colapso está correta); ou os "meios de adaptação" vão realmente parar o colapso do sistema capitalista e, assim, capacitar o capitalismo a se manter suprimindo suas próprias contradições. Nesse caso, o socialismo deixa de ser uma necessidade histórica. Isso então torna-se qualquer coisa que você queira chamá-lo, mas não é mais o resultado de o desenvolvimento material da sociedade.[360]

A defesa da teleologia histórica do colapso final do capitalismo é, na verdade, uma defesa da razão histórica do socialismo, servindo de sua justificativa principal; nas palavras de Rosa: "O socialismo será consequência de (1), das crescentes contradições da economia capitalista e (2), da compreensão pela classe trabalhadora da inevitabilidade da supressão dessas contradições por meio de uma transformação social"[361]. O que Bernstein estava fazendo, segundo Rosa, era completamente abandonar o primeiro ponto e, por consequência, "o abandono total do ponto de vista da classe"[362].

A visão histórica holística de Rosa Luxemburgo é baseada naquela fé na completude e racionalidade do *todo* que dirige e dá sentido às partes

---

[360] LUXEMBURG, Rosa. *Reform or Revolution?* Paris: Foreign Language Press, 2020, p. 9.
[361] *Ibid.*, p. 37-38.
[362] *Ibid.*, p. 38.

aparentemente cambiantes e individuais: "finalmente, tudo cai em seu devido lugar por conta própria... A história sempre sabe melhor do que ninguém como sair de uma situação que parece um impasse"[363]. Isso fica claro ao se analisar o seu estilo de escrita, que não encontra disposição para os detalhes da microeconomia ou da sociologia mais nuançada, mas tenta varrer toda a sociedade moderna sob a rubrica "capitalismo" e suas crises inevitáveis que levarão ao devir da sociedade proletária. Sem esse pilar fundamental de seu pensamento, o processo revolucionário fica à míngua e sem aparente direção, apenas um vácuo em que o sentido da história se encontra inacessível e o proletariado sem saber o que fazer. É precisamente esse vácuo, e o que poderia completá-lo, que Rosa percebeu como sendo a consequência mais danosa para o processo revolucionário trazida pelo revisionismo de Bernstein:

> O que importa para nós neste momento é enfatizar não apenas a visão da unidade, continuidade e racionalidade da história como história mundial, mas também a indignada compreensão de Rosa de que o revisionismo de Bernstein estava negando essa ideia tão importante: mais precisamente que ele estava botando a nação contra a história universal. Isso significou uma relativização do ideal do único desenlace histórico final. O mito da nação estava sendo colocado acima da dialética universal. A fonte oculta da heresia revisionista foi, portanto, o nacionalismo. *Ergo*, este último era o verdadeiro inimigo.[364]

A destruição da teleologia marxista abriu as portas para que outras forças sociais e intelectuais pudessem exercer sua força na mente do proletariado, e a nacionalismo, sem dúvida, era a mais poderosa de todas essas forças que, sem muito esforço, começou a arregimentar a fidelidade de todas as classes sociais em suas respectivas nações. Esse processo estava sendo acompanhado, como já dito, pelo marxista austríaco Otto Bauer, que exortou os partidos socialistas europeus a se utilizarem do sentimento nacional para a luta revolucionária e postergar os sonhos do internacionalismo proletário. Embora suas exortações tenham sido ignoradas pela maioria dos luminares do marxismo, outros pensadores mais periféricos e heréticos estavam prestando atenção, como o francês Georges Sorel. A

---

[363] LUXEMBURG, Rosa. *The letters of Rosa Luxemburg*. Edited by Georg Adler, Peter Hudis and Annelies Laschitza. London: Verso, 2013, p. 404.
[364] TALMON, 1981, p. 80-81.

sociologia revolucionária de Sorel, após um breve flerte com o marxismo ortodoxo, encontrou no sentimento patriótico francês uma poderosa força mitológica para a destruição da cultura burguesa. O sindicalismo revolucionário de Sorel se tornou um sindicalismo-nacional no qual a classe dos produtores franceses se levantaria para destruir a decadência burguesa e, consequentemente, desmantelar o Estado, inaugurando uma sociedade de livres produtores. Dentro desse esquema, a força revolucionária seria liderada pelos mais competentes e ideologicamente avançados dos produtores, caracterizados como a elite revolucionária por natureza, que confecciona os mitos que impulsionam a luta revolucionária.

O sindicalismo-nacional e elitista de Sorel não é a única vertente revolucionária a se infectar com o elitismo sociológico por volta da virada do século, o marxismo de Vladimir Lênin também se notabilizou por seu elitismo. A interpretação marxista de Lênin é interessante, porque o próprio líder bolchevique sempre se viu como o porta-voz da mais pura e intransigente ortodoxia marxista e defendia sua suposta ortodoxia contra toda e qualquer objeção com uma teimosia ferrenha. Independentemente dos protestos de Lênin, dificilmente se pode considerar o leninismo como uma interpretação marxista ortodoxa, e os aspectos mais peculiares do leninismo surgiram no contexto da discussão que os partidos marxistas se envolveram acerca da função do partido e da liderança comunista no processo revolucionário. Como explicado, a interpretação determinista da revolução coloca em xeque a ação dos intelectuais e do próprio partido: se a revolução é inevitável e o resultado de um processo histórico ocorrendo na base econômica da sociedade, por que se preocupar com a formação de partidos e militância organizada?

Marx e Engels, no *Manifesto do partido comunista*, assumem que "uma parte dos ideólogos burgueses, que se elevaram ao nível de compreender teoricamente os movimentos históricos como um todo... passa para o proletariado"[365], e um sentimento parecido pode ser encontrado já em um dos escritos mais influentes do jovem Marx, a *Contribuição à crítica da filosofia do direito de Hegel*, de 1844, onde, expressando uma situação de enorme atraso industrial na Alemanha de sua época, o filósofo exorta que a emancipação da Alemanha é a emancipação da humanidade, anunciando que "a cabeça desta emancipação é a filosofia, seu coração é o proletariado"[366]. Pode-se

---
[365] MARX, 2016, p. 69-70.
[366] MARX, 1997, p. 264.

intuir que, por "filosofia", Marx estava se referindo à obrigação do filósofo em liderar intelectualmente a emancipação da classe trabalhadora. Nenhum dos dois cofundadores do marxismo explicaram como isso seria possível no quadro mais geral do marxismo: como é possível que "alguns ideólogos burgueses" podem se "elevar" para compreender o pensamento da outra classe, sendo que são as forças na base econômica da sociedade que sublimam a consciência de classe no cérebro dos homens? Esses ideólogos burgueses são seres independentes da influência da infraestrutura econômica da sociedade, que podem livremente escolher em qual classe atuar? Seriam esses ideólogos burgueses os representantes da "filosofia" no processo de emancipação da classe trabalhadora? As dúvidas se amontoam e se voltam às já citadas cartas confessionais, nas quais Engels mesmo diz que não faz ideia de como o sistema pode ser interpretado. De qualquer forma, o líder intelectual do PSD, Karl Kautsky, buscando uma solução para o problema da inutilidade da ação revolucionária frente ao determinismo, baseou-se nessas passagens ambíguas dos fundadores para defender a primazia da elite intelectual comunista no processo revolucionário.

Embora o PSD tenha mantido a sua linha ortodoxa da interpretação determinista, Kautsky buscou esclarecer que era necessário mobilizar o proletariado comunicando-lhes as "verdades do marxismo" e que só uma organização partidária eficaz poderia conduzir a contento. Comentando o projeto do novo programa do Partido Social-Democrata austríaco, Kautsky traça as origens da consciência de classe como independentes da base material da sociedade:

> Neste contexto, a consciência socialista aparece como o resultado necessário e direto da luta de classes proletária. Mas isso está incorreto. [...] A consciência socialista moderna só pode surgir com base em um conhecimento científico profundo. [...] O portador da ciência não é o proletariado, mas a intelectualidade burguesa; o socialismo moderno originou-se com membros individuais desse estrato, que inicialmente o comunicaram aos proletários intelectualmente avançados, que por sua vez o introduziram na luta de classes proletária onde as circunstâncias o permitem. A consciência socialista é, portanto, algo introduzido na luta de classes proletária de fora e não algo que surgiu originalmente dentro dela.[367]

---

[367] KAUTSKY, Karl. The Revision of the Austrian Social Democratic Programme, appendix I, in Lenin and logic of hegemony. *Historical materialism book series*, London, Brill, v. 72, 2014, p. 342-343.

Como o próprio Marx havia afirmado, e Katusky agora confirma, o socialismo é uma ideia criada e espalhada por intelectuais burgueses como eles mesmos, e a consciência de classe, antes de ser uma eclosão oriunda das forças produtivas e econômicas, é inoculada pelo trabalho dos líderes do partido como força organizacional revolucionária. Katusky continuou afirmando que a consciência de classe é "algo introduzido na luta de classes proletária de fora"[368], colocando a responsabilidade pela educação do proletariado na vanguarda revolucionária da elite comunista. É improvável que Kautsky estivesse plenamente ciente das consequências que esse elitismo partidário poderia trazer, e suas ideias continuaram a girar em torno da confusa ambiguidade da necessidade de reconhecer a inevitabilidade da vitória proletária ao mesmo tempo que buscava condicioná-la pela ação pedagógica elitista

Não demorou muito para que outro líder comunista mostrasse as óbvias consequências do elitismo revolucionário. Por volta de 1902, concomitantemente à crítica de Kautsky ao programa do Partido Social-Democrata austríaco, Vladimir Lênin publicou o seu *O que deve ser feito?*, panfleto dedicado a esclarecer e dirigir a estratégia revolucionária. Lenin, assim como Kautsky, reconhece que é insensato falar de um surgimento espontâneo da consciência de classe no proletariado, mas que a "teoria do socialismo" surgiu "das teorias filosóficas, históricas e econômicas elaboradas por educados representantes das classes proprietárias, por intelectuais"[369], e nem poderia ser diferente visto que, apenas algumas páginas depois, Lênin cita por extenso a supracitada passagem de Kautsky. Consequentemente, a consciência de classe passa a ser o produto de uma luta entre a "ideologia burguesa" e a "ideologia socialista" pela mente do proletariado, e essa luta ideológica só pode ser enfrentada por um *partido de vanguarda*: "Neste ponto, desejamos apenas afirmar que o papel do guerreiro de vanguarda só pode ser cumprido por um partido que se guie pela teoria mais avançada"[370].

Uma das funções precípuas desse novo partido revolucionário de vanguarda é justamente o de inocular a consciência de classe no proletariado: "Devemos assumir ativamente a educação política da classe trabalhadora e o desenvolvimento de sua consciência política"[371]. De forma

---
[368] Idem.
[369] LENIN, Vladimir. *What is to be done? Burning questions of our movement*. New York: International Publishers, 1978, p. 26 e 32.
[370] Ibid., p. 39-40.
[371] Ibid., p. 57.

ainda mais explícita, Lênin coloca que "[nós] somos o Partido de uma classe, na medida em que dirigimos de fato quase toda, ou mesmo toda a classe proletária de uma forma social-democrata", concluindo que não se pode "esquecer a distinção entre a vanguarda e o conjunto das massas gravitando em sua direção, esquecer o dever constante da vanguarda de elevar seções cada vez maiores ao seu próprio nível avançado"[372]. Negligenciar tais deveres "significa simplesmente enganar-se, fechar os olhos à imensidão de nossas tarefas"[373].

Na visão de Lenin, não há outra escolha, porque ou o partido se empenha na sua missão de realizar a revolução proletária, ou estar-se-á deixando a revolução nas mãos da vaga e cambiante "espontaneidade", e essa posição é interessante porque pode ser interpretada como uma inversão do marxismo dito ortodoxo: Lenin não quer esperar que as forças produtivas se coloquem em conflito com as relações de produção — ainda mais num país economicamente atrasado como a Rússia —, mas está colocando o motor da história e da revolução nas mãos dele mesmo e seus camaradas constituídos em partido de vanguarda. Curiosamente, Lenin acreditava piamente estar defendendo a única interpretação correta do marxismo, e somente o "marxismo revolucionário", tornado arma ideológica do partido, "pode guiar a luta mundial do proletariado pela emancipação"[374].

O elitismo de Lênin vai mais além ao estabelecer uma distinção, dentro da força revolucionária, entre os trabalhadores e os intelectuais do partido. Citando o exemplo dos alemães, Lênin aponta como os milhões de trabalhadores entusiasticamente "valorizam sua 'dúzia' de líderes políticos experimentados, com que firmeza eles [trabalhadores] se apegam a eles [líderes]", continuando a explicar que sem a "dúzia de líderes experimentados e talentosos, profissionalmente treinados, educados por longa experiência e trabalhando em perfeita harmonia, nenhuma classe na sociedade moderna pode travar uma luta determinada"[375].

O estabelecimento de uma distinção hierárquica dentro do partido entre líderes intelectuais e a massa de proletários é uma das principais características do leninismo, e, fatalmente, a criação de uma hierarquia

---

[372] LENIN, Vladimir. *Collected works*, vol. 7, September 1903 – December 1904. Moscow: Foreign languages publishing house, 1961, p. 259-260.
[373] *Idem*.
[374] LENIN, Vladimir. *Collected works*, vol. 5, May 1901 – February 1902. Moscow: Foreign languages publishing house, 1961, p. 321.
[375] LENIN, 1978, p. 118-199.

traz consigo a necessidade de se impor algum parâmetro de disciplina e obediência aos membros do partido. A insistência de Lênin na centralização hierárquica e na disciplina partidária trouxe várias críticas, como a de que a sua intenção era a de criar um sistema "césaro-papista" dentro do partido com sua "hipertrofia monstruosa do centralismo" que "mataria a individualidade", por meio de um dogmatismo rígido em uma única interpretação do marxismo[376]. Independentemente das críticas, Lênin estava bem consciente das necessidades práticas que a luta revolucionária requisitava, e o fato dele próprio ser um dos líderes intelectuais da elite partidária deve ter corroborado para a intransigência de suas posições.

Não há nenhuma dúvida que, tanto para Kautsky, quanto para Lênin, o marxismo é uma *ciência* que havia mostrado as veredas da vitória histórica do proletariado; mas, de qualquer forma, deve-se lembrar os proletários disso e guiá-los no caminho previsto pela ciência do materialismo-histórico. Os líderes do partido de vanguarda se tornaram os *gatekeepers* da ciência que desanuviou os tortuosos caminhos da história, devendo proteger o credo marxista dos revisionismos e diluições capazes de causar confusão, garantindo que o processo de catequização da classe trabalhadora pudesse prosseguir corretamente, a fim de criar a consciência de classe revolucionária. Se a aceitação do marxismo como uma ciência que, de alguma forma, mostrou o caminho da inevitável vitória proletária, mas, ao mesmo tempo, precisa ser garantida pela atuação pedagógica do partido de vanguarda causou confusão ao leitor, não se preocupe, a contradição nunca foi resolvida satisfatoriamente. Kautsky escreveu centenas de linhas para esclarecê-la, sem sucesso, e Lenin simplesmente ignorou o problema e se concentrou na militância política, obviamente bem-sucedida.

O quadro geral do sincretismo radical na virada do século vai se mostrando mais claro quando se percebe que o elitismo leninista compartilha muitas similaridades com o sorelismo e, até mesmo, com o mazzinianismo. Lênin, Sorel e Mazzini acreditavam que o processo revolucionário somente poderia ser levado a cabo por meio de uma elite intelectual preparada e capaz de conquistar a mente e o coração da massa, e isso está baseado no pressuposto elitista, igualmente compartilhado com Gumplowicz, Mosca, Pareto e Le Bon, isto é, que a massa é inconsciente e incapaz de, por conta própria, acordar para a missão

---

[376] Toda a discussão pode ser lida no texto de Lenin intitulado *Um passo em frente, dois passos atrás*. LENIN, Vladimir. *Collected works*, vol. 7, September 1903 – December 1904. Moscow: Foreign languages publishing house, 1961, p. 239-401.

revolucionária. Quer seja a elite do partido comunista, sindicalista ou os apóstolos mazzinianos, é dever da elite revolucionária confeccionar e se utilizar dos mitos para dirigir a massa, e praticamente qualquer concepção política ou moral poderia, a rigor, ser usada como mito na luta revolucionária. Não importa se for o marxismo, a greve geral ou a nação, a massa, quer seja proletária ou abarcando uma população mais abrangente por meio da classe média ou do sentimento nacionalista, está pronta para ser guiada pela elite mais competente por meio do mito mais apropriado. Pressionados pela incontornável realidade do proletariado sem a consciência de classe, os revolucionários tiveram que assumir a liderança do processo e impingir hierarquia e ordem nas massas inconscientes por meio de ideias tornadas mitos práticos.

Assim, o elitismo revolucionário não foi uma criação consciente e esquematizada como uma filosofia política, mas produto da confluência de ideias provindas de diferentes meios intelectuais europeus durante o século XIX. A *weltanschauung* da época estava aproximando a sociologia elitista a uma concepção de luta revolucionária antimaterialista que almejava destronar a cultura e o Estado do liberalismo burguês que até então reinava durante quase todo o século. No centro desse redemoinho radical, o velho marxismo foi utilizado como mito político do internacionalismo proletário leninista, da social-democracia e do sindicalismo-nacional de Sorel, e isso foi possível pela enorme flexibilidade interpretativa do marxismo — ironicamente o que garantiu a sobrevivência do sistema nas mãos de tantos intérpretes, mas assumidamente às custas de sua integridade e reputação como uma filosofia política. Independentemente se assumidamente antimaterialista ou materialista, o marxismo, nas mãos de revolucionários buscando soluções práticas, teve que ser tortuosamente adaptado para dar espaço a uma dose de voluntarismo que só a teoria das elites e o nacionalismo, cada uma em graus variantes, puderam fornecer a contento.

O elitismo revolucionário e suas relações problemáticas com o marxismo foram se desenvolvendo num contexto histórico em que os Estados europeus estavam cada vez mais beligerantes e exercendo seu poderio bélico no mundo por meio da expansão colonizadora, e o nacionalismo foi sendo cada vez mais utilizado para justificar o imperialismo. A pressão na competição internacional por colônias, recursos e influência foi particularmente forte nos Estados mais fracos e novos, como a Itália, que se tornou terreno fértil para que o elitismo revolucionário se misturasse com o nacionalismo.

II A *età giolittiana*

Historiadores comumente se referem ao período de 1900 a 1914 como a *"età giolittiana"*, referenciando a década em que o primeiro-ministro italiano Giovanni Giolitti dominou a política da península. Tendo sido primeiro-ministro cinco vezes não consecutivas desde 1892 — o segundo primeiro-ministro mais longevo desde a unificação, após Benito Mussolini —, a influência das políticas de Giolitti para a situação que precedeu a ascensão do fascismo não pode ser subestimada. Giolitti é atualmente taxado de um "centrista liberal", mas suas políticas econômicas foram bem criticadas pelos liberais adeptos do *free trade*, assim como por toda sorte de revolucionários como os socialistas e sindicalistas. Em verdade, é difícil fazer uma avaliação clara de seu governo, porque, atualmente, ele é mais lembrado por meio das críticas que recebeu de todo o espectro político da época, motivo pelo qual seu legado ainda é intensamente debatido na historiografia, mas um esforço de clarificação é necessário.

O mais importante acontecimento durante a *età giolittiana* foi, sem dúvidas, a rápida e massiva taxa de industrialização da península durante 1901 e 1914. Até então, a Itália era uma nação majoritariamente agrária e sua manufatura se limitava majoritariamente ao artesanal, o pouco de produção industrial que existia estava localizada em polos no Norte, como Milão. Mas um "milagre" econômico aconteceu na primeira década do século XX e a Itália entrou para o ranque das potências industriais europeias. A taxa de crescimento econômico mais que dobrou no período, levando a criação de enormes indústrias de matérias primas como o ferro e algodão até grandes corporações industriais focadas na fabricação de navios e trens. A península começou a ser pintada com fiação elétrica, possibilitando uma maior comunicação e conectividade entre a nação, o que aumentou ainda mais a produção industrial. Um novo sistema financeiro foi impulsionado pelos poderosos bancos do norte e as novas bolsas de valores, onde qualquer um poderia adquirir ações e participar do financiamento das indústrias nascentes. No começo do século XIX, a Itália somente se destacava na exportação de produtos da agropecuária, com pouca participação de produtos industrializados; já no começo do século XX, o inverso ocorria, com uma exportação massiva de bens industrializados e uma contínua diminuição da participação da agropecuária[377].

---

[377] COPPA, Frank J. *Planning, protectionism and politics in liberal Italy:* Economics and politics in the giollitian age. Washington D.C.: The catholic university press, 1971, p. 25-26.

O rápido progresso econômico também levou a um crescimento populacional relevante: em 1871, a Itália tinha em torno de 26 milhões de habitantes, alcançando 36 milhões, em 1911, isso sem contar o êxodo ocorrido durante a *età giolittiana*, em cerca de 5 milhões de italianos emigraram principalmente para as américas[378]. Essa emigração é amiúde tratada como reflexo da penúria social da população marginalizada que teve que sair do país para buscar melhores condições de vida, outras vezes, é retratada como consequência da melhoria na qualidade de vida, que possibilitou a esses milhões de italianos financiar as viagens ao exterior. De qualquer forma, o problema populacional e da emigração se tornou importante e apareceu diversas vezes durante a *età giolittiana* e o regime fascista.

Assim, rápida industrialização levou a uma importantíssima consequência: a mudança na estrutura das classes sociais: esse novo *boom* econômico trouxe consigo uma nova onda de capitalistas assim como uma crescente urbanização e, por consequência, um inchaço dos ranques do proletariado industrial, que, por sua vez, foi possibilitando o surgimento de organização sindicais cada vez maiores: "o socialismo na Itália mudou do campo para os centros industriais em desenvolvimento e assumiu um aspecto mais moderno"[379]. Para se ter uma ideia, em 1861, o número de empregados nas fábricas era em torno de 188,000 pessoas, já em 1903, no começo da *età giolittiana*, o número chegou a 1,275,000, e no decorrer da década quase dobrou, chegando em 2,304,000 proletários industriais[380]. Sem dúvida, é um crescimento espantoso, e igualmente importante foi o impacto político que esse novo contingente de proletários trouxe para o balanço geral do sistema político. O mesmo período viu, o que não é impressionante, o crescimento da popularidade do Partido Socialista Italiano (PSI) e de dos sindicatos trabalhistas por toda a península, mas especialmente no Norte onde a produção industrial mais se concentrava.

Aqui, entra um dos aspectos mais controversos e criticados do governo de Giolitti: a sua aliança com o movimento operário e, ao mesmo tempo, com os grandes industriais. Criou-se um certo mito na historiografia italiana acerca dessa questão, muito popular nos pensadores marxistas do pós-guerra, mas que encontra suas raízes em ninguém menos que Vilfredo Pareto, que pintou Giolitti como o centro maquiavélico dessa ignóbil aliança que estava criando uma plutocracia na Itália. Mais precisamente, Pareto

---

[378] *Ibid.*, p. 28.
[379] *Ibid.*, p. 25-29.
[380] *Idem.*

argumentava que as organizações sindicais estavam profundamente ligadas aos sucessos econômicos das grandes indústrias e que Giolitti se aproveitou dessa conversão de interesses para não apenas aumentar seu poder político, mas impor um enorme sistema de tarifas protecionistas. O argumento de Pareto é o de que a elite sindical e até mesmo o proletário mais simplório estavam lucrando com os crescentes lucros das novas indústrias, que podiam conceder maiores salários e benefícios quando pressionados, e, em troca, Giolitti assegurava um sistema de tarifas protecionistas para que os lucros industriais se mantivessem altos. Nesse esquema, os perdedores eram o resto da população que tinham que pagar preços mais altos pelos produtos nacionais e os custos da máquina governamental que mantinha esse arranjo vivo. A nova elite governante do círculo de Giolitti e os novos plutocratas da grande indústria tiveram que apelar ao apoio das massas e especificamente do proletariado urbano para consolidarem seu poder, num novo tipo de governo caracterizado como "círculo plutocrático"[381]. Para Pareto, o sistema plutocrático de Giolitti "pôde explicar o surgimento do novo nacionalismo, o nacionalismo dos produtores, que surgiu na virada do século"[382], já que os interesses da nova classe plutocrática e da classe proletária, por meio do Estado, encontravam-se alinhados com o interesse da produção nacional[383].

Pareto ainda incorpora a teoria das elites a sua análise, buscando demonstrar que a nova elite industrial difere da antiga elite agrária nos métodos necessários para se consolidar no poder. A elite agrária fazia recurso à força, enquanto a nova precisa do apoio das massas proletárias e satisfazer os interesses dos sindicatos, justificando a alcunha de "demagogia plutocrática", o que, por sua vez, influenciou a prática do uso dos mitos:

> Os interesses plutocráticos são forças poderosas que operam em apoio ao poder central. A religião estatal oficial com seus mitos e sua teologia pode ser vista de um ponto de vista prático ou ideal. Cada um se reflete em um conjunto diferente de partidos políticos. Isso inclui nacionalistas ou imperialistas e socialistas clássicos ou marxistas que se opõem à "anarquia", à livre competição e ao sindicalismo.[384]

---

[381] PARETO, Vilfredo. *The transformation of democracy*. New Brunswick: Transaction Books, 1984, p. 55-60.

[382] COPPA, 1971, p. 16-17.

[383] Pareto não é muito preciso nas suas definições. Às vezes, ele dá a entender que a classe plutocrática engloba toda a burguesia, às vezes, ele parece implicar apenas um pequeno grupo de grandes industriais e especuladores. De qualquer forma, o essencial de sua análise é que o proletariado *pode* ter interesses alinhados com a burguesia e a plutocracia, o que colaborou para um enriquecimento da sociologia de classes italiana e abriu as portas para uma conciliação do proletariado com outras classes produtivas.

[384] PARETO, 1984, p. 51.

É notável nessa citação que, na análise de Pareto, o marxismo do PSI se encontra separado do movimento sindicalista — que nascera no seio do próprio PSI —, denotando uma maior flexibilidade intelectual e prática dos pensadores sindicalistas frente à realidade da produção nacional, o que possibilitou a sua aproximação com o nacionalismo que Pareto denominou o "nacionalismo dos produtores". As análises inspiradas em Pareto se juntaram na mistura ideológica que possibilitou o começo de uma mudança de orientação na esfera sindicalista e até mesmo nacionalista, porque a classe plutocrática aparecia amiúde como separada da burguesia, motivo pelo qual a clássica análise marxista da luta de classes começou a ser questionada. Uma nova orientação sociológica estava no ar, e intelectuais de várias matizes — com exceção dos marxistas mais rígidos — botaram em movimento suas análises acerca das peculiares relações entre as classes da Itália de Giolitti. O jornalista antifascista Mario Missiroli, opinando acerca de um comentário do jornalista Carlo Scarfoglio, argumentou que a Itália se encontra num momento único de sua história econômica e social, "em que a plutocracia não se confundiu com a grande massa da burguesia, e esta ainda está disposta a aderir a um programa de distribuição racional do bem-estar, ao invés de um programa de acumulação individual", exortando uma separação da "solidariedade entre a plutocracia e a burguesia operária"[385], isto é, a eliminação do sistema giolittiano de aproximação do proletariado com a plutocracia para que as verdadeiras classes produtivas da nação, o proletariado e a burguesia, pudessem enfrentar a classe dos parasitas plutocráticos e o governo parlamentar de Giolitti.

A necessidade de continuar a produção e o crescimento econômico da nação italiana começou a tomar centralidade nas análises sociopolíticas nas duas primeiras décadas do século, isso porque a Itália tinha que competir com nações muito mais poderosas e influentes como a Inglaterra, a França e a Alemanha, e tanto o proletariado, como a pequena e média burguesia tinham interesses na capacidade produtiva da nação. Quer seja para acabar com o protecionismo plutocrático de Giolitti ou impedir a ruinosa luta de classes marxista, várias vertentes ideológicas foram gravitando em torno do interesse produtivo e imperialista da Itália, no campo proletário, burguês e nacionalista.

Independentemente de todas as invectivas contra o seu governo dito plutocrático por centenas de pensadores de todo o espectro político,

---

[385] MISSIROLI, Mario. *Opinioni*. Firenze: Soc. An. Editrice "La Voce", 1921, p. 117.

inspirados pelo diagnóstico paretiano, o que Giolitti almejava, de fato? Ele percebeu que as rápidas mudanças sociais oriundas da industrialização massiva estavam trazendo novas forças políticas imprevisíveis e potencialmente perigosas para o delicado balanço político da nação, e esse foi possivelmente um dos principais motivos para sua política plutocrática de conciliação entre a plutocracia e o proletariado: "Convencido de que a verdadeira força do país residia fora dos velhos grupos, Giolitti procurou promover o bem-estar do proletariado e das classes proprietárias engajadas na indústria"[386]. A análise de Giolitti se centrava na expectativa de que, por meio da produção e riqueza da nação, se poderia trazer ambos os lados e espectros mais radicais da política italiana numa coalizão nacional capaz de assegurar a continuação do avanço econômico, fortalecendo o Estado. Essa ideia levou Giolitti a buscar apaziguamento e a compra das consciências dos setores políticos, industriais e proletários, por meio de generosas tarifas e subsídios para os plutocratas e do apoio político às greves e às pressões sindicais. De fato, Giolitti foi um defensor do direito à greve, mas não por amor ao proletariado:

> A política interna de Giolitti parecia oferecer mais provas de que ele tinha uma aliança com a Itália industrial. Supostamente, ele atendeu ao desejo de ordem dos produtores e agiu com energia para garantir-lhes tranquilidade. Sua determinação em garantir o direito ao trabalho foi interpretada sob esse prisma. Observou-se que, se Giolitti sempre defendeu a liberdade de organização e greve dos trabalhadores, ele também insistiu que o direito ao trabalho fosse salvaguardado e que os trabalhadores em greve não fossem autorizados a impedir o trabalho de não grevistas ou mesmo travadores de greve.[387]

Giolitti tinha em mente uma aproximação do "trabalho ao capital" de uma forma a fortalecer uma coalizão política nacional, porque "só quando a indústria florescia é que as greves podiam ser bem-sucedidas, pois só então os fabricantes podiam conceder uma parcela maior dos lucros aos trabalhadores"[388]. Apesar de todos os esforços para apaziguar e trazer o campo proletário para a coalizão governamental, o seu sucesso foi parcial e inconstante. Durante toda a *età giolittiana*, o PSI foi marcado por uma rixa interna entre os reformistas, representados por Filippo Turati e Enrico

---

[386] COPPA, 1971, p. 32.
[387] *Ibid.*, p. 33.
[388] *Idem.*

Ferri, que não se importavam em se aproximar do governo para conseguir melhorias salariais e benefícios para os trabalhadores, e a ala mais radical e intransigente, representada por homens como Constantino Lazzari e Benito Mussolini, para os quais o reformismo era uma traição dos princípios revolucionários marxistas. Do mesmo modo, a ala sindicalista radical, separada do PSI, em 1908, mostrou-se intransigente e até mesmo belicosa, nunca completamente aderindo às tentativas conciliatórias do governo Giolitti.

O desejo de Giolitti, e seus métodos empregados, de apaziguar e controlar a arena política italiana por meio da sua estratégia de conciliação entre os setores produtivos criou uma imagem pública danosa para o governo. O *giolittismo* impulsionou a repulsa antidemocrática compartilhada por elitistas, nacionalistas, socialistas e sindicalistas e percebe-se isso pela enorme literatura antiparlamentar encabeçada por Mosca e Pareto, amplamente conhecida e lida. A democracia parlamentar de Giolitti era vista como um enorme conchavo de interesses plutocráticos do Norte sugando a riqueza dos pagadores de impostos principalmente do Sul mais agrário, o que, por sua vez, contribuía para as animosidades regionais e o enfraquecimento da Itália como um Estado unitário menos de cem anos após sua unificação.

O antiparlamentarismo não foi uma exclusividade da *etá giolittiana*, surgindo com força já na década de 1880, como nas palavras de Ruggiero Bonghi, ele mesmo um político: "O regime parlamentar, ao presumir-se representativo, eliminou de facto todas as representações e colocou a sociedade numa posição violentamente contraditória em relação aos seus governos"[389]. Contudo, por volta das duas primeiras décadas do século XX, o antiparlamentarismo tomou uma camada extra ao se confundir, nos olhos de seus variados críticos, com o próprio governo Giolitti, resultando numa "mudança definitiva de tom e direção na censura ao parlamentarismo, pois agora a crise do regime parlamentar italiano passou a ser vista em termos de um homem, Giolitti, e de um suposto todo instrumento inclusivo de destruição: *Giolittismo*"[390].

A democracia liberal e parlamentar passou a ser coligada automaticamente com a corrupção do governo Giolitti e da sua odiada política de conchavo, por meio de tarifas e a exploração econômica do sul da península. Conforme os anos foram passando, os reformistas foram perdendo espaço

---

[389] SOLOMON, A. William. *Italy in the giolittian era*. Philadelphia: University of Pennsylvania Press, 1945, p. 18.
[390] *Ibid.*, p. 22.

para as alas mais radicais e intransigentes dentro do PSI e do movimento sindicalista, do mesmo modo que o nacionalismo começou a tomar uma guinada profundamente autoritária. A aposta de Giolitti deu errado e, em vez de trazer os radicais para dentro da política apaziguadora, tornou-os ainda mais intransigentes e belicosos.

Ainda há que se falar da política externa do governo Giolitti, devido à sua extrema importância para a fermentação ideológica fascista. Ao final do século XIX, a maior parte do território africano havia sido conquistado e dividido entre as nações europeias, com exceção da Etiópia e da Libéria, e a Itália era um dos países que menos conseguiu participar da colonização, sendo uma nação econômica e militarmente inferior à maioria das outras, além de recentemente unificada. A fim de expandir sua influência e competir com as outras potências, o governo italiano decidiu invadir a Etiópia e tentar anexá-la ao seu protetorado, mas o resultado foi uma humilhante derrota na batalha de Aduá, em 1896. Esse episódio gerou muita vergonha para a Itália, aumentando o sentimento generalizado de inferioridade que o país sentia frente às outras potências. A alma italiana se encontrava dividida entre a grandeza histórica de seu povo — os construtores do Império Romano, a sede da Igreja Católica e os pais da arte e do humanismo renascentista —, e a posição deprimente de um país industrialmente atrasado e sem influência decisiva no palco mundial.

Ciente da pressão popular para que a Itália expandisse sua influência pelo norte da África, o governo Giolitti, em 29 de setembro de 1911, declarou guerra ao Império Otomano no que ficou conhecida como a Guerra Ítalo-Turca. A Itália desejava ocupar a Tripolitânia e Cirenaica, hoje em dia a Líbia, e exigiu que os otomanos dessem o território, o que foi negado, dando início às hostilidades. Uma das consequências mais importantes da guerra Ítalo-Turca para os propósitos deste livro é o frequentemente esquecido racha ideológico dentro do PSI — menos conhecido, porque foi obscurecido pelo mais calamitoso racha três anos depois durante a Primeira Guerra Mundial. Um dos líderes reformistas do partido, Leonida Bissolati, representou a ala que decidiu contrariar a linha partidária de condenação do conflito e, para o horror dos camaradas, apoiar o governo de Giolitti. A importância desse ato de Bissolati e seus companheiros reside no fato de que, ao se posicionarem a favor da guerra, eles o fizeram *porque eram socialistas*, indicando que não havia qualquer contradição entre ser socialista e nacionalista, um posicionamento radicalmente diferente da linha da II Internacional.

Na ocasião, Bissolati apresentou dois argumentos principais para seu posicionamento herético que se tornaram muito populares nos próximos anos cruciais que desembocaram na ascensão do fascismo. O primeiro diz respeito à proteção nacional, pois se a "Itália não estava engajada na empreitada colonial de um território próximo às suas costas, certamente a França ou a Alemanha o teria feito", concluindo, de maneira um tanto quanto profética, que o "resultado teria sido uma guerra europeia certamente mais exigente e com desfecho incerto, em vez da guerra com a Turquia"[391]. Mesmo com a guerra Ítalo-Turca, a guerra europeia não pôde ser evitada, mas a necessidade de se proteger a pátria fundamenta o segundo argumento de Bissolati, qual seja a de criar uma consciência nacional para a "convergência dos interesses do proletariado e da burguesia", justamente porque a produção nacional estava intimamente ligada à subsistência de ambas as classes. Esses socialistas tornados nacionalistas não conseguiam mais visualizar um mundo, onde o internacionalismo proletário daria certo quando o destino das classes burguesas e proletárias se encontravam profundamente ligadas às suas respectivas nações. Uma mudança de avaliação que, segundo Bissolati, fez "a luta de classes assumir conotações específicas na contingência histórica", porque "a pátria hoje no estado atual das competições internacionais, é algo muito tangível também para o proletariado"[392].

Esse posicionamento, embora condenado pela linha principal do PSI e da II internacional, não era de todo inédito porque o introdutor do marxismo na Itália e colaborador íntimo de Georges Sorel, Antonio Labriola[393], já no final do século XIX, havia declarado que os "interesses dos socialistas não podem ser opostos aos interesses nacionais; antes, eles devem fazer de tudo para promovê-lo". Trata-se de um forte argumento provindo de uma importante autoridade dentro do movimento socialista italiano que certamente rendia a posição de Bissolati ainda mais problemática, e se não se pode dizer com certeza que Labriola teria apoiado a guerra Ítalo-Turca, talvez seja revelador que sua filha e herdeira intelectual, Teresa Labriola, também se rebelou contra o mandamento pacifista do

---

[391] ALOSCO, Antonio. *Socialismo tricolore. Da Garibaldi a Bissolati, da Mussolini a Craxi.* Napoli: Graus Editore, 2018, p. 13-14.

[392] Idem.

[393] A partir de agora, não confundir Antonio Labriola com Arturo Labriola. O primeiro foi o introdutor o marxismo na Itália e colaborador de Georges Sorel, falecendo em 1904, muitos anos antes do advento do fascismo; o segundo foi importante pensador e líder sindicalista que, como será elucidado mais adiante no livro, teve influência relevante nas revisões intelectuais que levaram ao fascismo, embora tenha mantido relação ambígua com o regime de Mussolini.

PSI ao afirmar que tal inação era "baseada num idealismo sem sentido e correlação com as necessidades reais do povo italiano"[394]. Não é difícil perceber que esse posicionamento se coaduna com a tendência geral da época de buscar uma assimilação mais frutífera e funcional entre as classes sociais da nação frente às exigências dos problemas que se sucediam incessantemente, e, ainda, fica claro que a ênfase de Bissolati na produção nacional, juntamente com seu aceno para a unificação das classes sociais, reflete a evolução do pensamento revolucionário de Proudhon e Sorel ao se chegar a classe dos produtores como a classe escolhida para resolver os intrincados problemas da nação.

Seguindo a deixa dos sindicalistas, no XXIII congresso do PSI em Reggio Emilia, Bissolati e sua ala herética também se desvincularam do partido para formar o seu próprio, o Partido Socialista Reformista Italiano, PSRI, buscando mais liberdade intelectual e de ação para coligar seu socialismo com as necessidades do momento em vez de ficarem reféns de uma estéril doutrina marxista que, segundo eles, tinha pouco a ver com a realidade das classes trabalhadoras italianas frente aos grandes desafios da arena internacional. No próprio congresso que resultou da separação, Ivanoe Bonomi, apoiador de Bissolati, proferiu um discurso no qual afirmou que o seu socialismo reformista, diferentemente dos revolucionários marxistas, pautava-se por um realismo em conformidade com as mudanças históricas capazes de "superar a oposição entre capital e trabalho e, portanto, a luta de classes"[395]. Bonomi continuou aprofundando o argumento ao proferir que "as necessidades do proletariado devem ser sentidas de acordo com as necessidades mais amplas da nação"[396], buscando harmonizar as vontades de classes às necessidades da comunidade, tanto no âmbito interno quanto da política externa[397].

A rebelião promovida por Bissolati e seus companheiros não foi devido ao puro pragmatismo e senso de eficiência na luta revolucionária, mas foi também inspirada pelo redescobrimento da antiga tradição socialista italiana oriunda da unificação nacional. Isso fica claro quando se percebe que, para os socialistas do novo PSRI, a guerra Ítalo-Turca não se justificava na desculpa da expansão colonial, mas se revestia com ares de um verdadeiro "movimento de independência dos povos balcânicos", que "representava a maior reivindicação

---

[394] ALOSCO, 2018, p. 18.
[395] Ibid., p. 28.
[396] Idem.
[397] Idem.

nacional da era contemporânea após o *Risorgimento*"[398]. Esses posicionamentos refletem a retomada da consciência da história do *Risorgimento* e a importância da luta de unificação e libertação nacional para a liberdade dos povos e das próprias classes sociais, uma ideia cuja tradição socialista italiana, por meio de figuras como Garibaldi, Pisacane e Mazzini, já havia absorvido e agora estava sendo redescoberta por socialistas e sindicalistas da nova geração cansados do impraticável dogmatismo do internacionalismo proletário marxista que havia sido importado do exterior nas décadas anteriores[399].

Há um nítido quadro intelectual do campo socialista logo nos anos anteriores à Primeira Guerra Mundial que pode ser dividido em três campos: o PSI de Turati, Ferri e Mussolini, fiéis ao marxismo revolucionário da II Internacional — embora internamente divididos entre revolucionários e reformistas; os sindicalistas revolucionários liderados por Arturo Labriola; e os socialistas reformistas do PRSI de Bissolati e Bonomi. Os reformistas e os sindicalistas, no decorrer dos anos, foram se afastando da ortodoxia do PSI e seguiram cada um seu próprio caminho, mas, em ambos os casos, houve uma redescoberta da nação como uma realidade incontornável que precisaria ser levada em consideração no quadro geral da luta revolucionária no século XX, e não parece ser coincidência que essas guinadas de posição estivessem ocorrendo conforme revisionistas como Bernstein, Sorel e Otto Bauer foram se tornando mais populares.

A guerra durou até 18 de outubro de 1912 com uma decisiva vitória italiana, que passou a controlar a Líbia e as ilhas gregas do Dodecaneso. A vitória foi recebida muito positivamente na Itália, inflamando o orgulho nacional:

> Pela primeira vez, a Itália "fez por si mesma", sem ajuda e sem pedir permissão de ninguém, "esbofeteando as chancelarias reunidas", como escreveu o sindicalista Olivetti, e lançou as bases de seu próprio *Drang nach Osten*, ou seja, da sua marcha para o Oriente, que prometia ser cheia de perspectivas. De fato, a ação naval e a ocupação das ilhas do mar Egeu incendiaram os Bálcãs. Sérvia, Montenegro, Bulgária e Grécia estavam formando uma Liga para a expulsão definitiva dos turcos da Europa, naturalmente olhavam para a Itália como o estado-líder dessa cruzada, e isso enchia os nacionalistas de orgulho e ousadia, assim como todos os italianos.[400]

---

[398] *Ibid.*, p. 46.
[399] *Idem.*
[400] MONTANELLI, Indro. *Storia d'Italia:* L'Italia di Giolitti, 1900-1920. Milano: Rizzoli Editore, 1974, p. 93-94.

Embora a guerra tenha sido bem-sucedida militarmente e agradado uma grande parte da população e do espectro político, ainda mais seus detratores como os nacionalistas e uma ala do sindicalismo revolucionário, o próprio Giolitti se manteve cético quanto ao resultado da guerra e teve que falsear o entusiasmo. Provavelmente por ter percebido os problemas organizativos do exército durante a guerra e seus custos exorbitantes, Giolitti teve dificuldades em participar das celebrações imperialistas e se manteve circunspecto quanto ao potencial expansionista da Itália — que muitos julgavam ser capaz de encabeçar uma guerra nos balcãs.

De qualquer forma, mesmo tendo sido uma guerra relativamente curta e contra um oponente já debilitado, os italianos foram à exasperação do orgulho nacional não pelo que a guerra efetivamente alcançou — um território árido e custoso para manter —, mas pelo que a vitória simbolizava: o fim do complexo de inferioridade e do fantasma da derrota de Aduá. Nesse sentido, é de nota que sindicalistas revolucionários e antagonistas ferrenhos ao governo Giolitti, como Ângelo Olivetti e Arturo Labriola, expressaram hipérboles sobre a vitória, o primeiro dizendo que a vitória era digna "da tradição de Cesare Borgia e Maquiavel", e o segundo alegando que o "empreendimento quixotesco" da guerra era "digno de uma raça que queria colocar um elemento de poesia na prosa diária da existência"[401].

O entusiasmo nacional pela expansão imperialista e o ceticismo de Giolitti iriam ser postos a prova apenas dois anos depois na eclosão da Primeira Guerra Mundial, quando uma nova agitação ideológica levaria nacionalistas e sindicalistas em direção ao fascismo.

---

[401] *Ibid.*, p. 94-95.

PARTE II

IDEIAS E IDEÓLOGOS

O SINDICALISMO ITALIANO

I Do sindicalismo revolucionário ao sindicalismo nacional[402]

O sindicalismo italiano surgiu nos meses finais de 1902, quando Arturo Labriola fundou o jornal *Avanguardia socialista*, periódico destinado às ideias revolucionárias tendo como sua principal influência Georges Sore. Labriola, logo no começo do ano seguinte, fez a primeira tradução do *L'avenir socialiste des syndicats*, de Sorel, a principal declaração teórica do novo sindicalismo buscando sua autonomia intelectual. O motivo dessa decisão de Labriola se deu devido a um racha dentro do Partido Socialista Italiano (PSI), porque os seus líderes, Filippo Turati e Enrico Ferri, fizeram o partido seguir a linha reformista de Bernstein e, ao invés de focar na luta econômica direta contra a democracia burguesa, optou por cooperar com os elementos mais progressistas do sistema, a fim obter certas vantagens para os trabalhadores industriais do norte do país, visto que o partido tinha sua base em Milão. O que Labriola e outros jovens sindicalistas perceberam é que Turati e Ferri não possuíam qualquer plano de longo prazo, e que, ao perseguir a estratégia reformista, o PSI estava arriscando se tornar apenas outro grupo de interesse dentro do sistema de Giolitti às custas das áreas mais pobres do Sul da península, porque os ganhos do reformismo estavam beneficiando principalmente os trabalhadores do Norte industrial — os principais apoiadores do PSI.

O sindicalismo surgiu como uma reação à postura do PSI frente a problemas socioeconômicos já delineados na *età giolittiana*, mas agora explicitamente colocados como:

> (1) A dicotomia norte-sul, especialmente na esfera da economia. (2) A instabilidade do PSI, em parte devido à falta de qualquer tradição socialista de longa data. (3) A unificação relativamente recente da Itália, que explicava a quase completa ausência de uma tradição de centralismo político e, em

---

[402] A história do sindicalismo italiano é vasta e complexa, motivo pelo qual, por um necessário esforço de concisão, dar-se-á atenção apenas aos aspectos e intelectuais mais diretamente envolvidos com o fascismo. A evolução dos sindicalistas de marxistas ortodoxos a fascistas foi gradual e não se pode dizer que *todos* os sindicalistas, por serem sindicalistas, tornaram-se fascistas; contudo, é possível traçar uma linha dos principais pontos da evolução intelectual daqueles que se voltaram para o fascismo. Para uma compreensão mais completa e nuançada do sindicalismo italiano, *cf.*: ROBERTS, David D. *The syndicalist tradition and Italian fascism*. Chapel Hill: The University of North Caroline Press, 1979.

certa medida, a distribuição geográfica desigual do rápido desenvolvimento industrial do país. (4) A falta de tradição sindicalista e a consequente fragilidade das organizações trabalhistas.[403]

Muitos historiadores apontam para o fato que uma expressiva parte dos sindicalistas eram do Sul, como Sergio Panunzio — da cidade de Molfetta, na Puglia —, enquanto o próprio Arturo Labriola, Enrico Leone, e Agostino Lanzillo também tinham raízes no Sul. Outros sindicalistas que não são oriundos diretamente do Sul, como Angelo Olivetti, Filippo Corridoni e Alceste de Ambris, vieram da Emilia-Romagna e das Marches, onde as tradições radicais pré-industriais permaneceram fortes. Contudo, não se pode dizer que os sindicalistas, por terem fortes conexões com o Sul, estavam focados em uma perspectiva camponesa ou agrária; muito pelo contrário, eles buscavam "um plano de mudança mais moderno e convincente", porque as soluções "estavam em Milão — na industrialização, no novo proletariado industrial e no marxismo moderno"[404].

Os sindicalistas são da geração que cresceram junto com a influência do marxismo na Itália — tornado popular principalmente após as publicações de Enrico Ferri, em 1891 —, e foi no que eles percebiam como a ortodoxia marxista que eles se basearam nos primeiros anos para criticar as posturas do PSI, assim como uma solução para os problemas da Itália. A ortodoxia marxista, com a sua interpretação determinista do processo histórico, é baseada na ideia de que a revolução apenas ocorrerá conforme as forças na base econômica da sociedade entrassem em conflito, o que pressupõe que o avanço do capitalismo industrial é um pré-requisito essencial para a chegada da revolução: sem avanço industrial, segundo Marx, não haverá classe revolucionária nem revolução. Assim, é bem óbvio perceber que, dado esses pressupostos, os sindicalistas não estavam inclinados para o Sul agrário, mas, sim, para o norte industrial e sua já avançada classe proletária. Contudo, o que as origens sulistas forneceram foi uma aguda percepção das desigualdades do avanço industrial da península, e com isso a conclusão que a democracia liberal do sistema de Giolitti estava impedindo uma rápida industrialização do Sul e, por consequência, a marcha histórica da revolução. Assim, o primeiro sindicalismo identificável se notabilizou, pelo menos nos seus primeiros anos de existência, com posturas anti-Estado,

---

[403] STERNHELL; SZNAJDER; ASHERI, 1994, p. 131-132.
[404] ROBERTS, David D. *The syndicalist tradition and Italian fascism*. Chapel Hill: The University of North Caroline Press, 1979, p. 117.

antinacionalista, anticlerical e antimilitarista, e estritamente focado na luta entre as duas classes delineadas por Marx: o proletário e a burguesia, a fim de instaurar "uma sociedade inocente da propriedade privada, uma sociedade na qual os processos produtivos seriam regidos pela propriedade coletiva e pelo controle coletivo"[405].

Essa consistência ortodoxa não durou muito, e pode-se ilustrar com o caso de Arturo Labriola, o líder destacado da primeira geração de sindicalistas. Na última década do século XIX, Labriola descobriu o marxismo e logo o tomou como uma doutrina apta a fornecer respostas para os problemas locais e nacionais de seu país. Em 1898, ainda se mantendo firme na ortodoxia, Labriola criticou Sorel por ter descartado a interpretação ortodoxa, mas apenas quatro anos depois mudou de posição e admitiu que as previsões apocalípticas de Marx não estavam nem perto de acontecer, o melhoramento gradual da classe trabalhadora não podia ser ignorado. Se o capitalismo não estava se degenerando na pauperização do proletariado e, consequentemente, nas crises entre as classes, o único caminho seria um socialismo voluntarista e dependente da vontade do próprio proletariado. Labriola se deparou com o dilema exposto por Bernstein: se o capitalismo estava garantindo uma melhoria do proletariado e não havia prospectos de que uma crise fosse realmente destruir o sistema, por que o proletariado faria uma revolução? Labriola se recusou a enveredar pelo reformismo como Bernstein por causa de suas experiências com o PSI de Turati e Ferri, o que implicaria aceitar o sistema parlamentar protecionista e nauseabundo de Giolitti, que estava impedindo o desenvolvimento do Sul. Como defender uma medida revolucionária sem as certezas históricas oferecidas pelo marxismo ortodoxo sem, contudo, cair no reformismo? Obviamente, por meio de Georges Sorel.

Em 1898, Labriola teve que fugir da Itália devido a seu envolvimento com algumas greves e foi no exílio que ele conheceu Sorel e Pareto. Especificamente, Labriola trabalhou como assistente de Pareto na produção da obra *Les systemes socialistes*, livro que explora características do movimento proletário emergente que os sindicalistas logo usariam como base para sua nova concepção de socialismo. Nessa obra, Pareto observou novas qualidades morais e organizativas no seio do proletariado, aquelas características da nova elite social[406], impressionando-se com o grau de

---

[405] GREGOR, A. James. *Italian fascism and developmental dictatorship*. New Jersey: Princeton University Press, 1979, p. 33-33.
[406] ROBERTS, 1979, p. 59.

disciplina oriunda do trabalho pedagógico que os socialistas utilizavam para instruir "os trabalhadores sobre seus direitos e, em parte, sobre seus deveres, organizando-os para que estejam prontos para a resistência, para as greves"[407]. Dentro da concepção histórica e elitista de Pareto, embora ele não tivesse muito apreço pelo socialismo, há no proletariado sinais claros de uma nova elite se preparando para suplantar a decadente elite burguesa e parlamentar do sistema Giolitti, cada vez mais corrupta, dependente do sistema protecionista e tarifário para sobreviver.

A influência do *L'avenir socialiste des syndicats* de Sorel — e, mais indiretamente, de Pelloutier — fez-se presente conforme Labriola foi se desvinculando da ortodoxia marxista. A essência do socialismo sindicalista começou a migrar do determinismo materialista para áreas mais voluntaristas e psicológicas focadas nos aspectos jurídicos, éticos e políticos do proletariado como classe revolucionária, o que necessariamente implica, seguindo a deixa de Pareto, uma tentativa de generalização sobre as regularidades psicológicas que regem a vida em associação, com especial ênfase nas relações hierárquicas dentro das organizações proletárias.

Em 1903, um jovem Sergio Panunzio, escrevendo para o jornal de Labriola, o *Avanguardia socialista*, expressou a tarefa específica do novo sindicalismo revolucionário: "uma vez que o socialismo era a única expressão e responsabilidade do proletariado, então os sindicatos trabalhistas, como produtos especificamente proletários, tinham que desempenhar o papel crucial na realização do socialismo"[408]. Os sindicatos, como organizações proletárias, devem ser avançados como o principal mecanismo pedagógico de maturação moral e intelectual do proletariado, de modo a se tornarem, a longo prazo, o arquétipo institucional da novam ordem social. Essa visão teve seu germe em Sorel e em Pelloutier, que colocam uma "importância preponderante do sindicato entre todas as organizações em que se enquadram os esforços do proletariado na luta de classes"[409].

Roberto Michels, destacado sociólogo ítalo-alemão e socialista, devido à sua aproximação e amizades com o círculo sindicalista italiano, viu no sindicalismo a ala mais dinâmica e pura do socialismo revolucionário fazendo frente à corrupção da ordem partidária liberal, mas reconhecendo que, dentro da própria organização sindical, uma hierarquia entre os inte-

---

[407] PARETO, Vilfredo. *Les systèmes socialistes*. Tome permier. Paris: V. Giard & E. Brière, 1902, p. 260.
[408] ROBERTS, 1979, p. 64.
[409] FURIOZZI, Gian Biagio. *Dal socialismo al fascismo*. Studi sul sindacalismo rivoluzionario italiano. Esselibri: Simone, 1998, p. 17.

lectuais e a massa proletária se faz necessária: "o socialismo italiano nunca poderá prescindir dos socialistas intelectuais, sejam eles líderes e executivos dentro do movimento operário, ou sejam amigos e conselheiros fora dele"[410]. Michels continua traçando as características psicológicas do líder proletário, que tem diante de si "um vasto campo de ação educativa", enfatizando as possíveis consequências negativas para o movimento socialista advindas de líderes sentimentalistas, ambiciosos, demagógicos e violentos, mas se ele for "um estudioso sério e desinteressado, acostumado a raciocinar antes de agir" poderá se pautar "de acordo com os objetivos finais estabelecidos pelos interesses morais e econômicos da classe proletária"[411]. Essas análises prefiguram o seu clássico *Sociologia dos partidos políticos*, livro muito lido e estudado até os dias de hoje, no qual Michels estabelece a "lei de ferro da oligarquia", estipulando que as modernas organizações, para funcionarem a contento, não podem prescindir de uma elite organizativa e enérgica, o que naturalmente se estende às organizações proletárias. O pressuposto dessa lei é a crônica sugestionabilidade das massas, sempre buscando líderes para obedecer, líderes que devem ser preferencialmente intelectuais e ter capacidade de oratória, comportamento profético e entusiasmo evangélico.

Todos esses fatores são considerados, por Michels e os teóricos elitistas, "como as causas das tendências oligárquicas que caracterizam a vida organizada moderna"[412]. Contudo, embora os sindicalistas concordassem com o papel dos líderes proletários, a visão deles era mais otimista e voltada para uma erupção espontânea de líderes dentro da massa proletária, enfatizando que todos os trabalhadores têm a capacidade de liderança porque não há "distinção qualitativa em consciência ou valor entre quaisquer líderes que surgissem durante a transição revolucionária e seus seguidores"[413]. Há outra nuança a ser destacada: os sindicalistas italianos, embora profundamente influenciados pelo *L'avenir socialiste des syndicats*, de 1898, mantiveram-se ambíguos quanto ao maturo Sorel dos mitos do *Réflexions sur la violence*, de 1908. Na visão dos sindicalistas italianos, foi difícil conceber a classe revolucionária proletária sendo manipulada por um possível engodo calculado para fins violentos, mesmo porque isso seria inútil: a maturidade psicológica e moral do proletariado, uma vez alcançada, torna-se independente de mitos:

---

[410] MICHELS, Roberto. *Il proletariato e la borghesia nel movimento socialista italiano*. Torino: Fratelli Bocca, 1908, p. 395-396.
[411] Idem.
[412] GREGOR, A. James. *Roberto Michels e l'ideologia del fascismo*. Roma: Lulu, 2015, p. 9.
[413] ROBERTS, 1979.

> Os trabalhadores, na concepção italiana, viriam a encarnar princípios e valores antagônicos à ordem atual. Quando reconhecessem que tinham poder suficiente para o sucesso, sua vontade de realizar os valores que incorporavam seria suficiente para motivá-los a agir. A visão de sucesso futuro, é claro, estimularia o proletariado em seu processo gradual de amadurecimento, mas os trabalhadores estariam lúcidos, entenderiam claramente o que estavam fazendo. Eles fariam uma revolução porque sabiam que eram capazes de criar a sociedade que queriam. O sindicalismo italiano parecia não ter necessidade do mito soreliano.[414]

Independentemente da relação controversa dos sindicalistas italianos com o mito soreliano, a ênfase nas características elitistas e pedagógicas da estrutura sindical é compartilhada por ambos, especialmente quando voltadas à *criação de novos valores* suficientemente fortes e coerentes para suplantar os valores liberais e burgueses. O sindicalismo revolucionário se posicionou como a antítese da democracia liberal e do reformismo do PSI não apenas por uma diferença estratégica, mas por se voltar inteiramente a uma nova concepção de indivíduo revolucionário a ser criado: "O sindicato operário assume, portanto, a tarefa de preparar a consciência das massas e organizar os quadros do futuro exército operário", disse Labriola, em 1903[415]. Os sindicalistas recorrentemente falavam em uma transformação dos trabalhadores, por meio da "filiação organizacional", que iniciaria o processo pedagógico do proletariado fomentando não só a capacidade de revolução, mas também os novos valores antiburgueses e antiliberais. Quando se fala em "criar novos valores" está se falando de um ativo processo de mudança psicológica na mente da massa proletária, conforme Sergio Panunzio disse: "Graças às organizações sindicais de hoje", as massas trabalhadoras "tornaram-se forças inteligentes, conscientes e orgânicas", motivo pelo qual o "sindicato marca um alto grau de perfeição, ou elevação, na evolução mental, psicológica, moral e social do proletariado"[416].

A base normativa para a criação desses novos valores no seio da estrutura sindical é a "solidariedade", princípio que estava sendo cultivado pelo proletariado no dia a dia da produção e que a revolução estenderia a toda a sociedade. Como Sorel, os sindicalistas italianos não nutriam qualquer

---

[414] *Ibid.*, p. 76.
[415] MELEGARI, Luca. Nascita e affermazione del sindacalismo rivoluzionario in Italia 1902-1904. *Scienza & Politica*, Per Una Storia Delle Dottrine 4, 1992, p. 57.
[416] ROBERTS, 1979, p. 67.

tipo de nostalgia por um passado simples e bucólico ou qualquer tradicionalismo; pelo contrário, eles se impressionaram com a evolução tecnológica e produtiva e viam na habilidade do trabalho comum e na solidariedade dos proletários no meio das novas indústrias com um certo romantismo. Eles nutriam expectativas quanto à evolução moral e intelectual da massa proletária, culminando em uma nova consciência coletiva que, ciente de seus direitos e deveres, avançaria a greve geral para derrubar o sistema capitalista e a democracia liberal.

Para aprofundar um pouco mais essas posições, precisa-se tentar compreender como os sindicalistas viam a futura sociedade proletária em contraposição à sociedade burguesa de sua época. A união dos sindicatos formava, para os sindicalistas, a imagem de uma sociedade de produtores fortemente unida e organizada, baseada na solidariedade do trabalho produtivo em comum e que fornecia um antídoto para o individualismo e o atomismo presentes na sociedade liberal e burguesa. A superação da degradação individualista se daria por "uma forte dimensão social a todos os aspectos da experiência e do comportamento do indivíduo" dentro da estrutura sindical, de modo que os "indivíduos indisciplinados já estavam aprendendo a aceitar seu dever social, a internalizar cada vez mais deveres sociais"[417].

A querela entre sindicalistas e anarquistas pode ser instrutiva. Não era incomum os sindicalistas serem colocados ao lado dos anarquistas pelas suas posturas anti-Estado, antimilitaristas e anticlericais, mas, como os sindicalistas faziam questão de lembrar, não há uma comparação possível. Claramente, ambos desejam a destruição do Estado, mas, enquanto os anarquistas se posicionam uma luta cruenta mais aberta como o único meio, os sindicalistas defendem uma modificação das relações sociais e econômicas que inevitavelmente arrasta consigo o colapso do Estado, isto é, que a estrutura sindical se tornasse tão poderosa por meio de uma superior cooperação mútua na produção econômica que o Estado não teria outra opção senão se render a superioridade proletária. É uma forma de gradativamente inutilizar o Estado por meio da construção de uma nova estrutura social mais competente. Arturo Labriola argumentou que a luta sindicalista busca substituir "os meios de associação política (a lei, imposição externa, a ajuda do poder central, etc.)" pelos "meios diretos de associação humana (violência, contrato, compreensão, ajuda mútua)"[418], dando a entender que

---
[417] Ibid., p. 72.
[418] FURIOZZI, 1998, p. 92.

a diferença crucial entre sindicalistas e anarquistas reside no fato que, enquanto os anarquistas desejam acabar com *toda autoridade*, os sindicalistas reconhecem que, mesmo com o fim do Estado, *a autoridade ainda existirá numa sociedade livre*. Para os sindicalistas assim deveria ser, porque derrubar o Estado sem que uma nova estrutura social com poder organizativo e produtivo possa impor autoridade é cair novamente no atomismo liberal, em que cada indivíduo acaba perseguindo apenas seus interesses egoístas ao custo da coesão social. Nesse sentido, Sergio Panunzio afirmou que o sindicalismo busca criar "não agregações humanas instáveis e fugazes, mas estáveis e duráveis, [...] aquelas que têm um caráter orgânico e não atomístico, uma base institucional e não contratual"[419]. Angelo Olivetti também reconheceu que "o sindicato não era apenas a unidade tática de hoje, mas também a unidade orgânica e produtiva de amanhã"[420].

    A unidade sindical evoluiu para a ser espinha dorsal da sociedade futura não apenas pela mais eficiente produção econômica, mas por desenvolver intestinamente novas instituições de autoridade política e jurídica orgânicas na consolidação dos novos valores sociais. É uma concepção que se baseia numa mudança profunda do indivíduo, antes pautado pela alienação atomística da sociedade liberal e burguesa, mas agora se tornando, por meio da filiação organizacional e do trabalho pedagógico das instituições sindicais, um produtor com fortes valores de solidariedade social. Os sindicatos já começavam a desenvolver um sistema de direito coletivista para garantir o caráter social do comportamento individual, a expressão jurídica dos novos valores de solidariedade proletária. É intrigante notar que os sindicalistas criticavam a ordem liberal e burguesa, voltados para o sistema de Giolitti, porque a achavam muito fraca e ausente para "proteger o coletivo da exploração e constituir uma fonte efetiva de autoridade na vida dos italianos"[421], de modo que a nova ordem sindical sonhada por eles manteria facetas autoritárias. Em verdade, essa concepção de uma nova ordem institucional sindicalizada e autoritária é condizente com as ideias elitistas e pedagógicas que os sindicalistas aprenderam com Pareto, Michels e Sorel, visto que o papel do líder sindical intelectualizado é central na formação da nova mentalidade da massa proletária, agora institucionalizada numa autoridade jurídica.

    Percebe-se que a luta sindicalista, depois de se desvincular da ortodoxia marxista, enveredou para uma concepção de alteração psicológica dos

---

[419] ROBERTS, 1979, p. 72.
[420] FURIOZZI, 1998, p. 150.
[421] ROBERTS, 1979, p. 73.

trabalhadores na expectativa de torná-los mais simpáticos à colaboração e associação mútua, valores esses que se tornariam os pilares do edifício sindical da nova ordem social. São valores essencialmente *políticos*, porque buscam legitimar uma nova forma de participação social em estruturas políticas orgânicas. Angelo Olivetti passou a ver nas corporações de sindicatos os principais sujeitos da "soberania política" com um alto grau de "evolução democrática", que conduziria "a um regime verdadeiramente sindicalista, já que o Estado comum era governado por um sufrágio universal ilusório"[422]. É essencial notar que essa concepção sindical de democracia se pauta na organicidade da participação política, que não é a da democracia liberal e atomística do voto indireto periódico, mas por uma ampla e constante participação solidária dos trabalhadores no processo produtivo e distributivo da riqueza social regulado pelo novo arcabouço jurídico. Outro sindicalista, Paolo Mantica, foi o primeiro a expor mais diretamente a ideia que o próprio sindicalismo poderia oferecer uma alternativa à participação política baseada no sufrágio universal do sistema parlamentarista. O proletariado, continuou Mantica, deveria multiplicar os centros sindicais pautados na energia e solidariedade da produção, pelo qual uma participação contínua por meio de associações socioeconômicas poderia emergir: "É o homem que age, participando de um processo efetivo e contínuo, que é um elemento social, um componente do mundo da produção"[423]. Esse proletário atuando energicamente na produção solidária é, para Mantica, um "cidadão", em contraste com o homem que "simplesmente exerce um direito vão e efêmero"; consequentemente, "socialmente, este último indivíduo não é nada"[424]. A esfera política tradicional desaparece para dar espaço à uma democracia direta dos produtores.

    Essas formulações da nova democracia sindical são fundamentadas no *dever* social que o indivíduo sindicalizado tem de participar na vida produtiva para efetivamente se realizar como um cidadão político. É uma concepção orgânica baseada na ideia de que, como um organismo, é o *todo* que dá sentido à suas *partes*, de modo que os indivíduos não podem ser concebidos como autônomos ou atomisticamente isolados, mas partes atuantes do todo que é a sociedade estruturada nas organizações sindicais. A estrutura sindical pedagógica com seus líderes proletários serve à função de mudar a psicologia e a personalidade do indivíduo atomizado para tor-

---

[422] FURIOZZI, 1998, p. 150-151.
[423] ROBERTS, 1979, p. 95.
[424] *Idem.*

ná-lo um trabalhador solidário e ciente dos seus deveres na nova sociedade sindicalizada. Devido a essas características, os sindicatos são considerados como "associações de destino", pois eles não apenas criam uma psicologia de dedicação, sacrifício e compromisso no proletariado, mas porque se pautam no interesse coletivo de toda a classe proletária, ao contrário de organizações que perseguem apenas interesses locais, temporários ou individuais, como as instituições liberais e burguesas.

Todo esse *framework* ideológico sindicalista foi montado enquanto eles ainda se consideravam marxistas, mesmo que enveredando por um caminho revisionista. Os sindicalistas viam a sua interpretação do processo revolucionário com especial mérito em alguns pontos essenciais:

> (1) restaurou os fatores econômicos em seu lugar no centro do sistema [a ênfase no processo produtivo]; (2) como consequência, reduziu a influência da intervenção política, que era quase exclusivamente obra de intelectuais burgueses, nos processos de libertação da classe trabalhadora e, assim, restaurou a integridade proletária do movimento revolucionário; (3) poderia gerar a consciência de classe, a eficiência técnica e administrativa necessária à governança de uma sociedade pós-capitalista e coletivista; e, finalmente, e como consequência, (4) forneceu a infraestrutura institucional de uma sociedade socialista que satisfaria a exigência de que a liberdade de cada um seria a liberdade de todos.[425]

Ainda há um pressuposto muito importante que possibilita todas essas ideias sindicalistas, a pedra angular do sindicalismo revolucionário: a sua visão da natureza do homem e da liberdade. Roberto Michels, na sua obra *Il proletariato e la borghesia nel movimento socialista italiano* e enquanto ainda se considerava marxista, tem como pressuposto a inerente sociabilidade do homem e, consequentemente, a tendência dele se adaptar mais facilmente a uma comunidade de semelhantes que compartilha características em comum. Essa visão do homem como um animal político é o que possibilita Michels e os outros elitistas, notadamente Gumplowicz, especular acerca da tendência da massa a se submeter ao exemplo mimético e à persuasão dos líderes que encarnam os valores da comunidade[426]. Na visão sindicalista, devido à natureza política do indivíduo, ele poderá, por meio da educação e trabalho comum e solidário com outros proletários, tornar-se um novo

---
[425] GREGOR, 1979, p. 29-30.
[426] MICHELS, Robert. *Il proletariato e la borghesia nel movimento socialista italiano*. Torino: Fratelli Bocca, 1908, p. 364-375.

homem livre, como Giuseppe Prezzolini, astuto observador das correntes intelectuais da época, descreveu: "O maior fruto que os [sindicalistas] espera, porém, é o novo homem, a nova lei, a nova moral"; assim, o proletário "na oficina forma-se o homem que tem o trabalho como companheiro e a liberdade e a força de caráter se enraízam na obrigação e na dureza"[427].

Essa visão do indivíduo proletário como um animal político e social encontrando sua plena maturação moral e intelectual no trabalho em solidariedade com seus companheiros, o que resulta na sua liberdade, permeia os argumentos sindicalistas. É com base nesse posicionamento normativo, em contraste com as nada intuitivas e explicativas afirmações deterministas do marxismo ortodoxo, que os sindicalistas puderam se preocupar com as circunstâncias que cercam a vida em grupo e a psicologia dos homens vivendo em associação. Muito embora o jovem Marx já houvesse exposto uma base normativa mais ou menos parecida em seus escritos de juventude, ainda sob uma maior influência de Hegel, esses escritos eram muito pouco conhecidos e indisponíveis na época que os sindicalistas estavam desenvolvendo suas ideias, motivo pelo qual eles tiveram que buscar inspiração na sociologia elitista e no sorelismo. O único meio de proceder com a luta revolucionária é por meio da compreensão do aspecto social da natureza humana, pois, "se, de fato, a essência do homem é social, a questão é: como essa sociabilidade se expressa no comportamento político"?[428] Para os sindicalistas, por meio do aprendizado no trabalho solidário com os outros proletários no seio da estrutura sindical.

Enquanto o marxismo ortodoxo colocava que a consciência de classe surgiria, de algum modo, por meio de mudanças na base econômica da sociedade, o revisionismo sindicalista apostou no processo psicológico e voluntarista da classe proletária, isso significa que o proletariado tem que *decidir por si próprio*, quando e como interferir no processo histórico e desencadear a mudança revolucionária — o que explica toda a ênfase no processo pedagógico do comportamento político coletivo do proletariado. Mas o voluntarismo tem uma segunda implicação fundamental e que comporta espaço para caminhos revolucionários imprevisíveis: "não apenas que o proletariado tinha que agir para criar o socialismo, mas que seu papel como classe universal dependia exclusivamente de suas qualidades subjetivas, e não de seu lugar objetivo na economia"[429]. Dito de outra forma, os

---

[427] PREEZOLINI, Giuseppe. *La teoria sindacalista*. Napoli: Francesco Perrella, 1909, p. 110-111.
[428] GREGOR, 1979, p. 35.
[429] ROBERTS, 1979, p. 69.

valores de trabalho solidário e sacrifício não são apenas instrumentos de luta revolucionária, mas a própria justificativa do papel revolucionário. A sociedade pós-revolucionária é justificada pelos valores supostamente mais elevados e condizentes com a natureza social do homem, ao contrário do atomismo liberal, mas esses valores também são dependentes da estrutura social que a massa revolucionária se encontra inserida para se desenvolver como classe revolucionária. Assim, o papel de classe revolucionária se torna contingente na medida em que depende *do tipo de associação mais apropriada para evoluir e avançar os valores que fundamentam a luta revolucionária.*

Entre 1905 e 1906, os sindicalistas sofreram derrotas para a ala reformista dentro do PSI, o que levou ao cisma definitivo, em 1907. Os sindicalistas continuaram seu caminho fora da influência do PSI e até mesmo tentaram unificar todas as alas revolucionárias antirreformistas, como os anarquistas e republicanos, em uma única organização, a *Unione Sindacale Italiana*, com sucesso moderado durante algum tempo. Em 1908, o PSI considerou o movimento sindicalista como herético. A partir daí os sindicalistas começaram a refletir acerca dos motivos da derrota não apenas política dentro do PSI, mas com a própria classe trabalhadora, que se mostrava indiferente às exortações de solidariedade e sacrifício dos sindicalistas. Uma parte da conclusão foi de que o proletariado, por meio das políticas reformistas do PSI de Turati e Ferri, havia sido corrompido e se rendido ao materialismo do sistema de Giolitti, de modo que o socialismo italiano não passava de uma farsa.

Averiguando mais a fundo o que havia dado errado, o sindicalista Filippo Corridoni[430] começou a avançar uma análise que se afastava cada vez mais do marxismo ortodoxo, centrando-se mais no sistema político parlamentar do que na burguesia capitalista. Corridoni percebeu que o Estado italiano dificilmente poderia ser retratado pelas linhas do marxismo, isto é, como um instrumento da classe burguesa, justamente porque os "burgueses representados no parlamento não estavam promovendo o desenvolvimento industrial racional", e nem mesmo "representavam nem protegiam o interesse coletivo"[431]. O esquema conceitual das duas classes antagônicas do marxismo não foi suficiente para explicar o anomia e a corrupção generalizada de todas as classes italianas; havia algo que estava

---

[430] Filippo Corridoni, também chamado de o "arcanjo sindicalista", foi o mais notável líder e organizador sindical da época, visto como o único possivelmente capaz de superar o seu amigo Benito Mussolini na posição de líder revolucionário antirreformista. Morreu em 1915, com uma bala na cabeça durante a Primeira Guerra Mundial, tornando-se um mártir do movimento fascista e nacionalista.
[431] ROBERTS, 1979, p. 94.

mantendo tanto burgueses quanto proletários fora dos seus papéis históricos que o marxismo havia desenhado e, dessa forma, impedindo que as ideias sindicalistas se realizassem. Os problemas do avanço econômico desigual e da apatia política perpassando todas as classes começou a ser rastreado a uma raiz mais antiga, remontando ao *Risorgimento* e à problemática unificação da nação, do qual o sistema parlamentar de Giolitti era herdeiro.

A estrutura política do Estado liberal italiano, agora nas mãos do Giolitti e seu sistema de compra de consciências, estava se mostrando incapaz de realizar uma efetiva representação política não apenas do proletariado, mas de toda a nação, motivo pelo qual as classes sociais não estavam desenvolvendo os seus valores e consciências de classe. Esse problema é oriundo da incompleta nacionalização das massas já criticada por Mazzini no meio do século XIX, mas agora havia entrado nas especulações dos sindicalistas, que perceberam que se, o proletariado não estava desenvolvendo os valores que justificam a luta revolucionária, poder-se-ia mesmo falar do proletariado como a exclusiva classe revolucionária? Estava ficando cada vez mais óbvio para os sindicalistas que, se a criação dos valores revolucionários depende de um sistema institucional e pedagógico, algo suplementar era necessário, algo talvez fora do exclusivo quadro proletário. Essas conclusões foram acompanhadas por uma gradual mudança na percepção dos verdadeiros problemas da nação, antes voltados exclusivamente para a constituição da consciência de classe proletária e da produção econômica capitalista, agora enveredaram por uma perspectiva geopolítica mais abrangente.

Filippo Corridoni, no seu *Sindacalismo e Reppublica*, numa linha argumentativa muito parecida com a de Lênin, percebeu que o capitalismo das nações mais avançadas como a Inglaterra, França e Alemanha estava colonizando os países menos desenvolvidos, o que tornava o desenvolvimento desses países muito difíceis e impedindo a evolução histórica prefigurada por Marx. O governo parlamentar liberal, por sua vez, mostrava-se incompetente e fraco demais para proteger o bem coletivo da produção nacional italiana, escondendo-se atrás de um simulacro de democracia, motivo pelo qual Corridoni defendeu uma vasta "colaboração entre as classes" da nação até que a industrialização produzisse a classe trabalhadora madura que poderia servir a uma economia sindicalista. Mais especificamente, Corridoni esperava o "advento de uma república integral e orgânica, organizada em sindicatos federados e confederados, ofícios e profissionais"[432] como

---
[432] GREGOR, A. James. *Marxism, Fascism and Totalitarianism, chapters in the intellectual history of radicalism*. Stanford: Stanford University Press, 2009, p. 336 - 339.

solução política e representativa capaz de arregimentar o esforço produtivo nacional. Seguindo a linha de Paolo Mantica e Filippo Corridoni, os sindicalistas começaram a entreter a ideia que era preciso substituir a estrutura política do país por uma que melhor representasse a vontade geral de todas as classes no intuito de avançar uma produção econômica sistemática e preparasse o país para se proteger e competir com as predatórias nações capitalistas da Europa. Está presumido nesse argumento que um tipo de sindicalismo nacional, organizando a produção econômica e representando as categorias profissionais de todas as classes, seria capaz de também produzir os valores de trabalho solidário e sacrifício tão necessários para a concretude da sociedade pós-revolucionária. Enquanto os sindicalistas estavam discutindo todos esses problemas e possíveis soluções, a Primeira Guerra Mundial eclodiu.

A Primeira Guerra Mundial foi o evento que destruiu os sonhos de internacionalismo proletário da Segunda Internacional e do líder marxista Karl Kautsky. Ao invés de se recusarem a lutar numa guerra burguesa, os proletários rapidamente pegaram em armas em prol dos seus respectivos países para matar proletários de outras nações. O choque foi profundo, e procurar uma solução nos confusos textos marxistas não resultou em nada, porque o marxismo ortodoxo simplesmente havia decretado a morte do nacionalismo, enquanto na realidade foi o nacionalismo que colocou mais um prego no caixão do marxismo ortodoxo. A postura oficial emitida pelo Partido Social-Democrata da Alemanha foi a de militar pela não intervenção na guerra e procurar reconstruir algum semblante de internacionalismo proletário, que praticamente foi ignorado pela maioria dos partidos marxistas da Europa que decidiram apoiar os esforços de guerra dos seus respectivos países. O PSI foi um dos poucos partidos marxistas que aderiu ao não intervencionismo da Segunda Internacional, o que resultou num severo racha interno e com a expulsão de um dos seus líderes, Benito Mussolini, que advogou pela intervenção da Itália na guerra.

Os sindicalistas já estavam há sete anos separados do PSI e prosseguiram com suas próprias especulações. Pode-se dizer que a maioria se colocou a favor da intervenção da Itália na guerra, e alguns dos argumentos usados já haviam sido desenhados poucos anos antes durante a guerra Ítalo-Turca pelos socialistas do PSRI como Leonida Bissolati e Ivanoe Bonomi, mas agora, pela importância e escopo da Grande Guerra, esses argumentos voltaram e se desenvolveram completamente. Angelo Olivetti, no seu jornal *Pagina Libere*, proclamou que "coordenar a revolução social com o fato da existência das nações é o problema mais sério para os verdadeiros e sinceros revolucionários da atualidade"[433], e fundou o *Fascio rivoluzionario d'azione interventista*, sob o qual os outros sindicalistas se reuniram para avançar a intervenção da Itália na guerra. Os argumentos dos sindicalistas podem ser divididos em dois: um voltado para os valores heroicos da guerra e outro para a realidade da nação.

Sergio Panunzio, sob a influência de Pareto e ecoando Sorel, argumentou que a guerra poderia forçar novos valores para a emergência de uma nova elite proletária guerreira como antessala para a revolução moral de toda a classe trabalhadora e, por consequência, da própria nação. Arturo Labriola, na mesma linha, equacionou a incompetência do proletariado em fazer a revolução com a incapacidade de não conseguir fazer guerra, e que a intervenção poderia ensiná-los a lutar e criar a solidariedade nas trincheiras. Embora esses argumentos iniciais fossem exclusivamente direcionados à classe proletária, a descoberta da nação mudaria o eixo argumentativo para uma linha nacionalista. O sindicalista Alceste de Ambris, num famoso discurso, apontou para o fato que a opção pela intervenção da Itália na guerra não se restringia apenas ao proletariado, mas à nação italiana como um todo porque uma vitória alemã se configuraria uma ameaça a todas as classes e à construção do socialismo[434].

A partir daí, os sindicalistas gradativamente foram se dando conta que a nação não era apenas uma construção alienante da burguesia, mas um fato histórico muito complexo e com uma enorme importância para a classe proletária e a revolução. Panunzio logicamente concluiu que, se as necessidades individuais que se refletem numa coletividade encontram expressão no sentimento da comunidade, então a nação, por satisfazer certas necessidades do proletariado, torna-se parte fundamental da luta revolucionária no século XX. Angelo Olivetti proferiu "que a resolução dos problemas sociais só poderia ser consequência da solução das preocupações nacionais", motivo pelo qual o "socialismo nacional, um socialismo desenvolvimentista italiano, formado a partir dos elementos do pensamento socialista revolucionário e das aspirações nacionais", era o imperativo que não poderia ser ignorado pelos revolucionários[435].

A questão migratória também teve um impacto decisivo na conversão dos sindicalistas ao sindicalismo nacional. Edmondo Rossoni, já em 1922, como líder da Confederação dos Sindicatos Nacionais e no primeiro congresso

---
[433] ROBERTS, 1979, p. 108.
[434] *Ibid.*, p. 103-104 e 107.
[435] GREGOR, 1979, p. 74-75, 78-79.

dos sindicatos fascistas, relata como se converteu ao sindicalismo nacional nos seus anos como organizador sindical em Nova Iorque. Rossoni percebeu e experimentou diretamente a discriminação que os trabalhadores italianos sofriam nos Estados Unidos não apenas nas mãos dos burgueses, mas dos seus supostos "camaradas" proletários americanos: "Vimos nossos trabalhadores explorados e desprezados não apenas pelos capitalistas, mas também pelos camaradas revolucionários de outros países"[436]. A conclusão, para Rossoni, é óbvia: "Sabemos, portanto, por experiência, como o internacionalismo [proletário] nada mais é do que ficção e hipocrisia"[437]. Esses tipos de relatos abundavam nos círculos nacionalistas e sindicalistas da época, o que contribuiu para que os sindicalistas abandonassem o internacionalismo proletário em prol da nação como a comunidade de destino dos trabalhadores italianos, justamente porque, mesmo quando os trabalhadores italianos se encontravam fisicamente longe da sua nação, os seus interesses e aspirações se encontravam mais alinhados com ela do que com o país que os tomou como residentes.

  Nada disso era realmente original dado os trabalhos de Otto Bauer nos anos anteriores, que só com a eclosão de uma guerra internacional conseguiu se fazer realmente profético e forçou os revolucionários europeus a considerar a questão nacional seriamente. Assim, a tão sonhada sociedade socialista ou sindicalizada achou seu referencial empírico nos limites da nação italiana: "se a nação é a única sociedade significativa, então o objetivo da revolução só pode ser alcançado na solidariedade nacional"[438]. É interessante notar que a partir daí alguns sindicalistas começaram a fazer referência e analogias com o pensamento de Giuseppe Mazzini, e isso não foi fortuito visto que o mazzinianismo se pauta numa concepção de solidariedade universal, mas passando pela solidariedade nacional, entre os produtores. Alceste de Ambris referenciou Mazzini como o "profeta do novo agrupamento revolucionário" que havia "indicado os valores que inspiraram a revolução preliminar e uniriam a nova força revolucionária" nacional[439]. Não é difícil perceber os contornos de uma revolução nacional-socialista que busca a regeneração da comunidade nacional, por meio dos novos valores de solidariedade e sacrifício que tem suas raízes não no marxismo ortodoxo, mas na tradição do socialismo nacional italiano do *Risorgimento* conjugado com o revisionismo marxista de Georges Sorel.

---

[436] ROBERTS, 1979, p. 108.
[437] *Ibid.*
[438] *Ibid.*, p. 112.
[439] *Ibid.*, p. 113-115.

A descoberta da nação como força revolucionária tem uma consequência mais profunda que já havia sido prefigurada nos esquemas de Corridoni e Mantica: a nação não é apenas a classe proletária. De fato, se a nação fosse se tornar o referencial revolucionário do século XX, então todas as suas classes deveriam ser levadas em conta, ainda mais num mundo em que a nacionalidade, e não a classe social, era mais determinante para o status de um indivíduo nos conflitos geopolíticos. Angelo Olivetti mesmo disse que:

> A classe não é contra a pátria, mas dentro da pátria. Se a classe anula a pátria faz um trabalho tolo e patricida, porque em sua vasta bandidagem do mundo tal trabalho só pode ser proveitoso para a pátria alheia. [...] O interesse dos trabalhadores não é negar a pátria, mas ter uma parte cada vez maior dela. Assim como não é no campo econômico querer diminuir a produção de riqueza, mas sim intensificá-la e conquistar uma parcela maior dela. Essa concepção fortalece a pátria, porque a empurra para uma maior compacidade e seduz a classe trabalhadora porque a empurra para uma maior solidariedade para conquistar maiores direitos dentro da pátria. E refina a consciência dos trabalhadores porque aponta para uma conquista ideal, a mais nobre, a mais eleita, a mais santa. A classe vive na nação e deve viver para a nação. [...] Queremos a Itália do povo, de todo o povo italiano e não de castas exclusivas [...]. O internacionalismo operário, tal como concebido pelo socialismo oficial, é uma reação alemã e, portanto, feudal e militarista. O patriotismo operário, como o sindicalismo revolucionário o concebe com perfeita coerência, é uma conquista, uma revolução nacional, é a continuidade da tradição dos nossos grandes.[440]

As especulações acerca da corrupção moral e política do país se voltaram com mais clareza para as estruturas democráticas e parlamentares, que deveriam ser substituídas não por uma anárquica e vaga sociedade sindical, mas por um *sindicalismo-nacional*:

> O sindicalismo reconhece o fato e a existência da nação como uma realidade histórica imanente que não pretende negar, mas integrar. Com efeito, a própria nação é concebida como o maior sindicato, como a livre associação de todas as forças produtivas de um país dentro daqueles limites e com aquela unidade que foram impostas pela natureza da história, pela língua e pelo profundo e invencível gênio da

---

[440] OLIVETTI, Angelo. Nazione e classe. *L'Italia nostra*, 1 maio 1918.

raça. O fato nacional é imanente, fundamental e supremo, é o maior interesse de todos os produtores. Estranhos à nação são apenas os parasitas, os elementos improdutivos.[441]

Como Paolo Mantica havia proposto, a nova nação revolucionária estruturada sindicalmente poderia realizar a vontade geral do povo italiano, trazendo-o para dentro do Estado por meio dos seus órgãos sindicalizados, onde um novo espírito de solidariedade, trabalho e sacrifício fundamentaria a verdadeira representação política, uma democracia nacional direta dos produtores. As associações sindicais se tornaram a estrutura política e organizacional da comunidade de destino nacional, finalmente concluindo a nacionalização das massas deixada em aberto pelo *Risorgimento*, justamente porque a nação assim concebida se tornaria uma entidade orgânica que representa a vontade geral do povo. O antigo atomismo liberal daria lugar à regeneração do povo italiano labutando sob o novo espírito solidário que permeia todas as classes sociais, agora reguladas pelas estruturas sindicais e em prol da grandeza da nação.

O internacionalismo proletário marxista sucumbiu completamente frente à Primeira Guerra Mundial, e o que surgiu no seu lugar foi a ascensão de uma concepção revolucionária de nação proletária e sindicalizada buscando estabelecer seu lugar em meio às nações plutocráticas e capitalistas mais fortes. Seguindo o caminho aberto por Sorel, Mazzini e Gumplowicz, a nova comunidade de destino revolucionária emergiu sobre um povo unificado sob um novo espírito nacional, expressado por uma vontade geral dita genuína oriunda das novas estruturas políticas sindicais. A revolução, nesse sentido, antes de ser exclusivamente proletária, deve ser primeiramente moral e nacional, pois é impossível destruir as estruturas políticas liberais sem antes avançar uma nova mentalidade de solidariedade social que possa preencher o vácuo. A aproximação do sindicalismo-nacional com um específico grupo de nacionalistas radicais seria instrumental para o desenvolvimento do fascismo, grupo esse que será estudado no próximo subcapítulo.

Paolo Mantica, Arturo Labriola e Alceste de Ambris não se tornaram fascistas, o que demonstra que o sindicalismo-nacional não é fascista *per se*, mas que constituiu um importante componente para a ideia corporativa do regime fascista, tanto que Sergio Panunzio, Angelo Olivetti e Roberto Michels não apenas apoiaram o fascismo, mas se tornaram ideólogos-chaves do regime. Deve-se agora averiguar a evolução intelectual de Sergio

---

[441] OLIVETTI, Angelo. Manifesto dei sindacalisti. *Pagine Libere*, abr./maio 1921.

Panunzio mais pormenorizadamente, devido à sua grande importância para o desenvolvimento da ideologia fascista.

II Sergio Panunzio

Sergio Panunzio fez parte da segunda geração de sindicalistas revolucionários, tornando-se um dos mais influentes intelectuais dessa vertente como, mais tarde, um dos mais notáveis ideólogos do regime fascista. Sendo o mais destacado intelectual da vertente sindicalista que aderiu ao fascismo, uma análise mais aprofundada de suas ideias se faz necessário.

Desde muito jovem Panunzio se interessou e tomou parte do nascente movimento socialista italiano, colaborando ativamente como ensaísta no periódico *Avanguarda socialista* de Arturo Labriola. Acabou se voltando para o sindicalismo a partir da crise revisionista iniciada por Bernstein e começou a questionar o determinismo da ortodoxia marxista, o que acabou levando-o às especulações acerca dos fatores humanos subjetivos, como a moral e a vontade, que causam os acontecimentos políticos e históricos. Nesse sentido, Panunzio seguiu seus colegas sindicalistas como Angelo Olivetti, Arturo Labriola e Paolo Orano, visto que todos, mais ou menos na mesma época, começaram a defender que, qualquer que seja o desenvolvimento econômico, ele deve de alguma forma se traduzir em aspirações, intenções e propósitos humanos, e que essas últimas variáveis constituem importantes fatores sociais e políticos. Plenamente cientes da falta de uma teoria ética da ação revolucionária no marxismo ortodoxo, os sindicalistas começaram a especular acerca dos processos psicológicos necessários para a mobilização da massa proletária, a fim de impedir o gradual aburguesamento proveniente do reformismo socialista.

Em 1908, Sergio Panunzio se graduou na Faculdade de Jurisprudência da Universidade de Napoli com a tese *"Una nuova aristocrazia sociale: i sindacati"*, a primeira exposição sistemática do seu sindicalismo revolucionário. Nela, percebe-se muitos dos argumentos que Panunzio continuará a usar para fundamentar suas concepções de mobilização psicológica e ação revolucionária até o fim da vida, como que "a sociologia mostrou que os fenômenos políticos são, em última análise, fenômenos psicológicos", motivo pelo qual entre "os interesses vitais imediatos e concretos de indivíduos e grupos de indivíduos" e "o comportamento político e social, o mecanismo psicológico deve necessariamente intervir"[442].

---

[442] PANUNZIO, Sergio. *La persistenza del diritto*. Abruzzese: Da Pescara, 1910, p. 13.

O que torna Panunzio um sindicalista destacado, desde o início, é a profundidade das suas investigações sociológicas sob o olhar jurídico das relações sociais. Para Panunzio, o fenômeno jurídico é consequência das características psicológicas grupais: "No grupo social, os homens se unem inconscientemente às leis psicológicas conhecidas, da simpatia, da sinergia, da sugestão, que em última análise se relacionam com a imitação e a repetição"[443]. Essas leis psicológicas fundamentam no seio da comunidade os princípios normativos de coação moral e jurídica para regular as interações sociais, o sinal de uma avançada consciência jurídica entre os indivíduos. A relação jurídica que nasce desse desenvolvimento não é uma relação "voluntária e livre", mas "necessária", porque o "direito é a elaboração da consciência jurídica, é a expressão máxima de um processo jurídico interior que parte dos instintos, dos movimentos mais inconscientes do homem"[444].

A perenidade do direito como resultado do processo psicológico dos indivíduos vivendo em comunidade só é possível por causa da natureza comunitária e política do ser humano. Panunzio sustenta que "os homens vivem por sua natureza de maneira social e comunitária", isto é, que o indivíduo é "uma criatura social, uma criatura que só pode ser compreendida em um contexto social"[445]. A vida em comunidade, condicionada por necessidades e interesses em comum através do tempo, dá origem ao substrato psicológico de lealdade comunitária que fundamenta a consciência jurídica e as convenções legais que regulam a própria vivência da comunidade. Essa esquematização, para Panunzio, é uma constante facilmente observável na história do desenvolvimento das sociedades e das "convenções formais e informais que tornam a vida social possível e a ação coletiva válida"[446].

Panunzio dá um passo adiante e, com base nesses pressupostos sociológicos e jurídicos, fundamenta a autoridade como corolário natural do direito: "O direito existe na medida em que a autoridade social existe", no que ele continua afirmando que a "autoridade é uma produção da psique coletiva dos grupos", um "fato social que está ligado à psicologia dos grupos sociais", citando Le Bon e Gumplowicz como autoridades no assunto[447]. Embora a autoridade social seja consequência natural e necessária do desenvolvimento

---

[443] *Ibid.*, p. 12-13.
[444] *Idem.*
[445] GREGOR, A. James. *Sergio Panunzio*. Il sindacalismo ed il fondamento razionale del fascismo. Roma: Lulu, 2014, p. 16-17.
[446] *Idem.*
[447] PANUNZIO, 1910, p. 14.

de uma comunidade, *quem* deve exercer essa autoridade é bem claro para Panunzio: a elite. De fato, como o título da sua tese de doutoramento já indicava, os sindicalistas se consideravam uma elite dentro do movimento socialista, uma elite que havia compreendido a necessidade de ensinar o proletariado nos seus deveres, a fim de mobilizá-lo para a luta revolucionária, o que é compreensível dentro do quadro sociológico e jurídico de Panunzio já que a autoridade precisa se impor para garantir a observância do direito na regulação das relações sociais no seio de uma comunidade.

Como os outros sindicalistas de sua geração, Panunzio pôde aprofundar suas concepções elitistas por meio dos trabalhos dos já citados Le Bon e Gumplowicz, mas também de Sorel, Proudhon e Pareto, com os quais concordava que a autoridade social tem um dever pedagógico para a manutenção jurídica e moral da comunidade por meio da manipulação do imaginário, dos sentimentos e da crença coletiva dos membros. Panunzio afirmou que "deve haver hierarquias precisamente porque existem as grandes massas", no intuito de "expressar seletivamente os elementos gerenciais mais capazes" dentro do grupo, concluindo que a massa e a elite "não são contraditórias, mas se correspondem, se complementam e se integram"[448]. Para Panunzio, a elite é um fenômeno social e natural que se desenvolve dentro de cada comunidade para exercer as principais funções pedagógicas e diretivas, representando a força que o direito precisa para ser imposto.

Essas investigações de Panunzio serviram de suplemento às incompletudes do marxismo ortodoxo que ele foi primeiro exposto, na tentativa de conciliar o bruto determinismo economicista com os avanços da sociologia e da psicologia de seu tempo. Ainda nessa época, Panunzio achava ser possível, por meio da sociologia psicológica e do direito, atualizar e transformar o marxismo numa ideologia prática e útil na resolução dos problemas que assolavam a Itália, e o seu sindicalismo elitista, por mais revisionista que fosse, foi primeiro avançado nessa direção.

Assim, Panunzio chegou à conclusão de que o sindicato também é uma comunidade, uma "nova formação histórica social e psicológica" cujo direito "nasce fora e contra o direito do Estado", constituindo-se "um novo órgão econômico e técnico da produção de bens"[449]. É clara a expectativa de Panunzio que o sindicato, como a associação de destino da classe proletá-

---

[448] PANUNZIO, Sergio. I sindacati e la circolazione delle aristocrazie. *Genus*, v. 6/8, Parte Prima. Atti della terza riunione scientifica della società italiana di sociologia - Roma 2-3-Ottobre 1942 (1943-1949), p. 215.
[449] *Ibid.*, p. 15.

ria, irá se desenvolver autonomamente e longe da influência corruptora do Estado e do parlamento burguês, de modo a se tornar um fenômeno social espontâneo, orgânico e superior em organização e produção econômica, devendo seus membros integrarem-se "organicamente de acordo com as leis sociopsicológicas de seu desenvolvimento interior, a ponto de se estabelecer em uma norma jurídica positiva e compulsória"[450]. Quando da querela com os anarquistas, a posição sindicalista de que, mesmo depois da revolução, a livre sociedade dos produtores ainda terá uma autoridade social é baseada no fundamento sociológico do direito de Panunzio, para o qual era impossível conceber uma sociedade sem qualquer tipo de autoridade e sistema jurídico de normas entre os indivíduos. Em verdade, na teoria sindicalista, o proletariado apenas consegue derrubar o Estado burguês, devido à sua superioridade como associação produtiva, o que pressupõe um sistema jurídico de direitos e obrigações bem implementados pelos líderes da comunidade. Para Panunzio, existe uma autoridade justa, que é a autoridade que se justifica pelo seu desenvolvimento histórico de acordo com a natureza social do indivíduo, uma autoridade que "não é externa aos comportamentos volitivos dos indivíduos, mas é intrínseca a eles e à condição humana"[451].

Nesse sentido, o sistema político italiano da época era visto como uma dominação injusta em prol dos interesses da classe burguesa, mascarando-se atrás dos mitos democráticos e nacionais. Para Panunzio, esses mitos eram ferramentas utilizadas para capturar a lealdade dos trabalhadores e afastá-los dos seus verdadeiros interesses de classes que residiam nos sindicatos, e não há dúvida que, sob essa ótica, o reformismo do PSI de Turati e Ferri estava aburguesando o proletariado, emasculando-o de seus impulsos revolucionários em troca de pequenos ganhos salariais. É latente os sentimentos anti-Estado e antiparlamentares do jovem Panunzio, que pregava pela dissolução do Estado-nação para que uma rede internacional de sindicatos pudesse surgir e harmonizar a classe trabalhadora do mundo todo numa grande comunidade condizente com natureza social do indivíduo[452].

Panunzio defendia o sindicato, porque, a seus olhos, era a única comunidade associativa moderna que havia se desenvolvido de acordo com a natureza social do indivíduo, baseada nos valores de solidariedade, trabalho e sacrifício e, portanto, capaz de superar o Estado burguês e seus

---

[450] *Idem.*
[451] GREGOR, A. James. *Mussolini intellectuals.* Fascist social and political thought. New Jersey: Princeton University Press, 2004, p. 71.
[452] GRGOR, A. *op. cit.*, p. 18-22.

valores liberais que rendiam os indivíduos como átomos separados da sua essência social. De fato, Panunzio argumenta que o Estado burguês sofria daquelas tensões inevitáveis ao tentar conciliar classes sociais com interesses inconciliáveis, o que não lhe restava opção se não utilizar o expediente da opressão autoritária justamente, porque sua autoridade não se baseava numa espontânea e orgânica associação de indivíduos, mas num "agregado não natural, composto por uma coleção díspar de entidades artificialmente reunidas e identificadas como um 'povo'"[453].

Por volta de 1910, o sociólogo Gaetano Mosca opinou que o sindicalismo revolucionário não era nada mais que um retorno ao barbarismo medieval, o que provocou uma forte reação de Panunzio por meio do seu livro *Sindacalismo e medio evo*, volume que traz uma explicação mais direta e uma caracterização histórica do sindicalismo. Como pressuposto, Panunzio coloca a figura de Gaetano Mosca como representante do Estado democrático e liberal de sua época — mesmo que Mosca, como visto anteriormente, não nutrisse grande apreço pela democracia parlamentar — e de pronto declara que a "democracia, o socialismo — reformista — e a legislação social" são forças que conspiram "para sufocar a liberdade, para oprimir o indivíduo", oriundos de um individualismo que está "quase morto". No lugar desse nauseabundo individualismo, "surgiu um novo individualismo, individualismo ou liberalismo do grupo, da classe, da corporação": o sindicalismo[454].

O argumento histórico avançado no livro de Panunzio é invocado com a autoridade de Sorel e Vico, ilustrando o sindicalismo como um *ricorso*, isto é, "um movimento automático natural de *ricorso* na história, não é reação, mas desenvolvimento criativo e crescimento histórico" das características positivas do corporativismo medieval do tão adorado período das comunas italianas. Mosca havia retratado o sindicalismo como um retorno da barbárie medieval, e Panunzio se esforça para mostrar que o sindicalismo revolucionário moderno é uma extensão dos princípios de autonomia e solidariedade medievais que preparam a "destruição da unidade do Estado e o advento de um regime econômico, político e social particularista e autônomo"[455]. É um *ricorso* porque, como o Estado moderno havia destruído as corporações medievais e seus princípios, o "sindicato hoje os reivindica e os torna seus novamente" contra o Estado liberal[456].

---

[453] Ibid., 2014, p. 72.
[454] PANUNZIO, Sergio. *Sindacalismo e medio evo*. Napoli: Società Editrice Partenopea, 1911, p. 18.
[455] Ibid., p. 56-57
[456] Ibid., p. 65.

Contudo, não se pode confundir as guildas e corporações medievais com o moderno sindicalismo, devido às novas circunstâncias históricas, que "se resumem na fundamental unificação econômica e psicológica e na superior unificação ético-política e jurídico-política do proletariado moderno"[457]. Panunzio dá a entender que, com essa herança histórica, o moderno sindicato proletário é oriundo de uma longa evolução histórica que desemboca numa "organização política corporativa dos vários grupos sociais homogêneos" detentora de uma "soberania política que não é teórica, mas também concreta e orgânica"[458]. Essa soberania política sindical contrasta radicalmente com o Estado liberal moderno que se estabelece por meio de uma "fraude democrática de indivíduos teoricamente soberanos, mas praticamente incapazes contra um Estado onipotente". Para Panunzio, o sindicalismo é a força mais revolucionária da modernidade porque, ao buscar sua legitimidade e força nas suas raízes da autonomia medieval, expressa o "impulso criador da liberdade e da força humana, [...] já que liberdade e autoridade repousam sobre um fundamento comum, sobre a mesma natureza humana"[459]. Por repousar na natureza social do ser humano, o sindicalismo moderno expressa, na sua autoridade, a persistência do direito justo que legitima a liberdade do novo indivíduo proletário labutando solidariamente em comunhão com seus semelhantes.

Ainda nesse texto, Panunzio ataca os pressupostos iluministas do liberalismo democrático encarnado, para ele, na figura de Mosca. A Revolução Francesa, com seus pressupostos racionalistas e liberais é, para Panunzio, uma inimiga "implacável e obstinada das corporações e do movimento operário, oscilando até então incompleta nas grandes correntes revolucionárias"[460]. A filosofia racionalista, considerando que a razão individual é o arbítrio das instituições humanas, havia se esquecido que

> [...] os organismos nunca surgiram e nem mesmo duraram por causa do raciocínio; mas sim pela força de um sentimento comum, que reuniu milhões de vontades em torno de um símbolo religioso ou patriótico, e que - comprimindo o egoísmo individual – os levou a sacrificar-se diante do objetivo comum que toda comunidade verdadeiramente vital quer e deve alcançar.[461]

---
[457] *Ibid.*, p. 83-84.
[458] *Ibid.*, p. 104-105.
[459] *Ibid.*, p. 105.
[460] *Ibid.*, p. 41.
[461] *Ibid.*, p. 101.

Tomando a posição antirracionalista de Sorel, Panunzio também argumenta que o racionalismo e o individualismo não são suficientes para fomentar e garantir a sobrevivência de uma comunidade na história; é preciso, antes, um "objetivo comum" que possa mobilizar os sentimentos e impingir deveres de trabalho e sacrifício. Ainda nessa fase intelectual de Panunzio, apenas o mito da greve geral poderia satisfazer essas exigências psicológicas por meio de imagens da derrocada do Estado burguês e do individualismo liberal. Desse modo, a "derrota da filosofia racionalista ou intelectualista é a derrota do Estado democrático, da soberania popular e de todas as outras mentiras metafísicas" como o sufrágio universal"[462].

Após a primeira década de militância revolucionária, fica claro que Panunzio vai se afastando cada vez mais do determinismo econômico do marxismo ortodoxo. A associação de indivíduos, a autoridade e o arcabouço jurídico que possibilita o funcionamento da comunidade se baseiam numa evolução espontânea da essência social do indivíduo na história, sendo impossível concebê-las apenas como reflexos ou sublimações mentais de modos de produção econômica. Em 1921, Panunzio publica o seu *Il diritto e l'autorità*, volume que contém uma evolução do seu pensamento jurídico exposto até aqui e que se notabiliza pelo seu pessoal "retorno a Kant" na esteira de Woltmann e Bernstein. Firmemente comprometido com uma fundamentação filosófica idealista para contrariar o materialismo e positivismo reinantes da época — também dominantes no marxismo ortodoxo —, Panunzio argumenta que, para atingir uma compreensão completa da psicologia das massas, da revolução e da natureza do Estado, o "pensamento teria que preceder a experiência", isto é, "qualquer estudo desse tipo teria que ser subordinado a uma cuidadosa análise conceitual *a priori*, sem a qual permaneceria 'cego'"[463]. O cerne do argumento estabelece que, pelo direito ser baseado na essência social do indivíduo, que por sua vez influencia o desenvolvimento do próprio direito, "a própria natureza dos seres humanos implica a sociedade, e a sociedade implica lei e a lei implica a autoridade" de uma forma *imanente* na própria condição de ser humano[464]. O idealismo se transforma numa metodologia que estabelece que a autoridade e o direito são condições *a priori* da própria essência social do indivíduo, uma condição sem a qual não se pode justificar qualquer forma de relação social. Assim entendido, qualquer tentativa de estabelecer uma relação puramente

---

[462] *Ibid.*, p. 102.
[463] GREGOR, 2004, p. 75.
[464] *Idem.*

materialista do indivíduo e da sociedade se encontra injustificada por não considerar o que está implícito na própria condição do indivíduo: a sociedade, a lei e a autoridade precedem o indivíduo e detêm um *status* mais elevado que qualquer relação de produção material.

Essa inovação conceitual de Panunzio foi usada para justificar que a lei e a autoridade são anteriores ao Estado, sendo imanentes na essência social do indivíduo. A lei estatal é apenas uma encarnação contingente e instável fadada ao fracasso, pois sua estrutura, segundo Panunzio, não se funda na evolução da essência social do indivíduo, mas na imposição autoritária de uma classe sobre a outra. A verdadeira comunidade associativa é o sindicato, a única em que a autoridade e a lei podem ser justificadas tanto pelo recurso da essência social quanto pela evolução histórica da própria associação. Pode-se imaginar a imagem sindicalista do jovem Sergio Panunzio como uma evolução histórica onde os trabalhadores espontaneamente se unem nas estruturas sindicais e, sob a direção dos seus líderes proletários, confeccionam suas próprias leis, os "criadores de uma nova moralidade – os habitantes do futuro revolucionário"[465].

Por volta de 1911, Panunzio se retira da militância política para se graduar em filosofia na Universidade de Nápoles, e alguns acontecimentos muito provavelmente o influenciaram a embarcar nesse retiro. O sindicalismo revolucionário como corrente política no cenário italiano estava fracassando em se colocar como representante da classe trabalhadora, perdendo cada vez mais espaço para o reformismo do PSI. Do mesmo modo, a guerra Ítalo-Turca forçou alguns sindicalistas a reconsiderar suas posições e proposições, e um deles foi Panunzio. Em verdade, como visto até aqui, Panunzio já trilhava, junto com outros sindicalistas e socialistas, seu próprio caminho revolucionário revisionista, afastando-se cada vez mais do marxismo ortodoxo no que pode ser considerado um socialismo revolucionário voluntarista e elitista de estirpe soreliana que se centra nas motivações psicológicas e justificativas morais do processo revolucionário, justamente o que Marx e Engels haviam deixado sem explicação. Panunzio, em um artigo para o jornal *Utopia* de Benito Mussolini, defendeu que a "essência do socialismo é um compromisso moral com um futuro sistema social que incorpora uma realidade ética superior" e que os "revolucionários agem, e tem que agir, sob o impulso de uma aspiração moral, sem a qual qualquer iniciativa é inútil"[466]. Portanto, a questão central para o sucesso do

---

[465] *Ibid.*, p. 76.
[466] GREGOR, 2014, p. 28.

socialismo deixa de ser a expectativa de que as forças produtivas e as relações de produção irão trazer o fim do capitalismo, mas quais os sentimentos, as aspirações, os medos e os mitos que movem a classe revolucionária. O argumento moral é a principal arma na luta revolucionária porque não apenas convence a classe revolucionária a fazer a revolução, mas porque justifica suas ações como moralmente superior ao sistema vigente. Longe de ser um epifenômeno da superestrutura marxista, a moral e a ética se tornam o motor da própria revolução.

Mas para Panunzio a importância da moral é mais profunda que apenas instrumento para a luta revolucionária, pois ela é parte do arcabouço jurídico que fundamenta a verdadeira comunidade de acordo com a natureza social do indivíduo. A superioridade das associações de sindicato é justificada pela sua capacidade de fornecer uma estrutura material e jurídica que leva o indivíduo a se conformar com a sua verdadeira essência social, o que Panunzio passou a chamar de a "autorrealização" (*l'attuazione di sè*). O indivíduo, ao se tornar membro da associação sindical, passa a poder se autorrealizar, isto é, realizar todos os seus potenciais latentes que se encontravam oprimidos pela sociedade liberal a atomística. É um aprofundamento do argumento que a autoridade e a lei se encontram *imanentes* na condição de ser humano: a lei, a autoridade, a sociedade e as potencialidades do indivíduo se encontram latentes dentro de si apenas aguardando que uma estrutura social possa trazê-las à tona para se realizarem na sua integridade, fundamentando, para Panunzio, o verdadeiro humanismo, o único meio de dar algum significado à tragédia da existência[467].

Aos olhos do jovem Panunzio, o socialismo sindicalista é o verdadeiro socialismo revolucionário porque se compromete integralmente com a autorrealização do indivíduo, sendo a revolução apenas uma etapa importante na conquista da comunidade moralmente renovada. Mas, por volta de 1914, a confluência dos eventos colocou em dúvida a certeza de que o sindicalismo revolucionário realmente fosse a solução para os problemas da Itália, e a eclosão da Primeira Guerra Mundial deixou isso claro. Panunzio, assim como os outros sindicalistas e socialistas do PRSI, assistiu ao espetáculo da eclosão do sentimento nacionalista tomar conta do país e como o proletariado se transmutou em uma massa plenamente a favor da guerra contra a Alemanha por meio do alistamento em massa. Os sindicalistas, por já se destacarem como um grupo com pensamento mais

---
[467] Ibid., p. 30.

crítico e engenhoso do que a maioria dos seus pares marxistas apinhados no PSI, não hesitaram ao levar em conta a descoberta do nacionalismo como sentimento revolucionário nos seus cálculos políticos.

Panunzio se destaca nesse sentido, devido à profundidade do seu pensamento social e jurídico, que agora teve que acomodar o nacionalismo como um fato incontornável. Mais do que apenas um fato, Panunzio se aprofunda na busca pelas raízes do sentimento nacionalista e começa por presumir que, por ser um ato de vontade, o nacionalismo deve ser movido por um interesse moral imponente, já que é o interesse moral que provoca uma vontade que leva a ação, chegando à conclusão de que o sentimento de nacionalidade satisfaz uma necessidade primordial da natureza do indivíduo: "A nacionalidade é fundamental para a autorrealização do homem"[468]. De corolário, a nação passa a receber uma enorme importância para os indivíduos, na medida em que representa uma grande parte do referencial histórico, moral e linguístico, um patrimônio imprescindível para a autorrealização do indivíduo na sociedade moderna. Assim, para Panunzio, a nação, "aristotelicamente, é um complexo orgânico de pessoas que vivem organicamente em um determinado território"[469]. Embora até então Panunzio considerasse o sentimento nacional, assim como o Estado, fruto de um engodo burguês calculado para furtar a lealdade da classe trabalhadora, ele agora percebeu, seguindo a linha, por exemplo, de Otto Bauer, Leonida Bissolati e Ivanoe Bonomi, que a nação é uma entidade orgânica oriunda de uma longa e complexa evolução histórica que leva em seu bojo um referencial linguístico e cultural essencial para o desenvolvimento das potencialidades dos indivíduos.

Nesse sentido, não se pode mais conceber o sindicato como a associação essencial e capaz de atender a todos os desejos e necessidades de seus membros, uma concepção sindicalista limitada no fundamento dos impulsos e sentimentos da ação coletiva. Uma nova associação mais fundamental e relevante foi descoberta: a nação. Para Panunzio, a guerra havia revelado que a nação era "o objeto primário da fidelidade dos homens, o fundamento de seus interesses vitais e coletivos, o veículo material e espiritual de sua autorrealização"[470]. Sem a língua e a cultura nacional desenvolvida em longos séculos de cooperação entre as gerações, o indivíduo seria incapaz de desenvolver todas as suas potencialidades que o caracterizam como um indivíduo

---
[468] *Ibid.*, p. 31.
[469] PANUNZIO, Sergio. *Popolo, Nazione, Stato*. Firenze: La nuova Italia, 1933, p. 71.
[470] GREGOR, 2014, p. 36

no seio da sociedade, ele seria incapaz de se autorrealizar, motivo pelo qual Panunzio julgou o sentimento de nacionalidade a expressão moderna por excelência da essência social do indivíduo: "A nacionalidade é apenas uma forma orgânica, histórica e concreta de sociabilidade. A nação é uma sociedade qualificada, é uma forma orgânica, concreta, histórica de sociedade"[471]. Novamente ecoando Ludwig Gumplowicz e Otto Bauer, Panunzio afirma que, embora no mundo antigo a essência social do homem estivesse atrelada a certos tipos de comunidade como a *polis* grega e à jurisdição romana, e na idade média às corporações de ofício, a sociabilidade moderna estava fatalmente atrelada à evolução histórica de certas comunidades que desenvolveram o caráter nacional, um vínculo muito mais profundo e poderoso do que qualquer associação econômica ou classe social.

Por volta do fim da Grande Guerra, em 1918, Panunzio havia rejeitado o anárquico sindicalismo proletário e avançado uma concepção nacionalista do sindicalismo: o sindicalismo nacional. É um sindicalismo cuja instituição central se encontra no Estado-nação e em torno do qual todas as outras instituições orbitam. O Estado, que, até 1914, era uma injustificável máquina de opressão da classe burguesa, agora se tornou a expressão jurídica da nação como a associação natural e necessária à realização coletiva dos indivíduos. Consequentemente, o Estado-nação passa a assumir todas as funções complexas, integradoras e hierárquicas que Panunzio havia atribuído anteriormente à federação de sindicatos, especialmente a função pedagógica na criação de novos valores sociais como a solidariedade, agora voltado para apoiar, fortalecer e difundir o sentimento de solidariedade nacional. De fato, Panunzio explicitamente referencia o Estado como a "unidade da sociedade, isto é, a sociedade unificada e personificada"[472], o que serve de pressuposto para sua função de legitimar e coordenar as relações orgânicas entre os indivíduos e as associações produtivas que compõem a sociedade. Esse novo Estado também se diferencia por ser um ente ético, "sustentado por um sentimento afim à fé, um sentimento favorecido pelo ritual e pelo mito que promove o sacrifício e a dedicação"[473] do povo, e não poderia deixar de sê-lo porque o indivíduo é impelido por sua natureza social a se identificar, trabalhar e se sacrificar pela sua comunidade, cumprindo sua autorrealização. Assim, o Estado-nação, como novo centro da lealdade carismática das classes produtivas, precisa exercer sua função pedagógica na criação dos novos valores de solidariedade

---

[471] Ibid., p. 65-66.
[472] Ibid., p. 65.
[473] Idem.

nacional para poder arregimentar "todas as classes e todas as categorias de cidadãos", a fim de integrá-los "em um complexo de relações jurídicas, ou seja, o sindicalismo nacional sustenta que o objetivo nacional exige a hegemonia jurídica e organizacional do Estado"[474].

Panunzio, em 1935, e já um dos luminares ideológicos do regime fascista, deixou escrito as suas recordações dessa transição de uma maneira bem clara, na qual ele começa admitindo que o "socialismo, a crise do socialismo, a guerra e o fascismo são momentos de um único processo" que levam ao corporativismo do regime[475]. Ele ainda traça um marco bem preciso para a conversão do sindicalismo revolucionário em sindicalismo nacional, uma data que exprime a "nova vida e a nova história da Itália": 15 de novembro de 1914. Essa data foi escolhida porque representa o lançamento da primeira edição do jornal *Il Popolo D'Italia*, de Benito Mussolini, que marca sua conversão de socialista para um socialista nacionalista. A partir dessa data, continua Panunzio, Mussolini, junto com Filippo Corridoni, tornou-se um socialista nacionalista e idealista que, por meio de sua experiência na Grande Guerra, percebeu que o socialismo marxista do PSI "não possuía elementos religiosos e morais" capazes de movimentar a massa dos trabalhadores italianos, mas apenas um "materialismo estreito". O povo italiano, pelo contrário, apenas se empenhou na guerra porque foi movido por ideias de "glória, de grandeza, de sacrifício" pela nação em vez de seu interesse material mais imediato, sentimentos que têm no seu âmago o nacionalismo[476].

Com a descoberta da comunidade nacional como a associação fundamental para a autorrealização do indivíduo, o sindicalismo nacional procedeu a modificar a estrutura do Estado para torná-lo capaz de dar à sociedade uma "coesão orgânica que durante séculos já não se conhece", justamente porque os séculos XVIII e XIX foram marcados pelo liberalismo individualista. Panunzio se refere a superação do liberalismo como a solução da "crise do Estado moderno" oriunda da Revolução Francesa que "dissolveu as corporações, pulverizou a sociedade em indivíduos e, tendo desintegrado aqueles blocos ou cristalizações sociais e jurídicas que são entidades associativas, construiu o Estado – não vivo e não vital – sobre o vazio"[477].

---

[474] *Ibid.*, p. 41.
[475] PANUNZIO, Sergio. *Le corporazioni fascisti*, Milano, Hoepli. 1935. *Apud* A. James Gregor. Sergio Panunzio. Il sindacalismo ed il fondamento razionale del fascismo. Roma: Lulu, 2014, p. 219.
[476] *Ibid.*, p. 224.
[477] PANUNZIO, Sergio. *Stato nazionale e sindacati*. Milano. Imperia, 1924. *Apud* A. James Gregor. Sergio Panunzio. Il sindacalismo ed il fondamento razionale del fascismo. Roma: Lulu, 2014, p. 166 e 201.

O sindicalismo nacional representa uma retomada das relações sociais orgânicas no seio do Estado, eliminando o fundamento liberal e individual que governou durante todo o século anterior. Nesse sentido, Panunzio teve que promover uma mudança na concepção jurídica de indivíduo para legitimar as novas estruturas sindicais, começando por rejeitar a concepção antropomórfica da pessoa física do indivíduo por uma concepção de um "indivíduo sociológico, plural, a coletividade, a associação, a corporação". O novo indivíduo do sindicalismo nacional surge como "toda e qualquer parte oposta à outra em uma relação lógica de igualdade, competição, contraste e liberdade", no sentido de que o indivíduo apenas se realiza e encontra sua liberdade através de uma relação social no seio das instituições orgânicas do novo Estado[478]. Essa mudança conceitual reflete o desejo de Panunzio em fundamentar uma nova ordem social com base em relações sociais além dos meros interesses pessoais e econômicos dos indivíduos isoladamente considerados, voltando-se para uma sociedade baseada na solidariedade social gerada no trabalho associativo dentro das estruturas corporativas do sindicalismo nacional. O sentimento de nacionalidade serve, além de fundamentar os novos valores sociais, para impelir o indivíduo na sua autorrealização no seio da comunidade nacional.

Inevitavelmente, embora o nacionalismo seja o fundamento de uma nova moralidade social, ele se encontra restrito ao território geográfico da jurisdição do Estado. Panunzio traça uma distinção entre o obsoleto sindicalismo revolucionário de sua juventude e o novo sindicalismo nacional do pós-guerra, apontando que o "interesse geográfico-territorial" é superior ao "vínculo puramente econômico" como princípio unificador da vontade geral da comunidade, um princípio que "organiza e compõe interesses e classes em unidade, formando uma única nação"[479]. Sintetizando seu pensamento, Panunzio escreve:

> Concluindo: a nação deve circunscrever-se, determinar-se, articular-se, viver em classes e corporações distintas e resultar organicamente de organizações sociais concretas, e não de átomos individuais; e exige, onde as nacionalidades ainda não se estabeleceram, e onde ainda não funcionam historicamente, conexões sólidas e robustas de interesses e agrupamentos de classes, desde que, porém, as classes e as corporações, por sua vez, encontrem, mais completa existência, destino e realidade, na nação. Nação, e a síntese orgânica entre Sindicalismo e Nacionalismo, a saber: Nacional-sindicalismo.[480]

---

[478] *Ibid.*, p. 205.
[479] *Ibid.*, p. 173-174.
[480] *Ibid.*, p. 175.

De certa forma, o sindicalismo nacional de Panunzio surgiu como uma resposta à percepção que a guerra trouxe acerca da fragilidade dos fundamentos por baixo das associações civis e políticas da Itália liberal. Nenhuma associação civil ou instituição política conseguiu plenamente incorporar e catalisar o espontâneo sentimento nacionalista que eclodiu com a guerra e tomou conta da nação, impelindo-a a entrar no conflito. A transição do sindicalismo revolucionário para o sindicalismo nacional foi possível, porque Panunzio pôde transferir suas concepções de uma organização sindical produtiva e unificada para o seio da nação e compatibilizá-la com a estrutura do próprio Estado, identificando a nação "como o fundamento de uma união de componentes funcionais – e o Estado revolucionário, diferentemente do estado burguês, foi visto como aquela agência dotada da autoridade necessária para a administração do direito como vontade coletiva"[481].

Para que essa "união de componentes funcionais" se realizasse, foi necessário assumir o pressuposto que a nacionalidade é o sentimento de afinidade que une toda as classes sociais da nação de uma forma mais coerente e profunda que qualquer interesse pessoal ou classista, motivo pelo qual Panunzio, assim como seus outros companheiros sindicalistas e os socialistas do PRSI — mas também ecoando Sorel e Proudhon —, viu-se obrigado a expandir sua concepção de classe revolucionária para além do proletariado, englobando todas as outras classes que contribuem para a produção da riqueza nacional. O sentimento nacional se torna o princípio da solidariedade entre as classes produtivas que se conciliam nas estruturas dos sindicatos agora fundidos no Estado, o representante jurídico da vontade geral. No âmbito do seu pensamento jurídico originário, o novo Estado nacional sindicalizado é plenamente justificado por ser a estrutura política da comunidade de destino condizente com a natureza social do indivíduo, motivo pelo qual a autoridade desse novo Estado é imprescindível para a realização das potencialidades latentes dentro de cada indivíduo, tornando-o um ser humano que encontra sua liberdade e se autorrealiza por meio da obediência às leis sociais da própria comunidade.

Invocando Sorel, o sindicalismo nacional de Panunzio reconhece a nação como o novo mito revolucionário mais poderoso que a velha greve geral sindicalista, embora seja empunhada com o mesmo objetivo de destruir as estruturas políticas oriundas do liberalismo em prol de uma concepção orgânica e sindicalizada da nação. O sentido de missão e sacrifício que Panunzio e os outros sindicalistas tanto desejavam incutir no proletariado

---
[481] GREGOR, 2004, p. 79.

agora encontrou guarida e disseminação "no desafio revolucionário de fazer da Itália proletária uma grande nação". A velha elite proletária do sindicalismo revolucionário foi substituída por uma nova elite que surgiu das trincheiras da Grande Guerra, líderes que Panunzio denominou de "produtores-guerreiros" e passaram a se organizar em volta do primeiro fascismo, de 1919[482]. Essa nova elite se destaca por não pertencer exclusivamente a nenhuma classe social específica, mas se forma pelo sentimento nacional e pelas experiências compartilhadas na guerra que, aos olhos de muitos, qualificaram-na como a mais enérgica e competente para empreender a destruição do nauseabundo regime parlamentar e liberal de Giolitti.

Ainda, deve-se esclarecer quanto às visões de Panunzio acerca da guerra e das expectativas geopolíticas para o nascente século XX. Embora Panunzio e os sindicalistas tenham apoiado a intervenção da Itália na Grande Guerra, eles não o fizeram apenas pelas clássicas intenções de agressão ou proteção contra um agressor externo, mas foram levados pelos ideais de uma ordem internacional mais justa para todas as nações, especialmente para aquelas ditas "nações proletárias" como a própria Itália.

Em 1917, perto do fim da guerra, Panunzio lançou o opúsculo intitulado *Il concetto della guerra giusta*, dedicado à sua teoria acerca da validade da guerra e da revolução para a consecução de uma ordem internacional mais justa. O *status quo* geopolítico, começa Panunzio, foi estabelecido pelas potências plutocráticas e capitalistas mais fortes na intenção de mantê-las nas posições de proeminência e dominação das nações mais fracas e periféricas, uma posição que as possibilita continuar sugando recursos e mão de obra do globo para a manutenção desse mesmo *status quo*. Nesse cenário, a condenação de *toda a guerra* como um crime internacional é, para Panunzio, um absurdo, uma arma retórica conjurada justamente para impedir que as nações oprimidas se insurjam contra os dominadores plutocráticos; existe, além da guerra defensiva para a conservação da soberania, a possibilidade de uma guerra agressiva e justa, que se baseia no direito primordial do "aperfeiçoamento" da nação e seu povo: "São os povos que lutam pelo seu aperfeiçoamento [...] são os povos menores que querem reconquistar direitos perdidos", e que se levantam "com a violência da guerra ou revolução para perturbar a ordem e o *status quo*"[483]. Sobre esse fundamento jurídico de aperfeiçoamento da nação e do povo, Panunzio estabelece que existe uma

---
[482] *Ibid.*, p. 80.
[483] PANUNZIO, Sergio. *Il concetto della guerra giusta*. Campobasso, Colitti, 1917. *Apud* A. James Gregor. Sergio Panunzio. Il sindacalismo ed il fondamento razionale del fascismo. Roma: Lulu, 2014, p. 110.

distinção crucial entre atos de violência, um sendo a violência pela violência, e outro a violência como instrumento de reparação de direitos. No plano nacional, a violência justa se torna uma revolução; no plano internacional, configura-se como guerra justa, e não há dúvidas que Panunzio tinha em mente o lugar da Itália no sistema internacional ao escrever seu livreto, mas não se limitou apenas aos problemas da própria pátria. A ordem internacional mais justa não serviria apenas a Itália, mas todas as nações na medida em que todos os povos poderiam encontrar o seu "lugar ao sol".

Panunzio fez referência a como essa nova ordem internacional poderia ser estruturada ao advogar por um "corporativismo supranacional, com conselhos internacionais para coordenar as relações socioeconômicas"[484] entre as nações. Pelo fato que os planos e expectativas de Panunzio e dos sindicalistas para a nova ordem do pós-guerra não se materializaram, não é possível compreendê-la com tanta clareza pela falta de experiências empíricas, e, desse modo, ela se assemelha à visão internacional que Giuseppe Mazzini havia exposto meio século antes. Tanto Panunzio, quanto Mazzini não se limitaram à consagração da renovação política e moral da Itália, mas buscaram, por meio dela, expandir a missão de regeneração espiritual para toda a humanidade por meio de uma nova ordem internacional baseada nos princípios da solidariedade e associação, e, de fato, pode-se notar isso quando Panunzio anunciou que o "egoísmo entre as nações é um absurdo material e moral; nações não podem viver fechadas e isoladas, mas devem interagir e cooperar"[485], espelhando o próprio Mazzini que tão ardentemente lutou contra o egoísmo e materialismo dos seus conterrâneos, buscando levá-los à patamares morais mais elevados na intenção de, capacitando-os para uma vida social mais solidária, constituir as bases para a regeneração da nação e da humanidade. Não há dúvidas que, por volta de 1917, Panunzio e os sindicalistas já haviam se distanciado do marxismo e do internacionalismo proletário, reencontrando principalmente as profecias de Mazzini, levando-os ao nacionalismo e, consequentemente, a um novo tipo de internacionalismo fora dos quadros da exclusividade proletária e que não ignora, mas engloba o sentimento de nacionalidade. Todas essas aspirações de uma nova ordem internacional foram levadas para a síntese ideológica que se tornou o fascismo, surtindo seu efeito mais duradouro nas querelas intestinas acerca da natureza e função do imperialismo fascista durante a década de 30, desenvolvimento explorado na terceira parte deste livro.

---

[484] ROBERTS, 1979, p. 127.
[485] *Idem.*

Assim, o revisionismo marxista impeliu Panunzio e outros sindicalistas e socialistas a lidar com o problema do proletariado sem consciência de classe por meio dos estudos da psicologia coletiva, especificamente acerca da função da moralidade nos empreendimentos revolucionários. O papel dos intelectuais revolucionários como Panunzio se tornou não o de destrinchar "leis históricas" do desenvolvimento econômico, mas de buscar formas de compreender e dirigir a classe revolucionária por meio do conhecimento acerca dos fatores que influenciam o comportamento coletivo, e nesse sentido, o âmago do projeto revolucionário se voltou para o tipo de associação mais condizente com a essência social dos membros da classe revolucionária. Em um primeiro momento, o complexo sindical foi tratado com a comunidade de destino da classe proletária, e a greve geral elevada ao mito capaz de movê-la a ação, mas o impacto da Primeira Guerra Mundial trouxe à tona a realidade incontornável de que as nações são comunidades de destino muito mais antigas e capazes de comandar a lealdade dos indivíduos de uma forma muito mais poderosa que qualquer classe social.

Deve-se ter claro que, independentemente se no seu tempo de marxista ou de fascista, um dos principais objetivos de Panunzio foi o de destruir as instituições democráticas e liberais do século XIX numa tentativa de acabar com a atomização do indivíduo e integrá-lo às estruturas sindicais do novo Estado revolucionário fascista. É um objetivo que já havia sido delineado por Giuseppe Mazzini e, em verdade, configura-se como uma das principais motivações da tradição socialista italiana do *Risorgimento*, que estava sendo redescoberta pelo menos desde a rebelião dos socialistas reformistas liderados por Leonida Bissolati. Pode-se, nesse sentido, interpretar o sindicalismo nacional de Panunzio como algo parecido com a sociedade sindicalizada de Mazzini, em que o indivíduo somente se autorrealiza por meio do cumprimento dos seus deveres sociais no trabalho em comum com seus concidadãos. A revolução nacional busca completar a nacionalização das massas — de todas as classes sociais — na intenção de criar uma comunidade de destino fundamentada em instituições orgânicas como os sindicatos nacionais e o Estado, de uma maneira que o desenvolvimento econômico e industrial possa ser avançado com o objetivo de colocar a nação em par de igualdade com as outras nações na competição geopolítica do século XX.

Um dos requisitos primordiais para que esse objetivo pudesse ser alcançado é a transmutação dos valores sociais que possibilitam a união e a cooperação de todos os cidadãos da nação na empreitada revolucionária de engrandecer a comunidade, e na base desses novos valores está a solidariedade nacional, o denominador comum aceito por todos os indivíduos e classes sociais. É nesse sentido que os sindicalistas fundamentaram a descoberta da nação como a nova comunidade de destino: por meio de um novo sentimento mais ubíquo e eficiente para dissipar os valores liberais em prol de uma nova união social de todas as classes de produtores da nação. Nada disso é realmente inusitado visto a experiência soreliana e os pressupostos proudhonianos que assinalaram o caminho para uma revolução nacional envolvendo as classes consideradas produtivas contra as instituições e os princípios liberais e burgueses, e tudo o que foi preciso fazer foi encontrar um valor suficientemente forte e expansivo que pudesse fundamentar essa união: o nacionalismo. A transição de sindicalismo revolucionário para sindicalismo nacional foi operacionalizada com relativa fluidez, uma vez que a classe revolucionária foi desatrelada dos seus fundamentos na base econômica da sociedade e pôde procurar uma comunidade de destino que pudesse plenamente satisfazer todos os requisitos psicológicos e morais da ação revolucionária.

Sergio Panunzio e os outros sindicalistas foram os primeiros revolucionários italianos a enveredar pelo caminho do sindicalismo nacional, e esse exemplo foi depois seguido por Benito Mussolini ao se converter do socialismo marxista a um socialismo nacional, possibilitando o começo da síntese fascista. Enquanto os sindicalistas procediam com sua transição, o nacionalismo começou a se aproximar numa tentativa de puxá-los para sua órbita de atuação política.

O NACIONALISMO ITALIANO

I Um novo nacionalismo[486]

A nação e o nacionalismo são construções modernas de difícil assimilação e interpretação histórica; amiúde se estipula o século XIX como a origem do moderno nacionalismo, enquanto outros historiadores buscam suas origens mais longe nos séculos XV e XVI com a ascensão dos primeiros Estados-nação. Independentemente dessa problemática, é bem estabelecido que o nacionalismo italiano estudado neste capítulo surgiu, primeiro como um sentimento, e depois como um partido político relevante, a partir das duas últimas décadas do século XIX.

A Itália da virada do século, como já explicado anteriormente, estava fervilhando com a sociologia elitista e a crescente influência marxista dentro do PSI, com os sindicalistas e os socialistas do PRSI começando a traçar seu próprio caminho revolucionário herético. Um crescente sentimento de humilhação com a derrota militar de Ádua e a clara consciência de ser uma potência secundária na geopolítica global começaram a fornecer o material para que um nacionalismo mais agressivo surgisse. Apenas meio século antes, os ideais do *Risorgimento*, apesar de igualmente incubar uma vertente de socialismo nacionalista, estavam mais alinhados com o republicanismo e o catolicismo, somado a um certo respeito pelo direito de autodeterminação dos povos, uma "concepção voluntarista de nação", e "as mesmas ideias de 'primazia' e 'missão' da Itália, embora muito difundidas, eram entendidas em uma chave cultural e não em um sentido imperialista"[487]. O quadro intelectual do nacionalismo começou a enveredar por um caminho mais autoritário e intransigente.

Além do já citado Alfredo Oriani — uma influência reconhecida que, quando de sua morte, muitos nacionalistas pagaram tributo —, muitos

---

[486] A historiografia acadêmica reconhece que existiram "vários nacionalismos" no período em questão, mas também reconhece que ideias até então inauditas começaram a aparecer e a fundamentar um nacionalismo mais modernista, imperialista e autoritário. Do mesmo modo, esse novo nacionalismo encontrou suas raízes em um quadro intelectual que supera o escopo deste livro, mas se pode citar a *Action Française* de Charles Maurras como uma influência relevante. O presente capítulo foca os principais elementos intelectuais que destacaram esse novo nacionalismo e o colocaram em rota de fusão com o fascismo. Para uma análise mais pormenorizada do nacionalismo italiano na virada do século, *cf*.: GAETA, Franco. *Il nazionalismo italiano*. Roma-Bari: Editori Laterza, 1981.

[487] FONZO, Erminio. *Storia dell'Associazione Nazionalista Italiana (1910-1923)*. Napoli: Edizioni Scientifiche Italiane, 2017, p. 16.

outros projetos imperialistas que lamentavam o declínio italiano começaram a espoucar, como o de Pasquale Turiello, que é, não por coincidência, conhecido como o "primeiro dos nacionalistas italianos", porque muitas das ideias da futura Associação Nacionalista Italiana encontram origem no seu pensamento[488]. Turiello, já nas primeiras páginas do seu *Governo e governati in Italia*, de 1889, já aponta que "nenhum órgão político dá um sinal tão aberto de declínio como as câmaras soberanas e filhas do amplo sufrágio popular"[489], e é possível sentir nas suas críticas um sentimento antiparlamentar muito familiar com os de seus contemporâneos Mosca, Pareto e Gumplowicz, embora lhe falte profundidade sociológica nas suas análises. De qualquer modo, Turiello compartilha o elitismo sociológico ao se manter cético quanto a possibilidade de garantir o voto à classe trabalhadora, devido às suas qualidades intelectuais e morais que ele considerava duvidosas, porque "nenhum voto, nenhuma classe, nenhuma multidão podem legitimamente presumir jamais contradizer a harmonia social, cancelar a livre competição, dentro do Estado, de organismos naturais e hierarquias naturais"[490]. Mais uma vez, o antiparlamentarismo vem acompanhado de uma concepção elitista das associações humanas.

  Turiello implica que a fraqueza da Itália se deve, em grande parte, ao declínio do governo parlamentar e cita como exemplo várias estatísticas da crescente diáspora italiana, especialmente para a África e as Américas. O autor se utiliza desse estado de coisas para defender, na página seguinte, a expansão colonial da Itália para a África: "Acreditamos e confessamos, considerando os números acima mencionados, que o problema colonial é tão urgente para nenhuma nação europeia contemporânea como para a Itália"[491]. A preocupação de Turiello quanto à sangria da pátria é bem explícita e é sua expectativa que, ao expandir as terras italianas com a colonização, mais italianos optem por continuar a trabalhar e servir a nação. A expansão imperialista não serve apenas para colocar a Itália em pé de igualdade com potências plutocráticas maiores como a Inglaterra e a França, mas como um meio de aumentar o sentimento nacional e incutir nos italianos o senso de serviço e sacrifício pela grandeza da pátria.

  A influência de Turiello se misturou no sentimento nacionalista geral da época juntamente com o antimaterialismo, a sociologia elitista

---

[488] *Ibid.*, p. 16-17, e 20.
[489] TURIELLO, Pasquale. *Governo e governati in Italia*. Bologna: Nicola Zanichelli, 1889, p. 12.
[490] *Ibid.*, p. 26.
[491] *Ibid.*, p. 34-35.

e, até mesmo, o sindicalismo soreliano, que começou a tomar forma logo no começo da *età giolittiana*. O novo nacionalismo se distanciou do mero conservadorismo defensor das instituições políticas da época para tomar caminhos revolucionários até então inexplorados: "uma parte significativa do mundo intelectual se afastou da classe dominante, tornando-se particularmente crítica das instituições e, acima de tudo, de Giovanni Giolitti"[492].

Em setembro de 1903, Rosalie Jacobsen arranjou o encontro de duas figuras literárias e jornalísticas de grande importância para a maturação ideológica do nacionalismo: Enrico Corradini e Giovani Papini. Menos de dois meses depois, ambos fundaram o periódico *Il Regno*. Embora a *Il Regno* viesse a ter uma importância mais decisiva para o nacionalismo, ela era apenas uma dentre várias revistas de cunho nacionalista da época; o mesmo Papini fundou, junto com seu colega Giuseppe Prezzolini, o periódico *Leonardo* — e Prezzolini, alguns anos depois, fundaria o influente *La Voce*. Pode-se ter uma ideia do clima intelectual que permeava esse nascente nacionalismo seguindo a principal linha temática da *Il Regno*: "Darwinismo social, imperialismo romântico, pessimismo sobre a capacidade dos povos latinos de competir com alemães e anglo-saxões, desprezo pela democracia, que era vista como um governo pelos fracos, e uma ênfase na vontade sobre a razão e na violência sobre a contenção"[493].

O darwinismo social e o desprezo pela democracia se mesclam com a teoria das elites, mas a importância do "imperialismo romântico" vai mais além do que a mera vontade de superar as outras nações como potência colonizadora, e é aqui que entra uma das principais características singulares desse nacionalismo italiano da virada do século: o produtivismo. Mario Morasso, amigo de Corradini que também publicou na *Il Regno*, talvez tenha sido um dos primeiros e esquematizar um novo quadro ideológico para o imperialismo nacionalista. Morasso tinha uma fixação pelos poderes tecnológicos liberados pela revolução industrial, e foi essa paixão pelas máquinas e o poder que elas podiam trazer que, conjugado com seu desejo de ver a Itália se tornar uma potência no mundo, levou-o a formular que o caminho do futuro estava ligado à capacidade de uma nação em direcionar os poderes de suas classes produtivas. Tudo indicava para Morasso que o século XX estava caminhando para ser um século de potência militar e tecnológica, e as nações mais poderosas tecnologicamente seriam as que

---

[492] FONZO, 2017, p. 17.
[493] DE GRAND, Alexander J. *The Italian nationalist association and the rise of fascism in Italy*. Lincoln: University of Nebraska Press, 1978, p. 14.

dominariam os recursos do planeta. A democracia liberal do século XIX e suas aspirações de sufrágio universal estavam fadadas ao fracasso e a serem superadas pelas nações mais elitistas e focadas na direção de sua produção econômica e tecnológica[494].

Essa concepção de um imperialismo tecnológico influenciou os nacionalistas a colocarem a política externa e a capacidade de produção econômica da nação como o centro de suas especulações. Papini, em 1904, fez o primeiro esboço de um programa político do nascente nacionalismo centrado na necessidade de criar uma elite produtiva capaz de garantir o expansionismo imperialista da nação que, ao mesmo tempo, garantiria maiores fomentos à indústria e aos mercados de matérias-primas: "Despertar a classe burguesa, por meio da aristocracia", isto é, "trazer a gloriosa aristocracia histórica para a cena da vida nacional, torná-la o centro da ressurreição da aristocracia industrial, e dar energia e disciplina a toda a classe"[495]. Era necessário, aos olhos dos nacionalistas, purificar a classe industrial de qualquer resquício democrático e parlamentar, a fim de trazê-la para o centro de sua missão histórica como nova liderança aristocrática. Enrico Corradini também seguiu a mesma linha e expressou que a guerra imperialista havia se tornado uma necessidade para qualquer nação que desejasse criar uma aristocracia suficientemente forte e competente, porque a guerra gera novos valores de coesão nacional e heroísmo para competir com o nauseabundo otimismo liberal[496].

Os nacionalistas estavam lutando para criar um sentimento de coesão nacional mais vigoroso, imperialista e focado na produção econômica nacional do que as duas vertentes intelectuais que dominavam a Itália na época e que, aos seus olhos, eram os piores inimigos do futuro da nação: a democracia liberal e o socialismo centrado no PSI. De fato, Papini e Prezzolini sintetizaram o motivo do antisocialismo ferrenho dos nacionalistas quando afirmaram que:

> Existem tribos, castas, classes ou existem povos organizados em nação. Existem, como escreveu Enrico Corradini há muito tempo na *Idea Liberale*, povos sociais e povos políticos; aqueles que pensam nos interesses dos partidos, das frações,

---

[494] MORASSO, Mario. *L'imperialismo del seculo XX. La conquista del mondo.* Mila: Treves, 1905, p. 13-15, 46-48, 107, 241-244, 249-251 e 295-297.

[495] PAPINI, Giovani; PREZZOLINI, Giuseppe. *Vecchio e nuovo nazionalismo.* Milano: Studio editoriale lombardo, 1914, p. 23.

[496] DE GRAND, 1978, p. 15.

> das profissões e das facções e aqueles que pensam e agem para erguer aquele organismo tão delicado e maravilhoso que é a nação. Nos primeiros, prevalecem ou tendem a prevalecer os interesses do particular, sejam os pobres, os proletários, os escravos ou os ricos, os mercadores, os oligarcas; entre outros, as vozes individuais são silenciosas, desejos parciais estão ocultos e todas as forças, todos os desejos, todos os desejos alcançam a vida harmoniosa suprema da pólis, completada e organizada como um belo animal jovem, pronto para a batalha, pronto para a fadiga, confiante e ousado na união perfeita de seus músculos, seu sangue e seus nervos.[497]

A citação é de grande importância, porque revela que os princípios norteadores do novo nacionalismo desembocaram no antisocialismo não para favorecer uma outra classe que não a classe trabalhadora, mas porque, independentemente da classe em questão, a nação como novo organismo social deveria ser superior a qualquer favoritismo classista. O antisocialismo se tornou mais vistoso, porque o socialismo marxista estava crescendo em popularidade, e atacar o socialismo marxista do PSI se tornou uma necessidade prática da luta política da época. Deve-se ter em mente que todo o problema do socialismo marxista, para os nacionalistas, centrava-se na luta de classes, pelos óbvios motivos que jogar as classes de uma nação umas contra as outras impossibilitaria que o sentimento de coesão nacional prevalecesse assim como toda a produção econômica seria perturbada gravemente, enfraquecendo a nação frente à corrida geopolítica. Em outra passagem muito esclarecedora, Prezzolini e Papini dizem:

> Por outro lado, a burguesia deve desmascarar os interesses privados dos líderes socialistas; deve-se mostrar ao trabalhador e ao camponês que o dinheiro que eles pagam mensalmente às ligas, e depositam como doação nas contratações do *Avanti!*, talvez para pagar a Ferri [líder socialista], que não é pobre, o luxo de um processo difamatório, é todo dinheiro que guarda na cidade e na província, na capital e nas pequenas cidades, um certo pequeno número de aventureiros políticos que comem e bebem às suas custas; devemos abolir todas as bases, falar de interesses e de coisas práticas, mostrar que um centavo no bolso de um industrial é melhor, que aumenta a riqueza da Itália, e torna nosso país melhor, ampliando as fábricas e ganhando a concorrência estrangeira, que nos bolsos de intelectuais socialistas, que para saber alguma

---
[497] PAPINI; PREZZOLINI, 1914, p. 117.

coisa de letras e números, para ter pulmões fortes e muito atrevimento, ganha a vida com a única intenção de ser um burguês disfarçado de socialista.[498]

Para os nacionalistas, tanto o proletariado, quanto a burguesia tinham interesses convergentes na produção econômica e na grandeza da nação porque as duas classes tinham mais a ganhar trabalhando conjuntamente contra as outras nações doque lutando uma contra a outra; tanto o proletariado, quanto a burguesia nacional não tinham nada a ganhar com a proeminência de outras nações na corrida pela expansão colonial. Afinal, do que realmente importa qual das duas classes italianas ganharia a luta interna se acabariam subjugadas pelas nações mais fortes como a Alemanha ou a Inglaterra? Tanto o proletariado, quanto a burguesia italiana acabariam sendo explorados pelo proletariado e pela burguesia de outros países. Tratava-se de conscientizar a classe trabalhadora que o seu verdadeiro interesse se encontrava alinhado com os interesses da nação e não com os líderes do PSI, intelectuais burgueses e exploradores do sentimento de inferioridade e indignidade dos trabalhadores italianos.

Utilizando-se das teorias elitistas de Pareto e Mosca, Prezzolini forneceu a *Il Regno* uma longa e complexa crítica da democracia parlamentar e do socialismo italiano vigente pelo PSI justamente na linha que ambos estavam enfraquecendo a nação, o socialismo pela luta de classes e a democracia parlamentar por tornar a política italiana uma briga facciosa de interesses privados coordenada por Giovani Giolitti[499]. Há um claro ceticismo quanto aos possíveis resultados de se estender o sufrágio universal para toda as classes que perpassa todo o argumento de Prezzolini, provavelmente porque ele considerava que uma maior massa de eleitores proletários somente significaria maior massa de manobra para a elite do PSI, que alimentaria mais ainda o corrupto sistema de favores de Giolitti. No fim das contas, para os nacionalistas, a única solução não se encontrava nem na democracia parlamentar e nem no socialismo do PSI, mas na tarefa de criar uma aristocracia produtiva nacional como um meio de expurgar essas ideias descentralizadoras e unificar, sob um novo sentimento heroico, as classes produtivas da nação.

Também não se pode negligenciar o importante papel que a emigração massiva de italianos por volta da virada do século teve em moldar

---

[498] *Ibid.*, p. 65.
[499] DE GRAND, 1978, p. 17.

essas concepções nacionalistas e produtivistas. Enrico Corradini e a *Il Regno* foram instrumentais em conceber essa questão sob uma ótica catastrófica e central para a ideologia do novo nacionalismo. Corradini, acompanhando toda sorte de notícias acerca do terrível tratamento dispensado aos italianos em outros países, decidiu ele mesmo empreender uma longa viagem pela América do Norte e Sul e voltou moralmente indignado com o que viu. Essencialmente, os italianos estavam se tornando uma "terceira classe" nos países de residência, abaixo da burguesia e do proletariado do respectivo país; os emigrantes italianos eram o proletariado do proletariado nacional, pegando os empregos mais indesejados. O mais chocante era o fato que o proletariado nacional não mostrava qualquer sentimento de solidariedade proletária ao se alinhar com os interesses da burguesia de seu país em detrimento dos trabalhadores emigrantes. Ao notar esse estado de coisas mais ou menos igual pelos países que passou, o sentimento nacionalista foi se arraigando cada vez mais em Corradini, mas o que mais o indignava não era apenas a perda de um precioso volume de mão de obra e material para o exército e produção nacional, mas a completa falta de apreço e consideração com que o *establishment* liberal tratava a questão. Ele chegou mesmo a acusar o governo Giolitti de ser ainda mais danoso para a pátria do que o socialismo marxista, que, pelo menos, mostrava preocupação com a condição dos trabalhadores italianos[500].

Autor com inclinações literárias, Corradini — que começou sua carreira como crítico literário antes de enveredar pela política —, após sua viagem pelas américas e influenciado pelo que viu, escreveu duas novelas que mostram o seu crescente sentimento nacionalista. A primeira delas, a *La Guerra Lontana*, é situada na época da desastrosa derrota italiana em Ádua, e tem como um dos personagens principais Lorenzo Orio — que foi baseado em Alfredo Oriani —, o único personagem da novela que desde o início compreende o significado mais profundo da derrota e que encarna a verdadeira consciência nacional[501]. Enquanto o personagem principal, Ercole Gola, vai paulatinamente compreendendo a moral da história, Lorenzo serve de porta-voz das ideias de Corradini durante todo o romance, quiçá como uma figura-modelo para Ercole. No capítulo IX, em um debate acerca da

---

[500] CUNSOLO, Ronald S. Italian emigration and its effect on the rise of nationalism. *Italian americana*, [s. l.], v. 12, n. 1, fall/winter 1993, p. 66.

[501] PAGANO, Tullio. From diaspora to empire: Enrico Corradini's nationalist novels. *MLN*, Italian issue, v. 119, n. 1, jan. 2004, p. 70.

derrota em Ádua, Lorenzo Orio faz um inflamado discurso culpando não o povo, mas o governo liberal e parlamentar pela sua inépcia na condução da guerra e, mais importante ainda, pela sua falha em cultivar nas classes sociais, especialmente a classe trabalhadora, o sentimento de heroísmo e amor à pátria[502]. O segundo romance é o mais trabalhado *La Patria Lontana*, que aprofunda a temática do primeiro. Convidado por uma amiga a passar um tempo no Rio de Janeiro, Piero Buondelmonti — amigo de Ercole Gola —, durante a viagem, envolve-se numa conversa com industriários italianos em busca de oportunidades na América do Sul. Os industriários se dizem italianos, mas Buondelmonti questiona se são mesmo patriotas, implicando que o verdadeiro amor à pátria é consumado por meio do trabalho e sacrifício na própria nação:

> E por isso eu disse que esses senhores praticamente, ativamente, se colocaram fora do espírito italiano: porque eles não pertencem mais ao solo italiano. No mínimo, eles ainda serão patriotas, quando se quiser dar a essa palavra um sentido mais acentuado de sentimento, ou melhor, de sentimentalismo; mas eles não serão mais nossos compatriotas no sentido prático e ativo desta palavra. Para que permaneçam italianos, nacionalmente, a terra em que trabalham e se enriquecem deve se tornar italiana. Quando você não quer fechar a nação em um beco sem saída, a única forma de ser nacionalista, desculpe, patriota, é ser imperialista.[503]

O sentimento patriota promovido pelos nacionalistas é perpassado por um conteúdo ativista de ação e sacrifício em prol da comunidade nacional, como demonstrado nas novelas de Corradini, e a razão disso é a característica mais marcante desse novo nacionalismo: a concepção orgânica de nação. É essa nova concepção que fundamenta todo o resto do edifício nacionalista, tanto a necessidade de um imperialismo tecnológico, quanto a arregimentação de todas as classes nacionais sob os auspícios de uma nova elite produtiva.

Papini e Prezzolini, já em 1904, dividiram a história da Itália em alguns períodos de consciência patriótica distintos, associando os primeiros desses momentos históricos com um patriotismo lírico e esperançoso, representado especialmente por grandes poetas como Dante, Petrarca e Leopardi; o segundo momento é mais filosófico e associado

---

[502] CORRADINI, Enrico. *La guerra lontana*. Milano: Fratelli Treves Editoro, 1911, p. 210-214.
[503] CORRADINI, Enrico. *La patria lontana*. Milano: Fratelli Treves Editoro, 1911, p. 7-8.

com os pensadores e profetas do *Risorgimento* como Gioberti e Mazzini; e o terceiro e derradeiro momento — obviamente, o período que ambos os autores estavam vivendo — seria principalmente econômico e marcado pela rápida expansão industrial e imperialista da Itália, um momento marcado por poetas como Giosuè Carducci e Gabriele D'Annunzio[504]. Esse novo nacionalismo moderno e produtivista, segundo os autores, estava exigindo uma transformação na psicologia do povo: os italianos não deveriam mais ser conhecidos como os artistas, líricos e boêmios despreocupados, mas "apaixonadamente dedicados ao desempenho" industrial, reconhecendo "na nação aquela realidade orgânica na qual todos os interesses, materiais e morais, estavam enraizados"[505].

Uma nação não pode ser realmente orgânica se as suas classes se encontram continuamente em conflito e desarmonia, e nenhuma delas poderia sobreviver individualmente no século XX: "As classes trabalhadoras e a burguesia empresarial estavam todas unidas na realidade concreta e histórica da nação, pela qual deveriam estar preparadas para se sacrificar" imediatamente[506]. Essa concepção orgânica e histórica da nação, que por volta dessa época já estava sendo propagada pelo austríaco Otto Bauer numa fracassada tentativa de conscientizar os marxistas, também é alinhada com a teoria das elites: "Uma sociedade não é orgânica exceto quando há uma minoria nela que ordena, mas essa minoria não pode exercer sua função diretora se não houver ninguém que saiba cumprir as ordens", e que possua um "espírito pronto compreender como a obediência é tão grande e necessária como dominação"[507].

A concepção orgânica da nação promulgada pelo novo nacionalismo se encontra mais definida e com os desenvolvimentos mais cruciais mais diretamente no pensamento de Enrico Corradini, que deve ser averiguado mais pormenorizadamente.

---

[504] PAPINI; PREZZOLINI, 1914, p. 125-130.
[505] GREGOR, 2004, p. 26.
[506] *Idem*.
[507] PAPINI; PREZZOLINI, 1914, p. 15. Prezzolini e Papini acabaram por se distanciar de Corradini e do nacionalismo autoritário e imperialista, embora a influência da colaboração inicial seja inegável. Continuando a propagar suas ideias no periódico *La Voce*, ambos se mantiveram nacionalistas e preocupados com a regeneração dos valores morais da nação, mas dessa vez mais voltados para uma concepção humanista de "mística" da política — certamente influência do amigo de Georges Sorel, Charles Péguy. *Cf.*: GENTILE, Emilio. *The struggle for modernity*: Nationalism, futurism and fascism. London: Praeger, 2003. p. 21-22.

II Enrico Corradini e a nação proletária

Tendo despertado para a vida política aos 30 anos de idade com a derrota da Itália na batalha de Ádua, Corradini é considerado um dos principais fundadores do novo nacionalismo da virada do século e sua influência foi considerável para a síntese radical que se tornou o fascismo.

Pode-se começar com as concepções sociológicas de Corradini acerca da natureza do indivíduo e da sociedade. Corradini, discorrendo acerca da natureza social do indivíduo em comunidade, afirma que todos os estudos empíricos confirmam que todas as comunidades, mesmas as mais arcaicas, são fundadas por um sentimento de amizade interna entre seus membros e, ao mesmo tempo, por um sentimento de inimizade e estranhamento para os que não pertencem a comunidade. O motivo desses sentimentos, continua Corradini, é garantir a coesão e a preservação interna da comunidade num mundo altamente competitivo entre grupos e comunidades heterogêneas; qualquer comunidade em que os conflitos internos prevaleçam a ponto de quebrar a coesão interna está fadada à extinção[508].

A nação é "a maior forma de vida coletiva possível na prática", tendo evoluído durante séculos e fundamentada pela afinidade que seus membros compartilham[509]. Essa afinidade, igualmente moldada durante a evolução histórica da comunidade, não é exclusivamente ou principalmente racial ou étnica, mas também linguística e cultural — tanto pela religião quanto pelos mitos compartilhados —, sustentada pela instrução e repetição de cada geração durante o processo de desenvolvimento histórico[510]. Principalmente, a nação assim desenvolvida se caracteriza pela consciência de missão coletiva compartilhada pelos seus membros, por uma "fé e obediência... a uma tarefa a cumprir, a um destino ainda incerto"[511]. Corradini estava certo de que o nacionalismo italiano que estava surgindo era uma "expressão daquela fé universal e daquela disposição psicológica geral de obedecer, de se sacrificar e de se comprometer com o cumprimento de uma missão coletiva que era função do envolvimento do indivíduo em uma 'comunidade de destino' histórica"[512].

Não é difícil perceber as similaridades do pensamento de Corradini com as concepções sociológicas de Otto Bauer e principalmente de Gum-

---

[508] CORRADINI, Enrico. *Discorsi politici*. Florence: Valecchi, 1923, p. 24-25.
[509] CORRADINI, Enrico. *Il nazionalismo italiano*. Milano: Fratelli Treves Editori, 1914, p. 5.
[510] CORRADINI, Enrico. *L'Ombre della vita*. Napoli: Riccardo Ricciardi Editore, 1908, p. 285-286.
[511] CORRADINI, 1923, p. 36-40.
[512] GREGOR, 2004, p. 28.

plowicz, o que demonstra a enorme influência do sociólogo polaco no pensamento europeu da época. A nação, concebida como a evolução histórica de uma comunidade de destino por meio do embate entre os elementos heterogêneos, torna-se a entidade coletiva e orgânica máxima do mundo da virada do século, capaz de instilar e depois exigir o dever e o sacrifício de seus cidadãos como necessário na luta pela sobrevivência geopolítica.

A ênfase de Corradini nos deveres e sacrifício que os cidadãos da nação orgânica devem obedecer assinalam o seu antimaterialismo. De fato, Corradini, assim como os novos nacionalistas num geral, estavam justamente buscando uma forma de regeneração moral do povo italiano por meio da nação, e a ideia materialista de que a satisfação dos interesses econômicos e hedonistas dos indivíduos têm prioridade sobre considerações coletivas e nacionais era um absurdo. O problema, segundo Corradini, era a decadente cultura burguesa do *fin de siècle*, sua fraqueza moral hedonista e individualista, oriunda do liberalismo. A regeneração do povo italiano, para a grandeza da comunidade de destino, deve seguir uma ética totalmente diferente, moldada pela guerra: "'Não se esqueça', proclamou Corradini, 'que o homem é um animal de guerra'. A guerra representava a antítese da cultura pacifista, humanitária, afeminada e liberal que ele odiava e que acreditava estar debilitando grande parte da Europa"[513]. Desse modo, a regeneração cultural e a criação de novos valores nacionais heroicos se dá pela "ética do soldado": "a moral do soldado não é hipocrisia, é sinceridade; ele aceita o que é e não deforma a natureza humana"[514].

Corradini encontrou, por meio de seu antimaterialismo, uma aliança intelectual na grande figura do sindicalismo revolucionário: Georges Sorel. Ambos compartilhavam, além do ódio pela decadente cultura burguesa e seus rebentos intelectuais como o materialismo e o liberalismo, uma crença no aspecto mitológico da conduta revolucionária das massas. O próprio Sorel, numa carta a Benedetto Croce, afirmou que Enrico Corradini é "notavelmente inteligente... O autor percebe muito bem o valor de minhas ideias. Se eu tivesse o endereço dele, escreveria para agradecê-lo"[515]. Corradini estava convencido que os sentimentos morais e as convicções filosóficas não eram apenas manifestações acidentais de processos econômicos, mas elementos

---

[513] MARSELLA, Mauro. Enrico Corradini and italian nationalism, the 'right-wing' of the fascist synthesis. *Journal of political ideologies*, [s. l.], v. 9, n. 2, 2004, p. 211.
[514] Idem.
[515] MEISEL, James H. *The genesis of Georges Sorel*. An account of his formative period followed by a study of his influence. Michigan: The George Wahr Publishing Company, 1951, p. 219.

cruciais e determinantes nos acontecimentos históricos e sociais, porque o ser humano tem a necessidade de acreditar e se entregar a causas que deem sentido às suas ações e vida. Na visão de Corradini, a nação e o sentimento de missão e sacrifício cumprem essa função e reduzir tal sentimento a um epifenômeno da produção de bens econômicos significava não compreender o mais básico da natureza humana na progressão histórica.

É fácil perceber que o que Corradini estava defendendo com a sua concepção de uma nação orgânica que demanda deveres e sacrifícios de seus cidadãos se enquadra como um mito soreliano. Não se trata de um engodo calculado para enganar as massas, mas é o que Corradini chama de "espiritualismo", que "dá aos homens, nações e estados, as regras morais duras, generosas, sublimes, para que possam responder aos fins superiores aos quais se dirigem, na unidade e na luta, na paz e na guerra"[516]. Essas "regras morais duras, generosas e sublimes" constituem uma visão pela qual os seres humanos estavam preparados para se sacrificar, pela qual estavam preparados para trabalhar e pela qual, se necessário, estavam preparados para morrer.

Embora Corradini considerasse o socialismo e o liberalismo, como os "produtos finais" da "decadência da civilização política burguesa", isso não o impediu de se aproximar dos sindicalistas revolucionários, e essa aproximação é um dos pontos críticos da síntese revolucionária que levará ao fascismo. Do mesmo modo que Corradini se aproximou de Sorel, ele se deu com os sindicalistas italianos: a concepção mitológica da psicologia das massas não significou apenas um expediente prático, mas uma profunda concepção de como uma coletividade poderia ser regenerada por meio da criação de novos valores. E aqui deve-se esclarecer um ponto importante: Corradini, além de se opor ao socialismo na vertente marxista da luta de classes, concilia sua aproximação do sindicalismo mesmo sendo contrário ao socialismo porque o socialismo problemático em questão é apenas o socialismo *materialista e internacionalista*: "De modo que o socialismo [...] foi capaz de reduzir toda a civilização política sob a tirania da matéria"[517]. O sindicalismo, com a sua ênfase na importância do aspecto mitológico da ação revolucionária e ceticismo quanto ao determinismo materialista marxista, e mesmo fazendo parte do socialismo, é conciliável com a regeneração moral da nação italiana sonhada pelos nacionalistas, porque ambos

---

[516] CORRADINI, Enrico. *L'unità e la potenza delle nazioni*. Firenze: Vallecchi Editore, 1922, p. 89.
[517] *Ibid.*, p. 94-97.

os movimentos desejavam a criação de novos valores heroicos por meio da ação coletiva violenta: "Sindicalismo, nacionalismo e imperialismo representam o renascimento do valor da existência coletiva"[518,519].

Concomitantemente a sindicalistas como Angelo Olivetti, Paolo Orano e Sergio Panunzio, Corradini, primeiramente, buscou compreender como uma coletividade se comporta em associação, a sua psicologia e modos de ação. O desejado, para esses intelectuais, era "a natureza e o escopo da influência exercida por sugestão e imitação entre semelhantes que viviam em comunhão – quais externalidades influenciavam os atores políticos"[520]. O aspecto antimaterialista de ambos os movimentos acabou levando-os inevitavelmente à especulação sociológica acerca da psicologia coletiva e a força do mito nos empreendimentos revolucionários. Para os sindicalistas, se era insensato tratar a revolução como um fenômeno histórico inevitavelmente determinado, a solução era trazer a revolução pela força organizacional e psicológica do proletariado, treinando-o para a guerra e sacrifício dentro dos quadros da estrutura sindical. Já os nacionalistas não percebiam outro meio de regenerar a sociedade italiana senão pelo empreendimento coletivo da guerra imperialista, por meio da qual novos valores heroicos e de identidade nacional surgiriam para garantir o sucesso da nação na corrida geopolítica.

Um outro ponto de contato inevitável entre os dois grupos foi o elitismo sociológico. O sindicalismo revolucionário, já presente em Sorel, mas na Itália explicitado por sindicalistas como Olivetti e Panunzio, francamente reconhecia a necessidade de constituir líderes proletários e intelectuais para guiar a massa revolucionária no caminho correto. Similarmente, Corradini e os nacionalistas exortavam a criação de uma nova aristocracia produtiva nos quadros da nação orgânica, que se incumbiria de guiar as outras classes no compromisso com os deveres nacionais. Em ambos os casos, pode-se perceber a influência indelével da sociologia elitista de Gumplowicz, Pareto e Mosca, autores muito lidos pelos círculos sindicalistas e nacionalistas italianos. De fato, em 1909, anos antes dos sindicalistas sequer começarem

---

[518] CORRADINI, 1923, p. 68.
[519] As tentativas de Corradini em se aproximar dos sindicalistas deram fruto: por volta de 1910, Corradini começou a colaborar com Arturo Labriola e Roberto Michels no periódico *La Lupa*. No próprio jornal de Labriola, o *Avanguarda socialista*, muitos sindicalistas como Sergio Panunzio e Angelo Olivetti dividiram páginas com outros pensadores como Benedetto Croce, Vilfredo Pareto e um iniciante jornalista socialista chamado Benito Mussolini. *Cf.*: STERNHELL, Zeev. The 'Anti-Materialist' Revision of Marxism as an Aspect of the Rise of Fascist Ideology. *Journal of Contemporary History*, London, v. 22, n. 3, Jul. 1987, p. 388-389.
[520] GREGOR, 2004, p. 28.

a considerar a nação como uma comunidade orgânica e revolucionária, Corradini elogiou o sindicalismo por sua oposição ao pacifismo, humanitarismo e democracia parlamentar, e sua ênfase nas possibilidades que a força revolucionária poderia conseguir, continuando a admitir que o sindicalismo era uma manifestação "de um renascimento de valores morais severos, e ambos [nacionalismo e sindicalismo] enfatizavam a solidariedade e o elitismo", que poderia ensinar os nacionalistas a "imaginar a nação no futuro ordenada como um sindicato gigante, composto por uma rede de sindicatos individuais de produtores"[521]. Para Corradini, isso significa que os "objetivos do sindicalismo poderiam estar contidos na nação", tornando-a uma enorme "corporação de classes"[522].

Corradini, muito astutamente, percebeu essas afinidades intelectuais e arregimentou um mito revolucionário: a nação proletária. O argumento é engenhoso e segue uma linha bem discernível. Em um famoso discurso, de 1911, intitulado *Le nazioni proletarie e il nazionalismo*, Corradini começa por especificar que o que torna a luta de classes tão atraente para a classe trabalhadora é o interesse econômico em comum que os trabalhadores compartilham entre si, e do mesmo modo isso se dá com toda classe social; por meio desse raciocínio dos interesses de cada classe, Corradini foi se aproximando do interesse comum compartilhado por todas elas: "Descobriu-se que as classes, abaixo de seus particulares interesses conflitantes, também tinham um interesse comum, deviam obter um lucro comum para todas elas, justamente o seu desenvolvimento econômico"[523]. Corradini naturalmente concluiu que o interesse comum básico do "desenvolvimento econômico" das classes está inevitavelmente ligado com o *status* da nação no mundo; a condição econômica tanto da classe proletária, quanto da classe burguesa de uma nação está relacionada com a capacidade produtiva da própria nação, seu acesso a matérias-primas, mão de obra e terra cultivável. A questão social das classes se torna dependente da política externa de uma nação: "O nacionalismo é uma tentativa de mudar o problema da vida nacional da política interna para a política externa"[524]. Corradini então elenca algumas verdades expostas pelo nacionalismo:

> O nacionalismo afirma este conjunto de verdades:
>
> 1: as condições de vida de uma nação são coordenadas com as condições de vida de outras nações.

---

[521] ROBERTS, 1979, p. 117.
[522] *Idem*.
[523] CORRADINI, 1914, p. 30-31.
[524] *Ibid.*, p. 33.

> 2: para algumas nações essa coordenação é subordinação, é dependência, dependência econômica e moral, mesmo que não haja dependência política.
>
> 3: verdade, a Itália é justamente uma daquelas nações que dependem econômica e moralmente das outras, embora sua dependência política tenha cessado há cinquenta anos.
>
> 4: para falar a verdade, essa dependência da Itália é gravíssima.
>
> 5: e, por último, a Itália deve se redimir desta dependência econômica e moral, como já se redimiu daquela política, porque pode e tem obrigação de fazê-lo.[525]

Tendo estabelecido esses pressupostos, o terreno está pronto para o novo mito: "para mostrar como o nacionalismo responde ao espírito do nosso tempo, chamo de proletárias as nações que, como a Itália, se encontram em estado de dependência"[526]. Do mesmo modo que o proletariado se encontra dependente da burguesia, a nação proletária italiana se encontra dependente das nações plutocráticas como Inglaterra, França e Alemanha:

> E continuando por analogia, acrescento que o nacionalismo quer ser para toda a nação o que o socialismo foi apenas para o proletariado. O que era o socialismo para o proletariado? Uma tentativa de redenção, em parte, e tanto quanto possível, foi bem-sucedida. E o que o nacionalismo quer ser para a nação? Uma tentativa de redenção, e Deus deseja que ela seja totalmente bem-sucedida.[527]

A nação proletária, para deixar bem claro, não foi uma invenção unicamente de Corradini, mas uma concepção também já existente, embora não sistematizada, em círculos socialistas e sindicalistas, como o *l'imperialismo della povera gente* do poeta socialista Giovanni Pascoli. Em um discurso tornado opúsculo intitulado *La grande proletaria si è mossa,* de 1911, Pascoli, tendo em mente a diáspora dos trabalhadores italianos, exorta que a nação — chamando-a de nação proletária pela sua habilidade de fornecer trabalhadores ao mundo — tome uma posição imperialista e busque expandir sua influência no globo justamente para impedir a sangria nacional de italianos[528]. Pelo menos desde 1900, Pascoli defendeu a criação de um socialismo patriótico com ênfase na luta internacional entre as nações e

---
[525] *Ibid.,* p. 33-34.
[526] *Ibid.,* p. 34.
[527] *Idem.*
[528] PASCOLI, Giovanni. *La grande proletaria si è mossa.* Discorso tenuto a barga "per i nostri morti e feriti". Bologna: Nicola Zanichelli, 1911, p. 22-25.

que os socialistas, embora não precisassem negligenciar a luta de classes, mudassem o foco para assegurar a qualidade de vida da nação em vez de somente da classe proletária italiana[529]. E, como explicado anteriormente, os sindicalistas e os socialistas do PRSI, principalmente após a Grande Guerra, também haviam conjecturado um tipo de socialismo nacional com a sua versão da nação proletária.

O mito da nação proletária de Corradini, sendo mais sistemático e impactante que os concorrentes, não é uma mera analogia criativa calculada apenas para alistar os sindicalistas — embora esse tenha sido um dos resultados esperados —, mas uma nova concepção sociológica com ramificações muito mais profundas e consequências tremendas para o século XX. Assumindo a necessidade de uma nova aristocracia produtiva para guiar a revolução italiana, Corradini buscou mostrar aos sindicalistas que a classe trabalhadora era, naturalmente, a classe produtiva da nação, mas que a burguesia ainda tinha seus méritos na produção nacional como um todo, abrindo a possibilidade de uma conciliação das classes. De fato, Corradini argumentou que, da mesma forma que os sindicalistas consideram os sindicatos como "comunidades de destino" em que o trabalhador começa o seu processo de conscientização para a luta de classes com a elite proletária, o mesmo se dá num escopo nacional, onde o proletário e o burguês se conscientizam dos seus deveres com a nação para uma luta mais decisiva que se daria no plano internacional. Para Corradini, os sindicalistas, até antes da guerra Ítalo-turca de 1912, compreendiam as dinâmicas psicológicas e sociológicas do processo revolucionário, mas erravam o alvo da luta porque a luta de classes foi engolida por um mundo onde as nações se tornaram os atores definitivos da luta pela supremacia do globo; as classes sociais se encontravam presas ao destino de suas respectivas nações, e se "os trabalhadores italianos esperavam sobreviver e prosperar em tal mundo, eles precisavam de empresários, funcionários, comerciantes, financistas, intelectuais, educadores e funcionários do Estado"[530]. Dessa forma:

> Como o nacionalismo moderno, o sindicalismo adotou uma doutrina comunal e elitista que exaltava o uso da ação direta violenta e um grande conflito final. Em contraste com a esquerda moderada, o sindicalismo continha uma concepção mais elitista da sociedade, que diferenciava o trabalho produtivo do não produtivo. Os sindicalistas também possuíam

---

[529] DE GRAND, 1978, p. 19.
[530] GREGOR, 2004, p. 28.

o objetivo imperialista de conquista e domínio de uma classe sobre a outra. Corradini poderia, portanto, nacionalizar facilmente o sindicalismo mudando o foco de classe para nação: como havia classes desiguais com interesses diferentes, havia nações desiguais e diferentes. Ele correlacionou a greve geral do sindicalismo com a grande guerra internacional do nacionalismo: um evento grandioso, religioso e moral, que envolveu a disciplina, o sacrifício e a solidariedade de uma comunidade ligada. Corradini também reconheceu as inclinações imperialistas no sindicalismo, que ele poderia facilmente transferir para a arena internacional.[531]

Na arena internacional, o mito da redenção socialista se torna o mito da redenção nacional por meio da luta internacional entre as nações proletárias contra as nações plutocráticas: "Em suma, concluímos que as duas guerras, a balcânica e a Líbia, que aliás são guerras de povos de caráter proletário, tiveram e ainda têm o mesmo inimigo: a plutocracia europeia", sendo que "o nosso pior inimigo [...] foi e é a plutocracia bancária e industrial europeia internacional"[532]. As nações proletárias se caracterizam por seu *status* de inferioridade socioeconômica e pouca influência na geopolítica, mas que estão se tornando emergentes e começando a competir com seus maiores concorrentes, as nações plutocráticas, que, na visão nacionalista, são as principais detentoras de poder industriário, bélico e financeiro, notabilizando-se pela rápida expansão colonial na virada do século. Naturalmente, Corradini coloca a Itália como uma nação proletária tentando sobreviver num mundo controlado pelas grandes plutocracias capitalistas como Inglaterra e Alemanha. A busca por justiça no século XX se daria pela guerra entre as diferentes classes de nações, que levam consigo suas respectivas classes sociais; uma luta pela emancipação nacional da Itália.

Dado esse quadro, a mobilização da nação e de seus produtores era essencial para garantir a vitória da Itália, uma mobilização que passa por meio da função psicológica das massas que os sindicalistas bem compreendiam. Corradini exortou que tanto o proletariado quanto a burguesia nacional deveriam se conscientizar de seus deveres e sacrifícios para se tornarem "soldados-produtores" da nação, tanto na produção material quanto na guerra física[533]: "sendo assim, é necessário que os produtores adquiram uma consciência adequada e se tornem capazes de cumprir os deveres adequados

---

[531] MARSELLA, 2004, p. 207-208.
[532] CORRADINI, 1914, p. 184-186.
[533] CORRADINI, 1923, p. 141-149.

e exercer os direitos adequados"[534]. A conscientização de todas as classes no quadro da nação orgânica resulta num poderoso e imprescindível Estado unitário, isto é, como o próprio Corradini afirmou: "O Estado é a nação orgânica e ativa". O Estado-nação orgânico e unitário expressa "sua virtude de organicidade, isto é, de transformação de seus elementos em órgãos e de suas forças em funções de unidade viva", e essa atividade orgânica de transformar "seus elementos em órgãos" é o fundamento sociológico por trás daquilo que Corradini chamou de "sindicalismo-nacional"[535].

Num artigo intitulado *"Il Ricostrutore"*, Corradini tece uma explicação das forças que, contrárias ao liberalismo e ao socialismo marxista, reconstroem e fortalecem a nação, e no curso do seu argumento deixa mostrar as concepções econômicas do seu sindicalismo-nacional. A "mecânica da unidade produtiva da sociedade nacional" é atingida quando a burguesia e o proletariado, colocados nos seus devidos lugares e cientes de seus respectivos deveres, encontram-se conciliados e dentro do quadro normativo do Estado orgânico, que "deixa de ser parcial para com" o protecionismo, o cooperativismo, a estatização e o monopólio, justamente porque o "protecionismo tira suas normas das necessidades da sociedade nacional e das condições históricas", do mesmo modo que "a legislação social, o cooperativismo, a estatização, e os monopólios estão contidos nos limites das condições históricas, na ordem da mecânica produtiva", isto é, "na lei de ferro da sociedade nacional"[536]. Todos esses expedientes estatais, se requisitados pelo Estado, tornam-se legítimos, porque, fundamentados na unidade orgânica das classes produtivas, seriam direcionados sem parcialidade classista na direção da verdadeira necessidade nacional. Corradini desejava um quadro de produção nacional onde as forças produtivas, tanto burguesas quanto proletárias, se encontrassem em pé de igualdade normativa sob a égide da legislação laboral do Estado orgânico, "uma união jurídica nacional em que as organizações de trabalhadores recebessem reconhecimento legal em pé de igualdade com as organizações de empresários"[537]. O Estado arbitraria e resolveria as disputas laborais entre os sindicatos nacionais e as empresas no interesse social e produtivo da nação. Esse pressuposto sociológico e político do Estado orgânico e unitário é o que baliza a arregimentação da propriedade produtiva — a chamada função social da propriedade — em

---

[534] CORRADINI, Enrico. *Discorsi nazionali*. Roma: L'italiana, 1917, p. 156-157.
[535] CORRADINI, 1922, p. 122.
[536] *Ibid.*, p. 218-219.
[537] GREGOR, 2004, p. 34-35.

vista do interesse nacional, o que Corradini aludiu como um corporativismo "em que os elementos produtivos da sociedade moderna seriam organizados politicamente sob a égide do Estado"[538]. A nação proletária, devido a suas enormes responsabilidades e necessidades vitais frente ao desafio geopolítico do século XX, concilia suas classes produtivas dentro de um quadro normativo estatal calcado nos interesses nacionais e, nesse quadro, os sindicatos se tornam nacionalizados e controlados pelo Estado: o sindicalismo-nacional.

A nação-proletária de Corradini se diferencia da de Arturo Labriola ao enfatizar que ambas as classes, proletariado e burguesia, encontram-se oprimidas pela competição internacional das nações plutocráticas e, desse modo, a solução seria, ao invés de erradicar uma classe, a constituição "de uma ordem social hierarquicamente estruturada em que todas as classes trabalharam por um interesse nacional comum"[539]. O mito da greve geral do sindicalismo revolucionário é descartado pelo novo mito da nação proletária em guerra não mais com a sua própria classe burguesa, mas com as nações capitalistas e plutocráticas. Sorel, influenciado por Proudhon e Pelloutier, começou direcionando as classes produtivas francesas, por meio dos sindicatos, à luta contra a decadência do Estado burguês e sua cultura materialista, positivista e iluminista; agora, Corradini direciona as classes produtivas da nação italiana para um combate internacional contra os decadentes estados plutocráticos que também representam a moribunda cultura liberal. A classe revolucionária, agora transmutada na classe dos produtores nacionais, irá regenerar a nação proletária por meio de novos valores de trabalho, heroísmo e sacrifício na realização dos seus deveres.

Seguindo essa linha, Corradini caracterizou a "guerra como uma revolução multifacetada do 'proletariado', que reformaria a nação internamente e alteraria o equilíbrio internacional do poder imperial"[540], e há um último elemento importante da concepção de Corradini: o império. Há duas acepções que Corradini dá ao termo "império", correlacionados; o primeiro é ilustrado como uma "necessidade" vital, tanto dos indivíduos, quanto das classes sociais mais abrangentes, e Corradini nutria admiração pelo sindicalismo, porque o sindicalismo justamente nunca rejeitou o impulso do império, mas o abraçou e buscou expandi-lo por meio da doutrina da luta de classes, exortando o proletariado a derrotar e conquistar a burguesia.

---

[538] *Ibid.*, p. 35.
[539] MARSELLA, 2004, p. 210.
[540] *Ibid.*, p. 211.

Essa necessidade de força e conquista exposta pelo sindicalismo apenas necessitava uma nova direção mais correta: "O imperialismo de classe é luta de classes e revolução", mas isso é "retido e limitado por outra de suas necessidades de vida, por aquela que eles têm para formar a sociedade nacional do trabalho e da produção"[541]. A nação, por meio do Estado unitário, possibilita a congregação de todas as forças individuais e sociais — que, se deixadas livres como no liberalismo, levariam à luta de classes e à dispersão da sociedade — e as direciona para um único e centralizado desejo de império. Essa primeira caracterização do império como necessidade que se centraliza na nação para sua expansão culmina na necessidade de colonização: "O imperialismo colonial do Estado é a transformação completa e perfeita da expansão do núcleo da população e do território nacional em seu corpo orgânico e vivo para o mundo"[542]. É, igualmente, a "satisfação plena e estável de todas as novas necessidades vitais decorrentes da mudança na relação entre a população e o território nacional, devido ao aumento da primeira e à limitação da segunda"[543]. Sem dúvidas que Corradini tinha em mente a questão da migração italiana quando escreveu essas linhas, o que denota que as suas concepções de nação orgânica e necessidade de império estão profundamente relacionadas com os problemas que a Itália enfrentava na época.

A segunda acepção que Corradini usa do termo império é mais intuitiva, isto é, é a de um literal império territorial como o de Roma — que ele tinha em mente. As nações que se transformam em império são as nações "eleitas", aquelas nações que conseguem mobilizar as suas forças produtivas e seus mitos para superar as nações concorrentes na luta pela sobrevivência dos povos. Corradini mesmo coloca que somente as nações com "potência" e uma "técnica e poder" específicos atingem o cume do império no mundo, e deve-se entender "potência" como o "aumento da população e da produção, que isso exige um aumento de território e dá força para conquistá-lo", nas "qualidades da raça nacional, em sua coragem guerreira e aventureira" e na "na forma da alma nacional, no domínio do Estado sobre o povo e a sociedade nacional"[544].

Percebe-se que toda a construção sociopolítica de Corradini, desde as concepções mais básicas acerca da natureza do homem em associação até a

---
[541] CORRADINI, 1922, p. 288.
[542] *Ibid.*, p. 298.
[543] *Ibid.*, p. 299.
[544] *Ibid.*, p. 300-301.

criação da nação proletária unificada pelo Estado orgânico, é direcionada ao objetivo final do império e expansão do povo italiano pelo mundo. O uso do mito nacional, da elite produtiva e da arregimentação das classes dos produtores são instrumentos para conseguir gerar aquela moral guerreira e heroica que caracteriza uma revolução nacional necessária na luta pelo império. Ao desatrelar a classe revolucionária do positivismo histórico marxista, por meio da revolta cultural soreliana, e o descobrimento da nação como o mais forte centro de interesses e fidelidades do indivíduo, Corradini, já na primeira década do novo século, conjurou um novo tipo de nacional-socialismo autoritário e imperialista que se tornaria um dos pilares fundamentais do fascismo.

Embora a inegável influência de Corradini, outro nacionalista também se mostrou essencial para a evolução do nacionalismo em fascismo, um dos mais importantes juristas italianos do século XX e o arquiteto legal do Estado autoritário de Mussolini: Alfredo Rocco.

III Alfredo Rocco, o arquiteto do Estado fascista

Alfredo Rocco, embora tenha sido um jurista de destaque nas áreas de direito civil, penal e comercial, será analisado pelo impacto de suas ideias políticas na síntese da ideologia fascista. Não se olvida o seu papel de destaque como Ministro da Justiça do governo Mussolini, entre 1925 e 1932, em cuja capacidade estruturou juridicamente o estado totalitário fascista, cujas consequências serão analisadas no capítulo seguinte. Neste subcapítulo, contudo, far-se-á apenas um esboço explicativo do pensamento sociopolítico de Rocco.

Após um breve flerte de juventude com o socialismo e militância no Partido Radical[545], Rocco se aproximou do nacionalismo de Corradini e da Associação Nacionalista Italiana, e não é difícil ver o porquê quando os pressupostos sociológicos de suas ideias são destrinchados. Para Rocco, o homem é um animal essencialmente político e comunitário: "é na comunidade que o indivíduo se torna efetivamente livre, porque encontra sua razão de ser apenas como parte do todo"[546]. A sociedade é concebida como uma entidade orgânica que abarca e dá sentido a todas as suas partes individuais, como as empresas, organizações, famílias e indivíduos, tornando-se a medida

---
[545] UNGARI, Paolo. *Alfredo Rocco e l'ideologia del fascismo*. Brescia: Morecelliana, 1963, p. 29.
[546] SIMONE, Giulia. *Tutto nello Stato. L'itinerario politico e culturale di Alfredo Rocco*. Venezia: Università Ca'Foscari Venezia, 2010, p. 323.

de validade das vontades e ações. De fato, para Rocco a sociedade é "um organismo que persegue seus próprios objetivos e os indivíduos são apenas órgãos em vista desse propósito superior e transcendente"[547]. A concepção orgânica da sociedade e da essência social do indivíduo desemboca, inevitavelmente, numa ideia de liberdade vinculada às relações sociais dentro da própria sociedade: o indivíduo é livre quando se encontra em harmonia com o todo da sociedade, do mesmo modo que um órgão encontra sua razão de ser cumprindo sua função em prol do organismo maior.

A concepção rocchiana de nação contém a mesma característica orgânica e pode-se sentir a influência de Gumplowicz, quando Rocco afirma que uma nação é o controle de um território "cujos membros estão vinculados pela consciência de uma origem étnica comum, pela comunidade de língua, tradições, cultura, pela convicção da solidariedade de seus interesses étnicos"[548]. O controle jurídico de um território não é suficiente, aos olhos de Rocco, para que um povo se constitua em nação, mas uma confluência de fatores históricos harmoniosos e experiências compartilhadas fundamentam a coesão social de uma nação orgânica. O indivíduo de uma nação orgânica não é apenas cidadão residente do território, mas herdeiro desse material histórico-cultural compartilhado que evoluiu durante séculos, finalmente possibilitando a existência de uma comunidade de destino nacional. A história do desenvolvimento das nações rocchianas se apresenta como "uma história imutável de organismos sociais em perpétua luta uns com os outros", em que cada organismo busca a sua conservação que "somente é possível se os indivíduos viverem suas vidas em rígida e total coesão através da organização do poder dominante de cima, que é o Estado"[549].

O Estado, como consequência dessas concepções orgânicas, surge como o representante jurídico e *de facto* da sociedade, que se incumbe de organizá-la juridicamente e economicamente, e isso é apenas natural se assume-se que os indivíduos são efêmeros e uma pequena parte do edifício social, restando apenas a sua construção total, o Estado e o direito público, como detentor da primazia e do poder sobre seus órgãos. Rocco mesmo afirma que a "originalidade do nosso movimento reside precisamente nisto: querer construir o Estado forte e fazer triunfar o princípio da organização, não com base no privilégio de poucos, mas no enquadramento das massas e na sua participa-

---

[547] CHIODI, Giovanni. *Alfredo Rocco e il fascismo dello Stato totale*. Em I giuristi e il facismo del regime (1918-1925), a cura di Italo Birocchi e Luca Loschiavo. Roma: Roma Trepress, 2015, p. 114.
[548] Idem.
[549] GENTILE, Emilio. *Le origini dell'ideologia fascista*, 1918-1925. Bologna: Il Mulino, 1996, p. 446.

ção na vida do Estado"⁵⁵⁰. O "enquadramento das massas" à vida do Estado é essencial para Rocco, porque a sociedade, concebida organicamente, somente pode funcionar corretamente se todas as suas partes estiverem sob o poder do Estado e funcionando harmoniosamente. Rocco não aceita que possa existir uma sociedade justa e bem-sucedida em que as partes estejam em confronto com o todo, isto é, o indivíduo esteja em confronto com o Estado, de modo que a relação indivíduo-Estado se torna um dos pilares de seu pensamento porque serve não apenas para fundamentar suas próprias concepções, mas igualmente para atacar o seu maior rival: o individualismo liberal.

Rocco é um intelectual notável no meio das hostes nacionalistas, porque ele expôs uma reconstrução do pensamento político europeu sob a ótica do embate entre o indivíduo e o Estado de uma maneira muito mais clara e profícua que seus colegas, fornecendo a melhor e mais madura linha argumentativa do novo nacionalismo italiano. Rocco reconhece que o individualismo liberal teve um papel importante na queda dos regimes feudais e monárquicos, acabando por se constituir, após a Revolução Francesa, como a principal filosofia política do século XIX com o avanço da burguesia e impregnando tanto o campo político, quanto econômico. Nos demais países europeus, como a França e a Inglaterra, a "afirmação individualista havia sido precedida por três séculos pela afirmação nacional"⁵⁵¹, de modo que o individualismo serviu um papel importante no desenvolvimento do novo Estado-nação ao limpar os excessos absolutistas e feudais. Mas na Itália a "afirmação nacional não aconteceu", encontrando-se no século XIX "tendo que resolver o problema liberal, quando ainda não havia resolvido o problema nacional, ou seja, o problema da organização política da nação"⁵⁵². O individualismo, após cumprir seu papel histórico na destruição do *ancien régime*, acabou ele próprio se excedendo e se afirmando como a única fórmula de realização social contra toda forma de vida coletiva e função do Estado. Naturalmente, na Itália esse problema se exacerbou consideravelmente, devido à falta de uma "afirmação nacional" histórica.

Rocco entendia que a continuação do individualismo durante o século XIX, na forma de liberalismo político e econômico, "não permitiu a saída do impasse, que é a desordem, a anarquia, a autodefesa, a falta de um centro de poder forte"⁵⁵³, justamente porque cada indivíduo e grupo

---

[550] SIMONE, 2010, p. 105.
[551] ROCCO, Alfredo. *Che cosa è il nazionalismo e che cosa vogliono i nazionalisti*. Padova: Gruppo Nazionalista Padovano, 1914, p. 15.
[552] *Ibid.*, p. 15-16.
[553] CHIODI, 2015, p. 114.

social se afirmava como detentor de direito absoluto frente à integridade da sociedade e do Estado. Em uma linguagem orgânica, pode-se dizer que o liberalismo afirma o contrário do apregoado pelo nacionalismo de Rocco: que as partes do todo social têm a primazia e o poder, dando ênfase nas satisfações econômicas individuais ao invés da coesão nacional. O avanço do individualismo liberal conduziu à "crise do liberalismo", desembocando na fragmentação social e do Estado nas mãos dos grupos de interesse e das classes sociais, agora em luta umas com as outras em busca de seus interesses egoístas: "Portanto, isso é evidente: que o individualismo [...] apenas afirma o egoísmo individual" ao custo de "qualquer solidariedade social"[554].

Rocco ainda afirma que o socialismo, como concepção de homem e sociedade, é oriundo do mesmo individualismo que fundamenta o liberalismo:

> Disso se segue que o socialismo, apesar do nome, é apenas a expressão máxima do individualismo. O que ocupa e preocupa o socialismo é o bem-estar econômico do indivíduo. Tanto é assim que o socialismo tem sua própria filosofia, o materialismo histórico, que admite que o bem-estar econômico do indivíduo é o objetivo de todas as ações econômicas e, portanto, a causa e explicação de toda a vida social.[555]

A aparente estranheza dessa comparação se clarifica quando se entende que, para Rocco e os nacionalistas, a ênfase na satisfação econômica tanto dos indivíduos considerados isoladamente, quanto de uma classe deles se fundamenta numa visão de mundo individualista e materialista, justamente porque busca se realizar às custas da integridade da sociedade nacional. O socialismo, então, é a "afirmação extrema do individualismo econômico", e mesmo a socialização dos meios de produção da vertente marxista é apenas um meio para "atingir um objetivo absolutamente individual" em nome de uma classe social exclusiva. Claramente, a ideia marxista de uma ditadura do proletariado com o controle exclusivo dos meios de produção e o desmonte do Estado é, para Rocco, o paroxismo do egoísmo individual que busca a desunião da sociedade em prol dos benefícios materiais de uma classe social. Elencado como sua primeira razão de ser antissocialista, Rocco afirma que "ao defender o egoísmo individualista em sua forma mais brutal", o socialismo "tende a sacrificar completamente a coletividade, a nação, e a raça, ao indivíduo", nesse caso o proletário[556].

---

[554] ROCCO, 1914, p. 24.
[555] *Ibid.*, p. 31-32.
[556] *Ibid.*, p. 32.

Continuando sua reconstrução histórica, Rocco coloca a democracia parlamentar e o sufrágio universal como também oriundos do individualismo: "É natural, portanto, que o individualismo não se limitasse a reivindicar a liberdade do indivíduo"[557], mas que também "afirmasse a supremacia do indivíduo" na forma política, a "democracia", a manifestação extrema do individualismo no campo político. Para Rocco, a democracia e o sufrágio universal se destinam ao "controle da massa de indivíduos sobre o governo do Estado" na tentativa de limitar os poderes do Estado vis-à-vis o indivíduo. A democracia não "mais concebe o Estado como o representante da nação, entidade perpétua e imanente ao longo dos séculos", mas como representante "dos indivíduos atualmente existentes"[558]. A democracia parlamentar moderna se transformou num balcão de negócios dos vários indivíduos e grupos, que buscam se utilizar do Estado para avançar seus próprios interesses às custas da unidade orgânica da sociedade[559].

Pode-se perceber, nessa linha de pensamento de Rocco, que a história intelectual europeia a partir da Revolução Francesa é interpretada tendo como pressuposto o embate do indivíduo — individualismo, liberalismo, materialismo, socialismo e democracia — contra o Estado — a concepção orgânica da sociedade, nação e do Estado —, de uma maneira que o leitor é levado a crer que existe uma crise se alastrando pela Europa na virada do século, uma crise do individualismo em todas as suas vertentes, com o resultado final do enfraquecimento geral da autoridade do Estado: "O itinerário político nacionalista de Rocco é marcado por etapas estratégicas", em "um ataque direcionado ao liberalismo, à democracia e ao socialismo, acusado de minar a nação e o Estado, e de ser impotente para resolver os problemas italianos"[560].

Os "problemas italianos", além da falta de uma afirmação nacional histórica, centram-se, essencialmente, na produção econômica e na criação de uma nova consciência nacional dos produtores da nação. Quanto

---

[557] Ibid., p. 21.
[558] Idem.
[559] Em uma passagem curiosa, logo após denunciar os malefícios da democracia, Rocco (1914, p. 25-26) escreve que o nacionalismo não deseja destruir a democracia porque, muito embora haja óbvios males que ela traga, ela "também pode produzir algum bem, especialmente a formação de uma verdadeira consciência política nas massas... Por essas razões, o nacionalismo aceitou as atuais instituições democráticas". Fora o mero caráter instrumental dessa aceitação das instituições democráticas, é duvidoso que a democracia liberal fosse realmente compatível com o programa institucional nacionalista. De fato, a história do nacionalismo, depois tornado fascismo, aceitou muito mais a "consciência política das massas" de um jeito alinhado com o Estado do que qualquer instituição democrática liberal.
[560] CHIODI, 2015, p. 105.

ao problema da produção, Rocco afirma que, dada das míseras condições naturais da península e sua posição de inferioridade no cenário global, a produção econômica deve ser a prioridade máxima, sem a qual qualquer possibilidade de futuro para a Itália é impensável. É nesse pressuposto que Rocco rechaça tanto o liberalismo, quanto o socialismo como concepções econômicas. O Estado liberal é definido como "a expressão da vontade incoerente das multidões amorfas e inorgânicas, puras somas de indivíduos, incapazes de compreender e realizar nada além de seus interesses individuais", e mesmo que "os homens" sejam "excelentes, é o organismo que não funciona por inépcia natural"[561]. Em seu famoso artigo "*Il principio economico della Nazione*", Rocco faz seu juízo final do liberalismo:

> Mas talvez ainda mais grave seja o erro do liberalismo econômico de esquecer a função social da produção ou de ignorar os elementos morais e políticos que têm importância tão decisiva no próprio fenômeno econômico. O materialismo, que é a essência da doutrina política econômica liberal, está fadado a se degenerar no egoísmo mais míope. À isso devemos o nascimento e desenvolvimento do socialismo. Não é um paradoxo. O socialismo é filho do liberalismo econômico. Marx é uma derivação de [David] Ricardo.[562]

Nessa citação, está contida a já aludida ligação que Rocco faz do liberalismo com o socialismo por meio do individualismo materialista e o seu "egoísmo mais míope", como também a opinião de que a produção econômica deve ser guiada por "elementos morais e políticos", ao invés de ser deixada ao livre-mercado. Certamente que Rocco não deseja, com essa crítica, uma economia socialista de estilo soviética, porque, na sua concepção, o principal objetivo do socialismo marxista é a distribuição de riqueza entre uma classe específica, o que era um absurdo considerando a situação de subdesenvolvimento da Itália. A sua visão econômica é, como pode ser intuído, uma produção nacional fora dos quadros do individualismo liberal e socialista: "Aceitamos, portanto, o princípio da iniciativa individual e da propriedade privada da doutrina liberal, embora com um espírito completamente diferente", em que "a organização privada da produção, a propriedade privada do capital, não é feita no interesse individual, mas no interesse nacional"[563].

---

[561] ROCCO, Alfredo. *Scritti e discorsi politici, Vol. II. La lotta contra la reazione antinazionale (1919-1924)*. Milano: Dotta. A. Giuffré Editore, 1938, p. 586.
[562] *Ibid.*, p. 718.
[563] *Ibid.*, p. 719.

Essa ideia de uma produção nacional pode ser melhor compreendida tendo em mente que Rocco e os nacionalistas desejavam, por meio da criação de um poderoso Estado interventor, controlar, mesmo que indiretamente, todos os aspectos da produção nacional para debelar o que eles consideravam uma crise descentralizadora oriunda do século XIX, no qual foi preciso "traçar um programa econômico e político que propunha não apenas o aumento da produção interna", mas "também o controle férreo da produção e das massas, em contraste com a neutralidade e o não intervencionismo do liberalismo"[564]. Para restabelecer a força do novo Estado "era preciso inverter o curso e estabelecer uma hierarquia de valores diferente: em escala ascendente, os indivíduos, os grupos e a nação"[565].

Deve-se ter bem claro: a distribuição de propriedades e riqueza dentro da sociedade almejada pelos nacionalistas não segue qualquer princípio individualista, quer seja liberal ou socialista, mas os desejos do Estado a depender das necessidades do momento, porque o Estado representa o absoluto, o *todo* da sociedade orgânica. A tradição jusnaturalista clássica, que originou o liberalismo, tem a propriedade como um direito natural e individual, oriundo da sanção divina ou de uma lógica racionalista *a priori*, o que é inaceitável para os adeptos da concepção orgânica da sociedade. A propriedade não pode ser um direito individual, porque a propriedade privada assim concebida seria utilizada como um meio de proteção e/ou luta do indivíduo contra o Estado, tornando-se um limite à força legislativa estatal. Rocco mesmo afirma que "a concepção da filosofia do direito natural, que se perpetua na ciência econômica", já foi superada pela ciência do direito público[566], confirmando que a propriedade privada dos meios de produção é uma *concessão* estatal e não um direito individual: "A sociedade deve ser regida por uma estrita razão de Estado segundo a qual os direitos individuais" são "uma concessão outorgada pelo próprio Estado no seu próprio interesse e, portanto, sempre revogáveis"[567].

De fato, a concepção contratualista e lockeana da sociedade, oriunda do jusnaturalismo clássico, é, para os nacionalistas, centrada num pressuposto atomístico em que o indivíduo é considerado como separado e em luta contra o Estado, tornando-se atomizado, o que "desfaz a sociedade" e possibilita uma queda no materialismo, "negando aquele patrimônio

---

[564] CHIODI, 2015, p. 105.
[565] *Idem*.
[566] ROCCO, 1938, p. 27-58.
[567] SIMONE, 2010, p. 78.

essencialmente espiritual de ideias e sentimentos que cada geração recebe das gerações passadas e transmite para o futuro", destruindo a "unidade e a própria vida espiritual das sociedades humana"[568]. A concepção orgânica da sociedade e do Estado, pelo contrário, defende que o indivíduo não apenas depende da sociedade para realizar suas possibilidades morais e intelectuais, mas *não* pode existir fora do quadro social sem se bestializar e viver na insegurança constante, motivo pelo qual o indivíduo apenas se torna um indivíduo e encontra sua liberdade sendo uma parte da sociedade e do Estado. Desse modo, os "elementos morais e políticos" que Rocco aludiu como sendo essenciais para o "fenômeno econômico" se tornam uma "razão de Estado", porque é o *todo* do organismo social que dá sentido às suas partes, que separadas não têm razão de existir. A sociedade, encarnada no Estado e sua lei positiva, faz exercer sua vontade coletiva que, como é sempre presumido, atende todas as necessidades sociais e nacionais.

As classes sociais, nessa ótica, não são outra coisa senão órgãos da sociedade e, como tais, também devem ser postas sob a jurisdição do Estado e da vontade coletiva, motivo pelo qual a ideia marxista de uma classe proletária é relativizada e condicionada às necessidades da nação. Rocco é enfático quanto a importância da classe trabalhadora para a missão nacional do novo Estado: "A elevação das classes trabalhadoras é uma condição favorável para o desenvolvimento econômico e político da nação, devendo, portanto, ser favorecida em todos os sentidos, ainda que colida com os interesses de outras classes sociais"[569], e não poderia ser diferente visto que a ênfase nacionalista na produção econômica nacional é obrigada a levar em conta a capacidade produtiva da classe trabalhadora. Contudo, como a primazia do poder estatal é absoluta, a influência da classe trabalhadora é limitada ao se tornar "um obstáculo ao progresso da nação, afetando as próprias fontes de produção, ou pondo em perigo a paz social, ou absorvendo uma parte excessiva dos recursos do Estado"[570]. Do mesmo modo, a "classe burguesa não é uma classe fechada como era, sob o antigo regime", mas "é algo como um imenso canal, aberto por baixo e por cima", de onde a conciliação das classes pode ser feita por meio da direção do Estado nacional[571].

---

[568] ROCCO, Alfredo. *La dottrina del fascismo e il suo posto nella storia del pensiero politico*. Milano: Stabilimento Tipografico La Periodica Lombarda, 1925, p. 6.

[569] ROCCO, Alfredo. *Scritti e discorsi politici, Vol. I. La lotta nazionale della vigilia e durante la guerra (1913-1918)*. Milano, Dotta. A. Giuffré Editore, 1938, p. 22.

[570] *Ibid.*, p. 22-23.

[571] *Ibid.*, p. 23.

O novo Estado imaginado pelos nacionalistas irá nacionalizar as massas — e, por consequência, todas as classes sociais —, trazendo-as para dentro da órbita estatal para que o organismo social possa funcionar de uma maneira harmônica, a fim de superar a crise social e moral oriunda do individualismo liberal do século XIX. A força centralizadora do Estado serve para disciplinar os seus órgãos, tanto proletários quanto burgueses, a fim de concretizar uma nova ordem hierárquica em que a vontade da coletividade se faça presente por toda a sociedade, e pode-se exemplificar melhor essa questão com o tratamento que Rocco deu aos sindicatos. Rocco reconhece que o sindicalismo se tornou um "fenômeno grandioso da vida moderna que agora se tornou incoercível"[572], mas que estava se degenerando, devido à ausência do Estado liberal. O moderno sindicalismo havia se tornado uma ameaça à estrutura da sociedade, devido aos excessos cometidos pelas indústrias capitalistas que brutalizavam o proletariado sob a justificativa do credo liberal que impedia qualquer atuação estatal para resolver a situação, e a luta de classes, nesse contexto, apenas se aguçava a níveis inaceitáveis: "O Estado liberal, fiel ao dogma da não-intervenção, deixou as coisas seguirem seu caminho, e que a miséria dos trabalhadores braçais espalhasse descontentamento", ampliando o "espírito de rebelião entre as massas"[573]. Rocco deixa claro que o "livre jogo das leis econômicas" e a insistente ausência praticada pelo Estado liberal engendraram o estado de coisas que possibilitou a emergência do socialismo da luta de classes, criando numa classe social específica a consciência de lutar pelos seus interesses pessoais às custas da harmonia social. Por isso, a ênfase de Rocco na opinião de que ambos o liberalismo e o socialismo são oriundos do princípio individualista que ameaça a unidade orgânica da nação. Consequentemente, continua Rocco, o sindicalismo se elevou a uma doutrina e uma prática política de ação coletiva contra o Estado, até mesmo desejando "substituir o Estado pelos sindicatos, confiando-lhes não só a gestão da produção, com plenos poderes do império, mas também, através das suas federações, a defesa dos interesses gerais"[574].

A solução, para Rocco, inicia-se pondo fim à atitude passiva do Estado oriunda do falido liberalismo, recolocando o Estado no centro da vida social. Em seguida, o Estado deve absorver os sindicatos e "torná-los seus órgãos", mas não apenas pelo reconhecimento jurídico do sindicato:

---

[572] ROCCO, Alfredo. *La crisi dello Stato e i sindicati*. Padova: La Litotipo Editrice Universitaria, 1921, p. 26.
[573] Ibid., p. 23-24.
[574] Ibid., p. 26-27.

> Para obter este resultado, não basta o simples reconhecimento, é necessária uma transformação muito mais profunda. Por um lado, é necessário proclamar a obrigação dos sindicatos e, por outro, colocá-los resolutamente sob o controle do Estado, determinando com precisão suas funções, regulando sua fiscalização e proteção em uma forma de autossuficiência que seja não excessivamente liberado. Mas, sobretudo, é preciso transformá-los de instrumentos de luta pela defesa de interesses particulares em corpos de colaboração para a consecução de fins comuns.[575]

Ao estatizar os sindicatos, o novo Estado está se movendo para a constituição de uma economia corporativa em que as forças produtivas da nação se transformam em membros da unidade orgânica da sociedade, como previamente aludido por Corradini. Transformar as forças produtivas e sociais em membros de cooperação nacional é a essência do corporativismo nacionalista, porque corporativismo vem do latim *corpus*, significando que os grupos de associação e produção são apenas partes de uma organização maior que é o corpo social. Nas mãos dos nacionalistas, o corporativismo se volta para a constituição orgânica do Estado que, como um corpo biológico, possui vários membros que colaboram para o funcionamento de todo o organismo.

A socialização dos sindicatos dentro da estrutura do Estado nacional serve não apenas uma função de controle social, mas de prática econômica do próprio Estado: "o Estado teria finalmente, nos sindicatos assim constituídos, os órgãos técnicos para desempenhar as suas diversas funções econômicas, que a necessidade lhe impôs, mas que até agora sempre desempenhou mal"[576]. De fato, Rocco aponta que a ação econômica do Estado é amiúde vista negativamente não pela natureza do próprio Estado, mas pela incompetência "do Estado liberal, que quis assumir funções para as quais não estava e não está preparado tecnicamente, e para as quais carece de órgãos idôneos e competentes"[577]. Os sindicatos deixam de ser um órgão de luta das classes para se tornarem extensões administrativas e nódulos executores da ordem do Estado de forma a concretizar os objetivos econômicos da nação. Não se está falando apenas de sindicatos estatais destinados à classe trabalhadora, mas de sindicatos para todas as classes produtoras, de qualquer ramo de produção, criando uma rede de controle que o Estado pode exercer sua influência e impingir disciplina, a fim de atingir a harmonia entre as classes dentro da estrutura corporativa:

---

[575] *Ibid.*, p. 26.
[576] *Ibid.*, p. 27
[577] *Idem.*

> Assim, surgiu a ideia de alavancar as associações sindicais para compactar, em vez de dividir, as diferentes e opostas forças produtivas, sujeitando o exército do trabalho à disciplina, erradicando a "má planta" da luta de classes na raiz. Segundo Rocco, essa tríplice ordem de resultados teria sido alcançada seguindo a linha de uma progressiva despolitização dos corpos profissionais e sua reunificação em agregados interclasses (as "corporações"), capazes de expressar os interesses categóricos de cada ramo da atividade econômica. As instituições corporativas assim formadas receberiam o respaldo da legislação ordinária, de modo a sujeitá-las ao estrito controle da autoridade estatal.[578]

Aqui, entra outra função importante precípua para a harmonização das classes através da estrutura corporativa: "Por fim, o sindicato misto pode funcionar como árbitro amigável e como conciliador efetivo para as disputas que possam surgir entre seus membros"[579]. Rocco, sendo primeiramente um jurista, deseja possibilitar, por meio da nova estrutura sindical nacionalizada, o funcionamento de um tipo de justiça inexistente na antiga ordem liberal, mas que tem uma importante função na ordenação das forças produtivas nacionais e na harmonização entre as classes dos produtores: a justiça trabalhista. O novo ordenamento jurídico do sindicalismo nacional rocchiano celebra a harmonização das relações trabalhistas graças "ao estabelecimento de um diálogo direto entre patrões e trabalhadores" no seio da estrutura corporativa, por exemplo, no estabelecimento da jornada de trabalho de oito horas diárias, saudado por Rocco como o resultado emblemático da "colaboração voluntária de industriais e trabalhadores"[580]. Essa evolução legislativa é natural quando se lembra que todo o esforço de Rocco se centra na tentativa de aglutinar no Estado as forças sociais e produtivas que no século anterior se encontravam soltas e em conflito umas com as outras, e é apenas natural que as relações de trabalho — consequência da relação entre as classes — também acabaram sendo incorporadas na estrutura do Estado corporativo. Como expressão máxima da sociedade, o Estado, por meio dos seus sindicatos nacionalizados, exerce sua jurisdição harmonizando as relações de trabalho no intuito de impedir a luta de classes e dirigir a produção nacional. Rocco e os nacionalistas dão um nome para esse novo

---

[578] D'ALFONSO, Rocco. Oltre lo Stato liberale: Il progetto di Alfredo Rocco. *Il Politico*, [s. l.], v. 64, n. 3 (190), Luglio-Settembre 1999, p. 348.
[579] ROCCO, 1921, p. 28.
[580] D'ALFONSO, 1999, p. 353.

tipo de Estado corporativo que introduz a justiça trabalhista nas relações produtivas da nação, um nome que o leitor brasileiro provavelmente já ouviu: o Estado Novo.

Nota-se a necessidade de se exercer a disciplina e o controle para que a harmonização das classes aconteça, e esse pressuposto já foi aludido por Corradini ao se enfatizar a criação de valores alinhados com a nação e o Estado: "Rocco ressalta que é necessário que se desenvolva na consciência operária a noção de identidade dos interesses da mão de obra e da produção nacional"[581]. É natural que, para os nacionalistas, a nova consciência nacional deva substituir as aguerridas consciências de classes oriundas do socialismo marxista e do liberalismo, porque a fidelidade da classe dos produtores passa a ser a nação e não suas respectivas classes com seus interesses individuais. O Estado passa a exercer, por meio da estrutura corporativa, uma função pedagógica na busca da conciliação das classes moldada por uma nova consciência nacional. Não é uma exigência nova quando se percebe que a sociologia elitista já havia contornado essa necessidade psicológica coletiva, como também ela já havia sido desenvolvida pelos sindicalistas radicais franceses e italianos na busca de levar o proletariado a uma luta cruenta contra o Estado burguês. O que diferencia Rocco e Corradini dos sindicalistas é a origem da fidelidade da massa revolucionária: os sindicalistas, antes de se tornarem sindicalistas nacionais, estavam atrelando à consciência de classe proletária à estrutura dos sindicatos, enquanto os nacionalistas estavam dando ênfase na sua origem na comunidade de destino nacional oriunda de um longo desenvolvimento histórico e, com isso, absorvendo a própria estrutura sindical dentro do organismo nacional. Contudo, como Sorel já havia sinalizado e Corradini astutamente percebido, os interesses da classe proletária e da nação não eram totalmente incompatíveis quando se olha para o quadro geopolítico mundial. Uma força opressora mais poderosa do que a burguesia nacional existe na forma de Estados-nações concorrentes e belicosos na corrida pela influência mundial, e a nação, com todas as suas classes sociais, que ficasse para trás seria subjugada e explorada.

Ainda mais diretamente, a necessidade de desenvolver uma consciência nacional na classe dos produtores pode ser encontrada no mazzinianismo, que julga necessário que o Estado exerça uma função pedagógica para levar os produtores a cumprirem seus deveres. O nacionalismo rocchiano é "uma ideia que permite combinar o espiritualismo mazziniano com a nova neces-

---

[581] CHIODI, 2015, p. 105.

sidade de ordem e disciplina"[582], que se centra na nacionalização das massas. Pode-se perguntar a Roccho, como foi perguntado a Mazzini, *quem, afinal, controla o Estado e encabeça esse processo de nacionalização das massas?* A resposta é, naturalmente, a elite: "[Rocco] inclinou-se para um tipo aristocrático e oligárquico de gestão do poder, onde os melhores em termos de capacidade eram os deputados para liderar a nação"[583]. Essa elite é "carismática, marcada pelo senso de dever, como guia do Estado, correia de transmissão entre a massa e as necessidades da nação"[584], que, para poder realizar sua grande obra de nacionalização das massas, constitui-se em um partido centralizado que emana a legitimidade política da nação. Rocco compartilha do pessimismo quanto à capacidade das massas, pois percebe que, se deixadas a sua própria sorte, elas são incapazes de realizar os deveres necessários para a criação de uma nação orgânica e unificada, motivo pelo qual o jurista concede a tarefa gerencial nacional à elite que "conhece as leis da história que regem a vida das nações, para compensar a inexperiência popular"[585].

Quer seja dentro da estrutura sindical buscando se separar do Estado, de uma classe revolucionária na luta pela sociedade sem classes ou um grupo de apóstolos escolhidos para a construção de uma nação moderna, a instituição de uma elite tornada partido dominante parece ser um *modus operandi* constante na história revolucionária moderna. Depois que os revisionismos desvincularam a classe revolucionária de qualquer fenômeno histórico dito inevitável, a única forma de empreender uma transformação revolucionária relevante passou pela compreensão das características psicológicas e de ação coletiva das massas, e não parece ser coincidência que, independentemente do objetivo final, uma imposição de disciplina hierárquica e manipulação mitológica, em maior ou menor nível, tornaram-se expedientes *sine qua non*.

No caso de Rocco e dos nacionalistas, a nacionalização das massas para a criação de uma nova consciência nacional unificada se centrou na expectativa de que o principal centro de interesses e fidelidade da massa — burgueses e proletários — é a comunidade de destino nacional. As exigências para a sobrevivência da nação no século XX levaram os nacionalistas e rechaçar as doutrinas oriundas do jusnaturalismo e do individualismo

---

[582] *Ibid.*, p. 120-121.
[583] BATTENTE, Saverio. Carisma e organizzazione del consenso tra nazionalismo e fascismo: Alfredo Rocco e il tentativo di riforma dello Stato nazionale (1913-35). *The Italianist*, [s. l.], v. 21, n. 1, 2001, p. 114.
[584] *Idem*.
[585] ROCCO, Alfredo. *Le lezioni dei fatti*. Apud Giulia Simone. Tutto nello Stato. L'itinerario politico e culturale di Alfredo Rocco. Venezia: Università Ca'Foscari Venezia, 2010, p. 280.

dos séculos anteriores para avançar uma concepção orgânica da sociedade na intenção de finalizar a unificação nacional e cultural do *Risorgimento*, transformando a nação em um organismo centralizado e pronto para expandir sua influência na corrida geopolítica. A alcunha de "totalitário" é plenamente aceita pelos nacionalistas, porque a sociedade concebida organicamente necessariamente é vista como uma entidade totalizante de suas partes, que busca exercer sua influência nos seus membros associativos e produtivos como os sindicatos tornados nódulos administrativos do Estado. A estrutura sindical autônoma sonhada por Pelloutier não existe mais, sendo substituída pelo sindicalismo nacional prefigurado por Sorel, no qual uma nação inteira se torna a classe revolucionária que, movida pela nova consciência nacional de produção e sacrifício, destrói os moribundos valores liberais e democráticos e expressa sua força na guerra imperialista.

Para os nacionalistas, o imperialismo é o coroamento da revolta soreliana justamente porque, como o próprio Rocco diz, no campo internacional "o individualismo extremo torna-se humanitarismo, pacifismo, internacionalismo", expressões daninhas que buscam afirmar "sua absoluta preeminência sobre os interesses da coletividade nacional"[586]. Há uma expressiva condenação do internacionalismo e da ideia de que a humanidade se constitui como uma grande sociedade de todos os indivíduos, justamente porque essa sociedade não existe, o que existe é a nação. A retórica internacionalista que prega a criação de uma aldeia global de toda a humanidade apenas serve, no juízo dos nacionalistas, para enfraquecer a verdadeira comunidade nacional[587]. Rocco considera a guerra uma inevitabilidade da existência dos organismos se desenvolvendo e lutando pela sobrevivência na história, e assim como organismos menores tiveram que ser derrotados para que os mais poderosos pudessem ascender, a luta contínua entre as próprias nações no campo internacional revelará a nação mais forte às custas da existência das mais fracas. Essa visão histórica de Rocco é permeada pelo *corso* e *ricorso* do "gênio de Giovanni Battista Vico", resultando na opinião de que a história da humanidade "nada mais é do que a história das diversas organizações sociais que se sucedem ao longo dos séculos e milênios, e cada uma delas tem, como todos os organismos, uma vida, que começa com o nascimento e termina com a morte"[588].

---

[586] ROCCO, 1914, p. 23.

[587] Ironicamente, Rocco foi o representante do governo fascista na Comissão Internacional de Cooperação Intelectual (CICI), órgão consultivo do Conselho e Assembleia da Liga das Nações — o defunto protótipo da moderna ONU. *Cf.*: Simone (2010, p. 371-389).

[588] ROCCO, 1921, p. 17.

Em se tratando da Itália, uma nação que Rocco reconhece como proletária — já usando a expressão de Corradini e Pascoli —, a situação de escassez de recursos naturais da península acabará forçando a "emigração armada, que é a guerra"[589]. Na visão nacionalista, a guerra é uma consequência da inevitável situação histórica que se impõe à nação italiana, forçando-a a se expandir pelo mundo para sobreviver no século XX. A guerra, dada os pressupostos da visão histórica de Rocco, serve como um meio de fortalecer a nação, e o cidadão deve compreender que "a história do mundo não é a história dos indivíduos, é a história das nações"[590], o que é natural visto que a concepção orgânica da sociedade implica que, como apenas partes do todo, o indivíduo não tem uma história relevante, mas faz parte do organismo maior que é a nação.

Somente com novos valores voltados para a produção econômica e o sacrifício heroico o povo italiano poderá elevar a nação a uma posição de franca concorrência com as outras nações plutocráticas e capitalistas e garantir sua sobrevivência. Rocco julga que o principal fracasso do governo democrático e liberal de Giolitti se deu justamente nessa necessidade essencial, que, "em vez de falar sobre os deveres dos italianos para com sua própria nação, o estado liberal assumiu apenas os direitos do indivíduo, da classe, da geração"[591]. A nauseabunda democracia liberal e seus valores individualistas, que possibilita as consciências das classes, deve ser superada em prol de uma nova consciência nacional unificada sob a égide do Estado corporativo.

Além de um influente jurista, Rocco possibilitou que as ideias e os sentimentos do movimento nacionalista fossem sistematizados de uma forma coerente e acessível para o público geral, tornando-se o mais importante ideólogo nacionalista e, mais tarde, uma das figuras emblemáticas do fascismo. Embora Corradini tenha tido uma enorme influência em moldar o novo nacionalismo italiano, seu estilo mais literário e emotivo não foi suficiente para levar o movimento a um novo nível de seriedade intelectual, que só foi possível por meio do intelecto jurídico de Rocco. Percebe-se que Rocco, mesmo antes da existência do movimento e do partido fascista, já havia delineado com enorme profundidade vários aspectos que mais tarde se fundiram na ideologia fascista quando da sua atuação como ministro da Justiça do governo Mussolini, em cuja posição ele confeccionou o arcabouço jurídico do Estado fascista.

---

[589] ROCCO, Alfredo. *Che cosa è il nazionalismo*. Apud Giulia Simone. Tutto nello Stato. L'itinerario politico e culturale di Alfredo Rocco. Venezia: Università Ca'Foscari Venezia, 2010, p. 278.
[590] *Ibid.*, p. 280.
[591] *Idem*.

O PENSAMENTO DE GIOVANNI GENTILE

I A sociologia política de Giovanni Gentile

Giovanni Gentile é, sem dúvida, a figura mais destacada e reconhecida do fascismo depois de Benito Mussolini e sua contribuição filosófica é crucial para a síntese da ideologia fascista. Comumente alcunhado pela historiografia de o "filósofo do fascismo", Gentile já havia se tornado famoso, tanto na Itália, quanto internacionalmente, antes do surgimento do fascismo, tendo sido, junto com Benedetto Croce, um dos principais representantes do novo idealismo italiano da virada do século. As atividades pedagógicas e filosóficas de Gentile se centravam, desde cedo, na ideia de realizar um "renascimento do idealismo" italiano na esteira de figuras como Bertrando Spaventa e de seu mentor Donato Jaja — cuja titularidade da cadeira de filosofia na Universidade de Palermo Gentile herdou, em 1906[592] —, e nesse sentido, a filosofia de Hegel se mostrou essencial para o desenvolvimento filosófico de Gentile. Em verdade, o hegelianismo surgiu na Itália por volta de 1840 e foi recebido pelos patriotas com entusiasmo, devido à sua interpretação da liberdade como "a libertação da humanidade através da luta do espírito em sua existência histórica, que é a ideia de progresso e libertação das nações"[593], o que condizia com as necessidades dos envolvidos no processo de unificação da península. Nesse sentido, o hegelianismo serviu Gentile da mesma forma, porque ele, escrevendo décadas após o *Risorgimento*, julgava a "nova Itália" liberal oriunda da unificação um fracasso político e social, uma presa fácil das nações plutocráticas e capitalistas mais fortes, um "fator indiferente em um mundo de potências hegemônicas, sem poder, vida e realidade"[594]. O renascimento do idealismo, para Gentile, estava atrelado a uma necessidade de completar as expectativas do *Risorgimento* como a nacionalização do povo italiano em uma verdadeira nação com força e propósito no mundo.

Nesse contexto, Gentile começou a refletir sobre a decadência italiana a partir das desastrosas campanhas militares do recém-criado Estado

---

[592] GREGOR, A. James. *Giovanni Gentile:* Philosopher of fascism. New Brunswick: Transaction Publishers, 2001, p. 1.
[593] GALO, Fernanda. *Hegel nel risorgimento italiano e l'istituto italiano per gli studi filosofici*. Em Gli hegeliani di Napoli. Il Risorgimento e la ricezione di Hegel in Italia. Napoli: La scuola di Pitagora editrice, 2020, p. 15.
[594] GREGOR, 2001, p. 5.

unificado. As derrotas em Custoza e Lissa, em 1866, e especialmente as de Dogali, em 1897, e Aduá, em 1896, onde os italianos foram derrotados pelos etíopes, foram um choque para a nação, pois pela primeira vez um exército europeu foi derrotado por tropas africanas. Gentile tinha 12 anos na época de Dogali e 20 na época de Aduá e, juntamente a seus contemporâneos, ficou abalado com esses acontecimentos. Para Gentile, a degeneração do Estado italiano deveu-se ao *Risorgimento* ser conduzido por uma elite que, tanto por incapacidade, como por recusa, não representava as aspirações e desejos do povo italiano, acabando por engendrar uma daninha alienação social e política por baixo dos frágeis pilares do edifício republicano. Igualmente, a Itália do parlamentarismo liberal que surgiu como consequência foi incapaz de engendrar qualquer semblante de uma sólida consciência nacional, dessa vez, aprofundando a milenar alienação sob um sistema político que se julgava plenamente representativo de toda a nação. Não é nenhum exagero afirmar que, diante do quadro lúgubre que o circundava, Gentile buscou completar a missão do *Risorgimento* e unificar o povo italiano com a sua pátria depois de mais de milênio de alienação. Escrevendo décadas após o *Risorgimento*, Gentile julgava a "nova Itália" liberal oriunda da unificação um fracasso político e social, uma presa fácil das nações plutocráticas e capitalistas mais fortes, um "fator indiferente em um mundo de potências hegemônicas, sem poder, vida e realidade", o que o levou a analisar mais atentamente as raízes do problema[595]. Tornando-se um filósofo especializado na história da filosofia com ênfase na filosofia italiana, Gentile sentia especial ojeriza daqueles intelectuais decadentes que não comungavam e nem praticavam uma moral cívica na intenção de elevar os padrões intelectuais da nação, mas se limitavam a representar a frívola cultura burguesa do *fin de siécle*. A corrupção e a impotência política eram reflexos de uma ruptura mais profunda na história da Itália, uma ruptura que somente poderia ser desanuviada e compreendida por meio de um esforço de interpretação histórica conduzida por um intelectual responsável e consciente de sua responsabilidade para com sua pátria.

Desde o seu primeiro trabalho acadêmico sério, sua dissertação de graduação acerca do pensamento de Antonio Rosmini e Vincenzo Gioberti, Gentile buscou completar a missão do *Risorgimento* e unificar o povo italiano com a sua pátria depois de mais de milênio de alienação. Embora o *Risorgimento* tenha unificado politicamente a península italiana, o governo democrático e parlamentar que surgiu para governar a pátria se mostrou,

---
[595] GREGOR, 2001, p. 5.

para Gentile, apenas uma fachada para uma nação ainda desintegrada e marcada pelas diferenças regionais agora representadas nos diversos grupos de interesse que se utilizavam do poder para avançar seus próprios interesses às custas da verdadeira unidade nacional, um simulacro de democracia onde o voto era um ritual temporário e sem sentido. Não à toa, Gentile foi chamado de a "última voz importante do nosso *Risorgimento*" e sua dedicação à unificação política e espiritual da nação italiana o levou diretamente ao encontro do fascismo[596].

Em outubro de 1922, logo após a Marcha sobre Roma e o começo da ascensão do fascismo ao poder, Gentile foi pessoalmente convidado por Mussolini para servir como seu ministro da Instrução Pública, cargo aceito e que ele manteve até julho de 1924; no mesmo período, Gentile também se tornou um membro oficial do *Partito Nazionale Fascista* (PNF). A partir daí, a vida e a obra de Gentile se mesclaram com a ascensão e a queda do fascismo como experimento político totalitário, e o próprio Gentile se tornou uma figura simbólica do regime, representando a "consciência" e a "maturidade" filosófica do fascismo — embora tal posto não tenha sido aceito de forma unânime dentro do PNF. Durante a maior parte da vida do regime, Gentile ocupou diversos cargos, a maioria honoríficos e de teor intelectual, como o editor do jornal *L'eudcazione politica*, mais tarde tornado o jornal oficial do Instituto *Nazionale Fascista di Cultura*, o *Civiltà Fascista*, mas o cargo de mais destaque e longevidade foi o de supervisor da *Enciclopedia Italiana*, cargo que Gentile manteve de 1925 a 1944, e foi sob tal capacidade que Mussolini lhe requisitou a elaboração da primeira parte da *Dottrina del fascismo*, publicada no volume XIV da *Enciclopedia Italiana*, em junho de 1931[597].

Não houve qualquer coincidência na decisão de Mussolini em chamar Gentile para servir o regime, em 1922, visto que, embora até então Gentile tenha se mantido longe da militância *esquadrista do fasci italiani di combattimento* mussoliniano, a filosofia e as opiniões pessoais de Gentile durante e Primeira Guerra Mundial se mostraram muito similares aos posicionamentos dos fascistas. Não foi o fascismo que fez Gentile, mas, sim, Gentile, já uma figura famosa na Itália e até mesmo no exterior, que ajudou a sintetizar e formalizar, junto com o sindicalismo e o nacionalismo, os aspectos fundamentais da mais completa tentativa de tornar o fascismo uma filosofia política a fim de justificar o regime ditatorial do PNF.

---

[596] GREGOR, A. James. Giovanni Gentile and thought of Giuseppe Mazzini. In: CAVALLERA, Hervé A. *Eventi e Studi*: Scritti in onore di Hervé A. Cavallera, tomo II. [*S. l.*]: Pensa MultiMedia Editore, 2017, p. 60.
[597] GREGOR, 2001, p. 2-3.

A filosofia pessoal de Gentile é uma evolução do idealismo alemão de Fichte e Hegel, denominado "atualismo" — *attualismo* ou *actual idealism* —, notabilizando-se por ser o extremo subjetivo dessa tradição. Embora a filosofia de Gentile encontre suas raízes no idealismo, a sua relação com o fascismo se deu mais no plano sociológico e político do que epistemológico ou metafísico, justamente porque as concepções sociopolíticas de Gentile se harmonizavam com os pressupostos avançados pelo fascismo[598]. Assumidamente, a parte da transição da pura filosofia do atualismo para a concepção sociológica e política é a parte mais árdua e confusa de todo empreendimento sistematizador do pensamento de Gentile, e parte do problema reside com o próprio Gentile, visto que não há um volume ou artigo que opere essa transição de uma maneira cristalina; pelo contrário, o que há é uma gigantesca produção literária de quase meio século na qual a filosofia, a sociologia, a política, a história e as opiniões pessoais do autor se misturam às contingências do momento. É somente no seu último livro, o *Genesi e struttura della società*, de 1944, escrito às pressas e apenas meses antes de ser assassinado, que Gentile tentou explicar como a sua filosofia atualista serve de sustentáculo para suas concepções sociais e políticas, e até hoje não há um consenso se o autor realmente foi exitoso na empreitada. Isso fica claro ao se analisar o teor dos debates acerca da relação entre o atualismo e o fascismo que vem se alastrando há décadas, onde se pode encontrar, por exemplo, a opinião de Genaro Sasso, no seu *Le due Italie di Giovanni Gentile*, que alega que os princípios do atualismo são fundamentalmente incompatíveis com a prática política fascista, impossibilitando uma interpretação unificada da obra gentiliana. Outro luminar, Alessandro Amato, conclui que o Gentile fascista não necessariamente contrariou o Gentile atualista, mas o primeiro se utilizou das ambiguidades e imprecisões do segundo para avançar sua defesa do fascismo[599].

Para Gentile, o indivíduo é, antes de tudo, um animal político e ético que encontra sua razão de ser mediante suas relações sociais. É por meio da imanência de leis e categorias sociais que o indivíduo evolui e expressa toda a sua potencialidade racional e ética que o caracteriza como um animal político: "O indivíduo humano não é um átomo. Imanente no conceito de indivíduo está o conceito de sociedade [...] que faz do homem um 'animal político'"[600].

---

[598] GREGOR, 2013, p. 258-259.
[599] WAKEFIELD, James; HADDOCK, Bruce. *Thinking thought:* The philosophy of Giovanni Gentile. Cardiff: Bradley Society & Collingwood Society, 2015.
[600] GENTILE, Giovanni. *Genesis and structure of society*. Translated by H. S. Harris. Urbana and London: University of Illinois press, 1966, p. 98-103.

Gentile utiliza o termo *"società in interiore homine"* para designar esse conceito de sociedade que está imanente no conceito de indivíduo: é *interiore homine* porque se encontra dentro de todo indivíduo como, ao mesmo tempo, potencialidade e o pressuposto necessário para o que homem se torne um indivíduo racional, ético e atuante, isto é, que ele se autorrealize.

Gentile e outros filósofos atualistas frequentemente se utilizavam de uma analogia com a linguagem para melhor explicar a relação do indivíduo particular com o indivíduo universal que resulta no caráter in *interiore homine* da vida social. O ato de pensar e se expressar — com todos os seus pormenores como a avaliação, a confirmação, o julgamento e a conclusão — somente pode ser feito por meio da linguagem, que se caracteriza por ser um patrimônio cultural público e antiquíssimo que é desenvolvido e passado adiante de geração em geração, não existindo linguagens "privadas". A comunicação bem-sucedida implica o uso comum da linguagem entre os agentes envolvidos, demonstrando o caráter intersubjetivo e coletivo dos critérios que governam as relações sociais, concluindo-se que, assim como a linguagem, as próprias opiniões dos indivíduos não poderiam ser autônomas e prescindíveis de um vasto arranjo de regras e prescrições normativas. A liberdade de expressão, nesse sentido, somente pode ser alcançada pela prévia absorção, compreensão e execução das regras da linguagem que pertencem à cultura histórica que se desenvolveu no seio da comunidade, tornando-as normas que residem no interior dos indivíduos, capazes de render "compreensíveis as formulações que de outra forma seriam arbitrárias e ininteligíveis"[601]. Ao obedecer às regras que residem no seu interior, o "indivíduo teria alcançado uma liberdade de expressão significativa porque ele teria se 'identificado', se 'tornado um', com os padrões coletivos herdados que governam a fala efetiva"[602]. A linguagem, como denominador comum praticado por todos os indivíduos de uma comunidade, só é possível porque é uma regra de conduta aceita tacitamente e encontra-se *interiore homine*, isto é, não é uma criação puramente individual e privada, mas propriedade coletiva que se expressa dentro de cada indivíduo, possibilitando-o se comunicar com os outros e realizar sua natureza social. Assim, "não há [...] nenhum indivíduo real que não tenha dentro de si (ao invés de apenas com ele) um *alter* que é seu *socius* essencial"[603].

---

[601] GREGOR, 2004, p. 115.

[602] Idem.

[603] GENTILE, Giovanni. *Genesis and structure of society*. Translated by H. S. Harris. Urbana and London: University of Illinois press, 1966, p. 98.

Tomando o exemplo da linguagem, Gentile deixa claro que, qualquer que seja realmente o sentido de ser um indivíduo, ele tem que necessariamente levar em consideração as regras sociais que residem no seu interior e, quer consciente ou inconscientemente, impelem-no a evoluir suas faculdades intelectuais e morais. O verdadeiro indivíduo, portanto, não se limita ao átomo do indivíduo singular e empírico, mas a uma conjugação deste com as regras sociais que lhe possibilita, em última instância, portar-se como um agente moral e racional. O indivíduo particular e o indivíduo universal, este encarnado nas regras sociais, fundem-se para render possível a existência do verdadeiro indivíduo que, por ser um produto dessa equação, caracteriza-se como um animal político no sentido de representar, nos seus atos individuais, a universalidade do mundo social que reside *in interiore homine*. Assim, a relação que fundamenta a sociedade é *espiritual*, no sentido que se manifesta como a essência da possibilidade de cada indivíduo se tornar um animal político, e não uma relação puramente material e de interesses pessoais: "Todos os homens são, no que diz respeito ao seu ser espiritual, um só homem, que tem um só interesse, em constante crescimento e desenvolvimento: o patrimônio da humanidade"[604].

O "Eu" verdadeiro do indivíduo não se encontra na sua esfera de interesses individuais, mas na realização das potencialidades *interiore homine* que possibilitam a vida social e que somente podem ser concretizadas por meio da conduta regulada pelas leis sociais. Assim, a sociedade é:

> [...] espiritual, não material (como quer o liberalismo clássico), porque não depende de indivíduos isolados, mas de "indivíduos universais" que se relacionam reciprocamente, numa síntese contínua de oposição e identidade. [...] A sociedade não é o lugar da desordem sem sentido, da negação determinada ou do trabalho material, mas o lugar da supressão do particular em favor da construção de uma cooperação entre os indivíduos entendida como união do particular e do universal.[605]

Indivíduo e a sociedade não aparecem como termos antitéticos: o indivíduo vive em comunidade, porque a comunidade é imanente ao indivíduo. Assim, o "Eu" verdadeiro somente pode ser alcançado com a observância e a execução das leis sociais que residem *interiore homine*, por meio do qual o indivíduo e a sociedade se complementam e se fundem em uma única unidade "transcendente":

---

[604] GENTILE, Giovanni. *I fondamenti della filosofia del diritto*. Firenze: Sansoni Editrice, 1961, p. 75-76.
[605] ALTINI, Carlo. *Gentile e lo Stato etico corporativo*. Em Croce e Gentile. La cultura italiana e l'Europa. Roma: Istituto dell'Enciclopedia Italiana, 2016, p. 564.

> Toda a filosofia política de Gentile foi caracterizada por uma concepção de vida coletiva que entendia os indivíduos a serem fundidos em uma imanência (um "eu transcendental") que se manifesta em uma continuidade de cultura, economia, política e história – uma consciência transcendental compartilhada. Os indivíduos empíricos eram apenas distinções transitórias dentro de uma realidade política transcendental inclusiva.[606]

Gentile, portanto, concebe o indivíduo como um todo complexo, um conjunto de relações que se expressam por meio da linguagem e da obediência às regras sociais, sem as quais ele não pode ser definido como outra coisa senão um ente material. Um indivíduo não pode existir ou ser concebido como separado da vida comunitária exigida pelo seu próprio ser. A sociedade representa a união do universal com o particular e constitui um todo superior às suas partes componentes; é uma associação regida por leis que dão sentido às partes que a compõem em determinado momento. O Estado, nesses pressupostos, representa a verdadeira vontade da comunidade, a vontade geral que funciona como sustentáculo do edifício político e a principal medida de sua justificação. Assim, para Gentile e para a ética fascista em geral, o Estado e a sociedade gozam da prioridade lógica, factual e moral sobre os indivíduos que os compõem.

Já o indivíduo empírico ou atomizado do liberalismo é, para Gentile, uma "ficção da imaginação baseada em uma analogia com compostos materiais cujas partes existem antes de sua composição"[607]. Do mesmo modo, a ideia de que possa ter havido um indivíduo completamente livre no estado de natureza anterior a constituição da sociedade civil é igualmente insensata; fora da sociedade o homem é inevitavelmente brutalizado e diminuído a condição de besta incapaz de desenvolver suas faculdades racionais e sociais mais básicas, ficando impossibilitado de potencializar seu valor maior como membro da comunidade transcendental que reside no seu interior. O indivíduo não é um átomo isolado e independente, mas é um "agente espiritual [...] essencialmente social que encontra liberdade apenas ao se integrar com outros homens em um sistema governado por leis"[608]. Para Gentile, não faz sentido falar de um indivíduo que seja incapaz de executar suas capacidades racionais e criativas, que só podem ser concebidas e concretizadas, por meio da educação socializada que o indivíduo

---

[606] GREGOR, 2001, p. 30.
[607] GENTILE, 1966, p. 81.
[608] GREGOR, 2013, p. 262.

encontra no seio da sociedade, e só podem ser concretizadas, porque já se encontram dentro do próprio indivíduo devido a sua condição única de "agente espiritual": é *interiore homine*. Não há indivíduo separado da sociedade, porque, para se tornar um indivíduo, deve-se herdar e desenvolver as características mais básicas do homem que só podem ser fornecidas por meio da própria sociedade.

Como apenas é possível se tornar um indivíduo no seio da sociedade, somente é possível falar de liberdade dentro da própria sociedade. Aquela clássica concepção hobbesiana que trata a liberdade simplesmente como "ausência de interferência" e que se tornou "artigo de fé"[609] é, para Gentile, um completo absurdo, tão absurdo quanto conceber a entrada do indivíduo na sociedade civil por meio do contrato social como uma limitação ou resignação de sua liberdade. É no seio da sociedade que a liberdade pode ser construída, uma liberdade que supera a brutalidade e as limitações do estado de natureza como a violência e a dependência dos instintos mais animalescos. Nesse sentido, Rousseau já falava que a sociedade civil "permite ao homem ser verdadeiramente senhor de si mesmo; pois o impulso do mero apetite é escravidão, enquanto a obediência a uma lei auto prescrita é liberdade"[610], resultando que o verdadeiro "Eu" do indivíduo apenas surge por meio da "obediência a uma lei auto prescrita", que aos olhos de Gentile é interpretada como a sociedade *interiore homine* que reside como potencialidade dentro de cada indivíduo.

Existe uma lei ou uma vontade geral que representa o "Eu" mais verdadeiro e completo, porque permite ao indivíduo subjugar os apetites triviais e momentâneos, e essa é a verdadeira vontade do indivíduo, um "impulso ético que liberta o homem dos apetites momentâneos do ego transitório e o direciona para as leis que regem a emancipação de sua essência natural"[611]. A liberdade na concepção gentiliana não é uma liberdade negativa que sobrevive no "silêncio da lei", mas é positiva no sentido que é um objetivo a ser conquistado pelo próprio indivíduo por meio de suas ações no seio da sociedade, ao mostrar-se "capaz de resistir às suas paixões avassaladoras" e "se elevar a um nível mais alto que é o mundo moral"[612]. As ações que levam à verdadeira

---

[609] SKINNER, Quentin. Meaning and Understanding in the History of Ideas. *Rev. History and Theory*, Cambridge, v. 8, n. 1, 1969, p. 213.

[610] ROUSSEAU, Jean-Jacques. *The social contract and the first and second discourses*. New Haven: Yale University Press, 2002, p. 167.

[611] GREGOR, A. James. *Saggi sulle teorie etiche e sociali dell'Italia fascista*. Genova: Effepi, 2010, p. 12-13.

[612] GENTILE, Giovanni. *The reform of education*. Authorized translation by Dino Bigongiari. New York: Harcourt, Brace and Company, 1922, p. 43-44.

liberdade não são aquelas ações caprichosas que se baseiam em impulsos momentâneos, mas aquelas que se conformam à lei moral que vive *interiore homine*. É claro que, para Gentile, a verdadeira liberdade só "é alcançável de acordo com a lei moral, na universalidade da norma intrínseca de nosso ser, que induz o homem a fazer suas ações de acordo com seu ego real"[613].

Ao se conformar com a lei moral que reside no seu íntimo, o indivíduo atinge as potencialidades morais que o conduzem ao seu verdadeiro "Eu", que é transcendental e não empírico e individual conforme o pensamento liberal. Gentile julga a concepção liberal de indivíduo uma ideia que alimenta a "vaidade do egoísta cabeça-vazia, que não tem a mais leve noção do que ele realmente é, que pode, portanto, pensar em si mesmo apenas como fechado dentro da casca de sua própria carne e de suas paixões particulares"[614]. O verdadeiro "Eu" é aquele "pelo qual pensamos e concordamos em um mesmo pensamento, enquanto pensamos todas as coisas, incluindo nós mesmos em oposição às coisas"[615].

A concepção gentiliana da liberdade e do indivíduo dá ensejo à emergência da vontade geral que Gentile caracterizou como uma voz que é a "*ratio essendi* da verdade, e esta é a que conta, aquela que pode servir de norma ou de conduta de um homem: a voz de um povo ideal imanente" no indivíduo[616]. A legitimidade dessa vontade geral é, mais uma vez, solidificada no argumento de que no indivíduo "coincidem a particularidade e a universalidade"[617]. Quanto mais ele é ele mesmo, mais intimamente ele se identifica com todos os homens. No indivíduo reside a "particularidade e universalidade", porque a sociedade se encontra *interiore homine* e é por meio da concretização das leis morais que o indivíduo pode se considerar livre e, por consequência, em comunhão com seus concidadãos. Essa *ratio assendi* a que se refere Gentile não é a soma dos desejos dos indivíduos ou a sua vontade particular, mas uma vontade universal que está presente nas leis intrínsecas do indivíduo, que é a "síntese concreta da vontade e do direito, da liberdade e da lei, [onde] está a atualidade da vontade"[618]. O indivíduo somente encontra sua liberdade por meio da obediência às leis sociais que se encontram *interiore homine*, pois possibilitam que ele possa se erguer para além dos impulsos e necessidades individuais e realizar, em comunhão moral

---

[613] MESSINA, Antonio. *Giovanni Gentile. Il pensiero politico*. Roma: fergen, 2019, p. 34.
[614] GENTILE, 1922, p. 108.
[615] Idem.
[616] GENTILE, 1966, p. 83-84.
[617] Idem.
[618] GENTILE, 1961, p. 127.

e social com todos os outros, todas as suas potencialidades, resultando na vontade geral da sociedade histórica. Essa concepção sintética de indivíduo e liberdade é a base de toda construção política de Gentile: "Espero que a importância desse conceito não escape a ninguém, pois em minha opinião ele é a pedra angular do grande edifício da sociedade humana"[619].

Sendo a pedra angular da sociedade humana, o próximo passo é a transposição dos supracitados conceitos de indivíduo e liberdade para a função de legitimar as instituições sociais mais complexas como a sociedade civil e o Estado. Longe de se perder em abstrações, Gentile deixa claro que a união da individualidade com a universalidade se realiza na história dos povos, de modo que a "humanidade constitui um sistema de esferas concêntricas (família, escola, igreja, cidade, nação) onde a formação do homem passa pelos vínculos que ele estabelece, e a humanidade só adquire valor real dentro desse sistema"[620]. Assim, é essencial compreender que as instituições mais complexas encontram sua legitimação no processo dialético da individualidade com a universalidade, processo revelador da essência absolutamente social do espírito humano que, se analisado apenas pelo aspecto empírico, resulta em partes atomizadas e estanques em conflitos esporádicos na busca dos seus interesses individuais. A afirmação de Gentile é mais categórica: "É a oposição perene e sempre renascida de interesses e aspirações e, em suma, de vontades, que nutre e mantém viva a unidade dialética e dinâmica de cada instituição social"[621]. A oposição dialética das vontades tende a ser resolvida na consubstanciação do princípio legitimador do Estado como representante máximo da universalidade: o Estado ético.

Gentile abre, no seu *Genesi e struttura della società*, o capítulo destinado ao Estado com o seguinte parágrafo: "Para compreender a verdadeira essência do Estado, não devemos parar e ficar contentes com qualquer uma de suas características empíricas. O Estado é o aspecto comum e universal da vontade"[622]. O Estado é o eixo central que coliga a sociedade e o indivíduo, por isso, universal, pois absorve toda as categorias histórico-culturais, justificando-as numa síntese única que é a vida concreta da sociedade na história: "Pois não é a nacionalidade que cria o Estado, mas sim o Estado que cria a nacionalidade, ao colocar sobre ele o selo da existência real"[623].

---

[619] GENTILE, 1966, p. 103-104.
[620] MESSINA, 2019, p. 36.
[621] GENTILE, 1961, p. 74.
[622] GENTILE, 1966, p. 121.
[623] *Idem*.

Nesse sentido, a sociedade é plenamente compatível com Estado justamente porque não se pode falar de uma sociedade sem um Estado, que é a fonte e o fim da lei, bem como dos deveres e direitos do cidadão e da moral, isto é, ambos são *interiore homine*: "O Estado, em sua ética essencial, não é algo superior e externo que o indivíduo deva conquistar, visto que ele já o possui em si originalmente"[624]. Por ser *interiore homine*, a visão liberal e contratualista do Estado é descartada como uma ilusão já que, para Gentile, é impossível conceber um homem livre e moral isolado da sociedade e do sistema de regras sociais mais basilares. A verdadeira essência social do indivíduo somente pode ser alcançada por meio do Estado, que fornece os elementos históricos que moldam a personalidade, conferem substância à avaliação cognitiva e informam a escolha moral. É assim que se pode compreender a alcunha de "ético":

> O Estado moderno é um povo consciente do valor da própria personalidade, pois todos os indivíduos que o formam sentem uma só vontade e uma só consciência; e nesta consciência ele encontra a razão de sua autoridade. E a personalidade do Estado tem esse valor, porque é a mesma personalidade do indivíduo que tem consciência de sua universalidade. O Estado é autônomo porque liberta o indivíduo, o cidadão, o homem. Liberdade que só pode significar isto: que o homem não é limitado, não tem nada fora de si.[625]

Dessa forma, para Gentile, o conceito de liberdade derivado de tais pressupostos vai contra o conceito de liberdade do liberalismo clássico. Há uma passagem marcante no *Origini e dottrina del fascismo* que estabelece o antagonismo irreconciliável entre liberalismo e fascismo:

> O fascismo, na verdade, não se opõe ao liberalismo como sistema de autoridade contra um sistema de liberdade. [Ele se vê] antes como um sistema de liberdade verdadeira e concreta em oposição à liberdade abstrata e falsa. O liberalismo começa com o rompimento do círculo acima indicado – opondo o indivíduo ao Estado e a liberdade à autoridade. O liberalismo busca uma liberdade em si, que enfrenta o Estado. Quer uma liberdade que é o limite do Estado, resignando-se a acreditar que o Estado é o (infelizmente inevitável) limite da liberdade. [...] O mérito do fascismo foi que ele se opôs corajosa e vigorosamente aos

---

[624] GENTILE, 1961, p. 119-120.
[625] GENTILE, Giovanni. *Introduzione alla filosofia*. Firenza: G. C. Sansoni Editore, 1952, p. 14-15.

preconceitos do liberalismo contemporâneo – ao afirmar que a liberdade proposta pelo liberalismo não serve nem ao povo nem ao indivíduo.[626]

O liberalismo havia criado uma separação entre, de um lado, o indivíduo e, do outro, o Estado, ao invocar e justificar uma esfera de autonomia individual inexpugnável, colocando os dois polos em uma tensão antagônica que, para Gentile, é a origem dos problemas sociais e políticos que assolavam a Itália de sua época. De fato, é inconcebível, dados os pressupostos sociopolíticos de Gentile, conciliar o liberalismo com o fascismo porque é impossível justificar, na doutrina liberal, a concepção do homem como um animal político que apenas encontra sua liberdade por meio da obediência às leis sociais que promovem a realização das potencialidades que residem *interiore homine*. No fascismo, o Estado reside como potencialidade *interiore homine* e é uma extensão do próprio indivíduo; no liberalismo, o Estado é um ente perigoso que deve ser mantido a distância e controlado o máximo possível para não interferir na esfera privada do indivíduo. No fascismo, a autoridade do Estado e a liberdade do indivíduo não são antagônicas como no liberalismo, mas harmoniosas, porque o indivíduo apenas se autorrealiza e se torna livre obedecendo às leis do Estado, que são a mesma coisa, porque elas residem *interiore homine*.

Dessa forma, para Gentile, o monopólio do poder legislativo do Estado não advém da imposição violenta, como na doutrina liberal, mas do fato que todo indivíduo tem, no seu âmago, a necessidade de se conciliar com a sociedade em que vive, é a necessidade *interiore homine*. O Estado responde, portanto, às tendências e às necessidades do indivíduo, que não são puramente materialistas e pessoais, mas aquelas graças às quais a vida do indivíduo se junta à vida da coletividade gerando a vontade geral. Por meio dessa concepção, o Estado ético gentiliano emerge como uma substância moral autoconsciente, caracterizado por uma vontade única e universal que não pretende anular o indivíduo, mas, pelo contrário, busca valorizá-lo como parte central e motor principal da unidade política. Esse aprimoramento não diz respeito aos indivíduos como indivíduos particulares, mas compreendidos e transfigurados na entidade coletiva que é o povo, caracterizado por uma única missão cultural e moral. A verdadeira individualidade não se realiza na abstração de qualquer vínculo social ou vontade pessoal, mas no interior do Estado pensado como comunidade espiritual: é a realização da ética ou da síntese espiritual, que permite a formação do Estado em harmonia dialética com o indivíduo:

---

[626] GENTILE, Giovanni. *Origins and doctrine of fascism*. With selection from other works. Translated, edited, and annotated by A. James Gregor. New Brunswick: Transaction Publishers, 2002, p. 30-31.

> Com essa "operação filosófica" Gentile não só atacava a política do governo liberal do pós-guerra, como também os fundamentos do Estado liberal, resultado da soma dos interesses privados. Esvaziando a dimensão particular do indivíduo e construindo-o como unidade "espiritual" total com o universal encarnado no Estado [...] É esta total absorção do ser à lei do Espírito que acompanhou a construção do itinerário da filosofia política de Gentile para o fascismo, fundamentando-o pela concepção de um Estado que fosse uma criação permanente de uma vontade coletiva infinita, que nada tenha a limitá-la: uma verdadeira divindade todo-poderosa.[627]

É o conceito de Estado ético que está na base da oposição gentiliana à concepção liberal do Estado mínimo e sua insistência no dualismo insolúvel entre o indivíduo e a comunidade política, porque, aos olhos de Gentile, essas soluções institucionais liberais só se movem no plano jurídico, enquanto o direito é a expressão de uma esfera existencial mais ampla, é a vontade política do Estado. O Estado ético fascista, ao conciliar a liberdade com a autoridade de uma forma harmoniosa, supera o cisma entre indivíduo e Estado, integrando-os numa síntese, onde a vontade dos indivíduos se expressa pela força do Estado, resultando na vontade geral:

> A autoridade do Estado não está sujeita a negociação, nem conciliação, nem a dividir seu terreno com outros princípios morais ou religiosos que possam interferir na consciência. [...] O ser humano, que na profundidade de sua vontade, é a vontade do Estado com sua síntese dos dois mandatos de autoridade e de liberdade - cada um agindo sobre o outro para determinar seu desenvolvimento - é o ser humano que, por meio dessa vontade, resolve lentamente problemas religiosos e morais. O Estado, sem essas determinações e esses valores, se tornaria uma coisa mecânica. Seria privado do valor que politicamente pretende. *Aut Caesar, aut nihil*.[628]

Mas como convencer o indivíduo a deixar de lado a sua vontade particular para se reconhecer na vontade geral do Estado? Isso pode ser alcançado, de acordo com Gentile, por meio da educação transformada em ação pedagógica do próprio Estado. A pedagogia é, para Gentile, função precípua do Estado formador de consciências e transformador das vontades

---

[627] CARMO, Jefferson Carriello do. O atualismo de Giovanni Gentile e o estado fascista. *Revista Estudos Universitários*, Sorocaba – SP, v. 26, n. 1, jun. 2000, p. 8.
[628] GENTILE, 2002, p. 30.

individuais em vontade geral, justamente porque a liberdade "consiste em libertar o indivíduo de seus instintos. Certamente, a educação é a formação do homem, e quando dizemos homem, queremos dizer liberdade"[629]. A educação é, para Gentile, uma condição prática *sine qua non* para que o indivíduo alcance sua liberdade dentro do seio do Estado ético, porque é apenas pela conscientização pedagógica que o indivíduo poderá desenvolver todo o seu potencial que jaz *interiore homine* e, no processo, tornar-se parte da vontade geral.

O Estado gentiliano é, portanto, um Estado pedagógico e, por meio da educação, visa tornar concreta essa unidade de propósito entre o indivíduo e a sociedade; é um Estado ético, porque sua educação é sempre moral e, portanto, espiritual, investindo integralmente na vida do indivíduo. A educação cimenta essa fusão das vontades que não seria possível sem a autoridade e o esforço pedagógico do Estado e, somente assim, pode-se compreender como o fascismo buscou integrar a liberdade com a autoridade, entre indivíduo e Estado, que o liberalismo tentou separar: a liberdade e a autoridade são dois lados da mesma moeda, assim como o indivíduo e o Estado são complementares um ao outro na criação da vontade geral.

Quando a vontade do Estado, que em última instância é a verdadeira vontade do indivíduo, encontra-se em contraste com os impulsos imediatos do indivíduo, o Estado tem o dever de intervir em nome da vontade geral para refrear o indivíduo e induzi-lo, por meio da educação, no verdadeiro caminho da liberdade, que é a conformação de suas vontades com a vontade geral. Deve-se ter em mente que, para Gentile, quando o Estado busca dirigir pedagogicamente os indivíduos recalcitrantes ou ignorantes, não há nenhuma intromissão na esfera privada ou transgressão de direitos individuais, porque a vontade do Estado é a vontade do indivíduo, quer ele aceite ou não. A vontade geral só pode surgir por meio do esforço pedagógico que concretiza o que já se encontra *interiore homine* no indivíduo, e é somente na vontade geral que o indivíduo pode alcançar a liberdade. A identificação do indivíduo com o Estado é um processo constante, em que "os homens sempre lutarão para se humanizar, para se tornarem cada vez mais livres, no ritmo perpétuo da moralidade e da filosofia"[630].

Quando acusado de estatolatria, Gentile retrucou afirmando que o Estado tem um "valor moral absoluto", na medida em que suas leis estão *in*

---

[629] GENTILE, 1922, p. 57.
[630] GENTILE, Giovanni. *Il concetto della storia della filosofia*. Firenze: Le Lettere, 2006, p. 65.

interiore homine, ou seja, presentes na consciência universal de cada indivíduo. Pode parecer sem sentido, quando acusado de estatolatria, defender-se no argumento da primazia do Estado, mas o ponto de Gentile se baseia na ideia de que o indivíduo está na comunidade e no Estado apenas porque a comunidade e o Estado estão no indivíduo de uma maneira imanente, e ao obedecer às leis do Estado o indivíduo obedece às leis intrínsecas de seu ser, dessa forma, afastando a acusação, porque, nesses pressupostos, defender o Estado é também defender o indivíduo. Isso se dá porque, para Gentile, o "Estado é a mesma personalidade do indivíduo [...] afastado da preocupação abstrata de interesses particulares", nos quais "o indivíduo sente o interesse geral como seu e, portanto, o quer como uma vontade geral"[631], que se torna a base do edifício político fascista.

Essa noção da totalidade do Estado gentiliano encontra suas raízes em Hegel e, de fato, a relação dos dois filósofos é ambígua. Gentile dedicou algumas páginas do seu *I fondamenti della filosofia del diritto* ao conceito de Estado em Hegel, no qual o filósofo reconhece e credita Hegel com a função de ter descoberto o Estado como uma "substância ética autoconsciente"[632], em contraposição aos filósofos liberais clássicos de Locke a Kant, pensadores que levantaram a hipótese de um Estado concebido para uma sociedade formada sobretudo por indivíduos constituindo um agregado heterogêneo de interesses, demandas, vontades, perpetuamente em conflito. Mas mesmo Hegel e sua descoberta fundamental não passaram ilesos, pois Gentile afirma que o filósofo prussiano colocou uma limitação desnecessária ao ter concebido o Estado "como produto da vontade racional dos indivíduos", resultando numa divinização do Estado como agente do processo histórico que desemboca num Leviatã moderno que anula os indivíduos. Aqui, novamente, Gentile afirma que a sua concepção do Estado *interiore homine*, que se encontra dentro da consciência individual, não desemboca numa opressão estatal, porque a individualidade e a criatividade humanas se voltam para o bem comum, obedientes à lei moral. O Estado fascista não é uma concepção racional e externa ao indivíduo, mas uma exteriorização e extensão das potencialidades que residem *interiore homine*, a "consciência e vontade universal do indivíduo é liberdade, a única liberdade verdadeira que só pode se realizar no Estado, pois o homem é - no sentido aristotélico - um animal político"[633].

---

[631] MESSINA, 2013, p. 27-28.
[632] GENTILE, 1961, p. 112-113.
[633] MESSINA, 2013, p. 28-29.

É nesse sentido que se deve interpretar frases como "o fascismo quer um Estado orgânico forte e ao mesmo tempo apoiado por uma grande base popular" e "o indivíduo no Estado fascista não é anulado, mas sim multiplicado, assim como em um regimento um soldado não é diminuído, mas multiplicado pelo número de seus camaradas"[634], que aparecem na famosa *Dottrina del fascismo* de ambos Mussolini e Gentile. Não é possível um indivíduo ser anulado pelo Estado fascista, porque o Estado fascista é o representante da vontade geral de todos os indivíduos, uma representação que se origina *interiore homine* e que é distinta da vontade imediata e empírica dos indivíduos que a compõem. Essa vontade transcende em amplitude e interesse a vontade dos indivíduos, classes e categorias sociais, apresentando-se como a superação das limitações materiais e pessoais dos membros da comunidade, tornando-se o centro da moralidade social e o estabelecedor dos limites possíveis à ação individual e coletiva.

Todo esse arcabouço normativo acerca da natureza social do indivíduo e a sua liberdade por meio da realização de suas potencialidades no seio da comunidade é sintetizado em outra passagem explícita da *Dottrina del fascismo*:

> O homem do fascismo é um indivíduo que é uma nação e uma pátria, uma lei moral que une gerações de indivíduos [...] com uma vontade objetiva que transcende o indivíduo particular e o eleva a um membro consciente de uma sociedade espiritual. [...] o fascismo é uma concepção histórica, na qual o homem não é o que é senão em função do processo espiritual para o qual contribui, na família e no grupo social, na nação e na história, em que todas as nações colaboram. O liberalismo negava o Estado no interesse do indivíduo em particular; o fascismo reafirma o Estado como a verdadeira realidade do indivíduo. E se a liberdade deve ser o atributo do homem real, e não aquele fantoche abstrato que o liberalismo individualista pensou, o fascismo é pela liberdade. É pela única liberdade que pode ser séria, a liberdade do Estado e do indivíduo no Estado. Pois, para o fascista, tudo está no Estado, e nada de humano ou espiritual existe, muito menos tem valor, fora do Estado. Nesse sentido, o fascismo é totalitário, e o Estado fascista, síntese e unidade de todos os valores, interpreta, desenvolve e fortalece toda a vida do povo.[635]

---

[634] MUSSOLINI, Benito. *Opera omnia*. Il mio diario di guerra (1915 – 1917), la dottrina del fascismo (1932), vita di Arnaldo (1932), parlo com Bruno (1941), pensieri pontini e sardi (1943), storia di un anno (1944). Firenze: La Fenice, 1961. v. XXXIV, p. 130.

[635] *Ibid.*, p. 118-119.

Embora o Estado seja constantemente referenciado, a sua importância deriva do seu papel de representante jurídico máximo da *nação* como comunidade histórica. Como os sindicalistas e os nacionalistas, Gentile também reconhece que a nação é a comunidade de destino do povo italiano, constituindo-se num profundo repositório de experiências morais, culturais e linguísticas que se desenvolveram na história e servem de material para a autorrealização do indivíduo no seio da comunidade nacional. De fato, Gentile menciona que a nacionalidade "consiste não no conteúdo que pode variar, mas na forma que um certo conteúdo da consciência humana assume quando é sentido como constituindo o caráter de uma nação" e "é então que nos sentimos um povo; então somos uma nação"[636]. O surgimento da nacionalidade é concomitante com a emergência da vontade geral da comunhão moral e espiritual dos indivíduos com o Estado ético: "tanto a nação nos é íntima e inata de nosso ser, como é inegável que a vontade universal do Estado é uno com nossa personalidade ética concreta e atual"[637].

É por meio da vontade geral, que emana da sociedade *interiore homine*, que a substância de um povo como agente histórico pode surgir, e assim a nação somente toma vida e um papel importante na história, por meio do seu povo assim constituído e do Estado ético que o guia de maneira inequívoca, um único ente histórico de vontade unificada: "É a vontade de um povo, pois o povo tem vontade. O que significa, uma vez que tem uma consciência unificada; mas uma consciência, que é autoconsciência, personalidade e, portanto, vontade"[638]. Somente por meio do nascimento da nacionalidade oriunda da vontade geral é que uma coletividade pode ser considerada como "povo" (*popolo*) e cumprir sua missão histórica como sustentáculo da moderna nação e sobreviver no belicoso século XX.

A utilização de termos complexos como *"società in interiore homine"* e "vontade geral" se mostra como a ponta do iceberg de um mais ou menos oculto e fervoroso impulso moralizante e normativo. Ao se referir ao indivíduo como um animal político, Gentile está enfatizando a dimensão afetiva que possibilita relacionar a vida individual com o tecido social de uma maneira inextricável; um impulso que, como as ondulações criadas pelo epicentro do impacto de uma pedra na água, exterioriza-se de maneira concêntrica pela sociedade. A começar pelo núcleo familiar, a afetividade social vai se estendendo, conforme o indivíduo vai se inserindo em outros

---
[636] GENTILE, 1922, p. 10-11.
[637] GENTILE, 1922, p. 14.
[638] GENTILE, 1961, p. 128.

círculos como as associações trabalhistas ou o mundo acadêmico, concretizando-se, pelo menos até onde podia se averiguar naquele início de século, no sentimento nacional da comunidade de destino. Há uma compreensiva racionalidade guiando esses posicionamentos: "Sem a disposição de conceber os outros como possuidores de valor intrínseco, sem sentimento humano associativo, não haveria fundamento para participar de uma comunidade de racionalidade compartilhada"[639]. Gentile não consegue conceber uma sociedade saudável e funcional sem o pressuposto associativo das relações sociais, pressuposto que se encontra *interiore homine* e fundamenta sua ética social da realização do verdadeiro Eu do indivíduo. O imperativo moral de realizar-se como indivíduo é indissociável da necessidade de compreender e obedecer às regras sociais que, por residirem *interiore homine*, são legitimamente positivadas pelo Estado.

    Os fascistas como Gentile abertamente aceitavam e empregavam o epíteto totalitário para representar suas políticas, na medida em que o regime buscava não ignorar nenhum elemento da nação, mas os incluir todos em uma fórmula unitária de constituição política e em uma ordem coletiva de organização social, e é natural que tenha sido assim visto que o Estado fascista, por ser um Estado representante da vontade geral, acaba totalizando sua influência por toda a sociedade. Aos olhos de seus promulgadores, o Estado fascista totalitário não é invocado com a intenção de oprimir e controlar os indivíduos de uma maneira orwelliana, mas é uma consequência de certos pressupostos sociológicos que, se levados a sua conclusão lógica, acabam por justificar a existência do Estado totalitário, e não há dúvidas que, para os fascistas, esses pressupostos são corretos. Gentile é o melhor exemplo, devido à sua proficiência filosófica em expressar esses pressupostos. O indivíduo, se concebido desde o início como um animal social, político e ético que encontra sua substância e apenas realiza suas potencialidades no seio da sociedade, é levado a se tornar dependente das estruturas e relações sociais que providenciam o conteúdo e o contexto para essa atualização. De certa forma, é inevitável que o ser humano seja dependente de estruturas e relações sociais para seu desenvolvimento, mas Gentile leva esse fato a uma nova profundidade ao conceber que as estruturas sociais e políticas, devido à sua imprescindibilidade no florescimento humano, são logicamente anteriores ao indivíduo e, mais ainda, residem dentro dele como potencialidade latente, motivo pelo qual o Estado surge como uma extensão da vontade

---

[639] GREGOR, A. James. Giovanni Gentile and corporativism. *Rivista di studi corporativi* 5, [s. l.], n. 4-5, July/Oct. 1975, p. 245.

do indivíduo e, multiplicado pelo enorme números de cidadãos, torna-se uma vontade geral que se expande totalitariamente. Esses fundamentos sociopolíticos foram movidos no intuito de criar uma sociedade baseada num liame "espiritual" entre os indivíduos e o Estado, no sentido de afastar o materialismo e o individualismo liberal do século XIX que atomizou os indivíduos, fechando-os nos seus próprios interesses pessoais e de classe. A sociedade, para Gentile, é a fusão da vontade individual na vontade geral representada pelo Estado, o novo firmamento da nação italiana no século XX.

Até os dias atuais, a formulação sociopolítica que Gentile concedeu ao fascismo foi a mais aberta e direta racionalização de uma ideologia totalitária que, pelos seus próprios pressupostos, aceita e tem como seu principal objetivo ser totalitária. O fascismo é, não por acidente, mas por excelência, a ideologia do Estado totalitário. Giovanni Gentile, por meio dessa concepção totalitária do Estado e do indivíduo, tinha em mente completar a missão histórica iniciada pelo *Risorgimento* e nacionalizar as massas ignoradas e atomizadas da Itália liberal. Não por acaso, Gentile teve que se apoderar e interpretar, dentro do seu esquema totalitário, da obra do mais famoso profeta do *Risorgimento*: Giuseppe Mazzini.

II Giovanni Gentile e Giuseppe Mazzini

Quando Gentile foi chamado por Mussolini, em 1922, para servir o regime e depois, em 1930, para coescrever o documento teórico fundamental do fascismo, a escolha foi feita com base na extrema afinidade da sociologia política gentiliana com o fascismo; em verdade, o próprio Mussolini desejava fundir os dois na síntese final da ideologia do regime, a fim de possibilitar um fundamento intelectual para o novo Estado totalitário italiano. Em 1921, no seu primeiro discurso à câmara dos deputados depois de empossado como primeiro-ministro, Mussolini abertamente professou, embora com ressalvas quanto à "metafísica e o lirismo", sua aceitação de uma visão idealista do Estado, e não há dúvidas que, ao fazer a ressalva anterior, o *Duce* estava confessando sua preferência pela concepção do Estado ético gentiliano[640]. Com o fascismo e seu líder adotando a visão gentiliana como estrutura filosófica do regime, Gentile ficou cada vez mais convencido de que o fascismo era um movimento plenamente capaz de realizar o que ele considerava a herança do *Risorgimento*.

---

[640] MUSSOLINI, Benito. *Opera omnia*. Dal trattato di rapallo al primo discorso alla camera (13 novembre 1920 – 21 giugno 1921). Firenzze: La Fenice, 1955. v. XVI, p. 440.

Mas se deve voltar no tempo para o início da carreira acadêmica de Gentile, que desde cedo foi fascinado pelo *Risorgimento* e seus profetas tanto que sua dissertação da graduação trabalhou a influência de dois luminares intelectuais da época da unificação: Antonio Rosmini e Vincenzo Gioberti. Esses pensadores incutiram no jovem Gentile a visão de um *Risorgimento* centrado no pressuposto que, no curso de eventos importantes, "as contribuições do pensamento individual e do comportamento coletivo foram de alguma forma fundidas na história - manifestando, assim, uma 'energia divina', a 'onipotência' cósmica de um 'Espírito' imanente"[641]. É uma visão de raiz idealista e hegeliana, mas no pensamento de Gentile tal imanência do "pensamento individual e do comportamento coletivo" se traduz na sua já aludida concepção de povo: a vontade geral da coletividade dirigida pelo Estado ético. O *Risorgimento*, para Gentile, foi um primeiro passo na construção dessa equação da união do povo com o Estado no novo Estado-nação italiano, depois de mais de milênio de alienação e divisão na península. Dessa forma, o *Risorgimento* não é apenas um processo militar de unificação política e administrativa da península itálica, mas a realização da unificação do povo italiano "porque a necessidade de unidade está viva desde que os italianos começaram a se sentir como um povo", isto é, "ter consciência de uma comunhão de elementos morais constitutivos de seu ser, de sua personalidade, de sua individualidade distinta"[642]. Gentile foi levado ao fascismo, porque considerou o movimento como uma continuação e conclusão da revolução *risorgimentale* iniciada por Garibaldi, Cavour e Mazzini.

Embora Gentile, até o fim da Primeira Guerra Mundial, tenha preferido os trabalhos filosóficos de Gioberti, a sua virada ao mazzinianismo se deu concomitantemente à ascensão do fascismo; pode-se imaginar Gentile descobrindo as possibilidades do mazzinianismo para a Itália que estava passando por sérias crises institucionais do nauseabundo regime democrático de Giovanni Giolitti: "O *Risorgimento* de Gentile, de giobertiano, tornou-se precisamente mazziniano e assim adquiriu uma tensão ativista e revolucionária até então desconhecida"[643].

Gentile definiu o mazzinianismo como uma "concepção religiosa idealista da vida que está na base da consciência nacional do *Risorgimento*,

---

[641] GREGOR, 2017, p. 60.
[642] PERTICI, Roberto. *Il Mazzini di Giovanni Gentile* em Giornale critico della filosofia italiana – Sesta serie, Volume XIX. Firenze: Casa Editrice le Lettere, 1999, p. 129.
[643] *Ibid.*, p. 149.

domina e se mantém até a exaustão do movimento"[644], colocando, portanto, a associação com Mazzini como uma conexão direta com a herança do *Risorgimento* e o próprio Mazzini como um "precursor do fascismo"[645]. O *Risorgimento* idealizado por Mazzini não havia terminado, a ambição revolucionária que havia animado os profetas do século anterior estava viva nas esquadras de camisa negra e, mesmo representando apenas uma pequena porcentagem da população total do país, esses soldados intrépidos possibilitam a ligação do arco histórico de uma revolução contínua, legitimando suas ações cruentas contra o *establishment* liberal. Não pode haver engano: embora o espírito revolucionário estivesse vivo nos compactos e aguerridos esquadrões de camisa negra, a revolução nunca deixou de ser nacional e movida pela ideia de unificar, em sentimento e espírito, o povo com o Estado; o que conta não é se, nesse primeiro momento, o povo numericamente considerado realmente esteja ciente e interessado na revolução em andamento, mas que ela é levado a cabo por qualquer um que se disponha a cumprir os deveres e disposto a se sacrificar para tal. Esse ponto é crucial, porque consegue esclarecer a aparente contradição entre a expectativa do fascismo em ser uma revolução popular e em nome do povo ao mesmo tempo que foi empreendida por uma aguerrida minoria de militantes e veteranos de guerra: o que realmente importa é o espírito que está sendo realizado, o espírito popular da unificação nacional do povo com o Estado.

Gentile concorda com Mazzini quanto à incompletude do processo de unificação espiritual e moral da nação italiana, que deixou as massas alienadas em indivíduos atomizados fora da esfera de influência do Estado. Assim, mesmo bem antes do surgimento do fascismo, num ensaio intitulado *Una biografia critica di Mazzini*, de 1903, Gentile já percebia a afinidade entre a sua filosofia e o mazzinianismo, principalmente no que concerne a uma "espiritualidade imanente" na história que fornece significado a toda a sequência complexa de eventos. A fé mazziniana no Deus e sua Lei que incita os deveres do homem e infunde a humanidade com ardor, com um senso de propósito necessário para a realização coletiva da nação moderna não passou despercebida: "tudo isso é, em certo sentido, verdadeiro", mas necessita tornar convincente por meio da "filosofia, não

---

[644] BENEDETTI, Paolo. Mazzini in "camicia nera" I. In: FONDAZIONE UGO LA MALFA, 22., 2007. *Annali* [...]. [S. l.]: Unicopoli, 2007, p. 172.
[645] GENTILE, Giovanni. *L'essenza del fascismo*, em Giuseppe Luigi Pomba (a cura di), La civiltà fascista illustrata nella dottrina e nelle opere, com introduzione di Benito Mussolini. Torino: Unione Tipográfico-Editrice Torinese, 1928.

da fé"[646]. A reaproximação de Gentile com Mazzini ao final da Grande Guerra foi a oportunidade de realizar a síntese filosófica para além da fé. Essa mudança parece não ter sido coincidência, visto que o contexto social e político do momento se encontrava profundamente instável e cerceado por contínuas crises, o que contribuiu demasiadamente para a sensação de ridículo vivida por todos num dos países vencedores da Grande Guerra. De fato, em 1919, Gentile publicou um longo estudo intitulado *I Profeti del Risorgimento* Italiano centrado em Mazzini e Gioberti, cuja dedicatória se lê: "Para Benito Mussolini, um italiano puro-sangue (*di razza*) digno de ouvir a voz dos profetas da nova Itália"[647]. Gentile parece incorrer num anacronismo ao relacionar a "nova Itália" com figuras da unificação que havia ocorrido há mais de meio século, mas, na realidade, não há anacronismo nenhum na sua interpretação: a intenção é justamente se utilizar de Mazzini para coligar, num arco histórico, a unificação *risorgimentale* com as aspirações do recém-nascido movimento fascista.

Nota-se a enorme afinidade que ambos os pensadores compartilhavam nas categorias de suas respectivas concepções de indivíduo, sociedade e Estado, categorias facilmente talhadas para as aspirações de Gentile. Assim, Gentile desde cedo percebe que no âmago do mazzinianismo se encontra uma concepção de vida religiosa voltada para uma finalidade prática de mover o coração e a mente do povo, oriunda de um estilo literário que se notabiliza pelo seu autoritarismo e efervescência moral. É uma filosofia "religiopolítica" que busca fundir a fé do povo a uma missão de constituir uma comunidade política que não seja fundamentada no materialismo e no individualismo, mas na solidariedade que se estabelece no trabalho associativo[648]. Gentile reconhece que essas invocações mazzinianas centram-se na ideia de um povo cumprindo sua missão para concretizar uma identidade nacional no Estado: é uma concepção essencialmente moral e pedagógica de um povo buscando sua substância na construção de uma entidade coletiva superior sob um desígnio divino. De fato, a própria concepção de uma sociedade transcendente mediante o surgimento de uma vontade geral que se concretiza por meio da união das consciências individuais e da obediência à lei moral que reside *interiore homine* pôde facilmente ser incorporada às categorias mazzinianas.

---

[646] GENTILE, Giovanni. *Albori della nuova Italia*. Parte prima: varietà e documenti. Firenze: Sansoni Editrice, 1968, p. 202.

[647] GENTILE, Giovanni. *I profeti del Risorgimento italiano*. Firenze: Vallecchi Editore, 1923.

[648] GREGOR, 2017, p. 67.

Nesse sentido, num artigo intitulado *Il problema politico*, logo após o fim da Grande Guerra, Gentile faz um sopesamento do mazzinanismo frente à sua própria filosofia, e o que surge é uma visão da vida social como o contexto em que os indivíduos buscam a plenitude moral de si mesmos, a sua autorrealização, apenas dentro de uma comunidade bem regulada pelo Estado. É, essencialmente, uma das primeiras exposições claras do seu Estado ético que reside *interiore homine*, "uma concepção filosófica do Estado irredutivelmente coletiva, fundamentalmente 'ética' e preeminentemente religiosa – e Gentile a associava a Mazzini"[649].

Mais especificamente, o mazzinianismo era visto por Gentile como um intuitivo idealismo epistemológico e ontológico, de forma que aproximou sua concepção de nacionalidade com aquela de Mazzini, que não é a baseada nas concepções francesas nem nas raciais alemãs, mas centrada na "consciência e na missão, um princípio, portanto, essencialmente moral: a realização da qual uma nação adquire ou reafirma o seu direito de existir"[650]. Gentile dá uma curvatura específica a essas posições mazzinianas ao delimitar a esfera de direitos do indivíduo; essencialmente, não há uma esfera de direitos individuais permanente e que deva ser respeitada *erga omnes*, mas se limita a uma obrigação moral de cumprir os deveres para com a nação: "esta esfera se baseia no dever que ele [indivíduo] tem de 'cumprir, colocar em prática todas as faculdades que constituem a natureza humana, a humanidade, e que nela dormem'"[651]. A interpretação gentiliana da nacionalidade mazziniana coloca ênfase na questão dos deveres, aqui entendidos como cumprimento da missão por meio da elaboração de um núcleo de valores que guiará a ação criadora da nacionalidade e do Estado. Os deveres do povo são, ao mesmo tempo, a ação do pensamento e pensamento da ação que devem "colocar em prática as faculdades que constituem a natureza humana" e que se encontram imanentes, isto é, são *interiore homine*, e, dessa forma, a conciliação entre os deveres mazzinianos e a necessidade de se concretizar a potencialidade imanente no indivíduo é realizada para resultar na vontade geral da nova nacionalidade.

A característica semidivina do mazzinianismo é aproveitada por Gentile no sentido de justificar a supremacia do Estado comandado pela vontade geral, que, por ser o resultado da completa obediência aos pos-

---

[649] *Ibid.*, p. 70.
[650] PERTICI, 1999, p. 145.
[651] *Idem.*

tulados que residem *interiore homine*, torna-se transcendente no sentido de falar por toda a coletividade e representar a consciência do povo. Essa obediência aos ditames imanentes da vontade geral se dá pela associação dos indivíduos na função de concretizar seus deveres justamente porque o "o aperfeiçoamento das raças é um mandamento divino, a vida é a batalha pelo bem, e lutar para se aperfeiçoar é dever do homem", e a "associação é o meio de melhoria mais adequado"[652].

Assim como para Mazzini a consecução dos deveres por meio da associação entre os indivíduos para cumprir a Lei de Deus é o mecanismo primordial do avanço moral e da constituição da nacionalidade e do Estado no mundo, também para Gentile a realização da lei que jaz *interiore homine* no indivíduo é uma ação essencialmente moral e transcendente, com contornos semidivinos. É uma concepção de existência de caráter eminentemente moral, indicando que o propósito do indivíduo é a realização do bem coletivo para implementar "que ele [o indivíduo] só pode trabalhar sacrificando-se, isto é, superando seu próprio ponto particular de vista e despojando-se de todos os seus interesses individuais. [...] Resolvendo este pacto, a vida é missão, e o homem atinge seu valor moral"[653]. A sociologia política de Gentile e o mazzinianismo se unificam para dar concretude e justificava à imperatividade moral da realização dos deveres do indivíduo — e, por consequência, do povo — na construção da nação moderna, o único meio que Gentile acreditava ser possível para o nascimento de uma verdadeira nacionalidade fundamentada na vontade geral.

Essa aproximação das categorias gentilianas e mazzinanas também foi possível, porque o idealismo italiano já havia se tornado um dos movimentos mais ativos e intransigentes na luta contra o positivismo e, por consequência, na busca de uma nova perspectiva de vida política para a Itália, uma invocação de um novo espírito envolvendo a primazia do pensamento e ação como remédio para a estagnação do mundo burguês, como afirma o historiador Emilio Gentile — sem parentesco com o filósofo Giovanni Gentile: "O idealismo militante afirmava a necessidade de compromisso: todos em luta, todos combatendo, participantes e colaboradores do processo histórico, que é a realização do Espírito em sua perpétua feitura pela ação dos indivíduos; todos protagonistas, em suma, do devir da história"[654]. O

---

[652] LANDI, 1937, p. 9.
[653] GENTILE, Giovanni. *Albori della nuova Italia*. Varietà e documenti, parte prima. Firenze: Sansoni, 1923, p. 45-49.
[654] GENTILE, 1996, p. 398.

próprio Mazzini havia cunhado o binômio *pensiero e azione* como um de seus gritos de guerra propícios a arregimentar aqueles cuja profunda consciência moral dos deveres lhes impingia a vontade de realizá-los e, com isso, encarnar, por meio de suas ações, o espírito histórico — chancelado por Deus — capaz de fundar uma nova soberania nacional em perfeito alinhamento com a jurisdição do Estado. Essa ligação demonstra que, claramente, Gentile havia reconhecido que as invocações mazzianianas centram-se na ideia de um povo cumprindo sua missão para concretizar a sua identidade nacional no Estado: é uma concepção essencialmente moral e pedagógica de um povo buscando sua substância na construção de uma entidade coletiva superior sob um desígnio divino.

A consciência para a realização dos deveres ainda se torna, na visão de Gentile, o vínculo transcendental que caracteriza a essência da sociabilidade do indivíduo e o sustentáculo da sociedade e, de fato, a própria concepção de uma sociedade transcendente mediante o surgimento de uma vontade geral que se concretiza por meio da união das consciências individuais e da obediência à lei moral que reside *interiore homine* pôde facilmente ser incorporada às categorias mazzianianas, como exemplificado pela operação realizada na ideia de nacionalidade:

> Gentile pôde, assim, reiterar suas conhecidas posições sobre a liberdade e o indivíduo: a liberdade não pertence ao indivíduo em sua existência empírica, mas "do espírito [...] em sua idealidade", isto é, no indivíduo que, ao suprimir a sua individualidade (sempre identificada com o particularismo e o egoísmo), identifica-se com o universal, "identifica-se com o absoluto", o que se realiza historicamente no Estado. A religião do dever de Mazzini confirmava assim o caráter "totalitário" (é uma qualificação que ele usará apenas alguns anos depois) da política e do Estado gentiliano [...].[655]

O ponto-final dessa síntese interpretativa é o Estado. Como já aludido, o Estado para Gentile é o Estado ético que reside *interiore homine*, é representante máximo do povo constituído como nação, e o mazzinianismo pôde ser facilmente integrado a essa concepção, porque no mazzinianismo não há uma concepção clara e definitiva de Estado, de modo que foi possível Gentile interpretá-lo como o principal agente promovedor da concretização dos deveres e da completa integração do indivíduo, justamente porque eles são a mesma entidade: é *interiore homine*. Como a vida tem um caráter moral

---

[655] PERTICI, 1999, p. 148.

e o que realmente importa é o avanço moral do povo por meio do cumprimento dos deveres, cabe ao Estado promover e garantir que os deveres do povo sejam cumpridos por meios legais e policiais. A vida mazziniana baseada nos deveres e sacrifícios se converte numa espiritualização da ação entronizada coletivamente no Estado ético fascista.

Essa interpretação, embora se conclua com a justificação do Estado totalitário, já havia sido manipulada antes mesmo da constituição da Marcha sobre Roma e da constituição do PNF, como se nota no *I Profeti* de Gentile ao tentar aproximar o prestígio do mazzinianismo com as ambições políticas dos grupos *squadristi* e fascistas ao sentenciar que, de acordo com Mazzini, a "vida não é um espetáculo ou um prazer, mas uma milícia, um sacrifício"[656], de modo que a luta pela criação da nação e, consequentemente, do direito à nacionalidade, está de acordo com seu principal ensinamento político: é uma conquista somente possível "por meio da insurreição e do martírio"[657]. As insurreições empreendidas pelos esquadrões e milícias dos camisas negras do *fasci di combattimento mussoliniano*, sob a interpretação gentiliana, tornam-se o aríete daquela força histórica construtora de nações, movida por soldados plenamente cientes dos seus deveres e dispostos a todos os sacrifícios para cumpri-los.

A conexão entre o fascismo e o *Risorgimento* por meio de Mazzini operada no seio da filosofia de Gentile foi uma das mais notáveis e profícuas realizações intelectuais oferecidas ao regime, utilizada por Mussolini para legitimar seu governo como também para defender-se das acusações — feitas até hoje — de que o fascismo não possui substância intelectual relevante. Independentemente do fracasso do regime, não se pode negar que não apenas o fascismo arregimentou considerável substância e justificação intelectual, como também buscou ser um sério competidor pelo posto de sistema político popular:

> Acima de tudo, a conexão com a tradição de Mazzini permeou toda a parábola do regime em relação à questão realmente central da integração das massas e, portanto, à ideia da revolução fascista como revolução "nacional" e "popular". Esse caráter distintivo da "revolução italiana" implicava necessariamente um vínculo com as correntes intransigentes democráticas e depois socialistas. O fascismo de fato retomou a revolução inacabada de Mazzini, mas também

---

[656] GENTILE, 1923, p. 38.
[657] *Idem*.

se considerou herdeiro da obra de integração das massas iniciada pelo socialismo italiano, logo interrompida pela burguesia deste: era justamente para reagir a um socialismo que havia se tornado "materialista" e acomodado, disse Bruno Spampanato, que "a vanguarda decidiu romper com ele e continuou sua ação socialista contra o socialismo" e deu corpo ao movimento fascista.[658]

A integração das massas é o ponto essencial de toda a interpretação gentiliana de Mazzini: completar a revolução *risorgimentale* e integrar o povo ao Estado, criando a síntese final da moderna nação italiana. Essa integração se dá justamente pela concretização dos deveres dentro da estrutura do Estado ético, onde o indivíduo, o povo e o Estado se tornam uma só entidade nacional unificada em vontade e espírito. Muito embora o próprio Mazzini não houvesse exposto uma sólida concepção de Estado, Gentile aproveita a filosofia mazziniana de ação, dever e sacrifício para legitimar e aprofundar seus fundamentos sociopolíticos no sentido de justificar as exigências morais que o Estado totalitário deve impor aos indivíduos para se adequarem à vontade geral. Em verdade, por Mazzini não ter especificado a origem dos deveres que o indivíduo deve seguir, apenas os fundamentado num opaco deus imanente na esfera política, foi possível a Gentile conceber o seu Estado ético como a encarnação terrena dos deveres mazzinianos, que residem *interiore homine* e, portanto, apresentam-se não como direitos, mas exigências morais absolutas. Nesse sentido, a importância que Mazzini dava ao serviço pedagógico do Estado para levar os indivíduos a cumprir seus deveres é plenamente aproveitado por Gentile, que era pedagogo, mas de uma maneira mais ubíqua: os deveres residem *interiore homine*, motivo pelo qual o Estado deve exigir do indivíduo que os cumpra de uma maneira a realizar a união das vontades individuais com a vontade do Estado, que são a mesma coisa: a vontade geral.

Assim, o que estava em jogo para Gentile, desde o *Risorgimento*, mas principalmente nos conturbados anos do pós-guerra, era a possibilidade de, finalmente, formar uma consciência nacional que possibilitasse uma vida política profundamente religiosa e ética não pautada pelos interesses materiais dos vergonhosos conchavos do vai-e-vem parlamentar. O esforço de guerra, o sacrifício nas trincheiras, a ascensão de movimentos radicais querendo uma nova política pareceram ser os sinais definitivos do surgi-

---

[658] BELARDELLI, Giovanni. Il fantasma di Rousseau: fascismo, nazionalsocialismo e "vera democrazia". *Storia Contemporanea*, revista bimestrale di studi storici, Roma, anno XXV, n. 3, giugno 1994, p. 378.

mento dessa nova consciência nacional buscando tomar para si o papel de liderança da nação capaz de finalmente fechar o longínquo e alienante ciclo histórico, no qual o povo e o Estado permaneceram estranhos um ao outro. Sob essa ótica, a inserção do mazzinianismo no arsenal filosófico de Gentile parece ter sido um desenvolvimento natural de suas próprias expectativas que vinham sendo angariadas desde a juventude, o que também não é inédito visto que, na mesma época, uma série de outros pensadores idealistas, sindicalistas e nacionalistas também foram redescobrindo os ensinamentos do velho profeta de Gênova para seus propósitos de revolução nacional. O que também parece claro é que o antecipado renascimento do espírito religioso na política, iniciado com o esforço de guerra e continuado pelo fascismo, foi julgado como uma súbita tomada de consciência que, aos olhos de Gentile, não poderia ser outra coisa senão o cumprimento das profecias de Mazzini acerca da concretização dos deveres que já se encontravam *interiore homine*.

A relação de Mazzini com o fascismo, embora encontre mais substância e profundidade na interpretação gentiliana, foi encabeçada desde o começo do movimento por Benito Mussolini, que, já em 1921, havia percebido a importância da figura do profeta do *Risorgimento* para a integração das massas trabalhadoras ao Estado fascista:

> Partimos de outro ponto de vista. E é isto: que não pode haver uma grande nação capaz de grandeza real e potencial se as massas trabalhadoras forem forçadas a um regime de brutalização. É necessário, portanto, que através de uma pregação e de uma prática que eu chamaria de mazziniana, que reconcilia e deve conciliar o direito com o dever, seja necessário que essa enorme massa de dezenas de milhões de trabalhadores, que essa enorme massa seja trazida cada vez mais para um nível de vida mais elevado.[659]

Mussolini e os sindicalistas que se afastaram da ortodoxia do PSI frequentemente faziam referência a elementos do mazzinianismo para ampliar os fundamentos das suas visões de uma revolução voluntarista e nacional, na intenção trazer as massas trabalhadoras para a influência do novo Estado fascista; a contribuição de Gentile encontrou solo fértil, porque outros elementos do fascismo já haviam sido influenciados pelo mazzinianismo em algum grau. É nesse sentido que se pode compreender, na citação de

---

[659] MUSSOLINI, Benito. *Opera omnia*. Dal trattato di rapallo al primo discorso alla camera (13 novembre 1920 – 21 giugno 1921). Firenzze: La Fenice, 1955. v. XVI, p. 243.

Belardelli, como o fascismo serviu como um continuador da política popular do socialismo italiano na missão de nacionalizar as massas trabalhadoras, e isso é um apelo comum tanto aos sindicalistas quanto à Gentile, que no seu *Genesi e struttura della società* expressa que no século XX a integração da massa trabalhadora e dos sindicatos ao Estado coincidia com a integração do próprio povo: "De modo que realmente o Estado é o sindicato no mesmo sentido que o é o indivíduo: pois a vontade efetiva do indivíduo que tem consciência de sua própria real e complexa individualidade é o Estado"[660], materializando a participação política orgânica e a emergência da vontade geral: "o sindicato é o Estado quando se eleva acima de seus estreitos limites como categoria social e se torna plenamente consciente da única vontade universal que anima e mantém todas as categorias"[661].

O sindicalismo nacional, integrado como nódulos do novo Estado fascista, realiza a nacionalização das massas completando um ciclo histórico deixado em aberto pelo *Risorgimento*, e a influência de Mazzini pode ser sentida em todos esses esforços de integração orgânica na comunidade nacional. Os apelos mazzinianos a uma regeneração moral do povo, a fim de afastá-lo do materialismo e do egoísmo para criar um indivíduo que vive e trabalha guiado por valores de solidariedade produtiva, mediante uma pedagogia estatal centralizada, foram bem aproveitados por fascistas como Giovanni Gentile na criação de uma concepção totalitária de vida e sociedade. Esse novo tipo de indivíduo movido por uma nova moral na busca dos seus deveres para com a nação e o Estado é uma tentativa de superar o atomismo e os valores da antiga e moribunda ordem liberal, que tornava todas as relações sociais apenas como consequências de um cálculo materialista e hedonista na busca dos interesses pessoais de cada indivíduo. Tanto os sindicalistas, nacionalistas, quanto idealistas da estirpe de Gentile buscavam criar uma comunidade nacional fundamentada em novos valores de sociabilidade afetiva e solidária, com objetivos de desenvolvimento industrial e engrandecimento da nação e do Estado. Essa nova moral comunitária, por ser condizente com a essência social do indivíduo, serve de base para uma nova ética social da realização do verdadeiro "Eu" do indivíduo, isto é, se o "imperativo moral do indivíduo é realizar-se como indivíduo, e o emprego da razão é instrumental para esse propósito moral, então a comunidade afetiva é seu pressuposto necessário"[662]. Essa atualização do indivíduo no

---

[660] GENTILE, 1966, p. 129.
[661] *Idem*.
[662] GREGOR, 1975, p. 245.

seio da comunidade é racional, porque é consequência da realização das potencialidades que se encontram latentes dentro do seu ser, devido à sua condição de ser social, são *interiore homine* e o imperativo moral essencial dos novos valores é, portanto, realizar todas essas potencialidades que só pedagogia do Estado ético é capaz de fazer.

Toda essa construção sociopolítica baseada em Mazzini avançada pelos fascistas tentou tomar forma, dentro do governo Mussolini, por meio da criação de novas instituições políticas corporativas, que encontram seu germe nas formulações do sindicalismo nacional. O objetivo do fascismo é o de construir, por meio do corporativismo, uma nova sociedade nacional com valores de solidariedade, trabalho e sacrifício, buscando uma conciliação de "justiça social e expansão nacional e como possibilidade de criação de uma 'verdadeira democracia' baseada na participação de todos por um objetivo coletivo"[663]. O sindicalismo nacional, o nacionalismo e o idealismo filosófico de Gentile e seus seguidores tentaram, numa tentativa de síntese, dar uma substância e justificativa ideológica para o fascismo tornado regime sob o poder político de Benito Mussolini.

---

[663] BELARDELLI, 1994, p. 377-378.

PARTE III

O EXPERIMENTO FASCISTA

DO CORPORATIVISMO AO IMPERIALISMO

I O humanismo do trabalho e o corporativismo fascista

O corporativismo, como ideia sociopolítica, é muito antigo e se centra em um princípio ético "que preconiza a coesão, união e associação entre vários indivíduos unidos por objetivos e interesses comuns"[664], o que remete à origem etimológica do termo: *corpus*, que significa corpo, isto é, uma associação de pessoas unidas por um propósito comum. As raízes do corporativismo podem se traçadas até a antiguidade clássica como nos trabalhos de Platão, Aristóteles e nas *colegios* romana, mas é a partir da Idade Média que um corporativismo semelhante ao moderno começou a surgir por meio da ascensão de agrupamentos e guildas de ofício, um desenvolvimento importante na história do conceito, porque começou a servir de medida regulatória dos preços e do comércio para as guildas, "o que é um aspecto importante dos modelos econômicos corporativistas de gestão econômica e colaboração de classes"[665]. A época das comunas italianas foi especialmente importante para a consolidação do corporativismo como modelo socioeconômico relevante nas considerações dos pensadores italianos do começo do século XX, época celebrada como aquela que, embora sem um Estado unificado, possibilitou a consolidação da produção econômica coletiva, na qual cada indivíduo pertencia à sua corporação e comunidade e nelas se realizava.

Embora a época das comunas tenha sido varrida do mapa pelo influxo das ideias liberais e da modo de produção capitalista, seus ideias permaneceram vivos no mundo sindical e, de fato, a própria Igreja Católica, por meio da bula *Rerum Novarum*, reconheceu e concedeu sua graça aos sindicatos em Freiburg, em 1884, quando uma comissão católica para estudar o corporativismo o definiu como um "sistema de organização social que tem como base o agrupamento de homens, de acordo com a comunidade, de seus interesses naturais e funções sociais", culminando na conclusão de que, "como órgãos verdadeiros e apropriados do Estado, eles dirigem e coordenam o trabalho e capital em questões de interesse comum"[666].

---

[664] MESSINA, 2013, p. 98.
[665] WIARDA, Howard J. *Corporatism and comparative politics, the other great "ism"*. New York: M. E Sharpe, 1997, p. 28-30.
[666] WIARDA, 1997, p. 31.

Embora o século XIX tenha sido relativamente pródigo no fomento de movimentos e ideias corporativistas, especialmente na vertente católica francesa, é apenas na primeira metade do século XX que uma verdadeira onda de ideias corporativistas apareceu com relevância no debate público europeu. Em sua essência, o corporativismo que começou a espocar nas primeiras décadas do século se centrava no argumento de que "os órgãos legislativos deveriam ser compostos por delegados de organizações profissionais e não por representantes de partidos políticos eleitos em distritos geográficos", de forma a estabelecer um novo tipo de representação política fora dos quadros eleitorais de praxe das democracias liberais. Nesse sentido, muitos intelectuais da época começaram a defender a ideia de substituir a representação parlamentar indireta, constituída de partidos políticos, por assembleias compostas por delegados de organizações vocacionais e trabalhistas, de modo a aproximar a representação política diretamente com os diferentes tipos de relações de produção econômica que, segundo esses intelectuais, constituíam a verdadeira força da sociedade e do Estado. Essa concepção é comumente chamada de "corporativismo político" e é utilizada para distingui-la da mera tendência moderna de aglomeração de interesses econômicos organizados em grupos e associações; pelo contrário, o corporativismo político, ao substituir os parlamentos por órgãos de representação vocacional e trabalhista, impele a "substituição de uma aliança frouxa de organizações vocacionais pelo Estado unificado"[667]. Trata-se de uma mudança na própria essência do funcionamento representativo do Estado ao rechaçar o voto indireto e universal por novos critérios "funcionais" centrados em elementos de produção econômica e relação social. A representação política passa a ser exercida mais "diretamente" por aqueles que fazem parte de um tipo de produção econômica ou relação de produção que se encontram respaldados pelo órgão laboral estatal respectivo, como um sindicato. É um tipo de representação política também chamada de "orgânica", pois se fundamenta nos órgãos representativos vocacionais e trabalhistas que se tornam nódulos operacionais do próprio Estado, o representante jurídico da vontade do grande organismo social.

O corporativismo fascista[668] não foi uma inovação repentina e radical do regime em um determinado período, mas se encontra presente desde o

---

[667] LANDAUER, Carl. *Corporate State ideologies*. Historical roots and philosophical origins. Berkeley: Institute of International Studies, 1981, p. 1-3

[668] Deve-se esclarecer que o corporativismo fascista não tem nada a ver com as modernas corporações multinacionais como Amazon, Google, Walmart etc. O corporativismo, como concepção social e política, é oriundo

início do movimento fascista. No primeiro Programa do Partido Nacional Fascista, de 1921, está expresso que o fascismo "não pode contestar o fato histórico do desenvolvimento das corporações, mas quer coordenar esse desenvolvimento para fins nacionais"[669]; nessa formulação, está contido o âmago do desenvolvimento institucional do corporativismo fascista e que pode ser rastreado nos trabalhos dos sindicalistas e nacionalistas. De fato, todo o *Sindacalismo e Medio Evo*, de Sergio Panunzio, foi escrito no intuito de demonstrar a importância do fenômeno corporativo oriundo da época das comunas na Idade Média, agora incorporado na moderna corporação de sindicatos, do mesmo modo que Alfredo Rocco, antes de ter se tornado fascista, já havia afirmado que o "corporativismo, para usar uma expressão mais tradicionalmente italiana, é um fenômeno natural e incoercível de todos os tempos"[670]. Esse paralelismo entre as corporações medievais e o corporativismo fascista não é fortuito, porque a sua explicação também esclarece uma das principais justificativas históricas para as inovações institucionais do regime.

Nesse sentido, Alfredo Rocco traça a transformação das corporações medievais para os modernos sindicatos trabalhistas como um processo inevitável, devido à inovação tecnológica da cadeia de produção capitalista, que, no século XIX, desemboca nas conflituosas relações de classe da era liberal. Para Rocco, isso é um enorme problema porque, nessas condições:

> O trabalhador estava à inteira mercê do empresário: em regime de competição, o fluxo contínuo de trabalhadores para a indústria, a simplicidade da técnica operária, maximizava a demanda de mão de obra, minimizava a oferta, portanto, a medida dos salários é baixa. Foi a época em que [David] Riccardo formulou sua teoria pessimista do salário natural e Ferdinando di Lassalle enunciou a não menos pessimista "lei de bronze dos salários".[671]

---

do movimento sindicalista e anarquista do século XIX — embora com raízes mais antigas —, e prega que a organização produtiva da sociedade deve ser dividida em várias associações de produção com interesses em comum. Embora seja classicamente uma concepção amiúde anárquica, a inovação fascista é a de centralizar esses grupos produtivos sob o controle do Estado, numa vertente de corporativismo político. A ideia, bastante difundida atualmente, de que o corporativismo fascista é uma junção de grandes corporações multinacionais com o Estado é simplesmente falsa. Como se verá mais adiante, o Estado fascista, por sua característica orgânica e totalitária, não pode dividir o poder com grandes empresas privadas, mas deve subjugá-las e colocá-las dentro do seu quadro corporativo nacional.

[669] PIRAINO, Marco; FIORITO, Stefano. *L'Identita' Fascista*. Progetto politico e dottrina del fascismo. Roma: Lulu, 2007, p. 63.
[670] ROCCO, 1921, p. 22.
[671] *Ibid.*, p. 23.

O fenômeno sindical moderno e a luta dos trabalhadores é, para Rocco, a consequência natural de uma sociedade deixada completamente desregulada, devido aos princípios de não intervenção do liberalismo, onde as forças produtivas da sociedade se dividiram em duas classes antagônicas na busca de seus interesses pessoais às custas da harmonia e integridade da nação. A indiferença do Estado liberal, fincado no "dogma otimista de que a liberdade cura todos os males que ela mesma produz, estimulou tanto a degeneração do sindicalismo"[672], que acabou por colocá-lo na posição de se insurgir contra o resto da sociedade e até mesmo contra o Estado, tornando-se o novo ente regulador do organismo social nas suas vertentes mais radicalmente anárquicas. Para ser mais exato, Rocco não culpa os trabalhadores por essa rebelião sindical, resultado natural dos incentivos colocados pela situação econômica do liberalismo, mas, sim, o próprio liberalismo por criar as condições que propiciam a rebelião sindical e a luta de classes, motivo pelo qual o fascista reconhece a importância da luta dos trabalhadores e do sindicalismo em geral. A solução não é uma repressão dos trabalhadores e dos sindicatos, mas, sim, encontrar uma forma de harmonizar os sindicatos e, por consequência, os trabalhadores, com o resto da estrutura produtiva da sociedade de uma forma impedir a luta de classes, isto é, criar uma colaboração de produção para o bem comum da comunidade nacional. É nesse sentido que Rocco traça a diferença entre as corporações medievais e o sindicalismo moderno: "enquanto as corporações logo voltaram ao Estado e se tornaram seus órgãos, os sindicatos modernos agora vivem completamente fora do Estado e muitas vezes contra o Estado"[673]. A solução fascista é, seguindo a deixa de Rocco, incorporar o fenômeno sindical ao Estado.

Embora essas formulações de Rocco e Panunzio precederam a ascensão do fascismo, tais justificativas históricas foram aprofundadas e desenvolvidas durante a existência do regime. Uma das exposições mais claras e diretas do sistema corporativo fascista se encontra no livreto *Lo Stato Corporativo*, escrito em 1934 pelo então ministro das Corporações e presidente do Instituto Nacional da Seguridade Social Fascista Bruno Biagi, volume que serve de cartilha ideológica explicativa. Toda a primeira parte do livro é dedicado à "crise do Estado moderno e o fator sindical", no qual Biagi reconhece a importância e o valor moral da luta dos trabalhadores e dos sindicatos durante o século XIX, chegando a chamá-los de um "quarto

---
[672] *Ibid.*, p. 25.
[673] *Idem.*

estado" em analogia ao terceiro estado da Revolução Francesa; na era do liberalismo, os trabalhadores passaram a ser o quarto estado da sociedade industrial, oprimidos e em constante luta contra o capital e os burgueses. Nesse contexto, para Biagi, o liberalismo apenas serviu "para disfarçar uma condição de monopólio", suscitando uma oposição que se formou de maneira econômica (sindicato) e política (partidos), com o "objetivo principal de quebrar esse poder monopolista"[674]. Assim, a visão fascista é a de que o sindicalismo revolucionário do século XIX, o sindicalismo de Sorel e Pelloutier, com seus mitos de greve geral e luta econômica contra o sistema capitalista, estava na realidade realizando uma luta suicida contra a capacidade produtiva da nação, o que acabaria levando ao empobrecimento de todas as classes sociais, inclusive a proletária. O liberalismo falhou em não compreender a relevância da luta trabalhista e sindical e cometeu o erro fatal de renunciar a oportunidade de "dominar e disciplinar as novas forças que ameaçavam dissolver a estrutura social [...] não soube enfrentar e resolver o problema da relação entre capital e trabalho"[675].

Mas antes de adentrarmos na construção institucional e jurídica do corporativismo fascista, faz-se necessário esclarecer alguns pressupostos sociológicos. A abrupta imposição do poder estatal não é suficiente para resolver o problema da relação conflituosa entre capital e trabalho, uma mudança psicológica nas classes sociais precisa ocorrer, e essa mudança envereda por meio "de uma equalização gradual de trabalhadores e empregadores em uma única categoria de produtores"[676]. Como apontado por Georges Sorel, essa não é apenas uma mudança terminológica vazia, mas contém uma mudança de mentalidade essencial para o nascimento do ideário fascista, visto que, sem tal mudança de mentalidade das classes sociais, elas continuarão a se digladiar até que a hecatombe revolucionária destrua a unidade da nação. Essencialmente, as classes sociais devem, de uma vez por todas, despojar-se da mentalidade belicosa da luta de classes que, para os fascistas, é consequência da filosofia liberal que insistentemente manteve o Estado ausente dos conflitos entre capital e trabalho, e eis o motivo de tamanha importância dada, tanto por sindicalistas como Sergio Panunzio, quanto por nacionalistas como Enrico Corradini, à criação de novos valores entre as classes produtoras da nação. Extirpar os valores liberais e burgueses é um passo essencial para a consolidação

---

[674] BIAGI, Bruno. *Lo Stato Corporativo*. Roma: Lulu, 2018, p. 7-8.
[675] *Ibid.*, p. 11.
[676] MESSINA, 2013, p. 100.

do projeto político-institucional fascista, porque qualquer tipo de pensamento classista ou individual, facilitado pelo liberalismo, mostra-se danoso à unidade harmoniosa da nação.

Esse pressuposto sociológico de mudança nos valores dos produtores italianos é tão central para o fascismo que, na coletânea oficial do PNF, o *Venti Anni*, está escrito que a interpretação classista do problema social, quer seja do ponto de vista proletário ou burguês, "está claramente ultrapassada". O trabalho, na nova concepção fascista, "não é defendido exclusivamente contra o capital" e nem mesmo se tenta uma "solução da coexistência pacífica, obtida através de uma trégua entre as forças opostas, que é uma posição tipicamente burguesa que a doutrina fascista rejeita"[677], o que resulta numa nova forma de conceber e valorizar as relações entre capital e trabalho de uma maneira que o regime se orgulhava de ser uma invenção exclusivamente fascista. Nesse sentido, tanto o capital, quanto o trabalho são subordinados à vontade política da nação e regulados na linha de satisfazer os critérios da produção nacional, isto é, ambos são subordinados a uma nova função social fora dos quadros classistas de seus interesses exclusivos:

> O trabalho, enquanto participação ativa do homem na sociedade, deve ser exaltado e protegido, assim como o próprio capital é protegido, quando não constitui entesouramento de bens e acumulação passiva de riqueza, mas é também trabalho, isto é, responde efetivamente a uma função social útil e insubstituível. [...] O capital, seja a possibilidade de uma vida confortável, uma manifestação de inércia, um gozo imerecido de descanso, é condenado pela doutrina fascista sem piedade, como qualquer forma de parasitismo e ausência da vida coletiva. O homem tem que trabalhar e, no trabalho, que o torna participante do organismo social e lhe confere uma posição, conquista sua verdadeira nobreza.[678]

A nova definição valorativa fascista considera tanto o capital, quanto o trabalho duas modalidades diferentes, porém complementares, de produção que devem ser controladas pela vontade política do Estado. Não se fala mais de interesses exclusivamente proletários e burgueses, mas de interesse nacional, de trabalho e produção seguindo os preceitos delineados pelos valores políticos da comunidade. O fascismo vigorosamente rechaça a ideia de que a produção nacional deva ser deixada à vontade do livre-mercado

---

[677] PARTITO NAZIONALE FASCISTA. *Venti Anni, volume primo*: Dottrina, storia e regime. Roma: Istituto Poligrafico dello Stato, 1942, p. 18-19.
[678] *Ibid.*, p. 19.

ou, nas palavras de Alfredo Rocco, do "livre jogo das leis econômicas" que criaram, no século XIX, "condições verdadeiramente infelizes para os trabalhadores"[679]. Portanto, deve-se ter em mente que, no fascismo, não existe mais uma classe burguesa e proletária ou interesses burgueses e proletários, porque a função do social do trabalho exigida pelo Estado é a nova diretriz dos interesses da produção econômica e é por meio do trabalho seguindo a sua respectiva função social que se pode conceder o rótulo da nova e exclusiva classe da nação: os produtores.

O principal fundamento dessa nova diretriz política reguladora da produção econômica da nação é o humanismo do trabalho (*L'Umanesimo del lavoro*), princípio que afirma que o trabalho — aqui compreendido tanto o trabalho manual, quanto o emprego do capital, assim como todas as manifestações do pensamento humano que conduzem a uma produção de qualquer tipo e que de qualquer modo contribuem para nutrir a vida nacional — é uma "atividade criativa que visa aumentar a grandeza da nação e ao mesmo tempo elevar a alma humana numa forma de dedicação absoluta à sua comunidade"[680]. Nesse sentido, o trabalho deixa de ser uma mera mercadoria no vai e vem do mercado para assumir o papel de "sujeito" da economia, o fundamento de uma nova moral baseada na comunhão social dos indivíduos. Isso quer dizer que a nova classe de produtores da nação trabalha primeiramente em função das necessidades e dos interesses nacionais, e não dos interesses individuais ou de suas classes sociais, justamente porque a nação é a comunidade de destino do indivíduo. Assim, para os fascistas, a nação é concebida como uma "vasta comunidade social" capaz de assegurar a continuidade da vida coletiva no tempo por meio do trabalho e sacrifício de seus membros, de modo que a "maneira mais imediata e verdadeira de demonstrar o sentimento nacional, o amor à pátria, é trabalhar e produzir"[681]. O humanismo do trabalho se torna o eixo que une "o destino do homem e o da comunidade como as duas faces de um mesmo destino que segue o mesmo caminho sem se distinguir"[682].

O fascismo se impõe contra àquela concepção liberal que considera o trabalho como mero meio para a satisfação "das necessidades egoístas do indivíduo"; pelo contrário, para o fascismo o trabalho é aquela "ativi-

---

[679] ROCCO, 1921, p. 23.
[680] MESSINA, 2013, p. 114.
[681] PARTITO NAZIONALE FASCISTA. Venti Anni, volume secondo: L'ordine corporativo e la difesa sociale. Roma: Istituto Poligrafico dello Stato, 1942, p. 10-11.
[682] *Idem*.

dade pela qual o indivíduo participa da vida e do destino da comunidade nacional a que pertence"[683]. Rechaçando as mentalidades de classe e os preceitos liberais, o fascismo se sentiu livre para conjurar um novo tipo de fundamento sociológico para o seu edifício político totalitário, que começa com o humanismo do trabalho e avança aglutinando as classes sociais sob o novo rótulo de "produtores nacionais", subjugando-os aos ditames políticos do Estado que se espalha ubiquamente por todas as relações de produção e sociais. No fascismo, todas as principais ações com consequências sociais mais relevantes, como a produção da riqueza, a especulação intelectual e a reunião de vários indivíduos para algum fim social, devem ser justificados dentro do novo parâmetro de sua respectiva função social, isto é, devem ser justificados perante o Estado.

O sentimento liberal clássico rotula essas posições de "autoritárias" e "ditatoriais", julgando-as uma invasão injustificada do Estado na esfera privada dos indivíduos, mas o fascismo não se preocupa com as críticas liberais e plenamente abraça o rótulo de "totalitário", porque o Estado fascista *tem que ser totalitário devido a seus próprios pressupostos*, e isso é o francamente desejado. O Estado totalitário é aquele que exerce sua influência totalizante sobre todas as esferas sociais e econômicas relevantes, e o fascismo abraça essa posição porque, devido aos pressupostos já delineados por Giovanni Gentile, o Estado é o único ente com uma verdadeira vontade, a vontade geral da sociedade. Por se encontrar *in interiore homine*, o Estado é quem tem o dever moral de exercer sua influência sobre os indivíduos e levá-los ao caminho da liberdade ao torná-los indivíduos éticos e atuantes, o Estado é a "personificação concreta da sociabilidade do homem", a "expressão autoconsciente da comunidade afetiva e racional"[684]. A doutrina fascista opera sua inovação ao colocar o trabalho em relação dialética como o Estado, servindo, de um lado, de fundamento e, do outro, de objeto de controle político do próprio Estado de modo que o trabalho se torne a "vontade operante, seu perene motivo animador do qual todos os outros motivos derivam como de uma fonte"[685]. A vontade operante do princípio do humanismo do trabalho é a exigência que o Estado totalitário faz para que a sua vontade geral se realize.

O fascismo explicitamente referencia o humanismo do trabalho como um "princípio totalitário típico da tradição italiana", que tem como um de

---

[683] *Ibid.*, p. 11.
[684] GREGOR, 1975, p. 247.
[685] PARTITO NAZIONALE FASCISTA, 1942, p. 12.

seus principais representantes ninguém menos que Giuseppe Mazzini. Para o fascismo, o profeta de Gênova havia afirmado a "função predominante do trabalho na vida social", ao declarar que "um dia todos seremos trabalhadores, ou seja, todos viveremos da remuneração do nosso trabalho em qualquer direção que você exerça"[686]. As concepções socialistas de Mazzini são empregadas para justificar a medida da nova função social do trabalho como um todo, também na ideia de que o povo se torne uma grande classe de produtores da nação. Isso significa que, para transformar o trabalho numa atividade controlada dentro dos parâmetros de sua nova função social, é necessário que os indivíduos tenham não apenas direitos para com o Estado totalitário, mas também, e principalmente, *deveres*. Como o Estado reside *in interiore homine* é apenas natural que o Estado primeiramente exija dos indivíduos que cumpram seus deveres sociais na produção de riquezas e sacrifícios pela nação e apenas depois usufruem de algum direito, porque, ao cumprirem os deveres, os indivíduos estão seguindo a única vontade que existe: a vontade geral do Estado.

Para Giovanni Gentile, nacionalizar a classe trabalhadora e os sindicatos não era apenas uma questão de controle estatal da produção econômica, mas um dever moral da humanidade: "Era necessário que a alta dignidade que o homem, ao pensar, descobrira no próprio pensamento, fosse concedida também ao trabalhador"[687]. O humanismo do trabalho é uma expansão do humanismo filosófico à classe trabalhadora, finalizando sua integração à totalidade do mundo social e espiritual que é a vontade geral do Estado: "Era necessário que pensadores, cientistas e artistas dessem as mãos aos trabalhadores nesta consciência da dignidade universal do ser humano"[688].

A fundamentação sociológica completa seu círculo: novos valores e, por consequência, uma nova mentalidade deveria surgir para suplantar os valores liberais e burgueses que tanto causaram caos e facciosidade classista no século XIX, ameaçando cindir a nação irreparavelmente. Para suplantar as mentalidades de classe, foi necessário a confecção de uma nova fundamentação sociológica para justificar a união e a inserção das classes sociais dentro do organismo estatal, e o princípio do humanismo do trabalho possibilitou a expansão da supremacia do poder e da vontade estatal sobre as vontades individuais e de classes ao subordiná-las a novos critérios justificativos de suas atividades: a função social do trabalho, da

---
[686] *Ibid.*, p. 13-14.
[687] GENTILE, 1966, p. 171.
[688] *Idem.*

produção e da propriedade. É a vontade geral do Estado, e não qualquer vontade individual ou de classe, que deve ser o centro emanador da lei a da ordem, o eixo da moral que condiciona quaisquer outras atividades sociais relevantes. A nacionalização das classes sociais, especialmente a trabalhadora e o fenômeno sindical, significa uma união transcendental de todas as vontades sociais em uma única, ubíqua e totalitária, vontade geral. Essa nova base sociológica encontrou na filosofia do Estado ético de Giovanni Gentile, por meio de sua interpretação de Giuseppe Mazzini, todo o arcabouço filosófico-normativo que concedeu ao corporativismo fascista um norte ético, impedindo-o de descambar em um novo tipo bizarro de materialismo que renderia os indivíduos prisioneiros de suas funções sociais dentro da nova estrutura produtiva. Pelo menos no nível puramente ideológico, o Estado ético gentiliano se tornou a "alma indispensável do corporativismo" que, de outro modo, restaria apenas uma "engenhoca de complexos organismos natimortos"[689]. A nova base sociológica, conjugada com a estrutura ético-filosófica gentiliana, possibilitou educar "o cidadão para não ser mais um *homo economicus*, mas um homem social, um homem que pensa mais nos outros do que em si mesmo"[690].

O corporativismo fascista, embora tenha sido uma das ideias centrais na formação do movimento fascista e de vários de seus componentes ideológicos como o sindicalismo nacional e o nacionalismo, não foi realizado rapidamente após a ascensão de Mussolini ao posto de primeiro-ministro, em 1922. Em verdade, a própria ideia de corporativismo fascista foi muito controversa e debatida dentro do próprio movimento fascista durante muitos anos antes de começar a ser lentamente implementada, e se percebe isso ao constatar os "12.000 volumes de textos citados na bibliografia sindical e corporativa de Alfredo Gradilone"[691] versando sobre a natureza, o desenvolvimento e a implementação do corporativismo. O problema ainda se acentua quando se leva em conta o fato que, durante as duas décadas que esteve no poder, o fascismo teve que lidar com diversas contingências como a Grande Depressão, de 1929, a ascensão do Nacional-Socialismo de Adolf Hitler e a Segunda Guerra Mundial, assim como tentar manusear e balancear, por meio das habilidades políticas de Mussolini, toda as fontes de resistência ao fascismo presentes na monarquia, na igreja e na burguesia

---

[689] LANDI, A. G. *Mussolini e la rivoluzione sociale*. Roma: ISC, 1983, p. 86-87.
[690] *Idem*.
[691] CARLESI, Francesco. *Corporativismo, stato sociale, sviluppo 1922-1945*. Em L'economia nello stato totalitario fascista. A cura di Antonio Messina. Canterano: Aracne Editrice, 2017, p. 151.

italiana e, mesmo assim, o regime "deu origem a importantes instituições e experiências no campo social"[692]. Apesar da complexidade do assunto e com o pressuposto do humanismo do trabalho já delineado, far-se-á um esforço de síntese para explicar como o corporativismo fascista se desenvolveu e tentou ser implementado no seio do regime do PNF.

Essencialmente, o corporativismo fascista almejava estabelecer a representação política da nova classe dos produtores, bem como a coordenação e fiscalização estatal da economia nacional, de forma a harmonizar os interesses individuais dos cidadãos com a vontade geral do Estado, e a primeira Lei que buscou estabelecer suas bases jurídicas foi a famosa *Carta del Lavoro*, de 1926. O primeiro artigo da *Carta* expressamente afirma, para além de qualquer dúvida, o início da nova ordem fascista:

> A nação italiana é um organismo que tem fins, vida, meios de ação superiores em poder e duração aos indivíduos divididos ou agrupados que a compõem. É uma unidade moral, política e econômica que se realiza plenamente no Estado fascista.[693]

Dada a supremacia da vontade geral do Estado, o princípio do humanismo do trabalho aparece logo no segundo artigo:

> O trabalho, em todas as suas formas organizacionais e executivas, intelectuais, técnicas, manuais, é um dever social. Nessa capacidade, e somente nessa capacidade, ele é protegido pelo Estado. Toda a produção é unitária do ponto de vista nacional; seus objetivos são unitários e podem ser resumidos no bem-estar dos indivíduos e no desenvolvimento do poder nacional.[694]

Nota-se que o trabalho, no fascismo, seguindo a interpretação mazziniana de Gentile, é um *dever* dos indivíduos para o Estado, porque as vontades individuais devem trabalhar para engrandecer a nação. Nesse sentido, toda produção deve se alinhar com a vontade do Estado ao seguir sua respectiva função social. A consequência prática final desses pressupostos estabelecidos se encontra no artigo sexto, que afirma:

> As associações profissionais legalmente reconhecidas garantem a igualdade jurídica entre empregadores e trabalhadores, mantêm a disciplina da produção e do trabalho e promovem o

---

[692] *Idem.*
[693] TUCCI, Giuseppe. *La Carta del Lavoro e le sue realizzazioni*. Torino: G. B. Paravia & C, 1938, p. 5,
[694] *Ibid.*, p. 6.

seu aperfeiçoamento. As corporações constituem a organização unitária das forças de produção e representam plenamente seus interesses. Em virtude dessa representação integral, uma vez que os interesses da produção são interesses nacionais, as corporações são reconhecidas por lei como órgãos do Estado. Como representantes dos interesses unitários da produção, as corporações podem estabelecer regras obrigatórias sobre a disciplina das relações de trabalho e também sobre a coordenação da produção sempre que tenhamos os poderes necessários das associações coligadas.[695]

As leis trabalhistas sancionadas no biênio de 1926 e 1927, tendo como sua representante principal a supracitada *Carta del Lavoro*, determinaram, na seara do novo direito público, a responsabilidade do Estado no controle das organizações sindicais de modo a tornar a corporação o elemento funcional de unificação político-social, totalmente subordinada à autoridade do Estado. É uma evolução das teorias do sindicalismo nacional promulgadas pelos sindicalistas já antes da ascensão do fascismo, e o próprio Sergio Panunzio, no seu *Teoria generale dello Stato fascista*, explica que, para se entender o novo ordenamento corporativo fascista, deve-se dividi-lo em duas partes complementares: o ponto de vista estrutural e o dinâmico. Do ponto de vista estrutural, o Estado fascista "pode ser chamado de 'Estado sindical', pois é composto de sindicatos"[696]; e do ponto de vista dinâmico e funcional, o Estado fascista pode ser chamado de "'corporativo', pois o Estado não está sujeito aos sindicatos, não é passivo e reativo em relação a eles, mas age sobre eles, conectando-os, harmonizando-os, trazendo-os e reduzindo-os à unidade", realizando o nódulo essencial do novo Estado fascista: a corporação[697]. Como órgãos do Estado, as corporações de sindicato, além de assegurar o controle econômico da produção nacional, também servem, como escreveu o influente ministro das Corporações Giuseppe Bottai, para "desenvolver nas organizações o sentido da inserção consciente da atividade sindical na complicada rede de relações sociais, difundindo a consciência de que para além da classe há um país e uma sociedade"[698]. Esse modelo corporativo nasceu como uma exigência das classes dominantes fascistas para canalizar de forma controlada e eficaz, por meio do quadro corporativo do trabalho organizado, a transição de um modelo econômico eminentemente liberal

---

[695] *Ibid.*, p. 14.
[696] PANUNZIO, Sergio. *Teoria generale dello Stato fascista*. Padova: Casa Editrice Dott. Antonio Milani, 1937, p. 26.
[697] *Idem*.
[698] BOTTAI, Giuseppe. *L'ordinamento corporativo*. Milano: A Mondadori, 1938, p. 16.

e descentralizado para um capaz garantir a supremacia da vontade geral do Estado. A representação das classes dos produtores em seus respectivos sindicatos serve como o eixo de controle estatal, tanto da produção, quanto da nova consciência de pertencimento à comunidade nacional.

O corporativismo fascista, como representante institucional e operacionalizador da vontade geral do Estado é, nas palavras do teórico fascista Arnaldo Volpicelli, mais que apenas uma doutrina econômica, possuindo um "caráter universal" que significa a "natureza e relevância estatal de toda a vida individual e social, solidariedade orgânica indissolúvel e, portanto, caráter estatal e responsabilidade de todas as formas e forças da vida da nação"[699]. Assim, na sua ideia germinal, a nacionalização dos sindicatos e a criação da estrutura corporativa do Estado se tornou o modo de engendrar um novo e ubíquo tipo de relação social e econômica entre os cidadãos da comunidade nacional fora dos quadros liberais e classistas, em que, dentro dos respectivos sindicatos, as decisões e os litígios oriundos de cada linha de produção seriam resolvidos de acordo com a vontade geral do Estado baseado na nova legislação laboral fascista.

Toda essa criação ideológica, jurídica e doutrinária é, num nível intelectual, consideravelmente *straightforward* e compreensível nos seus pressupostos basilares, mas a sua aplicação prática encontrou consideráveis entraves dentro do próprio movimento fascista. Sim, há um consenso básico de que o corporativismo fascista, baseado no humanismo do trabalho, serve de estrutura estatal coordenadora da produção nacional assim como mecanismo de consenso entre a nova classe dos produtores, mas como se dá a relação desses produtores com os sindicatos estatais e as empresas sob a jurisdição desses sindicatos? O teórico fascista Carlo Costamagna, escrevendo a entrada "*Corporativismo*" do monumental *Dizionario di Politica* do PNF, assevera que, dentro da nova ordem corporativa fascista, os interesses da "agricultura, da indústria e do comércio" não representam os interesses dos agricultores, industriários e comerciantes individuais ou dos trabalhadores que efetivamente participam na produção, mas "são os aspectos contingentes de um interesse econômico permanente (agrícola, industrial e comercial) do povo italiano, personificado no Estado"[700]. Quanto aos sindicatos estatais, Costamagna afirma que eles não são os "proprietários, mas

---

[699] VOLPICELLI, Arnaldo. *I fondamenti ideali del corporativismo*. Em *L'economia nello stato totalitario fascista*. A cura di Antonio Messina. Canterano: Aracne Editrice, 2017, p. 155.
[700] DIZIONARIO DI POLITICA. A cura del Partito Nazionale Fascista. Antologia, volume unico. Roma: Lulu, 2014, p. 124.

guardiões desse interesse permanente, e como tal não podem funcionar em função de seus associados ou representantes individuais", caso contrário estariam se solidificando como monopólios de interesses privados às custas da integridade da nação[701]. Mas essa posição não foi unânime dentro dos teóricos do corporativismo fascista.

No Segundo Congresso de Estudos Sindicalistas e Corporativistas, realizado em Ferrara, em maio de 1932, Ugo Spirito, filósofo atualista e discípulo de Giovanni Gentile, apresentou a mais radical e extensiva proposta de como o sistema corporativo fascista deveria ser realizado. Profundamente influenciado pela asserção gentiliana de que o trabalho constitui uma das formas especiais de atividade espiritual por meio da qual os seres humanos se moldam dentro de uma comunidade histórica, Spirito buscou, com sua proposta, aproximar de uma vez por todas as vertentes sindicalistas e nacionalistas dentro dos quadros filosóficos do atualismo gentiliano para dar concretude às expectativas totalitárias da vontade geral do Estado fascista.

Spirito lembrou sua audiência que, se o fascismo desejava se efetivar como um Estado totalitário por meio do sistema corporativo, então esse sistema deveria ser baseado inteiramente num dos principais pressupostos sociopolíticos do atualismo gentiliano: o indivíduo e o Estado são uma mesma entidade. De fato, como já explicado anteriormente, atualistas firmemente defendem que "o verdadeiro indivíduo está unido à sua comunidade e à sua expressão executiva, o Estado, de uma forma que os liberais não pareciam compreender ou apreciar"[702], precisamente unidos por meio da imanência do Estado no indivíduo que é a *società in interiore homine*. Assim, Spirito buscou justamente levar os pressupostos sociopolíticos compartilhados por atualistas, sindicalistas e nacionalistas às suas conclusões lógicas, a fim de completamente extirpar qualquer semblante de liberalismo que porventura tenha permanecido no fascismo dez anos após a Marcha sobre Roma.

O mais óbvio entrave liberal ao novo sistema corporativo é a propriedade privada, que foi historicamente concebida como fruto do desenvolvimento da concepção de direitos naturais do indivíduo em oposição ao Estado, o que, por sua própria natureza, está em franca contradição com os fundamentos sociopolíticos que o fascismo estava desenvolvendo. Conjurando o clássico argumento atualista da natureza pública da linguagem, esses fascistas igualmente defendiam a noção que não poderia haver iniciativas

---

[701] *Idem.*
[702] GREGOR, 2004, p. 112.

econômicas privadas mais do que poderia haver uma linguagem privada, justamente, porque, como a linguagem, a economia é considerada um produto orgânico da história social da comunidade, com seus regramentos que servem não para limitar os indivíduos, mas para realizar aquela liberdade sintética entre as vontades individuais e a vontade geral do Estado.

Em verdade, atualistas como Spirito e Gentile frequentemente lamentavam que essa compreensão do indivíduo como um animal político, como estabelecido por ninguém menos que Aristóteles, e da liberdade como uma relação harmoniosa entre os indivíduos e a comunidade política representada pelo Estado havia se perdido quando da emergência da era moderna. A ascensão do liberalismo, do jusnaturalismo e dos direitos do indivíduo criou uma *weltanschauung*, em que o indivíduo passou a ser concebido como um dado autônomo, um átomo isolado em frequente atrito e desunião com a sua sociedade e o Estado, separação essa que somente foi possível pela ideia de uma propriedade privada e individual fora da esfera de influência política da comunidade. Para os atualistas, essas posições reduziram o Estado "à função inteiramente negativa de controlar o comportamento dos indivíduos para protegê-los uns dos outros"[703], impedindo-o de realizar aquela comunhão transcendental de todas as vontades sociais numa mais abrangente e poderosa vontade geral.

O desenvolvimento econômico do capitalismo durante o século XIX, argumentou Spirito, comprovou as teses atualistas de que a economia e a comunidade são indissolúveis, na medida em que a ascensão de gigantescos conglomerados industriais e dos monopólios capitalistas obnubilou as linhas entre as esferas públicas e privadas. O grande capital começou a se mesclar com o poder político do Estado a ponto de render os lucros privados, mas públicos os seus prejuízos na medida em que o poder público passou a fazer o papel de uma seguradora cobrindo os problemas financeiros do empreendimento. Assim, para Spirito, "a natureza dos organismos econômicos atuais apresenta uma oscilação contínua e indecisa entre as formas estatal e capitalista, que estranhamente interferem sem uma noção clara de sua interferência"[704]. Especificamente, Spirito foi incisivo quanto à natureza das modernas sociedades anônimas para firmar seu argumento, no ponto de que, enquanto uma sociedade anônima se mantivesse limitada, o "diretor-gerente é majoritariamente o maior acionista e conduz o negócio como se fosse seu: o interesse da

---

[703] *Ibid.*, p. 114.
[704] SPIRITO, Ugo. *Capitalismo e corporativismo*. Firenze: G.C. Sansoni Editore, 1934, p. 6.

empresa e o seu quase coincidem"[705]. No entanto, com o avanço do capitalismo emergiu a tendência de cada vez maiores empresas, bancos e conglomerados tomarem a forma de sociedade anônima, virtualmente rendendo a vida da empresa desvinculada da figura do empresário e atenuando-se as linhas que separam os verdadeiros interesses individuais dos de caráter público: "A empresa estende-se no espaço e no tempo e a figura do administrador muda radicalmente, pois o seu interesse privado já não coincide imediatamente com o da empresa"[706]. O verdadeiro problema dessa situação é que a relação entre capital e trabalho se torna confusa e propensa a se degenerar nas belicosas mentalidades de classe porque o:

> [...] gestor encontra-se na margem entre o capital e o trabalho, sem se identificar com um ou com o outro e mesmo com a tendência de utilizar ambos para fins da sua economia particular. [...] O trabalho é realizado por trabalhadores não acionistas, ou seja, não proprietários da empresa em que trabalham, de modo que não se interessam imediatamente em aumentar a produção e tendem a brigar com os diretores. Finalmente, os administradores, colocando-se entre o capital e o trabalho, tendem a explorar um e outro, e a constituir sua propriedade privada particular que deriva da economia social e, no entanto, escapa ao seu risco.[707]

Esse tipo de argumento havia se tornado recorrente nos círculos intelectuais fascistas após a crise financeira de 1929, hecatombe que, segundo fascistas como Ugo Spirito e Giuseppe Landi, demonstrou de uma maneira irrefutável as inevitáveis crises oriundas das contradições inerentes ao sistema de produção capitalista. A evolução do capitalismo, além de trazer consigo catastróficas crises econômicas, acaba superando o fundamento liberal e individual que uma vez o fundamentou por meio daquela crescente unificação industrial de grandes empresas com o Estado aludido por Spirito, de modo que "a iniciativa se desloca cada vez mais do grupo individual, do setor de interesse de uma comunidade mais ou menos restrita [...]" e acaba por "se identificar com a categoria econômica compreendida em sua complexidade com a própria comunidade nacional"[708]. A empresa capitalista vai se transformando de organismo de interesse puramente individual e privado em organismo de interesse público e social dentro da órbita de interesses do Estado.

---

[705] *Ibid.*, p. 7.
[706] *Idem.*
[707] *Ibid.*, p. 7-8.
[708] LANDI, Giuseppe. *Il contenuto sociale del Fascismo*. Roma: Stab. Tipografico Il Lavoro Fascsita, 1936, p. 25.

Assim, para Spirito, o problema central das modernas economias capitalistas, fundamentadas num obsoleto individualismo liberal, baseia-se na propensão de que os vários elementos da sociedade, em vez de se fundirem e viverem a vida do organismo, tendem a se separar e contrastar. As bases do corporativismo de Spirito buscam se insurgir especificamente para sanar todas essas oposições aparentemente insolúveis do pensamento liberal e que ameaçam a mais básica integridade do processo produtivo da nação. Spirito havia percebido que, sem um rompante de radicalização estrutural suficientemente forte para avançar o corporativismo para além das meras funções reguladoras dos sindicatos, como defendido por Carlo Costamagna, o regime fascista arriscaria perder o impulso revolucionário e falharia na sua missão de concretizar a fusão do público e do privado numa nova síntese da vontade geral do Estado. O corporativismo fascista deveria começar a enveredar decisivamente na criação de um ambiente socioeconômico em que os indivíduos, sindicatos e corporações encontrariam sua identidade última na comunidade de destino do Estado, a entidade suprema que os define e dá substância às suas vidas. A única solução para esse problema, segundo Spirito, seria o progressivo e completo abandono da concepção liberal de propriedade privada individual, em prol de uma nova e dinâmica *propriedade corporativa* capaz de fundir o capital e o trabalho nos processos unitários da produção nacional.

Essencialmente, o esquema de propriedade corporativa avançada por Spirito busca tornar os trabalhadores das corporações em acionistas da empreitada produtiva, de modo a torná-los proprietários na medida de seu lugar na hierarquia orgânica da corporação. Os trabalhadores passariam a receber um retorno condizente com a sua quota de participação no processo produtivo da corporação assim como um assento no conselho administrativo e poderiam ter influência direta na gestão da produção. É, dentre as teorias corporativas avançadas pelos fascistas, a mais engenhosa e tentou levar o regime no caminho revolucionário que sempre esteve presente na sua retórica desde os primórdios do movimento. Segundo Spirito, a superioridade de sua proposta se baseia, primeiramente, no aspecto pragmático dos interesses dos envolvidos no processo produtivo, convergindo-os para o único interesse produtivo da própria corporação e, por consequência, afastando os nefastos interesses de classes. Assim, a convergência dos interesses sedimenta o "vínculo de copropriedade, por meio do qual a corporação adquire concretude de organismo e plena consciência de sua tarefa econômico-política"[709]. Essa

---

[709] SPIRITO, Ugo. *Individuo e Stato nell'economia corporativa*. Em Il corporativismo. Firenze: G.C. Sansoni Editore, 1970, p. 357.

nova e plena consciência é a principal mudança que Spirito espera provocar por meio da sua proposta: uma nova consciência de classe deve emergir, a consciência da única classe nacional que é a classe dos produtores e que irá paulatinamente incluir o povo organicamente nas estruturas corporativas do regime de uma maneira incruenta. No longo prazo, a corporação proprietária naturalmente fortalecerá os vínculos da corporação para com o Estado, tornando-a um órgão estatal responsável pela produção nacional: "O Estado não entra mais como juiz conciliador ou como empresa de resgate, mas é a própria realidade da corporação vista no sistema nacional"[710]. A implementação da propriedade corporativa, segundo Spirito, levaria o regime a construir uma verdadeira e orgânica economia *nacional controlada* pela vontade geral Estado como estabelecido pelo princípio da função social da propriedade e do trabalho. Nessa nova e programática economia nacional, o trabalho, em todas as suas vertentes, seria organizado hierarquicamente e seguindo as necessidades do Estado, de modo que todos, desde o proletário mais simplório até o técnico mais especializado, contribuiriam e lucrariam com a produção nacional.

Claramente, a propriedade corporativa advogada por Spirito é uma consciente e desejada rejeição da propriedade privada em favor de uma propriedade *socializada*, regulada e subjugada às diretrizes do Estado. De fato, Spirito afirma que, com a implementação da propriedade corporativa, o "ideal materialista comunista é espiritualizado" dentro do novo plano econômico nacional que "expressa sua vontade unívoca, que é o programa que ele mesmo realiza"[711]. Naturalmente, uma estrutura de corporações nacionalizadas, para cumprir os desígnios da vontade geral do Estado a contento, necessita seguir o plano que o próprio Estado delineia para a produção nacional, que, por meio de seu órgão central, emana "o programa de forma completa e sistemática, mas o órgão será uma expressão hierárquica da nação"[712].

Spirito notabiliza-se por sua franca admissão, contrariando uma parcela negacionista do PNF, de que o fascismo, se realizasse suas primordiais aspirações revolucionárias, acabaria se tornando um tipo de socialismo nacionalista envolto num plano de produção econômica centralizado no Estado por meio de suas diversas corporações hierarquizadas, concluindo

---

[710] Idem.
[711] SPIRITO, Ugo. *L'economia programmatica corporativa*. Em Il corporativismo. Firenze: G.C. Sansoni Editore, 1970, p. 424.
[712] Idem.

que o "fascismo reivindica como seu grande mérito ter resolvido dentro de si as necessidades mais vitais do movimento socialista", ao colocar "capital e trabalho em pé de igualdade"[713] perante a comunidade nacional concretizada na vontade geral do Estado. Dessa forma, a Itália fascista seria a única nação que poderia "julgar a revolução bolchevique com serenidade", porque o corporativismo "continua a fazer o que é vivo e fecundo na grande experiência russa"[714]. Dificilmente o resultado seria outro dado que a negação do individualismo liberal e, por consequência, da propriedade privada, é um pressuposto de todas as aspirações econômicas e sociais fascistas. Nesse sentido, Spirito é novamente explícito ao afirmar que a nova economia corporativa é abertamente hostil e contrária às suposições do liberalismo e que de "uma suposição anticientífica (o átomo-indivíduo) passa-se a uma científica (o Estado-indivíduo), como da falsa ciência se passa à verdadeira ciência"[715]. As comparações com as políticas econômicas soviéticas não foram fortuitas, porque ambos, o fascismo e o comunismo soviético, baseiam-se numa concepção de propriedade social e orgânica, de modo que os critérios de distribuição de propriedade se tornam cada vez mais políticos e direcionados pelas necessidades da comunidade representada pelo Estado. É o que Spirito alega ao dizer que, por meio da propriedade corporativa fascista, a economia vai adquirindo e tomando consciência de sua natureza eminentemente política[716]. A progressiva fusão da economia com a política por meio da propriedade corporativa daria ensejo a um sistema denominado "comunismo hierárquico", que começa com a rejeição da propriedade privada liberal e utiliza a estrutura sindical-corporativa para avançar a socialização das forças produtivas na intenção de colocar o trabalho e o capital em pé de igualdade subordinada à vontade geral do Estado. Assim, a corporação fascista se tornou uma força produtiva destinada "a resolver o desenvolvimento do aparelho econômico italiano e alcançar a constituição orgânica da nação" que, por sua própria natureza, reconhece "direitos de propriedade social apenas à nova classe dos produtores"[717].

A proposta de Spirito teve uma enorme repercussão dentro do PNF e aprofundou o debate acerca da natureza do corporativismo e, mais impor-

---

[713] SPIRITO, 1970, p. 359.
[714] *Idem*.
[715] SPIRITO, 1970, p. 69.
[716] SPIRITO, Ugo. *Politica ed economia corporativa*. Em Il corporativismo. Firenze: G.C. Sansoni Editore, 1970, p. 69.
[717] RIQUELME, Sérgio Fernández. *Historia del Corporativismo en Italia. Del desarrollismo económico al Estado fascista*. Em L'economia nello stato totalitario fascista. A cura di Antonio Messina. Canterano: Aracne Editrice, 2017, p. 211.

tante ainda, sobre quais seriam os objetivos e o destino do fascismo como regime político revolucionário. O próprio Benito Mussolini, lendo a proposta antes de Spirito apresentá-la no congresso, aprovou-a inequivocamente e, segundo nos conta Spirito, o *Duce* teria baseado sua anuência na ideia de que a história estava seguindo uma lógica que possibilitaria a Itália, "em última análise, antecipar uma total unificação corporativa de capital e trabalho em termos de seu sistema produtivo"[718]. Nos anos que se seguiram, a comunicação de Spirito, numerosos observadores e comentadores internacionais, como Marcel Déat, Pierre Drieu La Rochelle e Mihail Manoilesco, celebraram os desenvolvimentos corporativos fascistas como o advento de um "neosocialismo" destinado a "erradicar definitivamente os últimos vestígios do capitalismo", do mesmo modo que o próprio regime começou a colaborar com a revista socialista *Il Lavoro* e muitos socialistas exilados, como o pai do sindicalismo italiano Arturo Labriola, retornaram à Itália[719].

Embora Spirito tivesse consciência de que o processo de transformação da propriedade privada para a propriedade corporativa fosse ser provavelmente longo e não sem resistência da burguesia italiana, tratava-se de um passo fundamental para a consolidação e, mais importante ainda, justificação ideológica das aspirações revolucionárias do fascismo. Mas o que deve ser notado aqui é que a proposta de Spirito não falhou por ser uma bizarrice, uma anomalia intelectual dentro do monolito ideológico fascista, muito pelo contrário: o fato que uma proposta como a propriedade corporativa ter encontrado guarida e reconhecimento de uma parcela não insignificante e, até mesmo, influente do movimento fascista atesta que o comunismo hierárquico foi uma possibilidade compatível com os pressupostos mais basilares do fascismo. A *Carta del Lavoro*, no seu artigo sétimo, coloca que a "organização privada, sendo uma função de interesse nacional, o organizador da empresa é responsável pela direção da produção perante o Estado"[720]. Mas que tipo de exigência o Estado pode imputar aos organizadores — note-se que não se fala de "proprietário", mas apenas em "organizadores" — da produção privada? Ora, que os direitos e os deveres entre o capital e o trabalho estejam em harmonia com a vontade geral do Estado, como continua o mesmo artigo da *Carta*: "A reciprocidade de direitos e deveres entre eles decorre da colaboração das forças produtivas. O trabalhador, técnico e empregado é colaborador ativo da empresa econômi-

---

[718] GREGOR, 2004, p. 131.
[719] GREGOR, 2013, p. 361-362.
[720] TUCCI, 1938, p. 17.

ca"[721]. São os dois pilares fundamentais da concepção econômica fascista: a função social da propriedade e o humanismo do trabalho. A propriedade corporativa de Spirito foi uma extensão lógica e consequente de tais pressupostos, isto é, a intenção de colocar todos os trabalhadores como "coproprietários" dos meios de produção foi uma tentativa de conciliar a relação entre capital e trabalho dentro quadro geral da equalização dos direitos e dos deveres que a vontade geral do Estado fascista exige como uma medida de justiça social.

Agora, embora se possa delinear com facilidade as muitas similaridades e afinidades entre a filosofia política de Spirito com uma geral concepção política do fascismo, muitos fascistas influentes, como o ministro das Corporações Giuseppe Bottai, criticaram a proposta das corporações proprietárias por considerá-la demasiadamente disruptiva da produção econômica nacional. De qualquer modo, não se pode negar que a inflexão radical promovida pela proposta de Spirito buscou realizar uma transmutação no conceito de propriedade, afastando-a completamente do liberalismo e do individualismo ao subordiná-la à ordem soberana do Estado fascista. Tanto para atualistas, quanto para fascistas — e Gentile e Spirito foram ambas as coisas —, a propriedade, para se efetivar dentro de um quadro de direitos e deveres socialmente aceitáveis, precisa ser regulada por uma ordem jurídica soberana capaz de garantir a harmonização da propriedade com a vontade e os valores da comunidade. Assim como o indivíduo é um animal social, também a propriedade é uma construção social destinada a servir a comunidade, no qual ela se encontra regulada, e qualquer tentativa de distinguir os direitos de propriedade como se fossem anteriores ou independentes da comunidade e do Estado é considerada, para os fascistas, como uma típica racionalização burguesa herdada da Revolução Francesa.

A propriedade corporativa de Ugo Spirito foi, talvez, o ápice de arroubo revolucionário que o fascismo se propôs a seriamente considerar, e mesmo que ela jamais tenha sido realizada, na sua esteira, pelo resto da década de 30 até a Segunda Guerra Mundial, o regime foi avançando seus tentáculos em toda a economia italiana na esperança de realizar um amplo projeto de socialização de meios de produção relevantes. O sentimento que o fascismo estava enveredando para uma política mais radical e socializante foi amplamente compartilhado por todos que dedicaram um pouco de atenção ao que estava acontecendo. Um informante da secretaria do PNF, passando um tempo em Roma na casa de um médico estrangeiro

---
[721] Idem.

com outros visitantes holandeses e franceses, relatou que todos concordaram que uma grande mudança estava ocorrendo na Itália, sendo o *"Duce* hoje mais popular entre as massas trabalhadoras do que entre a burguesia capitalista, fortemente irritada com o alcance das novas leis sociais" e todas as medidas e "disposições que beneficiam as massas trabalhadoras"[722]. O informante ainda relata que a "burocracia murmura que se gasta demais em obras públicas, e chega a sussurrar que Mussolini está caminhando gradual, suave e silenciosamente para uma forma de bolchevismo"[723]. Em verdade, nada disso é, como já aludido anteriormente, impressionante visto que o próprio PNF, no seu documento oficial *L'Economia Fascista*, em que busca explicar de uma maneira didática os aspectos econômicos do fascismo, explicitamente afirma que o fascismo, "não repudia, como o liberalismo, a possibilidade, até mesmo admite a necessidade, de que certas empresas que exerçam serviços públicos ou que cobrem interesses muito gerais, o façam pelo Estado"[724]. A socialização dos meios de produção sempre foi uma possibilidade para o fascismo, devido à natureza de seus pressupostos.

Em resumo, pode-se dizer com segurança que a teoria da economia corporativa avançada pelo fascismo foi fundada em princípios socialistas: os objetivos declarados eram os de elevar os padrões de vida e "defender" o consumidor contra a inflação e o trabalhador contra os baixos salários e o desemprego; os sindicatos fascistas, trabalhando em conjunto com os órgãos estatais e partidários, introduziriam "uma intervenção ativa e decisiva para a disciplina de preços e a defesa do consumidor"[725]. Toda a atividade econômica em todo o país seria organizada e coordenada por novas instituições paraestatais, estatais e autárquicas criadas pelo regime[726].

Apesar de toda a propaganda e alardeado, os esforços e os avanços do corporativismo fascista chegaram a um fim rápido e abrupto com as contínuas derrotas militares do Eixo na Segunda Guerra Mundial. Em 25 de julho de 1943, Mussolini foi derrubado e preso por ordens do novo governante italiano, o general Pietro Badoglio, mas o *Duce* não ficaria muito tempo preso, sendo libertado por tropas alemãs lideradas pelo "homem mais perigoso da Europa", o oficial da SS Otto Skorzeny, em 12 de setembro do mesmo ano.

---

[722] AQUARONE, Alberto. *L'organizzazione dello Stato totalitario*. Torino: Giulio Einaudi Editore, 1995, p. 197.
[723] *Idem.*
[724] PARTITO NAZIONALE FASCISTA. *L'Economia fascista*. Milano: La liberia dello Stato, 1936, p. 20.
[725] PARTITO NAZIONALE FASCISTA. *La politica sociale del fascismo*. Testi per i corsi di preparazione politica. Genoa, 1936, p. 6.
[726] *Idem.*

Por ordens de Adolf Hitler, Mussolini foi instalado no norte da Itália para dar continuidade ao esforço de guerra, local que foi batizado como — depois de considerar o nome de "República Socialista Italiana" — República Social Italiana, também conhecida como *Reppublica Sociale*. É nesse pequeno Estado fantoche, assegurado pela força militar alemã, que Mussolini tentou, uma última vez, concretizar as aspirações revolucionárias do fascismo.

Mesmo após o colapso do principal regime fascista e a rendição do país, figuras importantes foram ao socorro da nova *Reppublica Sociale* e do *Duce*, como Nicola Bombacci, um dos fundadores do Partido Comunista Italiano, Giovanni Gentile e Sergio Panunzio. Mesmo contrariando os desejos dos alemães, Mussolini e o que restou de seus seguidores avançaram "para criar um estado de trabalhadores, camponeses e pequenos empresários em sindicatos integrados em uma estrutura corporativista", de modo que todo esse esforço também buscou, mais uma vez, concretizar aquela "colaboração social realizada por uma síntese entre capital e trabalho, cujos objetivos de produção seriam estabelecidos pelos órgãos competentes do Estado"[727], claramente indicando um profundo comprometimento com os principais objetivos revolucionários que animaram o fascismo desde o início do movimento. Mussolini encarregou Angelo Tarchi para realizar tais tarefas. Tarchi, influenciado pela *Rerum Novarum*, apresentou o decreto governamental intitulado "uma premissa básica para a nova estrutura da economia italiana", em 11 de janeiro de 1944, que Bombacci apenas chamou de o decreto da "socialização"[728]. Essencialmente, o modelo proposto por Tarchi envolveria passar o controle e a gestão de todas as empresas relevantes para as mãos do Estado, tornando-as órgãos de direito público e com seus respectivos capitais socializados dentro de conselhos eleitos por todos os trabalhadores, tanto simples, quanto especializados, na função de deliberar coletivamente todas as questões inerentes à manutenção e valorização da produção dentro dos parâmetros do plano econômico nacional. Nas especificações, Tarchi elencou que em empresas "com um capital de um milhão de liras ou mais — ou cem empregados ou mais — um número igual de representantes do trabalho e do capital se sentaria em conselhos administrativos"[729], trabalhadores esses tornados acionistas e relevantes membros do *board* deliberativo corporativo. Entre algumas das empresas

---

[727] BURGWYN, H. James. *Mussolini and the Salò Republic*. The failure of a puppet regime. [S. l.]: Palgrave Macmillan, 2018, p. 130-131.

[728] Idem.

[729] Ibid., p. 132-133.

visadas pelos dirigentes fascistas, pode-se mencionar a Alfa Romeo, Motomeccaniche, Fiat, Ansaldo e Montecatini, de modo que, quando o rumor de que Tarchi estava mortalmente sério a colocar a socialização em prática se espalhou, a bolsa de valores italiana caiu ferozmente[730].

Contudo, a socialização da *Reppublica Sociale* falhou miseravelmente. O povo italiano e os trabalhadores em particular haviam se tornado extremamente céticos e antifascistas, devido a toda destruição trazida ao país com a malograda aliança militar com a Alemanha nacional-socialista. Incapaz de encontrar apoiadores em todas as classes sociais italianas, e cada vez mais dependentes do evanescente apoio militar alemão, o último bastião fascista foi lentamente diminuindo e perdendo influência até que Benito Mussolini, Nicola Bombacci e Giovanni Gentile foram assassinados, dando fim ao fascismo como experimento político e social.

Ao que se pode julgar, esse último arroubo de socialização não foi outra anomalia, mas uma continuação daqueles princípios revolucionários básicos presentes desde o começo do movimento fascista, como próprio Benito Mussolini, em seus últimos dias, confessou ao dizer que a "socialização nada mais é do que a realização italiana, humana, nossa, factível do socialismo" que busca "evocar os melhores elementos do povo trabalhador na cena política"[731]. Em outro momento, o *Duce* afirma mais explicitamente ainda que a nova *Reppublica Sociale* seria "dos trabalhadores italianos e já estabeleceu a implementação decisiva de todos aqueles postulados que, durante quarenta anos, foram inscritos nas bandeiras dos movimentos socialistas"[732]. Se pegarmos esse quadro temporal de 40 anos, então o Mussolini socialista e o Mussolini fascista aparecem como a evolução de uma mesma natureza que, no fim, manteve-se fiel aos princípios de sua juventude revolucionária. Essa confissão, com a presença do comunista Nicola Bombacci como colaborador ativo da *Reppublica Sociale*, revela uma linha de investigação muito importante quanto à natureza do fascismo e à sua relação com o marxismo, que será aprofundada a contento na parte IV deste livro. Mas pode-se dizer que a socialização da *Reppublica Sociale* foi tão natural quanto às formas de corporativismo tentadas pelo regime durante seus vinte anos no poder, notadamente aquela apresentada por Ugo Spirito, em 1932, com a qual possui óbvias similaridades.

---

[730] *Idem*.

[731] MUSSOLINI, Benito. *Opera Omnia*. Vol. XXXII. Dalla liberazione di Mussolini all'epilogo la Repubblica Sociale Italiana (13 settembre 1943 – 28 aprile 1945). Firenze: La Fenice, 1960, p. 114.

[732] *Ibid.*, p. 91.

Quando chegou ao poder, o fascismo se viu confrontado com uma nação fragmentada em vários interesses diversos amiúde antagônicos, isto é, o que era do interesse da classe trabalhadora não era do interesse do capital e o que era do interesse do Estado não era necessariamente do interesse de nenhuma dessas classes. Não foram poucos os teóricos fascistas que lamentaram esse estado de coisas e proeminentes fascistas como Alfredo Rocco, Bruno Biagi, Sergio Panunzio, Giovanni Gentile, Giuseppe Bottai e Ugo Spirito, para citar alguns previamente mencionados, foram forçados a buscar maneiras de harmonizar esses vários interesses, e a solução encontrada foi a de subjuga-los sob um interesse maior e mais poderoso: o da vontade geral do Estado, o representante máximo e o centro de legitimidade de toda atividade social e econômica da nação. A contínua hostilidade contra a propriedade privada e uma intervenção, cada vez maior, da classe trabalhadora na gestão e direção dos meios de produção dentro do sistema corporativo se originaram dessa necessidade de harmonizar todos os interesses sociais para alcançar aquela unidade totalitária que o fascismo sempre aspirou.

No fundo, o que animava essa transformação radical do sistema legal e econômico da nação era uma concepção de liberdade calcada no pressuposto que o indivíduo apenas se autorrealiza e se torna livre, por meio de uma relação harmoniosa com a comunidade, de modo que as vontades e os interesses individuais acabam por se tornar apenas uma grande vontade geral representada pelo Estado. O princípio do humanismo do trabalho buscou criar um fundamento para resolver os conflitos de classe entre capital e trabalho no intuito de eliminar aquela alienação oriunda do atomismo liberal que rendia os indivíduos entrincheirados em seus respectivos interesses pessoais ou de classe e, dessa forma, alcançar a necessária síntese de Estado e indivíduo e, com ela, a plena identificação entre povo e Estado. Nesse sentido, os esforços de socialização que o corporativismo fascista tentou implementar giraram em torno dessa completa identificação das vontades por meio da eliminação de centros de interesses particulares que tinham no individualismo, no jusnaturalismo e na propriedade privada seu principal esteio, motivo pelo qual elementos do sindicalismo revolucionário e do nacionalismo, fundidos com o neoidealismo atualista de Giovanni Gentile, juntaram-se para dar concretude ao fascismo na busca da criação da comunidade de destino nacional.

II O fascismo como democracia totalitária e religião política

No tópico anterior, foi mencionado que o corporativismo fascista, além de harmonizar as relações entre trabalho e capital, também almejava mudar a própria essência do funcionamento representativo do Estado ao rechaçar a representação indireta e o voto periódico da democracia liberal em favor de uma representação orgânica e corporativa. Encontrando suas raízes nas corporações medievais e no sindicalismo revolucionário francês de Sorel e Pelloutier, o corporativismo fascista parece ter sido um desenvolvimento natural desses movimentos, visto a influência de pensadores sindicalistas como Angelo Olivetti e Sergio Panunzio, que, nas décadas precedentes à ascensão do movimento fascista, já teorizaram uma sociedade organicamente estruturada em corporações de sindicatos onde a classe trabalhadora laboraria solidariamente para a construção da sua comunidade de destino.

A transição do sindicalismo revolucionário para o sindicalismo nacional — a nacionalização do fenômeno sindical — iniciou a nova construção institucional do corporativismo fascista agora voltado para a harmonização de todas as parcelas da sociedade, especialmente o capital e o trabalho, na vontade geral do Estado. Não é difícil compreender que a descoberta da nação como a comunidade de destino do indivíduo levaria à arregimentação de todas as forças sociais no Estado, o único centro que, por sua própria natureza, monopoliza a iniciativa legislativa e judiciária, capacitando-o a exercer a função precípua de representante de toda a sociedade. Nesse sentido, o Estado facilmente surgiu como o candidato perfeito para aquele papel que os sindicalistas vagamente referiam como sendo o da elite proletária que encabeçaria os novos valores de solidariedade e sacrifício, de modo que o centro dos novos valores recaiu, também, sobre o ente estatal que, desde sempre, teve como função estabelecer e impor os seus valores e a sua vontade constituída em direito. O fato de que os sindicalistas, mesmo quando ainda se enamoravam com as concepções anárquicas da sociedade sindical, exortavam a importância da função da autoridade para a consecução dos objetivos coletivos da comunidade também facilitou a transição para o Estado corporativo fascista. Desse modo, essa transição também procedeu em levar para o âmbito da corporação fascista o modelo de representação política direta e orgânica. Assim como os proletários se representariam completamente dentro da estrutura da comunidade sindical, por meio do cumprimentado dos seus deveres em prol da comunidade proletária, também os indivíduos se realizariam nas corporações fascistas, por meio do cumprimento dos seus deveres para com a comunidade nacional fascista, representada pelo Estado. É um modelo de representação que, segundos muitos teóricos fascistas, seria democrática; mais precisamente: uma democracia totalitária e orgânica, uma *democrazia fascista*.

Falar de uma democracia fascista pode soar como um oxímoro para a mentalidade e o temperamento modernos depois dos traumáticos eventos da Segunda Guerra Mundial, por meio do qual, derrotados, o fascismo e o nacional-socialismo alemão foram condenados ao opróbrio histórico e transformados nas figuras dos antagonistas máximos das vitoriosas democracias liberais. Mas independentemente do julgamento moderno de praxe, discursos como esse, de Benito Mussolini, em 1927, eram recorrentes no dia a dia da política fascista:

> Hoje anunciamos ao mundo a criação do poderoso Estado unitário italiano, dos Alpes à Sicília. Este Estado se expressa em uma democracia centralizada, organizada, unitária, na qual o povo circula à vontade, porque, senhores, ou vocês introduzem o povo na cidadela do Estado, e ele os defenderá; ou estará do lado de fora, e ele os atacará.[733]

Até mesmo na famosa *Dottrina del fascismo*, de Benito Mussolini — na qual Giovanni Gentile colaborou como *ghostwriter* —, está escrito que o fascismo pode ser entendido como a "forma mais genuína de democracia", que "encontra expressão naqueles momentos em que a consciência e a vontade de poucos, mesmo de um, se manifestam na consciência e vontade de todos", e mais adiante, na subseção intitulada "Doutrina e Política Social", argumenta-se que, se a democracia significa "não deixar o povo à margem do Estado", então o fascismo pode ser definido como uma "democracia organizada, centralizada, autoritária"[734]. Para entender melhor o conceito de democracia fascista, deve-se aprofundar alguns termos-chave.

Augusto Fantechi, professor e deputado fascista, escreveu um livro intitulado *Trasformazione del concetto di democrazia e di popolo*, no intuito de transformar e sedimentar novos significados dos termos "povo" e "democracia" para justificar a interpretação fascista de ideia democrática. Logo na introdução, Fantechi afirma que o fascismo está buscando uma "revisão

---

[733] MUSSOLINI, Benito. *Opera omnia*. Dall'attentato zaniboni al discorso dell'ascensione (5 novembre 1925 – 26 maggio 1927). Firenze: La Fenice, 1957. v. XXII, p. 389.

[734] MUSSOLINI, Benito. *Opera omnia*. Il mio diario di guerra (1915 – 1917), la dottrina del fascismo (1932), vita di Arnaldo (1932), parlo com Bruno (1941), pensieri pontini e sardi (1943), storia di un anno (1944). Firenze: La Fenice, 1961. v. XXXIV, p. 120, 126-127.

radical das opiniões vigentes" acerca da democracia, principalmente aquelas baseadas no liberalismo, que não pode mais ser entendida como a mera soma de indivíduos estranhos uns aos outros, mas, sim, como uma "fusão completa e perfeita de cidadãos que exclui qualquer concepção egoísta e individualista" e que, portanto, encontra-se "valorizada apenas no Estado, entendido como um complexo unitário e indissolúvel de povo e nação"[735].

Antes de adentrarmos as concepções fascistas dos termos povo e democracia, é instrutivo averiguar o que Fantechi especificamente rejeita e pretende mudar. O livro do deputado fascista é, em grande parte, uma crítica ao individualismo liberal e aos "princípios democráticos de [17]89" da Revolução Francesa, que, aos olhos de muitos fascistas, são irreconciliáveis nas suas intenções de criar uma democracia verdadeiramente popular. Primeiramente, Fantechi aponta que a concepção democrática tradicional pressupõe um princípio de igualdade jurídica dos indivíduos em relação ao Estado, uma igualdade que está em contradição com o pressuposto liberal da supremacia de uma individualidade singular, o que o leva a questionar: como conciliar o ideal democrático unitário e popular com o individualista e liberal? A resposta: não é possível. A verdade é, segundo Fantechi, que tanto o princípio democrático, quanto o liberal são dois conceitos "anti-históricos e irreais", pois o segundo parte da "ficção de um indivíduo atomicamente entendido, desvinculado ou oposto à sociedade", enquanto que o primeiro, "embora admitindo a realização da ideia do povo entre os seus propósitos"[736], na realidade, perde-se em proposições e políticas que ao invés de se basearem em um "conceito unitário de sociedade, se conforma às necessidades da concepção individualista, criando assim eternos contrastes entre indivíduo, sociedade, e Estado"[737].

Essa crítica à democracia liberal oriunda dos princípios da Revolução Francesa igualmente se encontra solidificada na *Dottrina del Fascismo*, ao estabelecer que o "fascismo rompe todo o complexo de ideologias democráticas e os rejeita", pois "nega que o número, pelo simples fato de ser número, possa direcionar sociedades humanas; nega que esse número possa reger por meio de consultas periódicas", concluindo que a desigualdade entre os homens "não pode ser nivelada por um fato mecânico e extrínseco como o sufrágio universal"[738]. A aceitação da ideia de uma democracia fascista centralizada e

---

[735] FANTECHI, Augusto. *Trasformazione del concetto di democrazia e di popolo*. Firenze: Felice le Monnier, 1933, p. 14.
[736] Ibid., p. 32-33.
[737] Idem.
[738] MUSSOLINI, Benito. *Opera omnia*. Il mio diario di guerra (1915 – 1917), la dottrina del fascismo (1932), vita di Arnaldo (1932), parlo com Bruno (1941), pensieri pontini e sardi (1943), storia di un anno (1944). Firenze: La Fenice, 1961. v. XXXIV, p. 120, 125-126.

unitária ao mesmo tempo que se rejeita todas as concepções de democracia indireta fundamentadas no liberalismo, somente é possível por meio da óbvia rejeição de qualquer princípio individualista e atomístico do indivíduo e da liberdade. O fundamento liberal se tornou um verdadeiro entrave no desenvolvimento da democracia fascista, visto que o limite que conseguiu atingir foi apenas o da "soberania popular, que, no entanto, não se traduziu em manifestação da vontade geral, mas apenas na vontade da maioria, ou seja, de ordem numérica e, portanto, essencialmente quantidade individualista"[739]. O terreno está preparado para a alteração de significado dos termos essenciais.

Fantechi começa com a concepção de povo (*il popolo*), tornando-o uma "concepção unitária e orgânica" ao desvinculá-lo do individualismo liberal, pois se identifica com o "de 'nação', enquanto unidade orgânica com 'vida própria, que vai além da individualidade e se estende ao longo dos séculos, criando funções próprias para a comunidade [...]" e tendo, portanto, "sua realização no princípio da personalidade do Estado e na sua figura específica como sociedade, e, portanto, tem uma afirmação concreta no próprio Estado"[740]. Em contrapartida, Fantechi afirma que o conceito atomístico de indivíduo oriundo do liberalismo "não pode dar origem ao conceito de 'povo' como uma unidade ou como uma individualidade coletiva composta e, ao mesmo tempo, distinta de seus componentes individuais [...]", justamente porque "não pode ir mais além dos limites individuais irreais que ele próprio estabeleceu"[741]. É uma consequência natural de se negar a existência de uma individualidade autônoma com capacidade de se opor às exigências da comunidade e do Estado. De fato, essa nova concepção de povo, caracteristicamente unitária e orgânica, forçosamente se baseia numa concepção de indivíduo igualmente orgânica, como expressamente fundamentada na entrada "*Individuo*", do *Dizionario di Politica* do PNF: "A individualidade histórica do homem é sua sociabilidade, sua nação, seu Estado. Sua liberdade essencial como homem é determinada em relações que não são apenas suas, mas comuns a todos os indivíduos dessa coletividade"[742].

Essa base normativa é a mesma de Giovanni Gentile, para quem o aspecto mais importante e central do fascismo é a liberdade, concretizada quando o indivíduo se identifica plenamente com a comunidade e a sua

---
[739] FANTECHI, 1933, p. 78.
[740] *Ibid.*, p. 76.
[741] *Ibid.*, p. 77.
[742] DIZIONARIO DI POLITICA, a cura del Partito Nazionale Fascista. Antologia, volume unico. Roma: Lulu, 2014, p. 302.

expressão no Estado. É somente esse conceito de liberdade que pode levar à realização da verdadeira democracia nos moldes pregados pelo fascismo:

> O fascismo quer liberdade, liberdade que por si só é autêntica liberdade; ele quer a democracia, mas a verdadeira democracia; a dos cidadãos que sabem que são cidadãos antes de serem homens particulares; cidadãos que carregam a pátria no peito e sabem que a sua vida está na sua salvação; cidadãos que são soldados, prontos a obedecer à voz que expressa a vontade do país; pronto para sacrificar todo conforto pequeno ou grande de uma pessoa em particular para essa pessoa, até mesmo a vida.[743]

Embora Gentile tenha sido o mais vistoso dos intelectuais fascistas a defender a ideia de que o fascismo, se realizado a contento transformar-se-ia na verdadeira democracia, muito mais radical e orgânica que a democracia liberal, ele não foi o único. Bruno Spampanato também defendeu a ideia de uma irrestrita inserção do povo nas estruturas corporativas como uma condição imprescindível para a realização daquela liberdade orgânica que possibilita a emergência da "democracia autoritária, na medida em que todo o '*demos*', isto é, todo o povo, circula no Estado"[744]. Baseado nos pressupostos sociológicos que entendem o indivíduo como um animal político que apenas realiza sua verdadeira essência em comunhão e harmonia com a sua comunidade, Spampanato afirma que, na democracia fascista, o povo circula livre e a salvo "da tirania dos homens ou das classes e preservado da anarquia da arbitrariedade e da licenciosidade", porque as instituições se encontram "harmoniosamente equilibradas sobre os princípios de uma autoridade inflexível e absoluta do Estado que não ofende ninguém, aliás, eleva a todos, e se nutre da própria formação do Estado, isto é, pelo povo"[745].

É a relação entre o povo e Estado que caracteriza a organicidade do sistema político fascista, é a possibilidade do povo "circular" dentro das corporações, agora tornadas órgãos do Estado, que justifica a suposta superioridade da representação política da democracia totalitária. E quando se utiliza o adjetivo "orgânico" para designar essa base normativa defendida e compartilhada entre os intelectuais fascistas aplicada ao conceito de

---

[743] GENTILE, Giovanni. *Politica e cultura*. Apud Antonio Messina. Lo Stato etico corporativo. Sintesi dell'ideologia fascista. Lulu, 2013, p. 44.
[744] SPAMPANATO, Bruno. *Democrazia fascista*. Roma: Edizioni di politica nuova, 1933, p. 46.
[745] *Ibid.*, p. 47.

democracia, deve-se entendê-lo como, nas palavras do próprio Giovanni Gentile, a prática de "uma democracia que pode viver como qualquer organismo que há sempre um único princípio vivo para animar todos os seus órgãos."[746] Giuseppe Bottai, ao descrever o funcionamento da democracia fascista, aprofunda o funcionamento dos órgãos estatais que realizam a participação política do indivíduo no Estado: "O sindicato, a corporação, o partido único, que foram e ainda podem ser, em outros sistemas, instrumentos de dominação em massa sobre o homem, são meios jurídicos dados pelo Estado fascista ao homem" para emponderá-lo e protegê-lo "do banditismo dos grandes senhores feudais da economia capitalista, fundando uma autêntica e natural hierarquia de valores individuais e coletivos"[747]. Em um esforço interpretativo, pode-se imaginar que a recém-adquirida canalização das forças sociais na vontade geral do Estado possibilitaria uma ubíqua aplicação dos preceitos normativos que baseiam a sociabilidade do indivíduo, principalmente na esfera produtiva, de modo a afastar qualquer possibilidade de arbitrariedade oriunda de interesses privados ou de classe. O Estado, por meio de suas corporações e segundo as expectativas fascistas, iria paulatinamente realizar na nova classe dos produtores aquela mudança de consciência social que possibilitaria a emergência da vontade geral e, consequentemente, a plena e inevitável legitimação de todas as ações estatais fundamentadas no interesse coletivo que, no fim do dia, torna-se o único interesse relevante e justificável.

Aprofunda-se essa justificativa por meio da referência a Giuseppe Mazzini e do seu conceito de associação, que é conjurado para fundamentar as expectativas de universalidade do princípio do humanismo do trabalho e, consequentemente, dos deveres dos indivíduos de laborar nas corporações para a grandeza da comunidade. Aceitando esses postulados de Mazzini e do sindicalismo revolucionário sobre a necessidade de um conteúdo ético do movimento operário e da associação como meio de elevação material e moral, disse Giuseppe Landi, o "fascismo reconcilia as massas com a pátria e com a ordem corporativa, introduzindo-os orgânica e definitivamente através da associação na estrutura da nação e do Estado"[748]. Os indivíduos, cumprindo seus deveres em associação, materializam a sua essência social de animal político que possibilita a sua

---

[746] GENTILE, Giovanni. *L'Unità di Mussolini*. *Apud* Antonio Messina. Lo Stato etico corporativo. Sintesi dell'ideologia fascista. Lulu, 2013, p. 44.
[747] BOTTAI, Giuseppe. *Appelli all'uomo. Ibid.*, p. 45-46.
[748] LANDI, 1937, p. 15.

transformação em povo, definitivamente se desvencilhando de qualquer semblante de individualismo liberal ao dar concretude e organicidade à comunidade. Assim, o povo fascista trabalha e cumpre seus deveres dentro da estrutura corporativa do Estado, e esses mesmos deveres são estipulados pela legislação estatal que tem como fim precípuo o avanço moral da entidade unitária e totalitária que é a síntese entre Estado, povo e indivíduo. O povo se encontra representado no Estado porque ele é parte integral da estrutura do Estado, labora para a grandeza do Estado e segue os ditames do Estado, porque, afinal, ele é o Estado e o Estado se encontra imanente, *interiore homine*.

O povo assim concebido, como parte orgânica e integrado dentro do Estado corporativo fascista, torna-se a pedra angular do conceito de democracia fascista, onde o Estado pode, enfim, tornar-se "ao mesmo tempo um Estado soberano autoritário e um Estado democrático e, sobretudo, um Estado ético, no sentido, já explicado, de que o seu objetivo último é alcançar uma moralidade coletiva e individual cada vez mais elevada"[749]. É um tipo de democracia que os fascistas consideravam real e corporativa: "Nesse sentido, portanto, o Estado Fascista é um Estado democrático [...]", porque "concretiza o princípio democrático, ou seja, introduzindo o povo na própria vida [política], especialmente por meio das duas grandes instituições nacionais: o Partido e a Corporação"[750]. A integração do povo no Estado, e principalmente a integração da classe trabalhadora e dos sindicatos, é o que caracteriza a investida que o fascismo tomou das mãos do socialismo para completar a unificação da nação com o povo italiano numa nova síntese revolucionária que, se concretizada segundo as expectativas dos fascistas, realizaria o princípio democrático de representação política de uma forma muito genuína e abrangente, com o indivíduo não apenas participando periodicamente dos ritos democráticos, como na democracia liberal, mas literalmente vivendo a política todo dia por meio do seu trabalho nas corporações do Estado. O fascismo se arrogou o papel de único movimento revolucionário capaz de cumprir essa missão histórica de unificação nacional, no qual deveria terminar a obra iniciada pelo socialismo ao mesmo tempo que eliminaria o liberalismo e suas instituições. Bruno Spampanato sintetizou o resultado da revolução fascista:

---

[749] FANTECHI, 1933, p. 144.
[750] *Ibid.*, p, 151.

> Finalmente, o movimento revolucionário italiano lançou as bases de uma sociedade nacional orgânica na qual o direito é o resultado das harmonias, a moralidade é uma função dos deveres, a unidade é um interesse geral, a autoridade do Estado é o estímulo, o freio e ao mesmo tempo a garantia de todo o movimento de progresso e conservação do Povo.[751]

Pode-se, ainda, fazer uma interpretação mais precisa quanto às diferenças entre a democracia liberal e a democracia fascista. Na democracia liberal, que é condicionada pelos preceitos individualistas e liberais, o voto é um exercício da vontade particular do indivíduo — quiçá até mesmo uma extensão de sua personalidade, um "direito humano" — ou do grupo ao qual pertence, desejoso de fazer valer a sua vontade sobre os outros participantes do rito eleitoral. Não há nada mais liberal do que depositar a legitimação política nas mãos do indivíduo que, fatalmente, são muitos e, igualmente, com muitas vontades e interesses naturalmente díspares, resultando no inevitável e incruento conflito de visões. É um método de participação que incentiva e realça a expressão dos diferentes matizes do desejo individual e, para um fascista como Giovanni Gentile, parece inconcebível e, na verdade, impossível de conciliar tal mecanismo com a ideia mesma de nação, compreendida como aquela expressão mais elevada da unidade de valores e vontades de um povo. A democracia fascista, por sua vez, tem seu mecanismo representativo inserido na estrutura corporativa cujas finalidades de preparação para o trabalho e o sacrifício — os deveres mazzinianos — já atuam como atos de representatividade dos indivíduos dentro da comunidade política. Para Gentile, no caso da democracia liberal, há apenas uma insensata expansão da individualidade, enquanto na democracia fascista há a fusão da individualidade com a universalidade: catalisa-se a individualidade nos filtros corporativos do Estado possibilitando a expressão da universalidade, resultando numa vontade geral mais condizente com as soluções para os problemas da moderna nação. Assim, a participação política na democracia fascista não pode ser entendida no sentido de um ato volitivo como a expressão de um desejo ou vontade individual, mas, sim, uma atuação coletiva do espírito geral que coliga as vontades de todos, que se dá, mais precisamente, quando todos cumprem o que é exigido pela vontade geral da nação.

Nota-se, contudo, que ambas as modalidades de representação intencionam ser o mecanismo legítimo de uma soberania popular, mas enquanto

---
[751] SPAMPANATO, 1933, p. 36.

a democracia liberal também ambiciona possibilitar a expressão individual como variante importante na equação democrática, a democracia fascista necessita estabelecer a concepção de exercício da soberania do povo como o pressuposto essencial de sua legitimação. Não é difícil compreender o porquê quando se percebe que, não podendo se socorrer na individualidade, a democracia fascista precisa se ancorar naquela relação dialética entre a individualidade e a universalidade, de modo que o povo, nessa perspectiva, é compreendido como uma entidade coletiva e espiritualmente indivisível. Enquanto que a democracia liberal é popular por possibilitar o livre exercício do sufrágio individual, a democracia fascista é popular, porque se ancora numa alegada verdadeira e espiritualmente coesa vontade do povo, isto é, na ideia que faz "do povo a alma da nação, um poder primário e eterno, de modo que o conceito de soberania popular é substituído pelo de soberania nacional" e o povo, nesse sentido, "não é visto realmente segundo o censo classista ou perfil cadastral, ou, pior, atomístico, mas no único título de uma transmissão unívoca de fluído vital ao organismo do Estado"[752].

    Todo esse arcabouço intelectual possibilitou a Giovanni Gentile começar a esboçar uma solução para o grande problema da crise italiana: como conciliar as massas com o Estado, criando um Estado que fosse, ao mesmo tempo, órgão de autoridade, fonte de direito, mas também instrumento de educação e participação das massas? Certo que a democracia parlamentar, oriunda do liberalismo, havia se mostrado uma solução completamente ineficiente e corrupta, mas que tipo de arranjo institucional poderia sedimentar a tão aguardada revolução italiana? O caminho foi dado, novamente, pelos ensinamentos do profeta de Gênova. O impulso existencial profundamente moral que leva os indivíduos a realizar seus deveres, impulso oriundo das potencialidades *interiore homine* caracterizadoras da natureza política do indivíduo, somente seria eficiente se todos os indivíduos o realizassem conjuntamente, isto é, em associação. Mazzini havia sentenciado que a realização dos deveres de forma associativa possibilitaria a união espiritual dos envolvidos porque os levaria para longe de seus interesses individuais que, se deixados a si mesmos, descambariam naquele intolerável individualismo danoso para a formação da consciência nacional, o fundamento do corporativismo político que se tornou uma das principais características do fascismo.

    Para se ter uma ideia da necessidade de se reclamar a posição de herdeiro do *Risorgimento* para a legitimação da democracia fascista monopartidária, o

---

[752] BENEDETTI, Paolo. Mazzini in "camicia nera" II. In: FONDAZIONE UGO LA MALFA, 23., 2008. Annali [...]. [*S. l.*]: Unicopoli, 2008, p. 166-167.

Dizionario di Politica do PNF, sob a rubrica *"Partito"*, apresenta uma das passagens mais interessantes explicando a justificação fascista para o governo do partido único: "A legitimidade moral e política de certos partidos que expressam interesses nacionais duradouros e universais decorre naturalmente de uma avaliação histórica do eventos e objetivos da nação em que os partidos e o movimento operaram"[753]. A interpretação dessa justificativa deve ser feita à luz desse outro trecho que, pertencendo à mesma rubrica, ilumina a importância do arco histórico da revolução italiana, ao afirmar que esses "certos partidos" são "como, na Itália, certos partidos políticos ou movimentos do *Risorgimento*, ou como outros movimentos do imediato pós-guerra"[754]. Percebe-se que, diferentemente da democracia liberal, a democracia fascista, possibilitada pelo sistema corporativo e o partido único, é justificada na medida em que representa algo muito mais antigo e complexo que a vontade individual dos eleitores, podendo mesmo ser considerada a encarnação de um longo processo histórico que fora ardentemente desejado pelo povo em sua busca de unificar-se com o Estado. O recurso ao *Risorgimento*, conjugado com os seus herdeiros mais diretos nos movimentos *arditi* do pós-guerra, mostra-se, novamente, como um dos principais esteios da justificativa porque possibilita colocar o fascismo como a apoteose de todos os desejos históricos mais profundos da alma nacional e, consequentemente, da vontade geral.

Não há dúvidas de que, nesses pressupostos, a democracia fascista se enquadra no conceito de "democracia totalitária" avançado pelo cientista político israelense Jacob Talmon, no seu clássico *As origens da democracia totalitária*, que tem como característica principal o "pressuposto de uma verdade única e exclusiva na política" e, em última análise, reconhece apenas o plano de existência política ao alargá-lo "para abranger toda a existência humana"[755]. Se esses são os pontos que caracterizam uma ideologia ou movimento como propugnadores de uma democracia totalitária, então o fascismo, ao menos nas suas aspirações ideológicas, nitidamente se enquadra como um membro da tradição democrática totalitária que é inaugurada pelos jacobinos da Revolução Francesa. Renzo de Felice, célebre historiador italiano e escritor da mais completa biografia de Benito Mussolini, numa entrevista concedida a Michael A. Leeden, aponta o livro de Talmon como "uma das chaves para entender as origens do fascismo"[756], e essa opinião

---

[753] DIZIONARIO DI POLITICA, 2014, p. 415-416.
[754] *Idem.*
[755] TALMON, Jacob L. *The origins of totalitarian democracy*. London: Secker & Warburg, 1952, p. 1-2.
[756] DE FELICE, Renzo. *Intervista sul fascismo, a cura di Michael A. Ledeen*. Roma-Bari: Laterza, 1975, p. 105-6.

carrega um peso extra quando se sabe que Renzo começou sua carreira de historiador pesquisando as influências das ideias jacobinas na Itália. Não é difícil traçar a comunhão de características expostas até aqui com as exigidas por Talmon, notadamente aquela base filosófica e normativa avançada pelos atualistas como Giovanni Gentile que negam qualquer possibilidade de autonomia ou liberdade individual fora das exigências do Estado, efetivamente impingindo um caráter político a todos os atos da vida social.

Assim, síntese unitária concretizada pela integração do povo no Estado dá ensejo a emergência da vontade geral: "No estado fascista, portanto, não é o sistema que resolve o problema democrático, mas o espírito; e, portanto, educar o povo significa levá-lo a cumprir gradativamente aquela missão para a qual é chamado na história"[757]. O problema democrático aludido por Fantechi é justamente o da real representação política do povo no Estado. Por "espírito" está subentendido aquela *ratio assendi* gentiliana oriunda do Estado *interiore homine*, como se também expressa nas ideias fundamentais da *Dottrina*: "Anti-individualista, a concepção fascista é para o Estado; e é para o indivíduo na medida em que coincide com o Estado, a consciência universal e a vontade do homem em sua existência histórica"[758]. Essa relação espiritual que fundamenta a integração do povo nas estruturas do Estado e, por consequência, a representação política da democracia fascista, provoca um importante desenvolvimento acerca do *status* do fascismo como uma *religião política*. De fato, Giovanni Gentile amiúde se referia ao fascismo e ao Estado como fenômenos religiosos dotados de uma superioridade moral e existencial que beirava a uma sacralização:

> E se nossa ação é ação política ou estatal, nosso Estado também concorda que seja governado por um espírito franco e profundamente religioso. Sua religiosidade é a sua seriedade, sua solidez espiritual, sua consistência: essa virtude, em suma, pela qual o que temos fé neste mundo é dito e levado a sério.[759]

É um desenvolvimento natural dos pressupostos políticos e filosóficos do atualismo de Giovanni Gentile, na medida em que coloca o Estado como o verdadeiro representante da vontade geral de todos os indivíduos,

---

[757] FANTECHI, 1933, p. 150.
[758] MUSSOLINI, Benito. *Opera omnia*. Il mio diario di guerra (1915 – 1917), la dottrina del fascismo (1932), vita di Arnaldo (1932), parlo com Bruno (1941), pensieri pontini e sardi (1943), storia di un anno (1944). Firenze: La Fenice, 1961. v. XXXIV, p. 119.
[759] GENTILE, Giovanni. *Discorsi di religione*. Opere complete di Giovanni Gentile, a cura della fondazione Giovanni Gentile per gli studi filosofici, Firenze: Le Lettere, 2014, p. 29.

uma verdadeira politização de todos os aspectos da vida social. A vontade geral do Estado fascista, uma abstração que não pode ser empiricamente determinada se não pelo partido único ou seus representantes individuais como o *Duce* ou o próprio Gentile, acaba contraindo aspectos de uma religiosidade intramundana, onde o culto à autoridade, à nação e ao Estado se tornou uma medida inescapável para dar algum semblante de concretude à unidade espiritual da nação sob o regime fascista.

De fato, não foram poucos os estudiosos que se debruçaram sobre a questão da curiosa, e amiúde fatal, relação entre religião e política no século XX, e o próprio Jacob Talmon já havia apontado a correlação entre a democracia totalitária e a emergência de uma política religiosa na busca da criação daquela coesão social, espiritual e absoluta[760], e o fascismo, embora amiúde relegado a um injustificado segundo plano, também se insere na tradição dos regimes totalitários do século XX que esboçaram instituições e decisões com uma clara tonalidade religiopolítica. O historiador que mais revelou esse aspecto do fascismo foi Emilio Gentile, que, em seus vários trabalhos, notadamente no seu *Il culto del littorio: la sacralizzazione della politica nell'Italia fascista*, trouxe à tona a extensão e a seriedade com que o fascismo buscou criar aquela conexão espiritual entre o povo e o Estado na mente das massas. A chave interpretativa de Emilio se centra exclusivamente na ideia de que o conceito de religião política, segundo ele intrinsecamente ligado ao de totalitarismo, deve ser estudado de uma maneira diferente daquela utilizada para abordar as religiões tradicionais, ditas "reveladas" como o cristianismo, o judaísmo e o islão, de modo que a religião política do fascismo se torna, antes de tudo, "um fenômeno político, muito diferente da politização da religião que, mesmo no antigo regime, dizia respeito à relação entre religião e poder político"[761]. Deve-se notar, ainda, que a pesquisa de Emilio é profundamente baseada nos aspectos e no papel que o atualismo gentiliano teve na mutação do fascismo em uma religião política, deixando a relação entre fascismo e catolicismo em um segundo plano[762].

Assim, sendo um fenômeno político inverso ao da politização da religião tradicional, se trata de uma tentativa de conversão da política ao *status* de religião, operacionalizada por meio de políticas de engenharia social

---

[760] TALMON, 1952, p. 8-11 e 240-247.
[761] TARQUINI, Alessandra. *Storia della cultura fascista*. Bologna: Il Mulino, 2011, p. 44.
[762] Para uma crítica acerca da metodologia empregada por Emilio Gentile e sua visão do fascismo como uma religião política hostil ao catolicismo, cf.: PIRAINO, Marco; FIORITO, Stefano. *Pro Caesare*: Saggio sulla dottrina fascista dello Stato come concezione politica religiosa. Roma: Lulu, 2014.

com vistas a modificar profundamente a relação entre indivíduo e Estado. Enquanto na tradição liberal o indivíduo e o Estado foram separados em polos antagônicos, resultando na limitação da esfera de atuação do Estado vis-à-vis a esfera do indivíduo, a politização da vida social promovida pelo fascismo e sua adoção da filosofia atualista buscou definitivamente inverter esse quadro ao colocar o Estado como uma entidade que não apenas se estende por toda a sociedade e os indivíduos, mas *é a encarnação máxima da própria sociedade e dos indivíduos*.

Para ser mais preciso, o que realmente caracteriza a tentativa de colocar a política como uma religião não é *apenas* a submissão de toda a vida social ao Estado, mas uma profunda alteração na natureza da relação entre indivíduos e Estado, uma alteração nos próprios pressupostos ontológicos pelos quais os indivíduos atuam e se relacionam uns com os outros e com o Estado. Uma religião tem a função precípua de modelar a visão moral dos indivíduos e, por consequência, sua posição não apenas no vasto cosmos da existência, mas também no microcosmos da sociedade; é sua habilidade de impingir valores e regras de conduta por meio de um mecanismo de justificação sacralizado que a tornou um poderosíssimo mecanismo de controle social há milênios. Mas em que medida o fascismo buscou realizar essa façanha? Primeiramente, por meio de Mazzini e, depois, recorrendo esporadicamente aos experimentos jacobinos da Revolução Francesa.

Como afirmado anteriormente, Mazzini havia deixado rastros suficientes para interpretar sua visão de mundo como moldada por um profundo desejo de melhoramento moral e espiritual do indivíduo, caracterizado pela implementação de deveres e responsabilidades exigidos por ninguém menos que o obscuro deus secular e, de alguma forma, intramundano encarnado na figura máxima da criação humana na terra: a nação e posteriormente a regeneração da humanidade inteira. A fundação da nacionalidade e, por consequência, do Estado é, para Mazzini, apenas factível por meio de uma rigorosa ética de deveres e sacrifícios, que, na verdade, quando levada às suas últimas consequências, torna-se a busca incessante de todos os povos por aquele valor transcendental maior que justifica o valor social e a própria existência do indivíduo. Com efeito, para Mazzini, o Estado deve necessariamente assumir um caráter ético, isto é, condizente com o seu propósito de cumprir os fins morais coletivos dos povos.

Giovanni Gentile argumentou que toda essa concepção mazziniana da vida era profundamente religiosa, no sentido de que a "religião é a busca de um ideal que transcende o indivíduo, [...] que transcende os interesses pessoais e imediatos do indivíduo abstrato" e atomizado, na medida em foca em algo superior[763]. A conhecida substância ética do Estado, para Gentile, advém daquele pressuposto *in interiore homine* que fundamenta a precedência ontológica do Estado vis-à-vis os indivíduos, tornando-se aquela imanência que os indivíduos encontram no próprio centro de seu ser e que justifica a visão do homem como um animal político. Gentile, continuando a tradição que contém luminares como Aristóteles, Hegel e Marx, botou essa concepção de um senso ontológico de sociabilidade comunitária anterior ao indivíduo para atacar os liberais que apenas viam o Estado como nada mais do que o resultado de um contrato entre indivíduos, um maquinário para servir algumas limitadas funções e garantir a potencialização máxima dos interesses pessoais da sociedade atomizada[764]. E aqui se nota a diferença essencial por meio da qual Gentile instrumentalizou o mazzinianismo e, mesmo considerando Mazzini um liberal — embora diferenciado —, pôde utilizá-lo contra o próprio liberalismo: a vida, para Gentile e Mazzini, é marcada por um contínuo esforço ético voltado para a criação de algo superior ao Eu concreto e individual; é inevitavelmente enraizada num conjunto muito maior de deveres, obrigações sociais e históricas do que os meros apetites e vontades individuais, de modo que qualquer concepção de individualismo peca ao não perceber essas outras dimensões profundas da natural sociabilidade do indivíduo. Como notado anteriormente, para Gentile, essa realização mais profunda e completa da vida humana se dá por meio da obediência às leis que jazem *interiore homine* e só podem se realizar por meio da ação do Estado, o ente político que é "a própria matriz de nossa humanidade, o fundamento de nosso Eu moral, o potencial necessário para o cumprimento que é a promessa da humanidade"[765]. Deve-se lembrar que esses pressupostos sociopolíticos gentilianos têm seu fundamento na tradição idealista que remonta até Hegel, que na introdução geral do seu *Lições sobre a filosofia da história* afirma que a "vitalidade do Estado é o que se chama moralidade dos indivíduos", sendo que "moralidade" é, por sua vez, definida como a "unidade da vontade subjetiva e da vontade geral"[766]. É a

---

[763] GREGOR, A. James. *Totalitarianism and political religion*. An intellectual history. Stanford: Stanford University Press, 2012, p. 182.

[764] GENTILE, Giovanni. *Dopo la vittoria*. Roma: La Voce, 1920, p. 110-111.

[765] GREGOR, 2012, p. 184.

[766] HEGEL, Georg Wilhelm Friedrich. *Vorlesungen ueber die philosophie der Geschicte*. Apud Nelson Lehmann da Silva. A religião civil do Estado moderno. Campinas: Vide Editorial, 2016, p. 117.

consciência dessa unidade do particular e do universal, do indivíduo com a coletividade, o fundamento da moderna religião que, continua Hegel, "se situa na mais íntima conexão com o princípio do Estado"[767].

Outro luminar intelectual do regime fascista, Sergio Panunzio, também observou a característica religiosa do Estado fascista ao afirmar que, "Nas próprias raízes da história contemporânea [...] está o valor universal e o significado do fascismo [...] que traz consigo a exaltação, e o que é essencialmente uma religião, do Estado", expressamente concluindo que o "Estado partidário do fascismo é um Estado eclesiástico, para distingui-lo da indiferença do Estado ateu e agnóstico"[768]. Não há dúvidas que Panunzio, ao falar da "indiferença do Estado agnóstico", está se referindo ao Estado liberal e sua doutrina de não intervenção na vida social, especialmente em questões econômicas, o que fortemente contrasta com a religiosidade do Estado fascista e seu imperativo de não apenas representar os átomos sociais, mas em propriamente *encarná-los e dirigi-los* para os fins morais mais elevados. É uma notável e ubíqua politização da própria essência do indivíduo que coloca o Estado como o canal para transcendência de todos que fazem parte da sua jurisdição, assim realizando uma moral ideal além dos interesses imediatos do átomo social. É nesse sentido que se pode entender o Estado fascista como um Estado de caráter religioso, que reflete os fins últimos da existência dos indivíduos que o compõem.

Com base nesses pressupostos e conjurando os deveres mazzinianos, Gentile, sem nenhum constrangimento, advogou uma completa rendição dos interesses, aspirações e até mesmo a vida dos indivíduos às exigências do Estado. Não é nenhuma surpresa visto que, devido aos pressupostos delineados, nem o indivíduo, nem nenhuma classe social, não possui nenhum direito natural — uma abstração liberal —, porque os direitos são apenas concessões estatais entregues com bases nos interesses do Estado e sempre condicionados ao cumprimento dos deveres inerentes à condição de animal político do indivíduo[769]. A obediência ao Estado e o cumprimento dos deveres é realizado pelo também princípio mazziniano da associação, que, no meio desse complexo interpretativo, torna-se a justificação para o sistema corporativo, a espinha dorsal da produção econômica fascista. De fato, o chefe do Ministério das Corporações Bruno Biagi, explicando a "ideia corporativa", refere-a como a "essência da jurídica, mas a sua própria essência, antes de

---

[767] *Idem.*
[768] PANUNZIO, 1937, p. 5 e 19.
[769] GENTILE, 1920, p. 107 e 110.

ser jurídica, é ética e social", justamente porque "implica toda uma série de preceitos e deveres morais antes dos jurídicos como os da solidariedade e da colaboração e porque contém um ideal e uma finalidade de justiça", e não se pode deixar de notar uma profunda influência mazziniana nestas frases[770].

Assim, os deveres mazzinianos se tornam, nas mãos dos fascistas liderados por Giovanni Gentile, num dos princípios norteadores da ideia corporativa que preza pela associação dos indivíduos nas corporações que são a força produtiva da nação, representada pelo Estado. Nazareno Mezzetti, um dos maiores líderes sindicais da Itália fascista, aponta que:

> Mazzini atribui ao Estado um conteúdo ético em oposição absoluta às doutrinas materialistas que despojam o Estado de qualquer reflexão da lei moral e o tornam uma falta de indivíduos, esvaziam-no de qualquer ideia unitária e fazem dele a fonte de uma série de agregados de natureza puramente administrativa. Este é um ponto de contato decisivo entre a doutrina política de Mazzini e o pensamento e a prática fascista, que nos propomos ilustrar amplamente quando tratamos do Estado corporativo.[771]

Com a associação moral dentro das corporações se pensava em criar, por meio de um Estado totalitário, onde todas as classes laboram sob os auspícios da legislação laboral e corporativa para o avanço moral e social da nação, a representação política orgânica, e pode-se notar o quadro geral que conecta as concepções sociopolíticas do atualismo de Giovanni Gentile e sua interpretação de um mazzinanismo altamente moralizante para fundamentar um Estado que exige o trabalho e sacrifício de seus cidadãos, que não podem não fazê-lo, porque, ontologicamente, são eles mesmo apenas partes do grande edifício do Estado. O humanismo do trabalho, buscando a equalização tanto das esferas do trabalho quanto do capital, possibilita a harmoniosa fusão das vontades individuais com a do Estado, justificando, segundo os fascistas, que toda essa intrincada estrutura corporativa e totalitária seja alcunhada de "democrática", uma democracia fascista em que a representação política orgânica é realizada no plano ontológico dos fundamentos da própria relação Estado-indivíduo. O papel que Giovanni Gentile e a sua interpretação do mazzianismo tiveram na criação desse aspecto religioso do fascismo não pode ser subestimado:

---

[770] BIAGI, 2018, p. 21.
[771] MEZZETTI, Nazareno. *Mazzini visto con cuore fascista. Apud* Paolo Benedetti. Mazzini in "camicia nera" II em Annali della Fondazione Ugo la Malfa – Vol. XXIII, 2008, p. 167.

> A contribuição decisiva para a teologia política do fascismo foi a de Giovanni Gentile e muitos de seus seguidores. Vendo o fascismo como um renascimento da revolução moral com que Mazzini havia sonhado, eles deram aos sentimentos religiosos primitivos do início do fascismo uma base cultural muito mais forte. [...] A tarefa de resolver "a questão religiosa", que atormentava as grandes figuras do *Risorgimento*, Gentile atribuiu ao fascismo e seu líder. Era trabalho deles completar aquela revolução incompleta criando um Estado novo no qual, de forma totalitária, as massas seriam integradas à nação.[772]

Desejando despertar nas massas italianas aquelas poderosas emoções de pertencimento coletivo a um destino mais importante e derradeiro que qualquer interesse individual, o fascismo fundiu ontologicamente os indivíduos com o Estado na missão de realizar uma genuína vontade geral capaz de gerar uma poderosa nação que pudesse de competir com as outras mais poderosas ditas plutocráticas. A ideia de uma capaz e moderna nação italiana encabeçada pelo fascismo se viu desesperadamente necessitada de se sobrepor sobre as demais lealdades e vínculos sociais que pudessem desviar os indivíduos dos seus deveres de produção e sacrifício, de modo que o nacionalismo, por meio do culto ao *Duce* e o Estado, tornou-se o monopólio para o qual os indivíduos deveriam se manterem fiéis e obedientes. O estudioso do fenômeno religioso dos modernos nacionalismos, Carlton Hayes, por exemplo, considera essa exaltação do Estado, idealizada como uma nova motivação central das atividades humanas, como um fenômeno típico de uma ressurreição do antigo culto à religião estatal da comunidade e seus deuses, de modo que os indivíduos são dominados por uma espécie de "misteriosa fé em um poder situado além de si mesmo, uma fé sempre acompanhada por sentimentos de reverência e seguida por atos externos como um cerimonial"[773]. Propriamente, o fascismo não podia se limitar a apenas venerar o catolicismo tradicional e se submeter à jurisdição romana porque tal postura seria crassamente contrária às suas expectativas totalitárias e, por isso, o regime fez suas próprias incursões no mundo da religião, construindo um universo próprio de mitos, de rituais e símbolos, todos centrados na sacralidade do Estado.

Tendo como objetivo criar uma religião secular com um aparato apropriado de festivais e rituais para educar os indivíduos nos seus deveres

---

[772] GENTILE, Emilio. *Il culto del littorio:* La sacralizzazione della politica nell'Italia fascista. Gius: Laterza & Figli, 1993, p. 101-102.

[773] HAYES, Carlton J. H. *Essays on nationalism.* New York: The Macmillan Company, 1926, p. 95.

exigidos pelo Estado, o regime, por vários anos, movimentou seu maquinário na direção de nacionalizar a consciência das massas. Começando com o culto dos heróis caídos durante a Primeira Guerra Mundial, o fascismo tomou plena consciência da importância das "liturgias políticas" para manter a coesão das sempre inconstantes massas e sua insistente tendência a, na melhor das hipóteses, apenas tolerar todo o espetáculo de força do regime. Desfiles militares, a imagem do *littorio* espalhada por toda a parte, especialmente em locais públicos de grande circulação, assim como o omnipresente busto do *Duce* se tornaram lugares-comuns do fascismo no poder, e a estética se voltou para um *ethos* "atual, ultramoderno e ousado, sem lembranças melancólicas no estilo do passado, cheio de vigor e teatral", de modo a "celebrar a natureza dinamicamente moderna e revolucionária do fascismo"[774]. Momentos cruciais da história do regime, especialmente a mítica Marcha sobre Roma, tomaram um *status* de importância religiosa e com igualmente religiosa assiduidade eram comemoradas todos os anos e, num arroubo ainda mais ousado, o regime decidiu criar um calendário para insinuar que a ascensão do fascismo ao poder foi nada menos que um evento quiçá da mesma magnitude que o nascimento de Cristo. Assim, a partir de 1926, e paralelamente à usual data depois de Cristo, o regime introduziu "a indicação da era fascista que passou a existir partir de outubro de 1922 [Marcha sobre Roma], para difundir a ideia do caráter epocal e revolucionário do regime, destinado a perdurar muito além da existência dos seus contemporâneos"[775]. Se o leitor averiguar a bibliografia fascista do período do regime, não é incomum perceber que os livros foram datados com, por exemplo, "Anno VIII" — 8 em numerais romanos —, como no caso do *L'economia fascista*, de Giuseppe Bottai, sinalizando o ano de 1930, pois 8 anos após 1922.

Não parece fortuito que os jacobinos da Revolução Francesa também tenham decidido revolucionar o senso histórico do tempo com o Calendário Republicano que, por 12 anos, remodelou o modo pelo qual os súditos da nova nação revolucionária interpretavam a passagem do ano. A conexão entre as duas revoluções se deve ao fato que os jacobinos foram os primeiros na era moderna a promulgar o conceito do Estado como o centro de um novo culto à nação. Para os jacobinos franceses, discípulos de Rousseau, "um Estado-nação sem religião era impensável, porque a unidade moral dos cidadãos e a dedicação do indivíduo ao bem comum só podiam se basear

---

[774] GENTILE, 1993, p. 193.
[775] TARQUINI, 2011, p. 132.

na fé religiosa", de modo que o estado moderno surge incumbido do papel de guardião da moralidade pública e, consequentemente, de educador, cuja "missão é restaurar a unidade do corpo político e formar cidadãos virtuosos, inculcando neles um senso de dever cívico e obediência"[776]. Embora com diferenças significativas e um século separando os dois experimentos políticos em questão, George L. Mosse ficou convencido que Maximilien Robespierre teria se "sentido em casa" no meio das demonstrações litúrgicas fascistas, onde o incorruptível jacobino provavelmente teria reconhecido os "ritmos de tais congregações, suas canções e coros falados, como uma afirmação política" e quiçá apreciado o "jogo de luz e sombra pois a Revolução gostava de anexar às suas próprias festas amanheceres, entardeceres e auroras"[777]. Ainda, é revelador o fato que os fascistas e o *Duce*, em particular, mostraram considerável interesse nos festivais e congregações militarescas soviéticas durante a década de 30. Emilio Gentile nos conta que "um diplomata soviético", conhecedor da relação confidencial entre a Itália fascista e a Rússia soviética, revelou que Mussolini havia "solicitado e obtido de Stalin o plano de palco para as celebrações do Primeiro de Maio na Praça Vermelha, bem como para o aniversário do Dia de Outubro Revolução"[778], demonstrando que o fascismo precisou enfrentar o problema do controle de consciência das massas tanto quanto o regime soviético e os jacobinos da Revolução Francesa[779].

Esse problema se mostrou, para todas essas experiências revolucionárias, de extrema importância e revela o cálculo por trás das liturgias de massa focadas em conquistar o consentimento do povo e sua participação por meio da fé, isto é, utilizando-se daquele poderoso apelo, no qual o mito é a única força forte o bastante para exercer alguma influência, e de fato o *Dizionario de politica* do PNF se refere ao mito — sustentando-se na autoridade de Georges Sorel — como possuindo um "conteúdo verdadeiro ou falso, útil ou nocivo" que se revela quando atinge a "convicção de grandes camadas sociais" e "exprime uma interpretação da vida e da história, incita os homens que nela acreditam, a ações por vezes heroicas e sobre-humano[780]". Assim, em "nome de um absoluto que não permite dúvidas, o mito torna-se

---

[776] GENTILE, 1993, p. 5-6.
[777] MOSSE, George L. Fascism and the French Revolution. *Journal of Contemporary History*, SAGE, London, Newbury Park and New Dehli, v. 24, 1989, p. 11.
[778] GENTILE, 1993, p. 149-150.
[779] *Idem*.
[780] DIZIONARIO DI POLITICA, 2014, p. 362.

uma fé, uma religião, uma força moral que, enquanto dura, é capaz das mais ousadas façanhas"[781]. O recurso ao mito também não é fortuito quando se nota que, além de Sorel, o fascismo explicitamente referencia Gustave Le Bon como de central importância para o desenvolvimento de seus métodos de controle psicológico das massas, e, de fato, embora o nacionalismo tenha se tornado, no século XX, a mais pervasiva e influente encarnação de um mito político sacralizado, ele não foi o único. O próprio Le Bon, no seu *The psychology of socialism*, enquadra o socialismo, junto com o nacionalismo, como uma dessas novas ideias radicais lutando pela supremacia da consciência do indivíduo moderno ao se colocar como substituto das antigas tradições religiosas, quer na sua forma internacionalista e marxista, quer nas variegadas formas de socialismo nacionalistas e sindicalistas. Isso se dá, justamente, porque o ser humano "não foi capaz de existir sem crenças, [...] o sentimento da religião, ou seja, a necessidade de se submeter a uma fé de algum tipo, seja divina, política ou social, é um de nossos instintos mais imperiosos"[782].

Assim, o mito soreliano, a sociologia elitista e seus *insights* psicológicos foram muito utilizadas pelo regime fascista na intenção de não apenas nacionalizar as massas, mas criar um consenso absoluto que deveria ser expresso pela obediência e propensão de cada indivíduo a cumprir seus deveres de acordo com as exigências do Estado. Como o próprio Giuseppe Mazzini já havia percebido décadas antes dos revisionistas marxistas, não é sensato ter qualquer expectativa de que os indivíduos irão, por vontade própria ou por algum determinismo histórico, renunciar a seus interesses individuais estreitos em prol de algum sentido de dever coletivo mais abrangente, motivo pelo qual, uma vez encontrada a nação como a comunidade de destino por excelência, o regime fascista buscou, por meio de elaboradas liturgias político-religiosas e outras medidas de controle totalitárias nas áreas da educação e da cultura, estabelecer aquela relação espiritual profunda do povo com a sua nação representada pelo PNF. A rejeição do materialismo histórico, por parte dos sindicalistas, foi motivada justamente pela percepção de que a história — independentemente se movido por algum "espírito" ou se baseada em "leis econômicas" — muito provavelmente não iria auxiliar a luta revolucionária contra o individualismo e o seu rebento mais famoso, o liberalismo, de modo que o único caminho possível seria uma atividade revolucionária voluntarista, tendo

---

[781] Idem.
[782] LE BON, Gustave. *The psychology of socialism*. New York: The MacMillan Co., 1899, p. 86.

que se basear nos mais acurados conhecimentos psicológicos possíveis mesmo que isso resultasse amiúde na necessidade de se instaurar uma pedagogia estatal e cultos litúrgicos eivados de religiosidade para trazer à tona aquelas potencialidades que residem, de acordo com Giovanni Gentile, *in interiore homine* e possibilitam o florescimento da verdadeira natureza política dos indivíduos. A ascensão da política a um *status* religioso, como implica Emilio Gentile, é possível justamente porque a política é, de acordo com a apologética fascista, a própria *essência* do indivíduo, é o seu estado de natural sociabilidade apenas soterrado sob séculos de idealizações individualistas e liberais. De modo caracteristicamente religioso, o retorno do átomo individual à sua essência comunitária se iguala àquela completude religiosa da experiência individual alinhada com o *todo* que lhe concede a razão de ser.

É fácil perceber, diante desse quadro, como a sociologia elitista e a psicologia das massas se tornou um ponto central de referimento para qualquer movimento político, buscando se estabelecer como um novo ponto existencial e moral para os indivíduos, tendo que lhes exigir, para realizar seus planos, uma intransigente devoção ou no mínimo uma indiferente submissão. Mesmo aqueles movimentos alinhados com a "ortodoxia marxista", como o leninismo e o stalinismo, tiveram que se debruçar sobre como, apesar da sólida certeza de sucesso de seus projetos, levar indivíduos aburguesados e indiferentes àquele estado de consciência revolucionária requisitado pela revolução, e não foi diferente com os precursores do fascismo como os nacionalistas e sindicalistas. O centro do sorelismo mesmo é a percepção, seguindo os revisionistas alemães, que qualquer empreendimento revolucionário não pode prescindir de uma teoria acerca das forças e estímulos capazes de levarem os indivíduos à ação revolucionária, e sua rejeição de qualquer teoria materialista se fundamenta nesse *insight*, porque interesses individualistas e materiais exercem um efeito alienante e contrário àquele espírito de coesão e sacrifício tão comumente almejado pelos revolucionários. Quando Sorel descobre, seguindo a deixa de Otto Bauer e para a surpresa de seus colegas sindicalistas franceses, o mito da nação como um antigo e poderoso catalisador do sentimento comunitário dos indivíduos plenamente capaz de jogá-los em aventuras bélicas e revolucionárias sem precedentes, nasce o sindicalismo nacional e a conversão do universalismo marxista à realidade da comunidade nacional começa a dar seus primeiros passos. Jacob L. Talmon tem essa competição entre o mito da revolução universalista e o mito da nação como a base metodológica do seu *The Myth of Nation and Vision of Revolution – The Origins of Ideological Polarization in the 20th Century*, no qual ele afirma que esses dois polos se tornaram as "duas forças ideológicas mais potentes dos últimos duzentos anos" e que não seria exagero "chamá-las de religiões seculares"[783].

Claramente pode-se notar que os revisionismos do determinismo universalista marxista jogaram a especulação revolucionária em direção à realidade da nação e às suas possibilidades como mito mobilizador capaz de acordar a consciência das indiferentes massas, o que veio a ser provado, para revolucionários como os sindicalistas italianos, na Primeira Guerra Mundial. O fascismo nasce desse mito mobilizador nacional e, durante sua existência, agregou algumas correntes políticas e filosóficas como o sindicalismo, o nacionalismo e a filosofia idealista de Giovanni Gentile e seus discípulos, todas voltadas para realizar, dentro e por meio da nação, uma revolução moral e existencial do povo, visando tirá-lo do estado de inconsciência individualista para torná-lo um novo agregado capaz de trabalhar e se sacrificar pela sua comunidade de destino. A expectativa universalista de uma regeneração moral dos indivíduos, o seu reencontro com a sua antiga essência comunitária, foi restringida às necessidades da realidade nacional.

Embora Talmon separe a contenda revolucionária do século XX nesses dois polos opostos — mas amiúde com momentos de colaboração —, ele, sem sombra de dúvidas, coloca o fascismo, com o nacional-socialismo alemão, no campo do mito da nação revolucionária, e essa escolha é completamente compreensível, mas não esgota toda a questão. De fato, Talmon aponta, no final do capítulo dedicado ao fascismo, que a vocação imperial do totalitarismo italiano se guiava pelo desejo de "aumentar a qualidade de um povo ressurgindo depois de muitos séculos de negligência ou escravidão e sedento de um pedaço ao sol", mas que tal vocação imperial não era, ultimamente, dedicada a "unificar nações e tribos em uma única humanidade de cidadãos iguais, sem consideração por raça, religião e história"[784]. A abordagem metodológica da interpretação histórica de Talmon e o lugar dedicado ao fascismo são, na maior parte, corretas, mas o professor israelense negligencia um aspecto essencial do imperialismo fascista que foi a intenção de realizar a *romanità* do *imperium*.

---

[783] TALMON, 1981, p. 1.
[784] *Ibid.*, p. 503.

III O novo indivíduo e o *imperium*

Continuando uma profunda tendência moderna, pensadores italianos do *Risorgimento* como Giuseppe Mazzini avançaram a necessidade de se construir uma religião da pátria para unificar moralmente a nação dentro dos quadros do novo Estado nacional. Contida nesse plano também está a necessidade de se empreender uma regeneração moral do povo da nova nação no intuito de unir os indivíduos em um propósito comum. Para o genovês, a religiosidade era um elemento eterno da realidade psicológica e sentimental da humanidade, um profundo anseio existencial que reside dentro de cada indivíduo e, portanto, torna-se imprescindível para a realização de qualquer empreendimento político e social. Em verdade, esse *insight* mazziniano acerca da imensa e profunda realidade psicológica e moral da vida dos indivíduos, caracterizado pelo genovês pelo sentimento de religiosidade, perpassa todo esse livro, porque é o elemento decisivo que quebra as expectativas do mito da revolução internacional. Como percebido por uma série de revisionistas, começando com Bernstein, Bauer e Woltmann, passando por Sorel e chegando nos sindicalistas italianos, o processo culmina em Mussolini que inaugura uma revolução voluntarista e nacionalista, em vez de materialista e internacionalista, uma revolução que ficou conhecida à história como "fascismo".

A principal consequência de uma revolução voluntarista é a radical mudança de ênfase e expectativas quanto ao papel dos indivíduos e das massas no empreendimento revolucionário. Excluída de antemão a possibilidade de que a história ou qualquer outro processo fora da ação revolucionária voluntária fosse impulsionar a revolução, os revolucionários tiveram que buscar trazê-la do melhor modo possível e, de alguma forma, convencer os indivíduos, até aquele momento profundamente aburguesados e alienados da sua alegada missão revolucionária, a participar do processo político revolucionário. Essa realidade, além de Mazzini, já havia sido compreendida por nacionalistas como Enrico Corradini e, anos mais tarde, pelos sindicalistas revolucionários, e todos enfatizavam a necessidade de criar um tipo de indivíduo capaz de apreender rapidamente seus deveres e responsabilidades para com a sua comunidade, um indivíduo exorcizado de quaisquer resquícios individualistas e burgueses. Desse modo, as políticas do regime fascista enveredaram para a ambição de reeducar os indivíduos e torná-los mais ativos e conscientes dos seus deveres para com a comunidade nacional. Toda a construção político-religiosa empreendida por

Giovanni Gentile e seus discípulos buscou possibilitar o surgimento desse novo indivíduo dentro do quadro moral do regime, chegando ao ponto de fundir todas as efêmeras individualidades no corpo do Estado e, consequentemente, declarar o nascimento de uma democracia orgânica eivada de uma religiosidade balizada pela vontade geral da nação revolucionária.

De fato, é impossível conceber todas essas estruturas do regime, como o corporativismo, a democracia orgânica e o culto religioso ao *littorio*, funcionando sem um novo indivíduo fascista educado e consciente dos seus deveres atuando para mantê-las vigorosas. Nesse pressuposto fundamental, um dos principais objetivos do regime foi o de "forjar e temperar o caráter do novo homem fascista, criar uma 'raça' de homens que, independentemente da etnia de origem, teria sido uma expressão da nova civilização imperial e totalitária promovida pelo fascismo"[785].

O embrião do novo homem fascista foi o veterano de guerra que surgiu durante a Grande Guerra, popularmente chamados de *arditi* ou os "ousados", que retornavam do *front*. Esses veteranos, endurecidos nas trincheiras, voltaram ao país convencidos de que sua tarefa de combater os inimigos não estava terminada e, mais importante ainda, que as experiências do *front* lhes concediam primazia moral para opinar e intervir nos assuntos políticos e militares. O próprio Benito Mussolini foi um desses *arditi* e, depois de servir o exército e ser ferido em combate, retornou à sociedade civil completamente embrenhado pelo mazzinianismo que conheceu mais profundamente durante a guerra, colocando o genovês, até aquele momento, ao lado de Marx como um dos grandes profetas do socialismo. Enquanto a figura de Marx foi perdendo sua influência, o socialismo de Mazzini, profundamente preocupado com a regeneração moral e espiritual dos indivíduos, foi se tornando uma das principais referências do futuro *Duce,* que passou a considerar a época do *Risorgimento* como a época dos "gigantes do socialismo", a época de "Pisacane, Mazzini e Garibaldi, quando o socialismo se entregou à tarefa burguesa de construir nações e defender a independência nacional, foi a época de ouro do socialismo"[786].

Esse posicionamento necessariamente reflete a necessidade de rechaçar qualquer ponto de partida materialista para a explicação do processo revolucionário; enfatiza-se a imprescindível mudança psicológica e volunta-

---

[785] MESSINA, 2013, p. 95.
[786] GREGOR, A. James. *Yung Mussolini and the intellectual origins of fascism*. Berkeley: University of California Press, 1979, p. 193.

rista das classes destinadas à revolução, quaisquer que sejam. Esse impulso, presente desde os primórdios do *Fasci di combattimento*, em 1919, seguiu as diretrizes mazzinianas ao buscar regenerar a nação italiana por meio dos novos valores de heroísmo e sacrifício adquiridos nas trincheiras, que, paulatinamente, evoluiu para o fascismo, que nasceu destinado a combater "a mentalidade burguesa velha e corrupta, destruindo sua herança liberal" e todos os resquícios do individualismo alienante do século XIX. A regeneração da comunidade de destino nacional e a possibilidade do verdadeiro socialismo somente seriam possíveis por meio de uma igual regeneração dos próprios indivíduos que compõem essa comunidade, e o fascismo dedicou uma gigantesca quantidade de recursos para essa finalidade, pois o novo indivíduo fascista "não devia ter nada em comum com o italiano do passado, produto de um longo período de declínio político, militar e moral", caracterizado por ser "um fraco, um burguês, um liberal" incapaz de lutar e se sacrificar pela pátria[787]. A *Dottrina del fascismo*, publicada no aniversário de dez anos do regime, sedimenta as expectativas revolucionárias para o novo indivíduo:

> O homem de fascismo é um indivíduo que é uma nação e uma pátria, uma lei moral que une indivíduos e gerações em uma tradição e uma missão, que suprime o instinto de vida fechado no curto colo do prazer para estabelecer uma vida livre superior no dever, por limites de tempo e espaço: uma vida em que o indivíduo, pela abnegação, o sacrifício de seus interesses particulares, a própria morte, realiza aquela existência totalmente espiritual, na qual está seu valor como homem.[788]

Pode-se sentir, nessas palavras, o longo caminho das evocações revolucionárias revisionistas desde o século XIX. De fato, a criação de novos valores para um novo indivíduo revolucionário se tornou o principal foco da revolução desvencilhada das bases materialistas e deterministas que haviam se tornado a ortodoxia do pensamento marxista europeu. O fascismo é, em parte, uma criação daquele impulso revolucionário que dirigiu suas baterias contra a civilização burguesa e liberal do século XIX, voltando-se muito mais para características psicológicas, morais, culturais e nacionais do que para qualquer convulsão econômica global exclusivamente classista. O

---

[787] TARQUINI, 2011, p. 135.
[788] MUSSOLINI, Benito. *Opera omnia*. Il mio diario di guerra (1915 – 1917), la dottrina del fascismo (1932), vita di Arnaldo (1932), parlo com Bruno (1941), pensieri pontini e sardi (1943), storia di un anno (1944). Firenze: La Fenice, 1961. v. XXXIV, p. 117-118.

mito soreliano foi importado para a Itália e consumido fervorosamente por nacionalistas e sindicalistas, juntando-os na experiência da Primeira Guerra Mundial para forjar, nas mãos de Benito Mussolini, o movimento fascista.

O renascimento moral, aquele batismo pelo fogo que impulsiona a rebelião nietzschiana contra a ordem liberal e burguesa, foi o ponto de contato das vertentes radicais e revolucionárias, algumas delas órfãs do marxismo, na busca de uma nova modernidade mais dinâmica, orgânica e vivaz. Os nacionalistas acreditavam que apenas a guerra e a conquista imperialista poderiam chacoalhar o torpor do povo italiano e acordá-los para a cruenta realidade da vida de deveres e sacrifícios; já os sindicalistas, embora não sentissem apreço pela guerra apenas por ser guerra, reconheciam que a classe trabalhadora deveria aprender a lutar porque a guerra "tinha a natureza de uma revolução". O sindicalista tornado fascista, Angelo Olivetti, proclamou que "um povo que não pode fazer a guerra não pode fazer a revolução"[789]. Enrico Corradini tomou a iniciativa e deu o primeiro passo para a fusão dos dois movimentos no sindicalismo-nacional, uma nova concepção revolucionária de nação com a expectativa de produzir um cidadão italiano nacionalizado, um guerreiro-produtor plenamente consciente do seu caráter coletivo e obediente ao Estado. O italiano individualista, moldado pelo pensamento liberal e acostumado com os prazeres da vida burguesa deveria, junto com a nauseabunda Itália de Giolitti e seu sistema parlamentar de conchavos corruptos, ser transmutado numa nova estirpe de indivíduo preparado para o belicoso século XX.

O culto do novo homem fascista chegou ao paroxismo durante a década de 1930 com a campanha antiburguesa promovida pelo regime. Em um famoso discurso de 1934, embora Mussolini tenha admitido que todo antifascismo havia sido praticamente erradicado, ele ainda percebia uma ameaça: "o espírito burguês, ou seja, um espírito de satisfação e adaptação, uma tendência ao ceticismo, ao compromisso, a uma vida confortável, ao carreirismo"[790]. Tanto para o *Duce*, quanto para a maioria dos fascistas, o liberalismo burguês e o fascismo são completamente incompatíveis, porque o "credo do fascista é heroísmo, o do burguês é egoísmo"[791]. Esses posicionamentos são plenamente compreensíveis visto os objetivos que o fascismo se propunha como ideologia revolucionária voltada para criar aquela unidade transcendental das

---

[789] TALMON, Jacob. L. *The myth of the nation and the vision of the revolution*. Introduction. Berkeley: University of California Press, 1981, p. 484.
[790] DE FELICE, Renzo. *Mussolini il Duce*. Lo Stato totalitario, 1936-1940. Torino: Giulio Einaudi, 1996, p. 96.
[791] Idem.

vontades individuais em uma ubíqua vontade geral representada no Estado. Indivíduos aburguesados e preocupados com seus interesses materiais são cronicamente incapazes de realizar todos os deveres e sacrifícios requisitados na competição imperialista do mundo moderno, motivo pelo qual, desde Mazzini e depois encabeçado pelas reformas escolares de Giovanni Gentile, o regime fascista procurou erradicar esse "espírito burguês" da consciência do povo italiano. De fato, o ideal do novo indivíduo fascista personificava "um homem coletivamente organizado e educado segundo os princípios de uma moral guerreira, projetado em uma dimensão de existência pública que era a antítese do individualismo burguês"[792].

Todo o arcabouço institucional projetado pelo regime como o corporativismo, os cultos da religião estatal e o conceito de democracia orgânica apenas poderiam funcionar se o povo da nação os realizasse de plena vontade. O fascismo não intencionava, por meio da força policial, coagir a população nessa direção eternamente; a expectativa era a de que, por meio do esforço pedagógico estatal, especialmente nas escolas públicas, os indivíduos fossem se transformando paulatinamente nessa nova raça nacionalizada e revolucionária, de modo que a obediência ao Estado e o cumprimento dos deveres se daria naturalmente, um progressivo reencontro do indivíduo com a sua essência social de animal político. Essa comunidade solidária e altruísta onde os indivíduos colaboram ativamente uns com os outros para o bem comum foi celebrada e propagandeada pelo regime como o surgimento de uma nova Roma, herdeira de toda a grandeza do antigo império latino.

A relação do mito romano com o fascismo é amiúde mal compreendida; não se trata de um retorno nostálgico e reacionário a uma grandeza passada como forma de rejeitar a modernidade. De maneira muito similar à abordagem de Sorel em relação às sociedades antigas, o fascismo, principalmente a partir de 1922, inspirou-se no mito romano para acelerar seus objetivos profundamente modernos e revolucionários, sem qualquer compromisso com o que já se encontrava obsoleto. Pode-se começar com o exemplo do próprio símbolo do fascismo, o *fascio*, a machadinha envolta no feixe de varas, adotado já no começo do movimento fascista do *fasci di combattimento* mussoliniano. Ora, embora seja um símbolo da antiga República Romana para simbolizar o poder da coletividade, o uso do *fascio* na virada do século XIX para o XX havia sido apropriado pela esquerda revolucionária, "que indicava a união compacta de grupos e movimentos revolucionários" sindicais, o que explica o motivo

---
[792] TARQUINI, 2011, p. 137.

pelo qual Mussolini, ele mesmo originário do movimento socialista italiano, também se utilizou do símbolo: era propriedade comum dos movimentos revolucionários socialistas e sindicalistas italianos da época[793].

De fato, a história italiana após a queda do Império Romano é perpassada por um corriqueiro senso de nostalgia pela grandeza perdida, e não faltaram autores, como Maquiavel e Mazzini, que se empenharam em tentar criar os alicerces ideológicos para a fundação da Terceira Roma — após o Império e a Igreja. Principalmente a partir do *Risorgimento* e da unificação de 1861, esse sentimento se aguçou devido ao contraste entre as expectativas grandiloquentes e a situação vexaminosa da nova Itália, uma nação proletária relegada à posição de potência europeia de terceira categoria, espremida e ignorada por seus competidores mais poderosos. É óbvio que, em se tratando de um regime político nacionalista, o recurso ao mito romano ocorreria mais cedo ou mais tarde; a imagem de Roma, o seu legado e significado para a história e a cultura mundial, é poderosa e influente demais para ser deixada de lado. Não é incomum encontrar, na historiografia sobre o fascismo e nas opiniões leigas em geral, a ideia de que, por ser nacionalista, o fascismo buscou reverter a marcha do progresso e da modernidade ao exaltar o antigo mito romano, suposta prova do seu reacionarismo, mas isso é simplesmente errado e o próprio regime temia "que o romanismo fosse entendido como uma restauração, como uma forma de misoneísmo[794] ou como o sinal de uma incapacidade de planejar o futuro"[795]. O romanismo fascista foi mais do que mera propaganda ou saudosismo e, para entendê-lo, deve-se averiguar dois pontos de contato específicos.

O fascista Emilio Bodrero escreveu, no seu panfleto *Roma e il fascismo*, que "os maiores acontecimentos da política fascista foram a conciliação com a Santa Sé, a fundação do império e a resolução do problema humano"[796]. Deixando de lado a questão do fascismo com o Vaticano, é relevante a associação da fundação do império com a resolução do "problema humano"; mas o que seria esse problema? É, continua Bodrero, aquele problema de "pedagogia política, isto é, da formação do cidadão perfeito"[797]. É a questão da criação do novo indivíduo explicada há pouco, mas que sob o aspecto do mito de Roma toma uma nova profundidade:

---

[793] Ibid., p. 128.
[794] Misoneísmo significa aversão ou desconfiança em relação a mudanças; hostilidade para com o novo.
[795] GIARDINA, Andrea; VAUCHEZ, André. *Il mito di Roma*. Bari: Gius, Laterza & Figli, 2000, p. 239.
[796] BODRERO, Emilio. *Roma e il fascismo*. Roma: Lulu, 2019, p. 50.
[797] Ibid., p. 57.

> O fascismo parece levar os italianos um a um para moldá-los em todos os sentidos de acordo com o imperativo nacional. Devem tornar-se instrumentos perfeitos para a consecução dos propósitos do Estado, como aconteceu com Roma, que foi mestra insuperável dessa pedagogia porque soube criar uma mística em torno de seu próprio nome, para que deixasse de ser a de uma cidade, mas de uma entidade equânime, divina, e ser cidadão romano significava ser participante dessa divindade.[798]

Ao qualificar Roma como uma "entidade equânime, divina", Bodrero está apontando para a função primordial que o mito romano exerceu dentro da ideologia fascista: um resgate histórico da antiga civilização imperial renascendo com o fascismo e, mais uma vez, tornando-se um Leviatã divinizado. Assim como o cidadão romano pôde ser participante da comunidade absolutamente divinizada dos césares, o novo indivíduo fascista também é inserido e diluído nas engrenagens do Estado corporativo para ser usado como combustível dos objetivos da comunidade de destino.

É impossível não constatar que tal uso do mito romano vai ao encontro da concepção de Estado divino promulgado por Giovanni Gentile e seus seguidores idealistas, baseados no mazzinianismo: a fusão das individualidades para gerar a vontade geral representada no Estado é espelhada na estrutura monolítica do Império Romano que, no decorrer do tempo, foi se tornando mais totalitário e avassalador. A principal concepção sociopolítica de Gentile, a *società in interiore homine*, é trazida à tona por Bodrero por meio da analogia com Roma: "Desde o momento em que nasce (e em certo sentido até antes) [o cidadão] deve sentir em si mesmo e sobre si a vigilância da comunidade nacional [...] Todos devem saber que, em qualquer atividade, ele é parte do todo"[799]. Até mesmo antes de nascer, o indivíduo já se encontra, *interiore homine*, regulado pela comunidade nacional, sendo preparado para participar da vontade geral do Estado e cumprir seus deveres. O aspecto divino do romanismo, segundo os fascistas, dá-se justamente por meio dessa comunhão dos indivíduos com a sua essência política no seio da comunidade nacional, de modo que a "divinização da política" se torna a justificativa máxima para a atuação da vontade geral do Estado.

Mussolini, após sua conversão ao nacionalismo e ao intervencionismo durante a Primeira Guerra Mundial, já anunciava algumas características imprescindíveis do mito romano para a nova Itália que estava surgindo.

---

[798] *Idem.*

[799] *Ibid.*, p. 58.

O primeiro elemento é a *universalità del tempo*, substanciada no impacto da herança romana para o mundo e que atravessa os séculos: "Roma dá o sinal da civilização universal; que dá ao mundo as leis eternas de seu direito imutável [...] devemos realizar outra tarefa universal. Este destino não pode se tornar universal se não for transplantado para o solo de Roma"[800]. Como consequência desse posicionamento, a segunda característica elencada por Mussolini é o *destino imperiale* do fascismo como manifestação do gênio italiano. Depois dos grandes presentes que o povo italiano deu à humanidade, a herança romana e o catolicismo, Mussolini estava convencido que, mais uma vez, "é o destino que o Mediterrâneo volte a ser nosso. É o destino que Roma volte a se tornar a cidade guia da civilização em todo o oeste da Europa", destino esse que tornará a Itália "uma das nações sem as quais é impossível conceber a história futura da humanidade"[801].

O fascismo, com prolações como essas, estava se colocando como um herdeiro moderno e independente de Roma, um rebento que reconhece e respeita a autoridade dos antigos, mas sem se prender ao passado. Não se deve confundir essa utilização do mito romano como mero reacionarismo; antes, foi um misto de pragmatismo e modernismo "no sentido de que o fascismo acolheu o legado do passado romano não por nostalgia reacionária ou por veneração antiquária, mas apenas em função da ação política para a criação do futuro"[802]. Como a cabeça de Janus, os fascistas olharam para a grandeza melancólica de Roma para legitimar a construção de uma nova e alternativa modernidade fora da dualidade liberalismo-comunismo que o momento histórico parecia exigir. Foram as expectativas de transcender as limitações da época liberal e do internacionalismo proletário que colocaram a Itália, novamente, na posição de tentar se tornar uma comunidade universal capaz de mostrar sua missão civilizacional ao mundo.

O corolário final dessas duas características da utilização do mito romano anunciadas por Mussolini é o imperialismo. A universalidade romana se manifesta em destino imperial, porque toda descoberta que deseja ensinar o mundo deve necessariamente se espalhar pelo globo, e aqui há uma distinção importante a se fazer acerca do termo "imperialismo". Hodiernamente, esse termo evoca a imagem de uma superpotência avançando militarmente sobre outros países em injustas guerras de anexação, visando apenas o domínio político e

---

[800] GENTILE, Emilio. *Fascismo de pietra*. Roma-Bari: Laterza, 2007, p. 46.
[801] Ibid., p. 47
[802] Ibid., p. 48.

territorial, uma política expansionista considerada anacrônica e bárbara no mundo globalizado. Não há dúvidas que um dos impulsos primordiais de um dos principais elementos protofascista, o nacionalismo italiano, era o ardente desejo de expansionismo imperialista motivado pelo complexo de inferioridade que reinava na Itália da virada do século, e a vergonhosa derrota militar em Ádua marcou profundamente pensadores nacionalistas como Enrico Corradini e Alfredo Rocco. Nesse sentido, tanto Corradini, quanto Rocco, representando o movimento nacionalista, foram muito expressivos quanto a necessidade de botar a Itália na corrida colonial e imperialista na intenção de superar as nações plutocráticas e, de fato, toda a construção geopolítica de nações proletárias *versus* nações plutocráticas foi avançada para justificar as pretensões expansionistas italianas no processo de criar as condições morais e tecnológicas para o surgimento do império, compreendido como aquela fusão *sui generis* de fatores históricos que possibilitam a ascensão de um povo à vanguarda civilizacional. Mas a concepção de imperialismo fascista não ficou presa à dos nacionalistas e nem mesmo é comparável à do moderno e malfadado expansionismo; é, pelo menos alegadamente, um novo imperialismo que só pode ser compreendido com o recurso ao mito romano.

Pode-se, mais uma vez, recorrer ao *Dizionario di politica* do PNF para uma avaliação da terminologia política fascista, que, sobre o termo "imperialismo", assim afirma:

> A esse respeito, o imperialismo constitui predominantemente uma imensa fé em sua própria força civil e política; e se impõe como expressão eminentemente espiritual da nação, que é concebida como criação, ilimitada no espaço e no tempo, de valores históricos, ou seja, de ideais e realidades destinadas a dar um caráter à vida de um grande grupo de povos, uma cor, uma civilização que irradiava de um povo alcançou outra perfeição de cultura, ordem, coesão.[803]

A ideologia fascista enfatiza os aspectos universalistas do imperialismo e relega a expansão militar a um segundo plano condicionado e justificado pelos aspectos culturais e espirituais mais elevados. Lê-se, na própria *Dottrina del fascismo*, que o "Império não é apenas uma expressão territorial ou militar ou mercantil, mas espiritual e moral", sendo possível que exista uma nação que "lidere direta ou indiretamente outras nações, sem a necessidade de conquistar

---

[803] DIZIONARIO DI POLITICA, 2014, p. 295.

um único quilômetro quadrado de território"[804]. É, mais precisamente, uma obrigação autoimposta de projetar as próprias conquistas sociais, políticas, morais e, até mesmo, espirituais a nível mundial, fazendo com que outros povos também participem dos benefícios da nova civilização fascista. Diferentemente das concepções germânicas de imperialismo — a *Lebensraum* da escola geopolítica do general Karl Haushofer —, a missão imperialista fascista consiste numa versão latina do *white man's burden* de espalhar a recém-encarnada grandeza espiritual romana para a época moderna, terrivelmente cindida entre decadência liberal burguesa de um lado e internacionalismo proletário do outro. Não há, no imperialismo fascista, nenhuma concepção de expansão territorial justificada por questões de grandeza racial; é, antes, uma missão para disseminar os supostos benefícios que o fascismo conjurou como curas para as mazelas do século XX.

Mas quais, afinal, são essas descobertas que o gênio imperial italiano quer entregar ao mundo moderno? São, desde a mais básica concepção sociológica do novo indivíduo até a vontade geral encarnada no Estado, todos os aspectos até aqui explicados que, conjugados, revolucionam as estruturas sociais e os modos de viver, uma renovação moral e espiritual para o novo século fora dos quadros da falida ordem liberal. Assim, como novamente se encontra exposto no *Dizionario*:

> A nova concepção do homem que é a base da doutrina fascista e inspira as grandes conquistas da Itália fascista, constitui uma conquista para toda a humanidade que não pode ser perdida. Em termos concretos, a realidade do Estado fascista demonstra como as formas de participação de todos os povos na vida do estado e as formas de organização da vida econômica, estabelecidas pelo fascismo, constituem a melhor e única solução para o problema da dissolução presente na sociedade demoliberal e, portanto, sancionam o valor histórico absoluto e universal dos princípios que a movem.[805]

Como Roma se expandiu para elevar os padrões morais e espirituais de todos os povos por ela conquistados, culminando no universalismo do catolicismo, o fascismo, seguindo os passos de seus antepassados, também se coloca a missão de empreender a renovação de todos os povos para além da península. A base do edifício sociopolítico fascista é a formação do novo indivíduo, isto é,

---

[804] MUSSOLINI, Benito. *Opera omnia*. Il mio diario di guerra (1915 – 1917), la dottrina del fascismo (1932), vita di Arnaldo (1932), parlo com Bruno (1941), pensieri pontini e sardi (1943), storia di un anno (1944). Firenze: La Fenice, 1961. v. XXXIV, p. 131.

[805] DIZIONARIO DI POLITICA, 2014, p. 298.

indivíduos extirpados de qualquer resquício de moralidade materialista e burguesa, sem o desejo de lucro pessoal e voltados ao heroísmo e ao sacrifício em obediência ao Estado. Esses novos indivíduos, uma vez forjados pela educação pública, coletivamente dão forma àquela formação social baseada em novos valores de solidariedade e altruísmo que possibilitam a construção do corporativismo para a superação do capitalismo como sistema econômico, realizando a absorção da esfera privada pelo Estado: a produção econômica é regulada pelos critérios políticos da comunidade nacional para o benefício de toda a coletividade. Atualistas como Giovanni Gentile e Ugo Spirito julgavam que o indivíduo, uma vez socializado pela comunidade de destino, desenvolveria sua verdadeira essência social de animal político que já se encontrava *interiore homine*, de modo que o funcionamento desse intrincado edifício sociopolítico fascista culmina na emergência da vontade geral de toda a coletividade, concedendo-lhe o seu caráter divino: transcende, de maneira revolucionária, as limitações e problemas do liberalismo burguês para inaugurar a nova época da sociedade totalitariamente democrática, a perfeita confluência harmoniosa de todas vontades individuais no seio do Estado. Essa é a nova ordem, a nova dispensação, o novo evangelho que o fascismo almeja espalhar pelo mundo por meio do seu imperialismo, um "modelo de cidadania que transcende o pertencimento geográfico para ascender à construção de uma consciência unitária universal"[806].

A associação do fascismo com o mito romano e, por consequência, a construção do imperialismo espiritual, é possível apenas por causa de uma afinidade mais profunda. A literatura especializada do regime afirma, por exemplo, que a nação fascista passou a ser baseada "não mais segundo os princípios da autonomia democrática e da autodeterminação", mas "segundo um novo conceito em que o pensamento mais antigo foi ressuscitado"[807]. Os termos empregados por Bodrero são importantíssimos: um pensamento antigo foi *ressuscitado*. Mas, precisamente, qual aspecto do antigo pensamento romano foi ressuscitado pelos totalitários italianos do século XX? Nas palavras do próprio *Duce*, o recurso ao mito romano tencionava despertar no povo italiano "as antigas virtudes do povo romano, a saber: dedicação à comunidade, fidelidade, coragem, espírito de sacrifício, esperando poder reconstruir sobre eles o novo império"[808]. A intelectualidade fascista fez questão de estabelecer que essas antigas virtudes romanas só foram res-

---

[806] *Ibid.*, p. 64.
[807] BODRERO, 2019, p. 60.
[808] ZACHARIAE, G. *Mussolini si confessa*. Apud Antonio Messina. Lo Stato etico corporativo. Sintesi dell'ideologia fascista. Roma: Lulu, 2013, p. 96.

suscitadas pelo novo regime totalitário, devido à sua ligação milenar entre as duas épocas, representando a continuidade de um tipo de pensamento político caracteristicamente latino: "A ideia itálica e romana do Estado unitário tem suas raízes no poderoso tronco de nossa linhagem; o fascismo nada mais é do que o florescimento da mesma força que nunca se extinguiu após 15 séculos"[809]. A importância dessas referências fica mais nítida quando se compreende o que os fascistas estavam se opondo ao ressuscitar o pensamento político antigo: o individualismo. Para os fascistas, o pensamento político latino se caracteriza pela expressa rejeição de qualquer possibilidade de fundamentar os alicerces da comunidade em ideias individualistas, isto é, que colocam o átomo individual como o dado central da especulação e justificação política. O Estado unitário romano representa a supremacia da vontade geral de toda a comunidade e, por consequência, o enquadramento pelo qual se pode conceber alguma liberdade: é livre o cidadão que vive e morre para a sua comunidade, e a expansão imperialista é a grande concretização espiritual de toda uma civilização que, por forjar indivíduos obedientes e guerreiros, revela ao mundo suas descobertas civilizacionais.

A confissão de que o fundamento sociológico do pensamento fascista se baseia na ressurreição de um modo de vida antigo e comunitário não pode ser subestimada e, mais ainda, constitui um ponto de partida interpretativo essencial para a compreensão do fenômeno totalitário da modernidade. Assim como Georges Sorel resgatou as antigas virtudes marciais gregas, o fascismo empregou a moralidade social comunitária da antiguidade romana para destruir a sociedade liberal e burguesa e, no processo, reforjar os indivíduos para uma vida socializada fora dos quadros do pensamento materialista e individualista. As recorrentes invocações da verdadeira essência social e política dos indivíduos pelos fascistas da estirpe idealista são um exemplo de que o retorno a uma moralidade social antiga havia se tornado o *leitmotiv* sociopolítico de praxe dentro das hostes intelectuais do regime na luta contra o liberalismo e costuma causar confusão nos intérpretes que uma ideologia que tão abertamente professa um retorno à antiguidade possa, ao mesmo tempo, dizer-se revolucionária, induzindo-os amiúde a taxar o fascismo como uma "revolução conservadora". Nesse sentido, Roger Griffin cunhou a definição do "ultranacionalismo palingenético"[810] como a característica

---

[809] ACITO, Alfredo. *L'Idea romana dello Stato unitario nell'antitesi delle dottrine politiche scaturite dal diritto naturale*. Milano: Sonzogno, 1937, p. 11-12.

[810] O termo "palingenesis", do grego *palin*, ou "novamente", e *genesis*, ou "nascimento", significa renascimento, recriação ou *rebirth*.

mínima necessária para que um movimento ou ideologia seja enquadrado como "fascista", isto é, um "movimento populista e transclassista de renascimento nacional purificador e catártico", no qual ele elegeu o fascismo italiano e o nacional-socialismo alemão como os casos mais emblemáticos de renovação palingenética nacionalista no século XX[811]. Essa definição de Griffin tem o mérito de reconhecer que o fascismo italiano buscou uma regeneração palingenética, um *rebirth*, da comunidade nacional, e todo renascimento é, por definição, o retorno de algo antigo, no qual Griffin se limitou a estabelecer como uma imagem soreliana da grandeza romana e do *Risorgimento* que, no momento histórico em que surgiu, serviu como uma força necessária para debelar o crônico complexo de inferioridade italiano. De fato, há muita dificuldade em conseguir compreender e conciliar as intenções revolucionárias do fascismo com a sua insistência em recorrer ao romanismo de uma maneira muito mais profunda do que a mera propaganda política, mas a definição de Griffin fornece um importante *insight* que, uma vez empregado no devido *framework* de interpretação histórica, ajudará a esclarecer as longas raízes da revolta totalitária, do qual o fascismo é uma das ervas daninhas e que será delineado na parte final deste livro.

De qualquer modo, a especulação sociopolítica fascista tem seu centro numa preocupação constante com a ressurreição de uma *essência* política latina perdida que fora outrora encabeçada por Roma. Dá-se muita atenção ao processo de unificação nacional empreendido pelo *Risorgimento* e a sua tentativa de completude por meio do fascismo, mas essa é apenas uma estreita faixa de tempo, uma pequena parte do arco histórico da revolta totalitária que só pode ser plenamente compreendida levando-se em conta a ressurreição do romanismo. Olhando com mais atenção a história da Itália, percebe-se que nacionalistas como Maquiavel e Mazzini não intencionavam apenas uma unificação político-administrativa da península, mas uma unificação *espiritual* até mesmo fora dos quadros do catolicismo, e o mérito de todos os intelectuais estudados até aqui que se tornaram fascistas foi o de ter percebido que, qualquer que fosse o destino da comunidade internacional das nações, o primeiro passo essencial e indispensável seria o de criar a comunidade de destino nacional, justamente porque, na época moderna, o sentimento de nacionalidade havia se tornado o catalisador mais poderoso para realizar a almejada nacionalização das massas. Extirpar o individualismo e o seu rebento mais nefasto, o liberalismo, passou

---

[811] GRIFFIN, Roger. *The nature of fascism*. London: Routledge, 2006, p. 12.

a ser a prioridade máxima para reacender a verdadeira essência social e comunitária do indivíduo, agora tornado cidadão da comunidade nacional em união harmoniosa com seus conterrâneos, uma poderosa coletividade guiada pela sua vontade geral encarnada no Leviatã fascista. A ressurreição do romanismo foi uma consequência inevitável de todo esse trajeto porque a invocação da essência social e comunitária do indivíduo, que só encontra sua liberdade ao realizar seus deveres para com a sua comunidade, é a base do pensamento político antigo que teve o seu zênite na expansão imperial das falanges romanas. A unificação espiritual italiana, para os fascistas, jamais chegaria à sua plenitude sem restabelecer a ligação milenar da antiguidade romana com a modernidade fascista, uma ligação que havia sido cindida pela queda do Império e a intervenção do individualismo liberal.

Não se pode nem mesmo dizer que tal desenvolvimento surgiu inesperadamente, uma virada de cento e oitenta graus sem qualquer aviso que pegou os estudiosos de surpresa. Ora, um dos intelectuais protofascistas mais citados pelos prosélitos do regime, Giuseppe Mazzini, expressamente afirmava que a unificação da nação é apenas um passo essencial para regeneração moral de toda a humanidade: "[Mazzini] falou da liberdade de povos inteiros. Na era do despertar de uma nova religião, baseada em um princípio de sociabilidade, com a nação como inspiração que poderia regenerar a humanidade"[812]. Mais precisamente, o genovês já havia traçado que *apenas por meio do princípio da nacionalidade* se poderia proceder com a regeneração da humanidade, justamente porque a nacionalidade se tornou o princípio unificador da consciência das massas e o instrumento perfeito para desintoxicá-las dos séculos de alienação individualista e liberal que havia se amontoado pelo modo de vida burguês. Mas isso não significa que o processo de regeneração se encerraria com a nacionalização das massas; o credo mazziniano almeja espalhar as conquistas espirituais dessa religião baseada no "princípio de sociabilidade" pelo mundo, convergindo toda a humanidade em, possivelmente, uma grande e fraterna comunidade internacional de nações alinhadas pelos mesmos princípios, agora tornados universais.

Esse credo mazziniano também se espalhou pela esquerda sindicalista mais radical durante a Primeira Guerra Mundial. Os sindicalistas, já influenciados pelo antimilitarismo dos seus tempos de crentes no internacionalismo proletário, nunca se deixaram influenciar, mesmo depois de

---

[812] GREGOR, 2012, p. 148.

terem se tornados fascistas, pela ideia nacionalista de que a geopolítica é uma competição belicosa, onde o mais forte deve subjugar os mais fracos numa corrida darwiniana internacional. Mesmo depois de constituído o regime fascista, visões acerca da natureza da geopolítica e das relações entre o regime e as outras nações mantiveram-se díspares, com a ala oriunda do nacionalismo, encabeçada por Alfredo Rocco, representando a linha firme da visão belicosa de competição internacional, enquanto intelectuais provindos das hostes sindicalistas, como Sergio Panunzio, enveredaram por um caminho alinhado com a visão mazziniana de regeneração e unificação espiritual de todas as nações e povos.

Panunzio, como explicado anteriormente, já cotejava, nos seus anos de militância sindicalista, a possibilidade de, com o fim da Grande Guerra, surgir uma nova ordem internacional mais harmônica e justa principalmente para os países proletários como a Itália. Essas aspirações sobreviveram à sua transição para o fascismo e, na verdade, reaparecem dentro do conceito de imperialismo espiritual promovido pelo regime. Versando sobre a recém-conquista da Etiópia, em 1936, e a inauguração do novo império, Panunzio procurou esclarecer que os novos territórios não são "objeto nu e puro da dominação e exploração colonial", mas "sim uma unidade orgânica também de caráter social e econômico", na qual o fascismo deseja fincar os sustentáculos de seus avanços civilizacionais, obras de uma nova modernidade possível "representadas por pelos sistemas político e militar do partido e pelas instituições da ordem sindical e corporativa"[813]. Não se trata de uma tentativa de embelezar a aventura expansionista da Itália fascista no continente africano no intuito de separá-la moralmente dos processos de colonização do século XIX, empreendidos pelas potências plutocráticas, antagonistas do regime; mas, sim, uma consequência do pressuposto sociológico na base do fascismo: o humanismo do trabalho, corolário da maturação da natureza social dos indivíduos, torna-se um princípio que, ao invés de estratificar e oprimir os povos africanos, busca engloba-los na vontade geral do império, tornando-os cidadãos obedientes e ciosos dos seus deveres. Aos olhos de Panunzio, dado esse desenvolvimento, não é possível conceber qualquer tipo de exploração ou opressão dos povos africanos anexados, mas, sim, uma progressiva fascistização dessas sociedades para os quadros sociais, políticos e econômicos do novo império fascista. Isso fica claro quando Panunzio menciona que o império fascista é "um

---

[813] SILVERIO, Enrico. *Impero, diritto e geografia in Carlo Costamagna e Sergio Panunzio*. Civiltà Romana, revista pluridisciplinare di studi su Roma antica e le sue interpretazioni. Quasar, V, 2008, p. 159.

império ideal, *in interiore homine*, que pertence mais precisamente à ética do fascismo"[814]. A invocação da terminologia atualista de Giovanni Gentile é utilizada precisamente para demonstrar o caráter imanente das categorias sociopolíticas do fascismo que, transmutadas em vocação imperial, não se impõem de uma maneira exclusivamente exógena e militar, mas por um reacender das potencialidades endógenas dos indivíduos conquistados, transformando-os em cidadãos do império justamente porque essa transformação condiz com a sua natureza social de animal político.

Desse modo, a palingenesis fascista transcende o ultranacionalismo e evolui, por meio do imperialismo acima explicado, numa vocação de expansão universal no intuito de aglutinar, sob a égide do *fascio littorio*, todos os povos do planeta. O sonho mazziniano de regenerar a humanidade foi transfigurado nas expectativas imperialistas do fascismo, imbuído da missão de espalhar a sua nova e radical modernidade para todas aquelas sociedades ainda premidas pela escolha suicida entre, de um lado, o obsoleto e alienante liberalismo e, do outro, a autofágica luta de classes marxista. No centro desse processo, encontra-se a ressurreição do antigo pensamento político romano que, para o fascismo, exerceu uma função tripla: 1) ligar a grandeza imperial romana às justificativas do governo totalitário do fascismo, fechando a gigantesca lacuna histórica de séculos de alienação e impotência política; 2) munir a moderna ideologia fascista com mais uma justificação política profundamente antiliberal, recolocando a comunidade e o Estado acima do indivíduo; 3) justificar o processo de expansão imperialista como uma renovação moral e social destinada a se espalhar por todo o mundo, uma nova *pax romana* como solução para o conturbado século XX.

Aqui, mais uma vez, temos que ter em mente o contínuo e gritante contraste entre as expectativas do fascismo, tanto na sua propaganda mais rasa, quanto nas manifestações de seus intelectuais mais capazes, e a realidade histórica. Apesar de toda a pomposa retórica imperialista de uma ressurreição da grandeza romana e da regeneração da humanidade, o regime obteve sucessos parcos, limitando-se à conquista da Etiópia e da Líbia, procedendo em perdê-las subsequentemente durante a Segunda Guerra Mundial. Do mesmo modo, o regime, durante toda boa parte de sua existência, foi dividido quanto à natureza de seu imperialismo, nunca chegando a consolidar uma solução para as partes em contenda; mas não se pode negar que, no fim do dia, o fascismo teve uma vocação imperialista de regeneração universal de

---
[814] *Ibid.*, p. 160.

toda a humanidade, não limitada às concepções raciais germânicas, vocação essa que pode ser lida no lema oficial da Escola de Mística Fascista, o centro de treinamento oficial das futuras elites do regime: *per orbis unionem sub lictorii signo* (pela união do mundo sob o signo do — *fasci* — litório).

A dimensão da vocação universal do fascismo é raramente compreendida, com estudiosos como Griffin e Talmon restritos ao fenômeno na sua fase de incubação nacionalista, o que os impede de classificar corretamente o fascismo no quadro geral das modernas ideologias totalitárias, amiúde igualando-o com o nacional-socialismo alemão sob a rubrica de um "fascismo genérico". Não apenas o fascismo de Mussolini e caterva foi um movimento único e muito diferente do monstro germânico, mas constituiu um acontecimento ideológico-chave, cuja estruturação em forma ideológica se faz necessário para a continuação de uma mais ampla interpretação histórica.

IV O fascismo como ideologia

A longa exposição do momento histórico específico que gerou as ideias que serviram de embrião ao fascismo, assim como o seu nascimento e desenvolvimento na Itália de Mussolini encontram o seu corolário aqui: pode-se delinear o fascismo como uma ideologia. É consideravelmente difícil explicar o fascismo como ideologia, porque, malgrado a consciente e insistente ignorância quanto à sua substância intelectual, a historiografia *mainstream* continua a expor interpretações vergonhosamente errôneas e incompletas do fenômeno, amiúde sem nem mesmo tentar fazer uma definição robusta o bastante para que se possa esclarecer as operacionalizações conceituais feitas por detrás do texto. O leitor vai encontrar, na vasta literatura acerca do fascismo, a definição englobando, além do originário caso italiano, fenômenos tão díspares e antagônicos como o Nacional-Socialismo alemão de Adolf Hitler, a ditadura militar de Augusto Pinochet, o governo autoritário do *generalíssimo* Chiang Kai-Shek, o corporativismo católico de António Salazar ou o primeiro e único termo do 45º presidente americano Donald Trump, para citar alguns, muitas vezes, sem qualquer justificativa mais aprofundada do porquê dessa curiosa seleção arbitrária baseada em conceitos genéricos como "autoritário", "antidemocrático" ou "racista". Se esses são os critérios com o qual se pode, sem sombra de dúvida, rotular um pensador, um político, um regime ou uma ideologia como "fascista", então a lista parece ser interminável e capaz de incluir no seu bojo, após uma minuciosa análise, nomes associados à esquerda do espectro político, para o espanto do militante menos esclarecido.

O problema com esse estado de coisas é, primeiramente, a já citada ignorância quanto às origens e à substância intelectual do fascismo, falha que se buscou sanar com as páginas escritas até aqui. O leitor que compreendeu, mesmo que superficialmente, a intrincada rede de ideias que envolvem figuras como Giovanni Gentile, Sergio Panunzio, Ugo Spirito e Alfredo Rocco, por exemplo, está mais bem equipado que a maioria dos formadores de opinião que enveredam pelas questões políticas atuais e, espera-se, imunizado contra a tentação fácil e insciente de utilizar do termo "fascismo" para fins militantes sem qualquer referência à sua substância original. Mas ainda há um segundo problema a ser resolvido: o que é uma "ideologia"? Se se almeja destrinchar a *ideologia* do fascismo, ainda falta esclarecer mais um dos vocábulos usados em demasia e que, não raramente, conduz a confusões desnecessárias.

A julgar pelos lugares-comuns do discurso coloquial, as ideologias se tornaram um fenômeno ubíquo da modernidade, forçando-nos a escolher entre diferentes "ismos" tão característicos do discurso ideológico: capitalismo, socialismo, comunismo, anarquismo e o fascismo, supostas ideologias antagônicas se digladiando pela supremacia do coração e mentes das pessoas. Até mesmo num nível intelectual mais elevado, como o mundo acadêmico, julgou-se que todos nós "produzimos, disseminamos e consumimos ideologias durante toda a nossa vida, estejamos cientes disso ou não", de modo que "simplesmente não podemos passar sem elas porque não podemos agir sem dar sentido aos mundos que habitamos"[815]. Obviamente, o termo ideologia não nasceu dotado de tamanho prestígio; sua denotação e utilização originais eram muito mais circunspectas e remontam aos conturbados anos da Revolução Francesa quando Antoine Louis Claude Destutt de Tracy, numa palestra no *Institut National,* de Paris, introduziu-o nos contextos da especulação filosófica. Alcunhados de "ideólogos" justamente por utilizarem-se desse termo, Destutt de Tracy e caterva tinham a intenção de fundar uma nova ciência voltada para os estudos das ideias que emergiam do contexto iluminista na suposição que os fenômenos sociais e suas formulações intelectuais poderiam ser estudadas de forma análoga às ciências naturais, com seus padrões e regularidades transformados em leis do desenvolvimento social, justamente porque, no julgamento desses

---

[815] FREEDEN, Michael. *Ideology, a very short introduction*. New York: Oxford University Press, 2003, p. 1-2.

philosophes, todo o conhecimento provinha de ideias e nada mais natural do que coroar a "ciência das ideias" como a principal ciência da modernidade, o pressuposto intelectual necessário para produção científica e sociológica[816]. Não é coincidência que a ideologia surgiu mais ou menos ao mesmo tempo que a sociologia estava sendo desenvolvida por Augusto Comte; a segunda se arroga o papel de estudar cientificamente a sociedade, enquanto a primeira explora sistematicamente as formalizações advindas do estudo sociológico. Desde o início, contudo, a ideologia e seus promulgadores ideólogos foram alvos de ataques promovidos por ninguém menos que Napoleão Bonaparte, que os acusou de ser sonhadores divorciados da realidade, criadores de complexas mentiras e ardis para enganar o público, por se mostrarem hostis às suas aspirações imperiais[817].

No decorrer do século XIX, o termo ideologia foi assumindo, como sua característica determinante, a acusação de Bonaparte de ser apenas uma ilusão criada para enganar e embrutecer os crédulos e, consequentemente, foi se afastando de suas conotações originais centradas em auxiliar as ciências sociais a compreender a realidade social. De uma ferramenta metodológica apenas indiretamente determinada politicamente, a ideologia passou a significar justamente o véu intelectual acobertando o viés político mais cínico e opressor, e o autor que mais contribuiu para a popularização desse novo significado foi Karl Marx. Como é típico dos textos marxistas, é difícil encontrar no *corpus* do socialismo científico uma clara definição do termo ideologia, com alguns intérpretes alegando ser possível encontrar até cinco interpretações possíveis do que Marx quis dizer ao se utilizar do termo e mesmo a interpretação mais popular da ideologia como um véu mentiras confeccionadas pela classe opressora parece não ser tão completa, a ponto de ser considerada uma teoria, mas apenas uma intuição elaborada por seus discípulos[818]. De qualquer forma, a tradição marxista parece ter sido fundamental na ressignificação do termo ideologia dentro do amplo léxico das ciências sociais ao, jogando a acepção original no esquecimento, estabelecê-lo como um vasto agregado de mentiras consubstanciando uma errônea visão de mundo capaz de obnubilar a compreensão de uma realidade lúgubre.

---

[816] KENNEDY, Emmet. "Ideology" from Destutt de Tracy to Marx. *Journal of the History of Ideas*, [s. l.], v. 40, n. 3, Jul./Sep. 1979, p. 355.

[817] FREEDEN, M.; SARGEN, L. T.; STEARS, M. (org.). *The Oxford Handbook of Political Ideologies*. Oxford: Oxford University Press, 2013, p. 18.

[818] *Ibid.*, p. 38-39.

Já na primeira metade do século XX, a crítica que o sociólogo Karl Mannheim fez ao conceito de ideologia popularizado por Karl Marx foi outro passo essencial para a moderna conceituação de ideologia. Mannheim havia notado um curioso paradoxo na interpretação marxista da ideologia: estava subentendido que, no marxismo, somente burguesia possuía uma ideologia para seus fins práticos de escravização do proletariado, justamente porque somente a burguesia fazia o papel de classe dominante; a classe dominada, por pressuposto da interpretação histórica do materialismo-dialético, é produto e herdeira das condições históricas objetivas que a impelem à revolução. Somente a burguesia tinha o interesse de escamotear a realidade para se manter no poder e desfrutar dos espólios de sua dominação, enquanto o proletariado representava a "verdade" das condições históricas do momento. Mas, conforme os anos foram passando e todas as previsões marxistas não se realizaram, Karl Mannheim, na esteira do movimento revisionista iniciado por Bernstein e que se popularizava na Alemanha, na França e na Itália, percebeu que a ideologia não poderia pertencer apenas à classe burguesa, mas também à própria classe proletária; em outras palavras, como poder-se-ia ter certeza que o próprio marxismo não havia se tornado uma ideologia sendo que as condições objetivas da época desmentiam as previsões e expectativas da hecatombe revolucionária que poderiam provar a veracidade da consciência de classe proletária? Frente à passagem do tempo, não havia meios de sustentar o monopólio da representação da verdade histórica nas mãos do proletariado.

Ao que tudo indicava, a ideologia proletária não se mostrava tão diferente da ideologia burguesa nos seus pressupostos epistemológicos e é, a partir desse ponto, que Karl Mannheim empreendeu sua famosa revisão do conceito de ideologia dentro de sua mais abrangente sociologia do conhecimento. O argumento segue a linha do rebaixamento da consciência proletária ao nível ideológico, ao afirmar que "ao descobrirmos as ideias políticas e a visão de mundo de um oponente como ideologia, só o fazemos do ponto de vista de outra ideologia",[819] o que, por sua vez, pode implicar uma grave relativização epistemológica que rende impossível algum tipo de posicionamento neutro ou científico no trato das questões sociais e políticas já que todas as apreciações capazes de neutralizar a ideologia oponente também são exposições ideológicas. Não foram poucos os críticos que perceberam o beco sem saída deixado por Mannheim: personalidades como

---
[819] *Ibid.*, p. 59.

Karl Jaspers, Hannah Arendt, Raymod Aron e Clifford Geertz lamentaram as possíveis consequências que essa nova transmutação do termo ideologia poderia acarretar para a higidez das ciências sociais. Geertz, especificamente, comentou que "a preocupação de Mannheim com a natureza autorreferencial do conceito de ideologia pode muito bem ter destruído completamente sua utilidade científica"[820].

Ao longo de todo, esse trajeto histórico que começa com a ideologia sendo uma possível nova metodologia para lidar com um aspecto da realidade social, o termo foi se degenerando paulatinamente ao passar pelas mãos de Karl Marx e seus sucessores até culminar na completa relativização promovida por Karl Mannheim. A ideologia, ao se identificar como o pressuposto de todos os elementos cognitivos tanto na disputa política quanto na inquirição da realidade social, iguala todas as tomadas de posição umas com às outras quanto à dúbia natureza ideológica que as define, transformando a ciência política em uma estética e rendendo impossível a definição de um padrão de julgamento intersubjetivo capaz de sopesar em alguma medida o grau de veracidade e funcionalidade dos planos em disputa. O mundo político, nesse sentido, reduz-se à plena batalha dos caprichos ditados pela lei do mais forte: a conquista do poder se torna o único meio de legitimação e justificação para a transformação política da sociedade.

Obviamente, tal relativização é uma confissão de fracasso depois de séculos de desenvolvimento das ciências sociais e políticas, e não parece coincidência que venha a ter ocorrido no limiar do século XX, o século que consagrou a nova era da política democrática de massa possibilitada pelo sufrágio universal aliada ao avanço das tecnologias da comunicação. Por mais que a relativização ideológica seja extremamente daninha e estúpida, ela encontra, dentro da moderna política democrática, o ambiente propício para se desenvolver ao proteger as sensibilidades intelectuais e morais da massa de eleitores. De fato, versar-se nos meandros da epistemologia das ciências sociais e políticas com o objetivo de melhor compreender a intrincada realidade requer tempo, paciência e muita reflexão, tarefa que afasta a maioria dos envolvidos no moderno mundo político-eleitoral e, em verdade, seria ingenuidade esperar que, uma vez aberta as portas da participação popular irrestrita, os novos ingressos desenvolveriam algum semblante de consciência da enorme responsabilidade de se educarem propriamente antes de exercerem o direito ao voto. O rebaixamento geral do nível intelectual

---

[820] *Idem.*

necessário ao exercício do sufrágio universal anda *pari passu* com a moderna concepção de ideologia, que, por sua parte, auxilia os envolvidos fornecendo uma desculpa para, ao mesmo tempo, impedir uma aprofundada avaliação crítica das posições contrárias e dispensar os antagonistas rotulando-os de meros ideólogos, mesmo que isso implique, logicamente, que o que acusador também se escore num discurso ideológico igualmente dispensável — muito embora, naturalmente, todos se vejam a si mesmos como conhecedores do certo e não como meros ideólogos. Em um sentido um tanto quanto irônico, parece ser profundamente democrática a ideia de que todas as visões de mundo são meras expressões ideológicas de um enviesado ponto de vista particular, parecendo profundamente suspeito e desrespeitoso tentar traçar algum critério intersubjetivo consistente o suficiente para fundamentar um julgamento acerca das possíveis consequências da implementação de tal ou qual política social e econômica. Se tudo é ideologia, não faz sentido haver qualquer esforço para buscar algo que se aproxime mais da verdade acerca da aplicação dos princípios políticos defendidos, atitude que implicaria a vergonhosa consequência de que alguém, infelizmente, está equivocado e precisa repensar as próprias convicções. Hoje em dia, a ideologia política é, como o direito ao voto, parte preciosa e profundamente ligada à visão de mundo do eleitor, extensão de sua personalidade, fruto de suas experiências e convicções pessoais que, a seu melhor juízo, pode perfeitamente prescindir de qualquer estudo mais especializado ou autocrítica, bastando que seus sentimentos morais sejam satisfeitos.

Naturalmente, o intelectual versado na mais acurada metodologia em ciências sociais não pode se deixar levar pela degeneração circundante, mas deve buscar restabelecer o senso das proporções e o sentido dos termos enquanto singra pelo complexo universo das manifestações políticas do pensamento humano. O próximo passo é o de recuperar a aspiração original dos *idéologues* franceses: conceder uma significação nova e instrumental ao termo ideologia, para que possa, dentro de suas novas fronteiras, recortar com mais precisão o aspecto do mundo social que deseja fazer referência, sem se deixar respingar para outro quadrante indesejado. Trata-se, essencialmente, de proceder com uma reconstrução conceitual de um termo famoso e desgastado do léxico político, o que necessariamente envolve uma incursão nos métodos de manuseio da linguagem da ciência política.

Os produtos confeccionados pelos praticantes das ciências sociais, mas especificamente da ciência política, são complexas construções linguísticas que servem como referencial para relações de fenômenos que, não raramente, não são facilmente visíveis empiricamente. Por exemplo, não se pode ver ou apontar o dedo para o "Estado", a não ser para uma de suas diversas manifestações empíricas como o prédio da Receita Federal, o Congresso Nacional ou a pessoa do Presidente da República; todos esses são, com certeza, partes do Estado, mas o fenômeno não pode ser limitado às suas partes constitutivas. O Estado é uma complexa construção linguística com distinguíveis elementos substantivos e normativos capazes justificar e conceder funcionalidade à construção e à atuação a diversas relações de fenômenos empíricos que, se deixados a si mesmos, não produziriam o mesmo efeito no mundo fático, de modo que a formulação dos critérios pelos quais um complexo construto linguístico pode ser construído, aplicado e justificado se torna quiçá a mais poderosa arma metodológica no arsenal das ciências sociais. Como Quentin Skinner, eminente cientista político de Cambridge, afirmou: "Uma vez que eu tenha adquirido essa compreensão, posso esperar, em consequência, ser capaz de exercer a habilidade ainda mais misteriosa de relacionar a palavra com o mundo"[821].

Assim, é a linguagem da ciência política que nos permite destrinchar essas complexas criações linguísticas em alguns níveis operacionais essenciais, porque o universo do discurso político se preocupa com os domínios analítico, sintético e normativo, três instâncias linguísticas mutuamente interrelacionáveis e radicalmente compatíveis que podem ser encontradas por trás das criações linguísticas mais complexas que permeiam o vocabulário político e social.

O domínio analítico é o mais básico e é facilmente dominável por um praticamente minimamente competente de uma língua, pois representa a lógica entre os postulados internos da própria língua empregada, sem as quais a construção gramatical e lexical seria impossível. O que se constitui verdadeiro, numa asserção analítica, encontra-se, por exemplo, quando o que é afirmado no predicado da sentença já está implícito no sujeito: "Todas as figuras de três lados são triangulares". Nessa afirmação, pode-se ter certeza da sua veracidade sem qualquer outro recurso sob pena de contradição, porque a evidência encontra-se nas propriedades intralinguísticas da própria afirmação e nos signos que ela abriga[822].

---

[821] SKINNER, Quentin. *Political innovation and conceptual change*. Edited by Terrence Ball, James Farr and Russell L. Hanson. Cambridge: Cambridge University Press, 1989, p. 10.
[822] GREGOR, A. James. *Metascience & politics:* An inquiry into the conceptual language of political science. New Brunswick, New Jersey: Transaction Publishers, 2003, p. 50.

É a partir do segundo domínio, o sintético, que a dificuldade aumenta consideravelmente, porque saímos da mera lógica interna da língua à procura de referências externas. Uma asserção é considerada sintética quando os critérios para a averiguação de sua veracidade se encontram fora da mera lógica linguística de seus postulados, assim como necessita de um aprofundamento conceitual significativo; por exemplo, quando se diz que "o Estado brasileiro, sob o governo de Jair Bolsonaro, é mais autoritário do que quando sob o governo de Lula", necessita-se, primeiramente, estabelecer quais critérios qualificam um governo de autoritário e, segundo, estabelecer outros critérios para uma análise comparativa entre os dados disponíveis da atuação dos governos de Bolsonaro e Lula. Não há nada na afirmação que indique, por si só, que o governo de Bolsonaro é mais autoritário do que o de Lula, pois necessita-se estabelecer o que comumente é alcunhado de *recognitors*, isto é, critérios e definições operacionais que indiquem quais evidências empíricas possibilitam averiguar a veracidade do que foi afirmado. A depuração dos termos e critérios empregados se torna uma habilidade essencial para o praticante das ciências sociais, porque é apenas com uma clara série de *recognitors* bem estabelecidos que se pode antecipar o que contará como evidência para a averiguação da veracidade das afirmações enunciadas[823].

O terceiro e último domínio é o do discurso normativo, sem dúvidas, o mais complexo, intrincado e desejado produto das ciências sociais. Um discurso normativo se caracteriza por conter, no seu âmago, uma natureza *prescritiva*, isto é, busca estabelecer uma preferência, um *dever-ser* que, se bem-sucedido, convencerá os receptores a se engajarem a favor dos objetivos do discurso. Diferentemente do discurso sintético, que se limita a estabelecer, por meio de *recognitors*, constatações de fato, o discurso normativo se pauta por uma deliberada escolha em promover certos valores considerados desejáveis para a sobrevivência, o desenvolvimento ou a aplicação da justiça na sociedade. Essa distinção é meramente acadêmica, porque, na prática, a construção de um discurso normativo não pode prescindir, em alguma medida, dos discursos analíticos e sintéticos, senão tudo o que está sendo dito são apenas as preferências pessoais do enunciador sem quaisquer motivos do porquê os seus interlocutores deveriam ouvi-lo em detrimento de qualquer outro indivíduo enunciando outros valores. Eis o motivo do porquê os três domínios da linguagem da ciência política se interrelacionam: os domínios analítico e sintético, conjugados, fornecem toda a estrutura dos

---

[823] *Ibid.*, p. 51-52.

motivos pelos quais se torna possível julgar a veracidade e a viabilidade de algum argumento ou projeto sociopolítico que, inevitavelmente, intenciona persuadir e convencer os ouvintes a empenharem-se na sua consecução[824].

Não é difícil adivinhar o porquê de o discurso normativo ser o mais desejado e discutido produto das ciências sociais: é o discurso que envolve, por excelência, julgamentos de valor sobre qual política pública é melhor ou pior, sobre o que deve ser criado ou destruído, sobre quem merece receber mais recursos ou quem merece ser espoliado e, nos casos mais extremos, quem merece ser preservado ou aniquilado. Quando se pensa em filosofia política, por exemplo, pensa-se primeiramente nos valores que estão sendo avançados ou repudiados, isto é, nas consequências do discurso normativo sendo enunciado, provavelmente porque as ações resultantes de um discurso normativo podem afetar a vida de outros indivíduos, gerando aquele apaixonado interesse moral tão caracterizador das discussões políticas. Mesmo assim, um discurso normativo, se busca ser bem-sucedido na sua persuasão, não pode prescindir de uma estrutura analítica e sintética minimamente capaz de mostrar suas razões e expectativas quanto às consequências de suas prescrições, e uma ideologia é, sem sombra de dúvidas, o tipo de construto normativo mais complexo de todos.

De fato, como demonstrado pela moderna atitude de relativizar todas as manifestações do pensamento político e social a uma ideologia, é óbvio constatar que ainda há muita confusão quanto a como caracterizar e operacionalizar o termo ideologia para fins heurísticos e cognitivos sem incorrer em ambiguidades paralisantes. Far-se-á uma tentativa de, ao mesmo tempo, conceitualizar o termo ideologia, de acordo com os rigores das regras da metalinguagem da ciência política e, consequentemente, definir o escopo de sua instrumentalidade. E deve-se ter em mente que discussões linguísticas são inquirições acerca do mundo social, porque a utilização de um termo, por se basear em algum aspecto da realidade, busca mudá-la substancialmente, isto é, busca alterar a relação de substâncias do mundo social, de modo que ao se mudar o significado de uma palavra — ou conceito —, se está interferindo em uma cadeia de significados mais extensos e conectados com a mudança original. É exatamente isso que se busca com essa incursão nos meandros da linguagem da ciência política: ao se depurar o significado do termo ideologia e seu emprego, o mundo do pensamento humano também será impactado e, por consequência, mudar-se-á como o mundo social é concebido. Aqui, não é preciso fazer qualquer prescrição

---

[824] *Ibid.*, p. 288.

quanto às mudanças institucionais mais vistosas, mas apenas ressignificar um termo comum do léxico político moderno para que, possivelmente, efeitos relevantes ocorram.

Uma das principais características de um termo linguístico não é exatamente o que ele significa, mas tudo aquilo que, *erga omnes*, ele não representa, porque, ao fazer referência a algo, tudo o mais que não seja esse algo é excluído de seu campo de significado, traçando uma barreira saudável e necessária para o funcionamento da linguagem. O problema com o termo ideologia é que não há mais uma certeza acerca dos limites de suas fronteiras de significado; se a ideologia possui um significado expansivo que engloba todos os nossos atos, já que "reproduzimos ideologias toda a nossa vida mesmo inconscientemente", então, a rigor, a ideologia significa muito pouco. Onde está a limitação da fronteira de significado entre um ato não ideológico e um ato ideológico? Ter qualquer tipo de convencimento ou opinião acerca de questões políticas e sociais é inevitavelmente ter uma ideologia ou pensar ideologicamente? É possível apreender a realidade sociopolítica de uma maneira não-ideológica? Todo e qualquer "ismo", como "capitalismo", "socialismo", "anarquismo" ou "fascismo", é, *a priori*, uma estrutura igualmente ideológica, sem qualquer distinção epistemológica relevante? Essas dúvidas abundam porque o termo ideologia foi relativizado para muito além do que seria saudável um termo linguístico significar, diluindo seu poder cognitivo e criando confusão.

Assim, para entender o sentido de um termo ou conceito, é preciso ter em mente um quadro de critérios referenciais — os *recognitors* — do seu uso, assim como a intencionalidade do discurso no qual ela é esperada a ser usada, e essa relação se revela ainda mais íntima quando se percebe que os critérios estipulados acabam por igualmente definir a instrumentalidade do próprio termo. Estipular esses critérios é, essencialmente, uma escolha arbitrária do próprio pensador, como se fosse um experimento de tentativa e erro até encontrar uma estrutura conceitual suficientemente confiável e robusta que possibilite compartimentar algum aspecto da realidade da maneira mais eficiente possível para os fins cognitivos e heurísticos da ciência social. Boa parte do tempo dos cientistas sociais — pelo menos, o dos mais conscientes da importância da saúde da linguagem empregada em seus ofícios — é gasto em esforços avaliativos e, se possível, depurativos dos critérios referenciais que seus colegas estipularam nos conceitos usados em seus trabalhos, um esforço comunitário para o avanço da linguagem utilizada por todos os praticantes do respectivo ramo para tentar evitar, na medida do possível, confusões conceituais que, infelizmente, tão comumente afligem as ciências sociais.

Quanto aos esforços para estipular critérios referenciais para o termo ideologia, a ciência política tem se digladiado consideravelmente na busca de uma definição conceitual que seja ao mesmo tempo robusta e instrumental, com alguns chegando mesmo a anunciar que, "como não temos um formato *a priori* ou teoricamente óbvio para tais estruturas [ideológicas], temos que construir tais esquemas do zero e encontrar evidências que sugiram como as ideologias podem ser organizadas"[825]. A busca por essa estrutura conceitual para a ideologia levou os cientistas políticos a considerarem uma gama de possíveis candidatos a *recognitors* essenciais do conceito, como os valores morais, as características gerais do comportamento de grupo, os preconceitos culturalmente arraigados, a formalização de uma estrutura fechada e racionalista do mundo etc., são muitos candidatos, e essencialmente pode-se dizer que, *latu sensu*, uma ideologia simboliza "quem somos, o que defendemos, quais são nossos valores e quais são nossas relações com outros grupos, em particular nossos inimigos ou oponentes"[826]. Leia-se: uma ideologia é uma *weltanschauung*.

Mas como instrumentalizar um termo que, a rigor, abarca esse enorme espectro de *recognitors*? A proposta a ser feita aqui é que, na seara das exigências do discurso sintético, a ideologia possui *dois níveis distintos, mas complementares* que, juntos, servem como a fórmula básica a ser preenchida para que algo tenha os pressupostos válidos de uma ideologia. O primeiro nível é o dos *valores primários* que devem elucidar alguns conceitos basilares, por exemplo, o de "Indivíduo", o de "Liberdade" e o de "Igualdade", que, uma vez delineados, servem como sustentáculos do segundo nível, o das *construções sociais*. Os termos mais complexos como "Estado", "sociedade", "justiça", "opressão" e "revolução", por exemplo, todos sob o domínio do segundo nível, dependem do estabelecimento de um entendimento prévio do que seja a essência do indivíduo, o que significa ser livre e suas condições para se libertar e quais as características capazes de justificar e render alguma igualdade possível. O terceiro e último nível é, propriamente, o do discurso normativo, também chamado de *nível doutrinário*, que, por sua natureza, é encarregado de estipular juízos acerca do mundo social englobado pela proposta ideológica. Deve-se ter em mente que, para o discurso normativo

---

[825] VAN DIJK, Teun A. *Ideology:* A multidisciplinary approach. London: SAGE Publications, 2000, p. 65.
[826] *Ibid.*, p. 69.

ou doutrinário ter qualquer poder persuasivo relevante, é imperativo que as duas etapas do discurso sintético tenham sido preenchidas da melhor maneira possível, possibilitando uma estruturação cognitivamente satisfatória do edifício ideológico. É esse conjunto de níveis cognitivos, factuais e normativos que concedem à ideologia o seu caráter doutrinário, isto é, com o aparente prestígio e poder de englobar, num todo coeso e estruturado, gigantescos pedaços da realidade social e o seu desenvolvimento com fins de promover a manutenção ou alteração de um estado de coisas. Contudo, não é tarefa fácil, porque a principal disputa, uma vez constituídos os critérios para a aplicação do termo nessa ordem de níveis, é se um elemento ou circunstância, ou grupo deles, enquadra-se nos critérios estipulados, mas se já for compreendido a necessidade de se tentar estabelecer, da maneira mais minuciosa possível, todos esses *recognitors* e suas relações, então o conteúdo de uma ideologia pode ser esclarecido e operacionalizado satisfatoriamente. Pode-se melhor explicar o desenvolvimento de uma construção ideológica com um exemplo e, embora seja preciso uma repetição de alguns argumentos já delineados em capítulos anteriores, não há exemplo mais propício que o do próprio fascismo.

No primeiro nível da construção ideológica fascista, há um consenso facilmente observável entre os variados intelectuais que se congregaram não apenas nos anos formativos do regime, mas durante toda a sua existência. Pode-se observar que, num nível primordial, o que possibilitou alguma afinidade entre os nacionalistas, sindicalistas e idealistas foram alguns pressupostos sociológicos compartilhados, especificamente notáveis quanto aos conceitos de "indivíduo" e "liberdade". Giovanni Gentile, na posição de maior referencial do idealismo filosófico que se juntou ao fascismo, entendia o indivíduo como um animal político profundamente enraizado num contexto social mais abrangente e, por isso mesmo, interrelacionado com a própria essência de ser um indivíduo, não sendo possível abstrair um do outro sem incorrer num grotesco recorte arbitrário e incompleto da experiência social. O recurso ao artifício da *società in interiore homine* representa justamente a essência social e política do indivíduo ao colocar a sociedade — entendida como um complexo agregado de regras linguísticas, sociais e morais — como estando dentro do próprio indivíduo, representando suas potencialidades que somente podem ser realizadas por meio do aprendizado e da vivência social. Na mesma toada, os sindicalistas, mesmo antes de enveredar no caminho do sindicalismo-nacional, já compartilhavam, embora com uma terminologia mais simples, dessa visão de indivíduo como animal social. Ora, o principal esteio intelectual da teoria sindicalista revolucionária, já nos tempos de Georges Sorel, era o de que o proletário se encontrava essencialmente alienado nas estruturas da sociedade capitalista, corrompido por valores burgueses e forçado a laborar em condições alheias a sua verdadeira natureza social. O conceito de comunidade de destino, primeiramente alinhada com a anárquica corporação de sindicatos e depois com a própria nação, tornou-se o carro-forte da prática sindicalista, porque era o que, em teoria ao menos, possibilita um reencontro do proletário com a sua essência social ao trabalhar, lutar e se sacrificar em solidariedade com seus companheiros, modo de vida que engendra novos valores fora do individualismo burguês de uma decadente sociedade capitalista. E os nacionalistas da linhagem de Enrico Corradini — que sagazmente já havia percebido a afinidade com o sindicalismo antes mesmo da existência com o fascismo — já se alinhavam com a ideia de que o indivíduo atomizado e corrompido pelo individualismo liberal engendra o enfraquecimento crônico da nação, considerada o grande e proeminente organismo social. Assim como os sindicalistas, o nacionalismo também aspirava pela criação de novos valores de luta e sacrifício em prol da comunidade de destino nacional, valores que, por consequência, deveriam se basear num princípio de solidariedade entre italianos conscientes da importância do organismo nacional.

 O denominador comum entre essas três vertentes é a ideia de que o indivíduo é, principalmente, um animal social dependente da comunidade no qual vive, uma dependência muito além da mera necessidade de segurança alimentar e física, mas uma dependência sociológica e até mesmo espiritual no sentido de representar a própria essência caracterizadora de uma discernível individualidade, rechaçando, de corolário, qualquer idealização da individualidade como autônoma. Não há, no conceito de indivíduo que serve como um dos principais fundamentos da ideologia fascista, nenhuma possibilidade de conciliação com o individualismo liberal; a sociedade e o indivíduo são, para o fascismo, plenamente compatíveis e não antagônicos como na doutrina liberal.

 O segundo esteio intelectual de primeiro nível da ideologia fascista é o conceito de "liberdade", que é, na verdade, uma extensão do supracitado conceito de indivíduo. Se o indivíduo possui uma essência social, então a liberdade só pode ser concebida, sem qualquer antagonismo ou contradição, dentro da própria comunidade, como se posicionou Giovanni Gentile ao enfaticamente rechaçar a ideia de contrato social como artifício legitimador da comunhão entre o indivíduo, a sociedade e o Estado. Para o filósofo, a ênfase que o contratualismo dá à ideia de que a entrada em sociedade representa uma inevitável perda de liberdade em prol de uma superior coordenação capaz de assegurar a sobrevivência coletiva é um grande absurdo, justamente porque no estado de natureza não havia qualquer liberdade reconhecível se não a constante degeneração do indivíduo às posições de caçador ou presa, uma existência que qualquer um se sentiria temeroso e hostilizado, tanto pelas intempéries, quanto pela ação arbitrária e violenta de outros indivíduos. A liberdade apenas faz sentido quando o indivíduo se insere na sociedade, apreende e segue suas leis linguísticas, morais e jurídicas, o conjunto de uma antiga herança social que o possibilita desenvolver suas habilidades racionais e relacionais. Embora essa conceptualização se encontre mais explícita nos idealistas filosóficos, ela é facilmente observável como consequência lógica dos pressupostos igualmente defendidos pelos sindicalistas e nacionalistas, os quais não podiam prescindir da comunidade de destino para legitimar suas próprias filosofias e ações revolucionárias.

Esses dois conceitos conjugados são os principais *recognitors* do primeiro nível do discurso sintético da ideologia fascista, que, por sua vez, encontram-se fundamentados em toda a tradição intelectual idealista, sindicalista e nacionalista até aqui referenciada. Isso não quer dizer que, uma vez assim estabelecidos, tornem-se indiscutíveis cláusulas pétreas, mas apenas representam o que de mais fidedigno há quando se busca reconstruir compreensivelmente o fascismo até que se encontre, na história do pensamento político, *recognitors* mais eficazes e verossímeis para a compreensão do fenômeno em questão.

Estabelecidos os fundamentos do primeiro nível, pode-se partir para o segundo nível do discurso sintético, compreensivelmente mais complexo e desenvolvido a partir dos esteios do primeiro nível. Assumidamente, frente a essas concepções de indivíduo e liberdade, há uma considerável gama de possibilidades a se considerar e entender o porquê de o fascismo ter optado pelo corporativismo, conjugado com sua ideia de Estado, como a melhor alternativa se torna imprescindível para uma completa caracterização ideológica. Há uma citação de Giovanni Gentile, no seu *Discorso agli italiani*, e proferida nos estertores do regime, que demonstra a ligação entre os pressupostos do primeiro de nível com os do segundo:

> A liberdade nesses países [democracias liberais] está no chão e não pode ter salvação, como é cada vez mais reconhecido na teoria e na prática política, senão na estrutura corporativa; isto é, na ideia que o fascismo, primeiro, proclamou na Itália como a ordem mais congruente às tendências irreprimíveis

> do individualismo, quando este não é concebido em abstrato como uma função de átomos sociais que não existem de todo, mas como o individualismo dos indivíduos reais, que, ainda que sejam sempre indivíduos, são por sua atividade econômica, como forças produtivas, especificadas, agrupadas, restringidas em um sistema orgânico, cuja unidade, consciente do interesse comum, é o Estado. E esse Estado em sua forma corporativa não é o grande administrador dos interesses materiais do complexo empreendimento econômico de todos os cidadãos, mas a personalidade central que cria o direito de todos os grupos e indivíduos e, como toda personalidade, dotada de um poder absoluto e valor ético autônomo: sistema de liberdade.[827]

O cerne da relação se encontra na ideia de que o corporativismo fascista foi alçado como o sistema de produção econômica e representação política mais condizente com aquela "individualidade coletiva" caracterizadora da essência social do indivíduo, ou "indivíduos reais" como Gentile os enquadra ao prosseguir afirmando que eles são "por sua atividade econômica, como forças produtivas, especificadas, agrupadas, restringidas em um sistema orgânico"[828], mas o que isso quer dizer? Ora, os pressupostos do primeiro nível, ao estabelecerem que o indivíduo é, essencialmente, um animal social, também possibilita a extensão do argumento aos aspectos da produtividade econômica do indivíduo e sua comunidade. De fato, não faria sentido falar de potencialidades que possibilitam a realização da essência do indivíduo se não se falasse das capacidades econômicas justamente, porque o mundo do trabalho compraz um quinhão relevante do total da vida de um indivíduo, e o próprio Gentile já havia enfatizado, na sua palestra *Lavoro e cultura*, a importância do trabalho e dos esforços produtivos de uma sociedade para uma correta justificação e implementação do corporativismo[829]. Nesse sentido, há uma incontornável afinidade entre a lógica do corporativismo e a concepção política e social do indivíduo que fundamenta a sociologia política fascista, como se nota na supracitada intervenção. de 1928, na qual Gentile se esforçou para deixar claro que o trabalho, como processo de produção dos bens necessários à vida, é um dos principais meios pelo qual o indivíduo pode criar e recriar a si mesmo e, assim, render possível a contínua evolução moral de sua personalidade.

---

[827] GENTILE, Giovanni. *Discorso agli italiani* em La vita e il pensiero, Vol. IV. Dal discorso agli italiani alla morte, 24 giugno 1943 – 15 aprile 1944. Firenze: Sansoni, 1951, p. 71.
[828] Idem.
[829] GENTILE, Giovanni. *Fascismo e cultura*. Milano: Fratelli Treves Editori, 1928, p. 16-37.

Os sindicalistas, devido à natureza de seus posicionamentos, já incorporaram o mundo do trabalho como importante meio de realização da essência social do proletário ao pautarem seus reclamos revolucionários no argumento de que, no sistema capitalista baseado no individualismo liberal, a classe trabalhadora se alienava diariamente numa forma de produção incoerente e opressiva. A transmutação para o sindicalismo-nacional não implicou uma alteração nesse pressuposto crítico do pensamento sindicalista, apenas o realocou aos confins da nova comunidade de destino nacional, conjugando a necessidade de realizar a essência social do indivíduo num sistema de produção econômica alinhado com os interesses nacionais que, pela lógica circular do argumento, é o interesse do próprio indivíduo. É sobre esses pressupostos que a ideia de unificar a capacidade produtiva e paramilitar dos sindicatos com os interesses da nação começa a se transformar no corporativismo fascista, cuja praticabilidade vem condicionada com a necessidade de se nacionalizar os sindicatos tornando-os órgãos do Estado que, na posição de representante máximo da vontade nacional, possibilita alinhar todo o edifício numa, ao menos em teoria, harmoniosa vontade geral que perpassa toda a vida do indivíduo agora destinado a realizar sua essência social trabalhando nas corporações.

O corporativismo fascista é, portanto, justificado a partir do conceito de indivíduo como animal social, tornando-se sua extensão mais característica ao englobar a seara da produção econômica como extensão da própria essência social do indivíduo. É, de certa forma, uma continuação da nacionalização do indivíduo agora expandido para a sua vida econômica, pois, assim como as corporações de sindicatos se tornaram órgãos do Estado, consequentemente os próprios indivíduos foram anexados à estrutura corporativa. O conceito de humanismo do trabalho, avançado principalmente por idealistas como Giovanni Gentile e Ugo Spirito, foi confeccionado justamente para qualificar essa nacionalização do trabalho individual, transfigurando-o em um dos aspectos do interesse nacional ou, nos termos dos próprios fascistas, o trabalho foi alçado a uma posição central da economia ao adquirir sua "função social".

Quanto ao Estado, seria extremamente insensato negligenciar o aspecto do trabalho no conjunto dinâmico da evolução moral da vida nacional, porque, logicamente, a atividade produtiva se encontra amiúde inextricavelmente envolvida com as outras dimensões da vida do indivíduo. O Estado fascista, alcunhado por Giovanni Gentile de "ético", atua como a personificação concreta da sociabilidade do indivíduo, rendendo-o uma parte harmoniosa da vontade geral da sociedade, o que também vale para os aspectos mais práticos da vida social como a produção econômica. A compilação comemorativa do regime, a *Venti Anni*, é bem explícita ao posicionar o fascismo como uma "terceira via" entre o individualismo liberal e o socialismo internacionalista, pintando a nova classe dos produtores como "uma verdadeira classe nacional que estabelece as mesas da salvação e redenção", assim germinando "a nova e original concepção do Estado em oposição ao agnosticismo demoliberal e ao absenteísmo socialista"[830]. O Estado fascista reivindica a sua originalidade ao se estabelecer fora dos quadros liberais e marxistas, um posicionamento que elimina a alienação do liberalismo ao mesmo tempo que preserva a nação da desagregadora utopia do internacionalismo proletário marxista, colocando-se novamente no centro da vida social e econômica da nação como representante supremo da vontade geral. O controle exercido sobre os meios de produção e das relações de trabalho por meio do sistema corporativo é apenas consequência da própria natureza do Estado fascista, que impõe, mediante a equalização de poderes entre os trabalhadores e os encarregados da produção, uma igualdade jurídica e de fato entre as classes sociais, símbolo de uma nação harmoniosamente agraciada pela justiça social[831].

Essa definição de Estado, por sua vez, possibilita que a liberdade seja alcançada dentro da harmoniosa estrutura corporativa, uma liberdade que se fundamenta na existência de uma ampla estrutura assecuratória e econômica para que o indivíduo desenvolva as potencialidades de sua essência social. Não à toa, o fascismo se empenhou em erigir toda uma estrutura de proteção estatal a todos os indivíduos da nação, como fica claro no seu opúsculo oficial intitulado *La politica sociale del fascismo*, onde se estabelece, além da proteção aos trabalhadores via seguro-desemprego, das mulheres com o auxílio-maternidade e a vedação ao trabalho infantil; uma vastíssima estrutura de previdência social, uma das primeiras da Europa após o pontapé dado pelo sistema de Bismarck. A ideia mesma de uma rede de proteção social ao indivíduo como meio de lhe assegurar a liberdade é essencial ao projeto político fascista, como o próprio regime reconheceu ao afirmar, nas razões do seu supracitado livreto, que a "segurança social é, entre as manifestações da política social do regime fascista, aquilo que, talvez, interpreta de forma mais ampla e profunda suas promessas fundamentais e realiza seus

---

[830] PARTITO NAZIONALE FASCISTA, 1942, p. 21.
[831] Cabe lembrar que, apesar de, no geral, o Estado fascista ser assim concebido, houve considerável discussão dentro do próprio regime quanto a como melhor caracterizá-lo intelectualmente. Para uma mais clara compreensão do debate acerca da natureza do Estado fascista, *cf*.: Tarquini (2011, p. 114-123).

fins"[832]. Como o indivíduo possui uma essência social, nada mais natural que sua liberdade também seja coadunada com essa essência, possibilitando-o a liberdade apenas por meio das estruturas sociais e econômicas de sua comunidade nacional que, fatalmente, tornam-se encargo do Estado.

Vê-se, portanto, que os dois níveis do discurso sintético da ideologia fascista se harmonizam numa estrutura intelectualmente coesa, devido à qualidade dos *recognitors* elencados para tal, principalmente aqueles extraídos de fontes primárias do próprio regime e das idealizações de seus principais intelectuais. Os conceitos de indivíduo, liberdade e igualdade, assim estabelecidos, não apenas justificam a sua manipulação para a criação de conceitos mais complexos e definitivos como os de corporativismo e Estado, mas são potencializados por essas construções de segundo nível numa relação dialética de retroalimentação, sinal de que a estrutura ideológica possui uma lógica interna funcional o bastante para possibilitar o salto definitivo para o nível do discurso normativo.

As prescrições valorativas são o resultado natural de toda ideologia, seu coroamento e o seu aspecto mais vistoso e polêmico, sendo os dois níveis do discurso sintético uma elaborada justificativa para os reclamos normativos. Mas quais são as principais demandas normativas da ideologia fascista? Primeiramente, o claro rechaço ao individualismo liberal e suas instituições como a democracia parlamentar e a economia de mercado, uma rejeição que é suplantada pela prescrição de um governo de partido único com o evidente monopólio da representação política no PNF, assim como pelo controle estatal, direto e indireto, da economia nacional através do sistema corporativo. Mais especificamente, a propriedade dos meios de produção deixa de ser justificada como uma extensão da personalidade do indivíduo para se tornar uma concessão do Estado, uma propriedade meramente fiduciária, cujos propósitos são estabelecidos pela vontade geral da nação. O fascismo expressamente deseja aniquilar aquela concepção liberal do indivíduo como uma entidade autônoma e detentora de algum direito natural por meio da promoção de sua essência social e, por isso mesmo, exigindo sua submissão aos desígnios da vontade geral da comunidade nacional tanto na seara política, quanto na produção econômica, o que culmina na constante ênfase dada aos deveres que os cidadãos têm para com a nação. Consequentemente, o reclamo pela construção de uma estrutura assecuratória estatal, um protótipo de *welfare State*, é consequên-

---

[832] PARTITO NAZIONALE FASCISTA. *La politica sociale del fascismo*. [S. l.]: La libreria dello Stato, 1936, p. 50.

cia inevitável do pensamento político fascista para a consecução daquela liberdade concreta defendida pelos filósofos idealistas de forma a condizer com a essência social do indivíduo.

A segunda prescrição normativa é a do imperialismo. Como esclarecido no seu tópico específico, o imperialismo fascista, mesmo sendo contraintuitivo à primeira vista, é o desenvolvimento natural de seus postulados que transcendem o nacionalismo e reivindicam uma nova *pax romana* para o mundo do século XX. O ideal mazziniano de uma regeneração da humanidade encontrou guarida com os sindicalistas revolucionários e foi levado ao coração do regime fascista que, durante anexação imperialista da Etiópia, tornou-se um dos instrumentos justificatórios para a expansão africana nos moldes de um renovamento social e espiritual do novo território. Trata-se, malgrado as compreensíveis acusações de cinismo, de uma autoimposta responsabilidade de compartilhar as inovações políticas e sociais fascistas com um mundo ainda cindido entre o individualismo liberal e o internacionalismo marxista por meio de um internacionalismo que não renega o dado da nacionalidade, mas o engloba numa nova ordem internacional de nações proletárias ligadas pelos seus interesses em se desenvolverem livres da opressão dos mais poderosos países plutocráticos.

Esses dois principais, embora aqui concisamente estipulados, reclamos normativos são as exigências que o fascismo impõe à sociedade como mudanças essenciais a serem feitas para se alcançar um nível mais elevado de existência material e espiritual tanto para o indivíduo, quanto para a comunidade nacional e internacional. Na ideologia fascista, é por meio do sistema corporativo, conjugado com a rede de assistência social, que o indivíduo pode se autorrealizar, alcançando uma existência genuinamente social e livre para desenvolver todas as suas potencialidades que, como Giovanni Gentile amiúde nos lembra, encontram-se *interiore homine*. Na visão de seus criadores, o principal objetivo da ideologia fascista é a busca por uma forma de associação mais alinhada com a verdadeira essência social do indivíduo, esmagada por séculos de alienação individualista que jogaram a moderna comunidade política encarnada na nação nos paradoxos destrutivos da democracia parlamentar e do utópico internacionalismo marxista. Portanto, o argumento da terceira via, embora muito em voga hoje em dia, não foi, por parte dos fascistas, mera retórica *anti-establishment*, mas uma genuína tentativa de fundamentar uma nova ordem social baseada em uma complexa mistura sociológica e filosófica que, por mais estranha que pareça ao leitor moderno, mostrou-se suficientemente coesa a ponto de conjugar, por mais de duas décadas, uma série heterogênea de intelectuais e personalidades que, a rigor, poderiam muito bem ter se voltado uns contra os outros devido a suas diferenças — diferenças essas que não foram esquecidas, mas que se tornaram os principais pontos de contenda dentro do próprio regime.

A instrumentalização do conceito de ideologia, assim compreendido e construído, possibilita o seu emprego como um útil instrumento no arcabouço cognitivo para fins de análise do mundo político e social, não sendo mais refém de um relativismo autodestrutivo e paralisante. Nesse sentido, o esforço de construção da ideologia fascista empreendido até aqui nos possibilita compreender com mais clareza sua substância, o seu núcleo caracterizador cuja ausência denuncia uma muito provável impossibilidade de rotular o respectivo fenômeno em análise como "fascista". Os *recognitors* elencados nos níveis sintéticos e normativo são os critérios pelos quais se pode julgar se alguma ideia, pensador ou personalidade podem ser legitimamente considerados como fascista, sendo necessário, para tanto, uma considerável compatibilidade entre os postulados da ideologia e o objeto em análise.

Pode-se exemplificar. Não basta um político ser nacionalista e/ou autoritário para ser considerado fascista, pelo óbvio motivo que o autoritarismo não é a causa de uma ideologia, mas a consequência de certos postulados, do mesmo modo que é possível ser nacionalista por diversos fundamentos amiúde incompatíveis entre si. O fascismo é nacionalista, devido a uma sociologia coletivista que percebe na nação a comunidade de destino condizente com a essência social do indivíduo e, mesmo assim, até certo ponto, devido a seu impulso de expansão imperialista; e seu autoritarismo é uma consequência dos postulados coletivistas que elevam o Estado como uma poderosa entidade controladora de todos os aspectos da vida social. Pode-se ainda dar dois exemplos bem comuns e ilustrativos da confusão. É possível que um pensador compartilhe dos postulados sociológicos básicos do fascismo sem, contudo, adotar as construções sociais do segundo nível e as prescrições normativas e, por isso mesmo, não ser fascista, como é o caso da maioria dos pensadores antiliberais voltados para uma sociologia coletivista de essência social do indivíduo, notadamente os da tradição socialista. Um outro engano corriqueiro, e bem mais esdrúxulo, é basear-se na indumentária como sinal legitimador da alcunha de fascista, recortando os uniformes, os coturnos e as celebrações militarescas como sinais inequívocos do caráter fascista do objeto, o que, se for levado a sério, resultaria numa longuíssima lista de regimes fascistas nos quatro cantos do mundo, tanto de "direita", quanto de "esquerda", situação que ainda exigiria uma pormenorização de cada um deles para ser possível qualquer julgamento mais específico sem incorrer em erro. Se após a utilização de um conceito político ainda resta tamanha incerteza quanto à natureza do objeto em estudo ou sua relação com outros similares é sinal de que se precisa depurar o conceito ou simplesmente jogá-lo fora e confeccionar outros mais apropriados[833].

O fascismo claramente não é a mesma coisa que o comunismo marxista, o nacional-socialismo alemão ou o stalinismo, e muito menos possui qualquer ligação com o clássico liberalismo do Estado mínimo defensor do livre-mercado. O fascismo é uma tomada de posição ideológica que segue uma compreensiva linha a partir dos postulados do primeiro nível do discurso sintético anteriormente citados, passando pelo segundo e resultando nas demandas prescritivas, passos esses com conteúdo já claramente trazidos à tona pela historiografia diante da imensidão de fontes primárias que apenas são ignoradas, devido a uma obstinada e indesculpável cegueira. Para ser fascista, portanto, é preciso seguir uma clara sociologia coletivista fundamentada na essência social do indivíduo para, então, defender o corporativismo político, cuja missão é controlar e colocar a economia sob os desígnios do Estado concebido como representante da vontade geral da comunidade de destino, concretizando a harmonia do indivíduo com a sociedade, momento no qual pode-se dizer que há a verdadeira liberdade. É essa combinação de características que singularizam o fascismo como um fenômeno político e justificam a sua adjetivação sem que se incorra

---

[833] Sabe-se que é natural que termos acabam alterando de significado com o passar do tempo, mas isso não impede que se faça um julgamento acerca da justeza e utilidade dessas alterações. Se um termo com um observável referimento histórico capaz de lhe infundir substância cognitiva acaba se alterando pela intervenção de uma nova geração de intérpretes, não é necessário aceitar cegamente essa mudança apenas por ser cronologicamente mais recente se a nova significação se encontra em evidente contraste com a acepção original, mas se deve cotejar as novas interpretações com o fenômeno original, a fim de averiguar a legitimidade e a necessidade das inovações. Muitas vezes, a melhor opção é confeccionar novos termos para novos fenômenos políticos em vez de se utilizar da fama — ou infâmia — de um termo clássico sem uma forte justificativa epistemológica para tal — uma infelicidade recorrente no universo das ciências sociais. Para se ter uma ideia do longo debate acerca da legitimidade das interpretações do fascismo que buscam se expandir para além do fenômeno original, *cf*.: GRIFFIN, Roger; LOH, Werner; UMLAND, Andreas (org.). *Fascism past and present, West and East*. An international debate on concepts and cases in the comparative study of the extreme right. Soviet and post-soviet politics and society. Stuttgart: Ibidem Verlag, 2014. Ainda, para uma análise crítica sucinta acerca de algumas populares interpretações do fascismo, *cf*.: GREGOR, A. James. *Interpretations of fascism*. New Brunswick: Transaction Publishers, 1997.

em recortes arbitrários sem relação direta com o fenômeno que, por isso mesmo, pode ensejar confusão intelectual.

Assim, é possível perceber o problema que intoxica o uso do termo fascismo atualmente: pega-se um aspecto de algum nível da construção ideológica fascista ou, até mesmo, uma consequência indireta como o autoritarismo e, visualizando-o em algum desafeto, passa-se a rotulação implacável. A negligência e a imprudência com a utilização do termo fascismo resultaram no óbvio: sua completa descaracterização e, consequentemente, a perda do seu poder significativo, escancarando as portas da confusão reinante. Nos casos mais obtusos e ignorantes, chega-se a confundir o fascismo com o seu declarado nêmesis, o liberalismo, até mesmo o relacionando em alguma medida a vagos conceitos de "capitalismo" ou congêneres, erros interpretativos tão grosseiros que apenas demonstram a gigantesca falha de uma parte das ciências sociais nesse último meio século, incapaz de cumprir a óbvia regra de estudo das fontes primárias do fenômeno político em análise[834]. Se o fascismo como ideologia possui algum significado cognitivamente compreensível, ele se encontra na relação sociológica que culmina no corporativismo estatal encabeçado por uma ditadura monopartidária, cujas justificativas rangem desde a estrutura condizente com a essência social do indivíduo, o seu encontro com a verdadeira comunidade de destino, até a confecção de uma inusitada "democracia totalitária" conjurada para cimentar a harmoniosa relação entre o indivíduo e o Estado numa relação dialética que o idealismo filosófico projetou como a plena realização das potencialidades *interiore homine*.

Neste subcapítulo, buscou-se ressignificar o termo ideologia ao conceder-lhe uma nova instrumentalidade por meio dos métodos da epistemologia da metalinguagem da ciência política, por isso mesmo, limitando-o no seu escopo e aplicação como medidas essenciais para a manutenção da saúde cognitiva do termo. Ao mesmo tempo, concebido de tal modo, o termo pos-

---

[834] Notadamente, a literatura marxista não consegue, devido a suas próprias limitações conceituais, e indisposição de estudar as fontes primários do fenômeno, compreender a natureza do intricado relacionamento entre o Partido Nacional Fascista e o aguerrido grupo de capitalistas encrustados na CGII, grupo poderoso que defendeu os interesses dos industriários frente aos arroubos estatizantes e totalitários do regime. Essa incompreensão levou autores marxistas a inventar uma inusitada e fantasiosa interpretação de uma "ditadura do capital financeiro" na sua forma "terrorista" como a explicação para o fenômeno fascista, uma suposta consequência do capitalismo em circunstâncias extremas. Para uma análise aprofundada e condizente com a realidade histórica da relação do fascismo com o grande capital italiano, *cf*.: SARTI, Roland. *Fascism and industrial leadership in Italy, 1919-1940*. Berkeley, University of California Press, 1971; AQUARENO, Alberto. *L'organizzazione dello Stato totalitario*. Torino: Giulio Einaudi editore, 1995; e MELOGRANI, Piero. *Gli industriali e Mussolini*. Rapporti tra Confindustria e fascismo dal 1919 al 1929. Milano: Longanesi & C., 1980.

sibilita o seu preenchimento com uma série de *recorgnitors* que, em possível concorrência com outros que podem ser avançados pelos praticantes da ciência social, fornecem a substância reconhecível de uma dada ideologia e, por isso mesmo, tornam-se a medida justificatória de seu reconhecimento e emprego interpretativo nas demais searas do conhecimento humano, diminuindo consideravelmente as chances de equívocos. Uma consequência de se conceber e utilizar o termo ideologia nesse sentido é o necessário sacrifício do emprego das significações alternativas e marginais que pululam tanto o mundo acadêmico, quanto a linguagem coloquial sobre temas de política, não mais sendo possível dizer que "todo ato" é um ato ideológico, ou que seguimos uma ideologia a todo momento de nossos dias, ou ainda que tudo o que podemos escolher é uma ideologia em detrimento de outra, afirmações inerentemente autodestrutivas e inúteis para a compreensão de complexos fenômenos políticos.

Uma ideologia é uma *forma estruturada de conceber a realidade*, cuja significância particular depende das substâncias de seus postulados e corolários prescritivos, de modo que, para ser um "ideólogo" ou um adepto de uma ideologia, deve-se explicitamente reconhecer, aceitar e seguir toda a estrutura ideológica e não apenas compartilhar algum de seus aspectos, quer pressupostos sociológicos, estruturas descritivas ou prescrições normativas. Nesse sentido, para exemplificar, aceitar os postulados sociológicos coletivistas da essência social do indivíduo ou defender alguma estrutura corporativa de produção econômica e representação política não torna quem o faz um fascista, porque, obviamente, pode-se, a partir da sociologia coletivista, avançar outras soluções para a consecução da essência social do indivíduo, do mesmo modo que o corporativismo foi defendido várias vezes e com fundamentos e expectativas diferentes antes mesmo de existir o fascismo. Um fascista é apenas aquele indivíduo que segue toda a estrutura da ideologia fascista, tornando-se injustificável a extensão do seu rótulo a outros casos cujos posicionamentos tenham alguma semelhança ou ponto de contato; nesses casos, deve-se ser inteligente e buscar novas soluções terminológicas para reduzir os erros interpretativos.

Naturalmente, é insensato esperar que tal tomada de consciência acerca do emprego do termo ideologia, ainda mais quando se trata da ideologia fascista, ocorra rapidamente, se não no mundo acadêmico muito menos nas discussões informais, mas, como praticante das ciências sociais, não se pode deixar de tentar diminuir a confusão acerca de fenômenos políticos tão complexos e perigosos como as ideologias políticas, cujo histórico de destruição no século passado é notório. Agora, uma vez estabelecida contextualização histórica, o experimento fascista e sua concretização em formatura ideológica, pode-se abrandar o escopo interpretativo para desvendar as longínquas origens da revolta totalitária da qual o fascismo é um dos seus frutos mais maduros.

PARTE IV

A REVOLTA TOTALITÁRIA

DA RESSURREIÇÃO DA ANTIGA COSMOVISÃO AO MARXISMO

I Comunidade *versus* sociedade, ou as raízes da revolta

O arco da história é longo e, por isso mesmo, facilmente olvidável para quem, preso nos conceitos e debates da modernidade, não se aventurou muito no exótico e longínquo universo político da antiguidade. Pode parecer estranho que um livro sobre o fascismo, um fenômeno moderno, deseje voltar à antiguidade, mas, por baixo dessa aparente incongruência, estendem-se as longas raízes do totalitarismo que emergiu como uma revolta que só se torna compreensível, na medida que se esclarece *contra o que* o fascismo se rebelou. No fundo, o totalitarismo tão caracteristicamente destrutivo do século XX explodiu como um protesto desesperado e intolerante contra uma concepção revolucionária estranha às ideias políticas antigas e que lentamente se desenvolveu no longo interlúdio das trevas medievais e floresceu na modernidade no decorrer dos séculos XVII, XVIII e XIX: o conceito de "indivíduo" e seu corolário, o liberalismo moderno.

Deve-se estender o arco interpretativo até à antiguidade, porque necessita-se traçar a tradição política e filosófica ocidental para mostrar que a ideia de conceber o indivíduo como um ser autônomo e detentor de algum direito natural foi uma difícil construção que durou séculos, amiúde tendo de ser forçada contra a tendência natural de recair nos clássicos conceitos políticos da antiguidade. O indivíduo filosoficamente considerado teve que ser paulatinamente construído por uma tradição muitas vezes inconsciente do que estava fazendo, numa curiosa situação, na qual o fluxo de novas ideias em certas circunstâncias resultou em inusitados avanços, cujo intérprete mais emocional e incauto não hesitaria em considerar oriundo de algum misterioso determinismo providencial. A invenção do indivíduo e a ascensão do liberalismo resultou, imprevisivelmente, numa instintiva e violenta reação de um retorno primordial aos arcaicos conceitos políticos da antiguidade, dessa vez, recorrentemente camuflados sob uma nova indumentária justificatória que enganou, e continua a enganar, muitos intérpretes quanto à sua intrínseca natureza reacionária.

Naturalmente, seria demasiadamente dispendioso traçar *toda* a trajetória e os pormenores da evolução do pensamento político ocidental desde a antiguidade, motivo pelo qual a interpretação dará prioridade aos principais momentos e conceitos necessários para a compreensão do argumento deste livro, ficando as notas de rodapé como instrutivas referências para o leitor interessado em aprofundar seus conhecimentos sobre uma parte importante da história intelectual do ocidente. O foco caíra, portanto, em dois conceitos-chaves para a história política ocidental, os de "indivíduo" e "liberdade", cujo esclarecimento de seus conteúdos e relacionamento mostrará a moldura interpretativa a ser usada. Notadamente, esses dois conceitos, especialmente na antiguidade, não eram tratados exatamente com esses termos, motivo pelo qual, por exemplo, o conceito antigo de "liberdade" aqui empregado abarcará vários outros conceitos que, juntos, significam a liberdade, mas, para fins de facilitação da compreensão do argumento, os termos "liberdade" e "indivíduo" serão usados como a rubrica distintiva tanto na antiguidade quanto na modernidade.

É consideravelmente difícil para um indivíduo moderno abstrair a mentalidade das pessoas desde a mais remota antiguidade até meados da ascensão do cristianismo no limiar da alta idade média porque se trata de um mundo, cujas estruturas de pensamento social foram rendidas parcialmente obsoletas pela intervenção dos preceitos cristãos que, durante mais ou menos um milênio, foi lentamente remodelando a relação do indivíduo com o cosmos social. O próprio fundamento social das sociedades da antiguidade primitiva nos parece perturbadoramente reacionária e autoritária: o culto dos mortos centrado no *paterfamilias*, a autoridade do sacerdote masculino encarregado da mais importante missão que é a de continuar a longa cadeia de contato com os antepassados. Esse obscuro mundo de clãs familiares mantinha a indelével autoridade patriarcal e a sua engessada hierarquia de deveres como a principal instituição social, cuja desobediência poderia resultar no ostracismo e, consequentemente, na morte, porque questionar essa ordem seria questionar a lógica da existência social que mantinha a coletividade unida num mundo limitado e hostil. Nesse sentido, o clássico livro *A Cidade Antiga*, do historiador francês Fustel de Coulanges, parte desse longínquo período histórico para realçar que, antes mesmo de existir a *polis*, a república e o império, o patriarcal clã familiar foi uma das primeiras instituições sociais que perseverou para se expandir em agregados cada vez mais abrangentes de famílias estendidas, uma congregação de pequenas e arcaicas igrejas familiares, cujo sentido mais abrangente era o de venerar a memória dos antepassados numa simbólica tentativa de superar a morte física[835].

---

[835] COULANGES, Numa Denis Fustel de. *The ancient city*. A study in religion, laws and institutions of Greece and Rome. Kitchener: Batoche Books, 2001, p. 5-17.

O segundo livro da supracitada obra de Fustel apresenta uma longa lista de regramentos, morais e legais, que engessaram esse pequeno mundo patriarcal ao estabelecer os deveres de cada membro da família, tanto em quesitos ritualísticos, matrimoniais e comerciais, englobando praticamente toda a vida do indivíduo. O peso psicológico dessas exigências sociais e a rígida estrutura hierárquica das comunidades impossibilitava qualquer "preocupação com os humanos como tal, que não era considerada uma virtude e provavelmente seria ininteligível", mas cumprir as "obrigações ligadas a um papel na família era tudo"[836]. Na mesma linha, o historiador Maurício G. Righi, no seu excelente *Pré-história et história*, relata-nos o aterrorizante e violento mundo das sociedades arcaicas que se fundamentam em onipresentes mitos religiosos cuja eficiência no controle social faz Pol Pot e Kim Jong-un parecerem amadores diletantes em comparação, e é especificamente chocante o mecanismo do *Tambarão* dos arapesh da Papua-Nova Guiné. Essa comunidade arcaica acabou, no decorrer dos séculos, estabelecendo um mecanismo de controle e hierarquização social, cuja principal característica era a capacidade de coagir, mediante o terror e a violência, todos os membros a cumprirem específicos e inquestionáveis papéis sociais, e o cumprimento dessas funções não podia ser negligenciado sob pena de condenar toda a comunidade ao mau augúrio do Tambarão. O que esse exemplo dos arapesh esclarece é que a concepção de sociedade e indivíduo de toda a antiguidade arcaica é uma concepção profundamente coletivista, centrada em certos mitos que atuam como "modelo máximo das intersubjetividades" e que "gera comportamentos específicos e valores morais, os quais lhe conferem autonomia e anterioridade axiológica sobre as demais demandas sociais"[837]. O indivíduo, nessas circunstâncias, não era percebido como um agente autônomo com seus desejos e ambições pessoais, mas como um elemento dentro uma máquina ritualística, cuja função representa sua principal medida de valor social, pois não havia direitos naturais, mas deveres e obrigações poderosamente martelados psicologicamente desde a mais tenra infância.

Saindo da antiguidade arcaica e entrando na era clássica, esses agregados familiares continuaram se expandindo a ponto de se tornarem as primeiras cidades, transferindo o culto exclusivamente familiar para uma

---

[836] SIEDENTOP, Larry. *Inventing the individual*. The origins of western liberalism. Massachusetts: Harvard University Press, 2014, p. 25.
[837] RIGHI, Maurício G. *Pré-história e história:* As instituições e as ideias em seus fundamentos religiosos. São Paulo, É Realizações, 2017, p. 185.

religião publicamente compartilhada por todos os grupos familiares. Essa transição acarretou duas mudanças significativas. A primeira é que se passou a se estabelecer uma linha entre um domínio público e um familiar, onde no primeiro reinava uma jurisdição coordenadora dos variados grupos e outra aplicada exclusivamente à vida familiar — nota-se que, ainda nessa fase, não há qualquer concepção de um direito individual, mas apenas de uma restrição do culto familiar, agora relegado à privacidade da moradia e seus membros. A segunda mudança foi a do conceito de cidadão, agora concedido aos líderes masculinos das famílias, pois trata-se, na verdade, do antigo *status* do sacerdote familiar tendo que compartilhar sua influência com outros líderes familiares na nova arena pública, forçando os antigos cultos familiares a se tornarem religiões facilmente adoráveis por todos os grupos independente de filiação familiar, o começo do politeísmo.

A cidadania, embora tenha sido concedida quase exclusivamente aos líderes masculinos das famílias, possibilitou o avanço de algumas características que representam o ideal clássico de uma boa vida. Ser um cidadão da *polis* não significava, como hoje concebemos a cidadania, poder usufruir da segurança e dos serviços sociais de um determinado país, mas, sim, possuir o reconhecimento de ser um indivíduo consciente dos seus deveres e, por isso mesmo, justificado na posição de liderança, quer em cultos religiosos, funções administrativas ou militares. A *polis* não era apenas um agregado humano localizado em algum local conveniente e vantajoso, mas a estrutura representativa do mais importante: a terra dos ancestrais, cujas raízes se estendem no obscuro passado dos ritos familiares. Ser um cidadão e viver para a *polis* era manter a memória dos ancestrais viva, honrá-la e, com isso, continuar a linha espiritual entre o mundo dos vivos e dos mortos, motivo pelo qual o antigo patriotismo greco-romano foi profundamente belicoso e violento, pois não se tratava apenas de defender a *polis* e suas propriedades, mas a honra dos ancestrais, da família e dos deuses, praticamente tudo o que justificava a existência dessas comunidades antigas[838]. Eis o motivo pelo qual a punição do exílio é mais frequentemente usada na antiga literatura grega, mais até mesmo do que a pena capital, porque ser expulso da *polis* significava tornar-se um indivíduo deslocado de sua antiga linhagem familiar e seus deuses, os atributos que o tornavam um cidadão em primeiro lugar; em nenhuma outra cidade o exilado poderia se tornar um cidadão, porque ele não compartilhava da ancestralidade da nova comunidade, permanecendo, para

---

[838] COULANGES, 2001, p. 162-165.

sempre, num limbo entre os cidadãos e os escravos. É nesse contexto que se pode compreender os clássicos posicionamentos aristotélicos introduzidos no começo do livro acerca da natureza política do indivíduo, pois, de fato, para os gregos clássicos, a vida de cidadão dedicado à sua *polis* era a vida que mais condizia e podia realizar toda a sociabilidade intrínseca em sua natureza, uma vida que se expandia para muito além dos desejos e aspirações individuais.

Durante toda a era de ouro clássica, e embora a forma de governo tenha se alterado com considerável dramaticidade de uma monarquia à ditadura militar, possibilitadora do governo aristocrático e depois para uma democracia igualmente aristocrática, o substrato sociológico básico de compreensão do indivíduo e da liberdade se manteve intacto. Não havia qualquer noção de direito natural ou direitos individuais, nem qualquer liberdade formal de pensamento, noções que, para as pessoas daquela época, soariam como perigosas licenças ao arbítrio individual contra os próprios fundamentos da comunidade. Os deveres exigidos dos indivíduos, tanto no mundo administrativo, quanto militar, eram obrigatórios e a honra da família dependia do seu bom cumprimento, porque os cidadãos não pertenciam a si mesmos, mas à *polis*. O próprio ideal clássico de liberdade tão celebrada pela tradição republicana nos parece estranho e autoritário pois consistia em participar nos afazeres da comunidade, no bom funcionamento da *res publica*, o ambiente compartilhado entre as diversas famílias, como comparecer às assembleias, aos debates e aos julgamentos, exercer o ofício público de júri ou magistrado se necessário e, claro, entregar-se ferozmente ao corpo militar. Essa antiga concepção de liberdade, em suma, não tolerava qualquer indiferença ao interesse público da comunidade.

Essa concepção se espalhou, mediante a anexação romana da Grécia, à República e depois ao Império Romano. Ser livre, na Roma pagã, significava, essencialmente, ser cidadão romano, *status* que simbolizava a ausência de restrições impostas por outro homem de classe superior, notadamente o contrário de ser um escravo, mas a cidadania também implicava uma pesada carga de exigências que, justificada por um arcabouço legal republicano, configurava a plena liberdade. O cidadão romano devia atuar com *liberalidade*, isto é, expressar-se de um modo de nobre e generoso nos afazeres públicos e nas relações sociais porque o cidadão não era um indivíduo com direitos, mas uma expressão dos princípios da comunidade a qual pertence: ele é livre, porque as suas ações condizem com as exigências dos imperativos sociais que o governam[839].

---

[839] ROSENBLATT, Helena. *A história perdida do liberalismo. Da Roma antiga ao século XXI*. Rio de Janeiro, Alta Books, 2022, p. 10.

O pensamento político da antiguidade, portanto, encontrava-se absolutamente centrado na comunidade, nas condições para sua manutenção e suas exigências, cabendo aos indivíduos uma ação meramente de resignação e adequação aos papéis e funções sociais impostos. O indivíduo, e principalmente cidadão, era uma extensão da comunidade, cuja natureza ambos compartilhavam:

> Os sucessivos cultos em que o antigo cidadão foi iniciado não deixou espaço para a consciência ou escolha individual. Esses cultos reivindicavam autoridade não apenas sobre suas ações, mas também sobre seus pensamentos. Suas regras governavam suas relações consigo mesmo e com os outros. Não havia esfera da vida na qual essas regras não pudessem entrar – fosse uma questão de vestimenta, comportamento, casamento, esporte, educação, conversação ou mesmo ambição. Se um cidadão fosse considerado suscetível de adquirir muita influência sobre os outros e, assim, tornar-se uma ameaça potencial ao governo da cidade, ele poderia ser banido, isto é, expulso da cidade. Nenhuma ação subversiva ou prova de intenção foi necessária. A segurança e o bem-estar da cidade era tudo.[840]

O mundo social da antiguidade greco-romana não dependia inteiramente da tradição para justificar suas hierarquias sociais, mas também de um conceito de "razão" que nos é estranho e que servia como cimento filosófico das estruturas sociais. Deve-se ter em mente que a emergência da *polis*, ao criar um espaço publicamente compartilhado entre as famílias, incentivou o surgimento novos critérios intersubjetivos e dialógicos de coordenação social, colocando a racionalidade e, principalmente, o discurso público como práticas fundamentais dos cidadãos encarregados dos afazeres da comunidade. A razão — o *logos* — e o poder das palavras passou a ser identificado com a prática dialógica da praça pública entre os cidadãos da *polis*, principalmente entre as elites governantes, tornando-se um atributo exclusivo da classe política. A razão, na visão de mundo do indivíduo antigo, ficou intrinsecamente ligada à superioridade social da classe política não apenas no que concerne aos limites da *polis*, mas à mais abrangente relação do mundo humano com o mundo natural, de modo que se pensava que todo o universo seguia uma lógica condizente com a estrutura hierárquica da *polis*. Presumia-se, por exemplo, que propósitos ou fins governavam todos os processos naturais, seguindo-se que a razão podia identificar aquilo para o qual cada coisa "naturalmente"

---

[840] SIEDENTOP, Larry. *op. cit.*, p. 33.

tendia, encontrando seu lugar próprio em um grande encadeamento de toda a existência. Nesses pressupostos, a razão servia como justificativa da superioridade social da classe política, enquadrando-a como um fenômeno natural, a crença de que havia uma classe superior autorizada pela "natureza" a governar, uma sociedade onde uns nasceram para mandar e outros para obedecer. Talvez, a consequência mais impressionante desses pressupostos seja que a racionalidade antiga não enfatizava a vontade individual como fator relevante para o mundo social, não se sentia a necessidade de levar em consideração vontades, desejos e aspirações individuais por trás das ações humanas, limitadas à diminuta esfera individual, porque a "noção de agência humana foi moldada pela estrutura da sociedade", e, nesse sentido, o "*status* da pessoa que raciocinou garantia a legitimidade da ação sugerida"[841]. Não havia a consciência de uma lacuna epistemológica relevante entre a ação e o pensamento porque os dois se encontravam alinhados com a ordem "natural" da estrutura hierárquica da sociedade.

Alguns acontecimentos extraordinários começaram o longo processo de destruição de todo esse edifício hierárquico e autoritário que marcou a antiguidade. O primeiro, notoriamente conhecido, foi a invenção da filosofia na ágora ateniense durante os diálogos socráticos relatados por Platão. O empreendimento filosófico de Sócrates, na sua aparente simplicidade inquisitiva, corresponde a uma das viradas mais radicais da história do pensamento humano, quando o filósofo começa a se questionar acerca da origem e da justificação do sistema político, não se satisfazendo com a acachapante autoridade da ancestral tradição mitológica. Como visto, na antiga cosmologia social, o mundo natural e o mundo humano se encontravam fundidos numa única estrutura, cuja ordem do cosmos correspondia à suposta ordem hierárquica e desigual das comunidades, e o que a filosofia fez por meio do diálogo socrático foi separar a natureza da comunidade, descobrindo a convencionalidade e, até mesmo, arbitrariedade das justificativas que fundamentam a ordem social vigente e, com isso, possibilitando uma reestruturação ontológica da comunidade em bases além da limitada cidadania privilegiada. O doloroso nascimento da filosofia, às custas do martírio de Sócrates, iniciou a "distinção fundamental entre natureza e convenção social que é a condição necessária para o surgimento da ideia de direito natural"[842]. Essa nova distinção revelou a possibilidade — e a

---
[841] Ibid., p. 48-49.
[842] STRAUSS, Leo. *Natural rights and history*. A cogent examination of one of the most significant issues in modern political and social philosophy. Chicago: University of Chicago Press, 1953, p. 93.

necessidade — de buscar as "primeiras coisas" como a origem e a natureza da justiça fora das antigas convenções sociais que escondiam um inaudito mundo natural muito mais vasto e complexo que as estruturas sociais da *polis* grega.

A abertura espiritual e intelectual proporcionada pelos primeiros esforços filosóficos coincidiram com a paulatina decadência do mundo grego. A incapacidade grega de unificar todas as cidades-Estados, mesmo após os espantosos sucessos nas guerras médicas, levou à autofágica guerra do Peloponeso e a degeneração que, nas mãos de Alexandre, o Grande, e depois dos romanos, extinguiu a independência política e militar grega, ampliando o que era o limitado mundo da *polis* para uma sequência de vastos impérios com vocações universalistas, a *cosmopolis*. O impacto que esse novo e vasto mundo, onde diversos povos foram forçados a coexistir sob o jugo do poder estatal romano, igualmente forçou as mentes pensantes a aprofundar os questionamentos acerca da validade dos preceitos que antes justificavam a visão de mundo centrada na estrutura social dos cidadãos da *polis*, porque, perto do vasto poderio da administração imperial, a vida do antigo cidadão grego se revelou profundamente ultrapassada: seria a vida do cidadão da *polis* realmente a mais digna a ser vivida? Se a *polis* fora subjugada, então a estrutura natural do cosmos revelou-se mais abrangente que os limites impostos pela estrutura social da defunta comunidade, impondo uma reavaliação do lugar do indivíduo nessa nova *cosmopolis*.

Um desses povos que também acabou engolido pela máquina de dominação romana foi a pequena e peculiar religião judaica oriunda dos desertos da província da Judéia, uma pequena comunidade que, mesmo sem intenção, acabou espalhando suas particularidades religiosas por todo o império. Mas por que essa congregação marginalizada se tornou tão interessante? Primeiramente, porque a imagem de um único Deus, Yahweh, ubíquo e dispensador da mesma justiça para *todos os fiéis* correspondia com a sensação de viver subjugado por uma autoridade terrena distante e inescrutável que controlava e reprimia a todos os povos mais ou menos igualmente, quase como suprimindo o vácuo deixado pela obsoleta *polis*. Mas o mais importante foi a sua característica de igualdade de tratamento perante o julgamento divino que mais atraiu os povos antigos às peculiaridades dessa marginalizada religião, uma medida de justiça na qual todos foram igualmente considerados passíveis de pecar, mesmo os reis judeus mais famosos, como Davi, impondo uma radical ausência daquelas antigas conotações aristocráticas associadas à cidadania da *polis*. O pecado e o seu outro lado, o arrependimento e a redenção, tornaram-se um atributo não de uma ordem social, mas de uma razão igualmente presente a todos os indivíduos do povo eleito e, por isso mesmo, superior a qualquer poder terreno, resultando no que Eric Voegelin chamou de uma ideia radical "sem paralelo em qualquer outra civilização" até então: "A ideia de que o mundo será salvo pelo sofrimento de um servo, inocente e sem culpa"[843].

No limiar do primeiro século da nova era, o judaísmo já havia se notabilizado pela ideia da redenção pelo sofrimento aparentemente inexplicável que os judeus tiveram que passar durante séculos de perseguições e diásporas, uma expiação independente de qualquer *status* ou hierarquia social do sofredor; contudo, a notória indisposição de se associar ao restante do povo romano limitou a influência da fé judaica, mantendo-a marginalizada nos confins da província da Judeia. É nesse contexto que um pregador judeu chamado Jesus Cristo, devido à sua personalidade carismática, conseguiu fazer-se ouvir mais claramente e, mediante elaboradas metáforas e supostos milagres, destacou-se a ponto de chamar atenção do Estado romano que, indisposto com sua figura popular, crucificou-o. O martírio e a ressurreição de Cristo são os acontecimentos mais importantes para a nova religião que se formou em seu nome e servem de principal conteúdo espiritual para o cânone do Novo Testamento, mas, nessa clássica saga de redenção, há uma implicação mais importante para os fins da ciência política. Pensadores como o já citado Eric Voegelin e o antropólogo René Girard notaram que o martírio do indivíduo Jesus serviu como uma individualização do arco espiritual judaico, que antes limitava a salvação ao povo escolhido, agora se individualiza no inocente que, como um bode expiatório, é assassinado pelas autoridades terrenas. É uma clara expansão de uma nova dispensação espiritual acerca da possibilidade individual de se salvar exclusivamente mediante a responsabilidade moral da fé sincera, praticamente tornando obsoleta a rígida cosmovisão que limitava o grau de igualdade espiritual dos indivíduos aos respectivos *status* na hierarquia social, culminando num novo modo de pensar espiritualmente anárquico ao relegar o poder do Estado e seu príncipe terreno à mera e à fria administração da prosaica vida civil, impedindo-o de se estabelecer como senhor das almas individuais.

A interpretação que René Girard, por meio da sua teoria mimética, apresenta do texto evangélico como a revelação da injustiça do mecanismo violento do linchamento do bode expiatório, individualizando a condição

---

[843] VOEGELIN, Eric. *Helenismo, Roma e cristianismo primitivo*. História das ideias políticas, Vol. I. São Paulo: É Realizações, 2012, p. 159.

de inocente da vítima e, consequentemente, acusando a verdadeira culpa da coletividade assassina, enfatiza a paradoxal ampliação do escopo salvífico da nova dispensação ao se focar no indivíduo sacrificado[844]. O arco do martírio de Cristo foi, principalmente para os contemporâneos como os apóstolos, uma revolução existencial e moral de magnitude incalculável, a apoteose de uma tendência que vinha espoucando esporadicamente pelo mediterrâneo e fundadora de uma nova dispensação onde a consciência individual poderia encontrar a graça divina, na qual o indivíduo substitui a família como o foco da imortalidade, e foi Paulo, o converso de Tarso, que articulou e popularizou a nova dispensação mediante suas epístolas. Quando de sua dramática conversão no deserto a caminho de Damasco, o cristianismo não existia por esse nome e nem mesmo possuía qualquer sistematicidade, sendo compartilhado pela tradição oral entre os pequenos e marginais grupos dos primeiros cristãos, e muito do que a ortodoxia cristã veio a se tornar se deve ao trabalho missionário de Paulo.

A importância de Paulo para o cristianismo e para o mundo ocidental se deve à sua capacidade de sistematizar e espalhar o cristianismo aos pagãos do império romano, e toda a sua mensagem cristã se centra num individualismo espiritual extremamente radical que, por ser avesso a todas as convenções da moralidade social antiga, acaba possibilitando uma genuína igualdade moral do gênero humano. Para Paulo, o sacrifício de Cristo, a sua ressurreição e a possibilidade do arrependimento e do perdão somente são possíveis devido à ligação direta entre a consciência do indivíduo com Deus, uma ligação que, *a priori*, é característica básica de todo ser humano; é, melhor dizendo, um "salto de fé na igualdade humana que revela, sob a acumulação histórica de *status* e papéis sociais desiguais, a disponibilidade universal de um fundamento dado por Deus à livre ação humana"[845]. O cristianismo espalhado por Paulo foi um poderoso desafio à antiga crença de que os indivíduos estão sujeitos a uma ordem imutável ou destino estabelecido nas arbitrárias hierarquias sociais, e é essa fusão da consciência individual com o nível mais alto do mistério divino que Paulo constantemente referencia com suas exortações de que todos os indivíduos são, no fim das contas, "um em Cristo". Por exemplo, em suas cartas aos Gálatas, 3:28, Paulo é enfático ao afirmar que "todos vocês são filhos de Deus", porque "vocês foram batizados para ficarem unidos com Cristo e assim se revestiram com as qualidades do próprio Cristo", concluindo que

---

[844] GIRARD, René. *Coisas ocultas desde a fundação do mundo*. São Paulo: Paz e Terra, 2008, p. 213.
[845] SIEDENTOP, 2014, p. 75.

"não existe diferença entre judeus e não judeus, entre escravos e pessoas livres, entre homens e mulheres: todos vocês são um só por estarem unidos com Cristo Jesus"[846]. Pode-se imaginar que, num mundo ainda profundamente embrenhado na antiga cosmovisão do destino individual atrelado à hierarquia social, tal mensagem soou como uma revolução na própria ordem "natural" das coisas, relativizando os aspectos comunitários como meras convenções secundárias diante da verdadeira essência do indivíduo: sua consciência moral, indissolúvel da própria vontade divina tornada possível pelo martírio de Cristo.

A revelação cristã de uma natureza humana eterna e pré-social é uma abstração que promove a compreensão cristã da comunidade como a livre associação das vontades de indivíduos iguais, o que Paulo descreve através da metáfora como o "corpo de Cristo". A identidade dos indivíduos, nessa nova dispensação, não mais se esgota nos papéis sociais que, por qualquer motivo, ocupam, porque, uma vez revelada a igualdade em Cristo, possibilita-se o surgimento de um papel primário compartilhado igualmente por todos, enquanto os papéis sociais convencionais, sejam familiares ou profissionais, tornam-se secundários em relação a esse papel primário. Um número indefinido de papéis sociais pode ou não ser adicionado como atributos de um sujeito, mas eles não o definem, e essa é a liberdade que a concepção de Cristo de Paulo introduz na identidade humana. A metáfora do "corpo de Cristo" implica uma nova base para a associação humana, uma base voluntária, na medida em que qualquer dominação e hierarquização social pode ser questionada por meio da igualdade da essência humana, quer seja o indivíduo um simples fazendeiro, um grande mercador, um general ou até mesmo o próprio imperador: todos são igualados perante o mistério divino que lhes conecta diretamente mediante a consciência moral, um vínculo invisível de vontades unidas pela consciência que identifica a comunidade como um "corpo místico", distinguindo-a de associações fundadas no nascimento, gênero ou status social.

O corpo místico de Cristo, embora tenha sido primeiramente desenvolvido nas epístolas paulinas, não é inteiramente criação do apóstolo, mas fruto de uma conversão de algumas revoluções pretéritas como a descoberta da filosofia grega por Sócrates e os sofistas, assim como pelo senso de redenção da coletividade judaica em conexão direta com Yaweh, resultando no radical individualismo espiritual do martírio de Cristo. Quando se fala em

---

[846] BÍBLIA. Português. *Bíblia Sagrada:* Nova tradução na linguagem de hoje. São Paulo: Sociedade Bíblica do Brasil, 2000, p. 1662.

"tradição ocidental", é dessa linha de conexões que está se falando, uma nova tomada de consciência de uma nova cosmovisão que destruiu os alicerces da essência política e social do indivíduo que fundamentava as comunidades antigas. A essência do indivíduo saiu das limitadas e opressoras totalidades do "político" e do "social" para se encontrar diretamente com as "primeiras coisas" mencionadas por Leo Strauss: a própria vontade divina espelhada na consciência moral de cada indivíduo.

O *corpus mysticum* paulino foi a concepção que possibilitou a disseminação do cristianismo e, no fim das contas, a sua conversão na religião oficial do Império com o imperador Constantino. Paulo foi sagaz ao perceber que o cristianismo, se quisesse perdurar na nova *cosmopolis*, deveria ele mesmo *se tornar a cosmopolis* capaz de aglutinar vários povos e etnias diferentes, e a idealização de uma igualdade espiritual como precondição ontológica para a nova comunidade do corpo de Cristo foi a sua maior contribuição para o sucesso da nova religião. Depois da queda do império romano, o *corpus mysticum* se tornou um dos conceitos políticos mais eficazes para a constituição e justificação das comunidades políticas, malgrado as dificuldades de se estabelecer um duradouro império cristão, devido às dicotomias entre poder secular e poder espiritual, porque o "corpo místico cristão não é o corpo de uma comunidade, mas a comunidade é o corpo de Cristo"[847].

Mas o ponto aqui a ser considerado é que a dispensação cristã, por meio das inovações paulinas, mudou radicalmente o modo como vemos o indivíduo e sua relação com a coletividade, assim como o que significa ser livre. Há, nesse sentido, e malgrado a natural confusão no decorrer dos séculos, uma clara diferença entre a cosmovisão antiga e a moderna que surgiu a partir da intervenção cristã, e amiúde nós, modernos, não a percebemos, porque já nascemos e somos instruídos num mundo no qual essa nova cosmovisão já se consagrou e se naturalizou como o *standard* compartilhado intuitivamente por todos:

> Hoje, quando vemos outros humanos, os vemos antes de tudo como indivíduos com direitos, em vez de membros de uma família ou de uma hierarquia social cujos atributos morais e ontológicos dependem de uma convenção. Ou seja, agora vemos os humanos como agentes racionais cuja capacidade de raciocinar e escolher torna correto atribuir-lhes uma igualdade subjacente, uma igualdade moral. Estamos inclinados

---

[847] VOEGELIN, Eric. *Idade média até Tomás de Aquino*. História das ideias políticas, Vol. II. São Paulo: É Realizações, 2012, p. 140.

> a ver essa igualdade moral como um fato observável e não como uma avaliação social, tão arraigada é nossa suposição de que a ação racional exige igual preocupação e respeito.[848]

A ideia de uma igualdade de direitos *a priori*, seja alcunhado de "natural" ou "humano", é tão óbvio para a mentalidade moderna que, sem o devido conhecimento histórico, parece um completo absurdo a existência de comunidades que os prescinde, automaticamente nos incutindo o julgamento de um indesculpável retrocesso social. Somente temos esse ponto de vista, devido às inovações radicais oriundas da tradição ocidental do longo arco histórico envolvendo a filosofia grega e as revelações judaico-cristãs, que avançaram o longo processo de decadência da antiga cosmovisão da hierarquia social como dispensadora da condição moral e existencial dos indivíduos. Nessa mudança, nota-se que a concepção da essência social e política do indivíduo foi se tornando obsoleta frente ao novo fundamento ontológico da igualdade espiritual de todos, cuja essência moral é individualizada, na medida que o indivíduo se torna portador da centelha divina que possibilita seu ingresso no *corpus mysticum* cristão.

No decorrer da modernidade essa mentalidade, embora ironicamente se laicizando até mesmo contra a rígida hierarquia da Igreja Católica, foi se transmutando em ideias de direitos naturais do indivíduo contra os modernos Estados-nação absolutistas, numa linha de pensamento moral e político que desembocou nos vários Iluminismos e se tornou o manancial comum para a evolução do liberalismo, e a publicação da famosa Declaração dos Direito do Homem e do Cidadão, de 1789, ao colocar o "homem" como o primeiro considerado aponta para a importância que o indivíduo tem para a modernidade, sendo detentor de um direito oriundo da sua própria condição de indivíduo antes de ser considerado um cidadão. Para se ter uma ideia da diferença entre a antiguidade e a modernidade, basta comparar as concepções de autonomia individual e liberdade. Na antiguidade, como visto até agora, a autonomia individual se circunscrevia às exigências da comunidade e ao cumprimento das obrigações sociais, e a liberdade consistia, malgrado naturais variações culturais, em se tornar o cidadão modelo que a comunidade exigia para o seu funcionamento. Já a modernidade, rebenta da nova cosmovisão, é prenha em debates e conceituações de "autonomia individual" e "liberdade" possibilitadas pelo individualismo do direito natural, cujo principal argumento é o de que uma ação livre é aquela que partiu de

---

[848] SIEDENTOP, 2014, p. 23.

"um motivo desejado" pelo indivíduo e, *erga omnes*, realiza-se plenamente com a "ausência de constrangimento e de restrição". O constrangimento e a restrição são, por sua vez, conceituados como o "efeito, no espírito de qualquer agente, das ações de outras pessoas, sempre que este opere como um motivo não desejado no comportamento de tal agente", resultando que a autonomia é estar livre de coerção e, consequentemente, implica impedir que os outros indivíduos atrapalhem o curso de ação desejado[849].

É a partir desse fundamento mais comumente conceituado de liberdade que o grande pensador brasileiro José Guilherme Merquior distinguiu, no pensamento moderno, algumas variedades do conceito de "autonomia individual" que foram se complementando com o passar dos séculos. A primeira materialização de autonomia, começa Merquior, é a "liberdade de opressão como interferência arbitrária"[850], que consiste na desimpedida fruição de direitos adquiridos intencionando uma clara condenação dos atos arbitrários de autoridades políticas, no qual o autor cita o exemplo de Paulo de Tarso. A segunda materialização da autonomia se deu, na modernidade, à extensão do princípio de participação nos negócios da comunidade da antiguidade, agora reconhecido a todos os indivíduos, devido à sua condição de nacionais, não mais limitado ao seleto círculo de cidadãos oriundos das antigas tradições familiares. A terceira materialização diz respeito à liberdade de consciência inaugurada no período da Reforma e pode ser interpretada como um reconhecimento do direito natural ao livre pensamento e julgamento sem impedimentos arbitrários, quer do poder político ou da própria comunidade, colocando a consciência individual como o principal ponto de referência do novo direito. Atualmente secularizado, tornou-se o direito à liberdade de imprensa, liberdade artística e intelectual, um dos principais esteios modernos contra as intromissões do Estado. A quarta e última materialização que Merquior elenca é a liberdade de "aspiração de que temos de viver como nos apraz", porque, continua o autor, os modernos não se satisfazem apenas com o reconhecimento e respeito por seus direitos, a liberdade de expressão, ou direitos políticos através do sufrágio universal, mas desejam a "liberdade de realização pessoal", que consiste em ter a liberdade de viver de acordo com os próprios padrões de excelência que "pouco têm a ver com o bem comum ou até mesmo com a afirmação pública de crença – objetivos e padrões de um caráter individualista ou privado"[851]. Essa última materialização da liberdade

---

[849] MERQUIOR, José Guilherme. *O liberalismo, antigo e moderno*. São Paulo: É Realizações, 2014, p. 46-47.
[850] *Ibid.*, p. 47.
[851] *Ibid.*, p. 48-49.

pode ser encontrada no preâmbulo de um dos documentos políticos mais importantes da modernidade, a Declaração de Independência americana, de 1776, cujos "direitos inalienáveis" são a vida, a liberdade e a busca da felicidade e são inalienáveis, porque, como o próprio documento afirma, "todos os homens são criados iguais", afirmações cujas origens são facilmente encontradas na revolução iniciada nos estertores da *polis* grega e desenvolvida nas epístolas paulinas.

O que se está propondo depois de toda essa interpretação histórica é que há uma gigantesca e distinguível diferença entre a antiga cosmovisão social e as modernas concepções de direito natural e liberdade, uma diferença que não se limita a uma mera curiosidade acadêmica, mas resulta em consequências dramáticas. É observável que, após a "invenção do indivíduo", finalmente chegou à consciência da humanidade a preocupação com pensar a liberdade de uma maneira mais aprofundada e refinada do que simplesmente relegá-la às arbitrariedades autoritárias das estruturas e hierarquias sociais, um esforço para superar o arcaico e obsoleto tribalismo mental incapaz de abstrair a existência do individualismo moral como o dado mais importante para a elevação dos padrões éticos do pensamento humano. O supracitado rol de conceptualizações de "liberdade" e "autonomia individual" — um rol meramente taxativo porque há mais tentativas de conceptualizar a liberdade moderna — demonstra os resultados das profundas mudanças trazidas pelas revoluções ocorridas na virada da nova era cristã, e, pode-se mesmo dizer, que boa parte de toda a filosofia política e moral ocidental do último milênio pode ser resumida como uma longa tentativa de construir, a partir do material bruto da filosofia grega e cristã, compreensíveis e amiúde secularizados, conceitos de liberdade e direitos condizentes com a nova visão de mundo. Digo "boa parte", porque há uma outra seção que se ocupou de destruir os novos conceitos de indivíduo e liberdade numa tentativa de retroceder os avanços morais de volta à antiguidade e novamente limitar o indivíduo na sua "essência social e política", uma revolta totalitária.

Essa distinção já foi previamente reconhecida e operacionalizada pelo eminente filósofo Sir Karl Popper que, no seu clássico *A Sociedade Aberta e seus Inimigos*, distingue, de um lado, a hierárquica e tribalística cosmovisão da antiguidade alcunhada de a "sociedade fechada", ciosa em controlar e limitar os indivíduos à sua função social na comunidade representada pelo autoritário Platão da República e, do outro, os representantes da revolução moral nas figuras de Sócrates e alguns aspectos da democracia ateniense, antecessores da moderna democracia liberal, a "sociedade aberta"[852]. É mérito de Popper ter contrariado as usuais interpretações que colocam a República platônica sob uma luz benigna e, assim, revelar no maior filósofo da antiga cosmovisão as obsoletas ideias que os modernos rotulam de "totalitárias". Contudo, não há por que duvidarmos das boas intenções de Platão, possivelmente desejoso de construir um "Estado perfeito no qual todo *cidadão* é realmente feliz", mas o problema está no que o filósofo antigo considerava a felicidade, problema que Popper logo resolve apontando que "o tratamento de Platão da felicidade se baseia na mesma crença de que a sociedade é 'por natureza' dividida em classes ou castas", de modo que a verdadeira felicidade é alcançada apenas quando o indivíduo se encontra restrito à sua função social, de acordo com os desígnios da "natural" ordem hierárquica[853].

Popper é enfático ao caracterizar a sociedade fechada como aquela na qual as ações individuais são delimitadas pela vontade coletiva da comunidade, justificada com misticismos conectando a ordem social com a ordem do próprio cosmos ou, até mesmo, mediante analogias orgânicas comparando o corpo social a um organismo, argumentos que tentam desincentivar o nascimento do pensamento crítico e a valorização moral do indivíduo. O rígido monolito do grande organismo social é o dono dos indivíduos, controla-os e lhes determina o destino porque a essência individual não existe *per se* se não como uma variante da essência da própria comunidade, amiúde alcunhada de "essência social ou política", e é interessante notar que um dos principais apelos desse tipo de comunidade é a sua capacidade de controlar, ou até mesmo extirpar, o fenômeno da mobilidade social e da luta de classes. Uma sociedade fechada é, para seus defensores, desejosa, porque é capaz de manter a ordem social inflexível às aspirações sociais dos indivíduos e classes mais baixas, impedindo-os de ameaçar o *status quo* da hierarquia dominante, e uma comunidade na qual não existe qualquer mobilidade social ou luta de classes é, a rigor, uma comunidade engessada na qual o livre-mercado, quando inexistente, é controlado por opressores mecanismos políticos que, inevitavelmente, fortalecem o poder estatal. A sociedade aberta, por sua vez, é uma criação inédita oriunda de uma feliz conversão de revoluções intelectuais e morais caracteristicamente da cul-

---

[852] Estou perfeitamente ciente que o livro de Popper foi escrito como uma refutação do historicismo filosófico, mas o argumento pode ser aproveitado, pelo menos analogicamente, com a tese deste livro.
[853] POPPER, Karl. *The open Society and its enemies*. New one-volume edition. New Jersey: Princeton University Press, 2013, p. 161.

tura ocidental, uma frágil construção que só pode ser mantida mediante um consciente esforço racional em prol do individualismo como o dado mais importante da construção social[854].

Embora Popper tenha sido o mais famoso promulgador dessa distinção, ela já havia sido reconhecida no século XIX pelo sociólogo alemão Ferdinand Tönnies, autor do clássico *Comunidade & Sociedade* (*Gemeinschaft und Gesellschaft*), às vezes traduzido para o inglês como *Community and Civil Society*. A teoria de Tönnies é, essencialmente, uma dualidade acerca da distinção de duas formas de associação humana, a Comunidade e a Sociedade. Por Comunidade, o sociólogo interpreta a associação humana mais primária que se une por meio poderosos laços sanguíneos, linguísticos e culturais, que lentamente se desenvolve no tempo e cujas poderosas afinidades seguem, num primeiro momento, imperativos de sobrevivência e continuação da espécie para depois graduarem-se na manutenção das tradições linguísticas, étnicas e religiosas. Tönnies aponta que, dentro dessa definição, é "o agregado de vontades que governa uma comunidade" tão naturalmente quanto o próprio uso da linguagem, agregado que representa a "força e o caráter do todo", possibilitando que a comunidade se torne o lugar que "mantém a vida unida no nível físico, assim como a união de espírito é o elo de ligação no nível do pensamento consciente"[855]. Esse agregado de vontades é, para Tönnies, o aspecto crucial do funcionamento da comunidade, porque funciona como o centro irradiante que anima o resto do corpo social, tornando-se a autoridade que se justifica por melhor representar as características dos ligames associativos, de modo que a economia comunitária, a "posse de todos os bens reside, em última análise, na autoridade central, desde que ela seja pensada como representativa do todo"[856]. Tönnies ainda aponta que, nesses pressupostos, dentro da comunidade "emergem algumas instituições características – como o sindicato, guilda ou corporação de ofícios, e a irmandade para o culto, a fraternidade ou congregação religiosa", desenvolvimentos máximos desse tipo de associação humana[857].

A sociedade, como segundo tipo distinto de associação humana analisada por Tönnies, caracteriza-se por se fundamentar no *indivíduo atomizado*, isto é, numa tentativa de harmonizar todas as vontades individuais por meio das interações pessoais e principalmente comerciais. A sociedade se

---
[854] *Ibid.*, p. 165-166.
[855] TÖNNIES, Ferdinand. *Community and Civil Society*. Cambridge: Cambridge University Press, 2001, p. 27-34.
[856] *Ibid.*, p. 38.
[857] *Ibid.*, p. 36.

diferencia da comunidade por não possuir qualquer vontade coletiva que possa se apresentar como força central do corpo social, mas intencionalmente se mantém como um pano de fundo para a livre interação das vontades e desejos individuais: a sociedade pode ser "imaginada como consistindo de indivíduos separados que trabalham em massa para a sociedade em geral, enquanto parecem trabalhar para si mesmos, e que estão trabalhando para si mesmos enquanto parecem trabalhar para a sociedade"[858]. Por depender quase que exclusivamente da vontade individual para legitimar uma interação social, a sociedade possui uma forma contratual de funcionamento tanto entre os indivíduos quanto na sua própria legitimação nas modernas teorias contratuais tornadas famosas por Thomas Hobbes, John Locke e Jean-Jacques Rousseau — malgrado as consideráveis diferenças entre as teorias desses três pensadores. Nota-se, aqui, mais uma notável diferença entre os dois tipos de associação: enquanto a comunidade deriva sua legitimação dos vínculos históricos como a afinidade étnica, linguística e espiritual, a sociedade somente é válida quando realizada por um contrato social no qual todas as partes, em teoria, concordam com as cláusulas, possibilitando uma legítima rendição do razoável quinhão de liberdade natural para auferir os benefícios da vida em sociedade. O resultado mais notável da sociedade é, no acertado julgamento de Tönnies, que "não ocorrem atividades derivadas de uma unidade *a priori* e predeterminada" capazes de expressar a "vontade e o espírito" da unidade social, porque não há nenhuma vontade coletiva relevante a ser propalada por meio dos indivíduos se não as próprias vontades individuais balizadas por um mínimo e pragmático arcabouço jurídico para fazer cumprir as cláusulas contratuais.[859] Isso quer dizer, essencialmente, que na sociedade não há nenhum plano, razão de ser ou espírito da coletividade, quer de caráter étnico, linguístico, cultural ou religioso, capaz de sobrepujar a miríade de ações individuais, elas mesmas encarregadas de fornecer o cambiante, inovador e inesperado conteúdo das relações sociais.

Percebe-se certo desprezo por parte de Tönnies, que não hesita em pintar a sociedade com contornos pessimistas ao relatar, por exemplo, que "cada pessoa busca sua própria vantagem e reconhece os outros apenas enquanto eles ajudam a promover seus próprios fins"[860], induzindo o leitor a sentir que o arranjo da sociedade é permeado por insensibilidade e indiferença nas relações sociais, um utilitarismo inescrupuloso preocupado

---

[858] *Ibid.*, p. 56-57.
[859] *Ibid.*, p. 52.
[860] *Ibid.*, p. 65.

somente com a satisfação individual; mas independentemente das opiniões pessoais do autor, a análise se mantém válida, porque a sociedade baseada no individualismo realmente possibilita um elevado grau de indiferença ou, até mesmo, hostilidade para com o resto da coletividade, sendo essa possibilidade amiúde comemorada como exemplo do sucesso desse arranjo social em promover a tolerância e a individualidade.

As distinções de Popper e Tönnies notabilizam-se, para aprofundar o argumento deste livro, por fornecer um recorte entre dois tipos de associações humanas que, a rigor, podem ser postas como representantes ideias da cosmovisão da antiguidade e da nova dispensação individualista que tomou forma na modernidade. Respectivamente, a Comunidade de Tönnies é o equivalente da Sociedade Fechada de Popper e, consequentemente, a Sociedade é a Sociedade Aberta, cujas características se harmonizam facilmente: a Comunidade e a Sociedade Fechada exigem um elevado grau de obediência e homogeneidade nos critérios eleitos como fundamentais para a manutenção da coletividade, critérios profundamente enraizados no desenvolvimento histórico da coletividade como o vínculo étnico e linguístico ou as expressões culturais e religiosas, sendo notadamente autoritária e inflexível quanto à liberdade do indivíduo, negando-lhe até mesmo a sua individualidade ao prendê-lo a uma "essência social". Esse tipo de associação representa as comunidades da antiguidade, a *polis* grega, a república e o império romano e a sua abstração ideal, a república platônica. A Sociedade e a Sociedade Aberta, por sua vez, têm como o principal esteio justificatório a vontade individual de participar da associação, cujo consentimento, por meio do contrato social, garante a sadia participação do indivíduo no arranjo social. Nesse tipo de associação, todas as estruturas sociais são calculadas para garantir a máxima satisfação individual dentro de parâmetros mínimos de legalidade, inexistindo qualquer critério teleológico para a coletividade que, a rigor, não existe se não nos milhares de átomos individuais, características suficientemente eficazes para representar as sociedades modernas com algum grau de influência do individualismo liberal, notadamente as democracias liberais com alguma medida de livre-mercado.

No século XX, uma vistosa e destrutiva revolta colocou esses dois tipos ideais de associação humana num combate mortal pela predominância do mundo moderno, uma revolta que já havia começado a ser traçada pelo menos nos dois séculos anteriores, mas que apenas encontrou a sua oportunidade de agir nos escombros da Primeira Guerra Mundial.

II A revolta totalitária

Quando as hostes de camisa negra marcharam pesadamente sobre Roma naquele outubro de 1922 numa demonstração de força que levou Benito Mussolini ao cargo de primeiro-ministro, a mais rasa interpretação se limita a ver apenas um grupo autoritário se aproveitando do caos institucional do pós-guerra para destruir as instituições democráticas da frágil Itália, mas há algo muito mais profundo nesse acontecimento. A transformação de Benito em *Duce* não representa apenas a instauração de uma ditadura personalíssima, mas o coroamento de uma gigantesca virada intelectual que já se agitava há décadas, a confluência do vagalhão antiliberal promovido por nacionalistas, sindicalistas e idealistas com o auxílio de uma enraizada sociologia elitista cujos autores mais promissores estavam entre os mais destacados intelectuais italianos da época.

Diante da distinção avançada no subcapítulo anterior, a Marcha sobre Roma foi uma vitória da comunidade sobre a sociedade, da sociedade fechada sobre a sociedade aberta, cujos rumos, embora não lineares, levou o Estado italiano a sair de sua razoável ausência para se tornar o Estado ético estruturado por meio do corporativismo. Deve-se aprofundar e justificar a aplicação da distinção entre os tipos de associação humana para o caso do fascismo, e a seguinte citação de Larry Siedentop, apresentando um dilema fundamental que o próprio Paulo de Tarso encontrou, é essencial:

> Aprofundando-se abaixo de todas as divisões sociais do trabalho, Paulo encontra, sob os termos convencionais que conferem status e descrevem papéis sociais, uma realidade compartilhada. Essa realidade é a capacidade humana de pensar e escolher, de querer. Essa realidade é nosso potencial para nos entendermos como agentes autônomos, como verdadeiros filhos de Deus.
>
> Mas se o pensamento depende da linguagem, e a linguagem é uma instituição social, como pode a agência racional ter um fundamento pré-social? Esse é o dilema que o argumento de Paulo enfrenta. Para Paulo, o dom do amor em Cristo oferece uma solução pré-linguística, através de um salto de fé – isto é, uma aposta na igualdade moral dos humanos. A fé em Cristo requer ver-se nos outros e os outros em si mesmo, o ponto de vista que verdadeiramente moraliza os seres humanos como agentes. Assim, a solução de Paulo – paradoxal, para dizer o mínimo – é que a autonomia humana só pode ser plenamente realizada através da sub-

missão, através da submissão à mente e à vontade de Deus reveladas em Cristo. Esse ato de submissão é o começo de "uma nova criação".[861]

No meio da revolução que resultou no individualismo dos direitos naturais, o seu primeiro e mais enfático promulgador, Paulo, teve que lidar com possivelmente a questão mais espinhosa de toda conceptualização de "natureza humana": se realmente existe alguma essência caracteristicamente individual antes de qualquer construção social, como ela pode existir se o próprio meio pelo qual ela é expressa e justificada é mediante a linguagem, um constructo social? A resposta de Paulo foi a de um "salto de fé" na sua existência através da revelação cristã, mas que não satisfaz os critérios da ciência política. Em verdade, esse dilema é o *crux* que resulta na distinção entre as associações humanas e pode-se igualmente interpretar a revolução individualista da modernidade como a busca racional por essa essência humana *a priori*, a "causa primeira", para a construção de uma sociedade, cujo indivíduo se estabelece com o bloco fundador das estruturas sociais. Já a antiga cosmovisão, trajada de Comunidade e Sociedade Fechada, não considera qualquer essência humana independentemente das relações sociais e, por isso mesmo, conclui que o indivíduo possui uma essência social, é um animal político ou o que o valha.

O fascismo, sem sombras de dúvidas, é uma das modernas ideologias políticas herdeiras da antiga cosmovisão, porque, no primeiro nível ideológico do discurso sintético, seu posicionamento é claramente o de que a verdadeira essência do indivíduo depende de sua sociabilidade. Deve-se lembrar, sobre esse ponto crucial e pecando por uma necessária repetição, o posicionamento dos filósofos idealistas liderados por Giovanni Gentile, que se utilizavam justamente da linguagem como argumento para a essência política do indivíduo. Ugo Spirito, discípulo de Gentile ao explicar a relação íntima do indivíduo com o Estado, utiliza-se da linguagem ao afirmar que "linguagens privadas" não existem e nem mesmo poderiam existir sem prejuízo da efetiva comunicação social, constituindo-se, na verdade, propriedade pública de todos os falantes de uma comunidade linguística, um construto social que se desenvolve independentemente das vontades individuais e, mais ainda, possibilita a articulação do pensamento humano. Como essa analogia se aplica à relação do indivíduo com o Estado? Para esses filósofos idealistas, existe uma seara universal em constante conflito

---
[861] SIEDENTOP, 2014, p. 81.

com os âmbitos individuais que, dialeticamente, caracteriza as sociedades modernas e, em vez de seguir o novo alinhamento liberal fundamentado nos direitos naturais do indivíduo, optaram por "determinar o universal em que os indivíduos concordam e não o particular que não podem superar"[862]. Na visão fascista é o aspecto universal dos ligames intersubjetivos desenvolvidos no desenrolar histórico da comunidade como a linguagem que possibilita qualquer semblante de características individuais, sendo o Estado o representante máximo dessa dinâmica bagagem histórica, devido à sua privilegiada posição de monopólio jurisdicional. Giovanni Gentile, na sua proficiência filosófica, desenvolveu o conceito da *società in interiore homine* para operacionalizar os fundamentos da comunidade fascista, implicando que os ligames intersubjetivos são, ao mesmo tempo, construções sociais e partes da essência da individualidade, possibilitando o desenvolvimento das capacidades racionais e emocionais do indivíduo, justificando sua alcunha de "animal político". Não existe, na filosofia social fascista, qualquer justificativa para um "direito natural" independentemente do contexto social, no qual o indivíduo nasce e se desenvolve porque qualquer direito é uma construção social adequada para uma devida realidade histórica da comunidade. Pode-se interpretar o artifício da *società in interiore homine* como a ideia contraposta à concepção de direito natural do individualismo liberal e isso se torna óbvio ao se analisar a polêmica que Gentile moveu contra o liberalismo e a ideia do contrato social.

O argumento se inicia com Gentile interpretando a tradição liberal como aquela que colocou o indivíduo numa relação conflituosa com a sociedade e o Estado ao conjurar fantasiosos conceitos de "direito fundamental" presumidamente inerentes à condição humana, um determinado campo ontológico fora das contingências históricas e sociais, cujo desrespeito configura um nefasto crime contra todo o gênero humano. Gentile não está errado em sua interpretação e claramente ele não deseja refutar qualquer possibilidade da existência de direitos, mas o que o incomoda profundamente é a tendência de rejeitar qualquer reivindicação da sociedade como um arroubo autoritário, e isso se deve ao conceito de liberdade do liberalismo. Como Merquior delineou, a modernidade, principalmente por meio de Hobbes, cunhou um conceito de liberdade como ausência de interferência externa nas vontades individuais, uma liberdade que sobrevive no "silêncio das leis" que, continuando a ser desenvolvida principalmente

---

[862] SPIRITO, Ugo. *Il corporativismo*. Firenze: Sansoni, 1970, p. 207.

por Locke e Mill, tomou a forma de uma atitude de desconfiança para com as ações do Estado, considerando-o um mal necessário apenas tolerável quando circunscrito a bem delimitadas funções. Aí reside um paradoxo que Gentile fortemente criticou: se a liberdade se configura como a ausência de interferência nas vontades individuais, por que dever-se-ia tolerar a existência do Estado, uma entidade que tem como função precípua criar regras para limitar as ações dos indivíduos? Aos olhos de Gentile, os pensadores liberais não estavam sendo sinceros na defesa da liberdade, porque, caso realmente acreditassem nela, teriam feito de tudo para maximizá-la e não hesitado em completamente deslegitimar o Estado. Se a liberdade precisa ser controlada em alguma medida, então não se pode falar de uma liberdade como pura ausência de interferência[863].

A liberdade, para os filósofos idealistas como Gentile, reside dentro do indivíduo como uma potencialidade latente que somente a vida social pode completamente realizar, é, numa analogia amiúde utilizada, como uma planta, cujo podar somente fortifica seu crescimento, de modo que o Estado é não apenas aceitável, mas essencial para que o indivíduo encontre sua liberdade: "à medida que os homens aumentam seus relacionamentos, também aumentam sua humanidade, personalidade e liberdade", de modo que a lei "é a disciplina que permite a verdadeira liberdade promovendo o desenvolvimento da personalidade"[864]. As leis estatais são essenciais para garantir não apenas um nível de segurança física e coordenação social, mas para realizar as potencialidades *interiore homine* que, a rigor, são o complexo arranjo étnico, cultural e linguístico herdado da evolução histórica da comunidade. Naturalmente, nesses pressupostos, a ideia do contrato social como justificativa para as instituições políticas soa como um completo absurdo. Como se poderia falar de liberdade num estado de natureza onde a vida é limitada, breve e sórdida, onde as capacidades racionais e linguísticas dos indivíduos são atrofiadas, devido à constante "guerra de todos contra todos"? Aí entra novamente o paradoxo liberal tão criticado pelos idealistas: a liberdade como ausência de interferência resulta na interferência mais sistemática e brutal possível, e é igualmente ridículo imaginar que, por meio do contrato social, ingressar na sociedade civil seria qualquer medida de limitação de uma suposta liberdade natural; é a vida social que possibilita a verdadeira liberdade ao realizar todas as potencialidades *interiore homine*.

---

[863] GREGOR, 2013, p. 260.
[864] GREGOR, 2010, p. 14.

Note-se que, na visão de Gentile, existe, sim, uma força inata ao indivíduo que, ao ser revelada e potencializada, possibilita o florescimento da verdadeira humanidade, mas essa força não é nenhum direito natural inerente ao indivíduo *per se*, mas um patrimônio público de *todos os indivíduos* de todos os tempos da existência histórica da comunidade. O indivíduo, como Gentile frequentemente afirmava, não é um átomo em nenhum sentido significativo, quer socialmente, ontologicamente ou historicamente, mas o resultado de um complexo encadeamento histórico, cujo conteúdo reside *interiore homine* e precisa ser potencializado pela educação socializada. Pode-se melhor compreender o porquê, para esses pensadores idealistas, a ideia de um contrato social é tão insensata: é inconcebível a ideia de que, em algum momento histórico, os indivíduos decidiram sair do estado natureza por meio de um pacto no qual resultou a comunidade, porque, para fazerem isso, eles necessitam de uma linguagem refinada capaz de articular todos os pormenores éticos, práticos, políticos e econômicos de um inaudito arranjo social, atributo que, paradoxalmente, apenas foi desenvolvido justamente no seio da comunidade histórica. Não há dúvidas acerca do posicionamento de Gentile e caterva acerca do supracitado dilema: não existe qualquer essência humana pré-social discernível, tudo o que o indivíduo é e pode se tornar está intimamente relacionado às instituições sociais da comunidade na qual ele nasce, tão intimamente ligadas que são mesmo a sua essência de animal político.

A posição dos filósofos idealistas, devido à proeminência e à influência de Giovanni Gentile, é bastante clara quanto à rejeição do individualismo liberal e sua ênfase na essência política do indivíduo, mas como os outros colaboradores do fascismo, o nacionalismo e o sindicalismo, coadunam-se com esses posicionamentos frente ao dilema apresentado por Siedentop? Embora com um rigor filosófico mais reduzido, é inegável que o nacionalismo de Enrico Corradini e Alfredo Rocco se alinham com as teorizações dos idealistas quanto à essência social do indivíduo. Tanto Corradini, quanto Rocco se utilizaram da analogia orgânica para caracterizar a relação do indivíduo com a comunidade nacional, interpretando-a como um organismo cuja potência depende do correto funcionamento dos órgãos, e é devido a essa visão orgânica que se pode compreender, por exemplo, os constantes apelos de Corradini para se criar, por meio do trabalho e do sacrifício, novos valores para o indivíduo tornado cidadão da nação proletária. O próprio *status* de proletária implica uma série de exigências que os indivíduos deveriam cumprir para manter a sobrevivência e a competitividade da nação no século XX, ponto de vista que naturalmente pressupõe a precedência moral da comunidade frente às vontades individuais derivada da concepção orgânica, onde os membros da comunidade possuem um poderoso impulso associativo[865]. Para os nacionalistas, o indivíduo é uma criatura naturalmente associativa e dependente da comunidade para se desenvolver e até mesmo realizar seu propósito que é a continuação dos ligames intersubjetivos que caracterizam sua estirpe social — e, nesse sentido, é clara a influência dos elementos sociais heterogêneos de Gumplowicz para a construção da sociologia nacionalista. Frente a essa concepção de natureza humana, a solução proposta pelo ministro da justiça fascista Alfredo Rocco de nacionalizar os sindicatos é notável por ser uma tentativa de concretizar a organicidade do sistema produtivo nacional sob os auspícios do Estado. É apenas natural que, se se considera o indivíduo como uma célula dependente do grande organismo social, a sua força produtiva também seja nacionalizada através das corporações de sindicatos.

Essa capacidade de operacionalizar a organicidade da nação foi o ligame que levou Corradini a tentar se aproximar dos sindicalistas que, mesmo antes de terem descoberto a nação, já enfatizavam a necessidade de congregar o proletariado nos sindicatos para possibilitar a criação de novos valores sociais através da solidariedade. O que está implícito nesse argumento é que o indivíduo proletário necessita, como corolário da sua essência social, de seus companheiros de luta e da correta estrutura socioeconômica para se desenvolver como indivíduo, tanto nas suas capacidades morais, quanto produtivas. O importantíssimo salto para o sindicalismo-nacional por meio da descoberta da nação como a comunidade de destino do proletariado não alterou a natureza da concepção sindicalista, apenas a restringiu ao nível nacional e, desse modo, aproximou-a do nacionalismo na construção do corporativismo, o sistema "indiscutivelmente superior aos interesses paroquiais de classes, seitas, categorias e todos os interesses particulares", capaz de reunir "numa unidade inclusiva todos os fatores necessários para tornar a nação uma realidade orgânica, concreta e histórica"[866]. Para os sindicalistas, o proletário não tinha qualquer importância se não fosse inserido numa comunidade que o possibilitasse desenvolver a moralidade revolucionária, justamente porque sua essência social o tornava dependente das influências do meio no qual se encontrava, por isso, tanta ênfase em destruir os valores da sociedade burguesa.

---
[865] CORRADINI, 1914, p. 11.
[866] GREGOR, 2004, p. 79.

Assim, diferentemente de Paulo e seu salto de fé na existência de uma essência individual independente do mundo social, o fascismo inicia suas justificativas sociopolíticas com a negação do individualismo, reafirmando a antiga cosmovisão da essência social do indivíduo e sua dependência das estruturas sociais, chegando ao paroxismo idealista da *società in interiore homine*. Sabendo da profunda afinidade do fascismo com a antiga cosmovisão, pode-se traçar o arco da revolta a partir de três referências históricas que os intelectuais do regime frequentemente usavam: o *Risorgimento*, a época das comunas medievais e o romanismo, todos já previamente referidos neste livro, mas que agora se encadeiam para demonstrar os pontos em comum que perpassam toda linha do pensamento social fascista.

O *Risorgimento* fora fortemente criticado pelas três vertentes intelectuais radicais, mas Giovanni Gentile foi o mais enfático quanto à incapacidade dos revolucionários do século XIX em promover a verdadeira unificação do povo com o Estado, incapacidade oriunda das influências das ideias liberais que possibilitaram os sucessivos e tão vilipendiados governos parlamentares como o de Giovanni Giolitti. O fascismo, na interpretação gentiliana, era a conclusão de um longuíssimo processo revolucionário oriundo de uma característica tradição unitária italiana que desde "Dante alcançou todo o complexo *Risorgimento* e seus profetas como Mazzini, Gioberti, até Cavour"[867], finalmente realizando a nacionalização das massas por meio da união do povo com o Estado. Embora a interpretação gentiliana tenha sido a mais notória e influente, outros intelectuais que, de acordo com o historiador Giuseppe Parlato, formaram um aguerrido grupo alcunhado de a *Sinistra fascista* — a esquerda fascista —, interpretou a história de uma maneira não tão linear, alegando que existiam dois *Risorgimentos*, um progressista e popular, do qual o socialismo italiano se originou, e um liberal e descompromissado com a nacionalização das massas. O *Risorgimeto* liberal, para esses fascistas como Giuseppe Bottai e Bruno Spampanato, foi o vencedor que emergiu da unificação, sendo dirigido pela burguesia e o grande culpado pela calamitosa alienação da era liberal que culminou no governo de conchavos de Giovanni Giolitti. O fascismo, nessa perspectiva, foi interpretado como o herdeiro não apenas do arco revolucionário do *Risorgimento* popular, mas também do próprio socialismo italiano que, devido à intervenção do marxismo — julgado por seus detratores como uma estranha importação materialista e germânica —, havia desistido da sua missão de unificação nacional em prol

---

[867] PARLATO, Giuseppe. *La sinistra fascista*. Storia di un progetto mancato. Bologna: Il Mulino, 2000, p. 29.

do efêmero internacionalismo proletário. O fascismo teve que continuar a bandeira do *Risorgimento* popular e a tradição do socialismo italiano para cumprir a histórica missão do movimento revolucionário italiano[868].

De qualquer forma, apesar das diferenças interpretativas, Gentile e os fascistas da *sinistra* concordam que a legitimidade do regime fascista depende de uma correlação profunda com a história nacional, primeiramente representada no esforço de unificação nacional do *Risorgimento*:

> Através do veículo histórico do mazzinianismo, em uma leitura teleológica da história do *Risorgimento* cujas origens para alguns remontam ao Império Romano (especialmente após a crise de 29 e até a queda do regime), o Fascismo leu a "parte vital", a alma popular do "primeiro" *Risorgimento* como precursor de seus motivos ideais; portanto, legitimou sua função histórica qualificando-se como o "segundo *Risorgimento*", uma fase contundente, a realização de uma revolução que falhou em integrar as massas à vida do Estado, educando-as para a consciência nacional. O *Risorgimento*, ao contrário, foi uma revolução feita por uns poucos "espíritos iluminados", na indiferença ou mesmo contra a vontade das massas, "pelas suas naturezas conservadoras", e por isso logo aproveitada pela burguesia. Em última análise, o fascismo considerou "o século que vai de 1821 a 1923 como um todo inseparável e interligado".[869]

O vínculo histórico com o *Risorgimento* foi necessário, porque qualquer regime italiano com aspirações revolucionárias precisa lidar com a antiga e problemática relação entre povo e Estado, uma alienação histórica que, durante séculos, foi apontada como a causa da maioria dos problemas políticos da península pelos maiores pensadores italianos. Esse problema é mencionado na citação como a falha do movimento *risorgimentale* em "integrar as massas à vida do Estado", problema alcunhado por George L. Mosse como a "nacionalização das massas", tema recorrente deste livro, porque foi a principal preocupação das especulações filosóficas e políticas italianas, cuja geração que alcançou a maturidade na época do fascismo herdou. Giovanni Gentile, nesse sentido, é sintomático, porque desde a juventude o problema da unificação espiritual da nação o atormentou sobremaneira, principalmente quando confrontado com a corrupção do governo parlamentar e o *status* subalterno da Itália no geopolítica global.

---

[868] *Idem*.
[869] BENEDETTI, 2007, p. 173.

Em verdade, pode-se dizer que um dos principais meios pelo qual vários dos intelectuais que se tornaram fascistas, pensadores como Sergio Panunzio, Enrico Corradini, Alfredo Rocco, Ugo Spirito, além do próprio Gentile, foi a redescoberta da nação e, com isso, a necessidade premente de sanar a gigantesca lacuna no espírito italiano que era a falta de consciência nacional, uma lacuna que, ampliada pelo individualismo liberal do século XIX, aleijava o vigor moral, militar e econômico da nação.

A tradição socialista italiana — o socialismo tricolor — surgiu no decorrer do século XIX, tendo seu zênite no *Risorgimento* nas figuras de Mazzini, Garibaldi e Pisacane, justamente como uma possível solução para o antigo problema da alienação nacional. A visão socialista interpretou o problema da alienação nacional como intrinsecamente ligado à "questão social", isto é, da pobreza e desigualdade endêmica na península, de modo que a unificação nacional necessitava ser feita concomitantemente com a efetivação de uma considerável medida de justiça social, especialmente concernente à relação entre as classes sociais. Contudo, essas aspirações, como astutamente observado pelo próprio Mazzini, não se realizaram, e a recém-fundada nação seguiu seu caminho pautada pelo individualismo liberal consagrado no governo parlamentar, com todas as consequências já repetidamente mencionadas.

O fascismo, ao tomar o centro da arena política italiana, foi confrontado com essa expectativa histórica, porque, devido a todas as suas invectivas antiliberais, tornou-se o natural herdeiro da revolução socialista nacional. Para se ter uma ideia da profunda e perene influência do fantasma da revolução nacional incompleta, um dos mais importantes líderes socialistas da época e ex-secretário geral do PSI, Enrico Ferri, afirmou que o "partido socialista foi o pai natural do fascismo", inclusive citando a decisiva influência de Georges Sorel no pensamento de Benito Mussolini como a realização de uma profecia que o próprio sindicalista francês fez ao afirmar, em 1912: "Nosso Mussolini não é um socialista comum [...], talvez você o veja à frente de um batalhão sagrado, saudando a bandeira italiana com sua espada. Ele é um italiano do século XV, um *condottiero*"[870]. Segundo Ferri, e continuando seu juízo, essas raras qualidades de Mussolini foram postas a serviço da questão social: "Sobre os problemas sociais, o fascismo pôs em prática aquelas disposições que os socialistas sempre pregaram e os governos liberais e democráticos nunca implementaram"[871].

---

[870] ALOSCO, 2018, p. 171-172.
[871] *Idem.*

Essas afirmações de Ferri apontam para o fato de que o socialismo italiano, mesmo durante a época de maior influência do marxismo e do internacionalismo proletário, sempre esteve sob a influência mais ou menos constante do problema da incompleta unificação nacional correlacionada à questão social, mas a clássica visão socialista nacional dessa realização foi sendo esquecida, conforme o socialismo internacionalista foi fincando raízes, principalmente dentro do PSI. O clássico socialismo italiano, embora nunca tenha sido sistematicamente aduzido, sempre foi permeado pela visão romântica e sentimental de uma unificação de todas as classes sociais sob a rubrica de "povo", um novo tipo de coletividade capaz de gerar aquela consciência nacional especificamente orgânica legitimadora de um Estado mantenedor da justiça social e, nesse sentido, pode-se perceber como o fascismo, por meio do corporativismo, tentou realizar essas antiquíssimas aspirações revolucionárias. Por exemplo, a construção corporativa fascista, especialmente nas teorizações de Ugo Spirito e nas parciais realizações da *Reppublica Sociale*, ao criar a participação de representantes dos trabalhadores no funcionamento técnico das indústrias e impor um imposto progressivo sobre o capital de forma a representar uma expropriação parcial de toda a riqueza, tentou colocar toda a atividade econômica da nação sob os auspícios do Estado justamente para harmonizar as classes sociais sob uma medida igualdade de poder, concebida como uma possível solução para a questão social. Mais especificamente, o corporativismo fascista intencionou coordenar a atividade econômica nacional com a criação de Conselhos Técnicos Nacionais de Trabalho de todos os ramos, eleitos pela comunidade de trabalhadores, na teoria com poderes legislativos. Esses conselhos configuraram, ainda que de forma embrionária e indefinida, a transformação de toda a atividade laboral, em todas as suas formas, em corporações profissionais como órgãos estatais de regulação da produção econômica nacional. É nesse sentido que se pode compreender a asserção de Ferri quanto a posição do fascismo como herdeiro das aspirações revolucionárias do socialismo italiano.

Embora a autoproclamada posição de herdeiro do *Risorgimento* e do socialismo italiano tenha sido de extrema importância para a legitimação do regime, o fascismo também estendeu seus tentáculos interpretativos mais fundo na história nacional ao se debruçar sobre a romantizada época das comunas medievais. Como explicado na primeira parte deste livro, a época das comunas, mais ou menos entre os séculos X e XIV, notabilizou-se, pelo menos na avaliação rosada de seus intérpretes, pela ascensão de cidades, burgos e comunas autônomas e economicamente autossuficientes, onde a produção econômica era deixada a cargo das guildas e corporações de ofícios, uma forma de organização social pautada pela organicidade das relações sociais. Essa organicidade foi interpretada pelos fascistas como um tipo de comunidade, na qual a produção econômica estava intimamente relacionada com a vontade política da comunidade, e vice-versa, de modo que os cidadãos dessas comunas viviam uma existência de acordo com a sua essência social. A analogia com o corporativismo avançado pelo regime é óbvia, mas a ligação histórica criada para ligar esses dois polos precisa ser esmiuçada em mais detalhes.

Giovanni Gentile, em 1927, durante a estruturação legislativa do regime fascista e como uma das maiores autoridades como historiador e intérprete da filosofia italiana, afirmou que, quando se trata da história do povo italiano, "estou com aqueles que buscam suas origens na época das Comunas, da qual veem surgir o humanismo e o Renascimento. Roma preenche a memória e a imaginação de nossos homens das comunas e do grande Renascimento"[872]. O que Gentile estava indicando era que a época das comunas, devido às suas características de uma comunidade organicamente construída onde as esferas individuais e coletivas se encontravam numa harmoniosa convivência, lançou os germes do humanismo renascentista e, por isso mesmo, o começo da consciência nacional que alcançaria seus maiores êxitos apenas quatro séculos depois, primeiro no *Risorgimento* e depois com a revolução fascista. Mas por que há esse longo interlúdio de quatro séculos entre a época das comunas e a unificação nacional? Este é o *crux* da interpretação histórica fascista: esses foram os séculos da ascensão do individualismo e do liberalismo, momento que, para os fascistas, a península se degenerou política e intelectualmente. Do ponto de vista de um intelectual fascista, o recurso às comunas medievais era necessário para mostrar que o corporativismo do regime implicava uma superação dos paradoxos, vacilações e erros da política liberal, erros como a atomização do indivíduo, a divisão entre público e privado e a redução do Estado a uma limitada esfera instrumental de protetor da propriedade privada. A época das comunas fornecia uma ponte para que o fascismo saltasse sobre esses quatro séculos estéreis e legitimasse as suas estruturas corporativas como o retorno do povo à consciência nacional, não só na esfera da representação política, mas também da produtividade econômica.

---

[872] GENTILE, Giovanni. *Politica e cultura, II*, em *Opere Complete vol. XLV*. Firenze: Le Monnier, 1990, p. 324-328.

Nesse sentido, o influente historiador fascista Gioacchino Volpe, no seu *Storia del movimento fascista*, aponta para o fato de que, dentro das especulações e debates do regime, especialmente nos anos 30, os intelectuais muitas vezes se voltaram "àquela vida corporativa dos anos 1200 e 1300, quando a atividade econômica, social e política era meio de defesa e reconciliação dos interesses da categoria, corpo de controle da produção, por meio da participação na vida pública", como forma de legitimar seus posicionamentos à luz da autoridade de um prestigioso período histórico[873]. Esses intelectuais apontavam o nascimento das corporações na época das comunas como um momento, embora passageiro, de criação da consciência nacional, devido às aludidas características orgânicas dessas comunidades medievais, e isso é importante, porque, no âmago do fascismo, o Estado — a vontade política — deve estar em plena harmonia com a nação — o povo —, legitimando a vontade geral e a soberania da comunidade. Naquela época, pensavam os fascistas, as contingências históricas propiciaram a harmonização da vontade dos cidadãos com a vontade política das comunas, fusão que passa pela necessária regulação política da produção comunal realizada pelas corporações, colocando a economia sob os auspícios da vontade da comunidade — uma vontade, deve-se lembrar, que é alinhada com o povo e, por isso mesmo, indistinguível da vontade política.

Como mencionado anteriormente, é esse o contexto de interpretação histórica utilizado por renomados fascistas como o ministro da Justiça Alfredo Rocco e o ministro das Corporações Bruno Biagi para justificar a estatização do fenômeno sindical para a criação do sistema corporativo do regime fascista. O arrazoado segue a linha de trazer o fenômeno sindical — leia-se: a própria classe trabalhadora — de volta a um estado de harmonia com a vontade da comunidade nacional numa tentativa de recriar aquela consciência comunal que caracterizou a época das comunas, agora tornada uma própria consciência nacional nas linhas determinadas pelo Partido Nacional Fascista. A importância dessa justifica é perceptível ao se avaliar o esmero que Rocco dedicou para caracterizar a importância das corporações medievais em comparação ao fenômeno sindical do século XIX, justamente na intenção de convencer o leitor da necessidade de tornar os sindicatos órgãos funcionais da vontade do novo Estado fascista, efetivamente eliminando quaisquer resquícios da problemática anarquia da luta de classes que reinava na era liberal.

---

[873] VOLPE, Gioacchino. *Storia del movimento fascista*. Milano: Ispi, 1939, p. 135.

Malgrados as óbvias diferenças históricas entre esses dois fenômenos, as corporações medievais se tornaram modelos para o Estado corporativo fascista, contudo não apenas nos aspectos positivos, mas igualmente no que deveria ser evitado e, se possível, extirpado: o liberalismo do desgraçado interlúdio histórico que culmina no século XIX. Esse importante aspecto instrumental do recurso histórico às comunas foi um dos principais temas do citado *Sindacalismo e Medio Evo*, de Sergio Panunzio, que se esforçou para colocar o moderno sindicalismo revolucionário — depois tornado sindicalismo nacional, preparando o terreno para o corporativismo — como o herdeiro dos importantes características de solidariedade e organicidade medievais para a luta contra o liberalismo. Essa luta é continuamente justificada por se tratar, segundo Panunzio e se fundamentado na autoridade de Giambattista Vico, de um *ricorso* histórico, um próprio retorno da histórica consciência nacional à arena da luta política do século XX, do qual o fascismo se tornou a principal força catalisadora.

Nesse contexto, há uma interessante referência à figura do economista suíço Jean de Sismondi que muitos intelectuais fascistas se utilizaram para avançar seus argumentos em favor do sistema corporativo. Sismondi passou à história das ideias por ser um dos primeiros críticos de Adam Smith e o que estava se tornando a principal sistematização do liberalismo econômico ainda no começo do século XIX, sendo considerado por muitos socialistas e comunistas — Inclusive Marx e Engels, que lhe reconheceram o crédito no Manifesto Comunista — como um dos principais precursores intelectuais de ambos os movimentos socialistas e comunistas modernos[874]. O recurso à autoridade de Sismondi foi útil aos fascistas, porque o pensador suíço havia avançado uma relativização dos princípios epistemológicos econômicos consagrados pela tradição liberal, como o individualismo metodológico do *homo economicus*, possibilitando a defesa de políticas econômicas mais alinhadas com a vontade política do Estado, como o próprio Sergio Panunzio afirmou, em 1927, ao identificar Sismondi como um autor altamente original capaz de oferecer exatamente a ideia de um Estado informado por um "conteúdo econômico vivo e laborioso, ao rechaçar a ideia de que a economia é uma ciência objetiva e mecânica, mas sim uma ciência subjetiva, humana e social"[875]. É evidente que o interesse de Panunzio por

---

[874] A influência de Sismondi vai muito além do fascismo e das conhecidas vertentes modernas do socialismo, como o marxismo, mas também se estende ao nacional-socialismo alemão de Adolf Hitler. Para uma análise crítica dessa desastrosa influência de Sismondi, *cf.*: PIROT, Florent. *On totalitarianism and its levers:* The study of Sismondi as a user's manual. HAL Open Science, 2018. Hal-01869265.

[875] SANTORO, Lorenzo. *La ricenzione di Sismondi nel fascismo e il mito dei comuni*. Em Sismondi e la nuova Italia: atti del convegno di studi, Firenze, Pescia, Pisa, 9-11 giugno 2010. (Sismondiana; 4), p. 331

Sismondi se deve à postura heterodoxa do suíço em relação aos clássicos da economia e aos paradigmas historiográficos mais estabelecidos, "estímulos importantíssimos na tentativa dos intelectuais que gravitaram ao redor do regime de elaborar um novo conceito de economia e de direito capaz de conduzir a revolução corporativa do fascismo"[876].

A autoridade de Sismondi fora repetidamente invocada para repudiar aquela concepção liberal clássica de um direito natural que a nascente disciplina da economia estava entronizando com o individualismo metodológico do *laissez-faire*, uma metodologia cujas consequências limitavam demasiadamente as possibilidades de intervenção estatal na economia. Ao invés dessas supostas leis econômicas irrefutáveis e válidas universalmente, os fascistas buscaram relativizá-las tornando-as mais "sociais" e "subjetivas", maleáveis às condições vigentes de cada respectivo contexto nacional porque, afinal de contas, a economia, ao tratar de seres humanos, é uma ciência social. Essa guinada na concepção metodológica da economia também possibilitou ao fascismo se distanciar do capitalismo ocidental que, principalmente após a Grande Depressão, de 1929, era visto como um modelo econômico falido, e novamente a autoridade de Sismondi avalizou tal juízo, porque o suíço foi um dos primeiros economistas a discorrer sobre as crises de superprodução que a sociedade industrial estava sujeita, reclamando várias medidas de intervenção estatal e participação dos trabalhadores nos lucros das empresas como possíveis soluções.

Um dos intelectuais fascistas que mais recorreu a esses argumentos de Sismondi foi Ugo Spirito, que na sua famosa proposta das corporações proprietárias englobou todo esse arcabouço de ideias como proposta para que o sistema corporativo fascista se distanciasse de vez das economias capitalistas. Na sua influente obra, *Il corporativismo*, Spirito escreveu um capítulo intitulado *"Il corporativismo come negazione dell'economia"* na intenção de esclarecer o abismo intransponível entre o corporativismo fascista e a economia liberal, possivelmente o texto fascista que melhor definiu essa distinção, devido ao seu denso rigor filosófico. O principal argumento de Spirito coloca a metodologia do *homo economicus* e seu corolário na defesa da propriedade privada como oriundos de um claro preconceito atomístico do indivíduo e da sociedade, um viés que impede os economistas de considerarem outras possibilidades de vida associativa fora dos rígidos quadros de suas metodologias ditas científicas. Esse viés, ao se limitar a satisfação

---

[876] *Idem.*

individual e, consequentemente, na defesa de instituições configuradas para assegurar a realização dessa satisfação como a propriedade privada, cria um conjunto de relações sociais profundamente antagônicas, onde a velha guerra hobbesiana de todos contra todos foi entronizada como o maior dos benefícios sociais, dessa vez, camuflada em eufemismos como o princípio da "concorrência". Em uma linguagem hegeliana, Spirito afirma que essa "ciência" econômica da negação do outro somente pode resultar na "lógica do dinheiro, que é a do mal, da troca que é injusta, do mercado que está em desequilíbrio, a bolsa de valores degenerar em jogo e especulação, do banco falir e do regime econômico passar de crise em crise"[877].

Não há dúvidas que Spirito, ao pronunciar esse juízo condenatório da ciência econômica clássica, também estava condenando o capitalismo, o qual ele compreendia como a consequência de se aplicar essa ciência econômica errônea à moderna sociedade industrial, e a crise de 29 apenas solidificou ainda mais essa convicção. Em contrapartida, o que estava sendo construído no regime fascista, segundo Spirito, era um novo sistema econômico fora dos quadros do liberalismo e da economia do *laissez-faire*, possibilitado por uma ciência da economia *política*, uma nova ciência econômica adequada à realidade moral e espiritual da comunidade nacional que precisou "renunciar à sua natureza tradicional e tornar-se programática, sacrificar a vontade econômica de cada um à vontade moral de todos, sacrificar a falsa técnica da sua teoria e da sua prática competitiva e pesquisar a nova técnica de colaboração"[878]. Spirito conclui o capítulo com esse juízo impactante:

> O problema não é fazer prevalecer e coexistir certos fatores, mas determinar a essência, o princípio fundamental, a finalidade única da nova concepção. E este princípio é precisamente o da antieconomia, da luta até o amargo fim contra o *homo economicus*, contra o individualismo anarquista, contra todos os egoísmos que tentam desatar o *fascio* em que os fascistas querem se juntar. E, portanto, o pior adversário do corporativismo ou do fascismo é o economista ou qualquer um que tenha o preconceito fundamental do economista, ou seja, a crença de que a força motriz efetiva da ação humana é um interesse próprio hedonista que se glorifica nas glórias presumidas da iniciativa privada. O corporativismo acredita na possibilidade de unificar moral e tecnicamente a vida social,

---

[877] SPIRITO, Ugo. *Dall'economia liberale al corporativismo*. Critica dell'economia liberale. Em Il corporativismo. Firenze: G.C. Sansoni Editore, 1970, p. 77.

[878] *Ibid.*, p. 79.

> acredita na alegria da doação e do auto sacrifício, é contra qualquer propósito privado de vida, e justamente por isso não é econômico, mas político, moral, religioso, a essência única da revolução fascista.[879]

Spirito ainda enseja uma interpretação histórica para corroborar sua crítica epistemológica ao afirmar que as raízes do liberalismo e do *homo economicus* podem ser traçadas pelo menos desde o século XVIII, durante a clássica luta contra o absolutismo monárquico. Essa convulsão histórica foi, aos olhos de Spirito, válida, porque, naquela época, o "Estado era uma realidade diferente dos indivíduos que o compunham e, portanto, representado a seus olhos como uma autoridade meramente arbitrária, com fins próprios e opostos aos dos súditos", antagonismo que só pôde ser quebrado ao se reivindicar os "direitos sagrados do indivíduo"[880]. Essa drástica e peremptória negação do Estado não apenas se mostrou útil como arma intelectual, mas avançou uma "mudança radical não apenas nas relações políticas, mas também nos fundamentos de toda ciência social"[881] que culminou na criticada epistemologia da economia liberal. Spirito é claro ao enquadrar a ascensão do liberalismo como uma "violenta rebelião" representando uma decisiva cisão na mentalidade moderna, cujos efeitos deletérios o fascismo buscava superar[882]. Embora Spirito reconheça a legitimidade da luta liberal contra o Estado absolutista, o fascismo se empenhou na luta por um retorno do reconhecimento do Estado dentro das considerações morais, políticas e econômicas do pensamento social, justamente porque a extrema atomização do indivíduo havia paralisado qualquer medida de atuação política da vontade da comunidade.

Nesse sentido, a famosa sugestão de copropriedade dos meios de produção do corporativismo de Spirito, no qual o proletariado teria, de acordo com o seu quinhão de trabalho despendido, direito à respectiva fatia da propriedade produtiva e, consequentemente, direito de voto na formulação do planejamento econômico, é uma ideia que também encontrou aval na autoridade de Sismondi. As corporações proprietárias de Spirito intencionavam não apenas acabar com a cruenta luta de classes, mas as harmonizar dentro do planejamento econômico nacional e, com isso, eliminar a crescente confusão entre as esferas público e privada que

---

[879] Idem.
[880] SPIRITO, Ugo. *I fondamenti della economia corporativa*. Milano: S. A. Fratelli Treves Editori, 1936, p. 4.
[881] Idem.
[882] Ibid., p. 5.

contribuem para as constantes crises do sistema capitalista. Não é exagero concluir que a fortuna de Sismondi no fascismo se deve à sua heterodoxia como historiador e economista, autoridade que avalizou a criação de uma cultura científica alternativa, em relação à ciência burguesa e liberal "na tentativa de elaborar culturas setoriais capazes de marcar a descontinuidade no debate científico e na confirmação de dados factuais incontroversos a favor de uma primazia da política e de um nacionalismo autorreferencial"[883].

Assim, esses intelectuais fascistas se empenharam em elaborar uma interpretação histórica no qual as inovações corporativas do regime fossem ligadas ao mito das comunas com a intenção de propor um *continuum* temporal às modernas associações operárias capazes de destronar o liberalismo e a economia burguesa, identificando a justificativa natural da nação fascista e sua vocação para a superação do modelo capitalista como um necessário *ricorso* histórico nos moldes da filosofia de Vico.

O fascismo, contudo, não para aí, porque a história da Itália é antiquíssima e deve-se lembrar do recurso à herança de Roma que igualmente permeou a intelectualidade fascista. O que havia sido caracterizado como essencial na época das comunas, a existência de uma comunidade organicamente constituída onde a essência social do indivíduo se encontrava plenamente em harmonia com a vontade política da comunidade, foi estendida à antiguidade romana não apenas por motivos pragmáticos de propaganda política, mas como uma importante conclusão do arco histórico da realização da nação italiana concebida como uma entidade espiritual que culmina no próprio fascismo. Embora no subcapítulo sobre "o novo indivíduo e o *imperium*", o recurso ao romanismo já fora aludido com alguma profundidade, especialmente tendo em vista o trabalho de Emilio Bodrero, agora a sua contextualização será completada dentro do arco histórico da revolta totalitária traçado até aqui, e, para essa finalidade, deve-se destrinchar o argumento do livro *L'idea romana dello Stato unitário nell'antitesi dell dottrine politiche scaturite del diritto naturale*, do intelectual fascista Alfredo Acito.

Alfredo deixa claro logo na inicial exposição dos motivos de sua obra que, sim, o livro se destina ao reclamo da autoridade romana para o fascismo, mas o faz levando em conta a "questão social" e os desenvolvimentos filosóficos dos últimos séculos, porque o mundo moderno não é o da antiguidade romana, evitando cair em anacronismos toscos e talhando o seu argumento para adequar o romanismo aos problemas da modernidade.

---

[883] SANTORO, 2010, p. 344.

Além da consciência do autor à necessidade de contextualizar sua interpretação histórica, o livro de Alfredo é meritório por construir o argumento desde a antiguidade clássica até o corolário da justificativa do romanismo fascista, começando por elencar as cinco principais características do "clássico pensamento político italiano":

> 1. Uma forte concepção dos direitos do Estado.
>
> 2. A preeminência da autoridade do Estado.
>
> 3. A superioridade dos fins que o Estado persegue sobre grupos e indivíduos.
>
> 4. O conceito unitário e orgânico de sociedade política.
>
> 5. O caráter distintivo da linhagem latina e itálica, que criou as maiores instituições, sempre de caráter social, tais como: Direito Romano, Catolicismo, O Estado, O Império, e as Corporações.[884]

Na página seguinte, Alfredo enfatiza que essas características, embora definitivamente pertencentes à "linhagem latina e itálica", tiveram dois precursores ilustres: Platão e Aristóteles, especificamente no que concerne à concepção política do Estado orgânico consumado nas instituições das Cidades-Estados gregas, e não pode haver dúvidas que o autor está se referindo à antiga cosmovisão que limitava os indivíduos às suas funções sociais determinadas pela vontade política da comunidade. Isso fica ainda mais claro quando o autor confirma que a origem da sociedade, o seu *datum* primário, não é o indivíduo, mas a família e as associações trabalhistas que evoluem para realizar a essência social do indivíduo, contudo indicando as suas limitações que somente o Estado pode suplantar, tornando-se a principal contribuição latino-romana para a antiga cosmovisão: "O Estado que implementa o acordo das inteligências e vontades, é mais importante, histórica e socialmente, do que o indivíduo e a família, por isso tem prioridade de ordem e perfeição sobre eles"[885].

A segunda parte do argumento de Alfredo, e o motivo da importância de sua obra, é o que ele percebeu e reconheceu como antítese do fascismo que surgiu na modernidade ocidental após o fim da antiguidade e o colapso de Roma: o direito natural e seu rebento, o liberalismo[886]. O autor, repetida-

---

[884] ACITO, 1937, p. 81.

[885] *Ibid.*, p. 85-86.

[886] Alfredo reconhece que o cristianismo corroborou com a queda do Império Romano, porém ele não coloca a revelação cristã como antagônica ao fascismo, porque, segundo seu argumento, o gênio latino foi capaz de domá-la na instituição da Igreja Católica. O autor coloca a Reforma protestante como uma das principais cul-

mente, demarca o abismo entre a velha cosmovisão e a modernidade liberal, ao afirmar que essas novas e excessivas liberdades oriundas do direito natural são "imaginadas e proclamadas como princípios e fundamentos de uma nova lei que nunca foi conhecida por nossos antepassados"[887], princípios radicais, uma vez que os indivíduos são considerados em sua natureza específica como todos iguais entre si, como "cada um se torna tão independente que não tem que se submeter de forma alguma a autoridade dos outros: é livre para pensar e fazer o que quiser porque ninguém tem o direito de comandar os outros"[888]. Que o leitor não se engane: Alfredo considera esses novos princípios um terrível retrocesso promovido por um "espírito de rebelião e de liberdades sem limites que o mundo antigo havia ignorado e que nossa civilização não soube afirmar de uma forma totalitária"[889]. Esse espírito de rebelião liberal, que segundo o autor é baseado em "desenvolver as energias individuais com a máxima liberdade e fora de qualquer controle do Estado", ocasionou uma série de problemáticas inconsistências para o pensamento político e social moderno, como limitar o Estado a um "fantasma, uma ficção, sem fins éticos" e restringir o indivíduo "essencialmente na fórmula química do *homo economicus*"[890]. O autor é ainda mais enfático ao culpar a ciência econômica burguesa por tornar o indivíduo apenas uma "mercadoria, a matéria que domina o espírito", resultando no "abismo social que terá de ser resolvido com a dissolução da economia burguesa e a formação do proletariado", referenciando a perspectiva fascista da luta de classes como consequência inevitável dos preceitos liberais e da livre concorrência do mercado num contexto de ausência do Estado[891].

O romanismo se torna, na interpretação fascista, o início do arco histórico da longa revolta totalitária que culmina no fascismo como uma das principais ideologias totalitárias e do governo sobre as massas no século

---

padas pelo surgimento do direito natural e do liberalismo, pintando-a como uma degeneração do catolicismo, mas acredito que essa interpretação não se sustenta. O erro de Alfredo está em equalizar a revelação cristã com o catolicismo, fenômenos que não necessariamente se igualam porque a própria Igreja, no decorrer dos séculos, tornou-se uma instituição dogmática e autoritária, distorcendo a ideia central do cristianismo que somente foi retomada com a Reforma. A ideia da lei natural e o liberalismo são frutos não de uma distorção de Lutero, mas da própria revelação cristã, que no seu âmago é um anarquismo espiritual contrário a qualquer autoridade política terrena, como o Estado romano e o regime fascista. Portanto, a interpretação deste capítulo relevará esse equívoco do autor para focar no essencial de seu argumento histórico.

[887] ACITO, 1937, p. 34.
[888] *Ibid.*, p. 35.
[889] *Ibid.*, p. 40.
[890] *Ibid.*, p. 48.
[891] *Ibid.*, p. 49.

XX, como o próprio Alfredo Acito afirmou: "O fascismo, graças ao gênio do *Duce*, reconquistou as massas, reafirmando a força imortal da ideia romana do estado unitário que é o Império"[892]. E agora pode-se vislumbrar todo o arco histórico que começa na antiga cosmovisão da essência social do indivíduo, cujas exteriorizações na cidadania das *polis* gregas e no Estado unitário romano representaram a apoteose desse tipo de associação humana que entrou em declínio a partir da intervenção da revelação cristã. O fim do longo interlúdio histórico da Idade Média revelou um novo mundo, no qual a antiga cosmovisão foi se tornando cada vez mais obsoleta, sobrevivendo por algum tempo em fenômenos como a época das comunas medievais, mas que foi eclipsada pelos desenvolvimentos dos conceitos de lei natural e de liberalismo, culminando no *laissez-faire* do século XIX.

A interpretação histórica fascista empreende uma crucial distinção entre dois tipos de associação humana: a antiga, também alcunhada de orgânica ou totalitária, e a liberal, às vezes, nominada de atomizada ou individualista, e não pode haver dúvidas que a idealização fascista se alinha com a associação orgânica voltada a uma decisiva condenação da associação individualista do liberalismo, mas o que coliga todos esses momentos históricos para justificar todo esse arco histórico? É a ideia da essência social do indivíduo. Partindo da antiga cosmovisão da antiguidade, passando pelas corporações medievais, sendo redesenhada no moderno movimento socialista, especificamente no sindicalismo revolucionário, para se juntar à descoberta da nacionalidade e se metamorfosear no totalitarismo do Estado fascista, a ideia de que o indivíduo possui uma essência social que o rende dependente das influências comunitárias para realizar todas as suas potencialidades é o fio condutor de da filosofia histórica fascista e um das justificações intelectuais mais perspicazes que o regime conseguiu confeccionar. O fascismo, nesse sentido, mostra-se como o herdeiro não apenas do socialismo tricolor do *Risorgimento*, mas se confunde com a própria história de alienação política da Itália, a apoteose de um longuíssimo processo de um povo se reencontrando com a sua verdadeira vontade política depois de milênio de confusão e degeneração. As palavras de Emilio Bodrero, previamente citadas, são muito precisas quanto a essa natureza fascista de interpretação histórica: o fascismo *ressuscitou* um pensamento antigo. Não é apenas a grandeza romana nos moldes de uma "terceira Roma" que se está conjurando, mas uma audaciosa ressurreição do "clássico pensamento

---
[892] *Ibid.*, p. 103.

político italiano" centrado no poder supremo do Estado como realizador da vontade geral de uma comunidade política que, por isso mesmo, é alcunhada de "orgânica" nos moldes da antiga cosmovisão em que o indivíduo se encontra decididamente mesclado à sua essência social dentro de instituições como o Estado.

Mas por que essa ressurreição é uma "revolta totalitária"? Porque o mundo no qual o fascismo surgiu não era o da antiguidade da cidadania grega ou do Estado máximo romano, mas a modernidade profundamente embrenhada nas especulações filosóficas pautadas no direito natural e no individualismo, a filosofia mais influente durante o século XIX, o século da revolução industrial, do capitalismo e do nascente movimento proletário. Quem se revolta tem que necessariamente se revoltar contra algo ou alguém, e o fascismo nasceu como um movimento destinado a se rebelar contra a modernidade liberal, por meio da ressurreição do antigo pensamento político totalitário com raízes na antiga cosmovisão da essência social do indivíduo. Essa revolta fica ainda mais clara quando se lê a entrada destinado ao *"Diritto"* no massivo *Dizionario di Politica*, do próprio PNF, que começa afirmando sem rodeios que o conceito fascista do direito "nada mais é do que uma manifestação sincrônica e essencial do Estado", prosseguindo a distinguir o direito antagonista à essa concepção: "O outro, sob o nome de direito 'natural' ou 'ideal', deseja elevar suas vagas aspirações ou construções lógicas arbitrárias à uma entidade jurídica que em todo caso se reduz a um desenvolvimento do pressuposto individualista"[893]. O argumento continua ao julgar o direito natural como apenas uma "projeção arbitrariamente universal do indivíduo e, nesse sentido, o conceito de lei natural implica a negação aberta de qualquer ordem política concreta"[894], e é essa natureza individualista e antipolítica que coloca o direito natural e o liberalismo como os principais inimigos do fascismo ao fundamentar uma noção de legalidade como manifestação de um abstrato isolamento individual, inviabilizando que o direito tenha sua origem e validade na vontade da ordem política da comunidade. A entrada conclui com o reclamo à autoridade de Giambattista Vico: "Para o fascismo, o Estado é a fonte do direito, pois é a concretização da realidade do povo. Assim, Vico via o direito como 'a realização e a expressão jurídica do espírito das nações'"[895].

---

[893] DIZIONARIO DI POLITICA, 2014, p. 170.
[894] *Idem.*
[895] *Ibid.*, p. 172.

O argumento fascista de que o direito é uma manifestação concreta da vontade política da comunidade já havia sido aprofundado pelos trabalhos filosóficos de intelectuais como Giovanni Gentile e Sergio Panunzio. Deve-se lembrar, nesse sentido, o eixo central da sociologia política de Gentile: a *società in interiore homine*, que é a realidade social imanente nos indivíduos como potencialidades que somente podem florescer mediante a educação socializada, cujos elementos são fornecidos pela comunidade de destino e, mais precisamente, concretizadas na autoridade política do Estado. Da mesma forma, Panunzio, desde a sua juventude como militante socialista nas hostes do sindicalismo revolucionário, já havia se destacado com suas análises da inescapável realidade que é a autoridade do direito nas relações sociais, mesmo que para além do Estado que à época ele considerava uma máquina de opressão burguesa, porque, onde quer que se manifeste a sociabilidade humana, o direito e autoridade que o legitima também surgirão para balizar as relações sociais. É uma realidade inescapável, porque o direito e a autoridade são uma categoria *imanente* como característica principal da sociabilidade humana, fazendo parte da essência do que é ser humano, argumento que ele levou às suas justificações do Estado fascista, considerado a concretização legítima dessa essência social dos indivíduos.

Há, como pode se ver, um abismo intransponível entre o fascismo e o liberalismo que se centra numa radical diferença sobre a complicadíssima natureza da relação do indivíduo com o seu meio social, e é nesse sentido que se pode compreender o fascismo como um herdeiro da velha cosmovisão da comunidade orgânica baseada na essência social do indivíduo, porque, nessa perspectiva, o indivíduo não é, por si mesmo, uma fonte legítima de direitos e nem pode plenamente se realizar na sua individualidade, necessitando categorias sociais muito mais vastas e complexas que o rendem capaz realizar todas as suas potencialidades que, como Gentile nos lembra, residem *interiore homine*. Para o fascismo, considerar o indivíduo como uma fonte natural de direitos implicaria reconhecer o indivíduo do estado de natureza como uma individualidade livre, autônoma e capaz, o que seria um absurdo visto que o indivíduo, nessas condições de completa independência do seu meio social, quase não se diferencia de qualquer outro animal, devido às suas limitações naturais. O indivíduo e a sua comunidade são, na visão fascista, implicados numa relação de dependência mútua impossível de se prescindir, culminando no paroxismo de coligar as vontades individuais com a vontade geral da comunidade encabeçada pelo Estado.

Paulo de Tarso, herdeiro da profunda revolução moral e intelectual da inesperada fusão da filosofia grega com a teologia judaico-cristã, fez seu salto fé para defender a ideia de que, independentemente de qualquer necessidade e relação social, cada indivíduo possui uma *essência* única que lhe confere um inviolável *status* de detentor de direitos naturais justificados na relação direta com o mistério divino. Essa ideia radical expandiu a consciência moral da humanidade culminando nas teorizações filosóficas do direito natural e, consequentemente, no liberalismo, restringindo o poder de instituições sociais como o Estado a uma função subalterna de proteção à propriedade e aplicador de uma limitada jurisdição, porque a coletividade passou a ser percebida como, primeiramente, um agregado de indivíduos cujas preferências e realizações pessoais se tornaram a razão de ser da *sociedade*.

Essa é a radical diferenciação que tanto Karl Popper com as suas categorias de "sociedade aberta" e "sociedade fechada", como Tönnies com a "comunidade" e a "sociedade" também perceberam e fica claro que o fascismo se caracteriza como uma "sociedade fechada" ou uma "comunidade" ao rejeitar as inovações filosóficas da nova dispensação que culminou no liberalismo. Essa diferenciação é tão fundamental que tanto Paulo de Tarso, quanto filósofos fascistas como Giovanni Gentile a perceberam ao tratar da intrincada questão da linguagem como representação do problema no centro das especulações acerca da relação do indivíduo com a coletividade, engendrando uma longa bifurcação que resultou, de um lado, no liberalismo e, no outro, no fascismo. Assim, todo o arco histórico avançado pelo fascismo se caracteriza como uma revolta totalitária porque se funda numa rebelião contra os principais e inéditos avanços filosóficos, morais e políticos que surgiram na modernidade após a queda dos antigos impérios pautados na antiga cosmovisão. É uma revolta porque busca ressuscitar e reabilitar, sob o novo termo "totalitário", essa mesma antiga cosmovisão da essência social do indivíduo, realocando o Estado, e não a individualidade, no centro da legitimação política da coletividade.

De certa forma, não parece ser coincidência que essa revolta totalitária tenha se manifestado, nas suas desavergonhadas intenções públicas, justamente na Itália, porque a história política da península se centrou num desespero existencial após a queda do Império Romano, manifestando-se sempre mais intensamente, conforme a lúgubre realidade da opressão e alienação do povo italiano foi se intensificando durante séculos de fragmentação e dominação estrangeira. A necessidade histórica de reunificar espiritualmente a península itálica, sempre motivada pelo imaginário da uma perdida grandeza imperial, tornou-se solo fértil para que modernas teorias sociais condizentes com a antiga cosmovisão como o socialismo e o sindicalismo revolucionário pudessem se ligar a um recém-unificado Estado-nação num contexto de generalizada competição internacional. E parece que essa síntese encontrou sua oportunidade perfeita de materialização justamente nos escombros da Europa liberal após a Primeira Guerra mundial, resultando num novo tipo de ideologia política: o fascismo.

Ainda, deve-se esclarecer que o ímpeto "revolucionário" do fascismo em criar um "novo indivíduo" se trata, novamente, de uma importação histórica dos moldes pelos quais o indivíduo era tratado dentro da antiga cosmovisão, quer seja do cidadão grego ou do súdito romano, cuja existência era legitimada dentro de um quadro mais geral da vida comunitária seguindo o que os fascistas chamariam de sua "função social". Fica difícil, nessa contextualização, acreditar que a revolta totalitária fascista tenha sido "revolucionária", porque se trata de um retorno reacionário a um tipo de legitimação política e social tornada obsoleta frente às inovações da nova dispensação que culminou no individualismo liberal, mas há uma implicação mais importante dessa análise que pode ser esclarecida, levando-se em conta a teoria palingenética de Roger Griffin.

Como referenciado em capítulos anteriores, a teoria de Griffin gira em torno do conceito de *palingenesis*, um *rebirth* ou renascer de um "ultra-nacionalismo", que é definido, no caso do fascismo, como a transformação e personificação da nação numa entidade real atingindo uma organicidade que lhe confere primazia moral e política, o qual o autor estende sobremaneira ao dizer que essa "ultranação" tem capacidade de ter "conotações tanto de um estado-nação regenerado quanto de uma civilização ou raça renascida" que confere a "esse componente central do mito fascista" a caracterização de um reconhecível e transponível "mínimo fascista" — a característica definidora de um fenômeno "fascista"[896]. Por meio da teoria palingenética do fascismo, Griffin tenta rotular diversos e diferentes fenômenos políticos complexos, notadamente o nacional-socialismo alemão, como igualmente "fascista", porque todos possuem, no seu centro, um mito palingenético:

> a coerência interna do fascismo como um conceito genérico emerge uma vez que essas diferentes permutações são interpretadas em relação a um mito utópico central de um estado ideal de sociedade e civilização e as consequências práticas de tentar traduzir esse mito na prática em um contexto histórico particular;

---

[896] GRIFFIN, Roger. *Fascism*. An introduction to comparative fascist studies. Cambridge: Polity Press, 2018, p. 52-54.

o mito central, tipicamente construído idealmente, é que um 'povo' formando uma 'ultra nação' está em crise e precisa ser salvo de seu atual estado de desintegração e decadência;

o mínimo de definição do fascismo genérico é, portanto, que ele abraça uma ideologia, e suas políticas e práticas relacionadas, centradas na necessidade de mobilizar energias populistas de renovação (*palingenesis*) para provocar o renascimento da ultra nação, inaugurando assim uma nova, ordem revolucionária nacional ou civilizacional.[897]

É mérito de Griffin ter reconhecido que a natureza do fascismo se encontra profundamente relacionada com uma ressurreição regeneradora da comunidade política, e nisso ele está correto, porém a substância com a qual preencheu o seu esquema conceitual é deveras limitada e não explica todo o fenômeno. Primeiramente, Griffin é enfático ao colocar o "mito utópico central de um estado ideal de sociedade e civilização" como quiçá a principal característica do "mínimo fascista", mas esse posicionamento não se coaduna com a sua conceituação do *rebirth* palingenético, porque os fascistas não eram cínicos que se utilizavam do mito como mera arma de propaganda maquiavélica, pensando-o como mera utopia para o consumo das massas. Benito Mussolini, nos dias da Marcha sobre Roma, numa citação que se encontra concluindo a entrada "Mito" do *Dizionario di Politica*, do PNF, afirmou que "o mito é uma fé, é uma paixão. É uma realidade no fato de ser um estímulo; que é esperança, que é fé, que é coragem. O mito é a nação, nosso mito é a grandeza da nação"[898]. Será que dever-se-ia concluir que Mussolini, ao colocar a própria nação como um "mito", considerava-a uma utopia? É claro que não, ele mesmo afirma que a nação — e, por consequência, o próprio mito — *é algo mais que engodo psicológico ou inúteis utopias civilizacionais, é um estado mental e de espírito capaz de alterar o comportamento dos indivíduos no mundo concreto*. Essa concepção do mito advém tanto de Georges Sorel, quanto dos sociólogos elitistas, como Ludwig Gumplowicz, Vilfredo Pareto e Gustave Le Bon, todos preocupados em compreender o comportamento dos indivíduos e das coletividades num determinado contexto histórico de rápida urbanização e democratização do sufrágio universal, de modo que o mito é um instrumento de análise psicológica aplicada para fins que seus manuseadores consideravam sérios e verdadeiros.

---

[897] *Ibid.*, p. 57.
[898] DIZIONARIO DI POLITICA, 2014, p. 124.

Nesse sentido, não há nenhum mito utópico para ser traduzido na prática em um contexto histórico particular, porque se tratava de eliminar o que os fascistas percebiam como uma intolerável alienação histórica ao restaurar uma relação orgânica entre indivíduo e Estado que, segundo suas interpretações históricas, era o "estado natural" do pensamento político italiano com raízes na antiga cosmovisão. A própria nação apenas foi alocada ao centro das especulações fascistas, devido à sua inescapável realidade *como moderna comunidade de destino*, uma escolha instrumental e não limitada a si mesmo:

> A Itália teve que, antes de tudo, se atualizar com os princípios que lhe permitiram, em sua primeira fase, tornar seu ideal uma realidade. As ideias nacionais que constituíram um dos objetivos da Revolução Francesa tiveram que ser agitadas, ainda que temporária e provisoriamente, sendo, portanto, necessário atualizar a ideia de nação com base no novo conceito político que saudou o amanhecer do século XIX.
>
> Não se poderia voltar a subir de repente tão alto a ponto de retomar plenamente - e desta vez de forma prática e eficiente - a ideia romana, mas era melhor ir passo a passo. O primeiro problema, portanto, foi o da unidade nacional implementada na forma política.[899]

A regeneração a qual Griffin se refere, portanto, não se funda num mito utópico de uma "ultra nação" — que pode ser, no melhor dos casos, uma consequência de certos pressupostos primários que nunca são bem definidos —, mas nos fundamentos daqueles *recognitors* essenciais do primeiro nível do discurso sintético. De fato, a caracterização ideológica de Griffin do fenômeno fascista é deveras confusa porque ele confere ao termo "ultra nação" uma miríade de *recognitors* heterogêneos, considerando-o um "produto supraindividual da imaginação fascista que pode possuir aspectos tanto da '*motherland*' histórica quanto da '*fatherland*', mas também de passados históricos e raciais mitificados e destinos futuros", incluindo ainda aspectos do "Deus judaico-cristão: ela vive tanto no desenrolar do tempo histórico quanto, contemporaneamente, na eternidade supra histórica do povo ou raça".[900] Realmente um abrangente *umbrella term* capaz de se estender a todos aqueles fenômenos que Griffin quer que sejam considerados "fascistas"[901].

---

[899] BODRERO, 2019, p. 67.
[900] GRIFFIN, 201, p. 54.
[901] *Idem*. Curiosamente, parece que a utopia da sociedade sem classes — claramente um tipo de *rebirth* de uma coletividade específica moldado num devir escatológico, cujo desenlace é o extermínio de uma classe social — por algum motivo não entra no rol de criações do imaginário fascista de Griffin.

Todos esses elementos são construções do segundo nível do discurso sintético que apenas surgem devido à imprescindíveis pressupostos do primeiro nível, e este é o erro fundamental da análise de Griffin: ele toma uma variedade de possíveis construções do segundo nível do discurso sintético como as características definitivas do fenômeno fascista, quando o que é realmente necessário é averiguar o *rebirth* palingenético nos elementos do primeiro nível do discurso, como o conceito de "indivíduo", "liberdade" e "igualdade". Esse também é o motivo pelo qual a utilização do mito pelos fascistas não se limitou a uma utopia civilizacional, mas foi empregado principalmente como um instrumento capaz de mudar o comportamento de uma coletividade, *devido a certas conclusões acerca da natureza social do indivíduo*. As características que Griffin aglutina sob rubricas como a "ultra nação", oriunda de uma *palingenesis*, sendo construções sociais complexas do segundo nível do discurso sintético, diferem consideravelmente uma das outras quanto à natureza de suas respectivas origens e justificações, que só podem ser esclarecidas mediante uma cuidadosa reconstrução do respectivo tronco ideológico, levando-se em conta os elementos fundamentais do primeiro nível do discurso sintético aliado a um esforço de contextualização histórica, na qual eles foram empregados. O desesperado impulso de querer criar uma categoria dum "fascismo genérico", reduzindo-o a um atributo mínimo básico de uma "ultra nação", fatalmente amputa os fenômenos escolhidos de suas características mais pormenorizadamente contextualizadas para se adequar ao mínimo requisitado, mesmo que às custas de um conhecimento mais nuançado e profundo do fenômeno ideológico. O fascismo aqui estudado, que para Griffin é o fascismo "italiano" ou "originário", não se adequa ao requisito mínimo da "ultranação", porque a nação não foi senão uma realidade incontornável da modernidade que teve ser instrumentalizada para realizar algo mais profundo e latente dentro de um contexto histórico muito mais abrangente, cuja interpretação é possibilitada pela história peculiar da longa revolução italiana: a resolução de uma alienação milenar voltada para a transfiguração da relação do indivíduo com a sua comunidade nos moldes da ressurreição da antiga cosmovisão, um retorno da essência social do indivíduo em busca de sua comunidade de destino que apenas a encontrou no moderno Estado-nação italiano por uma contingência histórica que representa apenas uma parte do processo dessa revolta totalitária.

O que essa crítica a Griffin almeja é mostrar que se há algum ponto referencial capaz de aglutinar fenômenos políticos complexos numa mesma rubrica para melhor compreendê-los dentro de um contexto mais abrangente não é uma "*palingenesis* ultranacionalista", mas uma afinidade nas categorias do primeiro nível do discurso sintético, especificamente no que diz respeito ao conceito de indivíduo e a sua liberdade dentro de uma contextualização das justificativas para o funcionamento dessa relação embrionária. As fundamentações e justificativas desse primeiro nível não apenas possibilitam o compreensivo salto para as construções sociais do segundo nível, como também servem para estabelecer um padrão de categorização das ideologias políticas em linhas mais sólidas do que uma escolha arbitrária de algumas construções do segundo nível, às vezes, apenas com consequências parciais ou contingentes dentro do contexto mais abrangente das funcionalidades da ideologia em questão.

Qual é, então, a *verdadeira palingenesis* do fascismo? *É a ressurreição da essência social do indivíduo dentro de um contexto histórico do pensamento político italiano.* Há uma inescapável caracterização do indivíduo como um *animal político*, cuja essência é, primeiramente, social, tornando-o dependente da comunidade para a conquista da sua liberdade a autorrealização a ponto de alterar decididamente o fundamento da legitimação política da coletividade: da individualidade liberal às construções coletivas como a "vontade geral" e o Estado. E por que essa mudança é uma *palingenesis*? Porque ela é uma ressurreição dos conceitos de "indivíduo" e "liberdade" comumente associados à antiga cosmovisão, e o fascismo é notável para essa explicação, porque muito de seus intelectuais reconheceram essa relação e a adotaram para suas justificações históricas. Aliado a essa mudança essencial nos fundamentos do primeiro nível do discurso sintético, a peculiar história política da península itálica forneceu a substância para as construções do segundo nível que concederam ao fascismo a sua identidade única dentre outros fenômenos políticos, porque corporativismo fascista foi inspirado na tradição das comunas medievais italianas que se conjugou com o socialismo nacionalista do *Risorgimento* e o sindicalismo revolucionário. Notadamente, no caso do fascismo essa *palingenesis* não se limitou à nação, porque uma parte considerável das especulações imperialistas do regime abertamente flertavam com uma suposta missão civilizadora fascista para o mundo, fundamentando-se no passado imperial romano como autoridade justificadora para a expansão do gênio político italiano alhures.

A revolta totalitária avançada por este livro é apenas outro nome para essa *palingenesis,* quando interpretada no contexto do pensamento moderno ao levar em conta a relação antagônica com o individualismo liberal, cujo argumento principal se utiliza do fascismo como um caso específico para ilustrar sua concretização. Nesse sentido, a revolta totalitária, considerada nos termos definidos até aqui, pode ser utilizada para realizar um muito necessário esclarecimento da relação entre fascismo e marxismo que escapa à maioria do *mainstream* intelectual.

III Fascismo e marxismo

O leitor certamente deve ter notado que, no decorrer deste livro, o marxismo foi frequentemente referenciado tanto nas formulações originárias de Marx e Engels, quanto nas suas diversas interpretações que surgiram na esteira das críticas lançadas por Bernstein, como o sorelismo e o leninismo, e isso se deve à enorme influência que o marxismo exerceu no pensamento revolucionário na virada do século XIX para o século XX. A rigor, é impossível compreender o surgimento e o desenvolvimento do fascismo sem a contextualização da influência do marxismo no socialismo europeu em geral e especificamente no italiano, o que também possibilita uma correta correlação entre o marxismo e o fascismo que a maioria da historiografia e ciência social *mainstream* é incapaz de compreender.

Como mencionado anteriormente, o historiador israelense Jacob Talmon, no seu *The myth of the nation and the vision of Revolution*, estabeleceu que a história revolucionária dos dois últimos séculos desembocou numa dualidade entre, de um lado, uma primeiramente vaga aspiração de revolução mundial herdada pelo internacionalismo marxista e, do outro, a descoberta da moderna nação como comunidade de destino. Essa interpretação histórica, conjugada com o arco da revolta totalitária, ajuda a esclarecer a medida da influência do marxismo: ela se deu muito mais pelo que não foi compreendido do que qualquer mérito cognitivo relevante, porque a história do marxismo é a história da confusão gerada pelo marxismo.

A longa contextualização empreendida na primeira parte deste livro acerca dos revisionismos da herança marxista demonstra que, longe de se estabelecer como uma teoria científica válida, o marxismo já veio ao mundo natimorto, devido à sua incompletude como admitido pelo próprio Engels, e os esforços dos revisionismos de Bernstein foram empreendidos justamente para tentar salvar algo de útil do decadente *corpus* marxista. Mas, como nos lembra Georges Sorel, uma teoria não precisa ser correta para ser popular ou exercer alguma influência nos rumos da história, e é sintomático que o autor desse juízo se tornou famoso justamente por se apropriar do marxismo como um mito revolucionário capaz de desencadear uma apocalíptica luta de classes contra a sociedade burguesa. Os motivos que levaram Sorel a transformar o marxismo num mito político foram os mesmos motivos que levaram Benito Mussolini a se converter ao nacionalismo e, consequentemente, fundar o embrião do fascismo no *Fascio d'Azione Rivoluzionaria*, e a esse respeito há uma curiosa e frequentemente esquecida passagem da biografia intelectual de Giovanni Gentile, que representa bem o problema em questão.

Giovanni Gentile começou sua carreira intelectual com dois ensaios sobre o marxismo, o primeiro intitulado *Una critica del materialismo storico*, de 1897, um trabalho reconhecidamente imaturo e de pouco impacto, e o segundo, o *La filosofia della prassi*, de 1899, notadamente competente e influente, ainda mais numa época em que importantes escritos de Marx, como a *Ideologia Alemã* e os *Manuscritos econômicos-filosóficos*, não haviam sido publicados integralmente. Esses dois ensaios, publicados quando Gentile não havia completado nem 25 anos de idade, foram posteriormente aglutinados no livro *La filosofia di Marx* como o volume XXVIII de suas obras completas, e é precisamente o segundo ensaio que será levado em conta para a interpretação que se segue.

No *filosofia della prassi*, Gentile, levando em conta os posicionamentos de Antonio Labriola em seus escritos sobre o materialismo histórico e dialético, busca traçar a origem e o significado da metodologia marxista, e busca fazê-lo especialmente para refutar a bastante difundida interpretação determinista do sistema, centrada na automática tomada de consciência do proletariado depois que as "forças produtivas" entraram em contradição com as "relações de produções", assegurando a inevitabilidade do colapso do capitalismo. Para Gentile, o marxismo não é um sistema determinista baseado em supostas leis do desenvolvimento social, culminando num inevitável devir histórico já prefigurado, porque não é possível descobrir nenhuma "lei do desenvolvimento social". Qualquer conclusão científica, seja de ciência natural ou social, *não* advém de uma passiva observação de fatos que, por si mesmos, fornecem os segredos do seu funcionamento para que os indivíduos aprimorem suas chances de sobrevivência no domínio do ambiente; os fatos se revelam apenas no contexto de uma ou outra perspectiva que fornece o critério para escolher o que deve constituir os próprios fatos. Os cientistas, continua Gentile, inevitavelmente observam de uma maneira *ativa*, isto é, escolhendo as variáveis a serem levadas em conta na inquirição da factibilidade de suas hipóteses

— estas mesmas representando o repositório dos motivos que orientam a escolha. Em outras palavras, explicações e previsões são válidas apenas quando os homens, dotados de valores, objetivos e intenções, os traduzem em fatos no mundo empírico, porque qualquer ciência repousa sobre um conjunto de valores, tácitos ou expressos. O ponto desse argumento de Gentile é o de que qualquer explicação científica ou ato cognitivo é pressuposto por um ato valorativo intrinsecamente humano e subjetivo, o qual, por sua própria natureza, escapa às próprias explicações científicas que são seu produto. Desse modo, Gentile chega à conclusão que os marxistas defensores da interpretação determinista do marxismo não entenderam nem o próprio marxismo e nem mesmo como a constituição epistemológica do ato cognitivo-científico que supostamente embasa a interpretação determinista funciona: "Os valores humanos não podem ser explicados pelo materialismo histórico porque o materialismo histórico é uma tentativa de explicar e prever o que faz parte do ato cognitivo do homem e, como tal, repousa sobre um conjunto de valores humanos implícitos"[902].

    Essa primeira parte da crítica de Gentile à interpretação determinista do marxismo se coaduna com a sua igual oposição ao positivismo reinante da época, e o que é realmente necessário, continua o jovem filósofo, é ir ao âmago da inversão do hegelianismo operacionalizada pelo jovem Marx. De acordo com Gentile, Marx lutou contra aquela forma de materialismo que torna os indivíduos simples observadores dos processos naturais e sociais do mundo e, em vez disso, concebeu-os como participantes desses processos em um sentido hegeliano. Os indivíduos participam de um processo dialético e de desenvolvimento, de um processo histórico que influencia e é influenciado por sua atividade: a *práxis*. Nesse sentido, Gentile foi um dos primeiros intérpretes a trazer à luz a relação e o débito que o jovem Marx teve com o pensamento de Ludwig Feuerbach — numa época em que as famosas *Teses sobre Feuerbach* eram desconhecidas do grande público e só chegaram às mãos de Gentile por meio de Antonio Labriola, que as recebeu diretamente de Friedrich Engels —, e a sua interpretação do marxismo, centrada na categoria da *práxis* revolucionária, dá-se por meio da interpretação que o jovem Marx fez do naturalismo de seu colega Feuerbach.

    Feuerbach, no seu herético livro *A essência do cristianismo*, contrariando a asserção hegeliana de que a filosofia e a religião são fenômenos assimiláveis, afirma que não é Deus que faz o homem, mas o homem que faz Deus, no

---

[902] GREGOR, 2013, p. 371-372.

sentido de que a única função da religião é a de satisfazer uma necessidade psicológica do indivíduo. No seu ensaio, Gentile refaz o argumento de Feuerbach que lavará Marx ao materialismo dialético:

> O que é, de fato, para o homem, sua própria essência individual? Numa satisfação contínua das próprias necessidades orgânicas. E quer encontrar isso em Deus. O sentimento egoísta, insatisfeito com a finitude da vida real, leva o homem a sublimar-se em um poder infinito, que é poder divino, onipotência para satisfazer todas as suas necessidades. O homem, portanto, pela religião não se reconhece, como espírito, como absoluto, como universal, em Deus; mas esse espírito absoluto e universal deve, ao contrário, reconhecer-se no indivíduo particular, que como um organismo físico vive através das incessantes vicissitudes do surgimento e satisfação das necessidades. Portanto, a verdade do individual não está no universal, mas a verdade universal é que está no individual. A matéria não se realiza no espírito, mas o espírito na matéria. O idealismo hegeliano virou de cabeça para baixo.[903]

Ao assim replicar o principal argumento de Feuerbach, Gentile está querendo dizer que o que antes, na dialética hegeliana, pertencia ao espírito, agora se encontra encarnado *na matéria* por meio *do sistema de necessidades* do indivíduo concreto e histórico. Ao subordinar a religião a uma criação humana, cujo propósito é satisfazer uma necessidade do indivíduo concreto, Feuerbach eliminou a metafísica das possibilidades de inquirição cognitiva, deixando apenas o mundo empírico da matéria como a fonte originária de todas as criações naturais e humanas. Especificamente considerando o mundo social como produto do indivíduo enquanto corpo orgânico, que vive da contínua satisfação de suas necessidades, a explicação dos fatos sociais deve advir da análise das necessidades do indivíduo como membro de uma sociedade ou, melhor, de uma sociedade específica, argumento que Feuerbach simplifica num memorável aforismo: o homem não é nem mais nem menos do que o que ele come (*der Mensch sei nur das, was er esse*).

O indivíduo, que antes era concebido como possuidor de uma essência divina, metafísica como a alma ou o que o valha, agora passa a ser considerado como um *animal cuja essência é empírica e derivada da satisfação de suas necessidades*. Marx reconhece o mérito de Feuerbach ao realizar essa crucial inversão do hegelianismo por meio da naturalização do fenômeno religioso, abrindo a possibilidade das especulações materialistas acerca da

---
[903] GENTILE, Giovanni. *La filosofia di Marx*. Opere, XXVIII. Firenze: Sansoni, 1959, p. 66-67.

essência concreta dos indivíduos dentro da história, mas não se contenta e, em típica maneira marxista, volta-se contra seu credor intelectual com uma crítica venenosa no seu conhecido estilo de contenda jornalística. É nesse contexto que ambos Marx e Engels escreveram *A Ideologia Alemã* e as *Teses sobre Feuerbach*, textos oficialmente publicados apenas pelos soviéticos, mas que Gentile já havia levado em consideração nos seus ensaios.

Qual é, então, a crítica que Marx faz a Feuerbach? A introdução e a primeira e segunda teses são bem claras quanto às razões da crítica marxista: "[Feuerbach] não vê a intuição sensível *como atividade prática humana e sensível* (sensível no sentido de ser empírica)"[904], seguindo as teses:

> I - O principal defeito de todo materialismo até aqui (inclusive o de Feuerbach) é que o objeto, a realidade, a sensibilidade, só são apreendidos sob a forma de *objeto* ou de *intuição*, mas não como *atividade humana sensível*, como *práxis*, não subjetivamente. [...] Feuerbach quer objetos sensíveis, realmente distintos dos objetos do pensamento; mas não vê a própria atividade humana como *atividade objetiva*. Por isso, em *A essência do cristianismo*, considera apenas a atividade teórica como autenticamente humana, enquanto a práxis só é apreendida e fixada sob a sua forma judaica e sórdida. Eis por que não compreende a importância da atividade "revolucionária", da atividade "prático-crítica".
>
> III – A doutrina materialista que supõe que os homens são produtos das circunstâncias e da educação e, em razão disso, os homens transformados são produtos de outras circunstâncias e de uma educação modificada, esquece-se de que são justamente os homens que transformam as circunstâncias e que o próprio educador precisa ser educado. [...] A coincidência da mudança das circunstâncias com a atividade humana ou mudança de si próprio só pode ser vista e considerada racionalmente como práxis *revolucionária*.[905]

Gentile percebe nessa crítica a Feuerbach a chave para a compreensão do materialismo dialético, porque, uma vez que Feuerbach havia naturalizado a essência do indivíduo, Max vai além ao considerá-la um *produto de uma atividade criativa*. A essência individual não pode ser traçada *apenas* às necessidades materiais, mas, sim, à *atividade que o indivíduo empreende para satisfazê-las*, o que Marx denomina de *práxis* ou atividade humana sensível

---

[904] MARX, 1976, p. 3.
[905] MARX, 1976, p. 3-4, grifos meus.

(*menschliche sinnliche Tätigkeit*), e nessa atividade, está compreendida as relações sociais estabelecidas entre os indivíduos assim como os meios empregados para a satisfação das necessidades. Nesse sentido, Gentile afirma que Marx, ao reformular o materialismo de Feuerbach, intencionou realçar a importância da dinâmica profundamente social da atividade para a satisfação das necessidades: "De acordo com Marx, o indivíduo como tal não é real; real é o indivíduo social. O que equivale a afirmar a realidade originária da sociedade, na qual o indivíduo, base da visão materialista de Marx, é inerente"[906]. A práxis marxista joga o indivíduo numa relação dialética com a sociedade que, a rigor, é produto *e* produtor dos mesmos indivíduos, de modo que a essência *social* dos indivíduos é fruto dessa relação dialético-materialista. É nesse sentido que Gentile afirma que a crítica que Marx fez a Feuerbach é o ponto de partida da compreensão do materialismo dialético.

A grande sacada da interpretação gentiliana do marxismo é a de julgar essa práxis revolucionária como uma importação do esquema hegeliano para o mundo da matéria, de forma que a dialética, antes atributo do Espírito, torna-se a própria evolução da essência individual na história: "Marx não faz nada além de substituir o pensamento pela matéria; mas um material dotado da mesma atividade, outrora considerada privilégio do pensamento"[907]. Mas como que a matéria pode estar dotada "da mesma atividade" que o pensamento? Aqui, entra outro aspecto crucial da interpretação gentiliana ao definir a práxis marxista como a perfeita unificação do *fazer* e do *saber*, como a relação primária entre sujeito e objeto da atividade humana sensível, chegando a atribuir a Marx uma postura subjetivista que foi tanto procurada por intérpretes ciosos de lhe conceder uma ética revolucionária, mas essa atribuição é possível, porque, segundo Gentile, a crítica marxista ao materialismo abstrato e inerte de Feuerbach implica, consequentemente, a ideia de uma "energia prática e crítica" primária, de uma práxis que adquire conhecimento no próprio ato de produzir seu objeto[908]. Naturalmente, se o indivíduo é fruto de sua própria atividade sensível para satisfazer suas necessidades, deve-se presumir que o pensamento e a ação também se inserem na dialética da atividade criadora, não sendo possível prescindir de nenhum dos dois sob risco de cair ou num solipsismo ou num deter-

---

[906] GENTILE, 1959, p. 90.
[907] *Ibid.*, p. 86.
[908] MUSTÈ, Marcello. *Marxism and the philosophy of praxis*. An italian perspective from Labriola do Gramsci. [S. l.]: Palgrave Macmillan, 2021, p. 100-101.

minismo materialístico. Nesse sentido, a interpretação gentiliana de Marx afirma que são os indivíduos que fazem sua própria história em sentido substancial, isto é, de um modo que as variáveis abstratamente definidas como econômicas e materiais estão em relação dialética e imanente com aquelas definidas como éticas ou filosóficas, uma relação de interdependência que representa a dinâmica dialética do materialismo histórico. Na sua linguagem de filósofo idealista, Gentile ilustra o ritmo do materialismo dialético ao afirmar que o "efeito reage sobre a causa e sua relação é invertida; o efeito tornando-se causa, que se torna efeito enquanto permanece causa, de modo que ocorre uma síntese de causa e efeito", que significa dizer que o sujeito, durante o processo de criação e produção do objeto de suas necessidades, é ele mesmo transformado, atualizando sua essência social ao mesmo tempo que a sociedade avança materialmente: "E assim Marx observou que a coincidência da mudança das circunstâncias e da atividade humana pode ser concebida como prática que subverte a si mesma (*nur als umwälzende Praxis*)"[909].

É com essa operação que Gentile percebeu que a inspiração originária do jovem Marx, longe de ser um cru determinismo econômico, inspirava-se numa operação dialética aplicada ao indivíduo concreto e histórico, cuja verdadeira essência é criada por meio de suas atividades econômicas e relações sociais para a satisfação das necessidades. Mais precisamente, o indivíduo de Feuerbach, em sua concepção materialista abstrata, foi descartado por Marx ao ser substituído por um indivíduo social e concreto, que o é em virtude da mediação perpétua com a produção do objeto para a satisfação das necessidades. Essa *práxis* desenvolvida em processo produtivo é, ao mesmo tempo, fruto do pensamento e o fator que o condiciona, impelindo o indivíduo e a sociedade a se transformarem durante sua existência histórica.

Essa interpretação de Gentile coloca o jovem Marx como, ao mesmo tempo, herdeiro da tradição materialista e seu mais *sui generis* continuador, porque, até ele, pensadores como Helvétius, Rousseau, Robert Owens e o próprio Feuerbach, por exemplo, compartilhavam a noção de que, uma vez que os indivíduos são moldados por seu ambiente, bastaria trazer mudanças para a ordem social para obter uma transformação da essência humana. Marx, ao contrário, havia abordado o problema em termos dialéticos, segundo os quais o ambiente social é ele próprio um produto da ação humana; causa e efeito estão, assim, envolvidos em uma relação circular, em que a prática

---

[909] GENTILE, 1959, p. 85.

"se inverte" no sentido de que os indivíduos se reconhecem em seu próprio produto social, que continuamente criticam e superam durante o processo produtivo da *práxis*. Gentile é enfático ao argumentar que essa inovação do jovem Marx se deu especialmente devido à sua influência hegeliana, uma herança que moldou definitivamente sua visão de mundo e nunca mais o deixou, de modo que, sob essa perspectiva, é possível compreender as origens de um materialismo pautado por um movimento dialético dentro da realidade histórica[910].

Há duas consequências relevantes dessa interpretação para o argumento deste subcapítulo, e o primeiro deles é sobre o juízo que Gentile emitiu sobre a interpretação determinista do marxismo. Malgrado todas as dificuldades interpretativas dos textos marxistas, devido às suas já aludidas questionáveis qualidades literárias e à incompletude do projeto, Gentile considera ter aprendido o suficiente para concluir que o marxismo, como desenvolvido pelo materialismo dialético do jovem Marx, não pode ser interpretado como um determinismo econômico nas linhas da ortodoxia da Segunda Internacional. A ortodoxia marxista, para Gentile, não havia compreendido a essência do materialismo dialético ao enfatizar, amiúde exclusivamente, as mudanças na "base material da sociedade" como as "forças produtivas" e as "relações de produção" — erro interpretativo que o próprio Engels, numa supracitada carta, já havia reconhecido como apenas "lixo" —, negligenciando o verdadeiro processo da práxis revolucionária que, longe de querer monopolizar a força determinativa do processo histórico ao condicionar a "superestrutura" da sociedade como uma variante dependente de mudanças materiais, também deve ser por ela moldada para que a dialeticidade do materialismo histórico ocorra.

Naturalmente, percebe-se a considerável esterilidade da discussão que se move em termos vaguíssimos e sem maior aprofundamento conceitual ou relevantes *recognitors* empíricos para a mensuração da validade da hipótese do materialismo dialético, mas nem por isso ela pode ser ignorada porque a influência do marxismo, quer pela sua compreensão ou incompreensão,

---

[910] Embora Gentile tenha, no final do seu segundo ensaio, rejeitado o materialismo dialético como uma contradição, décadas depois ele voltou à *praxis* do jovem Marx para completar o seu próprio sistema filosófico, o *attualismo*. A influência de Marx é sentida no conceito de *autoctisis*, que engloba o processo de autogeração de pensamento e da realidade, categoria central de sua filosofia. A influência de Marx na evolução da filosofia idealista de Gentile extrapola os intentos deste livro, mas uma explicação concisa e didática pode ser encontrada em, *cf.*: Mustè (2021, p. 111-113). Ainda, para ser ter uma ideia da qualidade e influência dessa interpretação que Gentile publicou ainda muito jovem, ninguém menos que Vladimir Lenin citou o livro *La filosofia di Marx* como uma contribuição "notável" para o esclarecimento do materialismo dialético, *cf.*: LENIN, Vladimir. 'Karl Marx', em Collected works, Vol. 21. August 1914 – December 1915. Moscow: Progress Publishers, 1964, p. 88.

é relevante demais para a ação revolucionária. Contrariando a ortodoxia marxista, Gentile aponta que, pela própria natureza do materialismo dialético do jovem Marx, não há como avançar qualquer tipo de determinismo, porque a única variante determinável é o próprio processo da *práxis*, o entrelaçamento do sujeito e objeto, da ação e do pensamento que se transforma durante sua realização:

> o *a priori* residia no movimento intrínseco e necessário da práxis, em termos do qual o sujeito produzia seu próprio objeto e o objeto "caía" sobre o próprio sujeito. O princípio que explicava a ação humana explicava também a gênese de toda a história, não apenas como passada e presente, mas também como história futura. A questão da 'previsão morfológica', elaborada de forma incerta no primeiro ensaio, foi aqui resolvida porque a previsão agora pode ser lançada como uma visão, como uma afirmação *a priori* da forma dialética, do ritmo constitutivo da realidade. Gentile sustentou que nem o fatalismo nem o determinismo estavam presentes em Marx, cuja visão era bastante teleológica (como em Hegel) no sentido específico de um finalismo 'interno, constitutivo'. O seu não foi, portanto, um finalismo externo ou regulatório; a prática, ao contrário, constituía a relação necessária entre sujeito e objeto, e gerava (pelo seu funcionamento interno) os produtos objetivos de sua própria atividade como sua própria negação: 'nenhum fatalismo, isto é; antes, a conexão necessária de causa e efeito; ou melhor, necessidade lógica, racional - porque a causa que se tem em mente aqui é antes uma causa final, devido ao teleologismo que, observamos, é imanente à dialética de Marx.'[911]

Portanto, na interpretação gentiliana, não há que se falar em determinismo, porque a única certeza se encontra na forma interna do movimento dialético da *práxis*, uma teleologia interna, cujo conteúdo material não pode ser imputado com certeza científica, devido à condição do sujeito da relação que participa mediante o seu juízo subjetivo, o pensamento. Esse posicionamento é o que possibilita a crítica de Gentile às asserções deterministas avançadas pelos marxistas de sua época acerca das supostas leis históricas que prefiguram o colapso do capitalismo; pelo contrário, Gentile, como citado anteriormente, nega que haja qualquer possibilidade de se descobrir leis do desenvolvimento social, porque no próprio materialismo dialético do jovem Marx está implicado a inserção e uma variável incognoscível que

---

[911] MUSTÈ, 2021, p. 104-105.

é o pensamento e o juízo humano, variável que fundamenta a própria base da inquirição científica pois se torna o pressuposto valorativo das variáveis constantes das hipóteses em confronto com a realidade. Não há como haver determinismo baseado em alguma lei do desenvolvimento social, porque o juízo humano é o pressuposto para se chegar a qualquer conclusão acerca da validade científica de uma lei do desenvolvimento social, um dado irredutível e indisponível para os cálculos da ciência. Nesse sentido, o materialismo dialético do jovem Marx se mostra como uma intuição metodológica acerca do processo pelo qual o desenvolvimento humano e social ocorre na história, sendo insuficiente nas suas possibilidades de aplicação empírica para os fins de previsão das ciências sociais.

Deve-se ter em mente que essa interpretação de Gentile somente foi possível devido ao acesso que ele teve aos manuscritos da *Ideologia Alemã* e as *Teses sobre Feuerbach*, textos praticamente desconhecidos da maioria dos marxistas de sua época, e percebe-se que a implicação da variável subjetiva do pensamento humano no esquema dialético marxista abre a possibilidade para importantes conjecturas acerca do papel da consciência revolucionária. A ortodoxia marxista tendia a interpretar que a tomada da consciência revolucionária pela proletariado se daria automaticamente, conforme as grandezas das "forças produtivas" entrassem em contradição com as "relações de produção", garantindo a inevitabilidade da revolução, mas, como Gentile apontou, o andamento do materialismo dialético não é puramente materialista, no sentido de que a matéria, encarnada em opacas abstrações como "forças produtivas", misteriosamente sublima suas operações na mente dos indivíduos, impelindo-os à ação revolucionária. A *práxis* revolucionária do jovem Marx necessita que o sujeito da relação dialética tenha sua iniciativa para encaminhar o processo, uma medida na qual o pensamento e o juízo se misturam na ação concreta para a produção do objeto que aplaca as necessidades, mas a questão de como a inserção do pensamento pode ser corretamente compreendida dentro do materialismo dialético para fins de aplicação empírica nunca foi devidamente resolvido, mesmo porque o próprio Marx simplesmente nunca se deu ao luxo de aprofundar e aprimorar essas importantíssimas questões, deixando para seu colega Engels a ingrata tarefa de especular por si próprio todos esses pormenores que, a rigor, apenas dificultaram ainda mais qualquer possibilidade de compreensão do materialismo dialético.

Sob a perspectiva da interpretação gentiliana do materialismo dialético, é inescapável a conclusão que os revisionistas como Bernstein, Sorel e Woltmann, apesar de terem sofrido anos de injúrias e ostracismo do movimento marxista oficial, estavam corretos na intuição de que o marxismo, almejava-se se tornar uma verdadeira filosofia revolucionária, necessitava de uma explicação mais clara da dinâmica psicológica da consciência revolucionária, e o "retorno a Kant" promovido por eles parece ser mais um "retorno ao jovem Marx" das *Teses sobre Feuerbach*. O cientista político israelense Zeev Sternhell interpreta esse retorno revisionista como uma necessária revolta do movimento socialista contra o assalto da interpretação determinista do marxismo que havia monopolizado o próprio movimento socialista, tendo figuras como Georges Sorel, Roberto Michels, Arturo Labriola e os sindicalistas revolucionários italianos como os principais protagonistas que, uma vez embarcados no revisionismo iniciado por Bernstein, foram adiante em suas especulações acerca das características psicológica da classe revolucionária. Sternhell é enfático ao traçar uma linha entre dois movimentos socialistas durante o começo do século XX: o marxismo ortodoxo da Segunda Internacional e os vários revisionismos insatisfeitos com as irreais previsões marxistas espocando pela Europa, e esse movimento, igualmente desiludido com a lúgubre realidade do aburguesamento do proletariado, encontrou na sociologia elitista de autores como Ludwig Gumplowicz, Vilfredo Pareto, Gaetano Mosca e principalmente Gustave Le Bon uma nova forma de interpretar a dinâmica da consciência de classe fora da interpretação ortodoxa do marxismo[912]. Que esse delineamento está correto aponta para o fato que quase todos os envolvidos nas fermentações ideológicas da época estavam completamente inconscientes das possíveis intuições do jovem Marx acerca do papel do pensamento e do juízo na dinâmica revolucionária do materialismo dialético, e até mesmo Georges Sorel, que intuiu por um momento que Marx não poderia ser um determinista, não conseguiu abstrair nenhuma medida de voluntarismo da metodologia marxista, socorrendo-se na sociologia elitista e na força psicológica dos mitos. Em tal contexto, o segundo ensaio de Gentile parece ter sido realmente inovador, fazendo jus ao crédito que Lenin lhe dispensou.

Mas embora se reconheça a necessidade de apreender a variável subjetiva no processo da *práxis* do materialismo dialético, os escritos do cânone marxista, incluídos até mesmo os do jovem Marx, não explicam *como* o sujeito, ao criar o objeto, é por ele igualmente moldado; compreende-se o que Marx quer dizer, mas é difícil visualizar a dialética material em exemplos concretos da história, especialmente no que concerne à sociedade

---

[912] STERNHELL, Zeev. The 'Anti-Materialist' Revision of Marxism as an Aspect of the Rise of Fascist Ideology. *Journal of Contemporary History*, London, v. 22, n. 3, Jul. 1987, p. 380.

industrial na virada do século num contexto de crescente competição internacional. Em verdade, deve-se considerar a hipótese, entretida por muitos revisionistas, que o próprio Marx adulto *não* conseguiu aplicar seu próprio método à análise da sociedade capitalista — afinal, *O Capital* também nunca foi terminado — e que, talvez, o materialismo dialético devidamente aplicado possa resultar em algo totalmente diferente do que os marxistas acreditam. De fato, como mencionado em capítulos anteriores, os escritos de Marx abundam em passagens que dão margem para uma interpretação determinista, mas Gentile menciona que os mesmos escritos também contêm passagens como a de que os "próprios indivíduos são instrumentos de produção"[913], e se os próprios indivíduos são instrumentos de produção parece bastante difícil concebê-los, seus pensamentos e juízos, como derivados de um processo determinista que ocorre na base produtiva da sociedade, uma base que inclui os instrumentos de produção. A interpretação gentiliana do materialismo dialético, seguindo a linha dos revisionistas, enfatiza que a atividade dos indivíduos e os motivos que determinam essa atividade são tão fundamentais quanto o próprio processo produtivo, pois fazem parte, por definição, do próprio processo. Se os indivíduos e a própria classe revolucionária fazem parte das forças produtivas, desaparece qualquer aparente dicotomia entre as variáveis da base econômica da sociedade e as manifestações da superestrutura. Só pode haver uma relação de interdependência entre elas.

Aqui, entra a segunda consequência relevante da interpretação gentiliana, corolário de se aplicar o materialismo dialético do jovem Marx: a essência social do indivíduo. Como delineado no capítulo sobre a herança do marxismo, o jovem Marx compreendia o indivíduo como um ser social e comunitário, que depende de suas relações sociais para a sua realização como indivíduo, e essa interpretação é condizente com o abstrato materialismo dialético que se destrincha de seus escritos, porque a incursão na *práxis* para a satisfação das necessidades necessariamente passa pela produção econômica que, por sua vez, implica a divisão do trabalho, um esforço coletivo e fundante da comunidade. Gentile, no seu segundo ensaio, comenta esse posicionamento de Marx ao argumentar que "o homem que trabalha é o homem social, a sociedade. Onde esse homem é determinado pelas circunstâncias sociais, senão na sociedade? Na verdade, o homem que conhecemos é o homem social"[914]. Gentile afirma isso com segurança porque

---
[913] MARX, 1976, p. 87.
[914] GENTILE, 1959, p. 84.

um dos principais motivos pelo qual Marx criticou Feuerbach foi pelo seu materialismo naturalista que concebia o indivíduo como um ser concreto, mas abstratamente, como se as criações sociais simplesmente entrassem na existência por um conveniente *wishful thinking*. Marx, continua Gentile, concebe o indivíduo como um ser concreto *e social* por causa da natureza da *práxis* para a satisfação das necessidades:

> Entretanto, isso deve ser bem notado: que, de acordo com Marx, o indivíduo como tal não é real; real é o indivíduo social. O que equivale a afirmar a realidade originária da sociedade, na qual o indivíduo, base da visão materialista de Marx, é inerente a ela. Ora, esta é precisamente uma consequência necessária do primeiro teorema deste filosofar: isto é, que a realidade é práxis. De fato, vimos que uma relação íntima liga o sujeito da práxis ao objeto por meio do conceito dessa práxis essencial à realidade; e vimos também que a sociedade é um objeto, isto é, um produto da prática, de modo que a prática se inverte e o indivíduo sente a influência da sociedade em que vive.[915]

A essência social do indivíduo, como Gentile interpreta Marx, é oriunda da relação dialética materialista que ocorre durante o processo de *práxis* que, para aplacar as necessidades, cria a sociedade e, por sua vez, retorna ao indivíduo, moldando-o. Os indivíduos, na concepção do materialismo dialético marxista, observa Gentile, são destinados a uma relação de interdependência durante o processo dialético da *práxis* que constitui o movimento do desenvolvimento da sociedade na história e, nesse sentido, anos após a publicação de seus dois ensaios, ele ainda afirmava: "Marx observa corretamente que essa interpretação [individualista] é uma abstração, e que, na verdade, a sociedade existe primeiro e que os indivíduos existem apenas como uma parte organicamente relacionada do todo"[916]. Assim, para Gentile, parece haver uma clara implicação entre a seara subjetiva, do pensamento e do juízo, e a essência social do indivíduo dentro do movimento da *práxis* do materialismo dialético. Se há alguma possibilidade de, seguindo a metodologia marxista, compreender como a consciência revolucionária surge, é por meio da interpretação dessas variáveis condicionadas pelas evidências empíricas.

---

[915] *Ibid.*, p. 90.
[916] GENTILE, 1961, p. 298.

Contudo, o marxismo ortodoxo da Segunda Internacional não empreendeu qualquer investigação da relação entre o pensamento e a essência social do indivíduo para fins de averiguação empírica da possibilidade de surgimento da consciência revolucionária, quem o fez foi, justamente, uns poucos revisionistas tornados *persona non grata* pelos intérpretes "oficiais" do marxismo incrustados no Partido Social-Democrata da Alemanha. Uma apreciação mais detalhada do materialismo dialético claramente força o intérprete a incluir a construção da comunidade como um elemento importante do movimento da *práxis* na história, porque, sendo uma construção social, somente pode ser produto do trabalho e do juízo individual, caracterizando a essência social aludida, tanto por Marx, quanto por Gentile. A avaliação crítica promovida pelos revisionistas buscou averiguar a viabilidade empírica da promoção da consciência de classe do proletariado nos moldes apregoados pelos fundadores do socialismo científico que, novamente de uma maneira um tanto confusa, rechaçam a possibilidade de ser uma consciência revolucionária *nacional*, porque o proletário seria uma comunidade sem distinções nacionais, uma grande comunidade proletária internacional. Embora nem Marx, nem Engels tenham dedicado muito esforço a conjecturar a futura sociedade comunista, há uma famosa passagem do rascunho *Feuerbach e História*, de 1845-1846, que fornece uma embrionária esquematização do que os autores imaginavam:

> A cristalização da atividade social, essa consolidação do que nós mesmos produzimos em um poder objetivo acima de nós, crescendo fora de nosso controle, contrariando nossas expectativas, reduzindo a nada nossos cálculos, é um dos principais fatores do desenvolvimento histórico até agora. E dessa mesma contradição entre o interesse do indivíduo e o da comunidade, este assume uma forma independente como o Estado, divorciado dos interesses reais do indivíduo e da comunidade. Estamos então diante de uma vida comunitária ilusória, por mais que ela se baseie nos laços reais existentes em cada conglomerado familiar ou tribal (como carne e osso, língua, divisão do trabalho em escala maior)... Sobre as classes, já determinado pela divisão do trabalho... da qual um domina todos os outros.[917]

A comunidade internacional dos proletários se materializa, dentro do esquema do materialismo dialético, por meio da harmonização dos "interesses reais do indivíduo" com os da comunidade, que também pode

---

[917] MARX, Karl. *Deustchen ideologie*. Marx & Engels Werke, Band 3. *Apud* Jacob. L. Talmon. The myth of the nation and the vision of the revolution. Berkeley: University of California Press, 1981, p. 22.

ser interpretada como a superação da dicotomia público-privado resultando numa situação, na qual a essência social do indivíduo se realiza plenamente. Percebe-se que Marx enfatiza a *práxis* do sujeito do materialismo dialético ao dizer que "nós mesmos produzimos" uma atividade social destinada a se consolidar por meio do movimento dialético com o objeto, pressupondo um grau significativo de voluntarismo nas ações do sujeito e não apenas mera passividade determinista. Contudo, há um ponto importantíssimo a ser observado nessa citação: o Estado, na visão de Marx, é muito mais do que um pragmático monopólio da jurisdição e da legislação, é o poder "divorciado dos interesses reais do indivíduo e da comunidade", fonte suprema de alienação cristalizada na brutal separação das classes sociais que impede a harmonização da essência social do indivíduo com a sua comunidade, um poder tão brutal que nem mesmo elementos étnicos e culturais como "carne, osso e língua" servem de paliativos. O que separa a essência social do indivíduo de sua comunidade, no marxismo, é uma forçosa e violenta cisão da divisão do trabalho em bases políticas determinadas pela classe dominante manuseando o aparato estatal, um problema econômico de legitimidade dos meios de produção desassociado das realidades nacionais.

De fato, se tivessem que considerar todas as circunstâncias das realidades nacionais, cada uma com sua peculiar confluência de fatores culturais, morais e linguísticos na teorização do materialismo dialético, o escopo do trabalho se dilataria desmesuradamente para além do tempo e da capacidade de Marx e Engels, que já não se mostraram muito fecundas, visto a incompletude do socialismo científico. A realidade da nação foi relegada a uma variável relativamente desimportante da superestrutura e, nesse sentido, o que distingue Marx e Engels dos nacionalistas é justamente que atribuíam uma realidade infinitamente maior ao caráter universal do processo pelo qual o Estado emerge como uma artificial máquina de opressão e dominação de classe, alienando o indivíduo de sua essência social ao tornar a comunidade ilusória. Contudo, Engels, no final da vida, numa confusa tentativa de esclarecimento, afirmou que alguns aspectos nacionais podem influenciar, de alguma forma, o processo de construção da nação e das classes sociais, embora sem o poder de uma influência primária, eterna e formadora como as variáveis materiais. No final das contas, o principal argumento de Marx e Engels acerca do papel da variável nacionalista no materialismo dialético foi secundário frente às forças cosmopolitas, universais, materiais e tecnológicas que afetam todas as nações e anulam as peculiaridades nacionais, especialmente a partir do surgimento da máquina e do modo de produção capitalista.

A dramática ênfase do marxismo na consciência revolucionária como uma consciência de *classe* se deve a esse juízo acerca da desimportância da variável nacional nos movimentos do materialismo dialético. Mas e se os revisionistas estiverem certos nas suas críticas não apenas ao suposto determinismo da interpretação ortodoxa, mas acerca da necessidade de averiguação da situação empírica para a emergência da consciência revolucionária? Otto Bauer já havia apontado que o "caráter nacional", no início do século XX, não estava desaparecendo em favor de uma comunidade proletária internacional, mas se intensificando cada vez mais, dividindo o mundo em nações e grupos de nações com interesses próprios que superam qualquer específica motivação de classe. É notável que indivíduos astutos como Enrico Corradini, um nacionalista nas cercanias do movimento socialista, já haviam percebido a incongruência das conclusões marxistas e prontamente avançaram novas categorias de interpretação da dinâmica revolucionária como a luta internacional entre nações proletárias e nações plutocráticas, paulatinamente afastando a consciência revolucionária de uma classe social específica ao voltá-la para a realidade nacional. É essa divisão na busca da consciência revolucionária para além do internacionalismo proletário que impulsiona a divisão do movimento socialista que é o tema do *The myth of the nation and the vision of the Revolution*, de Jacob Talmon, cujo argumento se intensifica com a mais drástica confirmação da validade de teses de Otto Bauer no estopim da Primeira Guerra Mundial.

A redescoberta da nação como a comunidade de destino pelos sindicalistas revolucionários italianos e pelo próprio Benito Mussolini não é uma inesperada guinada conservadora de ex-socialistas querendo se vingar dos marxistas do PSI, mas uma compreensível atualização do movimento revolucionário, agora buscando se adaptar às peculiaridades da tradição nacional, porque a consciência revolucionária não está na classe proletária, mas no povo italiano. Gentile já havia mostrado que a consciência revolucionária, dentro do materialismo dialético, só poderia surgir levando-se em conta o juízo e os valores do sujeito da *práxis* em consonância com a sua essência social que, como produtor e produto do movimento dialético, encontra-se indissoluvelmente ligado à sua comunidade. Assim, consciência revolucionária é consequência de um feliz alinhamento de uma coletividade atuando na história para realizar sua essência social ao construir uma comunidade condizente com essa mesma essência, e não há dúvidas que, para esse embrionário aglomerado de intelectuais que viriam a se tornar importantes fascistas, a Primeira Guerra Mundial mostrou que a consciência revolucionária é uma consciência revolucionária *nacional*, de um povo buscando construir a sua comunidade de destino para realizar, no caso italiano, a sua essência social que está intimamente ligada à completude de uma alienação histórica. Nesse sentido, Rosa Luxemburgo estava correta ao alertar que movimento revisionista do marxismo levaria à descoberta da nação revolucionária como o novo agente revolucionário do século XX, mas ela estava errada quanto a isso ser uma negação do materialismo dialético, porque, se levarmos em conta a interpretação gentiliana da metodologia do jovem Marx, as condições da época inevitavelmente levariam à conjugação do sentimento de nacionalidade com o impulso revolucionário, variáveis indispensáveis para o processo do materialismo histórico.

No decorrer de sua existência, o regime fascista teve como uma de suas principais justificativas e apelos de legitimidade a asserção de que estaria construindo uma comunidade baseada num tipo de associação condizente com a essência social do povo italiano, posicionamento em grande parte oriundo de Giovanni Gentile que, no seu último escrito, afirmou que "no fundo do todo Eu existe um Nós, que é a comunidade à qual ele pertence e que é a base de sua existência espiritual"[918], e é frequentemente esquecido que Gentile adquiriu essa concepção social — ou "política" como ele também a referenciava — do indivíduo diretamente de Marx, como o próprio filósofo admite no prefácio da reedição, de 1937, do *La filosofia di Marx*: "E ouvi aqui e ali vozes que nunca se extinguiram em mim; e algo fundamental em que ainda me reconheço e em que outros talvez melhores do que eu poderão reconhecer as primeiras sementes de pensamentos que amadureceram depois"[919]. Um desses "outros" intérpretes do pensamento gentiliano capaz de reconhecer e aprofundar a influência marxista nas concepções sociopolíticas de Gentile foi seu discípulo Ugo Spirito.

Spirito, como mencionado durante o livro, foi um dos mais influentes teóricos do corporativismo fascista durante a existência do regime e, após a queda do fascismo e da morte de seu mestre Giovanni Gentile, o filósofo se voltou às suas raízes comunistas com o seu livro *Il Comunismo*, de 1965. Esse livro de Spirito é notável, porque traz seu julgamento das tentativas de construir o corporativismo empreendidas pelo regime fascista e da filosofia que as fundamentaram, notadamente a sociopolítica gentiliana oriunda do atualismo, e logo no início o autor afirma que os dois ensaios

---

[918] GENTILE, 1966, p. 82.
[919] GENTILE, 1959, p. 9-10.

sobre Marx do jovem Gentile foram a "defesa mais radical do pensamento marxista da reforma da dialética hegeliana" e, que, de fato, "naquele livrinho [*La filosofia di Marx*] está o germe substancial do atualismo e, ainda hoje, a melhor reavaliação crítica da doutrina do materialismo histórico"[920]. Logo após essas asserções, Spirito faz uma notável afirmação com consequências importantíssimas para a continuação do esclarecimento da relação entre fascismo e marxismo:

> Mas isso não quer dizer que essa tendência estivesse intrinsecamente ligada à doutrina, tanto que o próprio Gentile se reaproximou de certos pressupostos marxistas nos últimos anos de sua vida, chegando a esperar uma civilização do trabalhador e um novo humanismo inspirado pelo trabalho; também não devemos esquecer que entre 1932 e 1935 foi o atualismo, que se inspirou em Marx, que deu vida à primeira formulação de uma doutrina comunista que foi realizada na Itália. Esta doutrina inspirava-se ainda na dialética marxista e procurava - a partir da identificação do indivíduo e do Estado - criar um tipo de sociedade organizada segundo os princípios de uma rigorosa economia programática.[921]

Essa "primeira formulação de uma doutrina comunista" realizada na Itália, de 1932 a 1935, é o corporativismo, mais especificamente o corporativismo moldado pela corporação proprietária, cujo idealizador foi o próprio Ugo Spirito. Mas o essencial a se perguntar é: em que medida e por quais critérios, Spirito justifica a classificação do corporativismo fascista como uma doutrina comunista? A última frase da citação nos dá a resposta, dividida em três argumentos essenciais: 1) a inspiração na dialética marxista, 2) o fundamento em princípios de uma "economia programática" e 3) a identificação do Estado com o indivíduo. Esses três pontos são elencados nessa ordem, porque há uma relação de interdependência e consequência entre eles, mas uma explicação mais individualizada se faz necessária.

O primeiro ponto já foi longamente traçado neste subcapítulo, mas se pode aprofundar dizendo por "dialética marxista" Spirito está se referindo ao materialismo dialético nos termos da interpretação gentiliana, cujo processo é marcado pelas categorias subjetivas do pensamento com as realidades objetivas que circundam a essência social do indivíduo. O materialismo dialético, nesse sentido, é aplicado levando em conta a realidade social da

---

[920] SPIRITO, Ugo. *Il comunismo*. Firenze: Sansoni, 1965, p. 16.
[921] *Ibid.*, p. 17.

época, que, para fascistas como Spirito, resulta no sentimento de pertencimento à comunidade nacional como uma variável psicológica indispensável do movimento dialético de um povo trabalhando para construir uma comunidade de destino condizente com a sua essência social mais íntima. De alguma forma, nas intrincadas aplicações sociopolíticas do atualismo gentiliano, inspirado em Marx, o povo, ao trabalhar para a construção do objeto social desejado, igualmente se transforma durante o processo para resultar numa síntese harmoniosa entre indivíduo e comunidade, e a intelectualidade do regime avançou o conceito de "trabalho como civilização" para instrumentalizar, na medida do possível, esse abstrato movimento dialético.

De fato, os intelectuais fascistas tomaram consciência da necessidade de trazer o trabalho, e a classe trabalhadora, a um novo patamar ético e econômico dentro da comunidade de destino nacional a ser construída, porque, a rigor, o trabalho do povo trabalhador italiano passou a ser considerado como uma variável imprescindível do movimento dialético da história. Houve uma forte rejeição das concepções econômicas burguesas e liberais que consideram o trabalho apenas como uma mercadoria como qualquer outra a ser vendida e comprada no mercado, uma fonte inaceitável de alienação entre o indivíduo e a sua comunidade. Ocorreu, então, a transformação do trabalho, que deixou de ser uma mercadoria regulada pelas leis do mercado para adquirir características ético-políticas e um papel fundamental na construção da nova ordem social almejada pelo fascismo, uma "mística do trabalho", um novo veículo de perspectivas e aspirações agora desvinculado do debate das estéreis teorias econômicas clássicas e liberais para transfigurar no modelo de um novo projeto de indivíduo e comunidade.

A entrada acerca do trabalho — *Lavoro* — no *Dizionario di Politica*, do PNF, traz uma argumentação contundente acerca da "mística" que envolveu o termo, tanto nas suas significações intelectuais, quanto nas suas aplicações práticas, começando com a referência ao arco histórico da "mais remota antiguidade até os dias de hoje", onde o trabalho fora organizado em "fraternidades, grêmios, corporações e sindicatos", associações que concretizavam a tarefa de "regular as formas de produção e comércio"[922], de acordo com a vontade política da comunidade. Essa referência histórica é a preparação do terreno para que o fascismo possa afirmar que o trabalho é "o princípio de todo progresso civil e um grande instrumento de elevação individual e social", uma "afirmação da vontade humana e, portanto, também

---

[922] DIZIONARIO DI POLITICA, 2014, p. 323.

como critério de avaliação do cidadão", esse novo critério avaliativo não é puramente econômico, mas principalmente político e ético, colocando o trabalho como a "plena realização da personalidade social do homem; a própria essência de sua sociabilidade"[923].

Essa transformação do trabalho numa categoria ético-política só pode ser compreendida por meio da interpretação gentiliana do materialismo histórico, porque, uma vez que o determinismo econômico foi rechaçado, o trabalho passou a ser considerado como parte da variável do sujeito do movimento dialético, um ato volitivo de criação do objeto e transformação do próprio sujeito, conquistando aquele papel "unificador e interpretativo da história da sociedade, por um lado, e como momento pedagógico-revolucionário, por outro"[924]. É uma nova categoria ao mesmo tempo pedagógica e revolucionária, porque, uma vez oriunda da consciência criativa do sujeito, revoluciona as criações sociais da comunidade e, como consequência do pressuposto dialético, retorna ao próprio sujeito como necessário aprendizado, e essa interação mais refinada das variáveis do materialismo dialético é assim descrita pelo *Dizionario di Politica*: "De fato, não é correto classificar o trabalho como elemento da produção quando, em última análise, justamente a produção em seus elementos se resolve no trabalho"[925]. Essa definição sucinta remete diretamente à supracitada asserção marxista de que os próprios "indivíduos são instrumentos de produção", na medida em que as forças materiais se envolvem diretamente com o trabalho criativo e revolucionário do sujeito da relação dialética, e é também a origem do conceito do "humanismo do trabalho" avançada por Giovanni Gentile que atribui, ao trabalho, uma nova dimensão ética considerada humanizadora. Assim, a aquisição de uma nova essência ético-política pelo trabalho é consequência inevitável de se inserir a variável subjetiva do pensamento e do juízo no materialismo dialético que passa a requisitar, como extensão da essência social do indivíduo, certas características mais complexas como o sentimento de pertencimento à comunidade nacional como requisitos para o funcionamento do próprio movimento dialético.

O segundo ponto de Spirito acerca da instrumentalização do trabalho a partir de sua nova "mística" como uma "economia programática" é fruto do contraste entre a velha economia clássica-liberal e essas inovações fascistas. De fato, como citado no subcapítulo anterior, o próprio Spirito escreveu

---
[923] *Idem*.
[924] PARLATO, 2000, p. 191.
[925] DIZIONARIO DI POLITICA, 2014, p. 322.

muitas páginas para desacreditar e relativizar as bases epistemológicas da ciência econômica clássica do *homo economicus* e do individualismo metodológico na intenção de substituí-los por princípios políticos de organização econômica, argumento oficializado pelo próprio regime no *Dizionario di Politica*: "O aspecto econômico do trabalho tem sido a pedra angular de todas as doutrinas para os economistas clássicos, pois, ao reduzir o homem integral ao *homo economicus*, identificou o problema político e social do trabalho apenas com o problema econômico"[926].

Torna-se claro que o próprio fascismo como regime considerou que o trabalho e a economia são categorias primeiramente *políticas*, porque estão intrinsecamente imiscuídas na vida da comunidade e não podem ser maximizadas como se estivessem num vácuo sem quaisquer outros interesses senão os interesses particulares. O interesse da comunidade é hierarquicamente e logicamente superior aos interesses particulares, tornando a economia uma ciência social e programática, no sentido de ser incluída no plano geral dos interesses políticos da comunidade e não deixada aos imprevisíveis humores do mercado. Nesse sentido, cunhou-se uma frase comumente usada pelos intelectuais do regime: "o trabalho não é mais o objeto da economia, mas o sujeito", simbolizando, mais uma vez, a intuição gentiliana do materialismo dialético ao considerar a *práxis* criativa do trabalho como elemento ativo da relação dialética, construtor e produto de sua própria atividade. É evidente que nessa frase não há apenas a afirmação de um princípio econômico, "mas sobretudo a afirmação de um princípio político que, com plena justificação lógica e histórica, se coloca no centro da revolução fascista que abre a porta à humana e verdadeira civilização do trabalho"[927].

Naturalmente, a inserção da economia dentro da visão programática e totalitária do fascismo se dá pela extensão da influência estatal sobre a produção econômica da comunidade nacional. Quando intelectuais fascistas falavam de uma nova essência "ético-política" do trabalho, eles estão dizendo que o Estado, como representante máximo da comunidade nacional, exercerá sua influência nos meandros da produção econômica e nas relações entre as classes sociais para harmonizá-las, de acordo com a vontade geral. O controle estatal da economia por meio da estrutura corporativa é consequência natural da ideia de trazer o trabalho e a economia para novos fundamentos políticos e programáticos que, por sua própria natureza,

---

[926] *Ibid.*, p. 322.
[927] *Ibid.*, p. 323.

destoam profundamente da anárquica alocação de recursos do mercado. As relações de trabalho e a produção econômica devem ser guiadas pela vontade política da comunidade, porque não possuem qualquer natureza *sui generis* que as separe do resto das necessidades da comunidade, e, desse modo, partindo da concepção do trabalho como sujeito da economia "e pelas propostas de superação salarial com fórmulas que alinhavam o trabalhador e o empregador na mesma função como componente da produção, chegou-se às críticas e limitações do conceito liberal e burguês de propriedade"[928].

De fato, esses pressupostos coletivistas e antiliberais do fascismo, se levados cada vez mais a fundo nas suas consequências, desembocam na proposta das corporações proprietárias de Spirito, que almejava estruturar essa mística do trabalho de forma definitiva com a participação dos trabalhadores como coproprietários dos meios de produção da comunidade, colocando *todos* os indivíduos não apenas em pé de igualdade perante o Estado, mas conciliando as vontades individuais com a vontade geral na última e mais robusta fortaleza de resistência ao fascismo: a propriedade privada dos meios de produção. Esse é o terceiro ponto de Spirito sobre a identificação do indivíduo com o Estado e, mais precisamente, trata-se de alçar a classe trabalhadora a um novo patamar de importância decisória na produção econômica corporativa que, sob os auspícios do Estado, trabalha para a grandeza de sua comunidade de destino.

Agora, se compararmos essa interpretação mais precisa da citação de Spirito com a citação do jovem Marx da *Ideologia alemã*, percebe-se que o comunismo marxista não se restringe à luta de classes ou à estatização dos meios de produção, que são apenas consequências de um núcleo normativo mais importante que os fascistas idealistas muito bem perceberam: o fim da contradição entre o interesse do indivíduo e o da sua comunidade, principalmente na seara da produção econômica, contradição que, até então, havia tornado a "vida comunitária ilusória". A proposta das corporações proprietárias de Spirito almejou promover exatamente o fim dessa contradição dentro da comunidade nacional ao integrar o trabalho e a produção econômica à vontade geral, harmonizando-as na medida de realizar uma vida comunitária mais condizente com a essência social do indivíduo. É nesse sentido que se pode compreender a asserção de Spirito de que, entre 1932 e 1935, "foi o atualismo, que se inspirou em Marx, que deu vida à primeira formulação de uma doutrina comunista que foi rea-

---

[928] PARLATO, 2000, p. 188.

lizada na Itália"[929], isto é, a esperada realização das aspirações normativas do jovem Marx oriundas da tradição hegeliana que, aplicadas à realidade italiana por meio da interpretação gentiliana do materialismo dialético, renderia a essência social do indivíduo plenamente compatível com a sua comunidade de destino.

A principal diferença é que o jovem Marx já havia rechaçado o sentimento de nacionalidade como relevante para os cálculos do incipiente materialismo dialético, relegando-o a um epifenômeno de grandezas da base econômica da sociedade, o que, consequentemente, impedindo o filósofo de perceber o Estado como possível centro de interesses legítimos do indivíduo. O Estado, para Marx, estava intimamente ligado a uma lógica sociológica da luta de classes numa perspectiva cosmopolita e internacionalista, o que o tornava um ente desalinhado com os interesses do indivíduo, devido às suas limitações geográficas nas fronteiras nacionais e, por isso mesmo, incapaz de ser mais do que uma máquina de opressão classista. Mas o revisionismo do marxismo, principalmente com a inovadora interpretação gentiliana, possibilitou uma nova aplicação do materialismo dialético agora voltado às realidades do século XX, uma realidade que não poderia prescindir do poderoso sentimento de nacionalidade, incluindo-o no movimento dialético sujeito e do objeto na história. O Estado, nesse sentido, passou a ser considerado um ente intrinsecamente ligado à realidade nacional e, mais ainda, um poderoso instrumento de harmonização social cujas aspirações normativas dos revolucionários poderiam ser depositadas: a vontade geral da comunidade de destino encarnada na força do monopólio de legislação e jurisdição. O essencial a compreender aqui é que a luta de classes e a estatização dos meios de produção, quando se leva em conta uma compreensível interpretação integral do marxismo, sempre foram consequências derivadas de uma aplicação específica do materialismo histórico que Marx e Engels empregaram levando em conta certas variáveis que se mostraram, com o passar do tempo, irrelevantes e outras que, pelo contrário, tornaram-se imprescindíveis para o surgimento da consciência revolucionária nas condições do início do século XX. O processo iniciado pelos revisionistas inevitavelmente levou à procura da consciência revolucionária fora das variáveis que os fundadores do marxismo haviam apontado, porque as experiências as refutavam continuamente, de modo que coube a Gio-

---

[929] SPIRITO, 1965, p. 17.

vanni Gentile restabelecer a essência do materialismo dialético e, com isso, aplicá-lo à nova realidade, de acordo com as primitivas aspirações normativas do jovem Marx.

Ugo Spirito, novamente, aponta que o marxismo não é completamente antagônico ao fascismo e nem mesmo pode-se considerá-lo oriundo ou equivalente ao individualismo liberal: "E se, portanto, o comunismo, fundado em uma concepção atomística do indivíduo, está errado, torna-se verdadeiro quando o olhamos em sua razão espiritual mais profunda"[930]. Esse juízo contrasta com as opiniões de outros fascistas eminentes como Alfredo Rocco, para quem o marxismo era uma doutrina materialista que surgiu como consequência das desastrosas políticas do Estado liberal, uma justa revolta da classe trabalhadora contra o poder arbitrário do burguês capitalista. Como explicado anteriormente, embora fosse uma revolta justa, Rocco considerava a luta de classes um fenômeno desagregador da comunidade nacional, na medida em que sacrificava a unidade orgânica da nação em favor dos interesses materiais de uma única classe; dever-se-ia guiar a classe trabalhadora e o fenômeno sindical para se harmonizarem com os interesses nacionais por meio do corporativismo, tornando-os parte da força produtiva nacional em igualdade com as outras classes sociais. Nota-se que, na mente de Rocco, o marxismo se liga ao individualismo liberal no sentido de que ambos enfatizam as satisfações materiais do indivíduo atomizado ou de sua classe em detrimento da unidade nacional, e é esse argumento que Spirito rechaça ao referenciar o "comunismo fundado em uma concepção atomística do indivíduo", porque a luta de classes não é, como diria Georges Sorel, o "alfa e o ômega" do marxismo, mas um desenvolvimento tardio delineado a partir de certos pressupostos mais essenciais, uma "razão espiritual mais profunda" nas palavras do próprio Spirito.

Fascistas idealistas como Gentile e Spirito reconheceram que seus objetivos para a revolução fascista não destoavam tão radicalmente do núcleo normativo do jovem Marx, que se centrava na aspiração idealista de resolver a relação contraditória entre a esfera pública e a privada dentro da uma comunidade específica, e, nesse sentido, deve-se relembrar as preocupações do jovem Marx expostas no começo deste livro quanto à necessidade de se fundir as esferas econômica e política para que a essência do indivíduo, por meio do seu trabalho, seja harmonizada com a vontade da comunidade, plenamente realizando a sua essência comunitária e dando início a sua

---

[930] SPIRITO, 1965, p. 104-105.

emancipação. Esse núcleo que Spirito chamou de a "razão espiritual mais profunda" é a essência do comunismo oriundo do materialismo dialético que, depurado de seus erros de aplicação prática como a luta de classes e a estatização dos meios de produção, foi terreno fecundo para a construção de uma sociopolítica que serviu ao fascismo como medida justificatória na edificação do corporativismo dentro de um esquema de poder monopartidário, cuja expectativa era a de realizar, no âmbito da comunidade nacional, a essência social do indivíduo.

O delineamento dessa relação de parentesco entre fascismo e marxismo serve como uma necessária contextualização capaz de esclarecer alguns aspectos históricos interessantes do fascismo, por exemplo, a relação do regime fascista com a União Soviética. Além da já citada noção de um "comunismo hierárquico" similar ao regime soviético sonhada por Ugo Spirito, outros luminares do fascismo como Sérgio Panunzio e Camillo Pellizzi, trabalhando a mando do próprio Mussolini na publicação *Civiltà fascista*, encarregaram-se de publicar assuntos considerados necessários para os propósitos do regime, entre eles as questões acerca de uma "economia rigorosamente planejada na qual o trabalho finalmente encontraria seu lugar", uma discussão que envolveu a "busca de exemplos de uma classe de regimes econômicos modernos semelhantes – o produto de circunstâncias históricas que incluíam o comunismo soviético"[931]. Renzo Bertoni, influente jornalista fascista, escreveu um livro intitulado *Il trionfo del fascismo nell'U.R.S.S.* que amplia o argumento das "circunstâncias históricas" que incluem o fascismo e o regime soviético numa mesma linha comparativa. Bertoni, que visitou a União Soviética e após uma descrição do que viu, emite este juízo: "Se há algo em comum entre o fascismo e o bolchevismo, esse algo é o velho mundo: Inimigo Comum".[932] Para elucidar o que é esse "velho mundo", Bertoni continua dizendo que "Roma e Moscou lutam pelo bem da humanidade, para estabelecer uma 'nova ordem' na vida do povo [...] porque ambas têm inimigos comuns como os princípios democráticos e liberais"[933].

Tanto o fascismo, quanto o comunismo soviético possuem esse inimigo comum, principalmente o individualismo liberal, porque ambas as ideologias são oriundas da tradição hegeliana que estabelece que o indivíduo é, primeiramente, um animal político possuidor de uma essência social

---

[931] GREGOR, 2004, p. 241-242.
[932] BERTONI, Renzo. *Il trionfo del fascismo nell'U.R.S.S.* Roma: Angelo Signorelli Editore, 1934, p. 143.
[933] *Ibid.*, p. 144.

que apenas plenamente se realiza em comunhão com a sua comunidade mediante uma relação dialética que lhe coloca como, ao mesmo tempo, sujeito construtor e objeto construído. Essa opinião de Bertoni, ao concordar com os fascistas idealistas, aponta novamente para o erro da interpretação de Alfredo Rocco que praticamente ignora as aspirações normativas do jovem Marx e enfatiza os aspectos secundários do marxismo como a luta de classes. O marxismo não tem como ser igualado ao individualismo liberal, porque é baseado num núcleo normativo profundamente hegeliano, cujas implicações sociológicas avançam uma interpretação do indivíduo como um ser social numa relação de interdependência com a comunidade, contrariando o núcleo de singularidade inexpugnável criado pelo liberalismo que o próprio Rocco tanto abominava.

Uma outra observação de Bertoni diz respeito à questão nacional na União Soviética: "Deve-se levar em conta que as novas gerações não são comunistas, mas têm espírito nacionalista; de fato imperialista mascarado pelo internacionalista"[934]. Embora essa opinião tenha sido emitida nos anos 30, o tempo parece tê-la confirmado quando se analisa a evolução do marxismo soviético, até mesmo, após a Segunda Guerra Mundial. Apesar de ter sido largamente esquecida, a intelectualidade soviética se notabilizou por, após a morte de Joseph Stálin, produzir uma literatura normativa crítica dedicada à relação do indivíduo com a comunidade e o Estado, amiúde interpretando a União Soviética como uma comunidade de destino nacional. Especificamente, aventou-se um suposto "humanismo marxista" em um esforço para resolver a questão normativa de como a relação entre o indivíduo e sua comunidade nacional deve ser interpretada, uma guinada profundamente ética dentro de uma tradição que se dizia, por influência do leninismo, estritamente materialista[935]. Esse humanismo se tornou cada vez mais dedicado a uma concepção em que indivíduo, a sociedade e o Estado compartilham uma "unidade orgânica", na qual os "interesses do indivíduo" e os da "comunidade" são harmonizados dentro da vontade geral da comunidade nacional, um sistema ético que engloba o indivíduo e a sua comunidade numa "totalidade humanista"[936]. Fica claro que o próprio desenvolvimento da União Soviética, que um dia fora saudada como o

---

[934] *Ibid.*, p. 157.

[935] Uma sucinta interpretação do desenvolvimento do humanismo marxista dos soviéticos pode ser encontrada em DE GEORGE, Ricard T. *The new marxism*. Soviet and Eastern european since 1956. New York: Pegasus, 1968, Capitulos 3, 4 e 5.

[936] SHAKHNAZAROV, G. *Man, Science and Society*. Moscow: Progress Publishers, 1965, p. 246-250 e 254-264.

trampolim da revolução proletária internacional, acabou por se restringir às próprias fronteiras nacionais num esforço de justificação ideológica da comunidade não no internacionalismo proletário marxista, mas na realidade do sentimento de nacionalidade décadas após os fascistas terem enveredado pelo mesmo caminho e, nesse sentido, intelectuais como Ugo Spirito e Renzo Bertoni tiveram seus juízos acerca das similaridades do regime fascista com a União Soviética comprovados pela história em uma medida nada negligenciável.

Pode-se continuar ilustrando essa relação de fascismo com o marxismo e a União Soviética com alguns curiosos fatos históricos que, fora da academia italiana, são praticamente desconhecidos do público leigo e até mesmo de grande parte do público especializado. Conforme descrito anteriormente, depois de sofrer o golpe do dia 25 de julho e ser libertado pelo exército nazista, Mussolini encabeçou seu último esforço político relevante na República Socialista Italiana — a *Reppublica Sociale* —, um governo no norte da Itália mantido pela ajuda das forças alemãs. Nesses últimos anos de vida, Mussolini parece ter voltado a ser aquele velho revolucionário socialista, cujos ideários foram finalmente postos em prática — ideários que, na verdade, ele sempre manteve durante os prévios vinte anos do regime, embora temperados pelo seu famoso pragmatismo —, que acabou atraindo velhos companheiros como Giovanni Gentile, Sergio Panunzio, Angelo Tarchi e Nicola Bombacci, este último um dos fundadores, juntamente a Amadeo Bordiga, Palmiro Togligatti, Antonio Gramsci e Umberto Terracini, do Partido Comunista Italiano (PCI), com apoio do governo soviético. Bombacci também foi interlocutor direto entre o movimento comunista italiano e o próprio Vladimir Lenin, o qual encontrou pessoalmente e chegou a participar do 2º Congresso Mundial da Internacional Comunista, em 1920, tornando-se um dos mais famosos comunistas italianos do período entreguerras. Diversas circunstâncias, contudo, afastaram Bombacci do PCI e o aproximaram do fascismo, como se lê na sua carta de 17 de novembro de 1933 ao próprio Mussolini (seu ex-companheiro de militância socialista):

> *Duce*, realizo este ato com toda a consciência e sem o sentimento de gratidão que me liga a você. Minha decisão é ditada pela convicção certa e sincera que formei ao examinar objetivamente os fatos históricos mais marcantes dos últimos vinte anos: a guerra mundial, a revolução russa, a revolução fascista, o fracasso dos social-democratas no poder. Hoje sinto que posso afirmar, escrever e contradizer, em toda parte e

> com certeza, que você é o feliz e fiel intérprete de uma nova ordem política e econômica que nasceu e se desenvolveu com o declínio do capitalismo e com a morte da social-democracia. Você primeiro e apenas intuiu esta verdade. [...] Sei que só hoje 1933, XII do regime, vejo esta verdade, mas vejo-a plena e sinceramente. Talvez meu espírito profundamente ligado ao meu passado tenha esperado, para se manifestar, que o caminho que você traçou ultrapassasse as fronteiras e a ideia se tornasse universal. Não tento investigar meu psiquismo, só sei que sinto uma necessidade avassaladora, o dever de lhe dizer que terei orgulho de me juntar, se quiser, àqueles que já marcham ao seu lado. Sinto que na Corporação, sob sua orientação e sob a orientação do Estado totalitário fascista, só é possível encontrar nesta fase histórica aquela harmonia necessária ao progresso civil e ao bem-estar da sociedade. Minha decisão é ponderada, firme e consciente. Seu último grande discurso [referindo-se ao do Estado corporativo] apenas desencadeou meu sentimento que sugeriu que isso significa não mais manter silêncio sobre meus pensamentos e minha vontade de você. Agora estou à sua disposição, feliz em servir a causa.[937]

Após ser acolhido pelo regime, Bombacci, com a benção e o apoio de Mussolini, lançou seu periódico *La Verità* — "A Verdade", nome inspirado no famoso *Pravda* soviético —, que, entre 1936 e 1943, promoveu apoio às políticas revolucionárias do regime fascista, tanto do plano nacional, quanto internacional. No plano nacional, o jornal promoveu o apoio ao corporativismo fascista nos moldes da *Carta del Lavoro* escrevendo, já no seu primeiro volume, que "o fascismo anula o conflito classe-nação através do Estado corporativo" para promover "a distribuição de riqueza sob o estímulo do controle e da autoridade do Estado"[938]. Os autores continuam a afirmar que "o socialismo é mesmo tomado como ponto de referência para nos fazer compreender a função do Estado na ação de disciplina e controle da atividade nacional dos indivíduos", porque é precisamente o socialismo, como "instrumento de socialização", o primeiro modelo do Estado fascista total, "sempre presente" em todas as atividades dos indivíduos[939]. Aliado ao tema das medidas socialistas por trás do corporativismo fascista, a revista

---

[937] PETACCO, Arrigo. *Il comunista in camicia nera. Nicola Bombacci tra Lenin e Mussolini*. Milano: Arnoldo Mondadori, 1996, p. 74.
[938] CHIANTERA-STUTTE, P.; GUISO, A. Fascismo e bolscevismo in una rivista di confine: 'La Verità' di Nicola Bombacci (1936-1943). *Ventunesimo Secolo*, [s. l.], v. 2, n. 3, mar. 2003, p. 152.
[939] Idem.

também se ocupou daqueles temas recorrentes da intelectualidade do regime como a polêmica antiburguesa e anticapitalista, a concepção do entrelaçamento necessário entre revolução social e triunfo da comunidade nacional, os problemas econômicos da nova concepção da mística do trabalho etc.; mas é no plano internacional que Bombacci e seus apoiadores produziram artigos acerca da convergência entre o fascismo e a união soviética dentro de um quadro mais vasto da guerra revolucionária e do universalismo fascista.

Escrevendo durante a invasão da Etiópia, em 1936, o *La Veritá* aproveitou a oportunidade para avançar uma ideia que já vinha sendo acalentada por Bombacci há alguns anos: a ideia de uma verdadeira estratégia global das três revoluções totalitárias, a bolchevique, a fascista e a nacional-socialista alemã, uma estratégia capaz de superar a arbitrária discriminação ideológica direita-esquerda em nome da aversão comum à velha ordem liberal da civilização burguesa-capitalista. O argumento tem como base a aplicação da categoria "totalitarismo" como a característica essencial compartilhada entre as três revoluções totalitárias, categoria que passou a ser cada vez mais utilizada para definir um movimento histórico de natureza global, cujo objetivo seria a destruição da velha ordem "demoplutocrática" liberal e a construção de uma nova civilização centrada na mística do trabalho. Mais especificamente, a categoria de totalitarismo foi utilizada para definir uma concepção compartilhada de política e sociedade destinada a consagrar a primazia de uma entidade coletiva sobre o indivíduo, uma realização que, segundo os editores da *La Veritá*, a história atribuiu aos regimes revolucionários: a de completar a resolução total do indivíduo na comunidade, eliminando "as desigualdades sociais produzidas pela economia capitalista e reunindo a comunidade em torno de um superior princípio de unidade moral e espiritual"[940].

Bombacci também já havia percebido que, nas circunstâncias históricas do momento — as crescentes possibilidades de uma nova guerra europeia e o pacto nazi-soviético de 1939 dividindo a Polônia —, a União Soviética sob Stálin estava se tornando um sistema com um vínculo estrito e inalienável entre Estado e nação, com ênfase particular no papel do governo nacional na realização de políticas totalitárias, tanto na dimensão doméstica, quanto na internacional. O internacionalismo soviético, ao entrar em contato com a realidade histórica concreta, na visão dos editores da *La Veritá*, preparou-se para se tornar um tipo de fascismo, também chamado pelas autoridades

---
[940] *Ibid.*, p. 158-159.

soviéticas de "socialismo em um só país", embora aparentemente permanecendo fiel ao objetivo da revolução mundial nas suas propagandas oficiais — muito provavelmente para não perder a prestigiosa autoridade de ser marxista. O argumento claramente coloca o fascismo e o sistema soviético em igualdade no plano da prática política, pintando-os como tipos similares de nacional-socialismo, cujos inimigos em comum poderiam aproximá-los numa próxima guerra revolucionária internacional para a destruição do individualismo liberal e da economia capitalista, muito embora, como pressuposto do argumento, o fascismo fosse muito mais honesto quanto às suas justificativas ideológicas em comparação com a teimosia soviética manter-se filiada à retórica do internacionalismo proletário.

A invasão germânica da União Soviética, em 1941, e o colapso do regime fascista, em 1943, fecharam as portas do *La Verità* e das esperanças que Bombacci tinha para uma guerra revolucionária liderada pelas três grandes potências totalitárias, mas não o fez desistir do corporativismo fascista e nem de seu colega Benito Mussolini. Na conturbada *Reppublica Sociale*, Bombacci se empenhou em auxiliar na confecção da Carta de Verona e na subsequente estruturação da socialização das empresas, que deveriam ser, no seu ver, "propriedade coletiva, dos sindicatos e do Estado, enquanto as empresas anônimas deveriam ser transformadas em cooperativas com participação na gestão e renda de todos os envolvidos na produção"[941]. Essas medidas revolucionárias se assemelham bastante com a proposta das corporações proprietárias de Ugo Spirito, porque também buscam estabelecer um tipo de gestão, tanto nas empresas públicas, quanto nas privadas, socializada por meio de mudanças nos órgãos executivos como o conselho de administração, onde os trabalhadores passam a participar das assembleias com número de votos igual ao dos proprietários. Nesse sentido, a assembleia administrativa nomeia um conselho de administração formado metade pelos acionistas e metade pelos trabalhadores porque o conselho de administração tem competência para decidir, com a autorização da justiça trabalhista, sobre todos os assuntos relativos à vida da empresa e ao desenvolvimento da produção até à distribuição dos lucros[942].

Não se pode negar que Bombacci, um dos mais aguerridos militantes comunistas de seu tempo, voltou-se ao fascismo devido à uma percebida profunda afinidade entre as suas aspirações de justiça social para a classe

---

[941] PETACCO, 1996, p. 104-105.
[942] *Idem.*

trabalhadora e as possibilidades de alcançá-la por meio do corporativismo fascista, convicção mortalmente séria, visto que ele permaneceu um fiel militante até o derradeiro fim: foi capturado, fuzilado e seu cadáver famosamente pendurado na *Piazza Loreto*, ao lado do seu amado líder, o *Duce*. Contudo, o caso de Nicola Bombacci não é uma anomalia fruto de suas peculiaridades, mas o exemplo mais famoso de um fenômeno corriqueiro nos 20 anos do fascismo: a tendência de socialistas e comunistas se aliarem ao regime fascista para concretizar suas aspirações revolucionárias, indivíduos que o historiador Antonio Alosco chamou de *I Socialfascisti* — os social-fascistas.

Primeiramente, não se pode dizer que esses social-fascistas foram traidores e oportunistas, mas simplesmente indivíduos que encontraram, no fascismo, ideias capazes de materializar alguma de suas aspirações revolucionárias, e, na linha de Nicola Bombacci, um segundo exemplo corrobora com a ilustração da relação do fascismo com o marxismo. Alosco separa esses indivíduos em alguns grupos como o dos sindicalistas revolucionários, notadamente mencionando Sergio Panunzio e Angelo Olivetti, personagens familiares a este livro, mas um dos mais interessantes é Rinaldo Rigola que, além de militante do PSI, foi um dos líderes históricos da *Confederazione Generale del Lavoro* (CGL), e um dos editores de um dos maiores e mais influentes periódicos defensores da classe trabalhadora, o *Problemi di Lavoro*. Rigola, no decorrer da evolução do regime fascista, foi percebendo que as inovações legislativas e institucionais estavam trilhando um caminho capaz de promover um aceitável grau de justiça social para a classe trabalhadora dentro de um contexto nacional, e ele especificamente cita a *Carta del Lavoro* como o mecanismo capaz de controlar a iniciativa privada dentro dos ditames da sua função social determinada pelo Estado, diminuindo aquele poder absoluto e discricionário que ela detinha na economia liberal. Rigola ainda enfatiza que a criação de justiça trabalhista dentro do sistema corporativo é um avanço indispensável para a classe trabalhadora, porque a iguala aos proprietários num grau de igualdade de direitos e deveres frente ao Estado, tornando a classe trabalhadora uma ativa colaboradora da produção econômica nacional. A conclusão desse argumento emite um juízo acerca do marxismo:

> Portanto, para Rigola e para os demais articulistas da revista [*Problemi di Lavoro*], a economia mista era aceitável, superando a rígida análise marxista da luta de classes e da ditadura do proletariado, pois para eles a doutrina marxista não constituía

> um dogma e podia-se ser um socialista sem ser marxista. Por outro lado, o socialismo foi desclassificado como uma "tendência da sociedade", para a qual na contingência histórica da época "é soberba a construção do sistema corporativo". Daí também a ligação ideológica com o fascismo, que, embora antimarxista, não era contra as reformas sociais, mas pelo contrário tinha adquirido o lado positivo do programa socialista, um programa imposto pelo regime de cima ao proletário "que naturalmente aceita a imposição", especialmente após a promulgação da *Carta del Lavoro* de 21 de abril de 1927.[943]

Percebe-se que a relação do fascismo com o marxismo não possui, dentro do próprio regime, uma interpretação definitiva, mas, para fins didáticos, é possível elencar duas interpretações-chaves: 1) a do materialismo dialético e 2) a do interesse de classe, interpretações antagônicas, cuja resolução aponta para o final do argumento deste subcapítulo.

A interpretação do materialismo dialético foi adotada em larga medida pelos fascistas oriundos da tradição idealista de matriz hegeliana, tendo em Giovanni Gentile e Ugo Spirito suas figuras centrais, mas também com considerável aproximação de alguns pensadores que saíram do sindicalismo revolucionário como Sergio Panunzio. Apoiando-se na interpretação gentiliana dos escritos do jovem Marx, esses fascistas buscaram conciliar o núcleo normativo do materialismo dialético com a realidade histórica de seu tempo, equalizando a atividade da *práxis* revolucionária com realidade intransponível da nação, e isso foi possível devido a uma alteração nas variáveis do movimento dialético ao incluir, no momento do juízo subjetivo do sujeito da *práxis*, o sentimento de nacionalidade como condição necessária para a construção do objeto: a comunidade de destino. Essa interpretação tem uma importância histórica singular, porque, como o próprio Lenin reconheceu, recuperou o núcleo normativo do jovem Marx numa época de profundo revisionismo do monolito marxista que, encabeçado pela Segunda Internacional, tornara-se demasiadamente inflexível no impulso determinista de todo o sistema. A redescoberta do núcleo normativo do jovem Marx possibilitou que se pudesse interpretar o materialismo dialético fora dos limites impostos pela Segunda Internacional, e Giovanni Gentile e Ugo Spirito, intelectuais que mais tarde se tornaram fascistas, foram os

---

[943] ALOSCO, Antonio. *I Socialfascisti*. Continuità tra socialismo e fascismo. [S. l.], D'Amico Editore, 2021, p. 147-149. Recomenda-se a leitura desse livro para quem deseja adquirir uma melhor compreensão de todos os revolucionários de matriz socialista e marxista que aderiram, de alguma forma ou de outra, ao fascismo, grupo consideravelmente extenso que inclui, além dos já citados sindicalistas, Nicola Bombacci e Rinaldo Rigola, também uma pletora de socialistas reformistas, ex-marxistas, jornalistas, filósofos e artistas.

revisionistas mais radicais a complementar o materialismo dialético com variáveis subjetivas como o sentimento de nacionalidade, possibilitando, ao menos em teoria, a justificativa para uma classe revolucionária *nacional*.

Embora o revisionismo tivesse tomado enorme popularidade, a reputação do marxismo no imaginário popular ficou atrelado a interpretação ortodoxa implicando um determinismo histórico movido por grandezas materiais base produtiva da sociedade, principalmente na sua consequência mais famosa na luta de classes. Essa é a segunda interpretação do marxismo que fora aventada por fascistas como Alfredo Rocco e intelectuais como Rinaldo Rigola: um marxismo essencialmente focado no interesse material de uma classe social destinada a destruir a unidade nacional, o que é uma interpretação compreensível se se leva em conta exclusivamente a imagem popular do marxismo determinista. Contudo, o erro dessa interpretação, que chegou a colocar o marxismo como rebento do liberalismo, é julgar que o materialismo marxista é um materialismo exclusivamente de satisfação das necessidades pessoais, quando, no núcleo normativo do jovem Marx, trata-se de um processo *evolutivo* no qual a satisfação das necessidades implica uma necessária transformação do próprio sujeito da *práxis*. O resultado do materialismo dialético, como elucidado por Gentile, é a construção e reconstrução tanto do sujeito, quanto do objeto da relação, do indivíduo e da sua comunidade, implicando-os numa interdependência ontológica que coloca o indivíduo como um ser essencialmente social, desprovido de qualquer essência *a priori* ou fora da realidade social. Contestando a opinião de Rocco, o marxismo não se limita à revolução da classe proletária, que praticamente foi desmentida pela história, mas se torna uma metodologia para a concepção e a justificação de uma criação revolucionária da comunidade de destino do indivíduo de acordo com as circunstâncias históricas.

Não se está julgando qual das duas interpretações acabou se tornando a mais popular dentro do regime fascista, mas apenas observando que, a rigor, a interpretação do materialismo dialético encabeçada por Gentile e Spirito certamente é a mais completa e intelectualmente competente tanto no rigor filosófico, quanto no uso do material extraído dos textos do jovem Marx, e o fato que tal interpretação acabou encontrando certa recepção dentro do regime aponta para uma profunda afinidade entre ambas as ideologias. Deve-se, portanto, recorrer à estruturação metodológica da ideologia para uma comparação mais precisa.

É no primeiro nível do discurso sintético que as semelhanças mais dramáticas aparecem, porque ambos, o fascismo e o marxismo, possuem uma mesma concepção de indivíduo como possuidor de uma essência social, política ou comunitária, apontando para a ideia de que, para se tornar um indivíduo livre e/ou emancipado, ele deve se encontrar em algum grau relevante de harmonia com as construções sociais de sua comunidade, qualquer que seja essa comunidade. Essa semelhança não é fortuita, porque ambas as ideologias são em grande medida frutos da tradição socialista de pensamento social, baseado numa sociologia coletivista e, num grau mais preciso, uma parte específica do fascismo representada pelo idealismo filosófico de Giovanni Gentile tem direta influência do núcleo normativo do jovem Marx e suas concepções de relação intrínseca entre a sociabilidade do indivíduo e as estruturas sociais de sua comunidade.

Consequentemente, ambas as ideologias empreenderam suas forças para libertar os indivíduos de um profundo estado de alienação que os separava de uma comunhão harmoniosa com sua comunidade. No caso do marxismo, os escritos do jovem Marx não são específicos acerca de qual é a comunidade de destino dos indivíduos alienados, é apenas tido como pressuposto que há uma alienação e que ela se manifesta principalmente na seara da produção econômica onde o indivíduo não se percebe nas suas criações, devido à brutal separação entre economia e política, impossibilitando a harmonização entre as esferas público e privada. O fascismo, por sua vez, vê a alienação ser enfrentada em duas frentes específicas: a primeira oriunda da peculiar e milenar separação entre povo e Estado que atormentou pensadores italianos durante séculos, um problema que apenas seria resolvido com a criação de um Estado nacional italiano e, principalmente, com a unificação *espiritual* entre o povo e o novo Estado. A situação vexaminosa que o fascismo encontrou foi a que já havia ocorrido uma unificação político-administrativa no *Risorgimento* que, contudo, não havia concluído a unificação espiritual, perdurando uma segunda alienação dentro do novo Estado unificado que havia sido erigido nas ideias liberais. O regime buscou resolver essa alienação por meio do conceito de mística do trabalho instrumentalizado no sistema corporativo, no qual a produção econômica seria fundida com a vontade política da comunidade, que, na prática, foi a criação de novos critérios políticos para a disposição e gerenciamento de propriedades produtivas sob a rubrica de "função social".

Há, portanto, uma forte afinidade nesses imprescindíveis conceitos do primeiro grau do discurso sintético entre o fascismo e o marxismo, que se distanciam, contudo, quando se passa para o segundo grau do discurso sintético. De fato, o marxismo, nesse momento da construção ideológica, é notório por *não apresentar qualquer construção social relevante*, porque, devido à requisição de ser "científico" aos olhos de Marx e Engels, não se conjecturou a construção da futura sociedade comunista fora de breves e idílicas esquematizações que não corroboram para uma apreensão geral do esquema marxista. Enquanto o fascismo produziu uma pletora de constructos sociais em torno do seu Estado, o marxismo, pelo menos o marxismo apreensível dos escritos originais, jamais se tornou uma realidade fora de algumas tentativas abortadas como a União Soviética. Uma comparação mais precisa de ambas as ideologias no segundo nível do discurso sintético só é possível levando-se em conta o sistema soviético e, como exposto em páginas interiores, a realidade soviética acabou por se assemelhar mais com o fascismo do que qualquer comunidade internacional proletária. Isso se deve não a uma traição dos princípios marxistas por parte dos líderes soviéticos, mas porque a realidade histórica da época os forçou a guinar para um estado totalitário empenhado em construir o "socialismo num único país", objetivo que necessariamente requer um grau considerável de sentimento nacionalista, transformando a classe proletária no povo soviético como classe revolucionária.

É incontornável a conclusão que a interpretação gentiliana do materialismo dialético como justificativa para a construção do fascismo parece ter sido um emprego mais condizente da metodologia marxista, comprovado pelo fato que os soviéticos tiveram que paulatinamente seguir um caminho similar para se adaptarem à realidade histórica do momento, e isso não é nada muito estupefaciente quando se percebe que os pressupostos ideológicos mais basilares dos dois regimes são os mesmos. Esse fato é o que explica o grande número de revolucionários socialistas e comunistas que se aliaram ao fascismo para completar suas expectativas revolucionárias: o fascismo também prometia o fim da alienação experimentada pelo povo italiano, principalmente a classe trabalhadora, que, por meio do corporativismo, poderia finalmente ser inserida à comunidade de destino nacional como membra ativa e coproprietária do processo produtivo dentro de um quadro mais geral de controle político de toda a economia.

Essa afinidade ideológica básica frente à realidade histórica do século XX é também o que explica uma percebida convergência de forças entre o fascismo e o sistema soviético. Por exemplo, quando se lê os argumentos de Renzo Bertoni e Nicola Bombacci acerca da necessidade de se unir o fascismo e o comunismo soviético para uma guerra revolucionária contra o grande inimigo comum de ambos, o individualismo liberal, está se vendo a profunda afinidade dos princípios do primeiro nível do discurso sintético em ação dentro de um contexto histórico específico, e aqui pode-se estabelecer uma devida avaliação acerca do lugar do marxismo em relação ao fascismo dentro do arco da revolta totalitária: o *marxismo é um dos concorrentes do fascismo como representante da moderna revolta totalitária*, porque ambos, devido a seus pressupostos ideológicos básicos, necessitam destruir o individualismo liberal que surgiu na modernidade para conquistar as antigas aspirações de imersão completa do indivíduo nas estruturas de sua comunidade como forma de solucionar uma percebida alienação atomística gerada pelo próprio individualismo liberal. Certamente que o marxismo não faz nenhum apelo muito claro à antiga cosmovisão como o fascismo, mas não há dúvidas de que, nos seus pressupostos e intentos, é um dos representantes modernos mais famosos da ressurreição da essência social do indivíduo e qualquer hostilidade entre os dois é devido à natural posição de concorrentes que, disputando diferentes possíveis soluções de comunidade de destino, inevitavelmente entram em tensão.

Nada explicita mais essa conversão de pressupostos ideológicos que coloca o marxismo e o fascismo como concorrentes na superação do individualismo liberal do que a interpretação gentiliana do materialismo dialético. Gentile, ao iniciar sua carreira como um intérprete do marxismo, embora inicialmente renegando-o, apercebeu-se da importância da dialética materialista como uma justificativa para a invocação da essência social do indivíduo numa relação de interdependência fundamental com a comunidade de destino, *insight* que, aplicado à sua filosofia do atualismo, foi levado ao fascismo numa tentativa de síntese com o sindicalismo revolucionário e o nacionalismo. O centro normativo do jovem Marx, como astutamente percebido por Gentile e Spirito, não apenas não é antagônico ao fascismo, mas pode complementá-lo perfeitamente com uma metodologia de transformação social do indivíduo e da comunidade nacional nos termos do materialismo dialético. O fascismo, portanto, mesmo sendo um concorrente do marxismo, acabou encontrando no próprio marxismo uma parte relevante de sua maturação ideológica para a construção do sistema corporativo da comunidade de destino nacional.

No longo arco da revolta totalitária, a antiga cosmovisão foi ressuscitada mesmo que inconscientemente por fascistas e marxistas para a completa destruição da concepção verdadeiramente moderna e revolucionária: o individualismo liberal.

REFERÊNCIAS

ARON, Raymond. *O marxismo de Marx*. São Paulo: Arx, 2005.

ACITO, Alfredo. *L'Idea romana dello Stato unitario nell'antitesi delle dottrine politiche scaturite dal diritto naturale*. Milano: Sonzogno, 1937.

ALOSCO, Antonio. *I Socialfascisti*. Continuità tra socialismo e fascismo. [S. l.]: D'Amico Editore, 2021.

ALOSCO, Antonio. *Socialismo tricolore*. Da Garibaldi a Bissolati, da Mussolini a Craxi. Napoli: Graus Editore, 2018.

ALTINI, Carlo. *Gentile e lo Stato etico corporativo*. Em Croce e Gentile. La cultura italiana e l'Europa. Roma: Istituto dell'Enciclopedia Italiana, 2016.

ANDERSON, Kevin B. *Marx at the margins:* On Nationalism, Ethnicity, and Non-Western Societies. Chicago: The University of Chicago Press, 2010.

AQUARONE, Alberto. *L'organizzazione dello Stato totalitario*. Torino: Giulio Einaudi Editore, 1995.

ARISTÓTELES. *A política*. São Paulo: Edipro, 2009.

BANTI, Alberto Mario. *Sublime Madre Nostra*. La nazione italiana del risorgimento al fascismo. Gius: Laterza & Figli, 2011.

BANTI, Alberto Mario. *Il Risorigmento italiano*. Roma: Gius, Laterzza & Figli, 2004.

BARNES, Harry E. The struggle of races and social groups as a factor of development of political and social institutions: an exposition and critique of the sociological system of Ludwig Gumplowicz. *Journal of race development*, [s. l.], v. 9, n. 4, p. 394-419, 1919.

BATTENTE, Saverio. Carisma e organizzazione del consenso tra nazionalismo e fascismo: Alfredo Rocco e il tentativo di riforma dello Stato nazionale (1913-35). *The Italianist*, [s. l.], v. 21, n. 1, p. 103-123, 2001.

BAUER, Otto. *The question of nationalities and social democracy*. Minneapolis: University of Minnesota Press, 2000.

BENEDETTI, Paolo. Mazzini in "camicia nera" I. *In:* FONDAZIONE UGO LA MALFA, 22., 2007. *Annali* [...]. [S. l.]: Unicopoli, 2007.

BENEDETTI, Paolo. Mazzini in "camicia nera" II. *In:* FONDAZIONE UGO LA MALFA, 23., 2008. *Annali* [...]. [S. l.]: Unicopoli, 2008.

BENNETT, R. J. The elite theory as fascist ideology – a reply to Beetham's critique of Robert Michels. *Political Studies*, [s. l.], v. XXVI, v. 4, p. 474-488, 1978, p. 480.

BERTI, Giuseppe. La dottrina pisacaniana della rivoluzione sociale. *Studi sotiric*, anno 1, n. 1, [s. l.], p. 24-61, Oct./Dec. 1959.

BERTONI, Renzo. *Il trionfo del fascismo nell'U.R.S.S.* Roma: Angelo Signorelli Editore, 1934.

BERNSTEIN, Eduard. *Evolutionary Socialism:* A criticism and affirmation. New York: Schoken Books, 1961.

BERGSON, Henri. *Matter and memory.* London: George Allen & Unwin Ltd New York, The MacMillan Company, 1929.

BIAGI, Bruno. *Lo Stato corporativo.* Roma: Lulu, 2018.

BÍBLIA. Português. *Bíblia Sagrada:* Nova tradução na linguagem de hoje. São Paulo: Sociedade Bíblica do Brasil, 2000.

BODRERO, Emilio. *Roma e il fascismo.* Roma: Lulu, 2019.

BOTTAI, Giuseppe. *L'ordinamento corporativo.* Milano: A Mondadori, 1938.

BURGWYN, H. James. *Mussolini and the Salò Republic.* The failure of a puppet regime. [s. l.], Palgrave Macmillan, 2018.

CARMO, Jefferson Carriello do. O atualismo de Giovanni Gentile e o estado fascista. *Revista Estudos Universitários*, Sorocaba – SP, v. 26, n. 1, p. 99-103, jun. 2000.

CHIANTERA-STUTTE, P.; GUISO, A. Fascismo e bolscevismo in una rivista di confine: 'La Verità' di Nicola Bombacci (1936-1943). *Ventunesimo Secolo*, [s. l.], v. 2, n. 3, p. 145-170, mar. 2003.

CHIODI, Giovanni. *Alfredo Rocco e il fascismo dello Stato totale.* Em I giuristi e il facismo del regime (1918-1925), a cura di Italo Birocchi e Luca Loschiavo. Roma: RomaTrepress, 2015.

CHARTIER, Gary; JOHNSON, Charles W. (org.). *Markets, not capitalism:* individualist anarchism against bosses, inequality, corporate power, and structural poverty. [S. l.]: Minor Compositions, 2011.

COULANGES, Numa Denis Fustel de. *The ancient city.* A study in religion, laws and institutions of Greece and Rome. Kitchener: Batoche Books, 2001.

COPPA, Frank J. *Planning, protectionism and politics in liberal Italy:* Economics and politics in the giollitian age. Washington D.C.: The catholic university press, 1971.

CORRADINI, Enrico. *Il nazionalismo italiano.* Milano: Fratelli Treves Editori, 1914.

CORRADINI, Enrico. *L'unità e la potenza delle nazioni.* Firenze: Vallecchi Editore, 1922.

CORRADINI, Enrico. *Discorsi politici.* Florence: Valecchi, 1923.

CORRADINI, Enrico. *Discorsi nazionali.* Roma: L'italiana, 1917.

CORRADINI, Enrico. *L'Ombre della vita.* Napoli: Riccardo Ricciardi Editore, 1908.

CORRADINI, Enrico. *La patria lontana.* Milano: Fratelli Treves Editoro, 1911.

CUNSOLO, Ronald S. Italian emigration and its effect on the rise of nationalism. *Italian americana,* [s. l.], v. 12, n. 1, p. 62-72, fall/winter 1993.

DE FELICE, Renzo. *Mussolini il Duce.* Lo Stato totalitario, 1936-1940. Torino: Giulio Einaudi, 1996.

DE FELICE, Renzo. *Intervista sul fascismo, a cura di Michael A. Ledeen.* Roma-Bari: Laterza, 1975.

DE GEORGE, Ricard T. *The new marxism.* Soviet and Eastern european since 1956. New York: Pegasus, 1968.

DELLA PERUTA, Franco. Garibaldi tra mito e politica. *Studi storici,* [s. l.], anno 23, n. 1, p. 95-117, jan./mar. 1982.

DE GRAND, Alexander J. *The Italian nationalist association and the rise of fascism in Italy.* Lincoln: University of Nebraska Press, 1978.

DIZIONARIO DI POLITICA, a cura del Partito Nazionale Fascista. Antologia, volume unico. Roma: Lulu, 2014.

D'ALFONSO, Rocco. Oltre lo Stato liberale: Il progetto di Alfredo Rocco. *Il Politico,* [s. l.], v. 64, n. 3 (190), p. 341-368, Luglio-Settembre 1999.

EASTON, L.; GUDDAT, K. (org.). *Writings of the young Marx on philosophy and society.* Cambridge: Hackett Publishing Company, 1997.

ENGELS, Friedrich. *The peasant war in germany*. Moscow: Foreign Language Publishing House, 1956.

ETZIONI-HALEVY, Eva. *Classes & elites in democracy and democratization*. A collection of readings. New York & London: Garland Publishing Inc., 1997.

FANTECHI, Augusto. *Trasformazione del concetto di democrazia e di popolo*. Firenze: Felice le Monnier, 1933.

FONZO, Erminio. *Storia dell'Associazione Nazionalista Italiana (1910-1923)*. Napoli: Edizioni Scientifiche Italiane, 2017.

FREEDEN, Michael. *Ideology, a very short introduction*. New York: Oxford University Press, 2003.

FREEDEN, M.; SARGEN, L. T.; STEARS, M. (org.). *The Oxford Handbook of Political Ideologies*. Oxford: Oxford University Press, 2013.

FURIOZZI, Gian Biagio. *Dal socialismo al fascismo*. Studi sul sindacalismo rivoluzionario italiano. Esselibri: Simone, 1998.

GAETA, Franco. *Il nazionalismo italiano*. Roma-Bari: Editori Laterza, 1981.

GALO, Fernanda. *Hegel nel risorgimento italiano e l'istituto italiano per gli studi filosofici*. Em Gli hegeliani di Napoli. Il Risorgimento e la ricezione di Hegel in Italia. Napoli: La scuola di Pitagora editrice, 2020.

GENTILE, Emilio. *Fascismo de pietra*. Roma-Bari: Laterza, 2007.

GENTILE, Emilio. *Il culto del littorio:* La sacralizzazione della politica nell'Italia fascista. Gius: Laterza & Figli, 1993.

GENTILE, Emilio. *Le origini dell'ideologia fascista, 1918-1925*. Bologna: Il Mulino, 1996.

GENTILE, Emilio. *The struggle for modernity:* Nationalism, futurism and fascism. London: Praeger, 2003.

GENTILE, Giovanni. *La filosofia di Marx*. Opere, XXVIII. Firenze: Sansoni, 1959.

GENTILE, Giovanni. *Genesis and structure of society*. Translated by H. S. Harris. Urbana and London: University of Illinois press, Urbana and London, 1966.

GENTILE, Giovanni. *I fondamenti della filosofia del diritto*. Firenze: Sansoni Editrice, 1961.

GENTILE, Giovanni. *Dopo la vittoria*. Roma: La Voce, 1920.

GENTILE, Giovanni. *Politica e cultura*, II, em Opere Complete vol. XLV. Firenze: Le Monnier, 1990.

GENTILE, Giovanni. *Discorsi di religione*. Opere complete di Giovanni Gentile, a cura della fondazione Giovanni Gentile per gli studi filosofici. Firenze: Le Lettere, 2014.

GENTILE, Giovanni. *I profeti del Risorgimento italiano*. Firenze: Vallecchi Editore, 1923.

GENTILE, Giovanni. *Albori della nuova Italia. Varietà e documenti*, parte prima. Firenze: Sansoni, 1923.

GENTILE, Giovanni. *L'essenza del fascismo*, em Giuseppe Luigi Pomba (a cura di), La civiltà fascista illustrata nella dottrina e nelle opere, com introduzione di Benito Mussolini. Torino: Unione Tipográfico-Editrice Torinese, 1928.

GENTILE, Giovanni. *The reform of education*. Authorized translation by Dino Bigongiari. New York: Harcourt, Brace and Company, 1922.

GENTILE, Giovanni. *Il concetto della storia della filosofia*. Firenze: Le Lettere, 2006.

GENTILE, Giovanni. *Origins and doctrine of fascism*. With selection from other works. Translated, edited, and annotated by A. James Gregor. New Brunswick: Transaction Publishers, 2002.

GENTILE, Giovanni. *Introduzione alla filosofia*. Firenza: G. C. Sansoni Editore, 1952.

GENTILE, Giovanni. *Discorso agli italiani* em La vita e il pensiero, Vol. IV. Dal discorso agli italiani alla morte, 24 giugno 1943 – 15 aprile 1944. Firenze: Sansoni, 1951.

GENTILE, Giovanni. *L'Unità di Mussolini*. Apud Antonio Messina. Lo Stato etico corporativo. Sintesi dell'ideologia fascista. Roma: Lulu, 2013.

GIRARD, René. *Coisas ocultas desde a fundação do mundo*. São Paulo: Paz e Terra, 2008.

GIARDINA, Andrea; VAUCHEZ, André. *Il mito di Roma*. Bari: Gius, Laterza & Figli, 2000.

GREGOR, A. James. *Mussolini intellectuals*. Fascist social and political thought. New Jersey: Princeton University Press, 2004.

GREGOR, A. James. *Saggi sulle teorie etiche e sociali dell'Italia fascista*. Effepi: Genova, 2010.

GREGOR, A. James. *L'Ideologia del fascismo*. Il fondamento razionale del totalitarismo. Roma: Lulu, 2013.

GREGOR, A. James. *Metascience & politics:* An inquiry into the conceptual language of political science. New Brunswick, New Jersey: Transaction Publishers, 2003.

GREGOR, A. James. *Totalitarianism and political religion*. An intellectual history. Stanford: Stanford University Press, 2012.

GREGOR, A. James. *Yung Mussolini and the intellectual origins of fascism*. Berkeley: University of California Press, 1979.

GREGOR, A. James. Giovanni Gentile and corporativism. *Rivista di studi corporativi* 5, 4-5, July/Oct. 1975.

GREGOR, A. James. *Giovanni Gentile and thought of Giuseppe Mazzini* em Eventi e Studi: Scritti in onore di Hervé A. Cavallera, tomo II. Pensa MultiMedia Editore, 2017.

GREGOR, A. James. *Giovanni Gentile:* Philosopher of fascism. New Brunswick: Transaction Publishers, 2001.

GREGOR, A. James. *Sergio Panunzio*. Il sindacalismo ed il fondamento razionale del fascismo. Roma: Lulu, 2014.

GREGOR, A. James. *Italian fascism and developmental dictatorship*. New Jersey: Princeton University Press, 1979.

GREGOR, A. James. *Roberto Michels e l'ideologia del fascismo*. Roma: Lulu, 2015.

GREGOR, A. James. *Marxism, Fascism and Totalitarianism, chapters in the intellectual history of radicalism*. Stanford: Stanford University Press, 2009.

GREGOR, A. James. *Interpretations of fascism*. New Brunswick: Transaction Publishers, 1997.

GRIFFIN, Roger. *Fascism*. An introduction to comparative fascist studies. Cambridge: Polity Press, 2018.

GRIFFIN, Roger. *The nature of fascism*. London: Routledge, 2006.

GRIFFIN, Roger; LOH, Werner; UMLAND, Andreas (org.). *Fascism past and present, West and East*. An international debate on concepts and cases in the comparative study of the extreme right. Soviet and post-soviet politics and society. Stuttgart: Ibidem Verlag, 2014.

GUMPLOWICZ, Ludwig. *The outlines of sociology*. Philadelphia: American academy of political and social science, 1899.

GUMPLOWICZ, Ludwig. *Der Rassenkampf.* Sociologische Unterschungen. Innsbruck: Verlag der Wagner'Schen Univ.-Buchandlung, 1883.

HAYES, Carlton J. H. *Essays on nationalism*. New York: The Macmillan Company, 1926.

HEGEL, Georg Wilhelm Friedrich. *Vorlesungen ueber die philosophie der Geschicte*. *Apud* Nelson Lehmann da Silva. A religião civil do Estado moderno. Campinas: Vide Editorial, 2016.

HOROWITZ, Irving Louis. *Radicalism and the revolt against reason:* the social theories of Georges Sorel with a translation of his essay on "the decomposition of marxism". Routledge: Taylor & Francis Group, 2009.

JENNINGS, J. R. *Georges Sorel.* The character and development of his thought. New York: Palgrave Mcmillan, 1985.

JENNINGS, J. R. *Syndicalism in France, a study of ideas*. New York: Palgrave Macmillan, 1990.

KAUTSKY, Karl. The Revision of the Austrian Social Democratic Programme, appendix I, in Lenin and logic of hegemony. *Historical materialism book series*, London, Brill, v. 72, 2014.

KENNEDY, Emmet. "Ideology" from Destutt de Tracy to Marx. *Journal of the History of Ideas*, [s. l.], v. 40, n. 3, p. 353-368, Jul./Sep. 1979.

KING, Bolton. *The life of Mazzini*. London: J. M. Dent & co., 1894.

KRAUT, Richard. *Aristotle:* Political philosophy. Founders of modern political and social thought. New York: Oxford University Press, 2002.

LANDAUER, Carl. *Corporate State ideologies.* Historical roots and philosophical origins. Berkeley: Institute of International Studies, 1981.

LANDI, A. G. *Mussolini e la rivoluzione sociale*. Roma: ISC, 1983.

LANDI, Giuseppe. *Dall'associazione mazziniana alla corporazione fascista*. Roma: Collana di pubblicazione del centro di cultura e propaganza corporativa di Napoli, 1937.

LANDI, Giuseppe. *Il contenuto sociale del Fascismo*. Roma: Stab. Tipografico Il Lavoro Fascsita, 1936.

LABRIOLA, Antonio. *Essais sur la conception matérialiste de l'historie*. Paris: V. Girard & E. Brière, 1897.

LE BON, Gustave. *The crowd:* A study of the popular mind. New York: The Macmillan Co., 1896.

LEOPOLD, David. *The young Karl Marx*. German philosophy, modern politics, and human flourishing. New York: Cambridge University Press, 2007.

LENIN, Vladimir. *Collected works, Vol. 21*. August 1914 – December 1915. Moscow: Progress Publishers, 1964.

LENIN, Vladimir. *What is to be done?* Burning questions of our movement. New York: International Publishers, 1978.

LENIN, Vladimir. *Collected works, vol. 7*, September 1903 – December 1904. Moscow: Foreign languages publishing house, 1961.

LENIN, Vladimir. *Collected works, vol. 5*, May 1901 – february 1902. Moscow: Foreign languages publishing house, 1961.

LUXEMBURG, Rosa. *The letters of Rosa Luxemburg*. Edited by Georg Adler, Peter Hudis and Annelies Laschitza. London: Verso, 2013.

LUXEMBURG, Rosa. *Reform or Revolution?* Paris: Foreign Language Press, 2020.

MAQUIAVEL, Nicolau. *O príncipe*. São Paulo: Madras, 2014.

MCCORMICK, John P. The enduring ambiguity of Machiavellian Virtue: Cruelty, crime, and Christianity in The Prince. The Johns Hopkins University Press. *Social Research*, v. 81, n. 1, machiavelli's the prince 500 years later, spring 2014.

MANGONI, Luisa. Oriani e la cultura politica del suo tempo. *Studi storici*, Louis Gernet e l'antropologia della Grecia antica, anno 25, n. 1, p. 169-180, Jan./Mar. 1984.

MARSELLA, Mauro. Enrico Corradini and italian nationalism, the 'right-wing' of the fascist synthesis. *Journal of political ideologies*, [s. l.], v. 9, n. 2, p. 203-224, 2004.

MARX, Karl. *The german ideology*. Collected Works. Vol. 5, 1845-1847. New York: International Publishers, 1976.

MARX, Karl. *Economic and Philosophic Manuscripts of 1844*. Collected Works, Vol III. London: Lawrence & Wishart, 2010.

MARX, Karl. *Manifesto do partido comunista*. Rio de Janeiro: Nova Fronteira, 2016.

MARX, Karl. *O Capital. Crítica da economia política, Vol. I.* (Edição eletrônica). São Paulo: Boitempo, 2011.

MARX, Karl. *A miséria da filosofia (resposta à Filosofia da miséria de Proudhon).* São Paulo: LaFonte, 2018.

MARX, Karl. *Contribuição à crítica da economia política.* São Paulo: Expressão Popular, 2008.

MARX, Karl. *Collected Works.* Vol. 3, 1843-1844. New York: International Publishers, 1975.

MARX, Karl. *Deustchen ideologie.* Marx & Engels Werke, Band 3. Apud Jacob. L. Talmon. The myth of the nation and the vision of the revolution. Berkeley: University of California Press, 1981.

MARX, Karl; ENGELS, Frederick. *Collected works, Vol. 27.* New York: International Publishers, 1990.

MARX, Karl; ENGELS, Frederick. *Correspondence:* 1846-1895. A selection with commentary and notes. London: Lawrence and Wishart LTD. 1936.

MARX, Karl; ENGELS, Frederick. *Collected Works.* Vol. 14: 1855-1856. Moscow: Progress Publishers, 1980.

MARX, Karl; ENGELS, Frederick. *Collected Works.* Vol. 44: 1870-1873. Moscow: Progress Publishers, 1989.

MARX, Karl; ENGELS, Frederick. *Collected Works.* London: Lawrence & Wishart, 2010, v. I.

MARX, Karl; ENGELS, Frederick. *Collected Works.* Vol. 25: Frederick Engels: Anti-Dühring, the dialectis of nature. New York: International Publishers, 1987.

MAZZINI, Giuseppe. *Dei doveri dell'uomo.* Milano: Corriere della Sera, 2010.

MAZZINI, Giuseppe. *Selected writings.* London: Lindsay Drummond Limited, 1945.

MAZZINI, Giuseppe. *Life and writings of Giuseppe Mazzini, Vol. VI:* Critical and literary. London: Smith, Elder & CO., 15 Waterloo Place, 1891.

MAZZINI, Giuseppe. *Essays, with an introduction by Thomas Jones.* London: J. M Dent & Sons, Ltda. 1915.

MEISEL, James H. *The genesis of Georges Sorel.* An account of his formative period followed by a study of his influence. Michigan: The George Wahr Publishing Company, 1951.

MELEGARI, Luca. *Nascita e affermazione del sindacalismo rivoluzionario in Italia 1902-1904.* Scienza & Politica. Per Una Storia Delle Dottrine 4, 1992.

MELOGRANI, Piero. *Gli industriali e Mussolini.* Rapporti tra Confindustria e fascismo dal 1919 al 1929. Milano: Longanesi & C. 1980.

MESSINA, Antonio. *Lo Stato etico corporativo.* Sintesi dell'ideologia fascista. Roma: Lulu, 2013.

MESSINA, Antonio. *Giovanni Gentile.* Il pensiero politico. Roma: fergen, 2019.

MESSINA, Antonio (org.). *L'economia nello stato totalitario fascista.* Canterano: Aracne Editrice, 2017.

MICHELS, Robert. *Il proletariato e la borghesia nel movimento socialista italiano.* Torino: Fratelli Bocca, 1908.

MISSIROLI, Mario. *Opinioni.* Firenze: Soc. An. Editrice "La Voce", 1921.

MONTANELLI, Indro. *Storia d'Italia:* L'Italia di Giolitti, 1900-1920. Milano: Rizzoli Editore 1974.

MONTANELLI, Indro. *Storia d'Italia, Voi. IV:* L'Italia giacobina e carbonara 1789-1831. Milano: RCS Libri S.p.A.

MONTANELLI, Indro; GERVASO, Roberto. *Storia d'Italia: L'Italia dei Comuni 1000-1250.* Milano: Rizzoli Editore, 1966.

MONTANELLI, Indro; GERVASO, Roberto. *Storia d'Italia:* L'Italia della Contrariforma 1492-1600. Milano: Rizzoli Editore 1968.

MORNATI, Fiorenzo. *Vilfredo Pareto:* An intellectual biography. Volume I: From science to liberty (1848-1891). Palgrave studies in the history of economic thought, 2020.

MORNATI, Fiorenzo. *Vilfredo Pareto:* An intellectual biography. Volume II: The illusions and disillusions of liberty (1891-1898). Palgrave studies in the history of economic thought, 2020.

MORNATI, Fiorenzo. *Vilfredo Pareto:* An intellectual biography. Volume III: From liberty to science (1898-1923). Palgrave studies in the history of economic thought, 2020.

MORASSO, Mario. *L'imperialismo del seculo XX.* La conquista del mondo. Mila: Treves, 1905.

MOSCA, Gaetano. *The ruling class*. New York: McGraw-Hill Book Company, 1939.

MOSCA, Gaetano. *Teorica dei governi e governo parlamentare*. Torino, 1925.

MOSSE, George L. Fascism and the French Revolution. *Journal of Contemporary History*. SAGE, London, Newbury Park and New Dehli, v. 24, 1989.

MOSSE, George L. *Confronting the nation:* Jewish and western nationalism. Hanover & London: Brandeis University Press, 1993.

MUSSOLINI, Benito. *Opera omnia*. Il mio diario di guerra (1915 – 1917), la dottrina del fascismo (1932), vita di Arnaldo (1932), parlo com Bruno (1941), pensieri pontini e sardi (1943), storia di un anno (1944). Vol XXXIV. Firenze: La Fenice, 1961.

MUSSOLINI, Benito. *Opera omnia*. Dall'attentato zaniboni al discorso dell'ascensione (5 novembre 1925 – 26 maggio 1927). Vol XXII. Firenze: La Fenice, 1957.

MUSSOLINI, Benito. *Opera Omnia*. Vol. XXXII. Dalla liberazione di Mussolini all'epilogo la Repubblica Sociale Italiana (13 settembre 1943 – 28 aprile 1945). Firenze: La Fenice, 1960.

MUSSOLINI, Benito. *Opera omnia*. Dal trattato di rapallo al primo discorso alla camera (13 novembre 1920 – 21 giugno 1921). Firenzze: La Fenice, 1955, v. XVI.

MUSTÈ, Marcello. *Marxism and the philosophy of praxis*. An italian perspective from Labriola do Gramsci. [s. l.], Palgrave Macmillan, 2021.

NOLAND, Aaron. Proudhon's sociology of war. *The american journal of economics and sociology*, [s. l.], v. 29, n. 3, p. 289-304, Jul. 1970.

OLIVETTI, Angelo. Manifesto dei sindacalisti. *Pagine Libere*, Milano, abr./maio 1921.

OLIVETTI, Angelo. Nazione e classe. *L'Italia nostra*, Milano, 1 maio 1918.

ORIANI, Alfredo. *La rivolta ideale*. Napoli: Ricciardi, 1908.

ORIANI, Alfredo. *La lotta politica in Italia*. Origini della lotta attuale. Firenze: Soc. Anonima Editrice "La Voce", 1921, v. II.

OHANA, David. Georges Sorel and the rise of political myth. *History of european ideas*, [s. l.], v. 13, n. 6, 1991.

PAGANO, Tullio. From diaspora to empire: Enrico Corradini's nationalist novels. *MLN*, Italian issue, v. 119, n. 1, jan. 2004.

PANUNZIO, Sergio. *Teoria generale dello Stato fascista*. Padova: Casa Editrice Dott. Antonio Milani, 1937.

PANUNZIO, Sergio. *Il concetto della guerra giusta*. Campobasso: Colitti, 1917.

PANUNZIO, Sergio. Sergio Panunzio. *Le corporazioni fascisti*, Milano, Hoepli. 1935. *Apud* A. James Gregor. Sergio Panunzio. Il sindacalismo ed il fondamento razionale del fascismo. Roma: Lulu, 2014.

PANUNZIO, Sergio. *Stato nazionale e sindacati*. Milano. Imperia, 1924. *Apud* A. James Gregor. Sergio Panunzio. Il sindacalismo ed il fondamento razionale del fascismo. Roma: Lulu, 2014.

PANUNZIO, Sergio. *Popolo, Nazione,* Stato. Firenze: La nuova Italia, 1933.

PANUNZIO, Sergio. *Sindacalismo e medio evo*. Napoli: Società Editrice Partenopea, 1911.

PANUNZIO, Sergio. *I sindacati e la circolazione delle aristocrazie*. Genus, Vol. 6/8, Parte Prima. Atti della terza riunione scientifica della società italiana di sociologia - Roma 2-3-Ottobre 1942 (1943-1949).

PANUNZIO, Sergio. *La persistenza del diritto*. Abruzzese: Da Pescara, 1910.

PAPINI, Giovani; PREZZOLINI, Giuseppe. *Vecchio e nuovo nazionalismo*. Milano: Studio editoriale lombardo, 1914.

PARETO, Vilfredo. *Les systèmes socialistes*. Tome permier. Paris: V. Giard & E. Brière, 1902.

PARETO, Vilfredo. *The transformation of democracy*. New Brunswick: Transaction Books, 1984.

PARETO, Vilfredo. *I sistemi socialisti*. Torino, Editore: Utet, 1954.

PARETO, Vilfredo. *The mind and society.* Volume IV: The general form of society. New York: Harcourt, Brace and Company, 1935.

PARETO, Vilfredo. *Trattato di sociologia generale*. Torino: Unione Tipografico-Editrice Torinense.

PARETO, Vilfredo. *The mind and society.* Volume III: Sentiment in thinking (theory of derivations). London: Thirty Bedford Square, 1935.

PARETO, Vilfredo. *The mind and society.* Volume II: Analysis of sentiments (theory of residues). Harcourt: Brace and Company, 1935.

PARETO, Vilfredo. *"Georges Sorel"*, em La Ronda, 1922. *Apud* Irving Louis Horowitz. Radicalism and the revolt against reason: the social theories of Georges Sorel with a translation of his essay on "the decomposition of marxism". Routledge: Taylor & Francis Group, 2009.

PARLATO, Giuseppe. *La sinistra fascista.* Storia di un progetto mancato. Bologna: Il Mulino, 2000.

PARTITO NAZIONALE FASCISTA. *La politica sociale del fascismo*. La libreria dello Stato, 1936.

PARTITO NAZIONALE FASCISTA. *Venti Anni, volume primo:* Dottrina, storia e regime. Roma: Istituto Poligrafico dello Stato, 1942.

PARTITO NAZIONALE FASCISTA. *Venti Anni, volume secondo:* L'Ordine corporativo e la difesa sociale. Roma: Istituto Poligrafico dello Stato, 1942.

PELLOUTIER, Fernand. *Histoire des Bourses du Travail*. Paris: Librairie C. Reinwald Schleicher Frères, 1902.

PERTICI, Roberto. *Il Mazzini di Giovanni Gentile em Giornale critico dela filosofia italiana* – Sesta serie, Volume XIX. Firenze: Casa Editrice le Lettere, 1999.

PETACCO, Arrigo. *Il comunista in camicia nera.* Nicola Bombacci tra Lenin e Mussolini. Milano: Arnoldo Mondadori, 1996.

PIRAINO, Marco; FIORITO, Stefano. *L'Identita' Fascista*. Progetto politico e dottrina del fascismo. Roma: Lulu, 2007.

PIRAINO, Marco. *Pro Caesare:* Saggio sulla dottrina fascista dello Stato come concezione politica religiosa. Roma: Lulu, 2014.

PIROT, Florent. *On totalitarianism and its levers:* The study of Sismondi as a user's manual. HAL Open Science, 2018. Hal-01869265.

PASCOLI, Giovanni. *La grande proletaria si è mossa*. Discorso tenuto a barga "per i nostri morti e feriti". Bologna: Nicola Zanichelli, 1911.

PREZZOLINI, Giuseppe. *La teoria sindacalista*. Napoli: Francesco Perrella, 1909.

PROUDHON, Pierre-Joseph. *Correspondance.* Tome Douzième. Paris: Librairie Internationale, 1875.

PROUDHON, Pierre-Joseph. *La guerre et la paix*. Paris: Lacroix, Verboeckhoven & C, Éditeurs, 1869.

PROUDHON, Pierre-Joseph. *Sistema das contradições econômicas, ou filosofia da miséria, tomo I.* São Paulo: Ícone, 2003.

PROUDHON, Pierre-Joseph. *Idée generále de la revolution au XIX siècle.* Paris: Garnier Frères Libraries, 1851.

PROUDHON, Pierre-Joseph. *What is property?* An inquiry into the principle of right and of government. New York: Dover Publications Inc, 1970.

RIGHI, Maurício G. *Pré-história e história:* As instituições e as ideias em seus fundamentos religiosos. São Paulo: É Realizações, 2017.

RIQUELME, Sérgio Fernández. *Historia del Corporativismo en Italia.* Del desarrollismo económico al Estado fascista. Em L'economia nello stato totalitario fascista. A cura di Antonio Messina. Aracne Editrice, 2017.

ROBERTS, David D. *The syndicalist tradition and Italian fascism.* Chapel Hill: The University of North Caroline Press, 1979.

ROCCO, Alfredo. *La crisi dello Stato e i sindicati.* Padova: La Litotipo Editrice Universitaria, 1921.

ROCCO, Alfredo. *Che cosa è il nazionalismo. Apud* Giulia Simone. Tutto nello Stato. L'itinerario politico e culturale di Alfredo Rocco. Venezia: Università Ca'Foscari Venezia, 2010.

ROCCO, Alfredo. *Scritti e discorsi politici,* Vol. I. La lotta nazionale della vigilia e durante la guerra (1913-1918). Milano: Dotta. A. Giuffré Editore, 1938.

ROCCO, Alfredo. *La dottrina del fascismo e il suo posto nella storia del pensiero politico.* Milano: Stabilimento Tipografico La Periodica Lombarda, 1925.

ROCCO, Alfredo. *Le lezioni dei fatti. Apud* Giulia Simone. Tutto nello Stato. L'itinerario politico e culturale di Alfredo Rocco. Venezia: Università Ca'Foscari Venezia, 2010.

ROSENBLATT, Helena. *A história perdida do liberalismo.* Da Roma antiga ao século XXI. Rio de Janeiro: Alta Books, 2022.

ROUSSEAU, Jean-Jacques. *The social contract and the first and second discourses.* New Haven: Yale University Press, 2002.

SALVEMINI, Gaetano. *Mazzini.* London: Jonathan Cape, thirty Bedford square, 1956.

SANTORO, Lorenzo. *La ricenzione di Sismondi nel fascismo e il mito dei comuni.* Em Sismondi e la nuova Italia: atti del convegno di studi. Firenze: Pescia, Pisa, 9-11 giugno 2010.

SARTI, Roland. *Fascism and industrial leadership in Italy, 1919-1940*. Berkeley: University of California Press, 1971.

SHAKHNAZAROV, G. *Man, Science and Society*. Moscow: Progress Publishers, 1965.

SILVERIO, Enrico. *Impero, diritto e geografia in Carlo Costamagna e Sergio Panunzio*. Civiltà Romana, revista pluridisciplinare di studi su Roma antica e le sue interpretazioni. Quasar, V, 2008.

SIMONE, Giulia. *Tutto nello Stato*. L'itinerario politico e culturale di Alfredo Rocco. Venezia: Università Ca'Foscari Venezia, 2010.

SKINNER, Quentin. *Political innovation and conceptual change*. Edited by Terrence Ball, James Farr and Russell L. Hanson. Cambridge: Cambridge University Press, 1989.

SKINNER, Quentin. Meaning and Understanding in the History of Ideas. *Rev. History and Theory*, Cambridge, v. 8, n. 1, p. 3-53, 1969.

SOLOMON, A. William. *Italy in the giolittian era*. Philadelphia: University of Pennsylvania Press, 1945.

SOREL, Georges. *Insegnamenti sociali dell'economia contemporanea*. Milano: Remo Sandron Editore, 1907.

SOREL, Georges. *La décomposition du marxisme*. Paris: Libraires des sciences politiques & sociales, Marcel Rivière, 1910.

SOREL, Georges. *Introduction à l'économie moderne*. Paris: Librairie G. Jacques, 1903.

SOREL, Georges. *Reflections on violence*. Cambridge: Cambridge University Press, 2004.

SOREL, Georges. *Matiriaux d'une theorie du prolitariat*. Paris: Librairie des sciences politiques et sociales Marcel Rivière, 1919.

SOREL, Georges. *Saggi di critica del marxismo*. Milano-Palermo-Napoli: Remo Sandron Editore, 1903.

SOREL, Georges. *Étude sur Vico*, no Le Devenir Social, 1896. *Apud* Irving Louis Horowitz. Radicalism and the revolt against reason: the social theories of Georges Sorel with a translation of his essay on "the decomposition of marxism". Routledge: Taylor & Francis Group, 2009.

SPIRITO, Ugo. *I fondamenti della economia corporativa*. Milano: S. A. Fratelli Treves Editori, 1936.

SPIRITO, Ugo. *Capitalismo e corporativismo*. Firenze: G.C. Sansoni Editore, 1934.

SPIRITO, Ugo. *Dall'economia liberale al corporativismo.* Critica dell'economia liberale. Em Il corporativismo. Firenze: G.C. Sansoni Editore, 1970.

SPIRITO, Ugo. *Il corporativismo*. Firenze: Sansoni, 1970.

SPIRITO, Ugo. *Il comunismo*. Firenze: Sansoni, 1965.

SPAMPANATO, Bruno. *Democrazia fascista*. Roma: Edizioni di politica nuova, 1933.

STERNHELL, Zeev. The 'Anti-Materialist' Revision of Marxism as an Aspect of the Rise of Fascist Ideology. *Journal of Contemporary History*, [s. l.], v. 22, n. 3, p. 379-400, Jul. 1987.

STERNHELL, Zeev; SZNAJDER, Mario; ASHERI, Maia. *The Birth of the Fascist Ideology, from Cultural Rebellion to Cultural Revolution*. Princeton: Princeton University Press, 1994.

STRAUSS, Leo. *Natural rights and history.* A cogent examination of one of the most significant issues in modern political and social philosophy. Chicago: University of Chicago Press, 1953.

STRONG, Derek Ryan. *Proudhon and the labour theory of property.* [S. l.]: Anarchist studies 22.1, 2014.

SULLAM, Simon Levis. *Giuseppe Mazzini and the origins of fascism*. New York: Palgrave Macmillan, 2015.

SULLAM, Simon Levis. The moses of Italian unity: Mazzini and nationalism as political religion. *In:* BAYLY, C. A.; BIAGINI, Eugenio F. (ed.). *Giuseppe Mazzini and the globalization of democratic nationalism 1830-1920.* British Academy: llustrated edition 15 Nov. 2008.

SZPORLUK, Roman. *Communism and Nationalism:* Karl Marx versus Friedrich List. New York: Oxford University Press, 1988.

TALMON, Jacob L. *The myth of the nation and the vision of the revolution*. Berkeley: University of California Press, 1981.

TALMON, Jacob L. *The origins of totalitarian democracy*. London: Secker & Warburg, 1952.

TANNENBAUM, Edward T. The social thought of the Action Française. *International review of social history*, [s. l.], v. 6, n. 1, p. 1-18, 1961.

TARQUINI, Alessandra. *Storia della cultura fascista*. Bologna: Il Mulino, 2011.

TÖNNIES, Ferdinand. *Community and Civil Society*. Cambridge: Cambridge University Press, 2001.

TUCCI, Giuseppe. *La Carta del Lavoro e le sue realizzazioni*. Torino: G. B. Paravia & C, 1938.

TURIELLO, Pasquale. *Governo e governati in Italia*. Bologna: Nicola Zanichelli, 1889.

UNGARI, M. *Alfredo Rocco e l'ideologia del fascismo*. Brescia: Morecelliana, 1963.

VAN DIJK, Teun A. *Ideology:* A multidisciplinary approach. London: SAGE Publications, 2000.

VINCENT, K. Steven. *Georges Sorel in North America*. [S. l.]: History Department, North Carolina State University, 2008.

VOLPE, Gioacchino. *Storia del movimento fascista*. Milano: Ispi, 1939.

VOLPICELLI, Arnaldo. *I fondamenti ideali del corporativismo*. Em L'economia nello stato totalitario fascista. A cura di Antonio Messina, Aracne Editrice, 2017.

VOEGELIN, Eric. *Idade média até Tomás de Aquino*. História das ideias políticas. São Paulo: É Realizações, 2012, v. II.

VOEGELIN, Eric. *Helenismo, Roma e cristianismo primitivo*. História das ideias políticas. São Paulo: É Realizações, 2012, v. I.

WAKEFIELD, James; HADDOCK, Bruce. *Thinking thought:* The philosophy of Giovanni Gentile. Cardiff: Bradley Society & Collingwood Society, 2015.

WEINDLING, Paul. *Health, race and german politics between national unification and Nazism, 1870-1945*. Cambridge: Cambridge University Press, 1989.

WIARDA, Howard J. *Corporatism and comparative politics, the other great "ism"*. New York: M. E Sharpe, 1997.

WILDE, Lawrence. Sorel and the french right. *History of political thought*, [s. l.], v. II, n. 2, p. 361-374, 1986.

WOODCOCK, George. *Pierre-Joseph Proudhon, his life and work*. New York: Schocken Books, 1972.

WOLTMANN, Ludwig. *Der Historische Materialismus. Dorstellung un–Kritik der Marxistischen Weltanschauung*. Düsseldorf: Hermann Michel's Verlag, 1900.

ZACHARIAE, G. *Mussolini si confessa*. *Apud* Antonio Messina. Lo Stato etico corporativo. Sintesi dell'ideologia fascista. Roma: Lulu, 2013.